ALIENAÇÃO FIDUCIÁRIA
NEGÓCIO FIDUCIÁRIO

O GEN | Grupo Editorial Nacional – maior plataforma editorial brasileira no segmento científico, técnico e profissional – publica conteúdos nas áreas de concursos, ciências jurídicas, humanas, exatas, da saúde e sociais aplicadas, além de prover serviços direcionados à educação continuada.

As editoras que integram o GEN, das mais respeitadas no mercado editorial, construíram catálogos inigualáveis, com obras decisivas para a formação acadêmica e o aperfeiçoamento de várias gerações de profissionais e estudantes, tendo se tornado sinônimo de qualidade e seriedade.

A missão do GEN e dos núcleos de conteúdo que o compõem é prover a melhor informação científica e distribuí-la de maneira flexível e conveniente, a preços justos, gerando benefícios e servindo a autores, docentes, livreiros, funcionários, colaboradores e acionistas.

Nosso comportamento ético incondicional e nossa responsabilidade social e ambiental são reforçados pela natureza educacional de nossa atividade e dão sustentabilidade ao crescimento contínuo e à rentabilidade do grupo.

Melhim Namem Chalhub

ALIENAÇÃO FIDUCIÁRIA
NEGÓCIO FIDUCIÁRIO

8ª edição | revista, atualizada e reformulada

- O autor deste livro e a editora empenharam seus melhores esforços para assegurar que as informações e os procedimentos apresentados no texto estejam em acordo com os padrões aceitos à época da publicação, e todos os dados foram atualizados pelo autor até a data de fechamento do livro. Entretanto, tendo em conta a evolução das ciências, as atualizações legislativas, as mudanças regulamentares governamentais e o constante fluxo de novas informações sobre os temas que constam do livro, recomendamos enfaticamente que os leitores consultem sempre outras fontes fidedignas, de modo a se certificarem de que as informações contidas no texto estão corretas e de que não houve alterações nas recomendações ou na legislação regulamentadora.

- Fechamento desta edição: *18.05.2023*

- O Autor e a editora se empenharam para citar adequadamente e dar o devido crédito a todos os detentores de direitos autorais de qualquer material utilizado neste livro, dispondo-se a possíveis acertos posteriores caso, inadvertida e involuntariamente, a identificação de algum deles tenha sido omitida.

- **Atendimento ao cliente:** (11) 5080-0751 | faleconosco@grupogen.com.br

- Direitos exclusivos para a língua portuguesa
  Copyright © 2023 by
  Editora Forense Ltda.
  Uma editora integrante do GEN | Grupo Editorial Nacional
  Travessa do Ouvidor, 11 – Térreo e 6º andar
  Rio de Janeiro – RJ – 20040-040
  www.grupogen.com.br

- Reservados todos os direitos. É proibida a duplicação ou reprodução deste volume, no todo ou em parte, em quaisquer formas ou por quaisquer meios (eletrônico, mecânico, gravação, fotocópia, distribuição pela Internet ou outros), sem permissão, por escrito, da Editora Forense Ltda.

- Capa: Aurélio Corrêa

- **CIP – BRASIL. CATALOGAÇÃO NA FONTE.
  SINDICATO NACIONAL DOS EDITORES DE LIVROS, RJ.**

C426a

Chalhub, Melhim Namem

Alienação fiduciária : negócio fiduciário / Melhim Namem Chalhub. – 8. ed. – Rio de Janeiro : Forense, 2023.

Inclui bibliografia e índice
ISBN 978-65-5964-596-1

1. Negócio fiduciário. 2. Negócio fiduciário – Brasil. 3. Alienação fiduciária – Brasil. I. Título.

23-84089   CDU: 347.232.8(81)

Leandra Felix da Cruz Candido – Bibliotecária – CRB-7/6135

À memória dos meus pais, imigrantes libaneses, pelas lições de bravura, realização e simplicidade.

Aos meus filhos, Gustavo e Talita, fonte de inspiração, alegria e esperança, a confiança na construção de um mundo novo.

AGRADECIMENTOS

Aos Professores Caio Mário da Silva Pereira, Luiz Roldão de Freitas Gomes e Diogo Leite de Campos, pela segura orientação e pelos valiosos subsídios para a realização deste trabalho.

SOBRE O AUTOR

Especialista em Direito Privado pela Universidade Federal Fluminense. Pós-graduado em Administração Financeira pela Northwestern University, Evanston, Illinois, EUA em 1984. Membro efetivo do Instituto dos Advogados Brasileiros. Membro da Academia Brasileira de Direito Civil. Membro da Academia Brasileira de Direito Registral Imobiliário. Conselheiro do Instituto Brasileiro de Direito Imobiliário – IBRADIM. Além desta obra, é autor de *Incorporação Imobiliária; Propriedade imobiliária: função social e outros aspectos; Trust – perspectivas do direito contemporâneo da transmissão da propriedade para administração de investimentos e garantia; Direitos Reais, Novo Direito Imobiliário e Registral; Alienação Fiduciária, Incorporação Imobiliária e Mercado de Capitais – Estudos e Pareceres*, entre outras.

Cocoordenador da obra Lei do Sistema Eletrônico dos Registros Públicos comentada e comparada. Lei 14.382/2022.

Autor de anteprojetos de lei, entre os quais:

a) Alienação fiduciária de bens imóveis (Lei 9.514/1997).
b) Patrimônio de afetação das incorporações imobiliárias (arts. 31-A a 31-F da Lei 4.591/1964, com a redação dada pelo art. 53 da Lei 10.931/2001), apresentado pelo autor e debatido no Instituto dos Advogados Brasileiros.
c) Propostas de emendas ao CPC/2015, convertidas em normas sobre o processo de execução, apresentadas pelo autor e debatidas no Instituto dos Advogados Brasileiros.
d) Membro da Comissão de Juristas nomeada pela Portaria da Corregedoria-Geral do Conselho Nacional de Justiça – CNJ nº 7, de 19 de janeiro de 2021, encarregada da revisão do anteprojeto de lei que deu origem à Lei 14.382/2022, que regulamenta o Sistema Eletrônico de Registros Públicos – Lei do SERP.

Autor do anteprojeto de lei convertido no Projeto de Lei nº 4.758/2020 da Câmara dos Deputados, que preconiza a sistematização das normas que constituem o regime jurídico geral da fidúcia, aprovado na Câmara Federal e, quando do fechamento desta 8ª edição, em tramitação no Senado Federal, em maio de 2023.

NOTA À 8ª EDIÇÃO

A aprovação de novas leis sobre temas relacionados direta ou indiretamente à atribuição fiduciária, seja para fins de administração ou garantia, e à afetação patrimonial, assim como a evolução da evolução da jurisprudência a ele correspondente, tornam necessária sua atualização.

São os casos da Lei 13.784/2019, que incluiu no Código Civil os arts. 1.368-C a 1.368-F, que dispõem sobre a constituição e o funcionamento dos fundos de investimento em ativos financeiros, bens e direitos, e da Medida Provisória 1.103/2022, convertida na Lei 14.430/2022, que institui o regime jurídico geral da operação de securitização de direitos creditórios.

No primeiro caso, as novas disposições do Código Civil qualificam os fundos de investimento como "comunhão de recursos", instrumentalizada em "forma de condomínio de natureza especial", ao qual não se aplicam as normas do condomínio geral, *pro indiviso*. A despeito de tratar da separação dos patrimônios dos cotistas em relação ao do fundo, a doutrina considera que ao se processar a aprovação da Lei 13.784/2019 perdeu-se oportunidade de disciplinar por inteiro a criação de patrimônios separados para fins de administração dos fundos. Com razão. Ao tratarmos dessa alteração legislativa, no capítulo 8, relembramos que nossa motivação ao propor nesta obra a instituição de um regime jurídico geral da fidúcia, em meados da década de 1990, foi a necessidade de disciplinar a constituição e o funcionamento dos contratos de investimento coletivo, a par de outras situações merecedoras de tutela mediante separação patrimonial ou afetação de bens para fins de escopo específico (v. capítulo 3 – fidúcia legal). O anteprojeto que submetemos ao debate foi aprovado pelo plenário do Instituto dos Advogados Brasileiros e convertido no Projeto de Lei nº 4.758/2020, já aprovado na Câmara dos Deputados, estando em tramitação no Senado Federal quando do fechamento desta 8ª edição, em maio de 2023.

A Lei 14.430/2022, por sua vez, regulamenta a operação de securitização de direitos creditórios e nesse contexto dispõe sobre a sujeição dos direitos creditórios que lastreiam a emissão de títulos securitizados a um regime fiduciário, que os vincula à satisfação dos direitos dos cotistas e não se confunde com o patrimônio da companhia securitizadora.

No plano dos precedentes judiciais, nos ocupamos de detida apreciação da tese fixada pelo Superior Tribunal de Justiça no Tema 1.095, que definiu a sujeição da execução do crédito fiduciário imobiliário especificamente ao procedimento definido nos arts. 26 e 27 da Lei 9.514/1997, nos seguintes termos:

Tema 1.095: "Em contrato de compra e venda de imóvel com garantia de alienação fiduciária devidamente registrado, a resolução do pacto, na hipótese de inadimplemento do devedor, devidamente constituído em mora, deverá observar a forma prevista na Lei nº 9.514/97, por se tratar de legislação específica, afastando-se, por conseguinte, a aplicação do Código de Defesa do Consumidor".[1]

A par desses temas, cuidamos também da jurisprudência mais recente sobre a alienação fiduciária em garantia e outros aspectos a ela relacionados, notadamente sobre a tese jurídica fixada pelo acórdão do Tema 1.095/STJ, contando com a privilegiada interlocução dos eminentes colegas Daniella Araujo Rosa, José Antônio Cetraro, Umberto Bresolin e Victor Vasconcelos Miranda.

Niterói, maio de 2023.

---

[1] STJ, 2ª Seção, relator Min. Marco Buzzi, j. 26/10/2022, *DJe* 19/12/2022. Quando da atualização desta obra para a 8ª edição encontram-se pendentes de julgamento dois embargos de declaração.

APRESENTAÇÃO

Honrou-me, sobremodo, o convite para elaborar a introdução à obra com que o autor, renomado advogado e arguto jurista, conquistou, com grau dez, o título de especialista em Direito Privado, após sua defesa, perante banca integrada por três professores, de que participei, no curso de pós-graduação, *lato sensu*, na Universidade Federal Fluminense.

Dedicado, com mais afinco, ao ramo do Direito Imobiliário, no qual edificou respeitada banca e já produziu profícuos trabalhos, neste, em particular, voltou-se o autor a estudo aprofundado de tema que tem empolgado grandes juristas, com o desafio de examinar, à luz do sistema jurídico brasileiro, o instituto cujas origens remontam à fidúcia, do antigo Direito Romano, ao penhor da propriedade, no primitivo Direito germânico, e ao *trust* do Direito anglo-saxão.

Conquanto se haja escrito, entre nós, com muita erudição, a respeito da alienação fiduciária em garantia de bens móveis, até então contemplada na Lei 4.728/1964 e no Decreto-lei 911/1969, menos se voltou, entretanto, para as primícias do instituto, para examinar sua compatibilidade com o sistema jurídico pátrio.

O autor aceitou o repto e, mostrando que a exclusiva fidúcia romana não era suficiente para justificar o negócio fiduciário, no qual, mediante pacto de ordem pessoal, desviam-se os efeitos da transmissão do domínio, dedicou-se ao estudo do seu desenvolvimento no Direito germânico, para concluir que, em prosseguimento a este, o *trust* do Direito inglês, igualmente de raízes medievais, mais de perto explica a estrutura e o mecanismo do negócio fiduciário.

É a concepção dicotômica da propriedade neste último Direito, fruto de sua evolução, que enseja que se transfira a alguém do domínio apenas de garantia, remanescendo com o transmitente a propriedade de fruição.

Preocupou-se o autor sobretudo com o aproveitamento dos traços daquele instituto jurídico em nosso Direito, ao acabar de ser editada lei que dispõe sobre o Sistema de Financiamento Imobiliário e que institui a alienação fiduciária em garantia de bens imóveis como forma de, à semelhança do que já vem sucedendo na Europa, ter garantia mais eficaz para o credor, na recuperação do crédito, se houver inadimplência. Visa aquele diploma legal, que contou com a influente colaboração do Dr. Melhim Chalhub, oferecer opção ao quebrantado Sistema Financeiro de Habitação, que não se revela mais apto a atender aos reclamos do financiamento da casa própria no Brasil.

Chegou o monografista à conclusão de que, no Direito brasileiro, a figura maior do negócio fiduciário, sob o qual se incluem a alienação fiduciária em garantia, a cessão fiduciária de créditos e outros negócios jurídicos da espécie, pode ter sua justificativa na existência de patrimônios separados de afetação já admitidos nos Direitos modernos. Desse modo, imune à sua insolvência, o domínio fiduciário das coisas integraria o patrimônio em separado do fiduciário, como nas companhias de securitização, incumbidas de emitir títulos negociáveis, tendo como lastro aqueles bens.

É original a sustentação do autor, motivo pelo qual recomendo a leitura de sua obra como das mais sérias e fundamentadas escritas sobre o tema.

Agradecendo ao Dr. Melhim Chalhub a honra de haver redigido esta apresentação, cumprimento-o pelo esforço e inteligente resultado.

Luiz Roldão de Freitas Gomes

PREFÁCIO

Foi com muito prazer que recebi o convite para fazer o prefácio do trabalho do Dr. Melhim Namem Chalhub, que conheço há vários anos, sempre um advogado estudioso e combativo, especialmente dedicado às coisas do direito bancário e imobiliário, tendo participado ativamente da elaboração e da discussão do projeto que se transformou na Lei 9.514/1997.

Num momento em que o País atravessava uma fase de transição rumo à modernidade institucional e jurídica, com as significativas reformas que estão preparando o Brasil para o próximo milênio e a nova realidade da globalização, a obra do Dr. Chalhub, intitulada *Alienação fiduciária – Negócio fiduciário*, não poderia ser mais apropriada e contemporânea. Representa, sem dúvida alguma, uma valiosa colaboração à tentativa de recuperação dos investimentos produtivos que a sociedade tanto exige e, consequentemente, à redução do chamado "custo Brasil", que se impõe para que o País possa progredir adequadamente.

A alienação fiduciária já existe, em nosso País, há mais de trinta anos, e tive o ensejo de participar, como relator na Comissão então criada pela ADECIF, da elaboração do diploma que deu nova vida à técnica jurídica criada pela Lei 4.728, modificando a redação do seu art. 66. Posteriormente, a pedido do então presidente do Banco Central, Ministro Ernane Galveas, colaborei com o Consultor Jurídico daquela casa, Dr. Jacuna de Souza, na revisão do texto que viria a constituir o Decreto-lei 911, de 1º/10/1969. Assim sendo, acompanho a matéria, quase desde o seu nascedouro, como se verifica no artigo que a respeito publiquei, em fevereiro de 1969, na *Revista dos Tribunais* (v. 400, p. 25 e ss.).

No que se refere à introdução da alienação fiduciária no campo imobiliário, também é tese que defendo, desde 1971, quando apresentei trabalho a respeito dos novos instrumentos para o direito imobiliário: fundos, *leasing* e alienação fiduciária (*Revista dos Tribunais*, v. 432, p. 249, out. 1971).

Essa longa convivência com o instituto e o seu desenvolvimento enseja o convite que me foi feito para prefaciar este livro, que aborda novos aspectos dos negócios fiduciários em nosso País.

A alienação fiduciária já ensejou uma ampla bibliografia, na qual se destacam a obra magistral do Professor e Ministro José Carlos Moreira Alves e o trabalho clássico do Juiz e Professor Paulo Restiffe Neto, sem falar na excelente tese do Professor Sousa Lima, anterior à legislação brasileira na matéria.

Trata-se, pois, de instituto amplamente discutido pela doutrina e que tem a maior relevância econômica e peculiaridades jurídicas que ensejam divergências na jurisprudência, já hoje pacificada.

Entretanto, no tocante à alienação fiduciária no campo imobiliário, a obra do Dr. Chalhub é realmente pioneira, constituindo talvez o primeiro ensaio sério a respeito da nova legislação que renovou o sistema financeiro imobiliário.

A parte final do livro trata detalhadamente da Lei 9.514, de 20/12/1997, que ampliou as hipóteses de alienação fiduciária de bens imóveis (já permitida para a constituição dos Fundos Imobiliários da Lei 8.668/1993) e preparou o campo legal para a difusão da securitização nas operações de crédito imobiliário. A inovação legislativa foi das mais importantes, nos últimos anos, pois dotou o mercado de instrumentos jurídicos modernos e seguros, de sucesso comprovado no exterior, que permitirão, ao longo dos próximos anos, a retomada dos investimentos no setor, uma legítima aspiração tanto dos investidores como dos consumidores.

Trata-se, aliás, de um diploma legal no qual foi louvável a iniciativa dos meios financeiros liderados pelo presidente da ABECIP, Dr. Anésio Abdala, e pela sua equipe, que contou com o apoio do Poder Executivo e, após ampla discussão, com apresentação de numerosas e construtivas emendas pelo Congresso Nacional, transformou-se em verdadeiro catalisador do que denominamos "o direito do desenvolvimento" (*Revista dos Tribunais*, v. 383, p. 7). Foi, pois, uma obra de parceria entre a iniciativa privada, o Executivo e o Legislativo, que há de contar com a interpretação atenta e oportuna do Poder Judiciário, revelando novo aspecto do direito bancário.

Contudo, o livro do Dr. Chalhub não se limita ao comentário da Lei 9.514/1997. O estudo é rico em matéria de história do Direito e de direito comparado. Antes de abordar o estágio atual da legislação brasileira, em matéria de negócios de cunho fiduciário, expõe os dados históricos referentes à figura da fidúcia no direito romano, do penhor do antigo direito germânico e dos institutos afins da *common law*, em especial o *mortgage* e o *trust*, cuja introdução no direito brasileiro defendemos há longos anos.

Aliás, é antiga a tentativa dos juristas de origem romano-germânica no sentido de adaptarem aos seus sistemas jurídicos o *trust*, tão defendido no direito anglo-americano e de aplicações tão úteis quanto diversas. Os negócios fiduciários inominados, baseados na antiga fidúcia romana, embora empregados correntemente com finalidades assemelhadas às do *trust*, tradicionalmente apresentaram problemas por não dotarem os contratantes de suficiente segurança jurídica para a obtenção dos resultados perseguidos.

É a partir desse pano de fundo que a obra prossegue, analisando diversas figuras de negócios fiduciários nominados, criados por diplomas normativos específicos e com finalidades determinadas.

Deve, ainda, ser ressaltado o estudo detido do patrimônio de afetação, no resto da América Latina e no Brasil, e da propriedade fiduciária, em especial no direito mexicano e na experiência legislativa recente da Argentina (Lei 24.441, de 1995).

Não faltam as referências doutrinárias e jurisprudenciais do direito pátrio, com a análise das leis vigentes e até mesmo de projetos que não vingaram, como o Contrato de

Fidúcia que constou do Anteprojeto do Código de Obrigações, de 1965. Também aborda o Projeto do Código Civil em tramitação no Congresso Nacional, tema da maior atualidade.

O negócio fiduciário é figura que atrai a atenção dos juristas há muito tempo, por tudo o que pode representar de utilidade no Direito Civil e Comercial, mas também pelos problemas que a sua frequente incompreensão pode acarretar. São poucos os autores, porém, que se atrevem a ingressar nesse tema, que é tão interessante quanto difícil.

O Dr. Chalhub apresenta um trabalho profundo, mas de fácil entendimento e leitura. Trata-se de obra, portanto, que merece toda a atenção do leitor.

São Paulo, 11 de maio de 1998.

Arnoldo Wald
Professor catedrático de Direito Civil da Faculdade de
Direito da Universidade do Estado do Rio de Janeiro – UERJ.

SUMÁRIO

Introdução 1

1 Fontes 7

1.1. Fidúcia – Conceito e caracterização geral 7
1.2. A fidúcia no direito romano 7
1.3. O penhor da propriedade do direito germânico 10
1.4. A fidúcia no direito inglês 11
   1.4.1. O *mortgage* no antigo direito inglês 11
   1.4.2. O *trust* 12
      1.4.2.1. Origem 12
      1.4.2.2. Evolução histórica 13
      1.4.2.3. Concepção moderna 14
      1.4.2.4. Conclusão 18
      1.4.2.5. Tentativas de adaptação do *trust* a sistemas de tradição romana 19

2 Negócio fiduciário 21

2.1. Nota preliminar 21
2.2. Introdução 21
2.3. Origem e tentativas de conceituação 23
2.4. Traços característicos 26
2.5. Estrutura do negócio fiduciário 27
2.6. Negócio fiduciário e negócio simulado 29
2.7. Responsabilidade do fiduciário 30
2.8. Validade e eficácia dos negócios fiduciários 30
   2.8.1. Efeitos do negócio fiduciário nas hipóteses de insolvência 30
2.9. Modalidades de negócios de natureza fiduciária 33

	2.9.1. Venda com escopo de garantia	33
	2.9.2. Cessão fiduciária de crédito	34
	2.9.3. Negócio fiduciário para administração	34
	2.9.3.1. Negócio fiduciário para recomposição de patrimônio	35
	2.9.3.2. Cessão fiduciária para fins societários	35
2.10.	Extinção do negócio fiduciário	35
2.11.	O negócio fiduciário na jurisprudência brasileira	36

3 Fidúcia Legal — 39

3.1.	Introdução	39
3.2.	Necessidade de adaptação do negócio fiduciário em face da economia moderna	40
3.3.	Negócios fiduciários próprios e impróprios	43
3.4.	Características da fidúcia regulada em lei	45
3.5.	Patrimônio de afetação	46
	3.5.1. Conceito e característica	47
	3.5.2. O patrimônio de afetação na América espanhola	55
	3.5.3. O patrimônio separado no direito italiano	58
	3.5.4. A segregação patrimonial no direito francês	60
	3.5.5. O patrimônio separado no direito espanhol	61
	3.5.6. O patrimônio autônomo no direito português	62
	3.5.7. O patrimônio de afetação no direito brasileiro	63
	3.5.7.1. Distorções na legislação brasileira	69
3.6.	Propriedade fiduciária – Conceito, natureza e características	73
	3.6.1. A afetação residual da propriedade fiduciária após a consolidação	80
	3.6.2. Aspectos peculiares da propriedade fiduciária para administração e em garantia	81
	3.6.3. A propriedade fiduciária no direito mexicano e argentino	85
3.7.	O fideicomisso no direito hispano-americano – características e modalidades	86
	3.7.1. A legislação hispano-americana sobre fideicomisso – Os casos do México, da Colômbia e da Argentina	88
	3.7.1.1. A legislação mexicana	88
	3.7.1.2. A legislação colombiana	89
	3.7.1.3. A legislação argentina	90

4 Principais figuras de natureza fiduciária no direito positivo brasileiro — 95

Introdução		95
4.1.	Alienação fiduciária e negócio fiduciário	96
4.2.	Principais figuras de natureza fiduciária do direito positivo brasileiro	96

	4.2.1.	Propriedade fiduciária em garantia: caracterização geral............	100
		4.2.1.1. Alguns aspectos patrimoniais e tributários relevantes relacionados à propriedade fiduciária em garantia...............	105
		4.2.1.2. Alienação fiduciária em garantia de dívida futura ou condicionada...............	111
		4.2.1.3. Alienação fiduciária em garantia de abertura de crédito no mercado financeiro...............	112
		4.2.1.4. Alienação fiduciária da propriedade superveniente............	115
		4.2.1.5. A contratação da alienação fiduciária em garantia do autofinanciamento de grupos de consórcio...............	117
	4.2.2.	Natureza jurídica dos direitos do devedor-fiduciante e do credor-fiduciário...............	119
		4.2.2.1. Natureza jurídica do direito do credor-fiduciário............	120
		4.2.2.2. Natureza jurídica do direito do devedor-fiduciante............	121
		4.2.2.3. Penhora e outros atos de constrição sobre os direitos do fiduciário e do fiduciante...............	125
		4.2.2.3.1. Impenhorabilidade do bem de família. Lei 8.009/1990...............	128
	4.2.3.	Pacto comissório...............	131
		4.2.3.1. O contorno peculiar da vedação do pacto comissório na alienação fiduciária em garantia...............	134
		4.2.3.2. Jurisprudência sobre os efeitos da consolidação da propriedade...............	136
		4.2.3.3. Peculiaridades relevantes da lei e da jurisprudência............	140
		4.2.3.4. Necessidade de adequação legislativa...............	142
		4.2.3.5. Pacto marciano...............	143
	4.2.4.	Extraconcursalidade dos créditos com garantia fiduciária na falência e na recuperação judicial...............	146
		4.2.4.1. Alienação fiduciária em garantia de financiamento a empresa em recuperação judicial...............	152

5   Alienação fiduciária de bens móveis............... 157

Introdução............... 157

5.1. Alienação fiduciária e figuras afins............... 158
5.2. Conceito e caracterização............... 158
5.3. Elementos............... 162
5.4. Sujeitos do contrato............... 163
5.5. Elementos e requisitos do contrato............... 163
    5.5.1. Capacidade............... 164
    5.5.2. Legitimidade............... 164

	5.5.3. Objeto	165
	5.5.4. Forma e modo de constituição da propriedade fiduciária	167
5.6.	Direitos e obrigações das partes contratantes	168
5.7.	Pagamento	170
	5.7.1. Reversão da propriedade	170
5.8.	Inadimplemento e mora	170
5.9.	Purgação da mora	171
	5.9.1. A jurisprudência após a vigência da Lei 10.931/2004	171
	5.9.2. Estrutura e função do financiamento para aquisição de bens de consumo duráveis	175
	5.9.3. O artigo 395, parágrafo único, do Código Civil	176
	5.9.4. Situações análogas na lei e na jurisprudência	177
	5.9.5. A conservação dos contratos	178
	5.9.6. O artigo 54, § 2º, do Código de Defesa do Consumidor	179
5.10.	Hipóteses de vencimento antecipado da dívida	181
5.11.	Venda do bem objeto da propriedade fiduciária	182
5.12.	Ações decorrentes da alienação fiduciária em garantia	185
	5.12.1. Ação de busca e apreensão	187
	5.12.1.1. Contagem do prazo para purgação da mora e para resposta	190
	5.12.1.2. Resposta do devedor	192
	5.12.1.3. A sentença	192
	5.12.1.4. Perdas e danos	194
	5.12.2. Ação de depósito e prisão civil do devedor-fiduciante	195
	5.12.3. Ação de execução	197
	5.12.4. Ação monitória	197
	5.12.5. Ação possessória	198
5.13.	Concordata, falência e recuperação de empresa	198
5.14.	Causas da extinção da propriedade fiduciária	200

6 Alienação fiduciária de bens imóveis ... 203

Introdução		203
6.1.	Propriedade fiduciária e hipoteca	204
6.2.	Conceito e caracterização	206
6.3.	Elementos	208
	6.3.1. Sujeitos	208
	6.3.2. Objeto	210
	6.3.2.1. Alienação fiduciária de imóvel rural a pessoa física ou jurídica estrangeira	213
	6.3.3. Forma e requisitos do contrato	214

6.4.	Condições essenciais de operação	217
6.5.	Direitos e obrigações das partes contratantes	219
	6.5.1. Locação de imóvel objeto de alienação fiduciária	220
	6.5.2. Pagamento do ITR, IPTU e das despesas de condomínio	223
6.6.	Cessão da posição contratual	227
	6.6.1. Cessão da posição do fiduciário	227
	6.6.2. Cessão da posição do fiduciante	228
6.7.	Pagamento	230
	6.7.1. Reversão da propriedade	231
6.8.	Mora e inadimplemento	231
	6.8.1. Limites da prerrogativa da purgação da mora	235
	6.8.2. Vencimento antecipado da dívida	238
	6.8.3. Ação de execução por título extrajudicial	239
6.9.	Consolidação da propriedade no fiduciário	240
	6.9.1. Imposto de transmissão *inter vivos* e laudêmio	245
6.10.	Leilão	245
	6.10.1. Exoneração da responsabilidade pelo pagamento integral da dívida	250
	6.10.2. Leilão de dois ou mais imóveis objeto de alienação fiduciária	252
6.11.	Execução do crédito fiduciário e Código de Defesa do Consumidor (art. 53). Tese fixada no Tema 1.095/STJ	254
	6.11.1. A tese fixada no Tema 1.095/STJ. O acórdão do REsp 1.891.498-SP	255
	6.11.2. A convivência do CDC com as normas de tipificação dos contratos por espécie. A vedação do pacto comissório prevista no art. 53 do CDC	260
	6.11.3. A jurisprudência do Superior Tribunal de Justiça	263
	6.11.4. Decisões divergentes nas instâncias ordinárias	268
	6.11.5. A promessa de compra e venda e a compra e venda com pacto de alienação fiduciária nas atividades da incorporação imobiliária e do loteamento	269
	6.11.6. A permissão legal para constituição de garantia real em favor do empreendedor-vendedor	270
	6.11.7. As diferentes categorias a que pertencem a promessa de venda e a alienação fiduciária	271
	6.11.8. O fundamento legal da resolução da promessa de compra e venda	273
	6.11.9. Modo de extinção da operação de crédito com garantia fiduciária em caso de inadimplemento	275
	6.11.10. Falta de interesse processual do devedor fiduciante por inadequação da ação de resolução para extinção do contrato de alienação fiduciária	278
6.12.	Ações decorrentes da alienação fiduciária de bens imóveis	282

6.12.1. Ação de reintegração de posse pelo fiduciário 282
6.12.2. Ação de despejo 287
6.12.3. Ações possessórias deferidas ao fiduciante 289
6.12.4. Ação de cumprimento de obrigação de fazer 290
6.13. Atos do Registro de Imóveis 292
6.14. Insolvência 297
6.15. A garantia fiduciária à luz dos princípios do art. 53 do Código de Defesa do Consumidor – CDC 299
    6.15.1. Os princípios fundamentais da defesa do consumidor (Lei 8.078/1990, arts. 4º e 5º) 299
    6.15.2. A prevalência das leis especiais novas em face do CDC 299
    6.15.3. O enunciado do art. 53 do CDC e os procedimentos de realização da garantia contidos no art. 27 da Lei 9.514/1997 303
    6.15.4. O conteúdo resolúvel da propriedade fiduciária (Código Civil, arts. 1.359 e 1.360, e Lei 9.514/1997, arts. 22 e seguintes) 304
    6.15.5. Principais situações contempladas pelo art. 53 do CDC (promessa de compra e venda, "consórcio" e mútuo com garantia fiduciária) 305
    6.15.6. O conteúdo e a estrutura do contrato de mútuo (Código Civil, arts. 586 e seguintes) 307
6.16. Os procedimentos de cobrança e de leilão em face do princípio do devido processo legal 308
    6.16.1. Distinção entre os contratos de hipoteca e de alienação fiduciária. Os procedimentos de reversão e consolidação da propriedade fiduciária. Nota preliminar 310
    6.16.2. O implemento da condição a que está subordinada a alienação fiduciária e o exercício do direito de ação pelo devedor fiduciante 311
    6.16.3. Outros procedimentos de leilão extrajudicial regulados por lei 318
        6.16.3.1. Os procedimentos de cobrança e leilão regulados pelo Decreto-lei 70, de 1966 318
        6.16.3.2. Os procedimentos de cobrança e leilão da Lei 4.591, de 1964... 323
6.17. Constitucionalidade dos meios extrajudiciais de realização de garantias 324

7 Cessão fiduciária de direitos creditórios 327

7.1. Lei 4.864, de 1965 – Aplicação restrita 327
7.2. Lei 9.514, de 1997 – Ampliação do campo de aplicação 327
7.3. Art. 66-B da Lei 4.728/1965, com a redação dada pelo art. 55 da Lei 10.931 – Cessão fiduciária de direitos sobre bens móveis e títulos de crédito – Art. 66-B da Lei 4.728/1965, com a redação dada pelo art. 55 da Lei 10.931/2004 328
7.4. Conceito e abrangência 328
7.5. Titularidade fiduciária 329

7.6.	Sujeitos do contrato	329
7.7.	Abrangência dos direitos do cessionário fiduciário	330
7.8.	Efeitos quanto à falência e ao regime de recuperação da empresa cedente-fiduciante	331
7.9.	Cessão fiduciária de quotas de fundos de investimento para garantia de locação – Art. 88 da Lei 11.196/2005	332

8 Fundos de investimento ... 335

8.1.	Fundos de investimento em ativos financeiros, bens e direitos	335
8.2.	Fundos de investimento imobiliário	339

9 Titularidade fiduciária sobre direitos creditórios no mercado secundário de crédito imobiliário ... 341

	Introdução	341
9.1.	Securitização. Caracterização geral	342
	9.1.1. Afetação patrimonial	345
9.2.	A securitização na legislação brasileira	347
9.3.	Regime fiduciário dos direitos creditórios que lastreiam os títulos emitidos pela securitizadora	349
9.4.	Conceito de crédito imobiliário	351
9.5.	Securitização de créditos vinculados a promessas de compra e venda	354
9.6.	Agente fiduciário	355
9.7.	Averbação da titularidade fiduciária no Registro de Imóveis	355

Bibliografia ... 357

Índice alfabético-remissivo ... 365

INTRODUÇÃO

I

Os meios de circulação da riqueza, quer pelos mais expressivos capitais destinados a grandes investimentos, quer por mais simples operações do pequeno comércio, vêm se modificando aceleradamente, impulsionando transformações sociais ou fornecendo as condições para que se implementem essas transformações.

Savatier refere-se à *aceleração da história*, aquela *mudança da marcha do tempo* que se faz sentir em todos s setores da vida humana e se reflete de maneira especial na atividade econômica e na sua disciplina jurídica; registra, a propósito, a substancial transformação do conceito de empresa, originalmente regulada no Código Civil como um contrato de locação de serviços e que passou a ser vista como uma *unidade econômica* destinada a reunir e coordenar fatores de produção, constituindo a base econômica de toda uma série de contratos e propiciando a expansão do capitalismo.[1]

A organização dessa nova unidade econômica só se tornou possível sob a forma jurídica da sociedade por ações, que George Ripert situa no contexto das mais significativas transformações do direito de propriedade, observando, a propósito, que o direito passa da posse ao crédito e muda, sem dizê-lo, o sentido da palavra propriedade.[2]

De fato, é incessante o processo de transformação pelo qual passa a noção de propriedade, marcadamente a partir da segunda revolução industrial, com o desenvolvimento do capitalismo financeiro e a separação entre a propriedade e a direção da empresa; essa transformação é reclamada cada vez mais frequentemente, na medida em que se torna necessário atender às novas demandas da sociedade moderna, gerando, nesse processo, as mais variadas modalidades de contratos e de títulos representativos de bens e valores.

II

É no mercado de capitais e no mercado financeiro que se faz sentir com maior frequência a necessidade de incessante adaptação do direito de propriedade, dada a crescente necessidade de simplificação e aceleração na circulação de riquezas.

---

[1] *Metamorphoses du Droit Civil d'aujourd'hui apud* RIPERT, George. *Aspectos jurídicos do capitalismo moderno.* Rio de Janeiro: Freitas Bastos, 1947, p. 59.

[2] RIPERT, George. RIPERT, George. *Aspectos jurídicos do capitalismo moderno.* Rio de Janeiro: Freitas Bastos, 1947, p. 141.

Com efeito, a intensificação e a crescente complexidade da atividade econômica estão sempre a exigir o aperfeiçoamento de institutos e mecanismos jurídicos existentes e a criação de novos instrumentos de dinamização dos negócios.

No Brasil, particularmente, no início da década de 1960, iniciou-se um processo de modernização do mercado de capitais e do mercado financeiro, em cujos contextos foram criados novos instrumentos que revolucionaram nossa realidade, abrindo novas perspectivas na economia e imprimindo um ritmo acelerado na industrialização.

Mais recentemente, no contexto das profundas transformações pelas quais passa a sociedade, a conjuntura econômica vem ganhando novos contornos, com alterações substanciais nos mecanismos de financiamento e na circulação de capitais.

É o caso do desenvolvimento de um novo mercado de crédito, fora do circuito do mercado financeiro, por meio de processo denominado *desintermediação financeira*, pelo qual empresas não financeiras transformam seus direitos creditórios em valores mobiliários para captação de recursos no mercado de capitais, num processo que se convencionou denominar *securitização*.

O mecanismo deixa à mostra a necessidade de tornar mais ágil e segura a operação de captação de recursos, e essa necessidade aumenta na medida em que se intensifica o fluxo de investimentos no plano internacional, circunstância que reclama seja o ordenamento dotado de instrumentos e mecanismos capazes de ser utilizados com mais eficácia no fluxo de capitais externos.

Para atender a essas necessidades, vem sendo cogitado o aproveitamento da figura da fidúcia, com os contornos que veio a emprestar-lhe o instituto anglo-saxão do *trust*.

O *trust* implica a segregação de bens e a constituição de patrimônios afetados a determinadas finalidades. De outra parte, visto sob o ângulo de sua flexibilidade, o *trust* se mostra adequado ao atendimento de inúmeras outras necessidades da sociedade moderna, notadamente na conjuntura caracterizada pela desintermediação financeira e pela globalização.

No Brasil, já se cogitou do aproveitamento de alguns elementos do *trust*, como é o caso do substitutivo ao Projeto de Lei na Câmara 3.362, de 1957, e do Anteprojeto do Código de Obrigações, de 1965, neste sob a denominação de *contrato de fidúcia*. Muito embora não tenha prosperado o Anteprojeto do Código de Obrigações, é na linha desses princípios que vêm se amoldando, no direito positivo brasileiro, algumas figuras de natureza fiduciária, como são os casos da alienação fiduciária de bens móveis, instituída pela Lei 4.728, de 1965, e da cessão fiduciária de direitos creditórios, introduzida pela Lei 4.864, de 1965; e é na mesma linha desses princípios que se estrutura uma nova forma de fideicomisso na maioria dos países latino-americanos, como são os casos da Argentina, do Chile, do México e da Venezuela.

O extraordinário interesse prático da matéria levou-nos a realizar estudo de direito comparado, a partir de valiosas indicações bibliográficas dos Professores Caio Mário da Silva Pereira, Diogo Leite de Campos, Arnoldo Wald e Luiz Roldão de Freitas Gomes, do qual resultou monografia que apresentamos como requisito de conclusão do Curso de Pós-Graduação em Direito Privado, da Faculdade de Direito da Universidade Federal Fluminense, realizado em 1996. O estudo teve por escopo, fundamentalmente, suscitar a necessidade de harmonização do nosso direito positivo em face da legislação estrangeira, no momento em que se intensifica a circulação de capitais e a demanda por investimentos em nosso país.

Com efeito, a par das inúmeras funções que a segregação patrimonial pode desempenhar no mundo dos negócios, ressalta seu decisivo papel, de uma parte, como garantia, contribuindo para a expansão do crédito, e, de outra parte, como instrumento do mercado de investimento, inclusive na securitização de créditos, operando como catalizador no processo de captação de recursos.

Nesse contexto, a ideia da fidúcia passou a despertar especial interesse com vistas à revitalização do setor imobiliário, dada a extraordinária importância desse setor tanto no campo econômico como no social, notadamente pela geração de empregos em larga escala.

III

De fato, o setor imobiliário no Brasil vinha experimentando grande expansão desde meados de 1960, mas a partir do início da década de 1980 passou a enfrentar sérios problemas que deram causa a grave crise que até hoje perdura.

Dentre as causas dessa crise encontram-se (a) o inadequado direcionamento dos recursos, na medida em que se destinavam a habitações populares recursos captados no mercado financeiro, cujo custo não pode ser suportado pela população de renda mais baixa, (b) a inadequação do sistema de garantias, que contribui para a interrupção do fluxo de retorno dos empréstimos, daí por que torna desinteressante o investimento no setor e, obviamente, afasta investidores potenciais, e (c) a excessiva interferência do Estado nas relações contratuais.

A questão vem sendo há muito debatida pela sociedade, tendo sido alvo de importantes estudos no Congresso Nacional, aí destacando-se, no início da década de 1990, os trabalhos da Comissão Parlamentar Mista de Inquérito sobre o SFH e da Comissão Nacional da Política Habitacional, da Câmara dos Deputados, dos quais resultou a consciência de que o financiamento imobiliário deve desenvolver-se em duas faixas distintas, isto é, uma faixa de financiamento assistencial, subsidiado explicitamente por recursos orçamentários, e uma faixa de financiamento de mercado, com recursos privados, captados no mercado, numa estruturação que reclama, fundamentalmente, a adequação e viabilização das fontes de financiamento e a revisão ou renovação do sistema de garantias imobiliárias, de modo a propiciar efetiva proteção do crédito.

Nesse contexto mobilizaram-se segmentos da sociedade interessados, merecendo destaque os trabalhos realizados pela Associação Brasileira das Entidades de]Crédito Imobiliário e Poupança – ABECIP. Essa entidade promoveu a realização de vários seminários em que se debateu o problema, com a participação de profissionais tanto do setor público como do setor privado, incluindo técnicos estrangeiros, resultando desses debates uma proposta de reorganização oferecida à sociedade em seminário realizado em Brasília, DF, em novembro de 1995. Tivemos oportunidade de participar desses trabalhos, formulando sugestão para anteprojeto de lei com base nos estudos de direito comparado que vínhamos realizando.

Paralelamente a esse estudo, que contemplava ampla reorganização do setor imobiliário, o Deputado José Chaves apresentou, com base em anteprojeto que elaboramos a partir de desta Monografia, bem como dos nossos estudos sobre as garantias fiduciárias, o Projeto de Lei 1.665, de 1996, dispondo sobre a alienação fiduciária de bens imóveis. Estando em curso esse Projeto, o Poder Executivo veio a adotar, em 1997, parte das sugestões apresentadas no Seminário supramencionado e encaminhou ao Congresso Nacional Projeto de Lei, dispondo sobre o Sistema de Financiamento Imobiliário e sobre a alienação fiduciária de bens imóveis, que recebeu o nº 3.242/1997. O mesmo Deputado José Chaves veio a ser encarregado da relatoria desse Projeto do Poder Executivo, tendo apresentado substitutivo cuja redação foi integralmente aprovada na Câmara e no Senado Federal, convertendo-se na Lei 9.514, sancionada em 20 de novembro de 1997.

Na elaboração do substitutivo, o Relator acolheu sugestões de várias entidades representativas dos segmentos interessados, valendo mencionar as contribuições do Instituto de Registro Imobiliário do Brasil – IRIB, da Câmara Brasileira da Indústria da Construção Civil – CBIC e do Sindicato das Empresas de Construção, Compra e Venda de Imóveis – SECOVI.

IV

Fundamentalmente, a Lei 9.514, de 1997, no que tange à estrutura do novo sistema de financiamento, caracteriza-se pela redução da presença do Estado nos negócios privados, estabelecendo um sistema com estrutura extremamente simples, em que estão presentes tão somente os instrumentos básicos para que os negócios se desenvolvam segundo as regras do livre mercado; a grande inovação é, efetivamente, a utilização da ideia da fidúcia como instrumento de garantia do mercado imobiliário e do mercado investor.

Com efeito, a nova lei altera substancialmente o sistema de garantias reais imobiliárias do direito brasileiro, a ele acrescentando a propriedade fiduciária sobre bens imóveis, a titularidade fiduciária sobre direitos creditórios oriundos da alienação de imóveis e o regime fiduciário para garantia de investidores no mercado secundário de créditos imobiliários e regulamentando com mais precisão a titularidade fiduciária.

Ao disciplinar essas novas garantias, a lei tem em vista a expansão do crédito imobiliário e, para tanto, delineia a estrutura de um *mercado secundário de créditos imobiliários*, destinado a constituir fonte de recursos para o setor imobiliário.

Nesse novo mercado, a fidúcia é o traço comum de todas as operações – serve como garantia na comercialização de imóveis, na qual o tomador de um empréstimo transfere ao emprestador a propriedade fiduciária do imóvel, mediante contrato de *alienação fiduciária*; serve como garantia na produção de imóveis, hipótese em que o incorporador, dispondo de créditos decorrentes da comercialização de imóveis, transfere ao financiador, para garantia, a titularidade desses créditos, mediante contrato de *cessão fiduciária*; e, finalmente, serve para dar segurança ao mercado investor, na medida em que permite que se constitua titularidade fiduciária sobre créditos vinculados a títulos securitizados, pela qual se forma um patrimônio autônomo, destinado à satisfação dos direitos creditórios dos investidores (*regime fiduciário de créditos "securitizados"*).

A partir desse instrumental básico, preconiza-se o efetivo funcionamento de um mercado de créditos lastreados em garantias imobiliárias, em que o título de crédito (Certificado de Recebíveis Imobiliários – CRI), criado pela Lei 9.514/1997, reúna, num só instrumento, a segurança da propriedade imobiliária e as condições de negociabilidade dos valores mobiliários, salientando-se, por sua extraordinária relevância, que o lastro de garantias que estará vinculando os CRIs há de ser a propriedade fiduciária, constituída pelo contrato de alienação fiduciária sobre bens imóveis, que a lei vem de regulamentar.

Quanto à propriedade fiduciária decorrente do contrato de alienação fiduciária, trata-se de garantia que poderá contribuir de maneira decisiva na implantação e no desenvolvimento do mercado de crédito imobiliário, pois, sabendo-se que para o bom funcionamento de qualquer mercado são essenciais tanto a estabilidade das fontes de captação de recursos como, também, a rapidez nos processos de recuperação de créditos (que alimentam aquele mercado de captação), a propriedade fiduciária é garantia que se reveste das condições necessárias para propiciar rápida recomposição de situações de mora e, consequentemente, manter a regularidade dos fluxos financeiros necessários para atender os compromissos com os investidores e a demanda por novos financiamentos.

Por fim, a cessão fiduciária de créditos oriundos da alienação de imóveis, criada pela Lei 4.864, de 1965, e aperfeiçoadas pela Lei 9.514/1997, é mais um instrumento que também poderá ser útil na expansão do crédito no setor imobiliário.

V

Efetivamente, as figuras já regulamentadas no direito positivo brasileiro, com a ampliação e o aperfeiçoamento introduzidos pela nova lei, são instrumentos de extraordinária utilidade no funcionamento do mercado de capitais e no desenvolvimento dos negócios em geral. No entanto, num ou noutro diploma legal, observam-se deficiências ou inexatidões que, embora não impeçam a aplicação da norma, podem gerar controvérsias. É o caso, por exemplo, dos fundos de investimento em geral, cuja regulamentação, nos arts. 49 e 50 da Lei 4.728, de 1965, se mostra insuficiente, pois não contém a completa conformação da titularidade fiduciária e a disciplina da constituição do patrimônio autônomo; já a lei que regula os fundos de investimento imobiliário contempla precisa delimitação da propriedade fiduciária e da constituição de patrimônio de afetação, dela se podendo extrair valiosos subsídios para o aprimoramento da lei dos fundos de investimento em geral.

Assim, a despeito da existência de disciplinamento esparso de figuras de origem fiduciária, ocorre-nos que a atual legislação brasileira mereceria ampla e profunda revisão, de modo a serem articuladas de maneira harmoniosa as normas pertinentes, formando um todo coerente. Observe-se, a propósito, que certos conceitos, como os da propriedade fiduciária e o do patrimônio de afetação, mereceriam tratamento peculiar, aos quais demos especial atenção quando dos trabalhos de formulação da nova lei, valendo-nos, sobretudo, das lições extraídas da jurisprudência nacional e dos estudos de direito comparado, notadamente das recentes legislações argentina, chilena e colombiana. Nesse sentido, entendemos conveniente o aprofundamento dos estudos com vistas à formulação de uma lei que contemple as normas gerais sobre a fidúcia, a exemplo do conjunto sistemático de normas proposto no Anteprojeto do Código de Obrigações de 1965, sem prejuízo da existência de outras normas específicas, que as peculiaridades de certas situações venham a recomendar. Com isso, nosso direito positivo passaria a contar com instituto que, por sua extraordinária flexibilidade, possibilitaria o atendimento das mais variadas necessidades no campo das atividades sociais e econômicas.

Com a presente monografia alinhamos alguns elementos que, eventualmente, podem constituir subsídios para a formulação de uma lei de caráter geral; a monografia contempla estudo sobre as fontes da fidúcia, desde sua mais remota origem, no direito romano, passando pelo penhor da propriedade do direito germânico, pelo *use* e pelo *trust* do direito anglo-saxão, o direito comparado, em que são destacadas as modernas legislações hispano-americanas sobre o fideicomisso, a construção doutrinária sobre a propriedade fiduciária e o patrimônio de afetação e as figuras de cunho fiduciário adotadas pelo direito positivo brasileiro. Trata-se, em suma, de um convite à reflexão sobre os fundamentos da fidúcia e do *trust* anglo-saxão e sobre as possibilidades de aproveitamento da ideia geral dessas figuras como resposta às necessidades da sociedade contemporânea.

Rio de Janeiro, 1998.

1
FONTES

1.1. FIDÚCIA – CONCEITO E CARACTERIZAÇÃO GERAL

A fidúcia encerra a ideia de uma convenção pela qual uma das partes, o *fiduciário*, recebendo da outra (*fiduciante*) a propriedade de um bem, assume a obrigação de dar-lhe determinada destinação e, em regra, de restituí-lo uma vez alcançado o objetivo enunciado na convenção. A fidúcia, como garantia, exerce função correspondente às garantias reais em geral, sendo, porém, dotada de mais eficácia, pois, enquanto nos contratos de garantia em geral (por exemplo, a hipoteca) o devedor grava um bem ou direito para garantia, mas o mantém em seu patrimônio, na fidúcia, diferentemente, o devedor transmite ao credor a propriedade ou titularidade do bem ou direito, que, então, permanecerá no patrimônio do credor como propriedade-fiduciária, até que seja satisfeito o crédito.

Essa atribuição da titularidade ao adquirente (fiduciário) é plena, mas o fiduciário assume a obrigação de dar determinada destinação ao bem ou direito que recebe. Assim, o negócio de natureza fiduciária é negócio bilateral composto por dois acordos que criam uma situação *sui generis*, pela qual uma parte (alienante-fiduciante) transmite a propriedade de certos bens à outra parte (adquirente-fiduciário), que, embora passe a exercer os direitos de proprietário, *erga omnes*, assume, no campo obrigacional, nas suas relações com o fiduciante, o dever de dar aos bens adquiridos a destinação determinada pelo próprio fiduciante e com este acordada na forma do citado pacto adjeto.

1.2. A FIDÚCIA NO DIREITO ROMANO

A fidúcia tem origem mais remota no direito romano, com a concepção de venda fictícia, ou provisória: era a convenção pela qual uma das partes (o *fiduciário*), tendo recebido de outra (o *fiduciante*) a propriedade sobre uma coisa, obrigava-se a restituí-la uma vez alcançado determinado fim, estipulado em pacto adjeto (*pactum fiduciae*).

As fontes indicadoras dos textos sobre a fidúcia romana são precárias, até porque, como assinala Giuseppe Messina, os compiladores do Digesto apagaram os vestígios do instituto.[1]

---

[1] MESSINA, Giuseppe. *Scritti Giuridici* – Negozi Fiduciari. Milano: Giuffré, 1948, p. 105 ("*I compilatori dei digesti hanno adempiuto quasi alla perezione al compito di fare ogni traccia dell'istituto, non più rispondente al diritto ultimo dell'impero*").

Por isso, as informações a respeito são encontradas, sobretudo, nas *Institutas*, de Gaio, nas *Sentenças*, de Paulo, assim como em algumas referências nas obras de Cícero.

Nas obras de Gaio pode-se encontrar uma definição clara da fidúcia, suas modalidades, os meios pelos quais pode ser constituída, suas finalidades, seus efeitos e as ações que a tutelam.

Gaio[2] define a fidúcia como uma *mancipatio* pactuada com a obrigação do adquirente de *remancipare*, indicando que a mesma se fazia pela *mancipatio* ou pela *in iure cessio*.[3]

É ainda Gaio quem registra a existência de duas espécies de fidúcia: a fidúcia *cum creditore* e a fidúcia *cum amico*.[4] A primeira – *fiducia cum creditore* – tinha conteúdo assecuratório, destinando-se a garantir o credor; nessa modalidade, o devedor vendia o bem ao credor sob a condição de recuperá-lo se, dentro do prazo convencionado, resgatasse a dívida. A segunda modalidade de fidúcia – *fiducia cum amico* – não tinha a finalidade de garantir um crédito, mas a de preservar certos bens de uma pessoa, que eventualmente pudessem estar ameaçados por alguma circunstância; nessa modalidade, o proprietário de determinado bem alienava-o com a condição de o adquirente lhe restituir quando cessassem as circunstâncias que tiverem justificado o receio do proprietário (fiduciante), como, por exemplo, o risco de perder o bem em razão de algum fato político, o risco de perecer na guerra, uma viagem etc.

Traço comum às duas modalidades de fidúcia era a efetiva transmissão da propriedade de determinado bem, com a ressalva de que essa transmissão era condicionada ao cumprimento de determinado fim, havendo, portanto, a obrigação do adquirente, ou fiduciário, de restituí-lo depois de cumprido o objetivo definido no contrato.

A fidúcia, assim configurada na obra de Gaio,[5] tinha aplicação no direito romano, quer para constituição de garantia em favor de um credor, mediante transmissão da propriedade de uma coisa, quer como instrumento para realização de depósito, mediante entrega de uma coisa a pessoa de confiança ou, ainda, como meio próprio de efetivar uma doação *mortis causa*.

A fidúcia compreendia um ato solene (*mancipatio* ou *in iure cessio*) e um *pactum conventum*.[6]

Tinha o fiduciário o direito de dispor da coisa e de legá-la *per vindicationem*, mas a ele se imputava a obrigação de restituí-la ao fiduciante quando satisfeita a dívida. Ostentando a posição de proprietário pleno, o fiduciário estava habilitado a vender a coisa, se o devedor não pagasse a dívida, e receber o preço sem concorrência com outros credores do fiduciante. Podia o devedor, não obstante, exigir o reembolso do valor que sobejasse o *quantum* da dívida. Releva notar que a responsabilidade do fiduciário estava sujeita apenas a uma ação pessoal, ficando o devedor-fiduciante, portanto, sujeito aos riscos de insolvência do fiduciário.

Dada essa configuração, ressalta como elemento essencial do pacto fiduciário a presença da boa-fé, como destacado por Réné Jacquelin, ao definir a fidúcia como "uma convenção

---

[2] *Comentarius Secunds*, § 59: "*Adhuc etiam ex alis causis sciens quisque rem alienam usucaput; nam qui rem alcui fiduciae causa mancipio dederit vel in jure cesserit, si eandem ipse possederit, potest usucapere, anno scilicet, soli si sit. Quae species usucapionis dicitur usureceptio, quia id, quod aliquando habuimus, recipimus per usucapionem*".

[3] MESSINA, Giuseppe. *Scritti Giuridici – Negozi Fiduciari*. Milano: Giuffré, 1948, p. 106.

[4] *Comentarius Secundus*, § 60: "*Sed cum fiducia contrahitur aut cum creditore pignoris jure, aut cum amico, quod tutius nostrae rest apud eum essent, si quidem cum amico contracta sit fiducia, sane omni modo competit usureceptio; si vero cum creditore, soluta quidem pecunia omni modo competit, nondum vero soluta ita demum competit si neque conduxerit eam rem a creditore debitor neque precario rogaverit ut eam rem possidere liceret; quo casu lucrativa usucapio competit*".

[5] LIMA, Otto de Sousa. *Negócio fiduciário*. São Paulo: RT, 1962, p. 28-30.

[6] MESSINA, Giuseppe. *Scritti Giuridici – Negozi Fiduciari*. Milano: Giuffré, 1948, p. 107.

baseada na boa-fé, tendo como causa um ato solene translativo de um direito de propriedade ou de um direito de posse, e por objeto um outro ato jurídico inverso, tendente a anular os efeitos do primeiro.[7]

É, assim, a fidúcia romana uma convenção que se agrega a um ato solene, um pacto adjeto a um contrato de transferência de propriedade, uma cláusula secreta, como referido por Ihering, ou uma contracarta, segundo Geny, que adere à *mancipatio* ou à *in jure cessio* para se convencionar a restituição da coisa então transmitida.

Para melhor compreensão do mecanismo pelo qual se convencionava o *pactum fiduciae*, importa ter presente que os atos jurídicos nas sociedades primitivas se revestiam de estreiteza e solenidade, daí por que um mesmo ato jurídico preenchia as mais diversas funções, ficando as partes circunscritas aos limites daqueles atos solenes, que eram insuficientes para a criação de novas modalidades de obrigações, e que, nesse contexto, "a fidúcia, mormente em seu início, teve como finalidade precípua completar o campo de aplicação desse direito, quebrando, mesmo, em parte, a sua solenidade. Exigia-se, para isso, apenas a boa-fé".[8]

Giuseppe Messina, para quem a fidúcia romana é uma *mancipatio* com a obrigação do adquirente de *remancipare*, formula sua definição nos seguintes termos: "A fidúcia patrimonial deve ser chamada uma '*mancipatio sub fide remanc seu manumissionis*' – ou, considerada genericamente, é o negócio jurídico complexo pelo qual, aquele que se torna proprietário de uma coisa ou titular de um direito se obriga a restituí-los, deles privando-se em determinadas circunstâncias".[9]

Na definição de Otto de Sousa Lima, a fidúcia "é uma convenção, pela qual aquele que recebeu uma coisa ou um direito, pela *mancipatio* ou pela *in jure cessio*, se obriga à restituição, quando satisfeito o fim ou preenchida a destinação".[10]

Em síntese, na definição de José Carlos Moreira Alves, é a fidúcia "o contrato pelo qual alguém (o fiduciário) recebe de outrem (o fiduciante) a propriedade de uma coisa infungível, mediante a *mancipatio* ou a *in jure cessio*, obrigando-se, de acordo com o estabelecido num *pactum* oposto ao ato de entrega, a restituí-la ao fiduciante, ou a dar-lhe determinada destinação. Trata-se de contrato real, bilateral, imperfeito, de boa-fé".[11]

A fidúcia, assim, tem como requisitos a entrega da coisa ao fiduciário e o acordo de vontade pelo qual o fiduciário se obriga a restituí-la ou dar-lhe determinada destinação; esse acordo de vontades, o *pactum fiduciae*, só tinha eficácia obrigacional, daí por que a retomada da propriedade pelo fiduciante, uma vez cumprida a finalidade do pacto, era feita mediante uma nova transferência do domínio sobre a coisa, então feita pelo fiduciário ao fiduciante.

Registra José Carlos Moreira Alves[12] que o fiduciante tinha que confiar apenas na *fides* do fiduciário, pois não dispunha de ação para compeli-lo a restituir a coisa ou a dar-lhe a destinação pactuada, e que, a despeito de ser controvertida a matéria, parece que foi o pretor, no direito clássico, quem sancionou esse pacto e que, posteriormente, nos fins da República, surgem duas ações, a saber,

    a) *actio fiduciae directa,* facultada ao fiduciante na hipótese de o fiduciário deixar de restituir a coisa ou de lhe dar a destinação convencionada; e

---

[7] JACQUELIN, René. *De la fiducie, apud* LIMA, Otto de Sousa. *Negócio fiduciário.* São Paulo: RT, 1962, p. 40.
[8] LIMA, Otto de Sousa, referindo-se a René Jacquelin (LIMA, Otto de Sousa. *Negócio fiduciário.* São Paulo: RT, 1962, p. 41).
[9] MESSINA, Giuseppe. *Scritti Giuridici* – Negozi Fiduciari. Milano: Giuffré, 1948, p. 107.
[10] LIMA, Otto de Sousa. *Negócio fiduciário.* São Paulo: RT, 1962, p. 44.
[11] ALVES, José Carlos Moreira. *Direito romano.* 5. ed. Rio de Janeiro: Forense, 1995, v. III, p. 143.
[12] ALVES, José Carlos Moreira. *Direito romano.* 5. ed. Rio de Janeiro: Forense, 1995, v. III, p. 143.

b) *actio fiduciae contraria*, facultada ao fiduciário na hipótese de o fiduciante deixar de cumprir as obrigações que eventualmente tenha contraído.[13]

O instituto da fidúcia teve grande aplicação na era clássica, mas, como observa Carlo Longo, mesmo admitindo-se que tenha continuado a ser usada no período pós-clássico, a verdade é que com o desaparecimento dos dois modos formais de transferência da propriedade, a *mancipatio* e a *in jure cessio*, a fidúcia caiu em desuso, não aparecendo nas Compilações de Justiniano.[14]

1.3. O PENHOR DA PROPRIEDADE DO DIREITO GERMÂNICO

O direito germânico também conheceu a fidúcia, que, muito embora tenha tido origem no direito romano, deste diferia quanto à natureza e aos limites do poder jurídico do fiduciário sobre a coisa objeto da fidúcia.

Giuseppe Messina registra a recepção do direito romano pelos povos germânicos, em cujo direito aparecem, ao lado de institutos genuinamente germânicos, outros em que se denota uma clara influência do direito romano.

Quanto à fidúcia, observa aquele autor que, não obstante os traços que a distinguem do direito romano, o instituto do direito germânico tem a mesma função econômica do pacto fiduciário romano,[15] acrescentando que, no direito germânico, é no penhor da propriedade que se encontram os traços característicos da transmissão fiduciária. Por esse mecanismo, o devedor transferia ao credor a propriedade da coisa, mas com ele celebrava um pacto adjeto que tornava condicional aquela transmissão. A venda pela forma habitual denominada *carta venditionis* era vinculada a um pacto de restituição da coisa, firmado por um outro documento denominado *contracarta*.

Na estrutura do direito germânico, no que interessa às considerações sobre a evolução da fidúcia e dos institutos afins, sobreleva a figura de intermediários denominados *manusfidelis* e *salmann*.

O *manusfidelis* era pessoa de confiança a quem competia, em cumprimento a atribuições a ele conferidas, transmitir bens a um beneficiário ou praticar atos de liberalidade visando a doações *pro anima*.

O *salmann* era um intermediário através do qual se fazia a transmissão de um bem do proprietário para o adquirente/beneficiário. Anota Messina que, no antigo direito medieval germânico, o *salmann* recebia seus poderes do alienante, obrigando-se, de forma solene, a transmitir os bens ao terceiro destinatário, enquanto no novo direito medieval germânico o *salmann* passara a ser fiduciário do adquirente, e não do alienante, de modo que os poderes por ele recebidos não o eram para transmitir o bem ao destinatário, mas para adquirir o bem para este, ou com este intervindo para reforçar o direito do adquirente. O *salmann* recebia efetivamente a propriedade e passava a exercer sobre ela um direito real enquanto não transmitisse

---

[13] No *Commentarius Quartus*, Gaio trata das ações "*superest ut de acionibus loquamus*" e, dentre as ações de boa-fé indica as de compra e venda, locação, gestão de negócios, mandato, depósito, fidúcia, de sociedade, tutela e referentes ao patrimônio da mulher casada: "*Sunt aut bonae fidei judiciae haec: ex empto vendito, locato, conducto, negotiorum, gestorum, mandati, depositi, fiduciae, pro socio, tutelae, rei uxoriae*".

[14] LONGO, Carlo, *apud* LIMA, Otto de Sousa. *Negócio fiduciário*. São Paulo: RT, 1962, p. 87 ("*L'indice più significativo di tale decadenza si há nel fatto che la legislazione imperiale postclassica si desinteressa completamente del regolamento dell'istituto*").

[15] MESSINA, Giuseppe. *Scritti Giuridici – Negozi Fiduciari*. Milano: Giuffré, 1948, p. 146.

a propriedade ao destinatário determinado, sendo certo que esse direito real era limitado pelo fim que determinava a intervenção do *salmann*. Desse modo, o disponente e seus herdeiros tinham o direito de retomar a coisa do poder de terceiros, em caso de infidelidade do *salmann*, dispondo de um direito real de reversão.[16]

Com efeito, na fidúcia romana, o fiduciário recebia um ilimitado poder jurídico sobre a coisa, sendo certo que, se dispusesse da coisa arbitrariamente, sem observância do *pactum fiduciae*, não se dava ao fiduciante senão o direito de haver a reparação das perdas e danos. Já no direito germânico o poder jurídico do fiduciário é limitado pelo caráter resolutório da propriedade que recebe, que tem eficácia *erga omnes,* de modo que eventual alienação arbitrária, por parte do fiduciário, era considerada ineficaz, daí por que o fiduciante retomava a propriedade da coisa por efeito da condição resolutiva.

Assim, a fidúcia tinha, no direito germânico, configuração distinta do instituto romano, muito embora ambos tivessem como traço característico a transmissão da propriedade da coisa. Entretanto, segundo Martin Wolf,[17] "enquanto no sistema romano a alienação era incondicional, só existindo uma obrigação pessoal de restituição sujeita à extinção da dívida, já em direito germânico a coisa era transmitida sob condição resolutiva de pagamento da dívida; assim, pois, cumprida a condição, a propriedade voltava ao alienante, assegurada por efeito da condição resolutiva".[18]

1.4. A FIDÚCIA NO DIREITO INGLÊS

1.4.1. O *mortgage* no antigo direito inglês

O antigo direito inglês contemplava a figura do *mortgage*, que consistia na transmissão da propriedade com escopo de garantia.

Anota Otto de Sousa Lima que vários escritores viram semelhança, identidade de estrutura, de caracteres e de finalidade entre o *mortgage* e a *fiducia cum creditore*, muito embora ambos os institutos tivessem tido desenvolvimento autônomo e estivessem distanciados no tempo e no espaço.[19] Giuseppe Messina observa que o *mortgage* lembra, muito de perto, a fidúcia pignoratícia, mas ressalva que o fato de, no *mortgage*, o direito imobiliário (*estate*) ser atribuído ao credor, sob condição resolutiva, afasta esse instituto da noção romana de fidúcia.[20]

Importa notar que essa resolubilidade não estava na concepção original do *mortgage*, pela qual, efetivamente, a propriedade passava ao fiduciário (*feoffee*) plena e ilimitadamente, de modo que, tanto pelo *jus civile*, como pela *common law*, o fiduciário adquiria a qualidade de titular do domínio pleno sobre a coisa.

A este propósito, é digno de nota o registro feito por Otto de Sousa Lima quanto ao processo de evolução pelo qual passou o instituto do *mortgage* clássico, evidenciando alguns aspectos da estrutura peculiar do Direito anglo-saxão: "Mas, ultrapassada esta primeira fase, passou o Chanceler, como representante do Rei e como *fountain of justice*, a intervir na relação

---

[16] MESSINA, Giuseppe. *Scritti Giuridici* – Negozi Fiduciari. Milano: Giuffré, 1948, p. 154-156.
[17] *Apud* BUZAID, Alfredo. Ensaio sobre a alienação fiduciária em garantia. *Revista dos Tribunais*, v. 401, p. 9.
[18] MESSINA, Giuseppe. *Scritti Giuridici* – Negozi Fiduciari. Milano: Giuffré, 1948, p.159, observa: "*In ogni modo anche con questi dati il rapporto fiduciario germanico esaminato si distingue bene da quello romano per la limitazione, che affettano il diritto reale del salmanno in qualunque caso e com efficacia reale*".
[19] LIMA, Otto de Sousa. *Negócio fiduciário*. São Paulo: RT, 1962, p. 100.
[20] MESSINA, Giuseppe. *Scritti Giuridici* – Negozi Fiduciari. Milano: Giuffré, 1948, p. 166.

negocial, expedindo um *writ*, contendo uma *vocatio in ius* para que o fiduciário comparecesse perante ele. Comparecendo o réu e reconhecida como fundada, não *in ius* ou *at law*, mas *in equity*, isto é, segundo os dados imperativos da consciência, a pretensão do autor, impunha o Chanceler a ele um determinado modo de comportamento ou de praticar determinado ato, sob pena de prisão. Intervinha, assim, a *equity* para modificar uma situação definitiva decorrente da *common law*, e isto porque, sob o ponto de vista da *equity*, seria iníquo que o *mortgagor*, por não ter cumprido a prestação no dia fixado no ato constitutivo, perdesse irremediavelmente a *res*, cujo valor era consideravelmente maior do que o montante do débito".[21]

É nesse contexto que se constrói a *equity of redemption*, pela qual a Corte confere ao devedor, mesmo depois de vencido o prazo do contrato, o direito de obter a restituição da coisa dentro de um prazo razoável, desde que pagasse a dívida, mais os juros e uma reparação pela mora.

De outra parte, assiste ao credor o direito de propor que a Corte imponha ao devedor a obrigação de exercitar a *equity of redemption* dentro do prazo, sob pena de perder definitivamente a propriedade. Para evitar esse processo, as partes passaram a incluir, no *mortgage*, uma cláusula autorizando o credor a vender o bem em caso de falta de pagamento.[22]

É, assim, como decorrência desse processo evolutivo, que se distanciam os conceitos do *mortgage* e da *fiducia cum creditore*, apesar de ambos, na fase genética, terem tido estruturas exatamente iguais, pois se tratava de negócios jurídicos que, de fato, tinham como antecedente lógico um vínculo obrigacional entre fiduciante e fiduciário, no qual o fiduciante tinha a qualidade de devedor da prestação e o fiduciário a de credor, sendo essa a obrigação que se tratava de garantir.[23]

Assim, apesar da identidade estrutural entre os dois institutos, pois ambos – o *mortgage* e a *fiducia cum creditore* – tinham como base um contrato real (transferência de propriedade de uma coisa do fiduciante ao fiduciário), ao qual estava vinculado um contrato obrigacional (obrigação do fiduciário de restituir a coisa, uma vez cumprida a prestação do fiduciante), a condição resolutiva presente no antigo direito inglês dava ao *mortgage* uma característica peculiar que, embora pudesse aproximá-lo do penhor de propriedade do direito germânico, o distanciava da *fiducia cum creditore*, pois, efetivamente, no *mortgage* o direito do fiduciário era destinado a resolver-se automaticamente, se e quando o fiduciante pagasse a dívida no prazo contratado.[24]

1.4.2. O *trust*

1.4.2.1. Origem

A partir da Idade Média, passa a configurar-se na Inglaterra o instituto do *trust*, que tem como antecedente histórico o *use*. Os *uses*, observa Giuseppe Messina, passaram a ser chamados *trusts* com o passar do tempo, e, ainda hoje, estes são, em substância, os antigos *uses*, que se definem como uma relação jurídica pela qual uma pessoa (*feoffee to use*) era investida, segundo a *common law*, de poder jurídico cujo exercício deveria beneficiar economicamente outra pessoa (*cestui que use*). Assim, continua Messina, se, por exemplo, se quisesse atribuir

---

[21] LIMA, Otto de Sousa. *Negócio fiduciário*. São Paulo: RT, 1962, p. 104.
[22] LIMA, Otto de Sousa. *Negócio fiduciário*. São Paulo: RT, 1962, p. 169.
[23] FRANCESCHELLI, Remo. *La garanzia reale*, p. 517, *apud* LIMA, Otto de Sousa. *Negócio fiduciário*. São Paulo: RT, 1962, p. 100.
[24] MESSINA, Giuseppe. *Scritti Giuridici* – Negozi Fiduciari. Milano: Giuffré, 1948, p. 168: "*Tutto ciò conduce a ritenere che il classical mortgage fosse sì un pegno commissorio e in particolare 'm'alienazione condizionata risolutivamente, ma non un rapporto sul tipo della fiducia romana*".

o gozo de um fundo a **A**, seria possível alcançar-se esse resultado mediante um ato de *feoffement* que investisse **B** do direito legal de propriedade sobre tal fundo, mas para uso, isto é, para benefício de A.[25]

Com efeito, configura-se o *trust* pela entrega de certos bens a uma pessoa, para que deles faça uso conforme determinado encargo que lhe tenha sido cometido, repousando esse conceito na confiança depositada naquele que recebe os bens.

Aquele que entrega os bens e, por consequência, institui o *trust*, é denominado *settlor* (instituidor); o *settlor* transmite, efetivamente, a propriedade sobre os bens; aquele que recebe os bens, e assume a obrigação de administrá-los, denomina-se *trustee* (aquele em quem se confia); aquele em favor de quem o *trust* é instituído denomina-se *cestui que trust* (aquele que confia).

Trust significa *confiança*, mas esta não emana da lei ou do direito, senão da probidade e da consciência do *trustee* – assim, a restituição do bem, ou sua entrega ao *cestui que trust*, implicava apenas um dever de consciência do *trustee*.

Arminjon, Nolde & Wolf[26] observam: "o que distinguia o direito inglês dos direitos germânicos era que legalmente, *in law*, o *feoffee to use* inglês exercia o direito de propriedade sem restrições e que o beneficiário não tinha nenhum direito real ou pessoal contra aquele em quem pôs confiança. Foi após o início do século XV que os chanceleres intervieram, constrangendo o *feoffee*, em nome da moral e da equidade, a cumprir os encargos que lhe foram impostos".

1.4.2.2. Evolução histórica

O *trust* tem origem na prática da *equity*, e não na *common law*, pois, como já visto, na concepção desta, a entrega dos bens para administração não gerava a obrigação de restituição.

É a partir da Idade Média que a Corte de Chancelaria passa a acolher, na prática da *equity*, os recursos do fiduciante contra o fiduciário, para compelir este a restituir os bens, revestindo-se essas decisões de força coercitiva – aqueles que negligenciassem o dever de consciência de restituir os bens poderiam ser compelidos a comparecer perante a Corte, por *laesio fidei*, sendo aprisionados e mantidos na prisão até que reconhecessem a obrigação e cumprissem o dever de consciência de restituir o bem.

O *trustee* (aquele que recebia os bens mediante *trust*), que na *common law* era tido como único e verdadeiro proprietário, na Corte de Chancelaria não passava de um proprietário provisório, um intermediário; o *trustee* tinha um direito legal (*legal right*) e o beneficiário um direito substancial de fruição (*equitable right*), sendo certo que, no conflito com a lei, prevalecia a equidade, podendo o beneficiário, portanto, assegurar seu direito mediante recurso à Corte.

No processo de formação do instituto, são dignos de nota o *Estatuto de Usos*, aprovado pelo Parlamento em 1535, no reinado de Henrique VIII, e a condensação da jurisprudência da Corte, no *Trustee Act*, de 1893, quando o instituto se consolidou com a configuração atual, pela qual se conceitua o *trust* como o negócio em que uma pessoa (fiduciante) transfere seus direitos a outra (fiduciário) para que esta os administre segundo condições

---

[25] MESSINA, Giuseppe. *Scritti Giuridici* – Negozi Fiduciari. Milano: Giuffré, 1948, p. 179: "*L'use era una relazione giuridica per cui un soggetto (feoffee to use) era rivestito secondo il common law di una persona (cestui que use). Posto, ad es., che si volesse attribuire il godimento di un fondo ad A, si poteva raggiungere questo risultato mediante un atto di feoffement che investisse B del diritto legale di proprietà del fondo, ma to use, cioè a beneficio di A. La livery of seisin era fatta a B, che si considerava vested della legal estate; A aveva il godimento effettivo del fondo senz'obbligo alcuno di adempiere gli obblighi gravanti sulla tenuta*".

[26] *Apud* BUZAID, Alfredo. Ensaio sobre a alienação fiduciária em garantia. *Revista dos Tribunais*, v. 401.

definidas no contrato, em proveito do próprio fiduciante ou de um terceiro beneficiário, obrigando-se a restituí-los ao fiduciante, ou ao beneficiário, uma vez implementada a condição convencionada.

1.4.2.3. Concepção moderna

Na concepção anglo-americana, o *trust* é assim definido por Maitland: "Quando uma pessoa cede seus direitos: (a) a uma outra pessoa ou (b) para realização de qualquer fim particular, diz-se que ela possui seus direitos sob a forma de *trust* (em confiança ou consignação), em relação a essa outra pessoa ou para esse fim: e nós a chamamos *trustee*.

O grande segredo do *trust* repousa aqui não mais sobre a propriedade, mas sobre os modelos de confiança e de consciência impostos pela Corte. A solução que dá a Corte aos beneficiários de um *trust*, seja ele expresso ou não, é não estar de acordo com eles em virtude de uma espécie de direito de propriedade que lhes cabe, mas somente porque esse direito é contrário à consciência do *trustee* de faltar à sua função ou de abusar dela.

É, pois, para conduzir o *trustee* que há controle; é para purificar sua consciência que a Corte o restringirá, mantendo-o nos limites do *trust* que a ele foi confiado por outrem ou, no caso em que o próprio *trustee* tenha criado o *trust*, seguindo a vontade que ele formalmente manifestou. A ideia de consciência marca também os limites de proteção ao beneficiário. Significa dizer que, quando o *trustee*, proprietário legal do objeto do *trust*, vende-o a comprador de boa-fé, que paga o preço estabelecido e que não conhece nem deve conhecer nada do *trust*, este comprador adquire o bem sem que sua consciência seja afetada pelo *trust*, e que ele será proprietário legal sem ter que se ocupar deste último; ele não será em nenhum sentido um *trustee* instituído pela Corte. O momento crítico é o da aquisição da propriedade legal, a revelação posterior do *trust* não poderá afetar sua consciência, pois ele, de boa-fé, pagou o preço e adquiriu a propriedade.

Os beneficiários perderão, pois, todo o direito sobre o bem e não terão senão o direito de serem reembolsados, se possível, por seu *trustee* faltoso.

A Corte é, assim, em primeiro lugar, um instrumento para disciplinar os *trustees* e ela não é senão, em segundo lugar, e indiretamente, o meio de proteger os beneficiários.

O *trustee* não pode ser liberado de suas obrigações, transferindo a propriedade a outrem por meio de doação. Nesse caso, aquele que recebe a doação será considerado *implied trustee*, e não poderá requerer a assistência da Corte para fugir às demandas dos beneficiários – *qui prior est in tempore, portior est in jure*: os interesses equitativos dos beneficiários do *trust* serão, então, protegidos, mas o comprador não se encontrará suficientemente liberado: *equity do not assist a volunteer*. A *equity* não irá de encontro ao comprador de boa-fé que adquiriu o título legal: *equity follows the law*, mas aquele que não é um comprador a título gratuito não se encontra na mesma situação: ele deverá tomar a propriedade com seus encargos equitativos e os *trusts*.

O beneficiário e o *trustee* não se distinguem, sempre, pelo fato de um ser proprietário e o outro não.

a) Efetivamente, o beneficiário pode ser ele mesmo um *trustee* e, então, conjuntamente, um dos proprietários da indivisão.

b) Pode ser ainda que o objeto do *trust* seja formado por uma parte indivisa de um fundo (*trust fund*). Aquele que se beneficia de uma parte, mesmo indivisa, pode cedê-la, hipotecá-la ou vendê-la, ou pode ele mesmo fazer um outro *trust* de seu interesse, não o movimentando mais para o *legal tittle* dos fundos.

O *trust* é, pois, sobretudo, um instrumento em que o essencial é o respeito e a confiança pelo titular e seus sucessores. As duas fontes dessa ideia de respeito e confiança são a Ética a Nicômaco, de Aristóteles, frequentemente citada nas Cortes de equidade nos tempos da Rainha Elizabeth I, e a moral cristã interpretada pelos Chanceleres que, até o primeiro leigo, Thomas More, foram os eclesiásticos".[27]

Ressalta, assim, a *confiança* como um dos elementos essenciais do *trust*: aquele que tem o *legal tittle* sobre um bem não o possui senão para fins específicos e limitados, que tiverem sido estabelecidos pelo *settlor* ou pela Corte.

Aqui se mostra claro o desdobramento da propriedade sobre a coisa dada em *trust*.

Como se sabe, o direito anglo-saxão contempla a existência de mais de um direito de propriedade sobre uma só coisa, cada uma dessas propriedades com qualificação peculiar, delimitada, estabelecendo-se para tanto um regime de graduação. A propriedade da coisa objeto de um *trust*, assim, estará atribuída a mais de um titular, tendo o *trustee* o *legal title*, que se poderia entender como *propriedade formal*, e o *cestui que trust* (beneficiário) o *equitable* ou *beneficial title*, significando *propriedade econômica* ou *de fruição*.[28]

Não obstante esse traço marcante do instituto, assinala B. A. Wortley[29] que tal desdobramento da propriedade é útil, mas a pedra de toque do *trust* é o sistema processual, do qual decorre um padrão de confiança e de consciência impostos pelo judiciário. Destaca aquele autor que, mais do que o interesse sobre o direito de propriedade, tem o beneficiário interesse que, em certas circunstâncias, as Cortes o protegerão, pelo controle do processo, "como em Roma o pretor protegia o interesse do *filius familias* no *peculium castrense* ou *quasi castrense*, e como os comentadores medievais reconheceram, por sua vez, o *dominium directum* e o *dominium utile*".

Assim, por esse negócio, o *trustee* torna-se proprietário do bem objetivado, podendo praticar todos os atos inerentes ao direito de propriedade, com a ressalva de que a prática desses atos há de ser implementada somente em favor do beneficiário (*cestui que trust*), ou de terceiro indicado como beneficiário, podendo-se dizer, portanto, que os bens objeto do *trust* são afetados à finalidade definida no instrumento de sua constituição.

A existência de dupla propriedade sobre o mesmo bem, como característica do *trust*, é uma noção incompatível com os sistemas de filiação romana.

De fato, não se trata da propriedade condominial ou da enfiteuse, que conhecemos, mas de propriedade destacada, própria e exclusiva de cada qual sobre o mesmo bem, ou seja, uma propriedade formal e uma propriedade de fruição, aquela uma propriedade relativa, pois está limitada ao fim para o qual foi constituída no ato de instituição do *trust*.

Mas, além da dicotomia da propriedade, que confere direito real ao beneficiário e lhe assegura a fruição da coisa, ressalta como elemento viabilizador do *trust*, com vistas à segurança da relação jurídica, o sistema de proteção do poder judicante, do qual emanam modelos de consciência e fidelidade que o *trustee* é obrigado a observar em sua relação com a coisa dada em *trust*, modelos esses que a ele são impostos pela Corte, vale dizer: a par do direito real que prende a coisa ao beneficiário, e acima desse direito, a Corte conduz e controla a atuação do *trustee* na implementação do *trust*, *mantendo-o nos limites do trust que a ele foi confiado*.

---

[27] Apud WORTLEY, B. A. Le trust et ses applications modernes en droit anglais. *Revue Internationale de Droit Comparé*, p. 699, 1962.

[28] HANBURY, Harold Greville; MAUDSLEY, Ronald Harling. *Modern equity*. 12. ed. Londres: Stevens & Sons, 1985, p. 113: "*We have seen that the interest of the beneficiary under a trust is a proprietary interest. The legal title is in the trustee; the equitable and beneficial title is in the beneficiary*".

[29] *Revue Internacionale de Droit Comparé*, 1962, p. 699.

Esse mecanismo de proteção judicial indica, também, que no processo de desenvolvimento histórico do *trust*, apesar de a jurisprudência ter construído um rígido sistema de controle que protege os interesses do beneficiário, o instituto continua a ter como traço marcante a confiança, com a peculiaridade de que o Judiciário tem o poder de fixar os padrões de fidelidade e consciência a serem observados pelo *trustee*.

É na linha desses fundamentos que se insere o conceito emitido por Walter G. Hart:[30] "O *trust* é uma obrigação imposta seja por convenção ou por decorrência de lei, em virtude da qual o obrigado deve gerir bens sobre os quais tem controle para benefício de certas pessoas, que podem exigir o implemento da obrigação".

Arrola esse autor os seguintes aspectos fundamentais do *trust*: 1) a existência de uma obrigação que pode ter sido convencionada expressamente ou que pode decorrer da lei; 2) a restrição do poder jurídico que o *trustee* tem sobre os bens objeto do *trust*; 3) a separação entre o controle dos bens e a integridade do direito do beneficiário sobre os mesmos, na medida em que o obrigado (*trustee*) pode ser uma das pessoas que gozem do direito de beneficiário; 4) a legitimação de qualquer dos beneficiários para exigir o cumprimento da obrigação.

Digna de nota também é a definição de Pierre Lepaulle, baseada na concepção de patrimônio de afetação, para quem o *trust* é uma afetação de bens, garantida pela intervenção de uma pessoa a quem é cometida a obrigação de implementar todos os atos necessários à realização da aludida afetação.[31]

Ao discorrer sobre a conceituação do *trust*, Philip H. Pettit, na clássica obra *Equity and the law of trust*, observa que a percepção da ideia geral do *trust* é relativamente fácil, mas a doutrina encontra dificuldades para formular uma definição completamente satisfatória. Observa aquele autor que um *trustee* é o proprietário nominal da coisa objeto do *trust*, mas o proprietário real ou beneficiário é o *cestui que trust*, ou, alternativamente, o *trustee* é o proprietário legal. Diz aquele autor: "Um *trust* é um negócio jurídico pelo qual compromete-se uma pessoa (que é chamada *trustee*) a administrar bens sobre os quais tem controle (que são chamados bens dados em *trust*), seja em benefício de pessoas (que são chamadas beneficiárias ou *cestuis que trust*), entre as quais ela mesma, o *trustee*, pode figurar, estando qualquer delas investida de legitimidade para exigir o implemento da obrigação, ou para uma finalidade caritativa, que pode ser exigida perante o Ministério Público, ou para algumas outras finalidades permitidas por lei, embora não exequíveis".[32]

Fixados esses traços fundamentais, importa observar que, com a constituição do *trust*, desaparece da relação o *settlor* (fiduciante), isto é, aquele que institui o *trust*, permanecendo somente sua vontade, manifestada no ato de constituição do *trust*. Todos os direitos, ações e interesses que tinha o *settlor* sobre a coisa são transferidos e divididos entre o *trustee* e o *cestui que trust*, daí por que os frutos da coisa devem ser entregues a este último, a quem também devem ser prestadas contas, e não ao *settlor*.

---

[30] "What is a trust?". *The Law Quarterly Review*, v. 15, n. LIX, jul. 1899, *apud* BATIZA, Rodolfo. *El fideicomiso, teoría y práctica*. 3. ed. México: Porrúa, 1976, p. 48.

[31] LEPAULLE, Pierre. La naturaleza del trust. *Revista General de Derecho y Jurisprudencia*, México, 1932, t. III, p. 115: "*El trust es una afectación de bienes garantizada por la intervención de un sujeto de derechos, que tiene la obligación de hacer todo lo que sea razonablemente necesario para realizar esa afectación, y que es titular de todos los derechos que sean útiles para cumplir dicha obligación*".

[32] PETTIT, Phillip H. *Equity and the law of trusts*. 7. ed. Londres: Butterworths, 1993, p. 23: "*A trust is an equitable obligation, binding a person (who is called a trustee) to deal with property over which he has control (which is called the trust property) either for the benefit of persons (who are called the beneficiaries or cestuis que trust), of whom he may himself be one, and any one of whom may enforce the obligation, or for a charitable purpose, which may be enforced at the instance of the Attorney General, or for some other purpose permitted by law though unenforceable*".

Atualmente, a configuração do *trust* encontra-se consolidada no contexto da jurisprudência como negócio pelo qual uma pessoa destaca de seu patrimônio certos bens e transmite a outra pessoa sua propriedade formal (*legal tittle*), obrigando-se esta última (*trustee*) a administrá-la em favor de uma terceira pessoa (*cestui que trust* ou beneficiário), que terá a propriedade de fruição, ou econômica, sobre o bem objeto do *trust*.

A fórmula é engenhosa e permite a consecução dos mais variados negócios, mediante uma dinâmica que contempla uma transmissão triangular, em que o *settlor* destaca um bem de seu patrimônio e o transmite ao *trustee*, que, recebendo-o, não pode desfrutar das utilidades econômicas desse bem, mas se obriga a transmiti-lo, e efetivamente o transmitirá, ao *cestui que trust* ou beneficiário, este, sim, o titular dos frutos dos bens objeto do *trust*.

O *trust* implica a segregação de um patrimônio, e a consequente criação de um patrimônio de afetação, que não se confunde com o patrimônio do instituidor (*settlor*), permanecendo incomunicável no patrimônio do *trustee*. Dada essa estruturação, o *trust* assegura aos beneficiários uma especial proteção no gozo dos seus direitos, na medida em que esses são colocados fora do alcance dos credores do *trustee*. Na hipótese de insolvência do *trustee*, os bens objeto do *trust* não integrarão a massa concursal, por estarem submetidos a uma afetação que os vincula à finalidade definida no contrato.

O campo de aplicação do *trust* é de tal maneira vasto, e variadíssimas as hipóteses que comportam sua utilização, que praticamente não há regras que dificultem ou restrinjam a constituição de um *trust*, que pode ser utilizado para uma variedade ilimitada de objetivos.[33]

Assim, o *settlor* transmite a propriedade de certos bens ao *trustee*, a este incumbindo administrá-los em benefício das pessoas expressamente identificadas no ato de instituição do *trust*, sendo certo que, na falta de um instrumento específico, serão beneficiárias as pessoas indicadas em decorrência de lei ou da jurisprudência.

Os direitos a serem auferidos pelos beneficiários no *trust* devem ser explicitamente definidos no ato de sua constituição, podendo ser representados pelo pagamento de uma renda periódica, para fins determinados ou não, pela entrega do bem dado em *trust* ao beneficiário, ao final de certo evento ou de certo tempo, pela realização de determinado propósito, como, por exemplo, a manutenção de uma instituição etc.

Importa, obviamente, que o objeto do *trust* seja definido com precisão.

Ora, considerando-se que o *trust* tem como elementos essenciais um patrimônio determinado e uma afetação, é, efetivamente, mediante a determinação de um patrimônio e sua afetação que se pode obter a consecução dos efeitos econômicos e jurídicos do *trust*, isto é, mediante a atribuição de um direito patrimonial – propriedade fiduciária – a alguém, para que o administre no interesse de outrem.

No direito anglo-saxão, classificam-se os *trusts* em *express trusts* (*trusts* expressos), que se constituem mediante expressa manifestação de vontade, seja por ato entre vivos, seja por testamento, ou *implied trusts* (*trusts* implícitos), que são constituídos por força de decisões dos tribunais, com fundamento em uma vontade presumida do *settlor*, ou, mesmo, como resultado de uma interpretação de equidade, não necessariamente fundada em presumida vontade das partes.

Os *express trusts* subdividem-se em *executed trusts* (*trusts* executados), quando o ato inicial do *settlor* implica a transmissão da propriedade, ou *executory trusts* (*trusts* a executar), quando o que se contrata é uma transmissão futura da propriedade. De outra parte, segundo a extensão dos poderes outorgados ao *trustee*, o *trust* expresso pode ser *instrumental* ou

---

[33] SCOTT, Austin Wakeman, *apud* BATIZA, Rodolfo. *El fideicomiso, teoría y práctica*. 3. ed. México: Porrúa, 1976, p. 29.

discretionary, aquele prevendo que o *trustee* deve obedecer rigorosamente ao mandato do instituidor e este admitindo que o *trustee* use poderes discricionários na gestão do negócio, valendo-se de seus próprios critérios de avaliação.

Desdobram-se, ainda, os *trusts* expressos em *private trusts* (*trusts* privados), que têm como objeto interesses privados, e *public* ou *charitable trusts* (*trusts* públicos), em que o objeto do *trust* são interesses públicos, que têm utilidade para a sociedade em geral.

Quanto aos implícitos, os *trusts* se subdividem em *constructive trusts* ou *resulting trusts*, os primeiros constituídos por um tribunal para evitar que um indivíduo se aproprie de determinados bens em prejuízo de terceiros,[34] enquanto os segundos são criados por tribunais quando há motivos para se presumir que uma pessoa tenha pretendido constituir um *trust* expresso mas que, por circunstâncias alheias à sua vontade, não chegou a formalizar o pacto.

1.4.2.4. Conclusão

De tudo o que precede, pode-se concluir que o *trust*, preenchendo, embora, algumas das funções da fidúcia romana e do penhor da propriedade germânico, distingue-se desses dois institutos, notadamente em razão da dicotomia da propriedade, noção peculiar do direito inglês, e em função do sistema processual de proteção do beneficiário, mediante atuação do Judiciário no controle e fiscalização da atividade do *trustee*, sistema esse que proporciona o mais alto grau de eficácia na implementação dos *trusts* e na defesa dos interesses do beneficiário.

O dinamismo e a extrema flexibilidade do *trust* possibilitam sua utilidade quase infinita no que se pode chamar de *direito dos negócios*, assemelhando-se a "um molde, uma colcha hospitaleira para inumeráveis situações",[35] circunstância que recomenda a identificação de suas características fundamentais e a tentativa de sua assimilação pelos países de tradição legislativa romana.

A par da utilidade do *trust* como mecanismo para administração, garantia ou investimento, sua aplicação se mostra ainda mais útil nas relações internacionais. De fato, o processo de harmonização legislativa, no campo do direito comparado, decorrente do estreitamento das relações internacionais, é reclamado cada vez mais intensamente para atender as necessidades decorrentes da internacionalização das relações negociais. É nesse campo que o *trust* aparece com mais frequência, sobretudo na medida em que se intensifica o fluxo de capitais no plano internacional, não só em razão da atuação de companhias de administração de investimentos, como, também, pela necessidade de instrumentos e mecanismos jurídico-financeiros que permitam a regularidade da circulação de capitais no plano internacional.

Exemplos desta última hipótese são as adaptações das legislações de Luxemburgo, Dubai, da França (que em 2007 introduziu no seu Código Civil a regulamentação da operação de fidúcia, uma espécie de versão civilista do *trust*), da Venezuela, do Chile e da Argentina, estas últimas que reformularam sua legislação sobre fideicomisso na linha do conceito do patrimônio de afetação, exatamente com o propósito de criar condições para o ingresso de capitais estrangeiros.

Entretanto, há que se ressaltar, mais uma vez, que o *trust* contempla, necessariamente, como característica fundamental, a dicotomia do direito de propriedade, pela qual podem coexistir sobre um mesmo bem dois direitos de propriedade (a *legal property*, do *trustee*, e a *equitable property*, do beneficiário ou *cestui que trust*), peculiar do direito anglo-saxão e não

---

[34] Seria a hipótese de um *trustee* apropriar-se de produto dos negócios realizados com bens objeto do *trust*.
[35] JAUFFRÉT-SPINOSI, Camille. La Convention de la Haye relative à la loi applicable au trust e à sa reconnaissance (julho de 1985). *Journal de Droit International*, Paris, 114ª année, nº 1, p. 23, 1987.

acolhido pelos sistemas de tradição romana. O *trust* em sua concepção natural só pode ter acolhida em países que adotem a dualidade da propriedade. Essa peculiaridade torna impossível a recepção pura e simples do *trust* pelos ordenamentos jurídicos de origem romana, daí por que a construção de um instituto que possa exercer as mesmas funções do *trust* passa por uma formulação doutrinária e legislativa assentada na possibilidade de separação de patrimônio e, consequentemente, na criação de *patrimônios de afetação* – nesse conceito, o proprietário de certos bens transmite-os a outrem para atender a determinados fins (de investimento, garantia ou administração, por exemplo), atribuindo a essa transmissão caráter puramente fiduciário; aquele que recebeu os bens tem sobre eles um domínio restrito (*domínio fiduciário*) e com essa propriedade fiduciária constitui um patrimônio de afetação, com a destinação específica e única de cumprimento da finalidade definida no ato de sua constituição; seria uma "versão civilista do trust", como registra o Parecer da Comissão do Senado francês, ao aprovar a reformulação do seu Código Civil pela qual foi regulamentada a operação de fidúcia.

1.4.2.5. *Tentativas de adaptação do* trust *a sistemas de tradição romana*

A extraordinária utilidade do *trust* vem, há muito, despertando o interesse de juristas de países de tradição legislativa romana, motivando-os à realização de estudos com vistas à adaptação do conceito do *trust* a esses sistemas. A propósito, observa Waldemar Ferreira que a assimilação do instituto anglo-americano "responde fundamentalmente ao desejo de dar ao direito privado nacional a flexibilidade necessária para que permita alcançar fins de impossível ou difícil realização dentro dos esquemas tradicionais".[36]

As dificuldades de natureza histórica e estrutural, entretanto, não permitem a translação pura e simples do *trust* para os sistemas do *civil law*, circunstância que levou Tullio Ascarelli a advertir que "para se adotar o *trust* será preciso permanecer antes no domínio tradicional da fidúcia, que tem a mesma origem psicológica, do que penetrar no domínio jurídico, onde tudo é regido de modo formal".[37]

Efetivamente, cotejando-se a estrutura da fidúcia com a do *trust*, verifica-se que em ambos os institutos o princípio da boa-fé desempenha papel preponderante, mas, de outra parte, há discrepâncias entre certos princípios fundamentais da *civil law* e da *common law*, que constituem sério obstáculo à transladação do instituto anglo-americano para os sistemas de tradição romanística.

De fato, as profundas diferenças que afastam o sistema da *civil law* do sistema anglo-americano se mostram de maneira muito clara na configuração do *trust*, como, por exemplo, (a) a instituição da propriedade dos bens objeto do *trust* em nome do próprio *trustee* ou de quem este indicar, (b) a autonomia dos bens objeto do *trust* em relação ao patrimônio do *trustee* e (c) a atribuição ao *trustee* do poder-dever de administrar, incluindo o poder de disposição sobre os bens, conforme os fins do *trust*. São essas as peculiaridades que constituem a noção fundamental do *trust*, sem as quais não se terá a configuração desse negócio.

Mas, não obstante essas discrepâncias, é perfeitamente admissível o aproveitamento, nos sistemas da *civil law*, da *ideia geral* do *trust*, de que fala Philip H. Petit, com vistas à construção de institutos que exerçam funções análogas às do *trust*, sem que isso implique afronta ao princípio da exclusividade da propriedade.

---

[36] FERREIRA, Waldemar. O *trust* anglo-americano e o fideicomisso latino-americano. *Revista da Faculdade de Direito da Universidade de São Paulo*, LI, p. 182.
[37] Manifestação no Congresso Internacional de Direito Privado, Roma, 1950.

Ora, considerando-se que o *trust* tem como elementos essenciais um patrimônio determinado e uma afetação, é, efetivamente, mediante a determinação de um patrimônio e sua afetação que se poderia obter a realização de efeitos econômicos e jurídicos semelhantes aos do *trust*, isto é, mediante a atribuição de um direito patrimonial – propriedade fiduciária – a alguém, para que o administre no interesse de outrem, mantendo-se a propriedade fiduciária em patrimônio apartado.

2
NEGÓCIO FIDUCIÁRIO

2.1. NOTA PRELIMINAR

Na medida em que a configuração das garantias, em geral, tem em vista a proteção do crédito com a simultânea criação de condições para que o devedor cumpra a obrigação a que está vinculada a garantia, a fidúcia romana apresentava o sério defeito de retirar do devedor a posse da coisa, afastando, obviamente, os meios com os quais poderia pagar a dívida a que estava vinculada a coisa transmitida no *pactum fiduciae*; essa circunstância pôs em relevo as garantias hipotecária e pignoratícia, que não tinham os vícios que caracterizavam a fidúcia.

Até o final do século XIX, a hipoteca, o penhor e a anticrese foram considerados adequados aos fins a que se destinam, mas a partir da Revolução Industrial começaram a se fazer notar as deficiências daquelas garantias, reclamando-se a revisão do seu sistema, seja visando contornar os problemas decorrentes da preferência de outros créditos, notadamente os de natureza fiscal, seja visando ajustar o processo de excussão das garantias ao ritmo acelerado que se imprimiu à circulação das riquezas, em função do desenvolvimento do capitalismo financeiro.

É nesse contexto que juristas europeus, em resposta a esses reclamos, cunharam a figura do *negócio fiduciário*, inspirados na fidúcia *cum creditore* do direito romano, procurando viabilizar a transmissão da propriedade como meio de proteger mais eficazmente o crédito, não só mediante rápida recomposição das situações de mora, como, também, por afastar da concorrência créditos preferenciais.

O modelo fiduciário reconstruído, entretanto, apresentava as mesmas deficiências do velho instituto do direito romano, não só em razão da transmissão da posse ao credor, como, também, em função da vulnerabilidade da posição do devedor, pois, nesse modelo, na hipótese de recusa do credor em retransmitir a propriedade ao devedor, só restaria a este a reparação das perdas e danos, pois o pacto de restituição no negócio fiduciário propriamente dito cria tão somente um vínculo obrigacional.

Neste capítulo cuidaremos dos traços caracterizadores do negócio fiduciário, suas modalidades, seus efeitos e a posição da jurisprudência nacional quanto à sua validade.

2.2. INTRODUÇÃO

Entende-se por *negócio fiduciário* o negócio jurídico atípico pelo qual uma pessoa (fiduciante) transmite a propriedade de uma coisa ou a titularidade de um direito a outra (fiduciário), que se obriga a dar-lhe determinada destinação e, cumprido esse encargo, retransmitir a coisa ou direito ao fiduciante ou a um beneficiário indicado no pacto fiduciário.

A análise das figuras de natureza fiduciária de construção romana, germânica e inglesa permite observar que a elas se recorria fundamentalmente como forma de suprir lacunas do sistema jurídico, pois a dinâmica da atividade econômica cria incessantemente novas espécies de negócio, que nem sempre encontram correspondência nas modalidades contratuais tipificadas no ordenamento. Por isso, como nenhum sistema jurídico é capaz de renovar-se com a velocidade das inovações ocorridas no campo econômico, sucede que, a cada nova necessidade de ordem econômica ou social, vão sendo adaptados velhos institutos jurídicos, mediante renovação de suas funções, para atender a essas novas necessidades.

Com efeito, o negócio fiduciário surge, em regra, no mundo dos negócios, como forma de realização de determinados objetivos para os quais os mecanismos e institutos jurídicos em vigor no ordenamento não servem com a necessária eficácia e precisão. É um dos casos de adaptação de velhos institutos para superar o permanente conflito entre a tendência conservadora do ordenamento jurídico e o processo desbravador da atividade econômica, que, necessitando de instrumentos para expandir e diversificar, abre perspectivas para a utilização de institutos já integrados ao ordenamento, mas eventualmente com funções diferentes daquelas para os quais originalmente foram moldados.

Efetivamente, a cada dia a atividade econômica abre perspectivas de inovação, daí surgindo novas modalidades de negócio em alta velocidade e grande variedade, de modo que, não dispondo o ordenamento de meios adequados ao atendimento dessas inovações no momento em que se põem no mercado, são elas colocadas em prática mediante utilização de velhas formas contratuais.

Tal é o contexto em que os negócios indiretos surgem como força capaz de suprir as lacunas do direito positivo cristalizado e de atender ao dinamismo próprio da atividade econômica.

Esse processo histórico é registrado com extraordinária clarividência por Tullio Ascarelli, para quem qualquer que seja a origem histórica de determinado instituto e sua justificativa originária, não raras vezes apresenta-se ele, na sua evolução, útil para novas funções e aplicações, embora conservando elementos de sua concepção original: "É através dessa contínua adaptação de velhos institutos a novas funções que o direito, às vezes, se vai desenvolvendo; não raro, ostentando, então, a história do seu passado, nas formas, que permanecem idênticas, a despeito da renovação das funções. (...)

A inércia jurídica, a que aludi, não é somente o fruto de um misoneísmo, às vezes peculiar aos ambientes jurídicos, mas se prende, também, ao intuito de conciliar as novas exigências da vida prática com a certeza e segurança da disciplina jurídica, com a 'continuidade' do desenvolvimento histórico do direito (o que se prende à função conservadora que, sob um certo aspecto, é sempre própria do direito constituído e da jurisprudência). A satisfação das novas exigências já se verifica, às vezes, lenta e gradualmente, de modo a não comprometer a continuidade do sistema e a certeza da norma jurídica aplicável.

As novas necessidades são, então, satisfeitas, mas o são com velhos institutos. Nessa adaptação, a nova exigência é satisfeita através de um velho instituto que traz consigo as suas formas e a sua disciplina, e oferece à nova matéria, ainda em ebulição, um velho arcabouço já conhecido e seguro. As velhas formas e a velha disciplina não são abandonadas de chofre, mas só lenta e gradualmente, de maneira que, muitas vezes, por longo tempo a nova função vive dentro da velha estrutura, e assim se plasma, enquadrando-se no sistema.

Pode isto contrariar a simetria e a estética do sistema, mas oferece, às vezes, a vantagem da conciliação de progresso e conservação, da satisfação das novas exigências, respeitadas a continuidade do desenvolvimento jurídico e a certeza de disciplina decorrente da utilização de institutos já conhecidos, que já foram objeto da elaboração por parte da doutrina e da jurisprudência, assujeitados à prova da experiência e, por esta, moldados".[1]

O fenômeno registrado por Ascarelli sempre esteve presente no evolver do direito, mas se observa com mais frequência na razão direta da intensificação das inovações que se verificam nos campos econômico e social.

É nesse processo que aparece a fidúcia, que, na feliz expressão de Otto de Sousa Lima, tem a função de "tornar dúctil um sistema jurídico fechado".[2]

De fato, na sociedade moderna, a celeridade com que se desenvolvem os negócios e se intensifica o uso do crédito reclama a criação de novas garantias, pois as existentes nos sistemas de origem romana se mostram insatisfatórias para a proteção do direito de crédito, notadamente em razão da morosidade de sua execução. Por isso, como observa José Carlos Moreira Alves, graças ao trabalho construtivo dos juristas germânicos, surgiram, no direito moderno, as figuras do negócio jurídico fiduciário e do negócio jurídico indireto.[3]

2.3. ORIGEM E TENTATIVAS DE CONCEITUAÇÃO

A configuração moderna do negócio fiduciário, paralelamente à do negócio jurídico indireto, surgiu no final do século XIX, a partir da construção doutrinária de juristas alemães e italianos, pela qual se utiliza a transmissão do direito de propriedade com escopo de garantia, a exemplo do que já ocorrera com a fidúcia romana e com o penhor da propriedade do direito germânico. O marco inicial da doutrina moderna do negócio fiduciário está na obra de Regelsberger, que o define em 1880 como "um negócio seriamente desejado, cuja característica consiste na incongruência ou heterogeneidade entre o escopo visado pelas partes e o meio jurídico empregado para atingi-lo".[4]

Embora não contenha uma noção completa do que seja o negócio fiduciário, essa definição apresenta algumas de suas principais características: em primeiro lugar, sendo realmente desejado pelas partes, o negócio fiduciário não constitui simulação; em segundo lugar, é marcante no negócio fiduciário a incongruência entre o fim desejado e o meio empregado, pois, ao empregar, por exemplo, a compra e venda com escopo de garantia, as partes se valem de um contrato típico cujo efeito extravasa o fim por elas desejado e produz "mais consequências jurídicas do que seria necessário para alcançar aquele fim determinado".[5]

Grassetti salienta que, no negócio fiduciário, a atribuição da titularidade ao adquirente é plena, mas este assume a obrigação de dar determinada destinação ao objeto da propriedade ou titularidade, porque o escopo da atribuição é atípico, não é previsto de modo específico pelo ordenamento; no entanto, criticando a definição de Regelsberger, não vê desproporção entre o meio empregado e o fim desejado, pois aquele seria o único que permitiria alcançá-lo.

---

[1] ASCARELLI, Tullio. *Problemas das sociedades anônimas e direito comparado*. 2. ed. São Paulo: Saraiva, 1969, p. 93.
[2] LIMA, Otto de Sousa. *Negócio fiduciário*. São Paulo: RT, 1962, p. 127.
[3] LIMA, Otto de Sousa. *Negócio fiduciário*. São Paulo: RT, 1962, p. 3.
[4] ALVES, José Carlos Moreira. *Alienação fiduciária em garantia*. 2. ed. Rio de Janeiro: Forense, 1979, p. 3, nota 6: "A própria denominação negócio fiduciário é de Regeslsberger, como se vê nesta passagem: 'Eu quero propor para esta forma jurídica a denominação negócio fiduciário, para a qual nós temos um exemplo nas fontes'".
[5] FERRARA, Francesco, *apud* ESPÍNOLA, Eduardo. Negócio fiduciário. *Revista dos Tribunais*, v. 184, p. 532 e ss.

Assim Grassetti define: "Por negócio fiduciário entende-se uma manifestação de vontade pela qual se atribui uma titularidade de direito em nome próprio mas no interesse, ou também no interesse, do transmitente ou de um terceiro".[6]

São os casos, por exemplo, do endosso pleno de uma cambial, com a finalidade de cobrança ou de transmissão da propriedade de certos bens, para fins de administração patrimonial etc., hipóteses apresentadas por Regelsberger, pois o efeito jurídico do negócio não está plenamente ajustado ao fim econômico perseguido pelas partes, mas ultrapassa esse fim. Importa notar que no negócio fiduciário esse fim econômico é realmente pretendido pelas partes, daí por que não se confunde com o negócio simulado: na configuração do negócio fiduciário, "o fiduciário deve ser proprietário do bem transferido, credor do crédito cedido ou transferido mediante endosso, mas não obstante comportar-se economicamente apenas como um administrador, credor pignoratício, mandatário etc., deter a coisa, portanto, só em fidúcia".[7]

É característica do negócio fiduciário, assim, tal como destacado por René Jacquelin, a articulação entre a transmissão da propriedade e uma convenção firmada entre as partes com o fim de neutralizar os efeitos do direito real transmitido, pois embora aquela transmissão torne o fiduciário proprietário pleno e definitivo da coisa, ressalva-se que só se transmite a propriedade com o propósito de dar ao fiduciário as condições necessárias para administrar um patrimônio, ou para outra finalidade que as partes tiverem definido no *pactum fiduciae*, como pode acontecer com o endosso pleno de uma cambial, que, embora tornando o endossatário titular pleno do direito de crédito nela expresso, é formalizado tão só para que se efetive a cobrança do título.

Assim, muito embora consubstancie uma atribuição de propriedade, o negócio fiduciário tem o seu efeito de direito real parcialmente anulado por um pacto adjeto, como assinala Tullio Ascarelli: "o característico do negócio fiduciário decorre do fato de se prender, ele, a uma transmissão da propriedade, mas de ser, o seu efeito de direito real, parcialmente neutralizado por uma convenção entre as partes em virtude da qual o adquirente pode aproveitar-se da propriedade que adquiriu, apenas para o fim especial visado pelas partes, sendo obrigado a devolvê-la desde que aquele fim seja preenchido. Ao passo que os efeitos de direito real, isoladamente considerados e decorrentes do negócio adotado, vão além das intenções das partes, as ulteriores convenções obrigacionais visam justamente restabelecer o equilíbrio; é assim possível o uso da transferência da propriedade para finalidades indiretas (ou seja, para fins de garantia, de mandato, de depósito)".[8]

Evidentemente, a eventual neutralização, por meio do *pactum fiduciae*, do efeito do direito real transmitido, resulta exclusivamente da boa-fé, pois, uma vez transmitido o direito ao fiduciário, fica o fiduciante sujeito ao arbítrio daquele.

Tal como na fidúcia romana, se o fiduciário abusar da sua condição jurídica e alienar a coisa, o fiduciante não dispõe de ação para reivindicar a coisa, mas apenas de ação pessoal de reparação de danos, pois a venda há de ser considerada válida.

O negócio fiduciário, assim, implica a utilização de um negócio jurídico típico, como a compra e venda, por exemplo, para uma finalidade econômica diversa da causa da compra e venda, que é a troca de coisa por dinheiro, daí a desproporção entre o meio empregado e o fim que se deseja alcançar, no sentido de que o negócio típico utilizado extravasa a

---

[6] *Apud* LIMA, Otto de Sousa. *Negócio fiduciário*. São Paulo: RT, 1962, p. 162.
[7] Ennecerus, *apud* LIMA, Otto de Sousa. *Negócio fiduciário*. São Paulo: RT, 1962, p. 166.
[8] ASCARELLI, Tullio. *Problemas das Sociedades Anônimas e direito comparado*. 2. ed. São Paulo: Saraiva, 1969, p. 96.

intenção das partes, produzindo mais consequências jurídicas do que o necessário para se atingir o fim desejado.

Assim sintetiza José Carlos Moreira Alves: "Assim, a compra e venda tem como causa a troca de coisa por dinheiro, e como escopo último (motivo) qualquer utilização da coisa pelo comprador como proprietário; já a compra e venda com fim de garantia (negócio jurídico indireto) é uma compra e venda (negócio jurídico típico) em que a causa é a desta (troca de coisa por dinheiro), mas em que o escopo último (motivo) não é aquele a que normalmente se visa quando se celebra uma compra e venda (qualquer utilização da coisa pelo comprador como proprietário), mas o de a coisa adquirida servir ao seu proprietário como garantia do pagamento do crédito".[9]

Na linha dessa concepção, assinala José Xavier Carvalho de Mendonça que, ao celebrar negócio fiduciário, as partes o desejam com os efeitos jurídicos que lhes são peculiares, ainda que por meio dele visem a um fim econômico diverso: "Assim, a transferência da propriedade a fim de servir de penhor ou de qualquer outra garantia; a cessão de crédito com o fim de mandato, para ser cobrado pelo cessionário. O adquirente e o cessionário figuram como donos da coisa ou titulares do direito, mas sob a confiança neles depositada pelo verdadeiro dono ou credor. Daí o nome de negócio fiduciário, isto é, que revele confiança, ou que nela se baseia".[10]

Característica essencial do negócio fiduciário, portanto, é que o meio jurídico utilizado sempre extravasa o resultado econômico objetivado, registrando-se, aí, a presença da fidúcia, vale dizer, a confiança em que o fiduciário, tendo recebido um poder jurídico formalmente ilimitado sobre a coisa que lhe foi transmitida – isso é, o poder de titular do domínio –, dele não fará uso senão para atender à finalidade definida no contrato celebrado entre ele e o fiduciante.

Disso resulta que a transmissão ou a atribuição da propriedade ou do direito não encerra um fim em si mesma, sendo, antes, um meio para se alcançar o objetivo desejado efetivamente pelas partes, que há de ser a constituição de uma garantia, a realização de investimentos ou empreendimentos, a administração de negócios etc.

Pontes de Miranda destaca os elementos da fidúcia moderna, *em sentido pós-romano*, assinalando que há uma diferenciação entre o fim técnico do negócio jurídico e o fim posterior, econômico, daí satisfazendo-se a técnica, mas pretendendo-se algo mais, que não está no negócio jurídico, pois o "negócio fiduciário é negócio jurídico mais fidúcia", *verbis*: "sempre que a transmissão tem um fim que não é a transmissão mesma, de modo que ela serve a negócio jurídico que não é o de alienação àquele a que se transmite, diz-se que há fidúcia ou negócio fiduciário. Se a regra jurídica prevê, explicitamente, a categoria jurídica do negócio jurídico fiduciário, como acontece com os fideicomissos, tudo se passa em termos de interpretação, incidência e aplicação da lei. Se não há regra jurídica especial, ou que possa ser regra entendida como permissiva dos negócios fiduciários, o primeiro problema é o de se saber se existem, ou não, no sistema jurídico, negócios jurídicos fiduciários (...) A transmite a C, para que C transmita a B; A transmite a B, para que B administre; A cede a C crédito contra B, para que cobre a B. O outro fim é, aí, heterotópico; está fora do negócio jurídico da transmissão. Não se confunde com o negócio jurídico simulado, porque o fim do negócio jurídico simulado foi querido, ao passo que, na fidúcia, se quer o outro fim. Ao fiduciário transmite-se o bem da vida, posto que, em virtude da natureza do negócio jurídico fiduciário, só lhe caiba proceder de acordo com a lei, se essa previu a figura jurídica, ou de acordo com as

---

[9] ALVES, José Carlos Moreira. *Alienação fiduciária em garantia*. 2. ed. Rio de Janeiro: Forense, 1979, p. 5, nota 11.

[10] MENDONÇA, José Xavier Carvalho de. *Tratado de direito comercial brasileiro*. 3. ed. Rio de Janeiro: Freitas Bastos, 1939, v. VI, 1ª parte, p. 85.

declarações ou manifestações de vontade que lhe confiaram o outro fim. O elemento novo, que há no negócio jurídico fiduciário, é a confiança, a fidúcia (em sentido pós-romano). Aquele a quem se faz a transmissão, posto que tenha todos os poderes e faculdades do adquirente e, pois, do proprietário, diante do transmitente está obrigado a exercer o seu direito de acordo com o fim da fidúcia, inclusive, se for o caso, de restituir o bem da vida que se transmitiu. No negócio jurídico fiduciário, o fim é o fim próprio do negócio, mas há outro que coincide ser o fim econômico. Dá-se, então, diferenciação entre o fim técnico do negócio jurídico e o fim posterior, econômico. Satisfaz-se à técnica, mas quer-se algo mais, plus, que não está no negócio jurídico. Em verdade, negócio jurídico fiduciário é negócio jurídico mais fidúcia. A relação jurídica daquele é uma (A); a da fidúcia é outra (B). Essa é que faz o fiduciário ter o dever e a obrigação de exercer os seus direitos, oriundos da relação jurídica (A), tal como lhe ficou confiado na relação jurídica (B). Foi F. Regelsberger, em 1880 (*Zwei Beiträge zur Lehre von der Cession, Archiv fur die civilistische Praxis*, 63 e 173), quem designou tais negócios jurídicos como negócios fiduciários, para substituir a expressão de J. Kohler (*Studien uber Mentalreservarion und Simulation, Jährbucher fur die Dogmatik*, 16, 140) 'negócio encoberto' (*verdektes Geschäft*), não só porque o negócio da transmissão não é encoberto, nem encobre, como porque na expressão caberiam negócios simulados. Melhor seria dizerem-se 'negócios jurídicos com fidúcia', para se frisar a dualidade de relações jurídicas. Ao lado da relação jurídica, oriunda da aquisição, está a relação jurídica da fidúcia, entre o fiduciante e o fiduciário".[11]

2.4. TRAÇOS CARACTERÍSTICOS

O negócio jurídico fiduciário, no sentido pós-romano a que alude Pontes de Miranda, é *bilateral, oneroso* ou *gratuito, principal* ou *acessório, solene* ou *não solene*.

É *bilateral* porque encerra a constituição de direitos e obrigações para ambas as partes. O fiduciário assume a obrigação de dar ao bem ou direito recebido a destinação prevista no contrato e de restituí-lo ao fiduciante ou a terceiro indicado no ato de constituição da fidúcia; o fiduciante, por sua vez, assume a obrigação de implementar todas as formalidades necessárias à efetiva transmissão do bem ou direito e de respeitar a titularidade do fiduciário, além de outras obrigações que o *pactum fiduciae* possa prever. Especificamente no negócio fiduciário para fins de garantia, são peculiares determinadas restrições que se impõem ao fiduciário, podendo este assumir as obrigações compatíveis com aquelas restrições (deixar de exercer certos direitos inerentes à propriedade, aguardar o decurso de certos prazos etc.).

O negócio fiduciário será *oneroso* se o fiduciante transmitir a propriedade com vistas a uma correspondente contraprestação que se impuser ao fiduciário, ou se este tiver, na contrapartida, o direito de obter uma prestação do fiduciante; será *gratuito* se o fiduciante transmitir a propriedade independente de qualquer contraprestação ou se o fiduciário a receber independente de contraprestação do fiduciante.

Pode o negócio fiduciário ser *principal*, como são os casos em que a transmissão da propriedade se dá para efeito de administração patrimonial, ou *acessório*, quando a transmissão da propriedade se efetiva para fins de garantia, como nos contratos de empréstimo em geral, em que este, o de empréstimo, é o contrato principal.

Pode o negócio fiduciário ser *solene*, quando para a transmissão da coisa ou do direito se exige forma prescrita em lei e a observância de certas formalidades, como, por exemplo, a

---

[11] PONTES DE MIRANDA, Francisco Cavalcanti. *Tratado de direito privado*. Rio de Janeiro: Borsoi, 1954, v. III, p. 115-117.

transmissão de um direito real, em que se exige o assentamento do ato no Registro competente, ou *não solene*, quando para a transmissão da coisa ou do direito se requeira simples tradição, como é o caso da coisa móvel ou de título ao portador.

São sujeitos da relação fiduciária o *fiduciante*, o *fiduciário* e o *beneficiário*. O *fiduciante* é aquele que transmite a titularidade de um direito, para proveito dele ou de um beneficiário; *fiduciário* é aquele que adquire o direito, e, simultaneamente, assume a obrigação de destiná-lo à realização de determinado fim; *beneficiário* é aquele que, por indicação do instituidor, ou fiduciante, aufere os proveitos da administração do bem, tendo o direito de receber os frutos da coisa e/ou a própria coisa.

O fiduciário terá direito à remuneração que for estipulada no ato constitutivo do negócio fiduciário.

O objeto do negócio fiduciário há de ser sempre determinado, podendo ser coisa, móvel ou imóvel, ou direito.

2.5. ESTRUTURA DO NEGÓCIO FIDUCIÁRIO

Na formalização do negócio fiduciário opera-se a transmissão da propriedade de um bem ou da titularidade de um direito, do fiduciante para o fiduciário, e, simultaneamente a essa aquisição por parte do fiduciário, verifica-se a aquisição de direitos, pelo fiduciante, em decorrência da relação obrigacional vinculada ao negócio de transmissão da propriedade ou da titularidade.

Em razão dessa dúplice constituição de direitos, registram-se divergências na doutrina quanto à estrutura do negócio fiduciário.

Para alguns, trata-se de uma estrutura complexa, formada por dois negócios, dois atos de natureza distinta; para outros, não se justifica o desmembramento do negócio em dois atos, pois, ao convencionar o negócio fiduciário, a vontade das partes é a de realizar um único negócio, que seria composto por duas partes, permeado pela *causa fiduciae*.

No primeiro caso, resultaria o negócio fiduciário da conjugação de dois contratos, quais sejam, um *contrato real positivo*, que tem como objeto a transferência normal do direito de propriedade ou do direito de crédito, e outro, *contrato obrigatório negativo*, pelo qual se estipula a obrigação do fiduciário de restituir a coisa, depois de cumprir a finalidade para a qual foi transmitida. Trata-se da tese dualista.

Já no segundo caso, que consubstancia a tese unitária ou monista, o negócio fiduciário seria um só negócio, decorrendo da *causa fiduciae* (1) efeitos reais, oponíveis *erga omnes*, e (2) efeitos obrigacionais, de alcance interno, cuja função seria contingenciar a eficácia real do contrato.

Francesco Ferrara assinala que "o negócio fiduciário é uma forma complexa que resulta da união de dois negócios de índole e efeitos diferentes, colocados em recíproca oposição", assim discorrendo sobre os dois negócios – *contrato real positivo* e *contrato obrigatório negativo*: "Este segundo contrato tende a reservar ao fiduciante uma certa influência sobre a coisa transmitida, de modo que possa impor ao fiduciário o usar somente de sua posição jurídica para determinados fins, e obrigá-lo à restituição do direito ou da equivalência obtida; e, em caso de violação, obter a indenização do dano. Esta influência, no entanto, é puramente indireta, porquanto a convenção negativa não afeta a eficácia real da transmissão; não a limita nem subordina – a transferência da propriedade ou do crédito subsiste pura e incondicionada – antes se trata de uma proteção indireta por meio de uma obrigação pessoal do fiduciário. Assim, pois, o transmitente, uma vez despojado definitivamente do seu direito, não pode reclamá-lo já, não pode voltar a tirá-lo das mãos do fiduciário ou de terceiros, e possui somente um direito de crédito para sua restituição. Os dois negócios, o real e o obrigatório, caminham paralelamente entre si e ficam de certo modo independentes, mesmo quando o segundo representa um constrangimento a não abusar da eficácia do primeiro".[12]

Em sentido contrário, na doutrina portuguesa, Orlando de Carvalho[13] distingue a *causa fiduciae* da causa típica do negócio, conceituando-a como a força oriunda da *fides* que *liga o adquirente*, e que é capaz de transformar um proprietário pleno praticamente num mandatário ou num credor hipotecário, "que consegue vincular a propriedade aos limites do crédito, superando o contrassenso jurídico que representa equiparar os dois termos".

No mesmo sentido, observa Massimo Nuzzo que o negócio fiduciário é *negócio causal uno e incindível que se projeta na direção de um escopo unitário*[14] composto por duas partes e *instrumentalmente* dirigido a um escopo diverso do fim típico.

A doutrina brasileira, de modo geral, não se detém na questão da estrutura do negócio fiduciário, acompanhando a concepção de Ferrara.[15] José Carlos Moreira Alves assinala que as duas concepções – dualista e monista – ainda encontram adeptos, embora dominante a primeira, concluindo, como Barea, que o indispensável para que se configure um negócio fiduciário é a *situação de perigo* limitado pelo *jogo da fides,* de modo que, não existindo a possibilidade de *abuso*, o que se tem é a *fidúcia legal*, não havendo como falar-se em negócio fiduciário.[16]

A nosso ver, a concepção unitária deve prevalecer, pois, ao formalizar o negócio fiduciário, não têm as partes intenção de destacar dois atos com finalidade distinta e independente, mas, sim, celebrar um único negócio que, embora tenha uma função real e uma função obrigacional, visa estabelecer uma conexão entre essas duas funções, produzindo um complexo de modificações subjetivas da relação jurídica preexistente, de uma parte, mediante a transmissão de domínio, e, de outra parte, mediante a simultânea constituição de obrigações vinculadas àquela transmissão de domínio. Na relação fiduciária, a vontade das partes não é desvincular os efeitos do negócio, mas, ao contrário, é estabelecer rigorosa interdependência entre a transmissão de domínio e a constituição de obrigações, havendo perfeita compatibilidade entre os efeitos do contrato, pois, como observa Massimo Nuzzo, não obstante seja o negócio composto por duas partes, é dirigido a um escopo diverso do fim típico.

De outra parte, não há como negar que o ato de transmissão de domínio e o de constituição de obrigação, embora interdependentes e conexos, têm intensidade e eficácia distintas.

De fato, em razão de sua oponibilidade *erga omnes*, o direito real que se constitui no negócio fiduciário se mostra mais eficaz do que o vínculo obrigacional nele estabelecido, que não é oponível *erga omnes*, ficando clara a posição privilegiada em que se encontra o fiduciário, comparativamente com a posição do fiduciante, que tem apenas um direito pessoal de obter a satisfação da obrigação assumida pelo fiduciário. Dessa maior tutela jurídica que privilegia o fiduciário resulta uma *situação de perigo* para o fiduciante, pois as ações de que este dispõe para obter o cumprimento do *pactum fiduciae* podem se mostrar ineficazes se o fiduciário se tornar insolvente; ademais, o fiduciário, sendo titular pleno da propriedade do bem ou da

---

[12] *Apud* LIMA, Otto de Sousa. *Negócio fiduciário*. São Paulo: RT, 1962, p. 185.
[13] CARVALHO, Orlando de, Negócio jurídico indireto. *Boletim da Faculdade de Direito*, Coimbra, suplemento X/1, 1952, *apud* MARTINS-COSTA, Judith, Os negócios fiduciários – Considerações sobre a possibilidade de acolhimento do trust no direito brasileiro. *Revista dos Tribunais*, v. 657, p. 37 e ss.
[14] *Apud* MARTINS-COSTA, Judith. Os negócios fiduciários – considerações sobre a possibilidade de acolhimento do *trust* no direito brasileiro. *Revista dos Tribunais*, n. 657, p. 37-50.
[15] MARTINS-COSTA, Judith. Os negócios fiduciários – considerações sobre a possibilidade de acolhimento do *trust* no direito brasileiro. *Revista dos Tribunais*, n. 657, p. 37 e ss.
[16] MOREIRA ALVES, José Carlos. *Alienação fiduciária em garantia*. 2. ed. Rio de Janeiro: Forense, 1979, p. 22.

titularidade do direito objeto da fidúcia, em relação a terceiros, poderia desviar-se do fim estipulado no *pactum fiduciae* ou pode abusar de sua condição de proprietário. Esse *poder de abuso* é peculiar ao negócio fiduciário, em face da posição de inferioridade em que se coloca o fiduciante, que antes da celebração do negócio era o titular do domínio; uma vez transmitida a titularidade ao fiduciário, este fica em condições de transmitir a coisa ou o direito, porque, perante terceiros, é ele o proprietário da coisa ou titular do direito.

2.6. NEGÓCIO FIDUCIÁRIO E NEGÓCIO SIMULADO

Não raras vezes os negócios fiduciários são confundidos com os negócios simulados. Entretanto, percebe-se com facilidade a distinção entre ambos.

Com efeito, na simulação existe uma discrepância entre a natureza do contrato ostensivamente celebrado (simulado) e oponível *erga omnes*, e a natureza do contrato efetivamente estipulado pelas partes e só oponível internamente, entre as partes. Observa Pontes de Miranda que para que se caracterize o defeito do ato simulado, é essencial "que haja a intenção de prejudicar terceiros ou de violar regra jurídica, sendo tal intenção o elemento necessário do suporte fático de qualquer dos incisos do art. 102 do Código Civil". Prossegue Pontes de Miranda: "se a simulação foi absoluta, *nada feito*, pois nada suscita; *simulata non valent*. Se foi relativa, isto é, se algo se quis, embora não apareça, e o que se quis tem alcance nocivo, o ato jurídico existe, e, embora os figurantes não a possam alegar, os terceiros prejudicados ou o Ministério Público podem promover a anulação *do que existe e aparece*".[17]

Diferentemente, no negócio fiduciário não se tem uma aparência, mas uma realidade, pois, como observa Pontes de Miranda, ele é porque exprime *um efetivo e sério querer*, a despeito de uma discrepância entre a finalidade a atingir e o meio jurídico empregado para alcançá-lo. A essência, pois, da distinção entre o negócio fiduciário e o simulado está no processo de formação da vontade, na medida em que é nele que se verifica se ocorreu ou não a intenção de enganar que caracteriza a simulação.

Francesco Ferrara assinala os pontos essenciais em que o negócio fiduciário se distingue do negócio simulado, a saber:

a) o negócio simulado é negócio ficto, não real; o negócio fiduciário é negócio efetivamente desejado pelas partes e existente;

b) o negócio simulado se realiza com o propósito de suscitar uma aparência, uma ilusão, enquanto o negócio fiduciário é realizado com o propósito de suprir uma lacuna do ordenamento;

c) o negócio simulado é negócio único, jejuno de consentimento, enquanto o negócio fiduciário consubstancia a articulação de dois negócios sérios, um de natureza real, outro, obrigacional, em parte elidentes;

d) o negócio simulado não visa resultado econômico diferente do jurídico; já o negócio fiduciário se caracteriza pela incongruência entre o meio jurídico empregado e o resultado econômico do contrato;

e) o negócio simulado é absolutamente nulo, daí por que não opera a transmissão do direito, continuando o simulante proprietário.[18]

---

[17] PONTES DE MIRANDA, Francisco Cavalcanti. *Tratado de direito privado*. Rio de Janeiro: Borsoi, 1954, t. 4, p. 373 e 375.

[18] *Della Simulazione dei Negozi Giuridici*, p. 55, *apud* GOMES, Orlando, *Alienação fiduciária em garantia*. 4. ed. São Paulo: RT, 1975, p. 25.

Assim, na interpretação do negócio, é indispensável que se examine o processo de formação da vontade para se identificar aquilo que efetivamente foi desejado pelas partes, com o que se poderá saber se ocorreu ou não a intenção de enganar que caracteriza a simulação.

2.7. RESPONSABILIDADE DO FIDUCIÁRIO

O fiduciário responde por seus atos ao instituidor, ao beneficiário e a terceiros, podendo ser destituído se negligenciar no cumprimento dos seus deveres.

2.8. VALIDADE E EFICÁCIA DOS NEGÓCIOS FIDUCIÁRIOS

Em regra, o negócio fiduciário encerra atos válidos, sempre que a transmissão de propriedade ou de titularidade de coisa ou direito, que consubstancie, tenha sido convencionada de acordo com a lei. Assim, dado que as partes sejam capazes, o objeto seja lícito e haja forma prescrita ou não defesa em lei, reveste-se o negócio fiduciário de plena validade e eficácia.

Antão de Morais invoca Francesco Messineo, para quem "o contrato fiduciário, como contrato inominado, é lícito, salvo se se propuser à realização de interesses não merecedores de tutela ou de caráter ilícito", salientando que "em face do Código Civil brasileiro a questão não oferece dificuldade. Desde que as partes sejam capazes, o objeto lícito e haja forma prescrita ou não defesa em lei (Código Civil, art. 82), o negócio fiduciário será inatacável. Assim tem sido entendido (ESPÍNOLA, 'Manual', v. 3, parte I, nº 112, págs. 470-474; CARVALHO SANTOS, comentário ao art. 102, v. 2, pág. 385, segunda edição)".[19]

Se, entretanto, o negócio fiduciário ocultar manobras fraudulentas, não será válido, não produzindo qualquer efeito, como seria inválido e sem qualquer efeito o próprio ato típico, pois vicia o ato o elemento de violação do preceito legal, utilizado pelas partes para fugir ao balizamento da lei, mediante artifícios ou acomodações, como observa Francisco Campos: "Ora, o princípio que rege os negócios indiretos é que estes se terão por proibidos toda vez que tiverem por fim ou função produzir os efeitos que a lei, ao vedar os negócios diretos, visa a proibir".[20]

Assim, o negócio fiduciário será ilícito se foi praticado com o fim de frustrar a aplicação da lei, iludir a finalidade da lei ou atingir um fim proibido pela lei, como seriam ineficazes e sem qualquer efeito, por exemplo, os atos de transmissão de propriedade ou de oneração de bens feitas em fraude de execução (Código de Processo Civil, art. 792).

2.8.1. Efeitos do negócio fiduciário nas hipóteses de insolvência

Segundo a estrutura peculiar do negócio fiduciário, uma vez concluída sua formalização, com o eventual registro da transmissão da propriedade, quando for o caso, o fiduciário passa a ser o titular pleno do bem ou do direito; incorporado ao seu patrimônio, o bem passa a constituir garantia dos seus credores. De outra parte, o fiduciante, depois de efetivada a transmissão, deixa de ser o titular do bem, passando a ter um direito de crédito contra o fiduciário.

Dada essa estruturação, a insolvência produz, logicamente, duas consequências básicas: se insolvente o fiduciário, o bem transmitido em fidúcia, que se encontrava no ativo do

---

[19] *Apud* LIMA, Otto de Sousa. *Negócio fiduciário*. São Paulo: RT, 1962, p. 213.
[20] CAMPOS, Francisco, *Direito Civil*, Rio de Janeiro: Freitas Bastos, 1956, p. 243.

seu patrimônio, passará a integrar o ativo da massa e será arrecadado, não se conferindo ao fiduciante outro direito senão o de credor, pois, em decorrência do *pactum fiduciae*, passou a ser titular apenas de um crédito contra o fiduciário; se insolvente o fiduciário, integraria a massa somente o direito de crédito que este tem contra o fiduciário.

Não obstante essa inequívoca consequência lógica, alguns autores, como Regelsberger e Köhler, procuram abrandar os efeitos da quebra do fiduciário, negando-lhe, nessa hipótese, o direito absoluto e irrestrito sobre a propriedade; sustentam que o fiduciante, à falta de normas positivas, teria uma pretensão *reivindicatio utilis*, invocando, para tanto, a natureza complexa do negócio fiduciário.

Sustenta Köhler que os efeitos pretendidos pelas partes são os do mandato e que, assim, a impossibilidade de recuperação do bem por parte do fiduciante constituiria uma consequência tão cruel que o direito não admitiria.

Contrapondo-se a essa construção, Francesco Ferrara deixa claro que não cabe ao fiduciante qualquer direito de separação, já que, com a transmissão da propriedade, o fiduciário adquire a titularidade plena e irrestrita do bem, que, obviamente, estando no patrimônio do fiduciário, sofrerá os efeitos da sua insolvência. Observa Ferrara que a consequência cruel a que alude Köhler é o resultado natural do negócio fiduciário, é a própria vontade que as partes manifestaram ao constituí-lo, acrescentando: "também aqui turvaram o problema sentimentos de equidade mal compreendidos. Admira que escritores como Regelsberger e Köhler, que concebem tão exatamente o negócio fiduciário, se tenham deixado influenciar por uma suposta injustiça econômica, e neguem também a referida consequência, admitindo que o transmitente possa recobrar os bens com exclusão dos credores da falência. Semelhante resultado, isto é, que o objeto do negócio fiduciário seja compreendido na massa, contradiz, segundo Köhler, a posição patrimonial a que tendiam as partes, visto que só queriam conseguir com o conjunto da operação a finalidade econômica do mandato. Seria esta, na opinião do mesmo autor, uma consequência tão cruel que o Direito não poderia aprová-la, e por isso se deve admitir a favor do fiduciante uma *reivindicatio utilis*".[21]

Entre nós, Pontes de Miranda chama a atenção para o fato de que o *pactum fiduciae* não tem eficácia real, e que, portanto, transmitida a propriedade para o fiduciário, pode o bem ser objeto de excussão por parte dos credores deste, inclusive execução concursal. Entretanto, pondera: "Mas, de acordo com os princípios, o fiduciante é credor concursal, ou o é o terceiro a quem deve ser devolvido o bem da vida, pelo seu direito à devolução. O direito à separação ou restituição da coisa (Decreto-lei 7.661, de 21 de junho de 1945, arts. 75-79),[22] ou a pretensão à execução por coisa certa (Código de Processo Civil, arts. 992-997)[23] só existe se a transferência se deu sob condição resolutiva e essa se realizou. Na execução concursal do fiduciário, o fiduciário pode exercer o seu direito à restituição ou separação, salvo se o alcança alguma regra jurídica dos arts. 52-58[24] do Decreto-lei 7.661, de 21 de junho de 1945. Se a transmissão foi para garantia, o credor-fiduciário tem direito à restituição ou separação, quanto a todo o objeto, enquanto não se lhe paga a dívida. O síndico da execução concursal apenas pode exigir que se venda o bem e se entregue o resto à massa concursal. O mesmo se há de observar quanto à cessão de crédito para garantia: o crédito não entra no concurso, porque não é mais do fiduciante, posto que o resto do que se apurar se haja de entregar à

---

[21] *A simulação dos negócios jurídicos*, Saraiva & Cia, São Paulo, 1939, p. 88, *apud* LIMA, Otto de Sousa. *Negócio fiduciário*. São Paulo: RT, 1962, p. 148.

[22] Referem-se à restituição (arts. 86-93 da Lei 11.101/2005).

[23] Refere-se ao CPC de 1939.

[24] Referem-se à ineficácia e à revogação dos atos praticados antes da falência (arts. 129-138 da Lei 11.101/2005).

massa concursal. Num e noutro caso, a venda do bem ou a cobrança do crédito não é feita pelo síndico".[25]

O pronunciamento exprime com clarividência os efeitos da insolvência, exceto quanto à ressalva alusiva à condição resolutiva (*o direito à separação (...) só existe se a transferência se deu sob condição resolutiva e essa se realizou*), pois, como se sabe, na fidúcia romana a transmissão se fazia de maneira plena, sem condição resolutiva. De outra parte, é controvertida a faculdade que teria o síndico de exigir a venda do bem, entregando-se à massa o que sobejar; para alguns, o síndico da massa do fiduciante não pode exigir a venda do bem porque este é propriedade plena do fiduciário, enquanto outros entendem que se trata da hipótese do art. 117 da Lei de Recuperação de Empresa e de Falência, que prevê a possibilidade de cumprimento dos contratos do falido, circunstância em que se aplicariam as estipulações do *pactum fiduciae*, com a eventual restituição do sobejo.

Em suma, o fiduciante carece de direito real, pois desvinculou-se do bem ou do direito quando transmitiu a propriedade ao fiduciário, passando a ter somente direito de crédito; a insolvência do fiduciário é um dos riscos a que o fiduciante está sujeito quando celebra o negócio fiduciário, é uma *situação de perigo* tanto quanto o é a possibilidade de o fiduciário vender a coisa a terceiros, contra os quais o fiduciante carece de ação reivindicatória.

Quando o bem objeto da fidúcia estiver na posse do fiduciante insolvente, admite-se o direito do fiduciário de requerer a separação, mesmo que seu valor exceda o valor da dívida, assegurado à massa, com o pagamento, o direito de recobrar a propriedade e a posse da coisa. De outra parte, considerando os sistemas pelos quais a transmissão da propriedade só se efetiva mediante assentamento no Registro competente, deve o bem integrar a massa do fiduciante se tal assentamento ainda não tiver sido efetivado quando da decretação da quebra ou dentro do termo da falência.

Do que precede, resulta claro que as consequências da insolvência do fiduciário tornam o negócio fiduciário, na configuração de negócio atípico de cunho romano, absolutamente imprestável para garantia das operações de crédito que se realizam em larga escala na economia moderna, ou para a administração fiduciária típica dos fundos de investimento, pois nada justificaria colocar a grande massa subscritores de quotas do fundo sob o risco de figurar apenas como credores quirografários na hipótese de quebra (ou liquidação extrajudicial) da sociedade administradora que opera como fiduciária.

Por isso mesmo, para aplicação em larga escala, envolvendo o interesse de grande massa de investidores, negócios de natureza fiduciária só são admissíveis se vierem a ser regulamentados pelo direito positivo – quando passariam a ser tidos como *negócios fiduciários impróprios* –, hipótese em que (1) a propriedade da coisa ou do direito objeto do negócio ou da garantia haveria de submeter-se a limitações que a vinculassem ao fim convencionado no contrato, promovendo-se a afetação da coisa ou do direito, e (2) a coisa ou o direito haveria de constituir um patrimônio funcionalmente autônomo, um núcleo patrimonial separado em relação aos patrimônios do fiduciante e do fiduciário, patrimônio esse que somente existiria enquanto perdurasse a razão de ser da fidúcia.

Essa é, em linha de princípio, a orientação adotada pelas mais recentes legislações que vêm regulamentando a matéria, como é o caso da nossa Lei dos Fundos de Investimento Imobiliário (Lei 8.668, de 1993), pela qual, para constituição dos fundos, os bens são adquiridos no próprio nome da administradora, mas em caráter fiduciário, pelo que não ingressam em termos plenos no ativo desta, nem com ele se comunicam, não podem ser objeto de execução

---

[25] PONTES DE MIRANDA, Francisco Cavalcanti. *Tratado de direito privado*. São Paulo: RT, 2012, v. III, p. 119.

por dívidas da administradora etc., devendo ser averbadas no competente Registro de Imóveis as restrições impostas à administradora (art. 7º).

2.9. MODALIDADES DE NEGÓCIOS DE NATUREZA FIDUCIÁRIA

Conforme a finalidade, distinguem-se, na prática, duas modalidades de negócio fiduciário, isto é, a de garantia e a de administração, nesta última compreendidas a de gestão, propriamente, e a de investimento.

A classificação dos negócios fiduciários segundo as finalidades de *administração* ou de *garantia* coincide com as modalidades de fidúcia do direito romano, ou seja, *fiducia cum amico* e a *fiducia cum creditore*, destacadas por Gaio.[26]

2.9.1. Venda com escopo de garantia

No negócio fiduciário para garantia tem-se um contrato acessório, na medida em que o fiduciante transmite ao fiduciário um bem ou direito para garantia do cumprimento de uma obrigação, facultando-se a esse credor, em caso de mora do devedor, a satisfação do seu crédito mediante a utilização do bem ou direito, geralmente mediante venda em hasta pública.

Observa Francesco Ferrara que, por esse pacto, o credor fica obrigado à retrocessão do direito ao alienante, sendo certo que essa operação "não deve considerar-se como uma *datio in solutum*, mas sim como uma garantia acessória do mesmo crédito, contida na forma jurídica mais ampla da transferência do domínio".[27]

Aspecto relevante na venda com escopo de garantia diz respeito ao preço.

Como é sabido, os elementos essenciais da compra e venda são a coisa, o preço e o consenso, sendo o preço a contraprestação do comprador. Tem o preço as seguintes características, segundo Carvalho Santos: "Três requisitos pedia o preço, no Direito antigo: devia ser *certum*, *justum* e *verum*, ou seja, certo, equivalente e verdadeiro. Vale dizer: não podia ser incerto, tendo que ser ao menos determinável, nem tampouco irrisório nem fictício, porque isso desvirtuaria o contrato, tal como é concebido".[28]

Dado o conceito de preço, poder-se-ia questionar a validade do contrato de venda com escopo de garantia se figurasse preço vil no contrato, mas eventuais desproporções não afetam a validade e eficácia do contrato, considerando a finalidade para a qual ele é celebrado.

Com efeito, eventuais disparidades entre o valor do bem e a dívida garantida não desnaturam o negócio, nem o invalidam, pois, na verdade, a venda com escopo de garantia não é feita com o propósito de transmitir a propriedade de forma definitiva para o fiduciário, não se confundindo com a dação em pagamento, daí por que não poderá o débito ser considerado extinto mediante simples compensação com a coisa. Evidentemente, nessas hipóteses o preço há de ser sempre inferior ao valor do imóvel, pois o preço, na venda com a finalidade de garantia, há de corresponder ao valor da dívida e não ao valor do imóvel, assinalando Messina que "a compra não deixa de ser compra ainda que o preço seja desproporcionalmente baixo,

---

[26] *Institutas*, § 60, II: *Sed fiducia contrahitur aut cum creditore pignoris iure, aut cum amico, quod totius nostrae res apud eum essent...*
[27] Apud LIMA, Otto de Sousa. *Negócio fiduciário*. São Paulo: RT, 1962, p. 224.
[28] SANTOS, J. M. de Carvalho, *Código Civil brasileiro interpretado*. 11. ed. Rio de Janeiro: Livraria Freitas Bastos, 1956, v. XVI, p. 23.

ou que não exista equivalência econômica entre as duas prestações".[29] Essa desproporção não é relevante porque, na verdade, não encerrando o negócio uma dação em pagamento, não pode o fiduciário ficar com a coisa como compensação, sendo certo que deverá vendê-la para pagar-se, restituindo ao fiduciante o que sobejar.

2.9.2. Cessão fiduciária de crédito

Uma das hipóteses mais comuns de negócio fiduciário é a cessão fiduciária de crédito, para fins de garantia, de cobrança ou mesmo de compensação, todas elas largamente utilizadas no sistema financeiro.

A essa modalidade de negócio aplicam-se, *mutatis mudandis*, os princípios da venda com escopo de garantia.

Por meio da cessão, o cessionário é investido da condição de credor, com todos os poderes inerentes a este, inclusive o de valer-se de todas as ações e execuções a que o credor está legitimado, mas, recebendo o crédito, não pode apropriar-se da totalidade do produto, mas apenas do *quantum* correspondente ao seu crédito, ou retendo o produto recebido até que o devedor-cedente pague sua dívida.[30]

2.9.3. Negócio fiduciário para administração

Exemplificando essa hipótese de negócio fiduciário, Giuseppe Messina refere-se à pretensão de **A** de conceder a **B** poderes para administrar seus bens, mas, não considerando suficientes os poderes de um mandato, transmite a **B** a propriedade; depois de atingido o objetivo de **A**, ou depois de removida a causa que impedia **A** de implementar tal administração, como, por exemplo, uma viagem que o impedisse de cuidar dos bens, então **B** deverá restituir a propriedade dos bens, prestando contas e respondendo por sua gestão.[31]

O negócio fiduciário de administração se faz para propiciar ao fiduciante, ou ao beneficiário, a conservação, administração ou exploração de um bem ou direito de propriedade do fiduciante, propiciando-lhes melhor aproveitamento; opera-se a transmissão da propriedade ou titularidade para facilitar ao fiduciário a administração, com a flexibilidade e celeridade que exigem os negócios de modo geral.

Atualmente, esta é uma das hipóteses mais frequentes e que desperta maior interesse, dada sua relevância na economia contemporânea. É o caso típico dos fundos de investimento, em que o fiduciante entrega ao fiduciário certa soma de dinheiro para que faça inversões em negócios que deem rentabilidade e promova sua administração, com a obrigação do fiduciário de restituir o capital e seus rendimentos. Nessa modalidade de negócio as instituições administradoras devem ser previamente credenciadas pelas autoridades monetárias, devendo, para tanto, preencher determinados requisitos, e são submetidas a rigoroso controle e fiscalização por parte dessas autoridades, dado o interesse público que envolve a economia popular.

No negócio de administração é também muito comum a gestão de negócios imobiliários.

---

[29] MESSINA, Giuseppe. *Scritti Giuridici* – Negozi Fiduciari. Milano: Giuffré, 1948. v. I, p. 72.

[30] Essa modalidade de cessão fiduciária foi adotada no direito positivo brasileiro, nos termos dos arts. 18 a 20 da Lei 9.514/1997 e dos §§ 3º e 4º do art. 66-B da Lei 4.728/1965, com a redação dada pelo art. 55 da Lei 10.931/2004.

[31] MESSINA, Giuseppe. *Scritti Giuridici* – Negozi Fiduciari. Milano: Giuffré, 1948. v. I, p. 8.

2.9.3.1. Negócio fiduciário para recomposição de patrimônio

Está compreendido no negócio fiduciário para fins de administração. Trata-se da hipótese em que uma pessoa, tendo seu patrimônio onerado, mas não sendo insolvente, transfere-o a outrem, para que o recomponha, uma vez que ele, o titular do patrimônio, não se sente em condições pessoais ou técnicas de promover essa recuperação. Alcançada a recomposição, o fiduciário restituirá a propriedade ao fiduciante.

2.9.3.2. Cessão fiduciária para fins societários

É a hipótese do acionista de sociedade anônima que, por qualquer razão, julga inconveniente dar, pessoalmente, votos de desconfiança aos administradores e, por isso, atribui a outra pessoa esse encargo, transmitindo-lhe a titularidade fiduciária das ações.

A permissão para negociação fiduciária de ações inspira-se no princípio de que os negócios fiduciários, como instituto de ampla aplicação, abrangem a transmissão de bens ou direitos, bem como a assunção de obrigações abstratas.

É uma das hipóteses de negócio fiduciário para fins de administração, que se ajusta ao conceito da *fiducia cum amico*, pela qual o acionista-fiduciante transfere a titularidade das ações ao fiduciário, estabelecendo com este as condições em que deverá exercer essa titularidade e restituí-la após a consecução da finalidade.

Francesco Ferrara assim conceitua a fidúcia para fins societários: "A cessão de ações duma sociedade faz aparecer a figura do acionista fiduciário, o qual, na opinião de muitos comercialistas, é um acionista fictício, um testa de ferro; mas, na realidade, não é exata nem sequer a opinião mais autorizada, sustentada por VIVANTE, que vê naquele um mandatário do sócio, em seu próprio nome. Não, o fiduciário é um verdadeiro acionista, proprietário efetivo da ação, tanto nas relações internas como nas externas, e por isso exerce legitimamente os direitos sociais e intervém nas assembleias, sem que o fim econômico da representação seja mais do que o motivo da transferência. Ao transmitente somente corresponde um direito pessoal em relação ao cessionário para o obrigar a manter-se dentro da finalidade que motivou a transferência e para obter, portanto, eventualmente, a retrocessão da ação alienada".[32]

A caracterização atual da cessão fiduciária de ações do capital de sociedade anônima, regulamentada no direito positivo, como ocorre à luz dos arts. 40, 100 e 113 da Lei 6.404, de 1976, contempla amplo tratamento dessa modalidade de contrato, inclusive com o estabelecimento de restrições à titularidade do fiduciário; com fundamento nessa lei, o direito de voto do fiduciante fica preservado, mas restringe-se sua exequibilidade, nas condições que o contrato estipular, ao dispor que "o credor garantido por alienação fiduciária da ação não poderá exercer o direito de voto; o devedor somente poderá exercê-lo nos termos do contrato".

2.10. EXTINÇÃO DO NEGÓCIO FIDUCIÁRIO

O negócio fiduciário extingue-se:

a) pelo decurso do prazo ou realização do seu fim;
b) pela revogação;
c) pela renúncia do beneficiário;
d) pelo distrato.

---

[32] *Apud* LIMA, Otto de Sousa. *Negócio fiduciário*. São Paulo: RT, 1962, p. 231.

2.11. O NEGÓCIO FIDUCIÁRIO NA JURISPRUDÊNCIA BRASILEIRA

No Brasil, o negócio fiduciário é admitido pela doutrina e pela jurisprudência, como observa Maria Helena Diniz,[33] que aponta dentre as figuras negociais fiduciárias reconhecidas a compra e venda com fins de garantia, a venda com fins de administração e a venda para recomposição de patrimônio.

Nosso direito positivo, entretanto, não contempla uma regulamentação sistemática da matéria, a despeito da tentativa feita por meio do Projeto de Lei 3.236/1957, do Anteprojeto do Código de Obrigações de 1965 e do Projeto de Lei 4.809/1998,[34] havendo, tão somente, algumas normas legais isoladas para hipóteses específicas, adiante mencionadas.

A jurisprudência brasileira, embora escassa, reconhece os negócios fiduciários propriamente ditos, admitindo que, com base na autonomia da vontade e na liberdade contratual, é lícita a criação de negócios jurídicos atípicos, desde que tal criação não afronte o ordenamento jurídico, a ordem pública ou a moral, revestindo-se, portanto, de plena validade e eficácia.

São ilustrativos os seguintes casos:

> "O negócio fiduciário há de ser inatacável, desde que as partes sejam capazes, o objeto lícito e haja forma prescrita ou não defesa em lei, na conformidade com o que dispõe o art. 82 do CC, porquanto apesar de se tratar de contrato *sui generis*, é autônomo e independente, revestindo-se de toda a validade e eficácia" (TJMG, Ap. Cível 27.069, Rel. Des. Edílio Fernandes, *RF* 218/164).

> "Venda de imóveis, em confiança, a genro e filha, com anuência dos demais descendentes, para o fim de saldarem eles, com a renda das propriedades, certo débito hipotecário. Devolução obrigatória dos prédios uma vez paga a dívida. Recusa injustificada. Caso de simulação inocente, não conflitante com a hipótese. Admissibilidade de todos os meios de prova, inclusive a indiciária e a circunstancial, na falta de ressalva expressa. Ação de enriquecimento julgada procedente. Voto vencido" (Tribunal de Justiça de São Paulo, Ap. 38.927, 5ª Câmara Cível, *RT* 184/635).

> "Negócio fiduciário. Conceituação. Efeitos. Ação restitutória procedente. Condenação do vencido ao pagamento de honorários de advogado. Culpa contratual manifesta.
> Quando o fiduciário, abusando de sua situação e iludindo a confiança que nele depositara o fiduciante, retiver indevidamente em seu poder o bem ou direito que lhe foi transmitido, e se recusar a restituí-lo, pode este reivindicá-lo, nos termos do pacto fiduciário" (Tribunal de Justiça de São Paulo, Ap. 47.771, 4ª Câmara Cível, *RT* 188/163).

> "O negócio fiduciário encerra uma transação válida, efetivamente realizada e formalmente em ordem. O proprietário a quem se transferiu a coisa o é realmente perante a lei e terceiros. Guarda somente, para com o alienante, um pacto de fidúcia que o obriga a lhe retransmitir a propriedade. Quebrada a fidúcia, pelo não cumprimento da obrigação pessoal assumida pelo fiduciário, não deixa este de continuar como proprietário

---

[33] DINIZ, Maria Helena, *Curso de direito civil brasileiro*. 11. ed. São Paulo: Saraiva, 1996, v. III, p. 432.
[34] Reproduz anteprojeto que propusemos com a presente monografia, publicada em 1998.

legítimo; e nem pode a transação formal ser anulada por vício inexistente, tal seja o de simulação, pois, em suma, o negócio se efetivou segundo a vontade das partes" (Tribunal de Alçada de São Paulo, Ap. 29.651, 4ª Câmara Cível, *RT* 292/505).

"É válido o negócio fiduciário desde que, através dele, não se desrespeite a lei, nem se venha a causar prejuízo a terceiro" (Tribunal de Justiça de São Paulo, Ap. 166.166, 4ª Câmara Civil, *RT* 402/135).

3
FIDÚCIA LEGAL

3.1. INTRODUÇÃO

Ao atualizar esta obra para a 8ª edição, esclareço que a grande motivação que me levou a elaborá-la, no início dos anos 1990, era a ausência de lei que disciplinasse os contratos de investimento coletivo em geral, sobretudo em vista da intensificação da atividade dos fundos de investimento.

Na primeira edição, submeti ao debate proposta legislativa de instituição de um regime geral da fidúcia, que foi chancelada pelo plenário do Instituto dos Advogados Brasileiros em 2020 e convertida no Projeto de lei da Câmara nº 4.758/2020, já aprovado nessa Casa e em tramitação no Senado Federal no início do ano de 2023, quando do encerramento dos trabalhos para esta 8ª edição.

Ao longo dessas décadas, a lacuna vem sendo preenchida, mas de maneira lenta e assistemática, mediante edição de leis casuísticas.

Para contextualização do ambiente em que formulei essa proposta legislativa, mantenho os itens iniciais deste Capítulo 3, como segue.

É controvertida a posição da doutrina quanto à possibilidade e à conveniência de ser conferido tratamento sistemático ao negócio fiduciário, mediante a construção de figura tipificada em lei.

Entendem alguns que, caracterizando-se o negócio fiduciário pela situação de perigo em que se encontra o fiduciante, que poderia ensejar abuso de poder por parte do fiduciário, a ausência dessa situação de perigo descaracteriza a natureza *fiduciária* do negócio. De fato, como o fiduciário se apresenta em face de terceiros como titular do bem ou direito transmitido em fidúcia, pode desviar-se da finalidade estipulada no *pactum fiduciae* ou pode se utilizar do bem ou do direito de forma abusiva. Nessa situação, o fiduciante se encontra em posição de desvantagem jurídica ou de perigo em razão da disparidade de tutela jurídica conferida ao fiduciante e ao fiduciário, circunstância que propicia um poder de abuso por parte do fiduciário. Por isso mesmo, José Carlos Moreira Alves entende que "negócios jurídicos típicos, como a alienação fiduciária em garantia, não podem ser considerados como negócios fiduciários propriamente ditos".[1] Outros, entendendo ainda presente o elemento *confiança*, mesmo nas

---

[1] MOREIRA ALVES, José Carlos. *Alienação fiduciária em garantia*. 2. ed. Rio de Janeiro: Forense, 1979, p. 23.

espécies já regulamentadas, admitem a possibilidade de se incluírem estas no gênero compreendido pelos negócios fiduciários, com os quais não se confundem.[2]

Na América espanhola, onde a experiência legislativa sobre o tema é fecunda, a corrente majoritária dos autores admite a inclusão da fidúcia na sistemática do direito positivo, vendo o fideicomisso como uma espécie de negócio fiduciário e sustentando que ambos os negócios têm em comum os seguintes aspectos:

a) presença de dois sujeitos;
b) transmissão de um bem ou direito de um a outro, como relação real;
c) obrigação pessoal do adquirente (fiduciário) perante o alienante (fiduciante) de dar determinada destinação ao bem ou direito transmitido;
d) afetação do bem ao fim estipulado no instrumento do fideicomisso.[3]

Não obstante a controvérsia, o direito positivo vem delineando o contorno de novas figuras contratuais dotadas dos traços característicos da fidúcia e a elas vem emprestando a designação *fiduciária*, seja porque seu modelo tem como fonte de inspiração a fidúcia romana, seja porque, mesmo com a limitação dos poderes do fiduciário, ainda se registra a presença da confiança nessas figuras regulamentadas.

A questão realmente comporta controvérsia e – considerada a disseminação dos negócios modernos em que se utiliza a transmissão da propriedade para fins de administração (notadamente nos investimentos) ou garantia, aliada à complexidade e aos elevados riscos dos negócios na economia moderna – reclama reflexão detida e aprofundada, principalmente com vistas à proteção dos interesses da grande massa de investidores e poupadores que confiam suas economias a instituições habilitadas a recolher recursos do público para aplicação em fundos de investimento em geral ou para realização de contratos coletivos de parceria em investimentos.

3.2. NECESSIDADE DE ADAPTAÇÃO DO NEGÓCIO FIDUCIÁRIO EM FACE DA ECONOMIA MODERNA

Com efeito, no seu processo de evolução, a fidúcia, nas suas várias expressões, foi se amoldando às necessidades e às circunstâncias de cada momento.

Observe-se que na configuração do direito germânico, em cotejo com a do direito romano, a *fides* foi redimensionada por uma nova construção jurídica que impede o livre jogo da confiança e afasta os riscos para o fiduciante, ao introduzir a condição resolutiva no contrato.

De outra parte, mais recentemente, a evolução do *trust* evidencia uma redefinição ainda mais marcante, na qual a *fides* foi substituída por um conjunto de direitos e obrigações plenamente exigíveis, que transformaram aquele instituto numa figura a que a doutrina vem denominando *fidúcia legal*.

Esse processo evolutivo não desnatura o instituto, antes confere a ele estrutura e função compatíveis com as novas necessidades da vida e as novas circunstâncias ou conjunturas sociais e econômicas, mesmo revestindo-o de novas feições, em busca daquilo que Ascarelli

---

[2] GOMES, Orlando. *Alienação fiduciária em garantia*. 4. ed. São Paulo: RT, 1975, p. 32, e RESTIFFE NETO, Paulo, *Garantia fiduciária*. 2. ed. São Paulo: RT, 1976, p. 20.
[3] LISOPRAWSKI, Silvio V, *Fideicomiso*. 2. ed. Buenos Aires: Depalma, 1996, p. 129.

chama de conciliação entre "as novas exigências da vida prática com a certeza e segurança da disciplina jurídica, com a 'continuidade' do desenvolvimento histórico do direito", de modo que, nesse processo, as velhas formas vão sendo afastadas de maneira lenta e gradual e, a partir delas, vai-se construindo um novo instituto para a nova função, que "assim se plasma, enquadrando-se no sistema".[4]

Na sociedade contemporânea são inúmeros os casos em que se reclama a construção de novas figuras para suprir necessidades de natureza negocial e de proteção da economia popular.

Tome-se como exemplo um fundo de investimento, em que uma companhia capta recursos do público e organiza núcleos patrimoniais autônomos, constituídos pelos recursos do público investidor e pelos bens ou direitos que a companhia adquire para formação da respectiva carteira de investimento.

Com efeito, a despeito de, nos negócios dessa modalidade, a transmissão da propriedade não mais repousar unicamente na confiança que, no modelo romano, o fiduciante depositava no fiduciário, a verdade é que esse elemento – *confiança* – continua presente, e, além disso, o negócio continua se revestindo das características do negócio fiduciário, notadamente em razão da transmissão da propriedade em caráter fiduciário. De fato, constitui também elemento essencial dos negócios desse gênero a transmissão da propriedade para fins diversos da simples troca, na medida em que o que as partes desejam, ao contratar a transmissão da propriedade, é um escopo diverso daquele que é típico do negócio de troca de coisa por dinheiro, daí por que não se atribui à administradora o domínio perpétuo e exclusivo sobre a coisa transmitida, mas apenas um domínio restrito, no limite necessário a que a administre com a finalidade de lhe dar maior aproveitamento econômico em benefício do investidor.

Ora, nessa modalidade de negócio as operações são complexas e tendem a se tornar cada vez mais sofisticadas. O cidadão comum não só não tem acesso direto aos negócios de investimento, como, também, não tem capacitação técnica para compreendê-los na sua inteireza e operá-los com eficiência e com a celeridade típica desses mercados; além disso, não tem habilitação legal para implementá-los, já que só as instituições financeiras podem realizá-los (Lei 4.728/1965, art. 49); por isso, se o cidadão comum quiser realizar essas modalidades de investimento e aplicação, não pode fazê-lo diretamente, mas somente por intermédio de empresas especializadas para atuar em seu nome.

A regulamentação do negócio dos fundos de investimento é, pois, indispensável, como evidencia, no direito brasileiro, o caso dos fundos de investimento imobiliário, cuja lei confere proteção especial ao subscritor de quotas, determinando que os bens imóveis que constituem a carteira do fundo serão adquiridos pela instituição administradora do fundo, mas em caráter fiduciário, com rigorosas restrições, não podendo a administradora se apropriar desses bens ou do resultado do investimento.

Na linha desse pensamento, muitos países de tradição legislativa romana vêm colocando a serviço desse tipo de negócio a ideia da afetação de patrimônio e da propriedade fiduciária, presentes no *trust* como características essenciais desse instituto.

Ora, no contexto dessa realidade, o fato de se cercar de garantias o patrimônio do investidor mediante tipificação do contrato, reduzindo o risco proveniente da *fides*, não retira desse negócio a natureza fiduciária.

Veja-se, a propósito, a evolução do *trust*.

---

[4] ASCARELLI, Tullio. *Problemas das Sociedades Anônimas e direito comparado*. 2. ed. São Paulo: Saraiva, 1969.

Esse instituto, na expressão de Maitland, "repousa na confiança dada e aceita". Pois bem. Embora tivesse, na sua origem, configuração similar à da fidúcia romana, o *trust* foi se amoldando e incorporando um conjunto de direitos e obrigações que o transformaram quase que numa *fidúcia legal*, da qual decorrem importantes salvaguardas aos direitos dos *cestuis que trust*.

Na mesma medida, não se pode negar que, na contratação de investimentos por meio dos fundos, ainda se vislumbra com clareza a presença do elemento *confiança*, pois os recursos entregues à instituição administradora não são aplicados em obediência a ordens do investidor, mas segundo o discernimento dos técnicos da administradora; mesmo que esses técnicos se empenhem com a diligência do homem de negócio honesto, é de se admitir que as oscilações normais do mercado possam gerar lucros ou prejuízos, como é da ordem natural das coisas, no mundo dos negócios.

Dir-se-ia que, em qualquer negócio o investidor está sujeito a risco, de acordo com a natureza do negócio, mas, no caso de um fundo de investimento, o investidor, embora seja o dono do capital a ser aplicado, não tem qualquer poder de escolha quanto às aplicações, pois entregou esse capital a um terceiro, o administrador, a quem atribuiu o poder de dirigir as aplicações sem consultar a ele, investidor; é verdade também que a legislação protege o investidor contra eventuais abusos da instituição administradora, prevendo a responsabilidade desta por atos de má gestão ou administração temerária, mas, mesmo protegido contra eventual abuso, o investidor põe seus recursos nas mãos dos administradores da instituição, não tendo alternativa senão confiar cegamente nas avaliações de mercado que estes venham a fazer para realização dos investimentos.

O elemento *confiança*, portanto, é da essência desse negócio, mas, nesse novo contexto, é obviamente mitigado, se comparado com a intensidade de sua presença no direito romano.

Com efeito, na atividade de captação de recursos para investimento, no Mercado de Capitais, há normas de controle e fiscalização, a cargo da Comissão de Valores Mobiliários.

De outra parte, a par da persistência do elemento *confiança* nos negócios da espécie *investimentos coletivos*, *parceria* etc., importa notar que a atribuição do caráter fiduciário a essa modalidade de negócio deve-se principalmente à função do instituto, qual seja, a de utilizar-se de um contrato nominado (de transmissão da propriedade) para fim diverso daquele que lhe é típico, mas para atingir outros fins, como o de garantia, o de administração de bens, o de pagamento de credores etc. Nessa medida, o negócio fiduciário, mesmo tutelado pelo ordenamento, continua se revestindo daquela característica que Regelsberger atribuiu ao negócio fiduciário, qual seja, a de incongruência ou não homogeneidade entre o escopo objetivado pelas partes e o meio jurídico empregado para alcançá-lo.

De fato, mesmo que os negócios fiduciários, na sua evolução histórica, como observa Tullio Ascarelli, venham "dar lugar a novos tipos de negócios, cujos escopos típicos são constituídos precisamente pelos escopos fiduciários dos negócios dos quais derivam e que aos poucos vão assumindo forma apropriada a tais fins", não se pode dizer que por essa razão a fidúcia regulada por lei perca sua característica fiduciária, pois, na verdade, a confiança presente como elemento caracterizador do negócio não é a confiança na pessoa do fiduciário, simplesmente, senão confiança na eficácia do instituto ou nos organismos estatais de controle e fiscalização da captação de recursos do público para investimentos coletivos.

Recorde-se a distinção básica existente entre a fidúcia romana e a do tipo germânico, ambas contemplando a transmissão da propriedade: enquanto na fidúcia romana se contratava a transmissão incondicionalmente, na do tipo germânico se dava a transmissão sob condição resolutiva, de modo que nesta última estava sob controle o risco de abuso do fiduciário. A propósito dessa distinção, Schöny, citado por José Carlos Moreira Alves, reconhece que, mesmo afastado o risco do fiduciante, pela condição resolutiva que limita o poder do fiduciário, a *fides* continuava presente na fidúcia do tipo germânico, e, nesse sentido, assinala Schöny que "a *fides* não é no direito alemão a confiança na pessoa do fiduciário simplesmente, mas, ao contrário, a confiança 'que regula' a posição jurídica – poder jurídico e dever jurídico – no caso particular".[5]

Por isso, a tutela legal do instituto pode, efetivamente, reduzir o risco e afastar a situação de perigo, mas não exclui o elemento *confiança*, como observa Arnoldo Wald[6] que, ao configurar os fundos de investimento em geral, classifica-os no contexto de *figuras análogas ao trust* e aos *negócios fiduciários*.

Em suma, na medida em que se multiplicam e se diversificam as formas de captação de recursos do público para aplicação nas mais variadas formas de investimento, em operações de risco, torna-se indispensável a regulamentação de mecanismos de proteção patrimonial dos investidores, e o mais eficaz desses mecanismos é a afetação patrimonial inerente à titularidade fiduciária.

3.3. NEGÓCIOS FIDUCIÁRIOS PRÓPRIOS E IMPRÓPRIOS

Em todo esse contexto, as figuras tipificadas que encerram relações fiduciárias, como é o caso da constituição da propriedade fiduciária regulamentada pela lei dos fundos de investimento imobiliário (Lei 8.668/1993), configurariam, para alguns, *negócios fiduciários impróprios*, pois nelas não existe a peculiar situação de perigo que caracteriza as modalidades de negócio fiduciário propriamente dito e que enseja a presença do elemento *confiança*; em contraposição, haveria *negócios fiduciários próprios*, que seriam os negócios jurídicos atípicos caracterizados pela transmissão da propriedade para fim diverso daquele que lhe é típico, esses, sim, marcados pela presença da confiança.

Nos negócios fiduciários impróprios não existiria a *fides* peculiar do negócio fiduciário, mas somente a *fides* comum a qualquer negócio jurídico, até porque no negócio tipificado o fiduciante dispõe de tutela legal para exigir o cumprimento da finalidade da fidúcia, sendo impostas ao fiduciário restrições explícitas, que integram o contrato. Nessas modalidades de fidúcia, que alguns autores também denominam *fidúcia legal*, significando aquela que está tipificada, os poderes do fiduciário são limitados e sujeitos a rigoroso controle, estando definida no instrumento de formalização do negócio a exata correspondência desses poderes com a finalidade do negócio celebrado; nesses casos de *fidúcia legal*, como, por exemplo, na constituição de um direito de propriedade de cujo registro constem as restrições a que estão submetidos os poderes do fiduciário, resulta claro que o fiduciante dispõe de meios jurídicos para evitar o abuso do fiduciário e, até, para reivindicar a coisa de terceiros, enquanto nos negócios fiduciários propriamente ditos o fiduciante não dispõe senão de ações pessoais contra o fiduciário.

Seja como for, o direito positivo vem emprestando a designação *fiduciária* às mais diversas figuras que, no direito moderno, vêm sendo construídas a partir da conciliação entre a concepção da fidúcia romana e a ideia geral do *trust*, como são os casos do Código Civil

---

[5] *Treuhandgeschäfte*, in *Archiv für bürgerliches Recht*, vol. XXXV, 1910, p. 291, *apud* ALVES, José Carlos Moreira. *Alienação fiduciária em garantia*. 2. ed. Rio de Janeiro: Forense, 1979, p. 23.
[6] WALD, Arnoldo, Da natureza jurídica do fundo imobiliário. *Revista Forense*, v. 309, p. 11.

argentino[7] e do Código Civil francês[8] que, ao disciplinar o regime jurídico do fideicomisso e da fidúcia, dispõem sobre a alocação da propriedade fiduciária em patrimônio separado, que serão administrados em proveito exclusivo dos beneficiários e permanecem imunes aos riscos do patrimônio do fiduciário.

É como a Lei 8.668/1993 disciplina a constituição e o funcionamento dos fundos de investimento imobiliário, ao dispor que os imóveis que constituirão o patrimônio do fundo serão adquiridos pela companhia administradora em seu próprio nome, mas em caráter fiduciário, determinando que as restrições impostas a essa modalidade de propriedade constem do título aquisitivo e sejam averbadas nas matrículas dos imóveis a que correspondam, no Registro de Imóveis competente.

Os demais fundos de investimento, entretanto, regulados pelos arts. 1.368-C a 1.368-F, incluídos no Código Civil pela Lei 13.874/2019, que os qualifica como "comunhão de recursos, constituído sob a forma de condomínio de natureza especial", não define com a necessária precisão as questões relacionadas ao regime fiduciário e à limitação de responsabilidade aplicáveis à espécie, deixando a matéria à regulamentação infralegal da CVM. A matéria é objeto do Capítulo 8º desta obra.

Poder-se-ia até admitir que a utilização do vocábulo *fiduciário* para atos tipificados se faça apenas como elemento de referência histórica, mas, ainda que assim seja, e independente da controvérsia quanto à sua efetiva natureza fiduciária, o certo é que, num mundo em que crescem e variam a cada dia os volumes e as modalidades de investimento, notadamente provenientes de poupança do homem médio, pouco afeito ao negócio de investimento e sem acesso aos sistemas de informações do mercado, seria extremamente ingênuo deixar a sorte do seu patrimônio submetida exclusivamente à boa-fé e à lealdade do fiduciário (que, no caso, seriam as empresas administradoras de fundos de investimento e de outros negócios coletivos para os quais são captados recursos do público).

---

[7] Código Civil e Comercial argentino: "*ARTICULO 1682. Propiedad fiduciaria. Sobre los bienes fideicomitidos se constituye una propiedad fiduciaria, regida por las disposiciones de este Capítulo y por las que correspondan a la naturaleza de los bienes. ARTICULO 1683. Efectos frente a terceros. El carácter fiduciario de la propiedad tiene efectos frente a terceros desde el momento en que se cumplen los requisitos exigidos de acuerdo con la naturaleza de los bienes respectivos. ARTICULO 1684. Registración. Bienes incorporados. Si se trata de bienes registrables, los registros correspondientes deben tomar razón de la calidad fiduciaria de la propiedad a nombre del fiduciario. Excepto estipulación en contrario del contrato, el fiduciario adquiere la propiedad fiduciaria de los frutos y productos de los bienes fideicomitidos y de los bienes que adquiera con esos frutos y productos o por subrogación real respecto de todos esos bienes, debiéndose dejar constancia de ello en el título para la adquisición y en los registros pertinentes. ARTICULO 1685.- Patrimonio separado. Seguro. Los bienes fideicomitidos constituyen un patrimonio separado del patrimonio del fiduciario, del fiduciante, del beneficiario y del fideicomisario. (...). ARTICULO 1686.- Acción por acreedores. Los bienes fideicomitidos quedan exentos de la acción singular o colectiva de los acreedores del fiduciario. Tampoco pueden agredir los bienes fideicomitidos los acreedores del fiduciante, quedando a salvo las acciones por fraude y de ineficacia concursal. Los acreedores del beneficiario y del fideicomisario pueden subrogarse en los derechos de su deudor.*"

[8] Código Civil francês: "*Art. 2011. – La fiducie est l'opération par laquelle un ou plusieurs constituants transfèrent des biens, des droits ou des sûretés, ou un ensemble de biens, de droits ou de sûretés, présents ou futurs, à un ou plusieurs fiduciaires qui, les tenant séparés de leur patrimoine propre, agissent dans un but déterminé au profit d'un ou plusieurs bénéficiaires.*"

... "*Art. 2022. – Le contrat de fiducie définit les conditions dans lesquelles le fiduciaire rend compte de sa mission au constituant. Le fiduciaire rend compte de sa mission au bénéficiaire et au tiers désigné en application de l'article 2017, à leur demande, selon une périodicité fixée par le contrat. Art. 2023. – Dans ses rapports avec les tiers, le fiduciaire est réputé disposer des pouvoirs les plus étendus sur le patrimoine fiduciaire, à moins qu'il ne soit démontré que les tiers avaient connaissance de la limitation de ses pouvoirs.*"

É óbvio que, na medida em que operações desse tipo passaram a constituir necessidade imperiosa na vida contemporânea, o ordenamento passou a disciplinar a atuação das instituições autorizadas a administrar investimentos, submetendo-as à fiscalização pelos órgãos encarregados da proteção da economia popular, como são os casos da SEC – *Security Exchange Comission*, nos Estados Unidos, e da CVM – Comissão de Valores Mobiliários, no Brasil.

Mas, além dessa fiscalização, torna-se absolutamente indispensável evitar que os recursos dos investidores sejam contaminados por outros negócios dessas instituições administradoras, daí por que devem esses recursos, e os bens com eles adquiridos, constituir patrimônio autônomo, que não se comunique com o patrimônio da administradora, nem com os patrimônios de outros negócios por ela administrados, de forma que eventuais insucessos da administradora, nos seus próprios negócios ou no fundo de investimento específico, e, ainda, em outros fundos de investimento, não atinjam os fundos por ela administrados.

3.4. CARACTERÍSTICAS DA FIDÚCIA REGULADA EM LEI

Na medida em que o negócio fiduciário propriamente dito, mesmo na sua feição moderna, comporta riscos, pelo fato de não haver possibilidade de o fiduciante recuperar os bens ou direitos que transmitiu ao fiduciário, no caso de este deixar de agir com lealdade, a construção de figuras de natureza fiduciária e sua tipificação legal, ou seja, a *fidúcia legal*, passou a revestir-se de especial interesse, na medida em que atende a uma exigência de ordem pública, com vistas à estabilidade das relações jurídicas e à proteção da economia popular.

Em busca da construção de figuras que viabilizem a superação dos riscos peculiares do negócio fiduciário propriamente dito, o legislador volta suas atenções para o *trust*, na tentativa de extrair desse instituto elementos assimiláveis pelos sistemas da *civil law*.

De fato, o *trust* encerra um eficaz sistema de salvaguardas dos interesses do beneficiário, mediante segregação patrimonial, e, além disso, é dotado de extraordinária flexibilidade, que permite sua utilização para a realização de quase toda espécie de negócio, daí por que passou a despertar o interesse da doutrina dos países de tradição jurídica romana.

Na França, foi regulamentada a operação de fidúcia, nos arts. 2011 a 2031 do Código Civil, que tratam da afetação do patrimônio fiduciário e dos deveres e responsabilidades do fiduciário.

Nos países hispano-americanos, numerosas teorias foram "desenvolvidas com o objetivo de possibilitar os mesmos efeitos jurídicos do *trust*, sem que se rompa a harmonia dos sistemas jurídicos codificados", como observa o autor argentino Saturnino Jorge Funes; detendo-se especificamente na concepção do fideicomisso, em particular na legislação argentina, esse autor assinala que "o fideicomisso, tal como se o concebe em toda a legislação latino-americana, e com a Lei 24.441 incorporada também à legislação argentina, é uma adaptação do *trust*, e como tal apresenta a característica de ser uma fidúcia legal, em que os direitos do beneficiário se acham tutelados de maneira minuciosa pela lei, o que impede a possibilidade de abuso por parte do fiduciário, perdendo desse modo o caráter de negócio fiduciário em sentido estrito".[9]

Na linha dessa concepção, em que se colocam a operação de fidúcia francesa e o fideicomisso hispano-americano como figuras paralelas ao *trust*, atribui-se a essa nova configuração o caráter de *fidúcia legal*, podendo-se dizer o mesmo de todas aquelas modalidades de ins-

---

[9] FUNES, Saturnino Jorge, *Fideicomiso*. Buenos Aires: Depalma, 1996, p. 18-19.

titutos similares ao *trust* que vieram a ser disciplinadas em leis especiais em diversos outros países, inclusive no Brasil.

A implementação dessas legislações tem demonstrado ser possível o aproveitamento da ideia central do *trust* para a construção de instituto similar, nos países de tradição legislativa romana, em que são respeitados os dogmas dessa tradição e, ao mesmo passo, se conservam os elementos que dão utilidade prática ao *trust*.[10]

Nessa nova estruturação, ressaltam como traços característicos da fidúcia regulada por lei: (1º) a afetação do patrimônio que se constitui com os bens objeto da propriedade fiduciária e (2º) a criação de um direito real limitado – propriedade fiduciária.

3.5. PATRIMÔNIO DE AFETAÇÃO

Na busca de aclimatação do *trust* aos sistemas filiados ao direito romano, é possível identificar a *afetação* patrimonial como importante característica comum, capaz de contribuir na construção de um instituto de natureza fiduciária que, de uma parte, revista-se da flexibilidade funcional própria do negócio fiduciário e do *trust* e que, de outra parte, propicie a necessária proteção aos bens objeto do negócio, embora permanecendo, como assinalado por Ascarelli, "no domínio tradicional da fidúcia".[11]

Como já dito, esses estudos se realizam com particular ênfase na América Latina, a partir do início do século XX, deles resultando a construção de uma figura moderna de fideicomisso, já incorporada à legislação de grande parte dos países da América Latina, pelo qual os bens fideicomitidos são transmitidos ao fiduciário, mas não integram o patrimônio deste; antes, destinam-se à formação de um patrimônio de afetação. Assim, quanto ao grau de proteção dos bens objeto do negócio, essa nova construção afasta-se da concepção original da fidúcia, em que os bens objeto da fidúcia sofriam os efeitos da insolvência do fiduciário, e aproxima-se do *trust*, por meio da separação patrimonial que elimina os riscos de contaminação dos bens fideicomitidos, na hipótese de insolvência do fiduciário.

O precursor desses estudos na América Latina foi o jurista panamenho Ricardo Alfaro, que, num primeiro momento, atribuiu ao fideicomisso a configuração de um mandato irrevogável, pelo qual seriam transmitidos ao mandatário (fiduciário) determinados bens, para que deles se dispusesse, bem como dos seus frutos, segundo a vontade do mandante (fideicomitente), em benefício de um terceiro, chamado fideicomissário. A definição foi alvo de críticas por parte da doutrina e foi abandonada pelo próprio Alfaro, que, mais tarde, reformulou sua concepção, definindo o fideicomisso como "o ato em virtude do qual se transmitem determinados bens a uma determinada pessoa chamada fiduciário, para que deles disponha conforme determinado pela pessoa que os transmite, chamada fideicomitente, em benefício de um terceiro chamado fideicomissário".[12]

Efetivamente, um dos mais importantes avanços na construção doutrinária e legislativa de países como México, Chile, Peru, Colômbia, a Província de Quebec, entre outros, é a regulamentação da segregação patrimonial como meio de proteção dos bens objeto do negócio,

---

[10] Observa François Barrière que "a demonstração de que na fidúcia as partes têm um interesse (ou um risco) econômico equivalente ao de um *trust* permite assimilá-lo. A identidade de regime entre o *trust* e a fidúcia permite concluir pela possibilidade de recepção do *trust* por meio da fidúcia" (*La réception du trust au travers de la fiducie*. Paris: Litec, 2004, p. 357).

[11] MARTINS-COSTA, Judith. Os negócios fiduciários – considerações sobre a possibilidade de acolhimento do *trust* no direito brasileiro. *Revista dos Tribunais*, n. 657, p. 37-50.

[12] ALFARO, Ricardo, Adaptación del trust del derecho anglosajón al derecho civil. *Cursos monográficos*, Academia Interamericana de Derecho Comparado e Internacional, Cuba: La Habana, 1948, v. I, p. 41-2.

por via da qual eles são submetidos a tratamento destacado no contexto dos demais bens de propriedade do fiduciário. A possibilidade de frustrar eventuais ações de credores do fiduciário, por dívidas não vinculadas ao patrimônio objeto da fidúcia, constitui extraordinária evolução na conformação do instituto.

Com essa configuração, em que, aparentemente, se descaracteriza o instituto, pelo abandono da atipicidade da fidúcia clássica romana e pela sua consequente tipificação, dá-se à transmissão da propriedade para garantia ou administração extraordinária utilidade na realização de negócios peculiares da sociedade contemporânea, como é o caso da *securitização* de créditos, cada vez mais necessária e mais comum hoje em dia, em que a segregação patrimonial é indispensável para garantia dos subscritores de títulos.

3.5.1. Conceito e característica

O patrimônio – conjunto de bens, direitos e obrigações, suscetíveis de apreciação econômica, que corporificam o ativo e o passivo de uma pessoa – constitui uma universalidade de direito, isto é, "um todo que emerge das unidades que o compõem", a que o direito confere identidade de uma nova coisa.[13] Seus elementos não são as coisas, pois a universalidade de direito é o "*complexo de relações jurídicas*, de uma pessoa, dotadas de valor econômico" (Código Civil, art. 91); são seus elementos os direitos sobre as coisas, daí por que "quando se diz que a casa *a* está no patrimônio de A, lança-se proposição elíptica, em vez de 'o direito de propriedade sobre a casa *a* está no patrimônio de A'. O patrimônio é o conjunto de *efeitos jurídicos* (...). Por isso mesmo, ele, ainda que formado por direitos sobre coisas corpóreas, é *res incorporalis*".[14]

Integram o patrimônio todas as relações jurídicas, de natureza obrigacional ou real, de que seja parte determinada pessoa, com seus valores ativos e passivos, envolvendo o direito de propriedade e outros direitos reais, a posse, os direitos creditórios, em geral, e as obrigações correspondentes a esses direitos.

Todos esses elementos são reunidos num conjunto e formam uma unidade jurídica, abstrata e distinta dos elementos materiais que o compõem.

O patrimônio é uno, no sentido de que todos os direitos e as obrigações que o integram formam um conjunto que é de titularidade de um só sujeito.

A unidade indica que os bens e direitos de um patrimônio respondem pelas suas obrigações e dívidas, no estado em que se encontrarem no momento da execução, salvo determinados bens e direitos excluídos de excussão por absolutamente impenhoráveis[15] e os afetados a determinado fim, estes que só respondem pelas obrigações vinculadas ao patrimônio afetado.

A noção clássica de patrimônio esteve ligada intimamente à de pessoa, chegando a ser considerado como *prolongamento da personalidade*.

Nessa concepção, o patrimônio, segundo Planiol, obedece a quatro princípios fundamentais:

1º As pessoas somente podem ter um patrimônio.

2º Toda pessoa tem necessariamente um patrimônio.

3º Cada pessoa só pode ter um patrimônio.

4º O patrimônio é inseparável da pessoa.

---

[13] RODRIGUES, Silvio, *Direito civil*, 27. ed., São Paulo: Saraiva, 1997, v. I, p. 127.
[14] PONTES DE MIRANDA, Francisco Cavalcanti. *Tratado de direito privado*. Rio de Janeiro: Borsoi, 1954, v. V, § 596.
[15] Código de Processo Civil, art. 833, e Lei 8.009/1990 (bem imóvel de moradia da família), entre outros.

Para a doutrina moderna, entretanto, segundo Mazeaud, o subjetivismo da teoria clássica é de tal maneira estreita que constitui obstáculo ao desenvolvimento das relações jurídicas. Com efeito, considera-se modernamente que a coesão dos elementos integrantes de uma universalidade é justificada pela sua destinação comum, daí por que o patrimônio será o conjunto dos bens coesos pela afetação a um fim econômico determinado, passando, assim, a admitir-se a existência de um patrimônio geral e de patrimônios especiais, constituídos por bens afetados a determinado fim;[16] no primeiro, unem-se os elementos pela relação subjetiva comum com a pessoa, enquanto, no segundo (*patrimônio especial*), a unidade decorre objetivamente da unidade da finalidade para a qual a pessoa desmembrou, do seu patrimônio geral, uma parte dos bens que o integram.

Com efeito, na vida contemporânea, a concepção clássica da universalidade e indivisibilidade do patrimônio cedeu lugar a uma noção mais flexível a partir da ideia da afetação, pela qual Brinz explica a natureza da pessoa jurídica, que consiste numa "restrição pela qual determinados bens se dispõem, para servir a fim desejado, limitando-se, por este modo, a ação dos credores". A ideia da *afetação*, observa Orlando Gomes, explica a possibilidade de existência de patrimônios especiais,[17] admitindo Brinz que "há patrimônios que não pertencem a pessoa alguma, pois seriam conjuntos de bens afetados, como organismos independentes, à realização de um fim (*zweckvermoegen*)".[18]

Para Von Tuhr, a unidade do patrimônio perde significado na medida em que certos bens ou conjuntos de direitos subordinam-se a tratamentos normativos especiais.[19] Trata-se, então, no contexto do patrimônio geral, de uma esfera jurídica mais restrita, submetida a critérios próprios e que pode ter desenvolvimento econômico próprio, sendo este, assim, um patrimônio especial, cuja configuração peculiar decorre dos fins que determinam sua formação.

O conceito de universalidade, efetivamente, não é absoluto, pois, como observa Pontes de Miranda, o fato de o patrimônio ser "unido pelo titular único (...) não quer dizer que a cada pessoa corresponda um patrimônio; há o patrimônio geral e os patrimônios separados ou especiais",[20] significando que dentro de um mesmo patrimônio podem existir bens ou núcleos patrimoniais destacados por sua procedência ou pela destinação, aos quais se dá tratamento especial no patrimônio geral do titular.

Efetivamente, a *teoria da afetação* admite a segregação patrimonial segundo certos encargos que se impõem a determinados bens, que passariam a ter destinação específica. Em outras palavras: determinados bens seriam destinados a finalidade especial e, para alcançá-la, seriam dotados da autonomia necessária à realização desse fim; não se trata de segregação pura e simples, sendo necessário definir uma destinação para os bens ou direitos segregados; é necessário, enfim, que os bens afetados cumpram determinada função. Segundo essa teoria, é possível a existência de massas patrimoniais distintas, constituídas com a precípua finalidade de se alcançar determinados fins jurídicos ou econômicos.

Serpa Lopes, invocando De Page e Dekkers, observa que determinado bem pode ser vinculado a certa *destinação*, que seria "uma espécie de ônus, formando um ponto intermediário

---

[16] *Pandekten*, p. 226, apud LLAMBÍAS, Jorge J., *Tratado de Derecho Civil, Parte general*. 9. ed. Buenos Aires: Perrot, 1982, t. II, p. 196.
[17] GOMES, Orlando, *Introdução ao direito civil*. 5. ed. Rio de Janeiro: Forense, 1977, p. 228.
[18] Apud RÁO, Vicente, *O direito e a vida dos direitos*. 5. ed. São Paulo: RT, 1999, p. 729.
[19] VON TUHR, Andreas, *Teoría general del derecho civil alemán*. Buenos Aires: Depalma, 1946, v. I, p. 406.
[20] PONTES DE MIRANDA, Francisco Cavalcanti, *Tratado de direito privado*. Rio de Janeiro: Borsoi, 1954, v. VI, § 596.

entre o livre uso de um bem e sua alienação completa. Imobiliza-se o bem para a consecução de um determinado objetivo. Com isto eu não o alieno, referem De Page e Dekkers, pois o bem permanece no meu patrimônio, mas o gravo com um encargo".[21]

Traço característico da natureza jurídica do patrimônio de afetação, ou de destinação, é, como anota Ferrara, sua subordinação a um regime de responsabilidade própria, pelo qual só responde pelas "obrigações e responsabilidade que dele nascem, e que não suporta os efeitos das obrigações várias do titular do patrimônio;" sendo essa limitação de responsabilidade necessária para consecução de determinada finalidade econômica ou social, o núcleo patrimonial a ela destinado permanece incomunicável, visando a que a consecução da sua finalidade não seja inviabilizada por efeitos negativos de eventual desequilíbrio do patrimônio geral do instituidor da afetação; afinal, esses núcleos patrimoniais, como observa Ennecerus, são instituídos "no interesse de determinado fim e especialmente com referência à responsabilidade por dívidas são tratados sob certos aspectos como um todo distinto do patrimônio restante".[22]

Para constituição desses patrimônios de afetação não é necessário que o bem seja excluído do patrimônio do titular, mas, sim, que seja submetido a regime especial para atender a determinada finalidade, sempre mediante expressa autorização legal, estando compreendidos nessa teoria o dote, o bem de família, as rendas vitalícias, as garantias reais, as substituições etc. De acordo com essa teoria, os credores vinculados ao patrimônio de afetação têm ação somente sobre bens dele integrantes, com exclusão dos outros bens do patrimônio do devedor, ou têm preferência sobre aqueles bens; decorre da afetação que o titular desse patrimônio separado não pode alienar os bens afetados, sob pena de nulidade do ato de alienação, salvo se a alienação atende ao propósito da afetação, como seria o caso de bens integrantes de um fundo de investimentos cuja política contemple a compra e venda desses bens ou da incorporação imobiliária, que é caracterizada pela venda antecipada de unidades imobiliárias integrantes de edifícios em construção.

A constituição de massas patrimoniais separadas só é admitida nas hipóteses explicitamente autorizadas por lei e com as limitações que a lei prescrever, pois a separação de certos bens do patrimônio de uma pessoa pode, evidentemente, implicar redução da garantia geral dos credores, representada pelo patrimônio geral.

A lei autorizadora da separação de patrimônio, na verdade, excepciona o princípio segundo a qual o patrimônio constitui garantia geral dos credores e, ainda, o princípio da livre utilização do patrimônio por parte do seu titular.

Com efeito, uma das principais características da afetação patrimonial é a limitação da responsabilidade do devedor; de outra parte, a segregação de certos bens de um patrimônio para cumprimento de uma finalidade específica importa, obviamente, em limitações ao conteúdo dos poderes atribuídos ao titular do patrimônio geral, na medida em que o exercício desses poderes passará a ficar condicionado ao cumprimento da finalidade para a qual tiver sido constituído o patrimônio separado. Assim, por exemplo, nos atos de natureza fiduciária (que importam na constituição de um patrimônio de afetação em nome do fiduciário), este só pode exercer sobre os bens objeto de titularidade fiduciária os direitos e as ações que sejam adequadas e necessárias à consecução da finalidade de administração ou de garantia para a qual tiver sido constituída a titularidade fiduciária.

---

[21] SERPA LOPES, Miguel Maria de, *Curso de direito civil* – Direito das coisas. 2. ed. Rio de Janeiro: Livraria Freitas Bastos, 1962, v. VI, p. 69.

[22] *Apud* SERPA LOPES, Miguel Maria de. *Curso de direito civil* – Direito das coisas. 2. ed. Rio de Janeiro: Livraria Freitas Bastos, 1962, v. VI, p. 69.

Constituindo uma exceção ao princípio pelo qual o patrimônio é a garantia geral dos credores, a formação de patrimônio especial submete-se às mesmas restrições impostas à alienação de bens, em geral, sendo ineficaz e sem qualquer efeito a formação de patrimônio autônomo que configure fraude de execução, ou anulável aquela que se fizer em fraude contra credores.

De outra parte, a formação desses patrimônios separados só terá plena eficácia se o tratamento especial atribuído à massa patrimonial segregada for oponível a terceiros, daí por que é essencial sejam esses atos dados à publicidade, através do sistema de registro, sendo majoritária a doutrina que entende estar a formação desses patrimônios submetida ao princípio *numerus clausus*. Assim, para resguardo do interesse de terceiros, é necessário dar visibilidade a esses patrimônios, devendo a lei prever expressamente os meios de publicidade de acordo com os sistemas de registro pertinentes.

O patrimônio de afetação tem ativo e passivo próprios, podendo ser formado tanto pelos bens, direitos e obrigações com que tiver sido originalmente formado, como, também, pelos frutos e encargos advindos da gestão desse patrimônio e pelos encargos que eventualmente se venham a imputar a ele.

Sendo efetivamente uma verdadeira universalidade de direitos, o patrimônio de afetação deve, obviamente, expressar rigorosa correlação entre os direitos e as obrigações que o compõem, observados os limites da finalidade para a qual tiver sido constituído. Na medida em que é constituído por um complexo de bens, direitos e obrigações organizados para um fim determinado, esse patrimônio especial é dotado de autonomia funcional, visando a consecução dessa finalidade, pois, como observa Messineo, o conceito de patrimônio separado "tem um certo nexo com o conceito de universalidade e com o problema da responsabilidade limitada (...) e sobre ele incidem direitos e obrigações autônomas".[23]

A nota de Messineo e a lição de Caio Mário são essenciais para a apreensão da ideia desse patrimônio especial. Em primeiro lugar, há o nexo com o conceito de universalidade, que está na essência do conceito de patrimônio, e, em segundo lugar, há a *autonomia funcional* caracterizadora do patrimônio de afetação. Vale dizer: o patrimônio de afetação está articulado ao patrimônio geral do titular, mas é objeto de destaque especial, para exercer determinada função, daí por que se fala que sua autonomia é *funcional*, não plena.

Por isso mesmo, na interpretação das normas legais relativas à afetação, a atenção para os fundamentos deve ser redobrada. Veja-se, por exemplo, que a Lei 9.514/1997, que regulamentava a securitização de créditos imobiliários, dispunha que esses créditos, quando sujeitos ao regime fiduciário, integrariam um patrimônio separado, regra que veio a ser assimilada pela Lei 14.430/2022, que institui regime jurídico geral da securitização e dispõe no seu art. 27 que "os direitos creditórios, os bens e os direitos objeto do regime fiduciário: I – constituirão patrimônio separado, titularizado pela companhia securitizadora, que não se confunde com o seu patrimônio comum ou com outros patrimônios separados de titularidade da companhia securitizadora decorrentes da constituição de regime fiduciário no âmbito de outras emissões de Certificados de Recebíveis."

Na verdade, esses créditos integram, sim, o patrimônio da companhia securitizadora, mas são destacados dentro dele e recebem tratamento especial, de acordo com a função definida para eles, que é a satisfação dos créditos dos subscritores de CRI, as despesas de administração desse patrimônio especial e os seus respectivos encargos, inclusive os encargos fiscais. Tem esse patrimônio, assim, autonomia relativa, *funcional*, condicionada que é a atender essa destinação específica.

---

[23] MESSINEO, Francesco, *Manual de derecho civil e comercial*. Tradução de Santiago Sentis Melendo, Buenos Aires: Ediciones Jurídicas Europa-América, 1971, v. I, § 26.

Trata-se, então, de uma esfera patrimonial com autonomia funcional, que opera dentro da esfera patrimonial maior, que é o patrimônio geral da companhia securitizadora. Ou, como sintetiza Caio Mário: "eles se prendem ao fim, porém continuam encravados no patrimônio do sujeito".

Na medida em que o patrimônio de afetação corresponda a um complexo de direitos e obrigações funcionalmente organizado para determinada finalidade, deve desenvolver-se por suas próprias forças e no limite dessas forças; constituindo uma universalidade, responde pelas obrigações contraídas para cumprimento da finalidade para a qual tiver sido estruturado ou que a esta estejam vinculadas; só ele responde pelas obrigações relativas a essa massa, salvo casos excepcionais, e responde somente por essas obrigações, não por obrigações que estejam fora dessa esfera patrimonial.

Tratando-se de configuração peculiar de patrimônio, em que se excepciona a regra geral, a interpretação das questões pertinentes ao patrimônio de afetação deve ser restritiva.

A afetação de patrimônio oriunda das relações de natureza fiduciária produz basicamente dois efeitos: de uma parte, os bens objeto do negócio são colocados à margem das vicissitudes econômico-financeiras que possam atingir o fiduciante, o fiduciário e o beneficiário, e, de outra parte, as faculdades do titular do patrimônio separado sofrem limitações, a ele se atribuindo, tão somente, aquelas faculdades necessárias à consecução dos fins para os quais a afetação foi estabelecida.

A propósito da afetação patrimonial presente no *trust*, Pierre Lepaulle[24] desenvolve construção doutrinária que, embora possa merecer ressalvas, é de extrema utilidade para compreensão dos negócios em que se utiliza a transmissão da propriedade com a específica função de garantia, de administração ou de investimento; Lepaulle destaca a afetação patrimonial como um dos elementos essenciais do *trust* e nela vê um dos meios pelos quais se pode assimilar a ideia do *trust* nos sistemas jurídicos de tradição romana.

Segundo Lepaulle, um *trust* encerra a existência de bens afetados a determinado fim e de um sujeito indispensável para seu funcionamento, e esse sujeito é o *trustee*, cujos direitos e obrigações variam de acordo com a função que deva desempenhar. Essa função depende da afetação prevista para os bens, e pode ser estipulada pela vontade do *settlor*, pela lei ou pela jurisprudência (a origem dessa estipulação é secundária). "Para que haja *trust* necessita-se de uma *res*, vale dizer, um bem, e afetação prevista para esse bem; nada mais é indispensável para a existência jurídica de um *trust*; o *trustee* é tão somente um meio de implementar na prática essa afetação", pois uma afetação não se implementa por si só, necessitando de um instrumento para se colocar em prática, e esse instrumento é o *trustee*.

Sustenta Lepaulle que, "se o *trust* é uma afetação de bens, constitui uma noção jurídica que não pode limitar-se ao conceito do direito de propriedade individual, senão que se encontra, por assim dizer, no mesmo plano desse direito. O *trust*, de fato, contém elementos inteiramente estranhos à noção de propriedade: no *trust* há sempre a ideia de um fim a realizar, o que não ocorre no caso da propriedade individual", assinalando que "a única maneira de se abordar o problema concreto é identificando os elementos essenciais para a formação e para a vida do *trust*. Esses elementos são dois: um patrimônio determinado e uma afetação".[25]

---

[24] LEPAULLE, Pierre, La naturaleza del trust. *Revista General de Derecho y Jurisprudencia*, México, 1932, t. III, p. 115: "*El trust es una afectación de bienes garantizada por la intervención de un sujeto de derechos, que tiene la obligación de hacer todo lo que seja razonablemente necesario para realizar esa afectación, y que es titular de todos los derechos que sean útiles para cumplir dicha obligación*".

[25] LEPAULLE, Pierre, *Tratado teórico-práctico de los trusts*, p. 19, *apud* MARTÍNEZ, Jorge Alfredo Domínguez in *Dos aspectos de la esencia del fideicomiso mejicano*. México: Porrúa, 1994, p. 117. Diz

A afetação patrimonial se justifica em razão da necessidade e/ou conveniência de se organizar de modo autônomo determinadas atividades para realização de alguma exploração econômica e/ou financeira específica, bem como a necessidade de se privilegiar certas situações socialmente relevantes, como são os casos do bem de família e da titularidade em nome de terceiros, para fins de administração de investimentos. Tal é a utilidade prática da afetação, cuja viabilização, segundo Messineo, resulta da possibilidade "1) de atribuir ou de reservar certos bens a uma determinada *exclusiva destinação*, de maneira que fique excluída outra destinação, mesmo que não possa ser alcançada; 2) ou então de reservar a um certo *grupo de credores* um determinado núcleo de bens, sobre os quais possam eles *satisfazer-se com exclusão dos outros*; com a consequência de que os *outros credores* fiquem *excluídos* e de que, sobre os outros bens, tal grupo de credores não pode alegar direitos ou que, ao contrário, este grupo pode satisfazer-se só subsidiariamente, e se necessário, sobre os restantes bens do sujeito (devedor)" (destaques do original).[26]

O mecanismo de separação de patrimônio por efeito da titularidade fiduciária e, por consequência, da afetação patrimonial, constitui a mais efetiva modalidade de tutela nas hipóteses, cada vez mais frequentes, de administração patrimonial por terceiros, em que se faz necessária a investidura do administrador (fiduciário) na titularidade dos ativos. São casos em que é indispensável assegurar ao fiduciante uma tutela especial e, como assinala Antonio Gambaro, "uma modalidade mais intensa de tutela é obviamente constituída pela separação entre o patrimônio pessoal do fiduciário e os bens administrados fiduciariamente".[27]

Na administração de investimentos, a necessidade de separação de patrimônio se mostra mais nítida, na medida em que os aportes para investimento poderiam se confundir com outros bens numa única massa em que o investidor não seria mais do que simples credor quirografário da companhia administradora. Para superar esse risco, é indispensável colocar os bens e demais recursos do investidor num patrimônio de afetação, e é ainda Gambaro quem adverte que "nesse caso se impõem gestões personalizadas para conservar ao

---

Lepaulle: "a) Um *trust*, necessariamente, supõe direitos patrimoniais sobre aquilo que recai. Não basta estipular uma missão ao *trustee*; é preciso que essa missão esteja diretamente relacionada com os bens a ele confiados e que constituem a base indispensável do *trust*. Tal base deve constituir-se de direitos, os quais não podem ser senão patrimoniais. b) Esses direitos não devem integrar o patrimônio de ninguém. Não devem, com efeito, ficar no patrimônio do *settlor*; se assim fosse, não haveria senão um mandato, vinculado a um depósito. Tampouco devem esses direitos passar ao patrimônio do *trustee*, pois poderia configurar doação ou legado com encargo, ou estipulação em favor de terceiro, mas não haveria *trust*. Com efeito, num *trust* os bens não estão jamais no patrimônio do *trustee*, não se transmitem aos seus herdeiros e não constituem garantia dos seus credores. Por fim, a *res* tampouco constitui patrimônio do beneficiário (do contrário, o *trustee* seria mandatário, testamenteiro, mas não *trustee*). Cada *cestui* tem em seu patrimônio um interesse beneficiário. c) Esses direitos permanecem integrados em um todo distinto. A *res*, por não integrar patrimônio algum, se encontra, por assim dizer, ilhada, e adquire por si mesma uma individualidade própria. Mas essa individualidade é particularmente remarcada pelo fato de que esses bens têm um guardião responsável, encarregado de administrá-los e têm uma lei, o *trust deed*, que determina e vincula sua gestão e seu destino. d) Por fim, a *res* constitui uma universalidade. Por exemplo, uma casa que integre um *trust* é permutada por uma área, que por sua vez é trocada por gado, que é vendido por 10.000 dólares; o *trustee* compra com esse dinheiro valores que se elevam a 60.000 dólares. A identidade do patrimônio perdurará sem solução de continuidade através de todas as transformações sucessivas. O direito encontra a identidade do patrimônio através de todas essas metamorfoses. Desse modo, em todo *trust* há necessariamente um patrimônio distinto".

[26] MESSINEO, Francesco. *Manual de derecho civil e comercial*. Tradução de Santiago Sentis Melendo. Buenos Aires: Ediciones Jurídicas Europa-América, 1971, p. 263.

[27] GAMBARO, Antonio. *Trattato di diritto privato – la proprietà*. Milano: Giuffrè, 1990, p. 251.

fiduciante [investidor] a propriedade dos bens a respeito dos quais a fiduciária [companhia administradora] tenha somente a legitimação nominal (...). Na disciplina dos fundos comuns de investimento (L. 23 março 1983, n. 77) o recurso à técnica do patrimônio separado é definido de maneira explícita".[28]

Situações como essa, que contemplam a tutela legislativa do investidor-fiduciante, nas quais se pode colocar a etiqueta comum de *propriedade fiduciária*, encontram-se dentro do mais vasto fenômeno da titularidade por conta de terceiros, "que é característica precípua das formas modernas de gestão da riqueza".[29]

Na linha dessa concepção, o Código Civil de 2002 ampliou o campo de abrangência do bem de família, permitindo que, além do imóvel destinado a moradia, se possa também formar um fundo constituído por valores mobiliários, cuja renda seja destinada ao sustento da família (arts. 1.712 e seguintes).

Outra aplicação prática da segregação patrimonial para atender destinação especial se dá nos fundos de investimento, em que se constitui um patrimônio autônomo, separado do patrimônio da sociedade administradora, para segurança dos subscritores de quotas do fundo; os beneficiários desse patrimônio são, exclusivamente, esses subscritores e, assim, só eles serão beneficiados com os aumentos patrimoniais decorrentes da valorização de certas ações integrantes do patrimônio, ou serão prejudicados pelos decréscimos patrimoniais decorrentes da desvalorização.

A mesma concepção foi utilizada para proteção dos credores vinculados às incorporações imobiliárias, de que trata a Lei 4.591/1964, à qual a Lei 10.931, de 2 de agosto de 2004, acrescentou os arts. 31-A a 31-F, que regulamentam a constituição de patrimônios de afetação compostos pelo acervo de cada empreendimento, de modo que, dotados de incomunicabilidade em relação ao patrimônio geral da empresa incorporadora e às suas demais incorporações, cada um desses empreendimentos possa se desenvolver com autonomia e, assim, fiquem imunes a eventuais desequilíbrios econômico-financeiros da empresa. Por essa forma, em caso de falência da empresa incorporadora, o acervo correspondente à incorporação afetada não será arrecadado, mas entregue à administração da Comissão de Representantes dos adquirentes, que poderá prosseguir a obra com autonomia em relação à massa, utilizando para tal as receitas provenientes das prestações devidas pelos adquirentes. Concluída a obra e havendo saldo credor, este deve ser arrecadado à massa; ao contrário, se faltarem recursos para conclusão da obra, têm os adquirentes crédito contra a massa.[30]

A instituição dessas normas procedimentais é necessária para o caso de falência,[31] mas a inexistência de normas em relação à recuperação judicial de empresa não compromete a realização da função dos patrimônios de afetação, isto é, o prosseguimento de cada incorpo-

---

[28] GAMBARO, Antonio. *Trattato di diritto privato* – la proprietà. Milano: Giuffrè, 1990, p. 251. O autor refere-se ao dispositivo da lei que disciplina os fundos comuns de investimento, do seguinte teor: *"Art. 3, 2º: comma: Ciascun fondo comune costituisce patrimonio distinto a tutti gli effetti dal patrimonio della società di gestione e da quelli dei partecipanti, nonché da ogni altro fondo gestito dalla medesima società di gestione. Sul fondo non sono ammesse azioni dei creditori della società gerente. Le azioni dei creditori dei singoli partecipanti sono ammesse soltanto sulle quote di partecipazione dei medesimi".*

[29] GAMBARO, Antonio. *Trattato di diritto privato* – la proprietà. Milano: Giuffrè, 1990, p. 251.

[30] Sobre a matéria discorremos, especificamente, em nosso *Da incorporação imobiliária*, 2. ed., Rio de Janeiro: Renovar, 2005.

[31] Lei 11.101/2005: "Art. 119. Nas relações contratuais a seguir mencionadas prevalecerão as seguintes regras: (...); IX – os patrimônios de afetação, constituídos para cumprimento de destinação específica, obedecerão ao disposto na legislação respectiva, permanecendo seus bens, direitos e obrigações separados dos do falido até o advento do respectivo termo ou até o cumprimento de sua finalidade, ocasião em

ração afetada com autonomia em relação ao patrimônio geral da incorporadora, e em relação aos outros patrimônios de afetação por ela constituídos.

É que, consideradas a estrutura e a função da afetação patrimonial, fica claro que em qualquer dos dois casos, seja falência ou recuperação judicial, mantêm-se inalteradas a incomunicabilidade e a consequente limitação de responsabilidade que caracterizam o patrimônio de afetação; desses elementos do conteúdo necessário da constituição de patrimônios de afetação autorizados por lei resulta a faculdade dos adquirentes de deliberarem pelo prosseguimento da incorporação ou pela liquidação do respectivo patrimônio separado, com autonomia e independente de intervenção judicial.

Em relação à recuperação judicial, a inexistência de norma procedimental, como aquela instituída para falência, é compreensível porque, ao dar continuidade à atividade empresarial, os administradores da empresa recuperanda, sob fiscalização do administrador judicial,[32] darão sequência ao curso normal dos empreendimentos sujeitos ao regime da afetação, mantendo sua contabilidade e sua conta-corrente separadas, entregando periodicamente demonstrativos do estado da obra à comissão de representantes etc., como reconhecido no Enunciado 628 da VIII Jornada de Direito Civil realizada em 2018, segundo o qual, a despeito do silêncio da lei sobre os efeitos da recuperação judicial, as incorporações afetadas prosseguirão sua atividade com autonomia até consecução da sua função;[33] nesse caso, não se justifica atribuir à comissão de representantes mais poderes do que a lei já lhe confere para atuar no curso normal de uma incorporação imobiliária.

Bem diversa é a situação na falência. Tratando-se de cessação da atividade da empresa, impõe-se a observância de normas legais específicas para regulamentar a transferência da administração da incorporação submetida ao regime do patrimônio de afetação a um terceiro, distinto do falido e do administrador da falência, que, no caso da incorporação imobiliária, é a comissão de representantes dos adquirentes; nesse caso, é necessária a existência de norma legal que outorgue poderes à comissão de representantes para vender as unidades do "estoque" do incorporador, para celebrar as escrituras aos adquirentes, em nome do incorporador falido, entre outros aspectos, sem o que estaria comprometida a realização da função da afetação.

Em relação a essa atividade empresarial, é usual a constituição de uma sociedade para realização de um único empreendimento, uma sociedade de propósito específico (SPE). Não há dúvida de que a constituição de um ou diversos patrimônios de afetação importa na coexistência de duas ou mais estruturas patrimoniais em uma mesma sociedade empresária,

---

que o administrador judicial arrecadará o saldo a favor da massa falida ou inscreverá na classe própria o crédito que contra ela remanescer".

[32] BEZERRA FILHO, Manoel Justino, *Lei de Recuperação de Empresas e Falência* – Lei 11.101/2005 – comentada artigo por artigo. 11. ed. São Paulo: RT. 2015, p. 114.

[33] Enunciado 628 – "Art. 1.711. Os patrimônios de afetação não se submetem aos efeitos de recuperação judicial da sociedade instituidora e prosseguirão sua atividade com autonomia e incomunicáveis em relação ao seu patrimônio geral, aos demais patrimônios de afetação por ela constituídos e ao plano de recuperação até que extintos, nos termos da legislação respectiva, quando seu resultado patrimonial, positivo ou negativo, será incorporado ao patrimônio geral da sociedade instituidora."

O Enunciado foi adotado pelo Poder Executivo no Projeto de Lei 10.220/2018, que preconiza alterações na Lei 11.101/2005, nos termos do § 13 do art. 49, do seguinte teor: "§ 13. Os patrimônios de afetação não se submetem aos efeitos de recuperação judicial e obedecerão ao disposto em legislação específica, de forma a se manterem separados e incomunicáveis em relação ao patrimônio geral da empresa sob regime de recuperação e aos demais patrimônios de afetação por ela constituídos, até que seja formalizado o ato de desafetação, quando o resultado patrimonial, positivo ou negativo, será consolidado no patrimônio geral da empresa sob regime de recuperação judicial".

mas elas são distintas e dotadas de autonomia, em razão da afetação. Assim, há o patrimônio da SPE, que compreende a totalidade do conjunto dos direitos e obrigações da sociedade empresária, e o patrimônio de afetação, cuja abrangência é limitada pela execução da obra, entrega das unidades vendidas e liquidação do passivo da construção.

A estrutura societária, entretanto, é irrelevante para a incidência das normas sobre a afetação patrimonial, de modo que, pouco importando se a sociedade é titular de várias incorporações e tenha afetado todas elas ou apenas algumas ou se tem como objeto social uma única incorporação, em forma de SPE, o patrimônio de afetação, por incomunicável, é excluído dos efeitos da recuperação judicial, não integra o plano de recuperação e segue seu curso com autonomia até que o conjunto de direitos e obrigações a ele correspondente venha a ser desafetado nos termos da lei.[34]

3.5.2. O patrimônio de afetação na América espanhola

É, assim, pela via da afetação patrimonial que se tem admitido a assimilação dos elementos fundamentais do *trust* em países de tradição romanística, tendo essa linha de pensamento influído decisivamente na reformulação da legislação sobre o fideicomisso no México, Uruguai, na Argentina, Colômbia, em Porto Rico, no Chile, na Venezuela, entre outros.

Efetivamente, só é possível a consecução das funções do fideicomisso se os bens objetivados constituírem um patrimônio dotado de autonomia para cumprir tais funções sem sofrer os efeitos de eventual desequilíbrio econômico-financeiro do patrimônio geral do fiduciário.

Esses patrimônios especiais atendem a uma finalidade específica e são organizados com destaque no patrimônio geral.

Segundo Júlio César Rivera,[35] os patrimônios separados têm as seguintes características essenciais:

a) necessitam de previsão legal, na medida em que constituem exceção ao princípio geral de que o patrimônio é a garantia comum dos credores;
b) são independentes do patrimônio geral;
c) respondem somente pelas dívidas contraídas em virtude do patrimônio especial especificamente.

Efetivamente, os patrimônios especiais, de afetação, só são admitidos e só produzem efeito se constituídos e implementados na conformidade da legislação específica, não se admitindo a constituição desses patrimônios fora dos casos expressamente previstos em lei.

Na doutrina hispano-americana, Silvio V. Lisoprawski[36] registra as críticas a que está sujeita essa concepção, como a do mexicano Domínguez Martínez, para quem, mesmo havendo previsão legal, não se pode dizer que haja um patrimônio de afetação distinto do patrimônio geral, já que todas as massas de bens afetadas a um fim determinado representam certas universalidades, autônomas e legalmente organizadas, mas sem chegar a ser um patrimônio em si mesmas; todo patrimônio é uma universalidade jurídica, mas nem toda

---

[34] No Agravo de Instrumento 2023264-85.2018.8.26.0000, julgado em 10/9/2018, a 2ª Câmara Reservada de Direito Empresarial do Tribunal de Justiça de São Paulo, por unanimidade, reconheceu a regularidade da recuperação judicial de sociedade de propósito específico de incorporação imobiliária.

[35] RIVERA, Júlio Cesar, *Instituiciones de Derecho Civil, Parte General,* Abeledo-Perrot, in *Fideicomiso. Dominio Fiduciario. Securitización,* 2. ed. Buenos Aires: Depalma, 1996, p. 135.

[36] LISOPRAWSKI, Silvio V. *Fideicomiso.* 2. ed. Buenos Aires: Depalma, 1996, p. 136-147.

universalidade jurídica é um patrimônio, sendo certo que cada universalidade jurídica seria uma fração do patrimônio.

Mario A. Carregal, criticando o Projeto de Lei de Fideicomisso argentino de 1969, rechaça a possibilidade de um sistema de dualidade patrimonial, por considerar mais apropriado dar aos bens objeto do fideicomisso um tratamento especial dentro do patrimônio único das pessoas, tais como os casos especiais dos bens da sociedade conjugal, da massa falida e dos bens impenhoráveis. Segundo esse autor, o que justifica a exclusão dos bens objeto do fideicomisso do alcance da ação dos credores do fiduciário é o efeito economicamente neutro do ingresso desses bens no seu patrimônio: ao transmitir a propriedade ao fiduciário, o instituidor do fideicomisso não o faz de modo a que o fiduciário se aproprie do bem com exclusividade e com ele acresça economicamente seu patrimônio; diferentemente, transmite-o de modo restrito e sob certa condição, para que fique transitoriamente no domínio do fiduciário, até que se cumpra o prazo ou a condição a que está subordinado.

O propósito basilar da formação do patrimônio de afetação é, como já visto, o de assegurar a incolumidade de certos bens que estão destinados a determinado fim, afastando-os das consequências de eventual quebra das partes envolvidas.

A doutrina e, em particular, a legislação hispano-americana, consagram o entendimento de que o patrimônio de afetação é distinto dos outros patrimônios, sobretudo dos patrimônios próprios daqueles que figuram no fideicomisso, isto é, o fideicomitente, o fiduciário e o fideicomissário, de modo a fixar de maneira inequívoca a incolumidade dos bens afetados, preservando-os dos efeitos de eventual insolvência de qualquer dessas pessoas.

Com efeito, embora adquira a propriedade, o fiduciário o faz limitadamente, estando atrelado a essa aquisição, na verdade, seu dever de administrar a propriedade e restituí-la ao fideicomitente ou ao beneficiário.

Ao traçar o perfil das figuras integrantes do fideicomisso (fideicomitente, fiduciário e fideicomissário), na configuração moderna que lhe empresta o direito hispano-americano, o autor mexicano Cervantes Ahumada assim delineia a configuração do patrimônio de afetação, pela via da limitação de poderes das pessoas nele envolvidas: "A nenhuma dessas três pessoas pode ser atribuível o patrimônio constituído pelos bens fideicomitidos, devendo entender-se que se trata de um patrimônio afetado a um fim determinado, que se encontra, portanto, fora da situação normal em que estão colocados os patrimônios. Não importa, efetivamente, o problema da propriedade, porque o patrimônio fideicomitido pode estar constituído por direitos que não constituem propriedade em sentido jurídico ('podem ser objeto de fideicomisso toda classe de bens ou direitos', diz o art. 351), e porque, em qualquer caso, se se tratar de direitos dominicais, estes terão sido retirados do regime normal da propriedade para colocar-se sob o regime da propriedade do fiduciário. O fiduciário é titular, não proprietário. Por titularidade se entende a qualidade jurídica que determina o poder de uma pessoa sobre um direito ou pluralidade de direitos dentro de uma relação jurídica. O poder do fiduciário sobre o patrimônio fideicomitido estará determinado pelo ato constitutivo do fideicomisso, e se não o estiver, estará determinado pela natureza do fim a que os bens fideicomitidos se destinam. (...) O fiduciário, repetimos, terá a titularidade do patrimônio fideicomitido, vale dizer, o poder sobre dito patrimônio, na medida em que seja necessário para a consecução do fim do fideicomisso".[37]

Segundo essa doutrina, haverá um patrimônio distinto dos patrimônios gerais daqueles que intervêm no negócio fiduciário; a nenhum desses participantes pode ser atribuída a titu-

---

[37] AHUMADA, Raul Cervantes, *Naturaleza jurídica del fideicomiso en el derecho mejicano*, Jus, México, 1942, t. X, nº 50, p. 194 e ss., *apud* FUNES, Saturnino Jorge. *Fideicomiso*. Buenos Aires: Depalma, 1996, p. 76.

laridade desse patrimônio, pois se trata de um patrimônio afetado a um determinado fim, que se forma fora do âmbito de configuração normal de um patrimônio; sobre os bens afetados não se pode exercer senão os direitos e as ações que digam respeito ao negócio fiduciário respectivo, observando Landerreche Obregón, ao comentar a legislação sobre fideicomisso mexicana,[38] que "... em razão da autonomia do fideicomisso, as obrigações contraídas pelo fiduciário no desempenho de seu cargo só podem circunscrever-se ao patrimônio do fideicomisso, sem que por elas responda o próprio fiduciário, nem, muito menos, o fideicomitente ou o fideicomissário. Uma última e importante consequência da autonomia do patrimônio do fideicomisso é que este não sofre os efeitos da quebra do fideicomitente, do fiduciário e do fideicomissário".

Na América espanhola a experiência mexicana é efetivamente a mais fecunda, dado que esse país foi o primeiro a adotar essa nova configuração de fideicomisso.

A jurisprudência mexicana dispõe de importantes decisões sobre essa nova configuração, da qual releva destacar a que analisa a natureza jurídica do fideicomisso, nos seguintes termos: "O fideicomisso é um negócio jurídico por meio do qual o fideicomitente constitui um patrimônio fiduciário autônomo, cuja titularidade se concede à instituição fiduciária, para a realização de um determinado fim; mas, ao definir-se como um patrimônio fiduciário autônomo, com isso se assinala, particularmente, que é diverso dos patrimônios próprios das partes que intervêm no fideicomisso, ou seja, é distinto dos patrimônios do fideicomitente, do fiduciário e do fideicomissário. É um patrimônio autônomo, afetado a certo fim, sob a titularidade e execução do fiduciário, que se acha investido de todos os direitos e ações necessárias ao cumprimento do fideicomisso, naturalmente de acordo com suas regras constitutivas e normativas. Os bens entregues em fideicomisso saem, portanto, do patrimônio do fideicomitente para ficar como patrimônio autônomo ou separado, de afetação, sob a titularidade do fiduciário, na medida necessária para o cumprimento dos fins da suprarreferida afetação; fins de acordo com os quais (e de conformidade com o pactuado) poderá apresentar-se dito titular em juízo como autor ou réu, assim como vender, alugar, ceder etc." (Amparo direto 5.567/1974. "Banco Internacional Imobiliário S.A.", 15 de junho de 1979. Maioria três votos. Ponente: José Alfonso Abitia Arzapalo).[39]

Efetivamente, os bens objeto de fideicomisso saem do patrimônio do instituidor e são atribuídos à titularidade do fiduciário, mas colocados num patrimônio de afetação. O fato de serem atribuídos ao fiduciário atende tão somente à necessidade de existência de um titular para cada patrimônio, não significando de forma alguma que o fiduciário, por ser o titular, tenha plenos poderes sobre os bens. Tem o fiduciário, somente, os poderes necessários ao cumprimento da finalidade da afetação.

A autorização legal é indispensável para constituição de patrimônios de afetação, e os precedentes do direito positivo hispano-americano não deixam qualquer dúvida quanto a isso, observando-se que, mesmo não havendo disposição legal expressa, a faculdade de formação de patrimônios autônomos está implícita no texto legal. Exemplo dessa última hipótese é a legislação sobre fideicomissos da Venezuela, que, embora não contenha disposição explícita quanto à autorização, deixa claro que os bens fideicomitidos não atendem à garantia comum dos credores, mas se destinam com exclusividade à satisfação das obrigações do patrimônio

---

[38] OBREGÓN, Juan Landerreche, *Naturaleza del fideicomiso en el derecho mejicano*, in Jus (Revista de Derecho y Ciencias Sociales), México, setembro de 1942, t. IX, n. 50, p. 201/203, *apud* LOZANO, José M. Villagordoa. *Doctrina general del fideicomiso*. 2. ed. México: Porrúa, 1982, p. 94.

[39] *Apud* MARTÍNEZ, Alfredo Domínguez. *Dos aspectos de la esencia del fideicomiso mejicano*. México: Porrúa, 1994, p. 116.

criado em função do fideicomisso e para os fins deste. Trata-se do art. 2º do Decreto 561, de 1966 (lei venezuelana dos fideicomissos), de cujo teor se infere, claramente, a autorização legal para constituição de patrimônio de afetação.[40]

Com efeito, embora não contemple, em termos explícitos, autorização para constituição de patrimônio autônomo em razão do fideicomisso, essa norma implicitamente a admite, ao excluir expressamente o patrimônio de afetação da garantia comum dos credores e deixar claro que os bens transferidos em fideicomisso deverão atender à realização do fim para o qual foi criado e para pagamento das obrigações provenientes da realização desse fim. Obviamente, devem ser atendidas com o patrimônio autônomo as obrigações contraídas para consecução da finalidade do fideicomisso, para conservação ou manutenção dos bens a ele afetados, bem como as obrigações fiscais e demais encargos pertinentes aos bens afetados. Essa correlação entre direitos e obrigações inerente à noção de patrimônio aplica-se, por certo, aos patrimônios de afetação.

A legislação dos diversos países latino-americanos que reformularam o fideicomisso utilizam diferentes denominações para identificar o patrimônio fiduciário: o México (art. 351 da Lei de Títulos e Operações de Crédito) e Honduras (art. 1.048 do Código de Comércio) utilizam a denominação *bens afetados*; a Colômbia (art. 1.233 do Código de Comércio), Costa Rica (art. 634 do Código de Comércio), o Chile (arts. 132, 136 e 138 da Lei 19.301) e a Argentina (art. 14 da Lei 24.441) utilizam as denominações *patrimônios autônomos* ou *separados*.

3.5.3. O patrimônio separado no direito italiano

O fenômeno da segregação patrimonial está presente no direito positivo italiano em diversas situações, destacando-se os fundos de investimento, em que foi adaptada a figura do *investiment trust* a partir de 1983,[41] a securitização de créditos[42] e a permissão para que as empresas destaquem parte do seu patrimônio para realização de negócios específicos.[43]

O fundo comum de investimento é qualificado como uma espécie de *investment trust*, que se caracteriza pela transferência fiduciária de numerário do investidor a um *trustee*, para administração, para a qual se cria um patrimônio autônomo, em forma aproximada à de uma cooperativa de investimento. Trata-se de um "patrimônio autônomo coletivo desprovido de personalidade jurídica".

A assimilação dessa figura anglo-saxônica pelo direito positivo italiano se fez no contexto da organização do mercado de capitais europeu, cujos pressupostos compreendem uma disciplina mais nítida da atuação da sociedade de investimento, sobretudo no que tange à captação de recursos do público, e, consequentemente, uma tutela mais efetiva dos direitos dos investidores. A esse propósito, observa Pietro Maria Putti que para realização de tais objetivos é de se estabelecer um regime de separação entre o patrimônio do fundo e o daqueles que a

---

[40] "Art. 2º Os bens transferidos, e os que os substituam, não pertencem à garantia comum dos credores do fiduciário. Salvo se a lei dispuser de modo diverso, este só estará sujeito a atender com esses bens as obrigações que derivem do fideicomisso ou de sua realização, e poderá opor-se a toda medida preventiva ou de execução promovidas por credores que tenham por objeto créditos não oriundos do fideicomisso ou de sua realização."

[41] Leis de 23/3/83, nº 77, de 14/8/1993, nº 344, e de 25/1/1994, nº 86, que regulamenta, respectivamente, os fundos comuns de investimentos abertos, os fundos de investimento imobiliário fechados e os fundos de investimento imobiliário fechados.

[42] Lei de 30/4/99, nº 130, que regulamenta a securitização de créditos (*cartolarizzazione dei crediti*).

[43] Arts. 2.447-bis a 2.447-decies do Código Civil.

ele aderem, prescrevendo-se a atribuição dos resultados da gestão do fundo aos investidores, ao lado de um complexo sistema de controle e garantia a favor dos investidores.⁴⁴

Essa legislação é expressa no sentido de que, para todos os efeitos, os fundos constituem patrimônio distinto do patrimônio da sociedade administradora, dos patrimônios dos participantes do fundo, bem como dos outros fundos geridos pela mesma administradora. Assim separado, esse patrimônio especial é dotado de imunidade em face de eventual desequilíbrio da sociedade administradora, sendo explícita a legislação no sentido de que o patrimônio do fundo não pode ser atingido por efeito de ações ou execuções por obrigações ou dívidas da sociedade administradora. De outra parte, eventuais ações dos credores dos investidores também não podem agredir o patrimônio do fundo, devendo limitar-se às quotas de que seja titular o investidor em questão (Lei 344/1993, capítulo II, nº 8/6).

No mesmo sentido, a Lei 130, de 30/4/1999, dispõe sobre as operações de *cartolarizzazione*, realizada mediante cessão de créditos pecuniários a título oneroso, e, com lastro nesses créditos, emissão de títulos para colocação no mercado.

Estão autorizadas a operar sociedades que tenham por objeto exclusivo a realização de uma ou mais operações de securitização de créditos.

Em 2001, por meio dos Decretos 350 e 351, passou a ser permitida a securitização de créditos do Estado.

Os créditos vinculados à securitização constituem, para todos os efeitos, patrimônio separado do patrimônio comum da sociedade emissora e dos patrimônios separados relativos a outras operações. Tais patrimônios separados estão imunes a ações promovidas por credores diversos dos subscritores dos títulos securitizados.⁴⁵

Em 2003 importante reforma do direito societário⁴⁶ introduziu novos artigos no Código Civil, pelos quais permite a constituição de "patrimônios destinados a negócios específicos".

Pela nova legislação, a sociedade pode:

a) constituir um ou mais patrimônios, cada um deles destinado a um negócio específico; e

b) convencionar que em contrato relativo a financiamento de um negócio específico os frutos desse negócio sejam destinados total ou parcialmente ao reembolso do financiamento.⁴⁷

Por esse modo, opera-se a individualização de uma parte do patrimônio geral da empresa, sua separação jurídica desse patrimônio e sua destinação a uma operação econômica específica. As obrigações contraídas para realização dessa operação serão satisfeitas com o ativo desse patri-

---

⁴⁴ PUTTI, Pietro Maria, I fondi comuni di investimento, *Revista Doutrinária do Instituto Ítalo-Brasileiro de Direito Privado e Agrário Comparado*, p. 57, 2000.

⁴⁵ *I crediti relativi a ciascuna operazione costituiscono patrimonio separato a tutti gli effetti da quello della società e da quello relativo alle altre operazioni. Su ciascun patrimonio non sono ammesse azioni da parte di creditori diversi daí portatori dei titoli emessi per finanziare l'acquisto dei crediti stessi* (Lei 130/1999, art. 3, 2, Disponível em http://www.parlamento.it/parlama/leggi/991391.htm).

⁴⁶ Decreto Legislativo 6, de 17 de janeiro de 2003, pelo qual foram introduzidos os novos artigos 2.447-bis a 2.447-decies no Código Civil.

⁴⁷ Tradução livre da primeira parte do art. 2447-bis (*"Art. 2447-bis- [1] La società può: a) costituire uno o più patrimoni ciascuno dei quali destinato in via esclusiva ad uno specifico affare; b) convenire che nel contratto relativo al finanziamento di uno specifico affare al rimborso totale o parziale del finanziamento medesimo siano destinati i proventi dell'affare stesso, o parte di essi"*).

mônio separado, sendo certo, ademais, que o ativo desse patrimônio não responde pelas dívidas e obrigações relacionadas ao patrimônio geral da empresa. Assim, os credores desse patrimônio geral não podem buscar a satisfação dos seus créditos no ativo do patrimônio separado.

O mecanismo torna possível a limitação de responsabilidade da empresa e torna mais atraente o investimento de terceiros, possibilitando à empresa emitir obrigações relacionadas exclusivamente ao fim específico para o qual tiver sido criado o patrimônio de afetação, circunstância que, ademais, importa em redução do custo de monitoramento dos créditos dos investidores, na medida em que, dada a afetação do patrimônio do negócio específico, torna-se irrelevante para os investidores o controle do desempenho de toda a empresa, bastando que se atenham ao controle do patrimônio separado.

De outra parte, é possível convencionar que nos contratos de financiamento de determinado negócio específico, vinculado a um patrimônio especial, os frutos desse negócio sejam destinados ao reembolso financiamento.

O mecanismo é semelhante à afetação patrimonial dos empreendimentos imobiliários sob o regime da nossa Lei 4.591/1964, pelo qual, ao promover a construção e venda de um edifício composto por unidades autônomas, a empresa incorporadora pode afetar o terreno e as acessões, bem como os demais direitos e obrigações relacionadas ao custeio e à comercialização do empreendimento, destinando esse patrimônio de afetação à exclusiva finalidade de execução da obra e entrega das unidades aos adquirentes.

Há ainda outros exemplos de segregação patrimonial no direito italiano, como é o caso dos fundos constituídos pelos empregadores para assistência e previdência dos trabalhadores, cujos recursos não podem ser desviados dessa finalidade e não podem ser objeto de execução por parte dos credores dos empregadores e dos prestadores de serviços.

3.5.4. A segregação patrimonial no direito francês

A Lei 211, de 19 de fevereiro de 2007, instituiu um regime geral da fidúcia, reintroduzindo-a no Código Civil francês, arts. 2.011 a 2.031, e regulamentando o respectivo regime fiscal, contábil, normas de combate à lavagem de dinheiro e de natureza penal visando submeter o fiduciário a penas por abuso de confiança.[48]

Atualizando a concepção da fidúcia, essa versão não difere das construções adotadas nos demais países de tradição jurídica romana.

Em linhas gerais, contempla a definição da fidúcia, os requisitos exigidos para figurar como fiduciário, os direitos e as obrigações das partes, os efeitos, notadamente a segregação patrimonial e a exclusão da massa falida, a destituição do fiduciário e as hipóteses de extinção do contrato.

A fidúcia vem definida como a operação pela qual se transferem determinados bens a um fiduciário e se atribui a este o encargo de gerir esses bens visando o cumprimento de determinada finalidade, que pode ser de garantia ou gestão, em proveito de um ou mais beneficiários.

Somente podem atuar na qualidade de fiduciárias instituições financeiras, de investimentos e de seguros.

A transferência dos bens ou direitos ao fiduciário importa na criação de um patrimônio de afetação, denominado "patrimônio fiduciário", distinto do patrimônio pessoal do fiduciário e de todos os outros patrimônios fiduciários de que seja titular.

---

[48] Em edição anterior, quando ainda não tinha sido promulgada a Lei 211, de 2007, fizemos referência aos estudos e trabalhos produzidos na França sobre a matéria, anotando em especial a Proposição de Lei 178-2005, do Senado, intitulada *De la fiducie*.

Em caso de falência do fiduciário, os bens não são arrecadados à massa; em caso de morte do fiduciário, os bens não fazem parte do espólio. Se o contrato não previr o valor dos bens e ocorrer a falência do fiduciário, deverão eles ser objeto de avaliação por perito, salvo se se tratar de dinheiro ou títulos e contratos a termo cotados no mercado.

O fiduciário poderá ser destituído caso cometa falta grave no desempenho de seus deveres ou coloque em risco os interesses a ele confiados. A destituição se faz por decisão judicial.

A fidúcia se extingue por ocorrência do seu termo ou pela realização do escopo para o qual foi constituída. Caso o contrato não preveja as condições de sua extinção, esta se dará por decisão judicial nos casos de renúncia dos beneficiários, morte do fiduciário, liquidação judicial do fiduciário e dissolução do fiduciário (podendo o contrato, entretanto, prosseguir até o fim da liquidação da sociedade).

A separação patrimonial constitui também requisito indispensável do processo de *titrisation* de créditos, que corresponde à nossa securitização.

Para esse fim, a lei autoriza a operação de fundos comuns de créditos, sob forma de condomínios que têm por objeto adquirir créditos e emitir partes representativas deles, emitindo títulos em correspondência a esses créditos.

Os fundos caracterizam-se pela copropriedade de créditos, sem personalidade jurídica.

Cada fundo pode dispor de compartimentos, sendo atribuído a cada um desses compartimentos um acervo próprio de direitos e obrigações; o acervo de determinado compartimento só responde pelas suas próprias dívidas e obrigações e só beneficiam os credores a ele vinculados. Não se aplicam a esses condomínios as regras da indivisão previstas no Código Civil. Dada essa estrutura e função, os compartimentos assemelham-se a patrimônios afetados a determinada finalidade.

A matéria está regulamentada no contexto do Código Monetário e Financeiro, na Seção denominada *Les fonds communs de créances*, pelo qual as condições de aquisição de créditos, emissão de títulos e sua respectiva afetação são definidas por decreto.[49]

3.5.5. O patrimônio separado no direito espanhol

No direito espanhol, a segregação patrimonial é especificamente regulamentada para fins de securitização de créditos, inicialmente pela Lei 19/1992, que dispõe sobre o regime das sociedades e fundos de inversão imobiliária e regulação dos fundos de titulização hipotecária, e posteriormente pelo Decreto Real 926/1998, que trata dos fundos de titulização de ativos e sociedades gestoras de fundos de titulização.[50]

Do mesmo modo que nas demais legislações, os fundos de inversão, que não têm personalidade jurídica, constituem patrimônios separados e fechados, tendo em seu ativo créditos hipotecários e em seu passivo os títulos emitidos com lastro naqueles créditos.

3.5.6. O patrimônio autônomo no direito português

Em Portugal denomina-se "titularização" a operação de cessão de créditos e a subsequente emissão de títulos sustentados por aqueles créditos.

No contexto da sua regulamentação, o Decreto 453/1999, de 5 de novembro de 1999, alterado e consolidado pelo Decreto-lei 82/2002, de 5 de abril de 2002, disciplina a formação

---

[49] Disponível em http://www.legifrance.gouv.fr/WaspadArticleCode?commun.
[50] Disponível em http://www.ua.es/aedire/titulizacionhipo.htm.

de "patrimônio autônomo, afetado à satisfação dos créditos vinculados à emissão dos títulos e das despesas desse patrimônio".

Dispõe o art. 61º do Decreto 82/2002 que os direitos creditórios dos subscritores de obrigações titularizadas "são garantidos apenas pelos créditos que lhes estão exclusivamente afectos".

O art. 62º consagra o "princípio da segregação", dispondo no seu nº 1 que "os créditos afectos ao reembolso de uma emissão de obrigações titularizadas, bem como o produto do reembolso daqueles e os respectivos rendimentos, constituem um patrimônio autónomo, não respondendo por quaisquer dívidas da sociedade de titularização de créditos até ao pagamento integral dos montantes devidos aos titulares das obrigações titularizadas que constituem aquela emissão".

Os bens, direitos e obrigações integrantes desse patrimônio devem ser contabilizados "em contas segregadas da sociedade e identificadas sob forma codificada nos documentos da emissão" (art. 62º, nº 2).

Uma vez pagas integralmente essas obrigações, considera-se desafetado aquele patrimônio, revertendo o saldo remanescente ao patrimônio comum da sociedade de titularização (art. 62º, nº 3).

O credor de obrigações comuns da companhia titularizadora (não integrantes do patrimônio autônomo), "apenas pode penhorar o direito ao remanescente de cada património separado se provar a insuficiência dos restantes bens da sociedade" (art. 62º, nº 4).

A regulamentação do patrimônio autônomo do direito português é semelhante à do patrimônio de afetação previsto nos arts. 27 e seguintes da Lei 14.430/2022, que trata da atribuição de titularidade fiduciária aos créditos, bens e direitos que constituam o lastro da securitização de créditos em geral. A distinção relevante entre ambos os sistemas é que no direito português a afetação é requisito legal de toda e qualquer securitização, enquanto no direito brasileiro é faculdade conferida à companhia securitizadora; a exigência de afetação patrimonial é justificada por Diogo Leite de Campos e Manuel Monteiro ao observar que "os *trusts* são muito usados (*mais, são imprescindíveis*) em matéria de titularização de créditos e de outros activos (*securitization*) nos EUA e em diversos ordenamentos jurídicos de caráter anglo-saxónico ou continental (como a Argentina)" (grifamos).[51]

Visa o patrimônio autônomo a proteção dos investidores, confiantes em que o patrimônio autônomo responde pelas obrigações titularizadas "e seguros da sua afectação exclusiva às OT neles baseadas e na impermeabilidade a processos de cumprimento e execução de outras dívidas da sociedade até ao pagamento integral dos seus direitos, dos direitos inerentes às OT de que são detentores".[52]

De fato, os bens e direitos que formam um patrimônio de afetação destinado a determinada operação só respondem pelo resgate dos títulos e das demais obrigações vinculadas a esse patrimônio até que se conclua a consecução da operação. Esse acervo permanece incomunicável, não responde por nenhuma outra dívida da companhia de titularização e nem pode a companhia dispor desses créditos. Depois de satisfeitos todos os créditos vinculados ao patrimônio autônomo, o remanescente, se houver, volta a compor o patrimônio comum da sociedade de titularização.

Os subscritores dos títulos "gozam de privilégio creditório especial sobre os bens que em cada momento integrem o património autônomo afecto à respectiva emissão, com precedência

---

[51] CAMPOS, Diogo Leite de; MONTEIRO, Manuel, *Titularização de créditos* – Anotações ao Decreto-lei nº 453/99, de 5 de novembro. Coimbra: Almedina, 2001, p. 13.

[52] SILVA, João Calvão da, *Titularização de créditos* – securitizacion. Coimbra: Almedina, 2003, p. 131.

sobre quaisquer outros credores". (art. 63º, nº 1). A previsão legal desse privilégio é dispensável, na medida em que, tratando-se de um patrimônio afetado a determinada finalidade, como já definido nas disposições anteriores do Decreto, seu acervo permanece incomunicável e só pode ser agredido por credores do patrimônio comum da sociedade se houver saldo remanescente, após o resgate integral das obrigações vinculadas ao patrimônio autônomo.

O patrimônio autônomo não sofre os efeitos de eventual insolvência da companhia de titularização, dado que a afetação a ele inerente "estende sua tutela às situações de falência da sociedade, conferindo uma tutela acrescida aos detentores de obrigações titularizadas – ao contrário do que sucede em relação aos detentores de outras espécies de obrigações que serão tratados como credores comuns".[53]

3.5.7. O patrimônio de afetação no direito brasileiro

O patrimônio de afetação, "concebido como uma massa de bens afetada ao pagamento de uma massa de dívidas",[54] encontra correspondência no direito brasileiro, "máxime na falência, na ausência, nos regimes matrimoniais, na herança quanto às dívidas do falecido e, no tocante sobretudo a obrigações tributárias, no estabelecimento comercial", e está presente no direito português, como observa o Professor Luiz Roldão de Freitas Gomes:[55] "Versam os juristas lusos ainda (cf. o excelente estudo do Prof. Vaz Serra, pp. 37 e segs.), sobre o patrimônio autônomo ou separado, como meio também de garantia especial das obrigações. Tem lugar no matrimônio, nas sociedades civis e comerciais e na herança (Guilherme Moreira, Jaime Gouveia, Pires De Lima, Paulo Cunha e Galvão Telles); na compropriedade, no estabelecimento comercial, nas empresas industriais, navios e rebanhos (J. Tavares); na ausência e na falência (Jaime Gouveia, Pires De Lima, Paulo Cunha); no bem de família (Paulo Cunha e Pires De Lima); nas doações universais, na extinção das pessoas jurídicas e no patrimônio do mar-navio (Paulo Cunha e Galvão Pires); e na transmissão de patrimônio (Galvão Telles)".

Salienta o Professor Luiz Roldão que o patrimônio autônomo não é objeto de disciplina própria e separada em nosso direito, no qual, "Segue, todavia, a diretriz de direito moderno, como já o fazia notar FERRARA (Tratado, pp. 875 e segs.), caracterizando-o como *'un centro autonomo che non altro rapporto col patrimonio che gli sta vicino, cheil legume d'avere lo stesso soggetto'* assinalando que *'l'unico criterio per riconoscere l'esistenza del patrimonio separato è questo della responsabilità per debiti'*".

Ressalva o Professor Luiz Roldão de Freitas Gomes, entretanto, que o fato de não existir um capítulo específico em nosso Código Civil não implica a inexistência de garantias gerais e específicas das obrigações. No que interessa a este trabalho, destaca as garantias contempladas em legislação especial, de natureza fiduciária, como são os casos daquelas decorrentes do contrato de alienação fiduciária e de cessão fiduciária de créditos em garantia.

De fato, a citada legislação introduziu no direito positivo brasileiro a noção de propriedade fiduciária e do patrimônio de afetação com vistas à estruturação do mercado de capitais e como garantia do crédito.

---

[53] CAMPOS, Diogo Leite de; MONTEIRO, Manuel. *Titularização de créditos* – Anotações ao Decreto-lei n.º 453/99, de 5 de novembro. Coimbra: Almedina, 2001, p. 103.

[54] FERRARA, *Trattato*, I, p. 689 e ss., apud GOMES, Luiz Roldão de Freitas As garantias da obrigação no aspecto substantivo e processual no direito brasileiro (um estudo de direito luso-brasileiro). *Revista Arquivos do Tribunal de Alçada*, do Tribunal de Alçada do Estado do Rio de Janeiro, n. 21, p. 16-27.

[55] GOMES, Luiz Roldão de Freitas. As garantias da obrigação no aspecto substantivo e processual no direito brasileiro (um estudo de direito luso-brasileiro). *Revista Arquivos do Tribunal de Alçada*, do Tribunal de Alçada do Estado do Rio de Janeiro, n. 21, p. 18.

Nesse contexto encontra-se a estrutura dos fundos de investimento, formulada no direito brasileiro a partir da vigência da Lei de Mercado de Capitais (Lei 4.728, de 1965), notadamente aquela pertinente ao fundo de investimento imobiliário, regulado pela Lei 8.668, de 1993.

É verdade que, quanto ao patrimônio de afetação, as disposições precursoras atinentes à constituição dos fundos de investimento em geral, isto é, os arts. 49 e 50 da Lei 4.728/1965, não explicitam a configuração peculiar desse patrimônio, apenas aludindo, timidamente, à constituição de condomínios para a formação dos fundos e à segregação da contabilidade desses fundos, e atribuindo competência ao Conselho Monetário Nacional para a regulamentação dessa atividade. É na regulamentação do CMN que se vai encontrar, com minúcias, a explicitação quanto à segregação patrimonial dos recursos dos fundos de investimento em geral. Diferentemente daquela legislação de 1964, a lei de 1993 sobre os fundos de investimento imobiliário define as características da propriedade fiduciária, constituída pelos bens e direitos do fundo, e determina a constituição de patrimônio autônomo com esses bens e direitos, separado do patrimônio da instituição administradora e afetado à finalidade do fundo.

Efetivamente, muito embora a Lei 4.728/1965, como se disse, não seja explícita quanto à segregação do patrimônio dos fundos, sua estruturação e sua dinâmica conformam-se exatamente a esses princípios: no fundo de investimento de ações, por exemplo, o investidor entrega numerário à empresa administradora do fundo para que esta negocie ações em proveito dele, investidor, comprando-as e com elas constituindo um patrimônio especial, de afetação, que não se confunde com o patrimônio da instituição, ficando esta investida de poder de disposição sobre a *res* que constitui esse patrimônio, isto é, o conjunto de ações, podendo comprá-las e vendê-las para adequar a carteira do fundo à dinâmica do mercado, sem necessidade de consulta ao investidor, mas ressalvado que seu poder de disposição é limitado, porque contingenciado pela afetação da massa patrimonial formada pelo conjunto de ações.

A regulamentação da afetação de patrimônio está presente de maneira ainda mais nítida na Lei 8.668, de 1993, que disciplina a constituição dos fundos de investimento imobiliário; nesse diploma legal, o caráter fiduciário da propriedade, e a consequente constituição do patrimônio de afetação, são previstos de maneira expressa, ali explicitado que os bens imóveis objeto dos investimentos são adquiridos diretamente pela instituição administradora, mas em caráter fiduciário, permanecendo esses bens afetados à finalidade do fundo; essa finalidade é definida em regulamento, sendo certo que do registro da propriedade fiduciária, no Registro de Imóveis, devem constar as limitações decorrentes do caráter fiduciário dessa propriedade.

Posteriormente, o direito positivo brasileiro valeu-se da teoria da afetação para segregação de riscos no negócio de incorporação imobiliária, importante atividade em que se promove a venda de imóveis em construção, nos termos da Lei 4.591/1964.

Com efeito, a Lei 10.931/2004 acrescenta os arts. 31-A a 31-F à Lei 4.591/1964, estabelecendo as condições da segregação patrimonial do acervo do negócio da incorporação imobiliária.

Uma vez instituído o regime da afetação para determinada incorporação imobiliária, o acervo a ela correspondente passa a constituir um núcleo patrimonial destacado dentro do patrimônio da empresa incorporadora e se desenvolve com autonomia funcional em relação ao patrimônio geral da empresa, bem como em relação às demais incorporações imobiliárias por ela desenvolvidas.

Assim, o complexo de bens, direitos e obrigações relativo à incorporação afetada, isto é, de um lado, o terreno, as acessões, as receitas provenientes da venda das unidades e, de outro lado, as obrigações (entre as quais as de natureza fiscal, trabalhista, os débitos por aquisição de materiais etc.), formam um núcleo patrimonial destacado, que, embora continue a integrar o patrimônio geral do incorporador, opera com a autonomia necessária à consecução do negócio específico da incorporação. Esse regime estabelece rigorosa vinculação entre as receitas e as despesas do empreendimento, pela qual as receitas devem ser destinadas à satisfação das obrigações relacionadas à respectiva incorporação, não podendo ser desviadas para outras obras ou para outras finalidades que não estejam vinculadas à completa realização da construção e entrega das unidades aos respectivos adquirentes, ressalvado que a quantia que exceder o *quantum* necessário à realização da incorporação está excluída da afetação, podendo, obviamente, ser livremente utilizada pela empresa incorporadora.

De fato, na medida em que corresponda a um complexo de direitos e obrigações funcionalmente organizado para determinada finalidade, o patrimônio de afetação responde somente pelas obrigações relativas a essa massa, excluídas as obrigações estranhas a ela. Esse acervo, entretanto, continua a integrar o patrimônio geral do incorporador e deve operar em articulação com ele. A autonomia que se confere ao patrimônio separado visa assegurar o cumprimento da função a ele atribuída, daí por que, concluída a incorporação, os resultados obtidos serão apropriados no balanço geral da empresa incorporadora.

A afetação visa, nessa hipótese, a um só tempo, suprir a vulnerabilidade dos adquirentes de imóveis "na planta" e segregar os riscos dos demais credores de cada empreendimento. Para esse fim, põe à disposição dos adquirentes, por meio da sua Comissão de Representantes, meios para acompanhar eficientemente a obra e, se for o caso, substituir a empresa incorporadora, dando prosseguimento à obra com as receitas próprias da incorporação.

Na medida em que não rompe com o princípio da unidade do patrimônio, a afetação não interfere no conteúdo do direito subjetivo da empresa incorporadora, que obviamente conserva sua qualidade de proprietária do empreendimento e de titular dos direitos creditórios a ele relativos. Não obstante, restringe o modo de exercício dos seus poderes, condicionando-o à consecução da incorporação, nos termos programados, pois a afetação atribui ao incorporador um poder-dever sobre a propriedade em que está envolvida a incorporação, segundo a finalidade econômica e social do negócio incorporativo. De outra parte, a afetação não altera a responsabilidade do incorporador, que se mantém como sujeito passivo das obrigações civis, comerciais, trabalhistas, tributárias etc. relacionadas ao empreendimento.

Importa ressaltar que, não sendo possível afastar por completo os riscos a que possam estar sujeitos os adquirentes, limitam-se os riscos por empreendimento. Se o incorporador vier a falir, o empreendimento não será arrecadado à massa, mas passará a ser administrado diretamente pelos adquirentes.

Vale dizer: os adquirentes e os credores de determinada incorporação têm reservado para satisfação dos seus direitos o acervo do empreendimento e, por outro lado, não sofrem os efeitos dos desequilíbrios do patrimônio geral do incorporador, nem têm seus direitos contaminados por eventual insucesso de outros empreendimentos do mesmo incorporador, porque os compromissos de cada empreendimento devem ser atendidos pelas suas receitas próprias. A afetação, entretanto, não exonera o incorporador das suas responsabilidades, permanecendo ele responsável nos termos da lei e do contrato, inclusive com seus bens pessoais, de modo que deve suprir os recursos para execução da incorporação caso a receita própria desse negócio não seja suficiente para sua consecução.

A administração de consórcios é, igualmente, atividade em que a afetação patrimonial é indispensável para prevenção de riscos e limitação da responsabilidade dos consorciados às obrigações do negócio a que estão vinculados.

Esse negócio é objeto da Lei 11.795/2008, que define como "reunião de pessoas naturais ou jurídicas em grupo, com prazo de duração e número de cotas previamente determinados, promovida por administradora de consórcio, com a finalidade de propiciar a seus integrantes, de forma isonômica, a aquisição de bens ou serviços, por meio de autofinanciamento" (art. 2º).

O grupo é uma sociedade não personificada constituída pelos consorciados. Cada grupo é dotado de autonomia patrimonial em relação ao patrimônio da sociedade administradora e dos demais grupos por ela administrados.

Assim, os bens e direitos adquiridos pela administradora em nome do grupo e para atender aos interesses do grupo, inclusive em decorrência de realização de garantias, bem como seus frutos e rendimentos, formam um patrimônio de afetação, dotado de ativo e passivo próprios, incomunicável em relação ao patrimônio da sociedade administradora e dos demais grupos por ela administrados; os bens de cada patrimônio de afetação só respondem por suas próprias obrigações, incumbindo à administradora mantê-los separados do seu patrimônio, com contabilidade separada.

Dá-se o encerramento das atividades do grupo após a realização da última assembleia de contemplação, a partir da qual a administradora promoverá a prestação de contas e a disponibilização do saldo, se houver, aos consorciados, em proporção.

Outra atividade de extraordinária relevância, para a qual a lei permite a criação de patrimônios de afetação, é o agronegócio.

Instituído pela Medida Provisória 897, de 2 de outubro de 2019, que veio a ser convertida na Lei 13.986/2020, o patrimônio de afetação de imóvel rural é "destinado a prestar garantias por meio da emissão de Cédula de Produto Rural (CPR), de que trata a Lei 8.929 (...), ou em operações financeiras contratadas pelo proprietário por meio de Cédula Imobiliária Rural (CIR)" (§ 1º do art. 7º).

Sua caracterização é marcada por elementos particulares, que lhe conferem fisionomia adequada à finalidade de garantia para a qual a lei o institui, dentre os quais se destacam:

a) o patrimônio de afetação de imóvel rural é constituído com finalidade exclusivamente de prestação de garantias mediante emissão de CPR ou CIR, que são títulos de crédito nos quais são definidos os elementos essenciais do patrimônio de afetação, inclusive o modo de transmissão da propriedade ao credor beneficiário em caso de inadimplemento;

b) tem como objeto o terreno, as acessões e as benfeitorias, mas não atinge as lavouras, os móveis e os semoventes;

c) pode ter por objeto uma fração de imóvel rural, que, entretanto, só será desmembrada se houver inadimplemento, em razão do qual a propriedade será transferida ao credor;

d) o imóvel deve estar livre e desembaraçado de qualquer ônus, não podendo existir nenhum dos assentamentos previstos no art. 54 da Lei 13.097/2015 na sua matrícula, no Registro de Imóveis;

e) é vedada a afetação de pequena propriedade rural (Lei 8.629/1993, art. 4º, II, *a*), área inferior ao módulo rural ou à fração mínima de parcelamento, o que for menor (Lei 5.868/1972, art. 8º), e bem de família (CC, art. 1.711 e seguintes), salvo na situação do art. 4º, § 2º, da Lei 8.009/1990;

f) são vedados a alienação, a doação, o parcelamento ou qualquer outro ato voluntário de transmissão da propriedade afetada, não podendo esse bem, igualmente, ser empregado em garantia de qualquer outra obrigação estranha àquela a que o patrimônio de afetação estiver vinculado.

Extingue-se o patrimônio rural de afetação mediante prova da "não existência de CIR ou CPR sobre o patrimônio a ser desafetado" (art. 15, § 1º), isto é, mediante quitação da dívida, da qual resulta o cancelamento do patrimônio de afetação no Registro de Imóveis.

Na medida em que a finalidade dessa afetação é unicamente a constituição de garantia de determinada operação de crédito mediante emissão de CPR ou CIR, o imóvel dele integrante que venha a ser alienado fiduciariamente fica sujeito a dupla segregação patrimonial – pela afetação e pela alienação fiduciária.

O critério de realização da garantia previsto nessa lei dá causa a controvérsia e nulidade.

É que, nos termos do art. 7º e seguintes, articulados ao art. 17 e seguintes, o emitente (devedor) se obriga a entregar ao credor o imóvel afetado, ou sua fração, "nas hipóteses em que não houver o pagamento da operação até a data do vencimento" (Lei 13.986/2020, art. 17, I e II)[56] e autoriza "que o oficial de registro de imóveis processe, em favor do credor, o registro de transmissão da propriedade do imóvel rural, ou da fração, constituinte do patrimônio rural em afetação vinculado à CIR" (Lei 13.986/2020, art. 22, IX).[57]

Para implementação da transferência de propriedade prevista no art. 22, IX, o art. 28 confere ao credor a faculdade de "exercer de imediato o direito à transferência, para sua titularidade",[58] independentemente de qualquer procedimento, mas, de outra parte, seu § 2º sujeita a transferência da propriedade ao credor às regras dos arts. 26 e 27 da Lei 9.514/1997,[59] que, ao regulamentar o procedimento de realização da garantia fiduciária imobiliária, determina a intimação do devedor para purgação da mora, somente admitindo a transferência da propriedade, mediante consolidação, se o devedor deixar de purgar a mora, seguindo-se uma diligência de avaliação do imóvel, considerando o valor apurado pela autoridade competente para cálculo do ITBI, e o leilão do imóvel.

A previsão de distintos modos de transferência da propriedade ao credor, assim prevista pelo *caput* do art. 28 e pelo seu § 2º, pode suscitar questionamento.

Com efeito, a autorização para que o credor fique com o imóvel em caso de inadimplemento, prevista no art. 22, caracteriza pacto comissório, vedado pelo art. 1.428 do Código Civil, que considera nula a cláusula pela qual o devedor autoriza o credor a ficar com o bem em caso de inadimplemento.[60]

---

[56] Lei 13.986/2020: "Art. 17. Fica instituída a CIR, título de crédito nominativo, transferível e de livre negociação, representativa de: I – promessa de pagamento em dinheiro, decorrente de operação de crédito de qualquer modalidade; e II – obrigação de entregar, em favor do credor, bem imóvel rural, ou fração deste, vinculado ao patrimônio rural em afetação, e que seja garantia da operação de que trata o inciso I do *caput* deste artigo, nas hipóteses em que não houver o pagamento da operação até a data do vencimento".

[57] Lei 13.986/2020: "Art. 22. A CIR conterá os seguintes requisitos lançados em seu contexto: (...); IX – a autorização irretratável para que o oficial de registro de imóveis processe, em favor do credor, o registro de transmissão da propriedade do imóvel rural, ou da fração, constituinte do patrimônio rural em afetação vinculado à CIR, de acordo com o disposto no art. 28 desta Lei".

[58] Lei 13.986/2020: "Art. 28. Vencida a CIR e não liquidado o crédito por ela representado, o credor poderá exercer de imediato o direito à transferência, para sua titularidade, do registro da propriedade da área rural que constitui o patrimônio rural em afetação, ou de sua fração, vinculado à CIR no cartório de registro de imóveis correspondente".

[59] Lei 13.986/2020: "Art. 28. (...) § 2º Na hipótese prevista no *caput* deste artigo, aplica-se, no que couber, o disposto nos arts. 26 e 27 da Lei nº 9.514, de 20 de novembro de 1997, respeitado o disposto no § 3º deste artigo".

[60] Código Civil: "Art. 1.428. É nula a cláusula que autoriza o credor pignoratício, anticrético ou hipotecário a ficar com o objeto da garantia, se a dívida não for paga no vencimento".

Em razão dessa nulidade, a autorização contida em cláusula da CIR (art. 22) não produz qualquer efeito, e essa nulidade contamina o art. 28, *caput*, que trata da implementação de cláusula nula, tornando-o igualmente sem qualquer efeito.

Em consequência, aplica-se à realização da garantia fiduciária incidente sobre o imóvel rural o procedimento de que tratam os arts. 26 e 27 da Lei 9.514/1997, ao qual o § 2º do art. 28 da Lei 13.986/2020 faz remissão.

Outra norma da Lei 13.986/2020 que suscita questionamento é o § 3º do art. 28,[61] que, em relação à alienação fiduciária de bens imóveis no âmbito do agronegócio, imputa ao devedor fiduciante a responsabilidade pelo pagamento do saldo devedor remanescente, caso, no segundo leilão, não se alcance quantia suficiente para resgatar a integralidade da dívida.

Trata-se do elementar princípio da responsabilidade patrimonial do devedor, mas, em relação à alienação fiduciária de bem imóvel, a norma da Lei 9.514/1997 contém grave distorção, que inviabiliza o exercício do direito do credor de buscar a satisfação do seu crédito sobre outros bens do devedor fiduciante, na medida em que os §§ 2º e 5º do seu art. 27 limitam o direito do credor fiduciário ao imóvel objeto da garantia.

Com efeito, de acordo com o § 2º do art. 27 da Lei 9.514/1997, é vedado ao credor fiduciário aceitar valor inferior ao valor da dívida,[62] o que significa que a arrematação, se houver, importará na satisfação integral do crédito. De outra parte, o § 5º desse mesmo art. 27 considera extinta a dívida caso no segundo leilão não haja lance igual ou superior ao valor da dívida,[63] o que significa que, em caso de leilão negativo, o imóvel permanece no patrimônio do credor fiduciário pelo valor do saldo devedor.

Portanto, se os §§ 2º e 5º do art. 27 da Lei 9.514/1997 não forem alterados para consagrar o princípio da responsabilidade patrimonial do devedor fiduciante, e até que sejam, o § 3º do art. 28 da Lei 13.986/2020, que autoriza o credor fiduciário a cobrar o saldo remanescente em caso de frustração do leilão, não produzirá qualquer efeito por inexistência de saldo remanescente, dada a expressa disposição da Lei 9.514/1997.

Outra grave distorção da Lei 13.986/2020 é o § 5º do art. 10,[64] que imputa ao patrimônio de afetação as obrigações trabalhistas, previdenciárias e fiscais do patrimônio geral do proprietário rural.

Essa disposição inviabiliza a plena realização da função do patrimônio de afetação, ao comprometer o efeito da blindagem que envolve esse núcleo patrimonial separado.

Trata-se de grave e injustificável mutilação da figura da afetação, da qual tratamos no próximo item, ao comentar o art. 76 da Medida Provisória 2.158-35/2001.

---

[61] Lei 13.986/2020: "Art. 28. (...) § 3º Se, no segundo leilão de que trata o art. 27 da Lei nº 9.514, de 20 de novembro de 1997, o maior lance oferecido não for igual ou superior ao valor da dívida, somado ao das despesas, dos prêmios de seguro e dos encargos legais, incluídos os tributos, o credor poderá cobrar do devedor, por via executiva, o valor remanescente de seu crédito, sem nenhum direito de retenção ou indenização sobre o imóvel alienado".

[62] Lei 9.514/1997: "Art. 27. (...) § 2º No segundo leilão, será aceito o maior lance oferecido, desde que igual ou superior ao valor da dívida, das despesas, dos prêmios de seguro, dos encargos legais, inclusive tributos, e das contribuições condominiais".

[63] Lei 9.514/1997: "Art. 27. (...) § 5º Se, no segundo leilão, o maior lance oferecido não for igual ou superior ao valor referido no § 2º, considerar-se-á extinta a dívida e exonerado o credor da obrigação de que trata o § 4º".

[64] Lei 13.986/2020: "Art. 10. Os bens e os direitos integrantes do patrimônio rural em afetação não se comunicam com os demais bens, direitos e obrigações do patrimônio geral do proprietário ou de outros patrimônios rurais em afetação por ele constituídos, nas seguintes condições: (...) § 5º O disposto neste artigo não se aplica às obrigações trabalhistas, previdenciárias e fiscais do proprietário rural".

3.5.7.1. Distorções na legislação brasileira

Como vimos, a afetação patrimonial caracteriza-se, fundamentalmente, pela destinação de certos bens ou direitos a uma determinada finalidade, para cuja consecução são submetidos ao regime da incomunicabilidade. Para que possam cumprir sua função sem risco de contaminação por eventual desequilíbrio patrimonial do instituidor, inclusive falência, os negócios sob regime de afetação têm patrimônio próprio e são dotados de autonomia jurídica e econômica.

Fiel a essa lógica, o inciso IX do art. 119 da Lei de Recuperação de Empresa e Falência (Lei 11.101/2005) determina que, mesmo após decretada a falência, os bens e direitos integrantes de patrimônios de afetação permaneçam separados dos do falido, até que cumpram sua função ou advenha o termo; após, será apurado o saldo, que, se positivo, será arrecadado à massa ou, se negativo, será inscrito na classe própria.[65]

Há, entretanto, normas anteriores à Lei 11.101/2005 que, se aplicadas, impediriam o cumprimento da afetação, pois desfiguram esse instrumento jurídico.

Merecem registro, pela magnitude da deformação, o 9º da Lei 10.931/2004 e o art. 76 da Medida Provisória 2.158/2001, este último embutido na 35ª versão dessa MP.[66]

O art. 9º, referindo-se aos efeitos da falência da empresa incorporadora imobiliária, obriga os adquirentes a pagar as dívidas fiscais, previdenciárias e trabalhistas do empreendimento no prazo de um ano a contar da data da quebra, sob pena de lhes ser proibido continuar a obra.[67]

O dispositivo constitui um paradoxo, na medida em que se opõe à natureza jurídica da afetação patrimonial e ao sistema de proteção do consumidor, contido na Lei das Incorporações e no Código de Defesa Consumidor, além de contrariar a específica finalidade da Lei 10.931/2004.

Com efeito, o propósito dos arts. 31-A a 31-F da Lei 4.591/1964, com a redação dada pelo art. 53 da Lei 10.931/2004, é viabilizar o cumprimento da função do contrato de incorporação, isto é, a construção e entrega dos apartamentos, e assegurar a incolumidade dos direitos patrimoniais dos credores vinculados ao empreendimento, especialmente os adquirentes, e para esse fim (i) tornam incomunicável o acervo da incorporação (ii) dispõem que seu ativo só responde pelas suas próprias dívidas e obrigações, (iii) excluem esse acervo dos efeitos de eventual falência do incorporador, (iv) autorizam o prosseguimento da obra sob administração dos adquirentes, mesmo em caso de falência da incorporadora (v) limitam

---

[65] "Art. 119. Nas relações contratuais a seguir mencionadas prevalecerão as seguintes regras: (...) IX - os patrimônios de afetação, constituídos para cumprimento de destinação específica, obedecerão ao disposto na legislação respectiva, permanecendo seus bens, direitos e obrigações separados dos do falido até o advento do respectivo termo ou até o cumprimento de sua finalidade, ocasião em que o administrador judicial arrecadará o saldo a favor da massa falida ou inscreverá na classe própria o crédito que contra ela remanescer."

[66] Até a promulgação da Emenda Constitucional 32/2001 era facultado ao Poder Executivo reeditar infinitamente as Medidas Provisórias ao final do prazo de sua validade (trinta dias), de modo que antes que se completassem os trinta dias o Poder Executivo reeditava a MP que estava prestes a perder vigência, acrescentando um número indicativo da quantidade de vezes que foi reeditada. O art. 2º da EC 32 dispõe que as medidas provisórias anteriores a 11/9/2001 "continuam em vigor até que medida provisória ulterior as revogue explicitamente ou até deliberação definitiva do Congresso Nacional." Não tendo ocorrido nenhuma dessas hipóteses até a edição deste trabalho a MP 2.158-35/2001 continua em vigor.

[67] "Art. 9º Perde eficácia a deliberação pela continuação da obra a que se refere o § 1º do art. 31-F da Lei nº 4.591, de 1964, bem como os efeitos do regime de afetação instituídos por esta Lei, caso não se verifique o pagamento das obrigações tributárias, previdenciárias e trabalhistas, vinculadas ao respectivo patrimônio de afetação, cujos fatos geradores tenham ocorrido até a data da decretação da falência, ou insolvência do incorporador, as quais deverão ser pagas pelos adquirentes em até um ano daquela deliberação, ou até a data da concessão do habite-se, se esta ocorrer em prazo inferior."

a obrigação dos adquirentes ao pagamento do preço dos apartamentos e (vi) exoneram os adquirentes de qualquer responsabilidade por débitos do incorporador relativos a imposto de renda e contribuições sociais.

Para cumprimento dessa finalidade, o art. 31-F e seus parágrafos da Lei 4.591/1964 disciplinam a forma de prosseguimento da obra; seu § 11 sub-roga os adquirentes nos direitos e obrigações vinculadas à incorporação, incluindo as obrigações fiscais, previdenciárias e trabalhistas do empreendimento,[68] ressalvado que dessas obrigações estão legalmente excluídas as decorrentes de imposto de renda, de contribuição social e as oriundas de outros negócios da empresa incorporadora.[69]

O esquema é coerente com a função da afetação patrimonial e com o princípio de proteção do consumidor, pois contempla a continuação dos pagamentos das parcelas do preço e a investidura dos adquirentes na posse da obra, assegurando, assim, os meios de captação de recursos para prosseguimento da obra e satisfação dos créditos a ela vinculados, inclusive fiscais, previdenciários e trabalhistas.

Não obstante seja essa a lógica do sistema de afetação, o art. 9º a ela se opõe, ao prever a interrupção da obra e do fluxo de pagamentos que constitui a fonte de recursos destinados ao pagamento dos créditos vinculados ao negócio; assim, ao invés de viabilizar o cumprimento da finalidade da afetação, o art. 9º a impede e, pior, penaliza as próprias vítimas da falência (!), ao suprimir os direitos patrimoniais dos adquirentes e os empregos dos trabalhadores da obra. Ora, decretada a desafetação, como prevê esse dispositivo, o acervo da incorporação será arrecadado à massa falida, circunstância que levará os trabalhadores e adquirentes a habilitar seus créditos em juízo e aguardar a liquidação do ativo da massa, para, só então, receber seus créditos, tendo como referencial a quantia que se apurar na liquidação.

O texto legal é, sem dúvida, "frustrante com relação a seus próprios objetivos", mas pode ser superado pela aplicação do conjunto de normas que priorizam a continuação da obra, entre elas a Lei 4.591/1964 e a Lei de Recuperação de Empresa e Falência, especialmente seu art. 119, IX, que também manda prosseguir a obra.[70]

Vejamos agora o art. 76 da Medida Provisória 2.158-35/2001.

Diz esse dispositivo que "as *normas* que estabeleçam a afetação ou a separação, a qualquer título (...) não produzem efeito em relação aos débitos de natureza fiscal, previdenciária e trabalhista..."[71] (grifamos).

---

[68] "§ 11. Caso decidam pela continuação da obra, os adquirentes ficarão automaticamente sub-rogados nos direitos, nas obrigações e nos encargos relativos à incorporação, inclusive aqueles relativos ao contrato de financiamento da obra, se houver."

[69] "Art. 31-F. (...) § 20. Ficam excluídas da responsabilidade dos adquirentes as obrigações relativas, de maneira direta ou indireta, ao imposto de renda e à contribuição social sobre o lucro, devidas pela pessoa jurídica do incorporador, inclusive por equiparação, bem como as obrigações oriundas de outras atividades do incorporador não relacionadas diretamente com as incorporações objeto de afetação."

[70] Norberto Bobbio refere-se às *antinomias teleológicas*, "que têm lugar quando existe uma oposição entre a norma que prescreve o meio para alcançar o fim e a que prescreve o fim. De modo que, se aplico a norma que prevê o meio, não estou em condições de alcançar o fim e vice-versa" (*Teoria do ordenamento jurídico*. Brasília: Editora UnB, 10. ed., 1997, p. 91). Manuel Atienza observa que a aplicação de determinado dispositivo legal pode ser afastada "quando o texto contém uma contradição lógica, de forma tal que não haja nenhuma possível leitura capaz de afastá-la, mas também quando existe um absurdo axiológico, isto é, quando a interpretação linguística da lei faz com que o texto seja frustrante com relação a seus próprios objetivos, ou então irrealizável, ou seja, totalmente contra os princípios jurídicos ou da justiça em abstrato, ou do senso comum (MacCormick e Bankowski, 1989, pág. 52)" (ATIENZA, Manuel, *As razões do direito* – teorias da argumentação jurídica. São Paulo: Landy, 2000, p. 222).

[71] "Art. 76. As normas que estabeleçam a afetação ou a separação, a qualquer título, de patrimônio de pessoa física ou jurídica não produzem efeitos em relação aos débitos de natureza fiscal, previdenciária

Quer isso dizer que a afetação, mesmo em abstrato, seria equiparável à fraude e que, portanto, todo e qualquer ato de afetação seria ineficaz, mesmo que não tornasse deficitário o patrimônio do instituidor?

Ora, os institutos jurídicos, e as normas que os regulamentam, não constituem fraude *per se*; é na casuística que surge a fraude, e é indispensável que seja provada, com observância do devido processo legal, para, só então, ser declarada a ineficácia do ato.

E, mais, é passível de ser empregada em fraude não somente a afetação, mas também a compra e venda, a hipoteca e, enfim, qualquer espécie de negócio jurídico que venha a tornar insuficiente a garantia patrimonial.

Vejam-se o caso da afetação e da propriedade fiduciária (que também encerra uma afetação).

A afetação é ônus, que vincula determinado bem ou patrimônio para realização de determinada função; assim também a propriedade fiduciária, que afeta determinado bem, vinculando-o para garantia, investimento ou outra destinação legalmente admitida.[72]

Se, ao constituir uma afetação (ou uma propriedade fiduciária), o instituidor mantiver em seu patrimônio outros bens e direitos suficientes para satisfazer suas obrigações, o ato de afetação (ou de constituição de propriedade fiduciária) será válido e produzirá efeitos entre as partes e em relação a terceiros.

Entretanto, se em decorrência da afetação (ou da propriedade fiduciária) o patrimônio geral do instituidor tornar-se deficitário, o ato será suscetível de desconstituição ou perda de eficácia.

Esses são os pressupostos e a estrutura do sistema de controle de validade e eficácia dos atos e negócios jurídicos, presente no Código Civil, na Consolidação das Leis do Trabalho, no Código de Processo Civil, no Código Tributário Nacional e na Lei de Recuperação de Empresa e Falência, entre outras normas, todas orientadas pelo mesmo princípio da garantia patrimonial.

Veja-se, por exemplo, o CTN: diz o parágrafo único do seu art. 185 que só será considerada ineficaz a alienação ou a oneração (e a afetação pertence a esta categoria) se não tiverem sido "reservados pelo devedor bens ou rendas suficientes ao total pagamento da dívida inscrita" (CTN, art. 185, parágrafo único).[73]

Além desses aspectos, normas como as dos arts. 9º e 76, que desafiam a natureza e a função da afetação, bem como o princípio da garantia patrimonial, devem ser apreciadas também à luz do princípio constitucional da proporcionalidade.

Como se sabe, a proporcionalidade "constitui um limite constitucional à liberdade de conformação do legislador"[74] e diz respeito à *adequação* entre os meios definidos pela providência legislativa e os fins por ela visados, bem como à *necessidade* da norma.

---

ou trabalhista, em especial quanto às garantias e aos privilégios que lhes são atribuídos. Parágrafo único. Para os fins do disposto no *caput*, permanecem respondendo pelos débitos ali referidos a totalidade dos bens e das rendas do sujeito passivo, seu espólio ou sua massa falida, inclusive os que tenham sido objeto de separação ou afetação."

[72] Recorde-se que um dos efeitos da constituição de uma propriedade fiduciária é a afetação do bem à destinação para a qual foi transmitida a propriedade, seja para garantia, administração ou outra destinação legalmente admitida.

[73] "Art. 185. Presume-se fraudulenta a alienação ou oneração de bens ou rendas, ou seu começo, por sujeito passivo em débito para com a Fazenda Pública, por crédito tributário regularmente inscrito como dívida ativa. Parágrafo único. O disposto neste artigo não se aplica na hipótese de terem sido reservados, pelo devedor, bens ou rendas suficientes ao total pagamento da dívida inscrita."

[74] CANOTILHO, *Direito constitucional*. 6. ed. Coimbra: Almedina, 1993, p. 617. Como se sabe, o princípio da proporcionalidade, ou da proibição do excesso, tem como destinatário o legislador e pressupõe, em

No caso específico, para atender ao critério da adequação, as normas sobre afetação devem viabilizar a consecução do negócio, pois a razão de ser desse instrumento jurídico é a realização da função social ou econômica de certos bens ou patrimônios, como, por exemplo, a fruição do bem de família ou a execução de determinada atividade econômica; mas os arts. 9º e 76 atuam exatamente no sentido contrário, ao impedir seu livre curso. No contexto normativo relacionado à afetação patrimonial, é o art. 119, IX, da Lei 11.101/2005, que atende ao critério da adequação, pois, coerente com a moderna tendência de priorização da recuperação da empresa, manda prosseguir a atividade até o advento do termo ou cumprimento da finalidade da afetação.

Além disso, esses dispositivos não atendem ao critério da *necessidade*.

De uma parte, o art. 9º (que transfere aos adquirentes a responsabilidade pelas dívidas) é desnecessário, pois essa transferência já se encontra disciplinada em estrita conformidade com a natureza e função da afetação (Lei 4.591/1964, §§ 11 e 20 do art. 31-F, com a redação dada pela Lei 10.931/2004).

Ainda em atenção à *necessidade*, também o art. 76 não a atende, porque a norma por ele enunciada (ineficácia das normas de constituição da afetação) já está contemplada nas normas de controle da garantia patrimonial, entre elas, como já visto, o art. 185, parágrafo único, do CTN, e o art. 129 da Lei de Recuperação de Empresa e Falência.

Em suma, sabendo-se, por elementar, que as normas legais não existem desligadas umas das outras, mas são apenas parte de um sistema,[75] a interpretação sistemática e teleológica das disposições sobre afetação deve ser orientada pelos princípios constitucionais da proporcionalidade, de defesa do trabalhador e do consumidor e pelas disposições do sistema a elas relacionadas, notadamente aquelas que asseguram (i) o prosseguimento da obra, com a sub-rogação dos adquirentes nos direitos e obrigações vinculados à incorporação (art. 31-F e §§ da Lei 4.591/1964), limitadas estas ao pagamento do preço de aquisição dos apartamentos, (ii) a exoneração dos adquirentes de responsabilidade por débitos decorrentes de imposto de renda, de contribuição social e de outros negócios do incorporador (§ 20 do art. 31-F da Lei 4.591/1964), (iii) a validade e eficácia da alienação e oneração de bens, entre estas a afetação, quando respeitem o princípio da garantia patrimonial, (CTN, art. 185, parágrafo único) e (iv) por fim, a incomunicabilidade, que assegura o cumprimento da destinação do patrimônio de afetação a salvo dos efeitos da falência, pois, afinal, é isso que dá sentido à afetação patrimonial (arts. 119, IX, e 129, III e VII, da Lei 11.101/2005).

3.6. PROPRIEDADE FIDUCIÁRIA – CONCEITO, NATUREZA E CARACTERÍSTICAS

Propriedade fiduciária é uma propriedade limitada pelas restrições que sofre em seu conteúdo, em virtude da finalidade para a qual é constituída, tendo duração limitada, enquanto perdurar o escopo ao qual se destina.

São numerosas as teorias desenvolvidas para configurar a propriedade fiduciária.

---

primeiro lugar, se a norma é necessária para se alcançar os fins visados pelo legislador, isto é, se não há nenhum outro meio capaz de propiciar a consecução do objetivo proposto, e, em segundo lugar, se a norma é o meio adequado para consecução desse objetivo.

[75] LARENZ, Karl, *Metodologia da ciência do direito*. 3. ed. Lisboa: Fundação Calouste Gulbenkian, 1997, p. 621: normas "são regulamentações parciais de uma regulação mais ampla – por exemplo, do direito dos contratos ou do direito das garantias reais e ambas, por sua vez, do direito privado".

Cariota-Ferrara a caracteriza como um direito real especial e sustenta que, em decorrência do negócio jurídico fiduciário, o fiduciário torna-se proprietário como qualquer outro, sendo inexato falar em propriedade *fiduciária*.

Navarro Martorell entende que a propriedade fiduciária não é limitada ou dividida, mas propriedade plena com certas características que a fazem merecedora de uma denominação peculiar. Nesse sentido, sustenta que o fiduciário adquire a plenitude da propriedade não somente diante de terceiros, mas, também, diante do próprio fiduciante.[76]

A doutrina alemã desenvolveu teorias que concebem a constituição de dois direitos de propriedade distintos, um tendo como titular o fiduciante e outro tendo como titular o fiduciário, admitindo que o fiduciário adquire a propriedade externa ou formal e que o fiduciante conserva a propriedade material.[77]

Disso resulta que o fiduciário, sendo proprietário da coisa para efeitos externos, estaria legitimado para fazer valer seu direito de forma plena perante terceiros, enquanto perante o fiduciante é um simples detentor para fins de administração. Siebert, ponderando os interesses das partes, a equidade e a realidade econômica de que a coisa objeto do fideicomisso pertence ao fiduciário, inclina-se por uma solução mais flexível, considerando que este, o fiduciário, é titular de um *direito real especial*, semelhante ao *beneficial owner* do direito anglo-saxão; Boehmer entende que o fiduciário adquire a coisa sob condição extintiva e que o fiduciante conserva um direito real de expectativa de recuperação da coisa;[78] Wolf e Nipperdey afirmam que o fiduciário é proprietário *erga omnes*, exceto perante o fiduciante, que, na relação jurídica com o fiduciário, continua a ser o proprietário; já Flume compara o fiduciário ao *treuhänder*; Westermann considera que a propriedade fiduciária confere ao fiduciário um direito de garantia preferencial, não tendo a relação jurídica entre fiduciário e fiduciante a eficácia de transmissão de propriedade, senão um pacto com finalidade de garantia, enquanto Hedemann assinala que o fiduciário é um mero possuidor com aparência de dono, e que recebe um direito *in re aliena* criado pelo costume.[79]

Quase todas essas construções sustentam-se na ideia de que o adquirente (fiduciário) recebe uma propriedade formal, enquanto o transmitente (fiduciante) conserva os direitos econômicos sobre o bem transmitido, estabelecendo-se um desdobramento de relações em que se distingue a relação interna, estabelecida entre o fiduciante e o fiduciário, e a relação externa, estabelecida entre o fiduciário e terceiros.

O direito positivo a consagra como propriedade restrita e resolúvel, constituída por meio de ato pelo qual o titular de determinado bem (fiduciante) afeta-o a uma específica finalidade e o atribui a uma pessoa (fiduciário), a quem encarrega de executar a afetação e, uma vez cumprido o encargo, retransmiti-lo ao próprio fiduciante ou transmiti-lo a terceiros por este indicados. Os poderes do fiduciário são delimitados por um *pactum fiduciae*, e essa delimitação anula parcialmente o efeito real da transmissão,[80] isso significando que, não obstante atribua

---

[76] MARTORELL, Navarro, *La propriedad fiduciaria*. Barcelona: Bosch, 1950, p. 178.

[77] Dernburg, Jaeger, Endemann, *apud* MARTORELL, Navarro. *La propriedad fiduciaria*. Barcelona: Bosch, 1950, p. 194.

[78] A construção é a adotada pelo direito brasileiro na conceituação do contrato de alienação fiduciária, pelo qual o fiduciante, com escopo de garantia, contrata a transferência da propriedade resolúvel da coisa ao fiduciário, conservando a expectativa de recuperá-la mediante o pagamento da dívida para cuja garantia foi constituída a propriedade fiduciária (cf. art. 1.361 do Código Civil, art. 66-B da Lei 4.728, de 1965, e art. 22 da Lei 9.514, de 1997).

[79] As teorias mencionadas são comentadas por CASTRO Y BRAVO, Frederico de. *El negocio jurídico*. Madrid, 1971, p. 399-400.

[80] Observa Tullio Ascarelli que o efeito de direito real da transmissão é parcialmente neutralizado por uma convenção entre as partes, segundo a qual, embora o fiduciante atribua a propriedade ao fiduci-

a propriedade ao fiduciário, o fiduciante não lhe confere direito de uso, gozo[81] e disposição,[82] dado que os direitos econômicos que constituem o conteúdo da propriedade são reservados ao transmitente-fiduciante ou aos beneficiários indicados por este.

Na concepção de Lafayette, a causa da transmissão constitui elemento definidor da propriedade fiduciária: trata-se de espécie de domínio "que, por virtude do título de sua constituição, é revogável ou resolúvel, fenômeno que ocorre quando a *causa* da aquisição do domínio encerra em si um princípio ou condição resolutiva do mesmo domínio, expressa ou tácita".[83]

Efetivamente, a causa da transmissão fiduciária determina a tipificação da propriedade fiduciária e a distingue da propriedade plena.

Comparem-se as causas – isto é, as finalidades econômico-sociais – da transmissão plena da propriedade e da transmissão fiduciária da propriedade.

A causa da transmissão plena, por exemplo, na compra e venda pura, é a troca de bens por dinheiro em valor equivalente, e dessa transmissão resulta a atribuição do domínio pleno e perpétuo ao adquirente. Já a transmissão fiduciária não tem como causa a troca de bens por dinheiro, mas, diferentemente, a destinação de determinado bem a uma específica finalidade, em proveito do próprio transmitente-fiduciante ou de terceiros por este indicados.

De fato, a finalidade perseguida pelas partes na transmissão fiduciária não é a incorporação do bem ao patrimônio do fiduciário para proveito deste, mas, sim, a atribuição ao

---

ário, não lhe confere direito de fruição e disposição do bem, mas, ao contrário, impõe-lhe o dever de exercer a propriedade em proveito do transmitente (fiduciante), "apenas para o fim especial visado pelas partes, sendo obrigado a devolvê-la desde que aquele fim seja preenchido (...); e assim possível o uso da transferência da propriedade para finalidades indiretas (ou seja, para fins de garantia, de mandato, de depósito)" (ASCARELLI, Tullio, *Problemas das sociedades anônimas e direito comparado*. 2. ed. São Paulo: Saraiva, 1969, p. 96).

[81] No presente trabalho, não tratamos da propriedade fiduciária oriunda de fideicomisso instituído por disposição testamentária, de que cuidam os arts. 1.951 e seguintes do Código Civil, pelos quais o fiduciário recebe o bem sob condição de transmiti-lo, por sua morte ou outro evento definido no testamento, ao seu substituto (fideicomissário); enquanto estiver investido na propriedade fiduciária, o fiduciário tem direito de uso e gozo e a correspondente obrigação de pagar os encargos relacionados ao bem, diferentemente dos negócios de administração fiduciária ou de garantia fiduciária regulados pelo moderno direito positivo, notadamente no direito hispano-americano, em virtude dos quais o fiduciante conserva o direito de fruição do bem e figura na posição jurídica de sujeito passivo das correspondentes obrigações; de outra parte, no fideicomisso instituído por disposição testamentária, o fiduciário pode até mesmo gravar o bem e dele dispor, mas a disposição se torna ineficaz ao ser aberta a substituição testamentária, na proporção do que reduzir o direito do fideicomissário, e, para efetivo cumprimento da disposição testamentária, o fideicomissário pode exigir garantias que lhe assegurem a apropriação do bem objeto do fideicomisso. É o que deflui do Código Civil brasileiro, mas, no direito positivo hispano-americano, há uma espécie diferente de fideicomisso, caracterizado como negócio jurídico semelhante à transmissão fiduciária regulamentada no nosso direito para fins de administração, que é objeto de apreciação adiante.

[82] Há certas operações fiduciárias cujo objeto é exatamente a realização de investimentos mediante compra e venda de bens; nesses casos, a propriedade fiduciária atribuída ao fiduciário lhe confere o poder de disposição, mas o exercício desse poder é orientado pelo interesse do fiduciante e deve sempre ser exercido em proveito deste, tendo em vista que ele, o fiduciante, é que é o titular dos direitos econômicos sobre o bem transmitido em fidúcia; é o que ocorre, por exemplo, nos fundos de investimento, em relação aos quais os bens integrantes da carteira de investimento são comprados e vendidos pela própria sociedade administradora (fiduciária); em conformidade com as condições estabelecidas pelo regulamento do fundo, os negócios de compra e venda são realizados exclusivamente em proveito dos subscritores (fiduciantes) de cotas do fundo.

[83] PEREIRA, Lafayette Rodrigues, *Direito das coisas*. Edição histórica. Rio de Janeiro: Editora Rio, 1977, v. I, p. 113.

fiduciário de uma espécie de direito de propriedade que lhe confere apenas os poderes necessários à execução da afetação.

Ainda sob a perspectiva da causa da transmissão fiduciária, o autor argentino Mário A. Carregal observa que tal espécie de transmissão é aquela que se faz a título de confiança, devendo entender-se por "título" de transmissão a motivação, subjacente no acordo de vontades pelo qual se convencionou a venda, representando o *porquê* do ato.

Em outras palavras: transmite-se a propriedade *porque* se tem confiança de que o adquirente (fiduciário) cumprirá o encargo encomendado no ato constitutivo. Salienta Carregal que não se pode qualificar a transmissão de propriedade fiduciária como um ato a título oneroso, porque o adquirente (fiduciário) não dá coisa alguma em troca do bem, tampouco se pode dizer que se trata de um ato a título gratuito, na medida em que não se doa o bem ao fiduciário, mas este recebe o bem somente como um meio para melhor execução do encargo que lhe foi atribuído ao se proceder à transmissão da propriedade. Fica claro, então, que o único *título* pelo qual se pode transmitir uma propriedade em caráter fiduciário é *a título de confiança*, já que o fiduciário não a recebe a título oneroso, nem gratuito.[84]

De fato, a transmissão fiduciária não se faz a título oneroso, na medida em que não se atribui ao fiduciário qualquer contraprestação em razão dessa transmissão, mas também a transmissão não é uma liberalidade a favor do fiduciário.

Efetivamente, a transmissão fiduciária nada acresce ao patrimônio daquele que adquire em caráter fiduciário, sendo este, o fiduciário, apenas um elemento catalisador da consecução de um negócio de atribuição fiduciária: o fiduciário recebe a propriedade tão somente para dar aos bens que lhe foram atribuídos a destinação determinada no ato constitutivo, tal como o *trustee*, que no *trust* é tão somente a pessoa a quem se atribui o encargo de implementar na prática a afetação definida para determinado bem, que é o objeto do *trust*. Enfim, a transmissão da propriedade, quando se faz em caráter fiduciário, não tem como causa a troca de um bem pelo seu equivalente em dinheiro, mas apenas constitui um veículo para consecução de outros negócios, que constituem objeto do negócio de natureza fiduciária pelo qual se convencionou a transmissão, como é o caso da alienação fiduciária em garantia do direito brasileiro.

Não obstante, a inexistência de onerosidade ou gratuidade na transmissão fiduciária não se confunde com o caráter oneroso ou gratuito do contrato para o qual essa transmissão é utilizada como veículo, pois, efetivamente, os negócios de natureza fiduciária do direito brasileiro, assim como o fideicomisso hispano-americano, poderão ser contratados a título oneroso, se o fiduciário fizer jus a retribuição pelo encargo que lhe foi encomendado, ou a título gratuito, se não for estipulada remuneração por esse encargo. Em regra, os negócios de natureza fiduciária regulamentados pelo direito brasileiro e o fideicomisso do direito positivo hispanoamericano são pactuados a título oneroso, como é o caso, por exemplo, dos fundos de investimento, em que a instituição administradora (fiduciária) faz jus à remuneração convencionada para a administração dos negócios do fundo.

Os fundamentos da propriedade fiduciária podem ser deduzidos dos conceitos de domínio *perfeito* e domínio *imperfeito*, de que trata Pothier, enunciados por Teixeira de Freitas em seu Esboço[85] e consagrados no direito positivo, a exemplo do Código Civil argentino, suprarreferido.

---

[84] CARREGAL, Mario A., *El fideicomiso, regulación jurídica y posibilidades prácticas*. Buenos Aires: Ed. Universidad, Buenos Aires, 1982, p. 74-75.

[85] POTHIER, Robert Joseph, *Traité du droit de domaine de la propriété*, in *Oeuvres de Pothier, contenant les traités du droit français*, apud BARRIÈRE, François. *La Réception du trust au travers de la fiducie*. Paris: Litec, 2004, p. 315. FREITAS, Augusto Teixeira de, *Esboço do Código Civil*.

O enunciado de Teixeira de Freitas remete ao conceito de domínio *imperfeito*, em contraste com o de domínio *perfeito*,[86] concepção consagrada no direito positivo, a exemplo do Código Civil argentino,[87] adiante referido.

Com efeito, o domínio *perfeito* corresponde à propriedade *plena*, caracterizada pela perpetuidade e pelo direito irrestrito de apropriação da substância do bem, que confere ao seu titular "a faculdade de usar, gozar e dispor da coisa, e o direito de reavê-la do poder de quem quer que injustamente a possua ou detenha".[88]

Já o domínio *imperfeito* corresponde a espécies de direito real restrito, entre eles a propriedade *fiduciária*, que, limitada pela afetação a que está adstrita, é atribuída ao fiduciário desfalcada de uma ou mais das faculdades inerentes à propriedade plena (usar, gozar, dispor e reivindicar).

A noção de domínio imperfeito está associada à ideia da elasticidade do direito de propriedade, característica segundo a qual ele "pode ser distendido ou contraído, no seu exercício, conforme se lhe agreguem ou retirem faculdades destacáveis", como observa Orlando Gomes.[89]

---

[86] No *Esboço do Código Civil*, Teixeira de Freitas desdobra o *domínio* em duas espécies, *domínio perfeito* e *domínio imperfeito*, caracterizando o domínio perfeito como o "direito real perpétuo de uma só pessoa sobre uma coisa própria (art. 4.072) e o domínio imperfeito como direito real resolúvel, ou fiduciário, de uma só pessoa sobre uma coisa própria (...) ou o reservado pelo dono perfeito de uma coisa, que aliena somente seu domínio útil" (art. 4.300). Na conceituação desses direitos reais, Teixeira de Freitas deixa clara a delimitação a que estão circunscritas a propriedade resolúvel e a propriedade fiduciária; o domínio resolúvel e o fiduciário seriam subespécies de *domínio imperfeito*, sendo o resolúvel aquele que é "subordinado a durar somente até o cumprimento de uma cláusula ou condição resolutiva, ou até o vencimento de um prazo resolutivo, para o efeito da restituição da coisa a seu antigo dono, ou a quem o representar (art. 4.300), enquanto o domínio fiduciário ou fideicomisso singular é o subordinado a durar somente até o cumprimento de uma condição resolutiva, ou até o vencimento de um prazo resolutivo, mas para o efeito da restituição da coisa a um terceiro" (art. 4.314).

[87] Código Civil argentino de 2014: "*Artículo 1941. Dominio perfecto – El dominio perfecto es el derecho real que otorga todas las facultades de usar, gozar y disponer material y jurídicamente de una cosa, dentro de los límites previstos por la ley. El dominio se presume perfecto hasta que se pruebe lo contrario. Artículo 1942. Perpetuidad – El dominio es perpetuo. No tiene límite en el tiempo y subsiste con independencia de su ejercicio. No se extingue aunque el dueño no ejerza sus facultades, o las ejerza otro, excepto que éste adquiera el dominio por prescripción adquisitiva. Artículo 1943. Exclusividad – El dominio es exclusivo y no puede tener más de un titular. Quien adquiere la cosa por un* – *título, no puede en adelante adquirirla por otro, si no es por lo que falta al título. Artículo 1944. Facultad de exclusión – El dominio es excluyente. El dueño puede excluir a extraños del uso, goce o disposición de la cosa, remover por propia autoridad los objetos puestos en ella, y encerrar sus inmuebles con muros, cercos o fosos, sujetándose a las normas locales. Artículo 1964. Supuestos de dominio imperfecto – Son dominios imperfectos el revocable, el fiduciario y el desmembrado. El dominio revocable se rige por los artículos de este Capítulo, el fiduciario por lo previsto en las normas del Capítulo 31, Título IV del Libro Tercero, y el desmembrado queda sujeto al régimen de la respectiva carga real que lo grava. Artículo 1965. Dominio revocable – Dominio revocable es el sometido a condición o plazo resolutorios a cuyo cumplimiento el dueño debe restituir la cosa a quien se la transmitió. La condición o el plazo deben ser impuestos por disposición voluntaria expresa o por la ley. Las condiciones resolutorias impuestas al dominio se deben entender limitadas al término de diez años, aunque no pueda realizarse el hecho previsto dentro de aquel plazo o éste sea mayor o incierto. Si los diez años transcurren sin haberse producido la resolución, el dominio debe quedar definitivamente establecido. El plazo se computa desde la fecha del título constitutivo del dominio imperfecto. Artículo 1966. Facultades - El titular del dominio revocable tiene las mismas facultades que el dueño perfecto, pero los actos jurídicos que realiza están sujetos a las consecuencias de la extinción de su derecho*".

[88] Código Civil, art.1.228.

[89] GOMES, Orlando, *Direitos reais*. Atualizador: Luiz Edson Fachin, 19. ed. Rio de Janeiro: Forense, 2009, p. 110.

Trata-se da capacidade de expansão ou de compressão, que caracteriza a propriedade não pela soma das faculdades que constituem seu conteúdo, mas, sim, como observa Gustavo Tepedino, invocando Lodovico Barassi, "pela possibilidade potencial de reunião dessas faculdades inerentes à senhoria",[90] por efeito da retirada dos fatores de compressão a que se encontrava submetida.

Com efeito, admite-se que, para determinados fins, sejam reduzidos os atributos inerentes à propriedade até o limite de um conteúdo mínimo do direito subjetivo do proprietário, num processo em que esse conteúdo vai se expandindo ou vai sendo comprimido, sem que, entretanto, o domínio perca sua natureza essencial; esse processo não fraciona o domínio, apenas o comprime, reduzindo-o até um limite mínimo considerado suficiente pelo ordenamento para que a propriedade conserve seu conteúdo essencial. Assim, pode-se reduzir o conteúdo da propriedade mediante imposição de certas limitações que o comprimam, sendo certo, naturalmente, que a retirada das limitações importa em descompressão e em consequente restauração do conteúdo anterior da propriedade.

A propósito, observa Pugliatti que o direito de propriedade tem capacidade de compressão na medida em que pode suportar o peso dos direitos reais a favor de outro, conforme um limite legal ou convencional, tendo, de outro lado, uma capacidade de expansão na medida em que, extintos tais direitos ou limitações, readquire toda a sua plenitude e integridade.[91]

Com efeito, essa elasticidade de que são dotados os direitos reais é capaz de aumentar ou diminuir as faculdades que compõem o conteúdo do direito de propriedade, propiciando a conformação de novos conceitos no plano do direito das coisas, *qualificando* a propriedade conforme a função que deva exercer, até porque "não é possível reduzir a multiplicidade de todas as possíveis relações entre os homens e as coisas a um certo número fixo de direitos reais com um conteúdo determinado".[92]

Disso deflui que a propriedade pode sofrer restrições endógenas, na senhoria, de intensidade variável, capazes de reduzir seu conteúdo a mero título jurídico, como sucede, por exemplo, com a enfiteuse.

Isso, entretanto, não implica o desaparecimento do direito de propriedade, como assinala José Carlos Moreira Alves: "Isso não obstante, o direito de propriedade persiste, e, com o desaparecimento dessas limitações, readquire, automaticamente, seu conteúdo anterior. A esse fenômeno tem-se atribuído a denominação de *elasticidade da propriedade* (*Elasticität des Eigenthums*), porquanto esse direito real, por ação de pressão exterior, tem as faculdades jurídicas reduzidas, mas, no instante em que o elemento compressor desaparece, ele volta a apresentar o seu conteúdo com a amplitude originária, de modo automático, e, portanto, independentemente de qualquer ato que as reintegre nele, o que seria necessário se tivesse perdido tais faculdades. Por isso mesmo, diz Castan Tobeñas que o domínio *'es elástico, porque esas facultades pueden ser objeto de ampliaciones o reducciones, en cantidad o en intensidad, sin que por ello pierda el dominio su naturaleza esencial'*".

Assim, a partir de um conteúdo mínimo, firma-se uma noção de utilidade como fator essencial da propriedade, como observa Frederico Henrique Viegas de Lima: "este conteúdo essencial é um instrumento de realização da personalidade econômica do sujeito em determinado caso concreto, conciliando a realização do individual com o social. Não sendo ligado

---

[90] TEPEDINO, Gustavo, *Multipropriedade imobiliária*. São Paulo: Saraiva, 1993, p. 80
[91] *La proprietà*, in *Instituzioni di Diritto Civille*, v. V, p. 5, Dott. A. Giuffrè-Editore, Milano, 1935, apud ALVES, Jose Carlos Moreira. *Alienação fiduciária em garantia*. 2. ed. Rio de Janeiro: Forense, 1979, p. 123.
[92] RADBRUCH, Gustav, *Filosofia do direito*. Coimbra: Armênio Amado Editor, Sucessor, 1974, p. 268.

ao tamanho do poder que tem seu titular – seja grande ou pequeno –, mas sim, autônomo, imediato e exclusivo em relação à própria coisa (...). Partindo da noção e da transposição deste conceito para as garantias reais, busca-se uma figura jurídica que possa conciliar um duplo interesse: um negócio jurídico de garantia que permita a existência do assenhoramento pelo credor do bem objeto da mesma, sem contudo privar o devedor de sua utilização".[93]

Para Moreira Alves, "é o que sucede com a propriedade fiduciária", quando constituída com escopo de garantia, pois, "enquanto esse escopo perdura, a lei atua como elemento de compressão sobre o conteúdo do domínio atribuído ao credor; deixando de ser necessária a garantia, cessa a pressão, e, automaticamente, a propriedade volta à sua plenitude anterior".[94]

Efetivamente, a possibilidade de expandir ou comprimir as faculdades inerentes à propriedade atende às relevantes e cada vez mais frequentes necessidades econômicas e sociais da sociedade contemporânea, seja para garantia, para investimento, administração ou qualquer outra situação em que seja necessário flexibilizar o direito de propriedade visando destinar certo bem a determinada finalidade, retirando do domínio "aquela situação bonançosa de repouso, para transformá-lo em um poder jurídico que se 'encontra num rio vivo e de constante evolução'".[95]

É nesse processo de transformação, e coerentemente com a ideia da elasticidade do domínio, que se delineia a noção da propriedade fiduciária como uma espécie de propriedade limitada, atribuída a certa pessoa especificamente para cumprimento de determinada função, perdurando essa situação proprietária até a realização da condição à qual está subordinada ou até o advento de determinado prazo.

Estrutura-se a propriedade fiduciária a partir da matriz da propriedade resolúvel, a ela agregando-se os traços da identificação peculiar da propriedade fiduciária.

A constituição da propriedade resolúvel, como se sabe, investe o transmitente e o adquirente "de direitos opostos e complementares, e o acontecimento que aniquila o direito de um consolidará, fatalmente, o do outro". Diz Aderbal da Cunha Gonçalves que "isso decorre da feição complementar atribuída às duas condições, de maneira que a todo proprietário sob condição suspensiva corresponde um proprietário sob condição resolutiva, e reciprocamente. Observa Demogue: quando uma pessoa aliena sob condição, cria, de logo, um direito real em favor do adquirente, e que, nascendo imediatamente, só terá ou produzirá efeitos no dia da realização da condição. Ao alienante não fica senão uma propriedade temporária, enquanto da outra parte uma oportunidade de conservar a propriedade de forma indefinida, se a condição não se completa".[96]

De acordo com essa construção, o alienante (fiduciante) fica investido num direito expectativo, que corresponde ao direito de recuperar automaticamente a propriedade plena, uma vez verificada a condição resolutiva, que, na relação fiduciária, constitui a própria causa da transmissão subordinada à condição; o alienante será um proprietário sob condição suspensiva, autorizado a praticar os atos conservatórios do seu direito eventual.

Importa sublinhar que a resolubilidade do art. 1.359 do Código Civil decorre de condição no seu sentido próprio, estabelecida por livre convenção das partes, enquanto, diferentemente, a condição resolutiva a que se subordina a propriedade fiduciária é definida por lei e, portanto, caracteriza-se como *conditio juris*; é esse um dos traços peculiares

---

[93] LIMA, Frederico Henrique Viegas de, *Da alienação fiduciária em garantia de coisa imóvel*. Curitiba: Juruá, 1998, p. 110.
[94] ALVES, José Carlos Moreira. *Alienação fiduciária em garantia*. 2. ed. Rio de Janeiro: Forense, 1979, p. 123.
[95] GONÇALVES, Aderbal da Cunha, *Da propriedade resolúvel*. São Paulo: RT, 1979, p. 209.
[96] GONÇALVES, Aderbal da Cunha. *Da propriedade resolúvel*. São Paulo: RT, 1979, p. 67, nota 82.

da propriedade fiduciária, como ressalta José Carlos Moreira Alves, significando que a propriedade se extingue simplesmente em virtude da ocorrência de *evento definido por lei*, e não de evento *estipulado por livre convenção* das partes, operando seus efeitos independentemente da vontade dessas.[97]

Arruda Alvim destaca esse sinal distintivo da condição resolutiva a que se subordina a propriedade fiduciária, salientando que "não se confunde a resolubilidade decorrente de *condição* (art. 1.359) com a resolubilidade da propriedade fiduciária, a cujo sistema é inerente a *conditio juris* dessa resolubilidade, de tal forma que o perfil do direito de propriedade, como consta da Lei 9.514/1997 (alienação fiduciária de bem imóvel), é diferente do direito de propriedade *propriamente dito*" (destaques do autor).[98]

A condição resolutiva tem efeito retroativo, de modo que, ocorrida a condição, restaura-se a situação existente ao tempo da aquisição, daí por que (1º) aquele em favor de quem se opera a resolução do domínio é considerado como se nunca o tivesse alienado de si e (2º) o proprietário em favor de quem se resolve o domínio pode reivindicar a coisa de quem quer que a detenha (Código Civil, arts. 1.359 e 1.360).[99]

Explica Serpa Lopes: "sobrevindo a resolução de um negócio com a verificação da condição, não há certamente um negócio novo destruindo os efeitos do precedente, não há retrocesso de direito, de modo que o comprador sob condição resolutiva não se torna vendedor, ocorrida a condição, nem vice-versa". Assim, quando verificada a condição a que está subordinada a propriedade fiduciária, a operação consistirá no cancelamento de todas as inscrições resultantes do ato resolutivo, restaurando a situação primitiva, dada a força retroativa da condição e sua natureza eminentemente resolutiva, sendo aplicável a lição de Coviello, 'quando um ato é por lei retroativo, deve-se considerá-lo isento de transcrição'".[100]

Em síntese, define-se a propriedade fiduciária como uma propriedade resolúvel com características peculiares, que confere transitoriamente ao adquirente (fiduciário) poderes restritos, no limite necessário ao cumprimento da afetação para a qual foi constituída. Nela é possível vislumbrar um desdobramento dos elementos da propriedade, discriminando-se uma espécie de *propriedade-poder*, atribuída ao (adquirente) fiduciário, e uma *propriedade--riqueza*, conferida ao transmitente (fiduciante),[101] com a formação de distintas situações proprietárias – uma jurídica e outra econômica –, concepção originada do direito alemão, a que se refere Claude Witz.[102] Disso resulta que o fiduciário é investido na propriedade apenas nominalmente, já que os direitos econômicos do bem são atribuídos ao fiduciante, ou aos beneficiários por este indicados.

3.6.1. A afetação residual da propriedade fiduciária após a consolidação

Dada a natureza jurídica da propriedade fiduciária em garantia, verifica-se que o direito subjetivo do credor proprietário fiduciário será sempre exercido no limite da afetação do

---

[97] ALVES, José Carlos Moreira. *Alienação fiduciária em garantia*. 2. ed. Rio de Janeiro: Forense, 1979, p. 129.
[98] ARRUDA ALVIM, José Manuel, *Comentários ao Código Civil brasileiro* – Livro Introdutório ao Direito das Coisas e o Direito Civil. Rio de Janeiro: Forense. 2009, p. 249.
[99] PEREIRA, Lafayette Rodrigues. *Direito das coisas*. Edição histórica. Rio de Janeiro: Editora Rio, 1977, p. 114.
[100] SERPA LOPES, Miguel Maria de, *Tratado dos registros públicos*. 3. ed. Rio de Janeiro: Freitas Bastos, 1955, v. 3, p. 376.
[101] GRIMALDI, Michel, La fiducie: réflexions sur l'institution e sur l'avant-projet de loi qui la consacre. *El fideicomiso en el Derecho Comparado*, Panamá: Imprenta Universitaria, 1993, p. 33 e ss.
[102] BARRIÈRE, François. *La Réception du trust au travers de la fiducie*. Paris: Litec, 2004, p. 335, nota 1.395.

bem à satisfação do crédito, e essa afetação não desaparece nem mesmo depois que o credor fiduciário se tornar proprietário pleno, mas apenas se torna residual, na feliz expressão de Francisco Eduardo Loureiro, pois, mesmo depois da consolidação, "não pode o credor, agora proprietário pleno da coisa, mas com afetação residual à satisfação de um crédito, ficar com ela, devendo promover sua alienação a terceiros".[103]

É como dispõem as normas sobre a realização da garantia fiduciária.

Tomemos a título de ilustração o art. 2º do Decreto-lei 911/1969, relativo à garantia fiduciária de bens móveis infungíveis, na execução de créditos de instituições financeiras, previdenciários e fiscais, e os arts. 26 e 27 da Lei 9.514/1997, que dispõem sobre a realização da garantia fiduciária de bens imóveis.[104]

No primeiro caso, uma vez caracterizado o inadimplemento, a propriedade e a posse consolidam-se liminarmente no patrimônio do credor, em ação de busca e apreensão, facultada ao devedor fiduciante a reaquisição mediante pagamento da integralidade da dívida nos cinco dias que se seguirem à intimação da liminar. Expirado esse prazo sem o pagamento, o credor, já proprietário pleno, promoverá a venda do bem, devendo prestar contas ao devedor e lhe entregar a quantia que eventualmente exceder ao valor do seu crédito e despesas.[105]

No segundo caso, o procedimento extrajudicial de realização de garantia fiduciária de bem imóvel instituído pelos arts. 26 e 27 da Lei 9.514/1997 contempla a intimação do devedor fiduciante para purgação da mora, expropriação do seu direito aquisitivo (consolidação da propriedade), se não purgada a mora, e oferta do bem para venda em leilão, destinando-se o produto aí obtido ao pagamento da dívida e apropriação do saldo, se houver, pelo antigo fiduciante (arts. 26 e 27).

Essas normas legais sobre comprovação da mora, caracterização do inadimplemento, expropriação do direito aquisitivo e procedimento de venda do bem adaptam a propriedade resolúvel à função de garantia.

A consolidação resulta da expropriação do direito aquisitivo do devedor fiduciante, que, uma vez retirado do seu patrimônio e incorporado ao do credor fiduciário, confere a este todo o feixe de direitos subjetivos inerentes à propriedade, ressalvada a afetação que vincula esse direito à satisfação do seu crédito.

Essa expropriação tem natureza liquidativa, pois não atribui a propriedade ao credor em pagamento da dívida, mas, antes, sujeita-a a uma afetação residual que impõe ao credor o ônus de promover a venda do bem para satisfazer-se com o produto aí obtido.[106] Distingue-se da expropriação satisfativa, que atribui a propriedade ao credor em pagamento da dívida e opera a satisfação do crédito, encerrando a execução.[107]

---

[103] LOUREIRO, Francisco Eduardo, *Código Civil comentado*. Coord. Ministro Cezar Peluso. 10. ed. São Paulo: Manole, 2018, comentário ao art. 1.364, p. 1.356.

[104] Os procedimentos são tratados nos itens 5.8 a 5.12 e 6.8 a 6.10.

[105] V. itens 5.9 a 5.12.

[106] "O ato imperativo de transferência do bem penhorado ao patrimônio do arrematante chama-se *expropriação liquidativa*, porque se destina a produzir liquidez de recursos, indispensável para satisfazer o exequente. O ato de satisfação deste pela entrega do produto da arrematação é *expropriação satisfativa* (Edoardo Garbagnati)" (DINAMARCO, Cândido Rangel, *Instituições de direito processual civil*. São Paulo: Malheiros, 2004, v. IV, p. 496).

[107] CÂMARA, Alexandre Freitas, *Lições de direito processual civil*. 23. ed. São Paulo: GEN-Atlas, 2014, p. 333. Diz o autor que "[na adjudicação] haverá apenas uma expropriação, satisfativa, ao contrário do que se dá no pagamento por entrega de dinheiro, em que ocorrem duas expropriações (liquidativa e satisfativa)".

Bem a propósito, observam Paulo Restiffe Neto e Paulo Sérgio Restiffe que, apesar de incorporada a propriedade plena no patrimônio do credor fiduciário, mediante consolidação, "não desaparece a imposição de vender o objeto, que corresponde a uma obrigação do credor (*rectius*, do sub-rogado) em correlação a igual direito do devedor, irrenunciável por força da natureza de ordem pública que ditou a proibição de ficar aquele com a coisa".[108]

3.6.2. Aspectos peculiares da propriedade fiduciária para administração e em garantia

Em razão da multiplicidade de funções a que pode ser destinada, a propriedade fiduciária assume distintas feições.

Distinguem-se, fundamentalmente, a propriedade fiduciária para administração e a propriedade fiduciária para garantia, que se submetem a regimes jurídicos distintos, compatíveis com a singularidade de cada uma dessas espécies.

Quando constituída para administração, são atribuídos ao fiduciário a posse e, em certos casos, o poder de disposição dos bens, até porque, se assim não fosse, seria impossível cumprir o encargo de administração que lhe é imputado; já quando transmitida a propriedade para garantia, a posse permanece com o transmitente (devedor-fiduciante).

Em qualquer dos casos – seja para administração ou garantia – os direitos econômicos do bem são atribuídos ao transmitente (fiduciante).

Casos típicos de propriedade fiduciária para administração são o dos fundos de investimento e o da securitização de créditos imobiliários sob regime fiduciário.

Em relação aos fundos de investimento imobiliário, a lei explicita que os bens integrantes da carteira de investimento, embora atribuídos à sociedade administradora (em caráter fiduciário), não se comunicam nem se confundem com o patrimônio geral da administradora; antes, integram um patrimônio de afetação, destinado a atender aos interesses dos subscritores.

Quanto à securitização de créditos, em geral, imobiliários, a companhia securitizadora, sendo titular de créditos imobiliários, emite títulos neles lastreados e os afeta ao resgate dos títulos, submetendo-os a um "regime fiduciário", pelo qual a securitizadora agrupa os créditos num "patrimônio separado, que não se confunde com o da companhia securitizadora" e é objeto de demonstrações financeiras independentes.[109]

Em ambos os casos, são atribuídos à administradora ou à securitizadora a posse e o poder de disposição sobre os bens objeto de propriedade fiduciária, sendo esse um requisito material necessário para viabilizar a administração do patrimônio; esses poderes são exercidos pela fiduciária em nome e por conta dos fiduciantes e em proveito destes ou de terceiros por estes indicados, pois os direitos econômicos dos bens pertencem a eles, fiduciantes, que são os subscritores das cotas ou dos títulos oriundos da securitização.

Diverso é o regime da propriedade fiduciária com função de garantia.

Nesse caso, o fiduciante conserva consigo a posse, os direitos econômicos e o poder de controle sobre o bem.

É operação que, em regra, estrutura-se mediante concessão de crédito acoplada a um contrato de alienação fiduciária ou de cessão fiduciária, pelo qual o devedor, ou terceiro

---

[108] RESTIFFE NETO, Paulo, e RESTIFFE, Paulo Sérgio. *Garantia fiduciária*. 3. ed. rev., atual. e ampl. São Paulo: RT, 2000, p. 508.
[109] Lei 9.514/1997: "Art. 12. Instituído o regime fiduciário, incumbirá à companhia securitizadora administrar cada patrimônio separado, manter registros contábeis independentes em relação a cada um deles e elaborar e publicar as respectivas demonstrações financeiras".

garantidor, transmite ao credor, para garantia, a propriedade fiduciária de bens móveis ou imóveis, mas permanece na posse e continua a exercer diretamente o controle e a fruição dos direitos econômicos sobre os bens;[110] em caso de inadimplemento da obrigação garantida, o bem é convertido em dinheiro, destinando-se ao credor o *quantum* correspondente ao seu crédito e ao devedor (fiduciante) o saldo porventura apurado na venda do bem.

Em qualquer desses casos – transmissão fiduciária para administração ou para garantia –, o que há de comum é a afetação do bem a uma específica destinação, pela qual, como já visto, o adquirente (fiduciário) recebe a propriedade apenas e tão somente para "executar a afetação que constitui a causa da fidúcia".[111] Dada essa configuração, a transmissão fiduciária não incrementa o patrimônio do proprietário fiduciário, sendo, antes, neutra em relação ao seu patrimônio, e por isso o fiduciário deve mantê-lo num patrimônio de afetação,[112] por efeito do qual os bens transmitidos em fidúcia são subtraídos da garantia patrimonial genérica dos credores do fiduciário.[113]

Disso é exemplo o § 4º do art. 11 da Lei 8.668/1993, que, ao tratar da sucessão decorrente de liquidação extrajudicial da sociedade administradora, explicita que a transferência fiduciária da propriedade não se equipara à transferência da propriedade plena e, portanto, não constitui hipótese de incidência do imposto de transmissão *inter vivos*.[114]

A neutralidade exsurge com maior clareza nas operações em que a propriedade fiduciária é constituída com função de garantia; é que nessa hipótese o proprietário fiduciário tem direito a eventual produto da expropriação do bem, em caso de inadimplemento da obrigação do devedor, e não ao bem em si, pois a propriedade que recebe não é plena, apenas fiduciária, o que não constitui fato gerador do ITBI. Dispõe a lei que esse imposto somente será exigível se a propriedade plena vier a ser consolidada no patrimônio do credor, por efeito dos procedimentos de expropriação (Constituição Federal, art. 156, II, e Lei 9.514/1997, art. 26, § 7º).

A elaboração de demonstrações financeiras independentes, determinada pela lei, materializa a separação patrimonial e evidencia a titularidade dos investidores sobre o conteúdo

---

[110] Há espécies de transmissão fiduciária em garantia por efeito das quais a lei, excepcionalmente, atribui a posse ao credor, em razão das peculiaridades do negócio principal e da natureza do objeto da garantia, como são os casos de alienação fiduciária de coisa fungível ou cessão fiduciária de direito sobre bem móvel e, ainda, quando se tratar de título de crédito, nos quais o credor é investido na posse, podendo receber os créditos ou os bens fungíveis e apropriar-se do produto da cobrança ou da venda até o limite do seu crédito (Lei 9.514/1997, art. 20, e Lei 4.728/1965, § 3º, do art. 66-B, com a redação dada pela Lei 10.931/2004).

[111] BARRIÈRE, François. *La Réception du trust au travers de la fiducie*. Paris: Litec, 2004, p. 331.

[112] O Código Civil francês dispõe sobre a separação patrimonial e a imunidade dos bens fiduciados em relação ao patrimônio próprio do fiduciário, ao regulamentar a operação de fidúcia ("*Article 2011 La fiducie est l'opération par laquelle un ou plusieurs constituants transfèrent des biens, des droits ou des sûretés, ou un ensemble de biens, de droits ou de sûretés, présents ou futurs, à un ou plusieurs fiduciaires qui, les tenant séparés de leur patrimoine propre, agissent dans un but déterminé au profit d'un ou plusieurs bénéficiaires.*").

[113] LUPOI, Maurizio, *Istituzioni del Diritto dei Trust e degli affidamenti fiduciari*. Milano: Cedam, 2008, p. 234.

[114] Lei 8.668/1993: "Art. 11. Nas hipóteses de renúncia da instituição administradora, seu descredenciamento pela Comissão de Valores Mobiliários, destituição pela assembleia de cotistas ou sua sujeição ao regime de liquidação judicial ou extrajudicial, a ata da assembleia de cotistas que eleger nova instituição administradora para substituí-la, devidamente aprovada e registrada na Comissão de Valores Mobiliários, constitui documento hábil para averbação, no Registro de Imóveis, da sucessão da propriedade fiduciária dos bens móveis integrantes do patrimônio do Fundo (...). § 4º *A sucessão da propriedade fiduciária de bem imóvel integrante de patrimônio de Fundo de Investimento Imobiliário não constitui transferência de propriedade*" (grifamos).

econômico dos créditos fiduciários, atuando a companhia securitizadora como administradora desses direitos.

A lei define com clareza a separação dos patrimônios, com o que, de um lado, assegura a imunidade dos direitos econômicos dos subscritores, em relação a eventuais situações de crise da administradora, e, de outro lado, exclui da responsabilidade da administradora as obrigações e encargos incidentes sobre os bens objeto da propriedade fiduciária, que são imputados ao patrimônio de afetação de que são titulares os subscritores das cotas do fundo (Lei 8.668/1993, arts. 6º e 7º, e Lei 14.430/2022, art. 27).[115]

A expressão material da neutralidade patrimonial é registrada em demonstrações financeiras independentes, registros em contas de compensação ou mesmo notas explicativas.[116]

Em relação à garantia fiduciária, a neutralidade decorre da própria natureza dos direitos reais de garantia, pois a propriedade fiduciária é constituída mediante articulação dos elementos essenciais dessa categoria de direitos, isto é, (i) o crédito garantido, que é o direito principal, e (ii) a vinculação de determinado bem ao cumprimento da obrigação, mediante contrato acessório ao de crédito. Nessa configuração, o direito que integra o ativo do credor (proprietário fiduciário) é o direito de crédito, e não o direito de propriedade sobre o bem objeto da garantia; esse direito, de natureza resolúvel, constitui apenas uma garantia e não integra o ativo do patrimônio do credor-fiduciário, como ocorre em relação a qualquer outra espécie de garantia.

Com efeito, enquanto garantia, o direito do proprietário fiduciário consiste "na realização do valor da coisa, isto é, em obter certa soma de dinheiro, mediante sua alienação",[117] sendo irrelevante a denominação a ela emprestada – *propriedade* fiduciária –, pois, como observa Arruda Alvim, tem função diferente do direito de propriedade propriamente dito, na medida

---

[115] O *caput* do art. 7º da Lei 8.668/1993 explicita que os bens atribuídos à proprietária fiduciária "não se comunicam com o patrimônio desta" e não integram seu ativo, afastando-os do risco de constrição por dívidas dela, administradora, e excluindo de sua responsabilidade as obrigações e os encargos incidentes sobre os bens fiduciados: "Art. 7º Os *bens e direitos* integrantes do fundo de investimento imobiliário, em especial os bens imóveis *mantidos sob a propriedade fiduciária da instituição administradora*, bem como seus frutos e rendimentos, *não se comunicam com o patrimônio desta*, observadas, quanto a tais bens e direitos, as seguintes restrições: I – *não integrem o ativo da administradora...*" (grifamos). O mesmo tratamento legal é definido pela Lei. 14.430/2022: "Art. 27. Os direitos creditórios, os bens e os direitos objeto do regime fiduciário: I – constituirão patrimônio separado, titularizado pela companhia securitizadora, que não se confunde com o seu patrimônio comum ou com outros patrimônios separados de titularidade da companhia securitizadora decorrentes da constituição de regime fiduciário no âmbito de outras emissões de Certificados de Recebíveis."

[116] Nos casos de propriedade fiduciária para administração, os direitos e obrigações correspondentes ao bem objeto de propriedade fiduciária são objeto de demonstrações financeiras independentes e no caso da propriedade fiduciária em garantia o bem é registrado em contas de compensação ou em notas explicativas. A contabilização separada é prevista expressamente no direito positivo, e disso são exemplos o art. 7º da Lei 8.668/1993 e o art. 28 da Lei 14.430/2022: "Instituído o regime fiduciário, caberá à companhia securitizadora administrar cada patrimônio separado, manter registros contábeis independentes em relação a cada um deles e elaborar e publicar as demonstrações financeiras. Parágrafo único. O patrimônio próprio da companhia securitizadora responderá pelos prejuízos que esta causar por descumprimento de disposição legal ou regulamentar, por negligência ou por administração temerária ou, ainda, por desvio da finalidade do patrimônio separado". No direito francês, a contabilidade separada das operações fiduciárias está prevista na Lei 2007-211, que dispõe: "*Article 12 Les éléments d'actif et de passif transférés dans le cadre de l'opération mentionnée à l'article 2011 forment un patrimoine d'affectation. Les opérations affectant ce dernier font l'objet d'une comptabilité autonome chez le fiduciaire*".

[117] ENNECCERUS, apud PEREIRA, Caio Mário da Silva. *Instituições de direito civil*. 17. ed. Rio de Janeiro: Forense, 1995, v. IV, p. 204.

em que "é destinada a garantir um débito, e, normalmente não há fruição ou gozo pelo credor ou fiduciário (v. o art. 35 da Lei 10.931/2004), nem disponibilidade".[118]

A vedação legal à fruição e/ou à disposição do bem é traço distintivo fundamental entre o direito real de propriedade plena (que compreende os direitos de fruição e disposição) e os direitos reais de garantia em geral (que não compreendem os direitos de fruição e disposição).

Esses elementos de caracterização da garantia real distinguem essa espécie de direito do direito de propriedade plena, pois "a essência de ditos direitos [de garantia] consiste em sujeitar a coisa precipuamente, por via dum laço *real*, ao pagamento da dívida", como diz Lafayette (grifo do original)[119] e expressamente dispõe o art. 1.419 do Código Civil.

É em relação ao valor do bem que o credor garantido tem preferência, porque "o credor não exerce direito algum na própria coisa, pois o direito que tem é ao seu *valor*, tanto que sua *preferência* se exerce sobre o preço da venda judicial", como anota Orlando Gomes[120] (destaques do autor).

Dada essa restrição no seu conteúdo e na sua função, a propriedade fiduciária em garantia é, na definição de Cristiano Chaves de Faria e Nelson Rosenvald, uma "propriedade desnudada, sem direito a exercer qualquer utilidade",[121] até porque, salientam esses autores, ao receber a propriedade fiduciária em garantia "o credor não deseja a coisa, mas se investe na condição de seu titular temporário, como forma de pressionar o devedor e pagar o financiamento do débito"[122]

Aspecto particularmente relevante na caracterização da propriedade fiduciária em garantia é a manutenção do devedor-fiduciante na posse e no controle do bem alienado fiduciariamente, até porque nas operações em que a aplicação da alienação fiduciária em garantia é mais frequente – isto é, a da aquisição de bens de consumo duráveis ou de bens imóveis – a função do financiamento, do qual a propriedade fiduciária é acessória, é propiciar ao fiduciante a imediata e plena fruição do bem objeto dessa espécie de garantia.

Essa particularidade distingue a propriedade fiduciária em garantia daquela destinada a administração, pois, enquanto nesta os bens se encontram na posse e sob controle direto da proprietária fiduciária (administradora), na propriedade fiduciária em garantia, ao contrário, o fiduciante é que tem a posse e o controle do bem, e por isso a ele incumbem os atos conservatórios, a preservação da sua posse, o pagamento dos encargos incidentes sobre o bem, assim como as indenizações por danos decorrentes do seu uso.

Recorde-se que o fiduciário só poderá valer-se do bem para convertê-lo em dinheiro visando a satisfação do seu crédito em caso de inadimplemento do devedor, e mesmo assim mediante ação de busca e apreensão, seguida de consolidação da propriedade, no caso de bem móvel, ou mediante procedimento de consolidação da propriedade, no caso de bem imóvel,

---

[118] ARRUDA ALVIM, José Manuel. *Comentários ao Código Civil brasileiro* – Livro introdutório ao Direito das Coisas e o Direito Civil. Rio de Janeiro: Forense, 2009, p. 249.

[119] PEREIRA, Lafayette Rodrigues. *Direito das coisas*. Edição histórica. Rio de Janeiro: Editora Rio, 1977, p. 5.

[120] GOMES, Orlando. *Direitos reais*. Atualizador Humberto Theodoro Júnior. Rio de Janeiro: Forense, 1985, p. 379.

[121] FARIAS, Cristiano Chaves de; ROSENVALD, Nelson. *Direitos reais*. 3. ed. Rio de Janeiro: Lumen Juris, 2006, p. 370. A regra geral é a realização de dois leilões visando a venda do bem objeto da garantia, mas, alternativamente, o direito positivo admite a apropriação do bem pelo credor em caso de frustração do leilão, permitindo, ainda que o credor adjudique o bem antes do leilão.

[122] FARIAS, Cristiano Chaves de; ROSENVALD, Nelson. *Direitos reais*. 3. ed. Rio de Janeiro: Lumen Juris, 2006, p. 385.

devendo vendê-lo e "aplicar o preço da venda no pagamento do seu crédito e das despesas decorrentes da realização da garantia, entregando ao devedor o saldo, se houver, acompanhado do demonstrativo da operação realizada" (§ 3º do art. 66-B da Lei 4.728/1965, com a redação dada pela Lei 10.931/2004).

A propriedade fiduciária desses bens não dá causa a mutação no patrimônio do credor nas hipóteses em que o contrato principal segue curso normal e seja extinto mediante resgate da dívida; poderá ensejar mutação patrimonial, eventualmente, se e quando o devedor se tornar inadimplente, pois nesse caso a propriedade do bem será consolidada no patrimônio do proprietário fiduciário, mas, mesmo assim, considerando que ainda se sujeita a uma afetação residual, permanecerá no seu patrimônio apenas pelo tempo necessário a que se promova sua venda, para satisfação do crédito com o produto aí obtido.

É exatamente em razão da tipificação legal da propriedade fiduciária como propriedade resolúvel, de duração limitada e com características peculiares, constituída específica e unicamente com função de garantia, que esse direito real de garantia é registrado em conta de compensação, que corresponde a um controle apartado do conjunto patrimonial.

A esse propósito, anota José Luiz Bulhões Pedreira que o sistema patrimonial diz respeito às contas integrantes do patrimônio da sociedade, compreendendo (i) os bens do ativo, (ii) as obrigações do passivo e (iii) o patrimônio líquido; já as contas de compensação têm como única função o controle de certos atos, fatos ou negócios, que, "embora interessem ao conhecimento do patrimônio, não modificam a situação financeira. São exemplos (...) as garantias constituídas sobre bens do ativo ou recebidas de credores (...). São denominadas de compensação porque, a fim de manter a uniformidade da escrituração segundo o método das partidas dobradas, esse tipo de mutação patrimonial é registrado mediante dois lançamentos que se compensam em contas devedoras e credoras com intitulação correlacionada".[123]

Esclarece ainda José Luiz Bulhões Pedreira que a Lei das S.A. não prevê a publicação das contas de compensação nas demonstrações financeiras, mas "prescreve, todavia, que as informações nelas registradas sejam divulgadas em notas explicativas".

Nessa situação encontram-se os bens objeto de garantia, em geral, entre eles a propriedade fiduciária em garantia, tratada em capítulo específico adiante.

3.6.3. A propriedade fiduciária no direito mexicano e argentino

A lei mexicana que disciplina os títulos e operações de crédito dispõe que "em virtude do fideicomisso, o fideicomitente destina certos bens a um fim lícito determinado, atribuindo a realização desse fim a uma instituição fiduciária".

Observa Álvaro D'Ors[124] que, com relação aos bens objeto do fideicomisso, o fiduciário deverá exercer os direitos e ações referentes ao fim para o qual foi constituído o fideicomisso e somente para aquele fim, assinalando: "Evidentemente, isto quer dizer que o fiduciário não é proprietário e, portanto, o patrimônio objeto do fideicomisso não constitui garantia dos credores do fiduciário. Ao contrário, segundo o art. 355, o fideicomissário terá, em qualquer hipótese, o direito de exigir da instituição fiduciária o cumprimento do fideicomisso. A negativa de aquisição de uma propriedade (como ocorre, de outra forma, na fidúcia e no *trust*) se confirma também pelo fato de que tanto o fideicomissário como o próprio fideicomitente podem pedir a declaração de nulidade dos atos em que o fiduciário haja excedido as faculdades

---

[123] PEDREIRA, José Luiz, *Direito das companhias*. Rio de Janeiro: Forense, 2009, v. II, p. 1.554.
[124] *Apud* FUNES, Saturnino Jorge. *Fideicomiso*. Buenos Aires: Depalma, 1996, p. 80.

que estritamente lhe tenham sido atribuídas para cumprimento do fideicomisso. Assim, pois, o direito do chamado 'fiduciário' é o de um executor da vontade do fideicomitente, o de um administrador com faculdades de disposição limitadas às exigências do fim que deve cumprir. Mas tampouco há outro proprietário; antes, sobre os bens objeto do fideicomisso não há, na realidade, uma propriedade, pois o fim a que ficam afetados veio dissolver a propriedade de que dispunha o fideicomitente".

No direito argentino, a matéria é regulamentada pelos arts. 1.666 e seguintes do Código Civil, definindo o domínio fiduciário como aquele que se adquire em razão de um fideicomisso constituído por contrato ou testamento, só perdurando essa propriedade especial enquanto perdurar o fideicomisso, visando entregar a coisa a quem estiver definido no contrato, no testamento ou na lei.

A lei argentina consubstancia todo um arcabouço legislativo destinado a reorganizar o mercado de capitais e o setor imobiliário daquele país, estando o conceito de *domínio fiduciário* harmoniosamente integrado àquela estrutura legislativa.

De tudo o que precede, deflui que a propriedade fiduciária implica acentuada redução dos poderes do fiduciário, uma vez que este os recebe com uma destinação predeterminada, não dispondo de poderes em seu benefício e até podendo ser destituído nas hipóteses que a lei previr, pois o fiduciário é apenas um instrumento para consecução do objetivo do fideicomisso. Na verdade, os bens não ficam submetidos à vontade de uma pessoa, mas, sim, a um fim para o qual foram afetados, conservando-se a essência do direito, mas alterando-se o modo do seu exercício.[125]

3.7. O FIDEICOMISSO NO DIREITO HISPANO-AMERICANO – CARACTERÍSTICAS E MODALIDADES

Com base nos conceitos do patrimônio de afetação e da propriedade fiduciária, anteriormente referidos, vários países da América espanhola reformularam suas normas pertinentes ao fideicomisso, aproveitando a experiência extraída da prática do *trust*,[126] por influência dos conceitos emitidos por Pierre Lepaulle,[127] pelos quais é possível a assimilação dos elementos fundamentais do *trust* pela via do patrimônio de afetação, com o que se efetiva a separação dos bens fideicomitidos.

Dessas legislações deflui a configuração do fideicomisso como o negócio jurídico pelo qual uma pessoa (fiduciante) transfere a propriedade de certos bens a outra (fiduciário), obrigando-se esta a dar a eles determinada destinação, em proveito do próprio fiduciante ou de um terceiro (beneficiário); os bens objeto do fideicomisso constituem patrimônio de afetação e, assim, estão a salvo de qualquer ação ou execução por parte dos credores do fiduciante, do fiduciário ou do beneficiário, só estando sujeitos ao implemento das obrigações que derivem do negócio do fideicomisso e de sua realização.

Em regra, podem ser objeto de fideicomisso quaisquer bens, sejam móveis ou imóveis, bem como direitos sobre bens ou sobre direitos, desde que suscetíveis de alienação. São, enfim, passíveis de fideicomisso quaisquer direitos patrimoniais disponíveis, não se admitindo a constituição de fideicomisso sobre direitos estritamente pessoais.

Conforme a natureza dos bens, o contrato de fideicomisso deverá ser registrado.

---

[125] MORINEAU, Oscar, *Alergia a los conceptos*, Jus, nº 119, junho de 1948, *apud* BATIZA, Rodolfo. *Princípios básicos del fideicomiso y de administración fiduciária*. 2. ed. México: Porrúa, 1985, p. 275.
[126] LISOPRAWSKI, Silvio V. *Fideicomiso*. 2. ed. Buenos Aires: Depalma, 1996, p. 387.
[127] LEPAULLE, Pierre. *La natureza del trust*. *Revista General de Derecho y Jurisprudencia*, México, 1932, t. III, p. 115.

É dever do fiduciário implementar todos os atos necessários ao cumprimento da finalidade estabelecida no ato constitutivo, administrando os bens com diligência, mantendo contabilidade destacada para o patrimônio do fideicomisso, defendendo o patrimônio fideicomitido e, enfim, praticando todos os demais atos necessários à realização do fideicomisso. Pelo exercício de suas funções, o fiduciário faz jus a retribuição, conforme definir o ato constitutivo.

O fiduciante é titular dos direitos que houver reservado para si no ato constitutivo, sendo-lhe assegurada, em regra, a restituição dos bens fideicomitidos, o exercício de todas as ações cabíveis contra o fiduciário, a obtenção de prestação de contas, a revogação do fideicomisso, entre outras prerrogativas.

Os direitos do beneficiário são aqueles que lhe deferem o ato constitutivo do fideicomisso, entre eles, em essência, o de exigir do fiduciário o implemento do fideicomisso nas condições estabelecidas, estando legitimado a defender os bens fideicomitidos, inclusive mediante ações ou outras medidas judiciais em face de eventuais execuções que possam afetar esses bens.

O fideicomisso extingue-se pelas causas gerais de extinção dos negócios jurídicos previstas na legislação comum, explicitando-se, entre outras, a consecução dos seus objetivos ou a impossibilidade absoluta de implementá-los, a expiração do prazo, a revogação pelo fiduciante, a declaração de nulidade do ato constitutivo do fideicomisso e o mútuo acordo entre fiduciante e beneficiário.

Dada essa configuração, são as seguintes modalidades mais comuns de fideicomisso:

a) *fideicomissos de investimento* são negócios que se celebram com instituições financeiras ou outras instituições especificamente autorizadas pelas autoridades monetárias; por estes negócios, as instituições fiduciárias recebem recursos de seus clientes e se obrigam a aplicá-los em investimentos, como sejam os casos dos fundos organizados sob forma condominial destinados a aplicação em ações, em títulos de renda fixa ou variável ou, ainda, em bens imóveis;

b) *fideicomisso de garantia* é o negócio pelo qual uma pessoa transmite a outra a propriedade de determinados bens para garantia do pagamento de dívida ou do cumprimento de obrigação, figurando como beneficiário o credor;

c) *fideicomisso de administração* é o fideicomisso pelo qual o fiduciário recebe os bens com a finalidade específica de promover sua administração, como, por exemplo, contratando e administrando sua locação;

d) *fideicomisso de administração de projetos de construção* é o negócio pelo qual o proprietário de um imóvel, em geral um lote de terreno, transfere sua propriedade ao fiduciário, incumbindo a este implementar um empreendimento imobiliário, visando o melhor aproveitamento do imóvel, figurando dentre essas atribuições as de formular projeto de construção, processar sua aprovação, levantar recursos financeiros para execução da obra, contratar sua execução e, enfim, agir como um incorporador imobiliário; nessa modalidade de fideicomisso, é obrigação do fiduciário, uma vez realizada a obra, entregar determinadas unidades imobiliárias ao fiduciário ou a um beneficiário identificado no ato constitutivo.

A seguir, registramos os aspectos mais relevantes da atual legislação hispano-americana sobre fideicomisso, destacando o direito positivo do México, da Colômbia e da Argentina.

3.7.1. A legislação hispano-americana sobre fideicomisso – Os casos do México, da Colômbia e da Argentina

A disciplina do fideicomisso no México está inserida na Lei Geral de Títulos e Operações de Crédito, nos seus arts. 381 a 407; na Colômbia, a regulamentação da matéria está contida no Código de Comércio; e na Argentina é objeto dos arts. 1.666 e seguintes do Código Civil de 2014.

3.7.1.1. A legislação mexicana

No México registra-se forte influência do *trust* norte-americano. Raul Cervantes Ahumada[128] observa que os grandes êxitos dos bancos fiduciários dos Estados Unidos e os investimentos americanos no México projetaram sobre esse país o instituto do *trust*, mas que, apesar dessa influência, o legislador mexicano estruturou uma figura diferente, delimitando a operação ao campo da atividade bancária, por medida de precaução, tendo em vista a solvência dos bancos e a vigilância que sobre eles exerce o Estado.

A introdução do fideicomisso no México se deu por meio da Lei de Instituições de Crédito de 1924, mas sua configuração como negócio tipificado só veio a ser disciplinada na Lei Geral de Títulos e Operações de Crédito de 1932, que foi objeto de reformas, a última delas publicada em 1º de fevereiro de 2008.

Só podem operar como fiduciárias as instituições expressamente autorizadas por lei. Segundo Villagordoa Lozano,[129] a legislação de 1932 foi concebida sob influência da concepção emitida pelo autor francês Pierre Lepaulle, embora a titularidade dos bens não fique vacante, como queria esse autor, ao pretender configurar o patrimônio de afetação carente de titularidade, pois a lei prevê a efetiva transmissão da propriedade ou titularidade ao fiduciário.

A Lei Geral de Títulos e Operações de Crédito de 1932, reformada em 2014, regulamenta o fideicomisso dos arts. 381 ao art. 407, contemplando variedade de situações em que pode ser constituído, inclusive para fins de garantia.

O art. 381 dispõe que, "em virtude do fideicomisso, o fideicomitente transmite a uma instituição fiduciária a propriedade ou a titularidade de um ou mais bens ou direitos, conforme o caso, para serem destinados a fins lícitos e determinados, atribuindo a realização desses fins à própria instituição fiduciária".[130]

Os bens fideicomitidos podem ter qualquer destinação; o fideicomisso será lícito mesmo que não tenha sido nomeado o fideicomissário, mas será nulo se constituído em favor do fiduciário; este, entretanto, poderá ser nomeada fideicomissária nos fideicomissos constituídos como instrumento de pagamento de obrigações inadimplidas, em caso de créditos concedidos pela própria instituição para realização de atividades empresárias; é possível a designação de uma ou mais instituições fiduciárias para o desempenho do cargo de uma vez só ou de forma sucessiva; podem ser objeto do fideicomisso quaisquer bens ou direitos, salvo os direitos personalíssimos.

---

[128] AHUMADA, Raul Cervantes, *Títulos y operaciones de crédito*, ed. Herrero S. A., 1961, p. 37, *apud* LISOPRAWSKI, Silvio V. *Fideicomiso*. 2. ed. Buenos Aires: Depalma, 1996, p. 390.

[129] LOZANO, Villagordoa, *Apud* LISOPRAWSKI, Silvio V. *Fideicomiso*. 2. ed. Buenos Aires: Depalma, 1996, p. 391.

[130] Lei Geral de Títulos e Operações de Crédito de 1931, nos termos da reforma de 2014: *"Artículo 381. En virtud del fideicomiso, el fideicomitente transmite a una institución fiduciaria la propiedad o la titularidad de uno o más bienes o derechos, según sea el caso, para ser destinados a fines lícitos y determinados, encomendando la realización de dichos fines a la propia institución fiduciaria".*

Os bens fideicomitidos permanecem afetados à finalidade definida, só podendo ser exercidos sobre eles os direitos e ações vinculados a essa finalidade; a instituição fiduciária deverá manter contabilidade separada em relação aos bens, direitos e obrigações objeto de fideicomisso.

Os arts. 395 a 407 disciplinam o fideicomisso de garantia. Nesse caso, podem ser constituídos dois ou mais fideicomissos para garantir diferentes obrigações, simultânea ou sucessivamente, perante o mesmo credor ou credores distintos.

O fideicomitente mantém-se na posse dos bens fideicomitidos e pode empregá-los inclusive no processo de produção, como componentes de outros bens, desde que isso não importe em diminuição do valor da garantia e que os bens com eles produzidos passem a integrar a garantia.

O bem objeto da garantia pode ser vendido extrajudicialmente pela instituição fiduciária, na forma convencionada no contrato. O procedimento é implementado pela instituição fiduciária a requerimento do fideicomissário; recebida a solicitação, a fiduciária notificará o fideicomitente, encaminhando cópia da solicitação feita pelo fideicomissário e abrindo prazo para purgação da mora; de outra parte, a fiduciária somente poderá promover a venda se o fideicomitente não comprovar que a dívida já se encontrava paga ou que seu vencimento foi prorrogado ou, ainda, que foi objeto de novação. O procedimento é semelhante ao disciplinado na legislação brasileira para o leilão extrajudicial de imóvel hipotecado em garantia de créditos vinculados ao Sistema Financeiro da Habitação (Decreto-lei 70/1966).

3.7.1.2. *A legislação colombiana*

No direito colombiano, o Código de Comércio contempla, no Título XI, a disciplina da matéria, sob a denominação *Da Fidúcia*, nos arts. 1.226 a 1.244.

A legislação colombiana define a fidúcia como uma figura do direito mercantil, reservando a instituições financeiras e a sociedades fiduciárias especialmente autorizadas pela Superintendência Bancária a atuação como fiduciário, como deixa claro a parte final do art. 1.226 do seu Código de Comércio.[131]

Portanto, o contrato de fidúcia no direito colombiano está sujeito ao controle e à fiscalização do Estado, subordinando-se particularmente às normas emanadas das autoridades monetárias.

Os bens objeto do fideicomisso não integram o ativo do fiduciário e dos que correspondem a outros negócios fiduciários e formam um patrimônio autônomo, afetado à finalidade definida no ato constitutivo.[132]

A lei confere ao fiduciante os seguintes direitos: 1) aqueles que, no ato constitutivo, reservou para exercer diretamente sobre os bens fideicomitidos; 2) de revogação da fidúcia, caso

---

[131] Código de Comércio da Colômbia: *"DE LOS CONTRATOS Y OBLIGACIONES MERCANTILES – TÍTULO XI – DE LA FIDUCIA – Art. 1.226. Definición de la fiducia mercantil. La fiducia mercantil es un negocio jurídico en virtud del cual una persona, llamada fiduciante o fideicomitente, transfiere uno o mas bienes especificados a otra, llamada fiduciario, quien se obliga a administrarlos o enajenarlos para cumplir una finalidad determinada por el constituyente, en provecho de éste o de un tercero llamado beneficiario o fideicomisario. Una persona puede ser al mismo tiempo fiduciante y beneficiario. Solo los establecimientos de crédito y las sociedades fiduciarias, especialmente autorizados por la Superintendencia Bancaria, podrán tener la calidad de fiduciarios".*

[132] Código de Comércio da Colômbia: *"DE LOS CONTRATOS Y OBLIGACIONES MERCANTILES – TÍTULO XI – DE LA FIDUCIA – "Art. 1.233. Separación de bienes fideicomitidos. Para todos los efectos legales, los bienes fideicomitidos deberán mantenerse separados del resto del activo del fiduciario y de los que correspondan a otros negocios fiduciarios, y forman un patrimonio autónomo afecto a la finalidad contemplada en el acto constitutivo".*

tenha sido previsto no ato constitutivo, de remoção do fiduciário e de nomeação de substituto, quando necessário; 3) de restituição dos bens ao ser extinta a fidúcia, ressalvada a hipótese de outra destinação para os bens, prevista no ato constitutivo da fidúcia; 4) de exigir prestação de contas; 5) de exercer a ação de responsabilidade contra o fiduciário; 6) em geral, todos os direitos expressamente estipulados que não sejam incompatíveis com os do fiduciário ou do beneficiário ou com a essência do instituto (art. 1.236).

Os deveres do fiduciário são expressamente enumerados na lei, a saber: 1) realizar, sem medir esforços, todos os atos necessários para alcançar a finalidade da fidúcia; 2) manter os bens objeto da fidúcia separados dos bens próprios e de outros bens vinculados a outros negócios fiduciários; 3) investir os bens provenientes do negócio fiduciário nos termos dos requisitos previstos no ato constitutivo; 4) promover a proteção e defesa dos bens fideicomitidos contra atos de terceiros, do beneficiário e até mesmo do instituidor; 5) pedir instruções ao superintendente bancário quando tiver fundadas dúvidas acerca da natureza e do alcance de suas obrigações ou quando dever se afastar das autorizações contidas no ato constitutivo, nas hipóteses em que as circunstâncias o exigirem. Nesses casos, o superintendente intimará previamente o fiduciante e o beneficiário; 6) procurar a maior rentabilidade para os bens objeto da fidúcia, para a qual todo ato de disposição que realizar será sempre oneroso e com fins lucrativos, salvo determinação contrária do ato constitutivo; 7) transferir os bens à pessoa definida, de acordo com o ato constitutivo ou com a lei, uma vez concluído o negócio fiduciário; 8) prestar contas de sua gestão ao beneficiário, a cada seis meses (art. 1.234).

Quanto ao beneficiário, o Código de Comércio lhe confere, entre outras faculdades, "a de exigir o fiel cumprimento das obrigações do fiduciário, impugnar os atos que podem ser anulados pelo fiduciário, opor-se a qualquer medida tomada contra os bens dados em fidúcia, seja preventiva ou de execução [...], se o fiduciário não o fizer [...], e requerer, enfim, ao superintendente bancário, a remoção do fiduciário por justa causa e, como medida preventiva, a nomeação de um administrador interino" (art. 1.235).

3.7.1.3. A legislação argentina

Na Argentina a matéria foi disciplinada pela Lei 24.441, de 1995, que introduziu os arts. 2.661 a 2.672 no Código Civil, cujas normas vieram a ser enunciadas nos arts. 1.701 a 1.707.

O contrato de fideicomisso é regulado pelos arts. 1.666 a 1.700 do Código Civil de 2014.

Dispõe o art. 1.666 que haverá contrato de fideicomisso quando uma pessoa (fiduciante) transmita a propriedade fiduciária de determinados bens a outra (fiduciário), que se obriga a exercê-la em benefício de quem for designado no contrato (beneficiário) e, ao término de um prazo ou condição, se obriga a transmiti-lo ao fiduciante, ao beneficiário ou ao fideicomissário.[133]

Fundamentalmente, a caracterização legal do fideicomisso argentino é semelhante à das demais legislações hispano-americanas, salvo pela identificação da natureza da propriedade, que é objeto desse contrato, pois, enquanto, em geral, as legislações se refiram à *transmissão da propriedade de certos bens*, a legislação argentina concerne à *transmissão da propriedade fiduciária de certos bens*.

---

[133] Código Civil argentino de 2014: *"Contrato de fideicomiso – Sección 1ª Disposiciones generales – Artículo 1666. Definición – Hay contrato de fideicomiso cuando una parte, llamada fiduciante, transmite o se compromete a transmitir la propiedad de bienes a otra persona denominada fiduciario, quien se obliga a ejercerla en beneficio de otra llamada beneficiario, que se designa en el contrato, y a transmitirla al cumplimiento de un plazo o condición al fideicomisario".*

A construção do direito positivo argentino tem sua base na noção de *domínio imperfeito*, extraída da dicotomia estabelecida por Teixeira de Freitas no seu *Esboço do Código Civil*[134] e que foi incorporada no Código Civil argentino com a redação do art. 4.300 do *Esboço*.[135]

Dispõe o Código Civil que sobre os bens fideicomitidos constitui-se uma propriedade fiduciária, pela qual se adquire o domínio fiduciário por força da constituição de um fideicomisso, sendo certo que a existência dessa espécie de domínio está vinculada à consecução do fideicomisso, que visa entregar uma coisa a quem estiver definido no contrato ou na lei.

Muito embora se refira à transmissão de bens *determinados*, admite-se a constituição de fideicomisso também sobre bens *determináveis*, pois a individualização dos bens pode ser diferida, permitindo inferir que, no direito argentino, é possível contratar a transmissão da propriedade fiduciária sobre bens ainda inexistentes à data da contratação.[136]

Para constituição do fideicomisso por ato entre vivos aplicam-se os princípios gerais do direito contratual, pelo que submete-se a celebração do fideicomisso às regras gerais dos contratos.

São partes figurantes do contrato de fideicomisso o fiduciante, o fideicomitente ou o instituidor (aquele que transmite a propriedade fiduciária), o fiduciário (aquele que adquire a propriedade fiduciária e se obriga a dar-lhe determinada destinação), o beneficiário e o fideicomissário (estes reunidos numa só pessoa).

Fiduciante, ou fideicomitente, é o proprietário dos bens ou o titular dos direitos transmitidos em caráter fiduciário. É aquele que constitui um fideicomisso por ato entre vivos ou por testamento, estabelecendo sua finalidade e designando o fiduciário e os beneficiários.

É de acordo com as ordens do fiduciante que o fiduciário deverá administrar os bens ou direitos fideicomitidos, podendo o fiduciante, em caso de descumprimento dessas ordens, destituir o fiduciário.

O fiduciante, na condição de instituidor, pode reservar-se as mais amplas faculdades de controle do fideicomisso, inclusive mediante limitação dos poderes do fiduciário sobre os bens fideicomitidos e, até mesmo, de revogação do próprio fideicomisso.

A lei não impõe limitações à pessoa do fiduciante: pode figurar como tal quem quer que, segundo as regras gerais da lei civil, tenha capacidade para testar ou para dispor de seus bens e, consequentemente, para onerá-los ou afetá-los a algum fim, pois o ato de instituir um fideicomisso implica a transmissão da propriedade fiduciária de um bem do patrimônio do fideicomitente.

Fiduciário é aquele que adquire o domínio fiduciário de um bem ou direito e se obriga a exercer o domínio fiduciário em benefício de quem esteja designado no ato constitutivo do fideicomisso.

Pode operar como fiduciário qualquer pessoa física ou jurídica, com a ressalva de que, tratando-se de oferta pública, a atuação como fiduciário é reservada às instituições financeiras e às

---

[134] Na conceituação de Teixeira de Freitas, o domínio é o direito real que uma pessoa exerce sobre uma coisa, podendo ser *perpétuo* ou *temporário*, o primeiro *perfeito* e o segundo *imperfeito*. O domínio imperfeito seria o *direito real resolúvel, ou fiduciário*. O domínio resolúvel e o fiduciário, assim, seriam subespécies de domínio imperfeito (*Esboço*, arts. 4.300 e seguintes).

[135] O art. 2.661 do Código Civil argentino reproduz a redação de Teixeira de Freitas: *Art. 2.661. Dominio imperfecto es el derecho real revocable o fiduciario de una sola persona sobre una cosa propia, mueble o inmueble, o el reservado por el dueño perfecto de una cosa que enajena solamente su dominio útil.*

[136] Código Civil argentino de 2014: "*Artículo 1667. Contenido – El contrato debe contener: a) la individualización de los bienes objeto del contrato. En caso de no resultar posible tal individualización a la fecha de la celebración del fideicomiso, debe constar la descripción de los requisitos y características que deben reunir los bienes*".

pessoas jurídicas especialmente autorizadas pela Comissão Nacional de Valores, como adiante se comenta.

Beneficiário é a pessoa em favor de quem o fiduciário exercerá a propriedade fiduciária dos bens objeto do fideicomisso; é a pessoa que recebe os benefícios do fideicomisso. O ato constitutivo pode estabelecer que os frutos dos bens fideicomitidos sejam também destinados ao beneficiário.

Pode figurar como beneficiário qualquer pessoa física ou jurídica que, segundo as regras gerais do direito comum, tenha capacidade para beneficiar-se do fideicomisso, admitindo-se que também possam beneficiar-se pessoas não plenamente capazes ou que ainda não existam no momento da instituição do fideicomisso.

O beneficiário será credor de todos os direitos que, em seu favor, derivem do ato constitutivo do fideicomisso, podendo exigir do fiduciário o cumprimento das obrigações a ele imputáveis, decorrentes da lei ou do ato constitutivo, e, bem assim, a prestação de contas pelo menos uma vez por ano.

O contrato deverá indicar o beneficiário, que poderá ser pessoa física ou jurídica, existente ou não à época do contrato. Inexistindo o beneficiário a essa época, o contrato deverá conter os dados que permitam sua futura identificação. Poderão existir dois ou mais beneficiários, sendo também admitida a designação de beneficiários substitutos para o caso de não aceitação, renúncia ou morte. Se, na hipótese de mais de um beneficiário, não houver disposição específica no contrato quanto à participação de cada um, todos se beneficiarão em iguais proporções. O contrato deverá indicar também a pessoa do fideicomissário, pois, se nenhum beneficiário aceitar ou se todos renunciarem ou se não chegarem a existir beneficiários, será beneficiário o fideicomissário. De outra parte, se o fideicomissário não chegar a existir, ou não aceitar ou renunciar, então o beneficiário será o próprio fiduciante.

O beneficiário poderá transmitir seu direito, por ato entre vivos ou *causa mortis*, salvo disposição em contrário do fiduciante.

As denominações *beneficiário* e *fideicomissário* têm sido empregadas num único sentido, como ocorre nas legislações do México e da Colômbia, entre outras. A legislação argentina, entretanto, apesar de não exprimir uma definição clara do fideicomissário, permite inferir distinção entre ambas as figuras.

O fideicomisso argentino é, fundamentalmente, uma figura triangular, da qual participam três partes principais, quais sejam: 1º) o fiduciante ou fideicomitente, que institui o fideicomisso; 2º) o fiduciário, que recebe a propriedade e se obriga a dar-lhe a destinação determinada no ato constitutivo; e 3º) o beneficiário ou fideicomissário, em favor do qual foi instituído o fideicomisso, podendo ser designado um terceiro ou o próprio fiduciante.

Dada essa configuração, o Código Civil permite que a pessoa à qual sejam dados os benefícios do fideicomisso seja distinta daquela à qual sejam destinados os bens, ao final do prazo ou uma vez implementada a condição estabelecida no ato; a esta última pessoa se denomina *fideicomissária*, enquanto *beneficiária* é a pessoa em cujo favor se exerce a administração dos bens fideicomitidos, e à qual o fiduciário deve prestar contas. Pode-se admitir que, no ato constitutivo, o fiduciante designe uma mesma pessoa como beneficiária e como fideicomissária ou designe uma pessoa como beneficiária e outra como fideicomissária, esta que pode ser um terceiro ou o próprio fiduciante. Se o fideicomisso vier a ser revogado ou por qualquer outra razão os bens fideicomitidos devam ser reintegrados ao patrimônio do fiduciante, este será o fideicomissário (art. 26). Em suma, é o ato constitutivo ou, em última análise, a lei, que definirá quem será o destinatário final dos bens no fideicomisso argentino, podendo ser tanto o beneficiário como o fiduciante ou um terceiro.

Podem ser objeto de fideicomisso todos os bens ou direitos passíveis de transmissão. Trata-se, nesse caso, de se constituir um *domínio fiduciário*, que, como acontece com qualquer direito real, limitado embora, deve recair sobre bem ou direito certo, individualmente identificado e que estejam no comércio. Podem ser objeto de fideicomisso bens móveis ou imóveis e, bem assim, os direitos creditórios em geral.

O fideicomisso, segundo a lei, poderá ser estabelecido mediante contrato ou testamento.

Individualizadas as partes do contrato de fideicomisso, exige-se que o instrumento constitutivo contenha o seguinte: 1) a individualização dos bens objeto do contrato. O contrato poderá ser celebrado mesmo que na data da celebração não seja possível a individualização dos bens; nesse caso, deverão ser descritos os requisitos e as características que deverão reunir; 2) a determinação do modo como outros bens poderão ser incorporados ao fideicomisso; 3) o prazo e a condição a que está sujeito o domínio fiduciário, que nunca poderá exceder a trinta anos, salvo se o beneficiário for incapaz, caso em que poderá durar até a sua morte ou até que cesse a sua incapacidade; 4) o destino dos bens ao finalizar o fideicomisso; 5) os direitos e obrigações do fiduciário e o modo de substituí-lo; 6) a individualização do beneficiário.

Nos casos de transmissão *mortis causa*, o fideicomisso deverá ser outorgado por meio de testamento, por alguma das formas previstas pelo Código Civil. Se o fiduciário designado por meio de testamento não aceitar, aplicar-se-á o disposto no art. 10; nesse caso, será o fiduciário substituído por outro indicado no testamento ou de acordo com o procedimento nele previsto; na falta dessas disposições, o juiz designará como fiduciária uma instituição financeira ou companhia especialmente autorizada pela Comissão Nacional de Valores a atuar como *fiduciário financeiro*.

O caráter fiduciário da propriedade só produzirá efeito perante terceiros a partir do momento em que se cumpram as formalidades exigíveis de acordo com a natureza dos bens objeto do negócio. Além disso, quando se trate de bens registráveis, deverão constar dos assentamentos a transferência da propriedade em caráter fiduciário e, se assim for pactuado, o registro da propriedade fiduciária de outros bens adquiridos com os frutos dos bens fideicomitidos ou com o produto de atos de disposição sobre eles.

Em suma, o domínio deverá ser transmitido com observância dos requisitos gerais do ordenamento quanto ao título, modo de aquisição e registro para efeito de validade em face de terceiros.

Em geral, o Código Civil argentino contempla uma interessante articulação entre o fideicomisso civil, fundado na tradição da *fiducia cum amico* de cunho romano, e um fideicomisso comercial, inspirado no *trust* anglo-americano, sem acolher, neste último caso, a ideia da dicotomia da propriedade.

A construção está claramente definida no art. 1.673 do Código Civil, que, ao qualificar o fiduciário, abre perspectiva para que qualquer pessoa possa desempenhar suas funções, salvo se se tratar de oferta pública, hipótese em que a atividade de fiduciário está reservada a entidades que estejam subordinadas ao controle e à fiscalização de entidades estatais.[137]

A restrição legal tem o propósito de proteger o investidor em geral, resguardando a economia popular. De fato, dado o extraordinário incremento das aplicações financeiras,

---

[137] Código Civil argentino de 2014: *"Artículo 1673. Fiduciario – El fiduciario puede ser cualquier persona humana o jurídica. Sólo pueden ofrecerse al público para actuar como fiduciarios las entidades financieras autorizadas a funcionar como tales, sujetas a las disposiciones de la ley respectiva y las personas jurídicas que autoriza el organismo de contralor de los mercados de valores que debe establecer los requisitos que deben cumplir".*

notadamente como forma de constituição de pecúlio ou poupança pelo homem médio, torna-se cada vez mais necessária a presença do Estado no controle e na fiscalização das instituições que operam a captação de recursos para essa finalidade; mesmo em situações como a do fideicomisso, em que os recursos entregues à instituição fiduciária formam um patrimônio autônomo, que não se confunde com o patrimônio daquela instituição e, portanto, não está sujeito aos efeitos de sua eventual quebra, mesmo assim é indispensável a fiscalização do poder público. Assim, a oferta pública da atividade de fiduciária só pode ser feita por aquelas instituições que estejam sob controle da Comissão Nacional de Valores, com o que se possibilita a qualquer pessoa o acesso a informações sobre a idoneidade da instituição.

Nesse aspecto, a formulação da lei argentina se aproxima da lei colombiana, que, ao estabelecer os requisitos da *fidúcia comercial,* restringe a atuação como fiduciário aos "estabelecimentos de crédito e as sociedades fiduciárias, especialmente autorizadas pela Superintendência Bancária".

4
PRINCIPAIS FIGURAS DE NATUREZA FIDUCIÁRIA NO DIREITO POSITIVO BRASILEIRO

INTRODUÇÃO

No Brasil, os estudos e tentativas de *aggiornamento* da fidúcia, com o aproveitamento da noção do *trust*, remontam, como em toda a América Latina, ao início do século XX, como observa José Xavier Carvalho de Mendonça.[1]

No processo legislativo, registram-se três iniciativas, a saber: (1) o Projeto de Lei 3.362, de 1957; (2) o Anteprojeto do Código de Obrigações de 1965; e (3) o Projeto de Lei 4.908, de 1998,[2] todos eles visando abrir perspectiva para utilização da fidúcia nos mais variados campos, sobretudo para administração de negócios patrimoniais.

Embora não tenha prosperado em termos de norma geral, a ideia acabou acolhida para situações específicas, reguladas por normas esparsas; a primeira delas foi a Lei 4.728, de 1965, que regulamentou o Mercado de Capitais e, no seu contexto, criou a alienação fiduciária de

---

[1] MENDONÇA, José Xavier Carvalho de, *Tratado de direito comercial brasileiro*. Rio de Janeiro: Tip. Besnard Frères, 1917, p. 280, nº 994.

[2] O Projeto de Lei 3.362/1957 dispunha sobre o "fideicomisso *inter vivos*" e veio a ser objeto de um substitutivo, em que se tipificava um negócio denominado "administração fiduciária", reservado a instituições financeiras. Previa esse projeto a possibilidade de "transferência da propriedade, ou de qualquer outro direito, inclusive a dos papéis de crédito público ou particular, bem assim a posse de valores recebidos", que seria considerada "sempre feitas ou constituídas a título meramente fiduciário e destinadas, apenas, a facilitar a respectiva administração", conservando "os titulares transmitentes (...) as ações reais ou pessoais que (...) couberem". O Anteprojeto do Código de Obrigações, de 1965, destinou um capítulo à FIDÚCIA, tipificando o "contrato de fidúcia", com a seguinte conceituação: "Pelo contrato de fidúcia uma das partes, recebendo da outra bens móveis ou imóveis, assume o encargo de administrá-los em proveito do instituidor ou de terceiro, tendo, porém, a livre disposição dos mesmos, sem prejuízo do direito do beneficiário", tendo a Comissão Elaboradora, em seu relatório, registrado que "a fidúcia teve ingresso no Projeto por proposta do Professor Nehemias Gueiros e redação deste e dos Professores Caio Mário e Orlando Gomes, ingressa em nosso direito o *trust*, que tantos e tão bons resultados deu no direito anglo-americano". O Projeto de Lei 4.908/1998 reproduziu nosso anteprojeto, divulgado na primeira edição desta monografia, em 1998, no qual procuramos sistematizar a matéria, sobretudo com os subsídios que recolhemos no estudo do direito comparado, notadamente no direito francês, chileno e argentino.

bens móveis para fins de garantia e os fundos de investimento, cujas carteiras são constituídas por bens adquiridos pela administradora sob forma de propriedade fiduciária.

Posteriormente, várias outras leis vieram a ser introduzidas no direito positivo brasileiro, entre as quais merecem destaque a Lei 9.514, de 1997, que introduz a fidúcia no sistema de garantias reais imobiliárias, e a Lei 10.931/2004, que ampliou a aplicação das diversas espécies de alienação e cessão fiduciária em garantia de operações do mercado financeiro e do mercado de capitais.

4.1. ALIENAÇÃO FIDUCIÁRIA E NEGÓCIO FIDUCIÁRIO

Aludimos, anteriormente, à controvérsia quanto à natureza *fiduciária* das modalidades de contrato de transmissão de propriedade rotuladas com essa expressão – *fiduciária* –, quando regulamentadas no direito positivo.

Há quem entenda que a venda em garantia (alienação fiduciária) não é espécie de negócio fiduciário, fundamentalmente por duas razões, a saber: a) no negócio fiduciário, a confiança é elemento essencial na relação negocial, tendo em vista a *situação de perigo* presente na configuração desse negócio, mas a alienação fiduciária em garantia não tem essas características, pois essa espécie de contrato é regulada por lei, que protege o fiduciante contra qualquer espécie de abuso, circunstância que descaracteriza a *situação de perigo*; e b) a transmissão da propriedade fiduciária é sempre temporária, por definição legal.

Não obstante essas ressalvas, a doutrina é majoritária no sentido de conceber a alienação fiduciária como espécie do gênero negócio fiduciário, basicamente por dois motivos: a) porque o fiduciário deve agir sempre com lealdade, no sentido de restituir a propriedade assim que implementar a condição resolutiva, até porque, como observa Orlando Gomes, o fiduciário não age como proprietário, mas sim como titular de uma garantia, enquanto não se der a satisfação do crédito; b) porque a transmissão da propriedade ocorre em dois momentos: primeiro, a transmissão ao fiduciário, a título de garantia, em caráter transitório, tal como no negócio fiduciário; depois, a restituição do bem ao domínio do fiduciante, uma vez cumprida a obrigação garantida.

4.2. PRINCIPAIS FIGURAS DE NATUREZA FIDUCIÁRIA DO DIREITO POSITIVO BRASILEIRO

A partir de 1965, o direito positivo brasileiro passou a contemplar a regulamentação de algumas figuras de natureza fiduciária mediante legislação esparsa, vindo o Código Civil de 2002 a inserir a propriedade fiduciária na parte relativa ao Direito das Coisas, entre as espécies de propriedade. Limitou-se o Código, entretanto, a tratar da propriedade fiduciária de bens móveis infungíveis, para fins de garantia, circunstância que deu origem a alguma controvérsia quanto à hipótese de terem sido revogadas as leis especiais que disciplinam as demais espécies de propriedade fiduciária. Pouco depois, entretanto, a Lei 10.931, de 2 de agosto de 2004, pôs fim à controvérsia, inserindo no Código Civil o art. 1.368-A, pelo qual fica esclarecido que as demais espécies de propriedade ou titularidade fiduciária submetem-se à legislação especial que regulamenta cada uma delas, admitindo a aplicação das normas do Código Civil naquilo em que este não for incompatível com a legislação especial.[3]

---

[3] Código Civil: "Art. 1.368-A. As demais espécies de propriedade fiduciária ou de titularidade fiduciária submetem-se à disciplina específica das respectivas leis especiais, somente se aplicando as disposições deste Código naquilo que não for incompatível com a legislação especial".

Assim, ao lado da regulamentação contida nos arts. 1.361 a 1.368-B do Código Civil, relativa à propriedade fiduciária em garantia, de bens móveis infungíveis, continuam em vigor as leis anteriores relativas à matéria fiduciária.

Ademais, vez por outra, é introduzida no direito positivo uma nova espécie de garantia fiduciária, estando a matéria atualmente regulada por inúmeras leis, entre as quais destacamos:

a) propriedade fiduciária de bens móveis para garantia de créditos constituídos no âmbito dos mercados financeiro e de capitais, bem como para garantia de créditos fiscais e previdenciários (Lei 4.728/1965, art. 66-B, com a redação dada pela Lei 10.931/2004);

b) titularidade fiduciária de ações de sociedades por ações (Lei 6.404/1976);

c) propriedade fiduciária de aeronaves, para fins de garantia (Lei 7.565/1986, arts. 148 e seguintes);

d) propriedade fiduciária dos imóveis integrantes das carteiras dos fundos de investimento imobiliário (Lei 8.668/1993);

e) propriedade fiduciária de bens móveis para fins de garantia cedular – promessa de entrega de produtos rurais – Cédula de Produto Rural – CPR (Lei 8.929/1994);

f) titularidade fiduciária de direitos creditórios oriundos da comercialização de imóveis (Lei 4.864/1965 e Lei 9.514/1997);

g) propriedade fiduciária de bens imóveis em geral, para fins de garantia (Lei 9.514/1997);

h) titularidade fiduciária de créditos que constituam lastro de títulos, em processo de securitização de créditos imobiliários (Lei 9.514/1997 e de créditos, bens e direitos em geral (Lei 14.430/2022);

i) propriedade fiduciária dos imóveis destinados ao Programa de Arrendamento Residencial (Lei 10.188/2001);

j) Propriedade fiduciária de bens móveis, de aplicação generalizada por qualquer pessoa física ou jurídica, regulamentada pelos arts. 1.361 e seguintes do Código Civil;

k) titularidade fiduciária de direitos sobre bens móveis e títulos de crédito (§ 3º do art. 66-B da Lei 4.728/1965, com a redação dada pelo art. 55 da Lei 10.931/2004);

A propósito, em artigo publicado pouco depois da entrada em vigor do novo Código Civil, escrevemos: "Com a devida vênia, entendo que permanece em vigor toda a legislação anterior relativa às demais figuras fiduciárias, fundamentalmente porque o Código não a revogou expressamente, não introduziu nova regulamentação com ela incompatível e nem regulamentou *inteiramente* a matéria de que tratam as leis anteriores. Com efeito, o Código Civil regulamentou apenas uma *espécie* de *propriedade fiduciária* (a propriedade *de bens móveis, em garantia*), mas não tratou do *gênero propriedade fiduciária* e nem cuidou das outras espécies, que, embora estruturadas sob os mesmos fundamentos, têm funções distintas daquela que o Código contemplou (...) As leis que regulamentam cada uma dessas figuras e o Código Civil têm a mesma hierarquia e não são excludentes; o Código não as contraria, não veda a constituição de outras formas de titularidade fiduciária e nem dispõe sobre elas de maneira diversa da que estão regulamentadas; também não declarou expressamente a revogação e nem regulamentou *inteiramente* a matéria; só haveria revogação se ocorresse alguma dessas hipóteses (Lei de Introdução ao Código Civil, § 1º do art. 2º), e isso não ocorreu. Além disso, lei geral nova (Código Civil de 2002) não revoga nem modifica lei especial anterior, salvo se assim declarar expressamente (Lei de Introdução ao Código Civil, § 2º, do art. 2º), de modo que continua em vigor toda a legislação relativa à propriedade fiduciária e à titularidade fiduciária, seja para fins de garantia ou de administração, pois o Código não a revogou em termos expressos" (*Revista de Direito Bancário, de Mercado de Capitais e de Arbitragem*, n. 21, p. 302-335).

l) propriedade fiduciária de coisa fungível (§ 3º do art. 66-B da Lei 4.728/1965, com a redação dada pelo art. 55 da Lei 10.931/2004);

m) titularidade fiduciária de créditos para fins de securitização de créditos vinculados à atividade agropecuária (arts. 38 a 41 da Lei 11.076/2004); e

n) titularidade fiduciária de quotas de fundo de investimento para garantia de locação de imóveis (art. 88 da Lei 11.196/2005).

No Código Civil de 2002, não obstante a matéria esteja inserida na Parte Especial relativa ao Direito das Coisas, Livro III, Título III, Capítulo IX, arts. 1.361 a 1.368-B, trata exclusivamente da propriedade fiduciária sobre bens móveis infungíveis e, mesmo assim, somente para fins de garantia.

A localização do instituto na estrutura do Código foi objeto de debates durante a formulação do Projeto, uma corrente defendendo sua inserção no título relativo à propriedade e outra entendendo que a localização adequada seria na parte relativa aos direitos reais de garantia. Prevaleceu o entendimento de que, sendo a propriedade fiduciária uma modalidade de domínio, embora limitado, deve ter sua disciplina inserida no contexto das disposições sobre o direito de propriedade, e não nas disposições pertinentes aos direitos reais limitados (entre os quais se disciplinam a hipoteca, o penhor e a anticrese), "daí, vir disciplinada no Anteprojeto – o que se manteve no Projeto de Código Civil – logo após o domínio resolúvel, porque ela também se limita pela resolubilidade".[4]

A localização do regime jurídico da propriedade fiduciária em garantia no contexto das normas sobre o direito de propriedade, e não nas normas sobre os direitos reais de garantia, tem dado causa à sua imprópria qualificação como direito de propriedade, o que levou o legislador a alterar o art. 1.367 do Código Civil para explicitar que a propriedade fiduciária em garantia não se equipara, para quaisquer efeitos, à propriedade plena.[5]

O Código conservou a estrutura básica formulada pela Lei 4.728/1965 e pelo Decreto-lei 911/1969, que originalmente regulamentavam a matéria, introduzindo aperfeiçoamentos em alguns aspectos conceituais e na técnica legislativa.[6]

Uma das inovações relevantes do Código é a possibilidade de se utilizar a alienação fiduciária de bens móveis para garantia de quaisquer negócios jurídicos, e não apenas como garantia dos financiamentos concedidos pelas instituições financeiras ou para as hipóteses previstas de maneira restritiva pela legislação especial. O propósito da restrição era dificultar a utilização dessa garantia em negócios usurários, daí por que, como observa José Carlos Moreira Alves, a generalização do Código Civil há de ser complementada por legislação processual que, "pelo menos no tocante à utilização dessa garantia por outrem que não qualquer das referidas entidades [financeiras], possibilite ao devedor defesa mais ampla quando da busca

---

[4] ALVES, Jose Carlos Moreira. *Alienação fiduciária em garantia*. 2. ed. Rio de Janeiro: Forense, 1979, p. 197.

[5] Tratamos da matéria, especificamente, no item 4.2.1.1. Alguns aspectos patrimoniais e tributários relevantes relacionados à propriedade fiduciária em garantia.

[6] "Art. 1.361. Considera-se fiduciária a propriedade resolúvel de coisa móvel infungível que o devedor, com escopo de garantia, transfere ao credor.

§ 1º Constitui-se a propriedade fiduciária com a transcrição do contrato, celebrado por instrumento público ou particular, que lhe serve de título, no Registro de Títulos e Documentos do domicílio do devedor, ou, em se tratando de veículos, na repartição competente para o licenciamento, fazendo-se a anotação no certificado de registro.

§ 2º Com a constituição da propriedade fiduciária, dá-se o desdobramento da posse, tornando-se o devedor possuidor direto da coisa."

e apreensão". Pondera Moreira Alves, entretanto, que essa forma eventual de obstaculização à prática da usura não é a maneira mais adequada de coibi-la, sendo certo que "o justo temor da usura deve levar ao combate desta, e não à limitação de uma garantia que se vem impondo por sua maior eficácia em face das até então admitidas".[7]

Outra inovação importante é a sub-rogação não só do terceiro interessado, como também do não interessado.

A despeito da adequada formulação, sob a perspectiva conceitual e de técnica legislativa, o Código omitiu-se em relação a outras situações merecedoras de tutela especial em face de riscos típicos dos negócios da sociedade contemporânea, bem como desprezou as demais espécies de titularidade fiduciária, que, existentes há muito no direito positivo brasileiro, mereceriam adequada sistematização no Código, com a propriedade fiduciária de bens móveis para garantia.

Essa omissão pode ser explicada pelo fato de o anteprojeto do Código ter sido elaborado no início da década de 1970, ocasião em que o direito positivo brasileiro só havia tratado da propriedade fiduciária de bens móveis, para garantia. Ao longo da tramitação do Projeto, entretanto, como registramos *supra*, novas figuras fiduciárias foram introduzidas no direito positivo brasileiro, não se justificando a falta de atualização e de sistematização.

A esse propósito, na primeira edição deste trabalho, em 1998, quando ainda tramitava o Projeto, chamamos a atenção para esse fato, sustentando que as necessidades da sociedade contemporânea já há muito vêm justificando a regulamentação da propriedade fiduciária de modo abrangente ou, ao menos, a inclusão, no Código, em termos sistemáticos, das espécies já acolhidas no direito positivo brasileiro.

Na ocasião, sustentamos que a matéria merecia melhor sistematização, numa estrutura que contemplasse as regras gerais pertinentes à propriedade fiduciária e à segregação patrimonial, tornando mais nítidos os direitos e deveres das partes e suprindo as lacunas dos arts. 49 e 50 da Lei 4.728/1965, de modo a propiciar maior segurança aos investidores em geral.

E assim nos manifestamos tendo em vista (1º) a superveniência, no curso da tramitação do Projeto, de novas leis regulando a propriedade fiduciária para outras hipóteses além daquela que tenha por objeto bens móveis, como são os casos dos fundos de investimento imobiliário, em 1993, e da alienação fiduciária de bens imóveis, em 1997, e (2º) as deficiências da legislação, no tocante particularmente à disciplina dos fundos de investimento em geral, que, consubstanciada nos arts. 49 e 50 da Lei 4.728/1965, não prevê qualquer proteção especial ao investidor, atribuindo esse importante aspecto à regulamentação do Conselho Monetário Nacional.

Todas essas modalidades de figuras do direito positivo ajustam-se aos princípios gerais anteriormente comentados, sobre os quais se estruturam os modernos negócios pelos quais se constituem relações fiduciárias, dos quais decorre necessariamente a formação de patrimônios autônomos, separados dos patrimônios das partes envolvidas, os quais, como assinala Ferrara, se caracterizam como *centro autonomo che non altro rapporto col patrimonio che gli sta vicino, che il legame d'avere lo stesso soggetto*, e que, como salienta, *l'único criterio per riconoscere l'esistenza del patrimônio separato è quello della responsabilità per debiti*.[8]

Vinculado a uma destinação específica, o bem atribuído ao fiduciário passa a constituir um patrimônio de afetação e, para que fique assegurada a consecução dessa destinação, embora

---

[7] ALVES, Jose Carlos Moreira. *Alienação fiduciária em garantia*. 2. ed. Rio de Janeiro: Forense, 1979, p. 198.
[8] *Apud* GOMES, Luiz Roldão de Freitas. As garantias da obrigação no aspecto substantivo e processual no direito brasileiro (um estudo de direito luso-brasileiro). *Revista Arquivos do Tribunal de Alçada*, do Tribunal de Alçada do Estado do Rio de Janeiro, p. 17/27.

alocado no patrimônio do fiduciário, ali permanece blindado num compartimento separado, dada a sua incomunicabilidade em relação aos demais bens e direitos dele integrantes, não conferindo ao fiduciário quaisquer dos direitos econômicos a ele inerentes, nem onerando o fiduciário com nenhuma das obrigações a ele correspondentes.

4.2.1. Propriedade fiduciária em garantia: caracterização geral

No direito positivo brasileiro, é sob a denominação de *alienação fiduciária em garantia* ou *cessão fiduciária de crédito ou de títulos de crédito* que se consagra essa espécie de contrato, atribuindo à garantia a denominação *propriedade fiduciária* ou *titularidade fiduciária*.

Contratos típicos que são, a alienação fiduciária e a cessão fiduciária caracterizam-se por determinados elementos que a lei estabelece como seu conteúdo mínimo, sem os quais não produzem os efeitos por ela preconizados, pois o "conteúdo necessário é o que a lei faz ser essencial à existência do negócio jurídico, ou do ato jurídico *stricto sensu*, ou ao tipo de negócio jurídico, ou de ato jurídico *stricto sensu*. (...). Se a lei previu todo o conteúdo do ato, nenhum *accidentale* ficou à autonomia privada, exceto a prática do ato mesmo",[9] não dispondo as partes de autonomia para estipular cláusulas de conteúdo diverso daquele definido pela lei como conteúdo mínimo.

O objeto do contrato é a transmissão da titularidade resolúvel de um bem, móvel ou imóvel, para fins de garantia.

A propriedade, ou titularidade fiduciária, em garantia é direito real, oponível *erga omnes*, sendo o contrato seu título aquisitivo e o registro o modo de sua aquisição. Para validade contra terceiros, o registro se faz, conforme o objeto do negócio seja móvel ou imóvel, no Registro de Títulos e Documentos ou no Registro de Imóveis competente, ou, tratando-se de veículos, na repartição competente para seu licenciamento.

Como qualquer negócio jurídico, os atos de natureza fiduciária atendem a requisitos de ordem subjetiva, objetiva e formal.

Os requisitos subjetivos são a capacidade e a legitimidade, os objetivos dizem respeito aos direitos passíveis de transmissão fiduciária, e os formais referem-se às formalidades necessárias para conferir validade e eficácia ao negócio.

Segundo os princípios de ordem geral, devem as partes – o devedor-fiduciante e o credor-fiduciário ou o devedor-cedente-fiduciante e o credor-cessionário-fiduciário – ter capacidade para contratar; pode a garantia ser prestada por terceiro, hipótese em que, embora não sendo devedor, o terceiro transmitirá sua propriedade em garantia das obrigações do devedor e figurará no contrato simplesmente como fiduciante, e não como devedor. O devedor-fiduciante ou o devedor-cedente-fiduciante (ou o fiduciante, simplesmente, se terceiro prestador da garantia) é qualquer pessoa que, sendo titular do domínio sobre um bem, do qual tenha poder de disposição, aliena-o ou o cede fiduciariamente para garantia do cumprimento de uma obrigação, enquanto o credor-fiduciário ou credor-cessionário--fiduciário é aquele que adquire a titularidade fiduciária do bem que constitui o objeto da garantia, seja coisa ou direito.

Em regra, qualquer pessoa, física ou jurídica, capaz de alienar e de contrair obrigações tem também legitimidade para transmitir propriedade fiduciária do bem.[10]

---

[9] PONTES DE MIRANDA, Francisco Cavalcanti, *Tratado de direito privado*. São Paulo: RT, 2012, t. III, 324.
[10] O § 3º do art. 1.361 do Código Civil admite a alienação fiduciária de coisa ainda não atribuída à propriedade do fiduciante, hipótese em que a garantia fiduciária passará a ter eficácia a partir da data em que a propriedade vier a ser registrada em nome do fiduciante. A regra é similar à do § 1º do art. 1.420

Entretanto, até o advento do Código Civil de 2002 e da Lei 10.931, de 2004, controvertia-se a respeito da legitimidade para figurar como fiduciário, mediante aquisição da propriedade fiduciária de *bem móvel em garantia*.

Com efeito, anteriormente ao Código Civil de 2002, a legitimidade para figurar como credor-fiduciário nos contratos de alienação fiduciária de bens móveis em garantia, regulada pela Lei 4.728/1965, era restrita às instituições financeiras e outros entes especificamente autorizados em lei; já quanto à alienação fiduciária de bens imóveis, a Lei 9.514/1997 não faz restrição alguma, permitindo a qualquer pessoa física ou jurídica tornar-se titular da propriedade fiduciária com função de garantia.

Quanto à fidúcia de bens móveis para garantia, uma corrente doutrinária sustentava que a Lei 4.728/1965 e o Decreto-lei 911/1969 haviam reservado tal posição às instituições financeiras e outra defendia a tese de que, não havendo restrição explícita naqueles diplomas, a alienação fiduciária de bens móveis poderia ser contratada por qualquer pessoa, física ou jurídica, independentemente da vinculação com o mercado de capitais.

Na ocasião, adotamos a interpretação restritiva, pois o negócio estava disciplinado especificamente no contexto da legislação do mercado de capitais (Lei 4.728/1965) e, além disso, os demais casos em que se autorizava a aquisição fiduciária de bens móveis eram tratados em legislação especial, em que se deferia a legitimação caso a caso.

A controvérsia, agora, está superada.

O Código Civil, ao dispor sobre a propriedade fiduciária de bem móvel fungível, torna possível sua constituição por qualquer pessoa, física ou jurídica, sem qualquer restrição, para garantia de dívidas de qualquer espécie. Além dessas normas de caráter geral, pouco depois da entrada em vigor do Código Civil, a Lei 10.931/2004 deu nova redação à Seção XIV da Lei 4.728/1965, intitulando-a "Alienação Fiduciária em Garantia no Âmbito do Mercado Financeiro e de Capitais", na qual estabelece uma disciplina especial para a constituição da propriedade fiduciária nesse mercado.

Assim, coexistem no direito positivo a propriedade fiduciária sobre bens móveis para garantia de quaisquer dívidas, regulamentada pelos arts. 1.361 a 1.368-B do Código Civil, e as normas do art. 66-B da Lei 4.728/1965, somente para garantia de obrigações contraídas no âmbito dos mercados financeiro e de capitais, bem como do fisco e da previdência social, além de outras leis esparsas que regulam diferentes espécies de propriedade fiduciária em garantia, entre as quais também ressalta a Lei 9.514/1997, que dispõe sobre a alienação fiduciária de bens imóveis em garantia, à qual veio agregar-se o art. 51 da Lei 10.931/2004, segundo o qual "as obrigações em geral também poderão ser garantidas, inclusive por terceiros (...), por alienação fiduciária de coisa imóvel".

Com base nessa permissão legal, a propriedade fiduciária de bens imóveis tem sido empregada em garantia de obrigações em geral, nas mais variadas operações no mercado financeiro, sendo muito frequente sua contratação em garantia de empréstimos de

---

do Código Civil, relativa ao penhor, à hipoteca e à anticrese, que, por sua vez, reproduz a norma do parágrafo único do art. 756 do Código Civil de 1916. A garantia fiduciária, como qualquer outra espécie de garantia real, só se considera constituída mediante registro do respectivo contrato no Registro competente, que só é admitido ao registro se o domínio constar registrado em nome do prestador da garantia. Excepcionalmente, a lei admite a celebração do contrato antes da aquisição do domínio, ressalvado que a garantia só se torna eficaz depois do registro da aquisição pelo garante; trata-se de constituição de garantia sob condição suspensiva. José Carlos Moreira Alves esclarece que, "sanada essa falha com a aquisição da propriedade por parte do devedor, surge, de imediato, a propriedade fiduciária para o credor, independentemente de qualquer formalidade complementar, como repetir a celebração do contrato e seu registro" (*Da alienação fiduciária em garantia*. São Paulo: Saraiva, 1979, p. 77).

capital de giro e, ainda, em menor escala, em garantia de cumprimento de obrigações de dar ou fazer.

A Lei 9.514/1997 regulamenta também a cessão fiduciária de créditos oriundos da alienação de imóveis, cujas regras se aplicam à cessão fiduciária de direitos creditórios e títulos de crédito, em geral, no âmbito do mercado financeiro e do mercado de capitais, por força do art. 66-B e seus parágrafos da Lei 4.728/1965, com a redação dada pela Lei 10.931/2004.

Merecem atenção algumas particularidades da transmissão fiduciária, conforme sejam o objeto do negócio e o ambiente em que se opera.

Para a cessão fiduciária de crédito imobiliário, a legitimidade para transmitir e para receber a titularidade fiduciária é a mais ampla possível, podendo figurar como cedente o tomador de financiamento que cede o crédito, fiduciariamente, para garantia de sua dívida, e como cessionária a instituição que concede o financiamento.

Já a cessão fiduciária de direitos sobre coisas móveis ou de títulos de crédito, em geral, é reservada às instituições autorizadas a operar nos mercados financeiro e de capitais, estando sua regulamentação contida na Seção XIV da Lei 4.728/1965, intitulada "A alienação fiduciária em garantia no âmbito do mercado financeiro e de capitais".

Na cessão fiduciária de quotas de fundo de investimento em garantia de locação, será cedente o próprio locatário ou um terceiro, e cessionário o locador.

Pode também ser objeto de transmissão fiduciária a propriedade superveniente, nos termos do § 3º do art. 1.361 do Código Civil, que admite a alienação fiduciária de coisa ainda não atribuída à propriedade do fiduciante, hipótese em que a garantia fiduciária terá eficácia desde a data em que a propriedade vier a ser registrada em nome do fiduciante. A regra é da mesma natureza do § 1º do art. 1.420 do Código Civil, relativa ao penhor, à hipoteca e à anticrese, que, por sua vez, reproduz a norma do parágrafo único do art. 756 do Código Civil de 1916 e é aplicável à alienação fiduciária de qualquer bem por força do art. 1.367 do Código Civil.[11]

Em qualquer das hipóteses (alienação ou cessão) exige-se contrato escrito, celebrado por instrumento público ou particular, firmado pelas partes e, quando por instrumento particular, por duas testemunhas. A contratação pode ser formalizada em ato concomitante à celebração do contrato principal, que é o negócio pelo qual terão sido constituídas as obrigações ou a dívida a serem garantidas, ou em ato posterior.

Quando contratada em garantia de financiamento para compra de bens, móveis ou imóveis, a alienação ou cessão fiduciária é, em regra, celebrado com o de compra e venda e o de financiamento, os três constituindo contratos coligados e interdependentes. Nada impede, entretanto, que seja contratada em momento posterior à celebração do contrato principal, que é o negócio pelo qual terão sido constituídas as obrigações ou a dívida a serem garantidas pela propriedade fiduciária.

Esses três contratos são coligados e assim permanecem até que cumpram a função da operação de crédito garantida, formando aquilo que Enneccerus classifica como *união com*

---

[11] A garantia fiduciária, como qualquer outra espécie de garantia real, só se considera constituída mediante registro do respectivo contrato no Registro competente, que só é admitido ao registro se o domínio constar registrado em nome do garantidor. Excepcionalmente, a lei admite a celebração do contrato antes da aquisição do domínio, ressalvado que a garantia só se torna eficaz depois do registro da aquisição pelo garante; trata-se de constituição de garantia sob condição suspensiva. José Carlos Moreira Alves esclarece que, "sanada essa falha com a aquisição da propriedade por parte do devedor, surge, de imediato, a propriedade fiduciária para o credor, independentemente de qualquer formalidade complementar, como repetir a celebração do contrato e seu registro" (*Da alienação fiduciária em garantia*. São Paulo: Saraiva, 1979, p. 77).

dependência, em que dois ou mais contratos completos, embora autônomos, condicionam-se reciprocamente, em sua existência e validade.[12] Formam esses contratos uma unidade econômica, de modo que nenhum deles subsiste sem o outro, isso não significando, entretanto, que os contratos coligados percam sua identidade e produzam efeitos distintos daqueles que são próprios do seu tipo legal, notadamente quanto à responsabilidade civil.[13]

Do ato deverão constar os elementos do contrato, com variações conforme o objeto seja coisa móvel, coisa imóvel, direito creditório ou direito acionário.

A propriedade fiduciária é constituída com frequência para garantia de financiamento de aquisição de bens móveis ou imóveis, e nessa espécie de operação os contratos apresentam-se numa sequência elementarmente lógica.

De fato, o pretendente à aquisição de um bem, não tendo recursos para pagar o preço, necessita buscá-los no mercado financeiro, iniciando-se, então, esse processo mediante verificação de seu cadastro e subsequente abertura do crédito que será por ele empregado na aquisição; depois da formação do contrato de financiamento, inicia-se a formação do contrato de compra e venda, pois, como o pretendente não dispõe de recursos, esta, a compra e venda, só será viabilizada depois de aprovado o financiamento e liberado o crédito com o qual o adquirente pagará o preço. Aprovado o crédito e atendidos os requisitos para a compra e venda, formaliza-se o conjunto dos três contratos: o de financiamento para a compra e venda, o de compra e venda, cujo preço é pago com os recursos do financiamento, e o de alienação fiduciária, para garantia do financiamento. Como é óbvio, a compra e venda só existirá se tiver havido um prévio financiamento e a alienação fiduciária só será contratada em razão do contrato de financiamento e do contrato de compra e venda, pois inexistindo um financiamento não haverá o que garantir, e, se o devedor não tiver adquirido o bem, não teria o que oferecer como garantia.

Como direito real de garantia, a propriedade fiduciária submete-se ao regime jurídico próprio dessa categoria de direito, estabelecido pelos arts. 1.419 e seguintes do Código Civil, pelo qual "o bem dado em garantia fica sujeito, por vínculo real, ao cumprimento da obrigação",[14] nos termos do que dispõem os arts. 1.361 e seguintes do Código Civil, particularmente o art. 1.367, e as leis especiais que regulam a garantia fiduciária, entre elas as Leis 4.728/1965, 7.565/1986 e 9.514/1997.

Como qualquer direito real dessa espécie, dois são os elementos essenciais que se articulam para constituição da propriedade fiduciária em garantia: (i) o crédito e (ii) a vinculação de determinado bem para garantia do pagamento.

Diz Lafayette que "a essência de ditos direitos [de garantia] consiste em sujeitar a coisa precipuamente, por via dum laço *real*, ao pagamento da dívida" (grifo do original).[15]

Esse "laço real" confere ao credor preferência sobre o valor do bem, em caso de inadimplemento das obrigações do devedor, como anota Orlando Gomes: "o direito que [o credor]

---

[12] GOMES, Orlando, *Contratos*. 2. ed. Rio de Janeiro: Forense, 1966, p. 104.
[13] "É o banco réu parte ilegitimada para a causa, quando o fundamento do pedido é alheio ao contrato celebrado entre aquele e o autor, porém referente a vício de fabricação alegadamente encontrado no veículo, portanto advindo da compra e venda celebrada com a concessionária, envolvendo produto de montadora, e ambas não integram a lide" (STJ, 4ª Turma, REsp 444.699-MA, rel. Min. Aldir Passarinho Junior, *DJ* 19/11/2007).
[14] Código Civil: "Art. 1.419. Nas dívidas garantidas por penhor, anticrese ou hipoteca, o bem dado em garantia fica sujeito, por vínculo real, ao cumprimento da obrigação" (grifamos).
[15] PEREIRA, Lafayette Rodrigues. *Direito das coisas*. Edição histórica. Rio de Janeiro: Editora Rio, 1977, p. 5.

tem é ao seu *valor*, tanto que sua *preferência* se exerce sobre o preço da venda judicial"[16] (destaques do autor).

A distinção é elementar: a propriedade plena *vincula definitivamente o bem à pessoa* do seu titular e lhe confere todos os poderes inerentes à propriedade – usar, gozar e dele dispor (Código Civil, art. 1.228) –, enquanto a *propriedade fiduciária em garantia vincula temporariamente um bem ao cumprimento de uma obrigação*, impondo ao credor a obrigação de vendê-lo para pagamento da dívida garantida (Código Civil, arts. 1.361 e 1.364).[17]

Arruda Alvim refere-se a essa distinção, salientando que "o perfil do direito de propriedade como consta da Lei 9.514/1997 (alienação fiduciária de bem imóvel) é diferente do direito de propriedade *propriamente dito*. Aquela é destinada a garantir um débito, e, normalmente não há fruição ou gozo pelo credor ou fiduciário (v. o art. 35 da Lei 10.931/2004), nem disponibilidade" (destaque do autor).[18]

Assim, em caso de inadimplemento da obrigação garantida, a propriedade plena do bem objeto da garantia é incorporada ao patrimônio do credor fiduciário mediante consolidação, tal como dispõem o § 1º do art. 3º do Decreto-lei 911/1969, com relação aos bens móveis infungíveis,[19] e o § 7º do art. 26 da Lei 9.514/1997, no tocante aos bens imóveis. Após a consolidação, o credor fiduciário promove diligências para venda do bem para satisfazer seu crédito em dinheiro, entregando ao devedor fiduciante o saldo, se houver, tal como ocorre com qualquer direito real de garantia.[20]

Observa-se, uma vez ou outra, certa confusão quanto ao modo de atribuição da propriedade plena ao credor por efeito do inadimplemento, até mesmo em alguns precedentes.

Na execução fiduciária a atribuição da propriedade plena ao credor fiduciário se dá específica e unicamente mediante consolidação, por efeito de *conditio juris* típica de negócio jurídico de transmissão condicional.[21] A propriedade já havia sido transmitida ao credor

---

[16] GOMES, Orlando. *Direitos reais*. Atualizador Humberto Theodoro Júnior. Rio de Janeiro: Forense, 1985, p. 379.

[17] Código Civil: "Art. 1.361. Considera-se fiduciária a propriedade resolúvel de coisa móvel infungível que o devedor, com escopo de garantia, transfere ao credor. (...) "Art. 1.364. Vencida a dívida, e não paga, fica o credor obrigado a vender, judicial ou extrajudicialmente, a coisa a terceiros, a aplicar o preço no pagamento de seu crédito e das despesas de cobrança, e a entregar o saldo, se houver, ao devedor" (grifamos).

[18] ARRUDA ALVIM, José Manuel. *Comentários ao Código Civil brasileiro* – Livro introdutório ao Direito das Coisas e o Direito Civil. Rio de Janeiro: Forense, 2009, p. 249.

[19] Decreto-lei 911/1969: "Art. 3º (...). § 1º Cinco dias após executada a liminar mencionada no *caput*, consolidar-se-ão a propriedade e a posse plena e exclusiva do bem no patrimônio do credor fiduciário, cabendo às repartições competentes, quando for o caso, expedir novo certificado de registro de propriedade em nome do credor, ou de terceiro por ele indicado, livre do ônus da propriedade fiduciária".

[20] Trata-se de regra geral, aplicável a qualquer espécie de garantia real (com relação à propriedade fiduciária em garantia, v. Código Civil, art. 1.364, Decreto-lei 911/1969 e Lei 9.514/1997, art. 27). Há determinadas espécies de garantia fiduciária nas quais a posse é atribuída ao credor, como são os casos de alienação fiduciária de coisa fungível ou de títulos de crédito, facultado ao credor receber os créditos diretamente dos devedores do seu devedor, ou vender os bens fungíveis, e apropriar-se do correspondente resultado financeiro até o limite do seu crédito (Lei 9.514/1997, art. 20, e Lei 4.728/1965, § 3º do art. 66-B, com a redação dada pela Lei 10.931/2004).

[21] No caso da propriedade fiduciária em garantia, a consolidação decorre de ineficácia superveniente do contrato de crédito com pacto adjeto de alienação fiduciária, ou seja, uma transmissão sob condição. Observa Antônio Junqueira de Azevedo que, "uma vez existindo, valendo e produzindo efeito, o negócio venha, *depois*, por causa superveniente, a se tornar ineficaz. Haverá, então, *ineficácia superveniente*, isto é, resolução do negócio. Por exemplo, o contrato submetido à condição resolutiva que vem a se desfazer pelo advento do evento futuro e incerto" (*Negócio jurídico*: existência, validade e eficácia. São Paulo: Saraiva, 2002, p. 60).

fiduciário quando da contratação da alienação fiduciária e, por força do inadimplemento, converteu-se em propriedade plena.

Já a adjudicação, diferentemente, opera a transmissão de uma propriedade do devedor ao credor mediante ato processual a requerimento do credor.[22]

Tratamos da distinção entre esses dois modos de atribuição da propriedade em procedimento de execução nos itens 3.6, 4.2.3.3 e 6.9.[23]

4.2.1.1. Alguns aspectos patrimoniais e tributários relevantes relacionados à propriedade fiduciária em garantia

A alusão às noções elementares sobre a caracterização dos direitos reais de garantia, com ênfase para a do direito de propriedade fiduciária, e às que seguem, justifica-se em virtude de confusão de conceitos que vez por outra se verifica na prática e até mesmo na jurisprudência, dando causa a efeitos distorcidos, notadamente no campo tributário, circunstância que recomenda revisitá-las para realçar as estruturas, funções e efeitos próprios dessas distintas situações proprietárias.

Empregada com frequência em garantia de operações de financiamento para aquisição de bens imóveis ou móveis, no mercado financeiro ou autofinanciamento dos grupos de *consórcio*,[24] e de operações de crédito para fins empresariais, a propriedade fiduciária não incrementa o patrimônio do credor/proprietário/fiduciário; o que o incrementa é o direito de crédito de que é titular, e não o direito de garantia, pois nessa espécie de operação – financiamento com garantia real – não há mutação subjetiva em relação ao bem.

As operações mais frequentes são formalizadas, em regra, num único instrumento, compreendendo um financiamento, uma compra e venda e uma garantia fiduciária, pelos quais o comprador/devedor/fiduciante toma recursos para comprar um bem, efetiva a compra e, em ato subsequente, o aliena fiduciariamente ao financiador, para garantia do financiamento; nesse mesmo momento, o comprador/devedor/fiduciante se apropria do bem e passa a exercer plenamente os poderes de usar, gozar e dispor dos direitos aquisitivos e, de outra parte, o credor/proprietário fiduciário torna-se titular de direito real de garantia fiduciária, sem direito a tirar proveito do bem, pois, como relembra Arruda Alvim, na transmissão fiduciária "não há fruição ou gozo pelo credor ou fiduciário".

Há, nessa operação, contratos que caracterizam hipóteses de incidência dos impostos sobre Circulação de Mercadorias (ICMS), de Transmissão *Inter Vivos* (ITBI), sobre a Propriedade de Veículos Automotores (IPVA), Predial e Territorial Urbano (IPTU) e Territorial Rural (ITR).

---

[22] Há a adjudicação por imposição legal da Lei 5.741/1971, mas essa norma excepcional aplica-se restritivamente à execução hipotecária de crédito habitacional e não alcança a execução do crédito fiduciário.

[23] Eventualmente, o credor fiduciário pode preferir cobrar seu crédito mediante ação de execução, em vez do procedimento de que tratam os arts. 26 e 27 da Lei 9.514/1997. Nesse caso, será possível penhorar o direito aquisitivo do devedor fiduciante e, se quiser, poderá requerer a adjudicação desse direito, nos termos do § 4º do art. 876 do CPC, hipótese em que pagará a diferença entre o valor da dívida e o da avaliação. Ver itens 4.2.2.3 e 6.8.3.

[24] Espécie de sociedade mutualista para a qual cada consorciado paga cotas mensais visando a aquisição de determinado bem ou serviço. A Lei 11.795/2008 regulamenta o *consórcio*, definindo-o no art. 2º como "a reunião de pessoas naturais e jurídicas em grupo, com prazo de duração e número de cotas previamente determinados, promovida por administradora de consórcio, com a finalidade de propiciar a seus integrantes, de forma isonômica, a aquisição de bens ou serviços, por meio de autofinanciamento".

Por força do art. 110 do Código Tributário Nacional (CTN),[25] a identificação dos fatos geradores desses tributos e dos respectivos contribuintes remete o legislador aos conceitos de propriedade, posse e de direito real de garantia estabelecidos no direito privado.[26] Assim é porque no campo do direito privado é que se encontra a definição das situações proprietária e possessória capazes de produzir efeitos tributários relacionados aos negócios nos quais está inserida a alienação fiduciária em garantia.[27]

No que tange aos efeitos dessa espécie de contrato, é necessário ter presente que, tratando-se de garantia, a alienação fiduciária é acessória de contratos pelos quais se constituem obrigações em geral, notadamente decorrentes de concessão de crédito, e, como tal, não opera a transferência dos direitos subjetivos de uso, gozo e disposição que caracterizam a propriedade plena, daí por que não constitui fato gerador do ICMS, do ITBI e dos impostos reais incidentes sobre o bem transmitido em garantia.

É que, qualificada como direito real de garantia, a propriedade fiduciária não se equipara, "para quaisquer efeitos, à propriedade plena de que trata o art. 1.231" (Código Civil, art. 1.367),[28] isso significando que essa propriedade – fiduciária – vincula o bem apenas ao cumprimento da obrigação (Código Civil, art. 1.419),[29] e não à pessoa do credor que recebeu a propriedade em caráter resolúvel, em garantia, pois "a essência de ditos direitos [de garantia] consiste em sujeitar a coisa precipuamente, por via dum laço *real*, ao pagamento da dívida" (grifo do original).[30]

É como sintetiza Caio Mário da Silva Pereira: "enquanto nos direitos reais de gozo o titular tem o poder de usar e fruir a coisa diretamente, nos de garantia não ocorrem restrições à sua utilização pelo proprietário, que apenas adquire a faculdade de obter a satisfação da obrigação assegurada, através do preço dela ou de sua renda. Os primeiros oferecem ao titular o uso contínuo da coisa, os segundos a eventual disposição dela para pagamento da dívida".[31]

---

[25] Código Tributário Nacional: "Art. 110. A lei tributária não pode alterar a definição, o conteúdo e o alcance de institutos, conceitos e formas de direito privado, utilizados, expressa ou implicitamente, pela Constituição Federal, pelas Constituições dos Estados, ou pelas Leis Orgânicas do Distrito Federal ou dos Municípios, para definir ou limitar competências tributárias".

[26] Paulo de Barros Carvalho observa que, ao impedir o legislador tributário de alterar a definição, o conteúdo e o alcance dos institutos do direito privado, constitui um "obstáculo poderoso e definitivo (...) à liberdade de que desfruta o legislador tributário para disciplinar os efeitos jurídicos inerentes aos tributos" (CARVALHO, Paulo de Barros, *Curso de direito tributário*. 22. ed. São Paulo: Saraiva, 2010, p. 138).

[27] A relativa complexidade dos negócios que dão origem à propriedade fiduciária e a diversidade das situações possessórias deles decorrentes exigem especial atenção para a adequada definição dos respectivos efeitos tributários, seja ante o risco de, por interpretação açodada, atribuir-se à propriedade fiduciária em garantia os efeitos da propriedade plena, pelo simples fato de chamar-se *propriedade* fiduciária, ou pelo risco de se tomar toda e qualquer *posse* como fato gerador de impostos sobre o patrimônio.

[28] Código Civil: "Art. 1.367. A propriedade fiduciária em garantia de bens móveis ou imóveis sujeita-se às disposições do Capítulo I do Título X do Livro III da Parte Especial deste Código e, no que for específico, à legislação especial pertinente, não se equiparando, para quaisquer efeitos, à propriedade plena de que trata o art. 1.231". É como a qualificam as leis especiais que dispõem sobre a propriedade fiduciária em garantia, sejam as relativas a bens imóveis e móveis (Lei 4.728/1965 (art. 66-B e parágrafos), Decreto-lei 911/1969 (art. 2º), Lei 7.565/1976 (art. 148), Lei 9.514/1997 (art. 22), entre outros diplomas legais).

[29] Código Civil: "Art. 1.419. Nas dívidas garantidas por penhor, anticrese ou hipoteca, o bem dado em garantia fica sujeito, por vínculo real, ao cumprimento da obrigação" (grifamos). Essa norma se aplica à propriedade fiduciária em garantia nos termos do art. 1.367 do Código Civil.

[30] PEREIRA, Lafayette Rodrigues. *Direito das coisas*. Edição histórica. Rio de Janeiro: Editora Rio, 1977, p. 5.

[31] PEREIRA, Caio Mário da Silva. *Instituições de direito civil*. 17. ed. Rio de Janeiro: Forense, 1995, v. IV, p. 203.

Os direitos reais de garantia não incrementam o patrimônio do credor, como deflui, por exemplo, da Lei 11.795/2008, que, ao disciplinar as operações de natureza mutualista denominadas *consórcio*, dispõe que os bens adquiridos pela sociedade administradora, notadamente os bens recebidos em garantia fiduciária, não integram seu ativo e não se comunicam com seu patrimônio, sendo também incomunicáveis em relação aos patrimônios vinculados aos demais grupos de consórcio por ela administrados.[32]

Nesse mesmo sentido, as normas do Banco Central do Brasil, consubstanciadas no Plano Contábil das Instituições do Sistema Financeiro Nacional (COSIF), dispõem que o valor do crédito de que a instituição é titular será registrado em contas do ativo realizável e o respectivo direito de garantia em conta de compensação.[33]

Não deve o intérprete, portanto, deixar-se equivocar pela presença da palavra *propriedade* na expressão que dá nome à garantia – *propriedade fiduciária em garantia* –, pois nessa locução ela é qualificada pela função de garantia, que vincula o bem ao cumprimento da obrigação, e não pelo feixe dos direitos subjetivos de gozo e disposição, que vincula o bem à pessoa do proprietário (Código Civil, arts. 1.228 e 1.231).[34]

Esses conceitos são observados na legislação sobre o ICMS, que determina sua incidência por efeito da transmissão da propriedade plena resultante da compra e venda celebrada entre o comerciante e o comprador, e sua não incidência na alienação fiduciária em garantia contratada entre o comprador (que tomou financiamento para adquirir e se tornou titular da propriedade plena) e a instituição que financiou a compra, deixando claro que a alienação fiduciária não constitui fato gerador desse imposto de circulação de mercadorias porque nela "inexiste operação que transfira efetivamente a titularidade do bem".[35]

---

[32] Em razão dessa segregação, o acervo de cada grupo de consorciados é alocado num patrimônio de afetação, que não se confunde com o de outros grupos, nem com o da administradora, e é objeto de contabilidade própria, separada da contabilidade da administradora. Lei 11.795/2008: "Art. 5º (...). § 5º Os bens e direitos adquiridos pela administradora em nome do grupo de consórcio, inclusive os decorrentes de garantia, bem como seus frutos e rendimentos, não se comunicam com o seu patrimônio, observado que: I – não integram o ativo da administradora; II – não respondem direta ou indiretamente por qualquer obrigação da administradora; III – não compõem o elenco de bens e direitos da administradora, para efeito de liquidação judicial ou extrajudicial".

[33] As contas de compensação correspondem a registros apartados do conjunto patrimonial, com a única função de controle de certos atos, fatos ou negócios; nelas são registradas as garantias, em geral, como observa José Luiz Bulhões Pedreira, "embora interessem ao conhecimento do patrimônio, não modificam a situação financeira. São exemplos (...) as garantias constituídas sobre bens do ativo ou recebidas de credores". Esclarece o autor que a Lei das S.A., embora não preveja a publicação das contas de compensação nas demonstrações financeiras, "prescreve, todavia, que as informações nelas registradas sejam divulgadas em notas explicativas" (PEDREIRA, José Luiz. *Direito das companhias*. Rio de Janeiro: Forense, 2009. v. II, p. 1.554). Alinhada a esse conceito, a Circular 1.273/1987, editada com fundamento no art. 4º, XII, da Lei 4.595/1964, dispõe que os bens de propriedade plena são contabilizados em contas do ativo, nas rubricas *bens imobilizados de uso próprio* (conta 2.2.0.00.00-1) e *bens não de uso próprio* (conta 1.98.10.00-2); já os bens dados em garantia, inclusive sob forma de propriedade fiduciária, são registrados em contas de compensação ativa, na rubrica "Valores em Garantia", conta 3.0.4.90.00-5. Disponível em: <http://www.cosif.com.br/mostra.asp?arquivo=pcontas222>.

[34] Tratamos das diversas espécies de propriedade fiduciária em nosso *Direitos reais*, 2. ed., São Paulo: RT, 2014, p. 150-163 e 248-286.

[35] BALEEIRO, Aliomar, *Direito tributário brasileiro*. Atualizadora Misabel Abreu Machado Derzi. 11. ed., 23ª tiragem, Rio de Janeiro: Forense, 2011, p. 404. O autor refere-se à norma que enumera as hipóteses de não incidência do ICMS. A Lei Complementar 87/1996 assim dispõe: "Art. 3º O imposto não incide sobre: (...): VII – operações decorrentes de alienação fiduciária em garantia, inclusive a operação efetuada pelo credor em decorrência do inadimplemento do devedor".

O mesmo se dá em relação ao ITBI, que incide na transmissão da propriedade plena e dos direitos reais sobre imóveis, mas somente na transmissão que investe o adquirente nas faculdades de uso, gozo e disposição, e não na alienação fiduciária contratada com escopo de garantia, que não investe o adquirente (credor-fiduciário) nas faculdades de uso, gozo e disposição (Constituição Federal, art. 156, II).[36] Se, entretanto, por efeito de inadimplemento da obrigação garantida, a propriedade plena vier a ser consolidada plenamente no patrimônio do credor-proprietário fiduciário, essa transmissão constituirá fato gerador do ITBI, que será exigível como requisito para averbação da consolidação no Registro de Imóveis. É o que dispõe o § 7º do art. 26 da Lei 9.514/1997.

Outra situação em que a transmissão fiduciária não constitui fato gerador do ITBI é a da propriedade fiduciária destinada a investimentos por meio de fundos de investimento imobiliário, quando uma sociedade administradora transmite para outra a propriedade fiduciária dos bens objeto do negócio (Lei 8.668/1993, § 4º, do art. 11).[37]

Em relação ao IPVA e ao IPTU incidentes sobre o bem objeto de propriedade fiduciária, verificam-se distorções decorrentes da inobservância da norma do art. 110 do CTN.

O fato gerador do IPVA é a *propriedade do veículo automotor* (Constituição Federal, art. 155, III)[38] e o do ITR e do IPTU, a *propriedade, o domínio útil ou a posse do imóvel* (CTN, arts. 29 e 32 e 31 e 34).[39]

A propriedade é qualificada como fato gerador dos impostos reais por corresponder ao feixe de direitos subjetivos relacionados ao gozo e à disposição do bem e por vincular ao titular desse feixe de direitos o resultado econômico e jurídico decorrentes do seu exercício.

Em relação ao Imposto Territorial Rural (ITR) e ao Imposto Predial e Territorial Urbano (IPTU), o fato gerador é a propriedade, o domínio útil ou a posse do bem imóvel (CTN, arts. 29 e 32) e o contribuinte é o proprietário, o titular do domínio útil ou o possuidor a qualquer título (CTN, arts. 31 e 34).[40]

Alinhada à definição do CTN, a Lei 9.514/1997 reconhece como contribuinte do IPTU o fiduciante, na qualidade de titular de direito real de aquisição investido na posse direta do

---

[36] O art. 156, I, da Constituição Federal exclui da incidência do ITBI a constituição de direitos reais sobre imóveis com função de garantia, e com fundamento nessa norma constitucional o art. 26, § 7º, da Lei nº 9.514/1997 dispõe que o ITBI será exigível somente se a propriedade plena vier a ser transferida ao credor-fiduciário, mediante consolidação, por efeito de excussão do bem.

[37] Lei 8.668/1993: "Art. 11. (...). § 4º A sucessão da propriedade fiduciária de bem imóvel integrante de patrimônio de Fundo de Investimento Imobiliário não constitui transferência de propriedade".

[38] Constituição da Federal: "Art. 155. Compete aos Estados e ao Distrito Federal instituir impostos sobre: (...); III – propriedade de veículos automotores".

[39] Código Tributário Nacional: "Art. 32. O imposto, de competência dos Municípios, sobre a propriedade predial e territorial urbana tem como fato gerador a propriedade, o domínio útil ou a posse de bem imóvel por natureza ou por acessão física, como definido na lei civil, localizado na zona urbana do Município. (...). Art. 34. Contribuinte do imposto é o proprietário do imóvel, o titular do domínio útil, ou o possuidor a qualquer título".

[40] Código Tributário Nacional: "Art. 29. O imposto, de competência da União, sobre a propriedade territorial rural tem como fato gerador a propriedade, o domínio útil ou a posse de imóvel por natureza, como definido na lei civil, localização fora da zona urbana do Município. (...). Art. 31. Contribuinte do imposto é o proprietário do imóvel, o titular de seu domínio útil, ou o seu possuidor a qualquer título (...). Art. 32. O imposto, de competência dos Municípios, sobre a propriedade predial e territorial urbana tem como fato gerador a propriedade, o domínio útil ou a posse de bem imóvel por natureza ou por acessão física, como definido na lei civil, localizado na zona urbana do Município. (...). Art. 34. Contribuinte do imposto é o proprietário do imóvel, o titular do seu domínio útil, ou o seu possuidor a qualquer título".

imóvel (art. 27, § 8º), e o art. 72 da Lei 11.977/2009[41] ratifica esse reconhecimento ao determinar seja o credor-fiduciário cientificado da distribuição de ações de execução fiscal ou de cobrança de contribuições condominiais promovidas contra o devedor-fiduciante, das quais poderá resultar a penhora do direito real de aquisição atribuído a este, providência igualmente determinada pelo art. 799, I, do novo Código de Processo Civil, Lei 13.105, de 16/3/2015.[42]

Situação possessória igualmente oriunda de direito real sobre o bem é a do usufrutuário, ao qual o Código Civil atribui "os tributos devidos pela posse ou rendimento" (art. 1.403, II), ficando claro que nesse, como em outros casos análogos, a *posse* só constitui fato gerador do ITR e do IPTU quando outorgada por título de direito real, e não quando oriunda de relação obrigacional, como são os casos de locação ou comodato.[43]

Em relação ao veículo automotor, ao qualificar a propriedade como fato gerador do IPVA, a Constituição Federal refere-se, obviamente, ao feixe de direitos subjetivos que constitui a substância da propriedade. Porque exprime esse feixe de direitos, e enquanto o exprime, é que a propriedade constitui fato gerador dos impostos reais, não se admitindo inferência que autorize os Estados a fazer esse imposto incidir sobre a propriedade fiduciária pois, qualificada como direito real de garantia pelo art. 1.367 do Código Civil, não confere ao proprietário fiduciário qualquer dos direitos subjetivos inerentes à propriedade, e, assim, não constitui fato gerador do IPVA.[44]

Não obstante a exigência de observância desses conceitos do direito privado na formulação da legislação tributária (CTN, art. 110), algumas legislações estaduais que regulamentam o IPVA alteram a qualificação da propriedade fiduciária em garantia, definida pelo art. 1.367 do

---

[41] Lei 11.977/2009: "Art. 72. Nas ações judiciais de cobrança ou execução de cotas de condomínio, de imposto sobre a propriedade predial e territorial urbana ou de outras obrigações vinculadas ou decorrentes da posse do imóvel urbano, nas quais o responsável pelo pagamento seja o possuidor investido nos respectivos direitos aquisitivos, assim como o usufrutuário ou outros titulares de direito real de uso, posse ou fruição, será notificado o titular do domínio pleno ou útil, inclusive o promitente vendedor ou fiduciário".

[42] Código de Processo Civil: "Art. 799. Incumbe ainda ao exequente: I – requerer a intimação do credor pignoratício, hipotecário, anticrético ou fiduciário, quando a penhora recair sobre bens gravados por penhor, hipoteca, anticrese ou alienação fiduciária".

[43] Essa é a lógica da atribuição dos impostos reais àquele que, embora não esteja investido na propriedade, é titular da parte substancial desse direito real, que constitui o fato gerador com o qual o titular do direito real de gozo tem vinculação pessoal e direta e, portanto, qualifica-se como contribuinte. Veja-se, a título de ilustração, a jurisprudência do Superior Tribunal de Justiça a respeito da exigibilidade de IPTU incidente sobre imóvel gravado com usufruto e objeto de promessa de venda irrevogável: "em tese, o sujeito passivo do IPTU é o proprietário e não o possuidor, a qualquer título (...). Ocorre que, em certas circunstâncias, a posse tem configuração jurídica de título próprio, de investidura do seu titular como se proprietário fosse. (...). Nas hipóteses de usufruto de imóvel, não há falar em solidariedade passiva do proprietário e do usufrutuário no tocante ao imposto sobre a propriedade predial e territorial urbana quando apenas o usufrutuário é quem detém o direito de usar e fruir exclusivamente do bem" (REsp 203.098/SP, rel. Min. Carlos Alberto Menezes Direito, DJ 8/3/2000; e REsp 691.714-SC, rel. Min. Franciulli Neto, entre outros). Igual tratamento se dá à situação possessória constituída pela promessa de compra e venda, em relação à qual o STJ reconhece como contribuinte do IPTU o promitente comprador, desde que a promessa seja irrevogável e esteja registrada no Registro de Imóveis (CTN, art. 34, e REsp 1.204.294).

[44] V. parecer de Geraldo Ataliba, no qual sustenta a ilegalidade da sujeição do credor-fiduciário à antiga Taxa Rodoviária Única (TRU), antecessora do IPVA: "O que interessa à financeira não é a propriedade do veículo, mas, sim, financiar sua venda e perceber os resultados financeiros da operação. O instituto cria um artifício segundo o qual a propriedade – nem plena, nem definitiva – é mero meio, que serve ao fim de 'garantir' seu crédito. O instituto existe para beneficiar a financeira. Sua única razão de ser é dar-lhe uma garantia excepcionalmente vigorosa, a mais sólida e eficaz possível" (ATALIBA, Geraldo, Alienação fiduciária. *Estudos e pareceres de direito tributário*. São Paulo: RT, 1978, p. 203 e ss.).

Código Civil, a equiparam à propriedade plena e imputam o IPVA ao proprietário fiduciário, invadindo o campo de competência da União Federal.[45]

Situação semelhante ocorre em relação ao IPTU incidente sobre bens imóveis objeto de propriedade fiduciária, que algumas administrações municipais imputam ao credor-fiduciário, distorção que já vem sendo corrigida pelos tribunais, que determinam a exclusão do proprietário fiduciário do polo passivo de execuções de IPTU de imóveis objeto de propriedade fiduciária.[46]

Ora, a legislação dos Estados da federação, do Distrito Federal e dos municípios restringe-se às normas relacionadas aos efeitos desses distintos direitos reais – de propriedade e de garantia –, nas respectivas esferas de competência, e é delimitada pelos conceitos de direito privado, de acordo com os quais a propriedade fiduciária em garantia não configura hipótese de incidência do IPVA, do IPTU e do ITR e não sujeita o credor-proprietário fiduciário a esses impostos reais.

A propriedade fiduciária não configura hipótese de incidência desses impostos do mesmo modo que os demais direitos reais de garantia – hipoteca, penhor e anticrese – não sujeitam o titular da garantia – credor hipotecário, pignoratício e anticrético – aos impostos reais e demais encargos incidentes sobre o bem hipotecado, empenhado ou submetido a anticrese.[47]

Coerentemente com a diretriz fixada pelo art. 110 do CTN e alinhada às regras de distribuição dos riscos e das responsabilidades entre o devedor fiduciante e o credor fiduciário, estabelecida pelo Código Civil nos arts. 1.361, § 2º, 1.363, II, 1.367 e 1.368-B, parágrafo único, a jurisprudência majoritária do STJ vem reconhecendo que o credor fiduciário "não pode ser considerado sujeito passivo do IPTU uma vez que não se enquadra em nenhuma das hipóteses previstas no art. 34 do CTN", o que só ocorrerá se e quando vier a ser imitido na posse direta do imóvel por efeito da consolidação da propriedade em seu nome, como evidencia o acórdão proferido no REsp 1.796.224-SP.[48]

---

[45] Observa Misabel Abreu Machado Derzi, atualizadora da obra de Aliomar Baleeiro, que "permitir ao intérprete ou ao legislador a alteração de conceitos do direito privado seria permitir que firmasse, sem licença da Constituição, novo pacto federativo, nova discriminação de competência. Sendo assim, o art. 110 do CTN determina a cristalização da denotação e da conotação jurídicas daqueles institutos, conceitos e formas, vedando-se ao legislador tributário a alteração de sentido que é própria do direito privado" (BALEEIRO, Aliomar. *Direito tributário brasileiro*. Atualizadora Misabel Abreu Machado Derzi. 11. ed. 23.ª tiragem. Rio de Janeiro: Forense, 2011, p. 690).

[46] "Agravo de instrumento. Execução fiscal. Exceção de pré-executividade. IPTU. Exercício de 2014. Insurgência em face da decisão que rejeitou a exceção de pré-executividade, afastando a alegação de ilegitimidade passiva do credor-fiduciário. Hipótese em que não ostenta a condição de Proprietário. Responsabilidade exclusiva do devedor-fiduciante. Inteligência do art. 27, § 8º, da Lei 9514/97. Recurso provido, com acolhimento da exceção de pré-executividade e extinção da execução fiscal" (TJSP, 15ª Câmara de Direito Público, rel. Des. Rezende Silveira, j. 17/2/2017).

[47] Tratamos da matéria em parecer publicado em *Alienação fiduciária, incorporação imobiliária e mercado de capitais* – Estudos e pareceres, Rio de Janeiro: Renovar, 2012, p. 67 e ss.

[48] "Tributário. IPTU. Sujeito passivo. Imóvel objeto de alienação fiduciária. Credor. Responsabilidade antes da consolidação da propriedade. Impossibilidade. 1. O Superior Tribunal de Justiça, em julgamento submetido ao rito dos recursos especiais repetitivos, consolidou o entendimento de que cabe ao legislador municipal eleger o sujeito passivo do IPTU, entre as opções previstas no CTN. 2. A jurisprudência desta Corte, interpretando o art. 34 do CTN, também orienta não ser possível a sujeição passiva ao referido imposto do proprietário despido dos poderes de propriedade, daquele que não detém o domínio útil sobre o imóvel ou do possuidor sem ânimo de domínio. 3. O credor fiduciário, antes da consolidação da propriedade e da imissão na posse no imóvel objeto da alienação fiduciária, não pode ser considerado sujeito passivo do IPTU, uma vez que não se enquadra em nenhuma das hipóteses previstas no art. 34

Esse e outros acórdãos, além de decisões monocráticas,[49] reconhecem que o credor fiduciário não está investido em nenhum dos poderes do proprietário, sendo digno de nota o acórdão proferido no REsp 1.726.733-SP, que destaca a *causa* da alienação fiduciária, da qual resulta a neutralidade patrimonial da propriedade fiduciária em relação ao credor fiduciário, como fundamento da sua ilegitimidade para responder pelo IPTU.[50]

No momento em que encerramos a atualização desta obra para a 8ª edição a questão encontra-se submetida ao rito dos recursos repetitivos, nos termos do art. 1.036 do CPC, nos termos do julgamento proferido pela Primeira Seção do STJ no ProAfR no Recurso Especial nº 1.949.182-SP (DJe 1.8.2022), que decidiu pela afetação nos seguintes termos I. Delimitação da controvérsia, para fins de afetação da matéria ao rito dos recursos repetitivos, nos termos do art. 1.036, *caput* e § 1º, do CPC/2015: "Definir se há responsabilidade tributária solidária e legitimidade passiva do credor fiduciário na execução fiscal em que se cobra IPTU de imóvel objeto de contrato de alienação fiduciária." II. Recurso Especial afetado ao rito do art. 1.036 e seguintes do CPC/2015 (art. 256-I do RISTJ, na redação da Emenda Regimental 24, de 28/09/2016).

Em relação ao IPVA, apesar da neutralidade patrimonial da propriedade fiduciária em relação ao patrimônio do credor fiduciário, igualmente presente na relação fiduciária tendo por objeto bens móveis, a jurisprudência do STJ tem reconhecido a legalidade da cobrança do IPVA ao credor fiduciário, tendo em vista a lei estadual que assim o eleger.[51]

4.2.1.2. Alienação fiduciária em garantia de dívida futura ou condicionada

Dívida futura pode ser objeto de direito real de garantia, em geral, e especificamente de propriedade fiduciária, com fundamento no art. 1.362, I,[52] do Código Civil, aplicável à transmissão fiduciária de bens móveis ou imóveis por força do art. 1.368-A do Código Civil, segundo o qual as normas codificadas sobre a propriedade fiduciária aplicam-se às garantias

---

do CTN. 4. Agravo conhecido e provido o recurso especial." (AREsp 1.796.224-SP, rel. Min. Gurgel de Faria, DJe 9.12.2021).

[49] AgInt 1.886.266-SP, 2ª Turma, rel. Min. Assusete Magalhães, j. 14.12.2021; AgInt 1.925.869-SP, 1ª Turma, rel. Min. Gurgel de Faria, j. 30.10.2021; AgInt 1.955.393-SP, 1ª Turma, rel. Min. Gurgel de Faria, j. 1.12.2021.

[50] "[...] a intenção do devedor fiduciante, ao oferecer o imóvel como garantia ao contrato de alienação fiduciária, não é, ao fim e ao cabo, transferir para o credor fiduciário a propriedade plena do bem, diversamente do que ocorre na compra e venda, mas apenas garantir o adimplemento do contrato de financiamento a que se vincula, objetivando que, mediante o pagamento integral da dívida, a propriedade plena do bem seja restituída ao seu patrimônio." (REsp 1.726.733-SP, rel. Min. Marco Aurélio Bellizze, 3ª Turma, *DJe* 16.10.2020).

[51] "Tributário. Agravo Interno no Agravo em Recurso Especial. IPVA. Veículo objeto de alienação fiduciária. Solidariedade passiva entre alienante e adquirente. Legalidade. Revisão. Impossibilidade. Súmula 280 do STF. Precedentes. 1. Inicialmente, cumpre registrar que a candidatura de recurso à afetação como representativo da controvérsia em repercussão geral não enseja automaticamente o sobrestamento de recursos que versem sobre a mesma matéria.2. Esta Corte de Justiça possui entendimento no sentido da legalidade da cobrança do IPVA do credor fiduciário, no caso de a lei estadual o eleger como sujeito passivo tributário. 3. A revisão do julgado no tocante a esse capítulo, portanto, ensejaria a apreciação da lei local, o que é inviável na espécie pela observância da Súmula 280/STF, aplicável ao caso de maneira analógica. 4. Por fim, a análise da violação do 110 do CTN, por reproduzir princípio encartado em norma da Constituição Federal, não é admitida na via especial, sob pena de usurpação da competência do Supremo Tribunal Federal. 5. Agravo interno a que se nega provimento." (AgInt no AREsp 1.338.426-MG, rel. Min. Og Fernandes, DJe 18.3.2022).

[52] Código Civil: "Art. 1.362. O contrato, que serve de título à propriedade fiduciária, conterá: I – o total da dívida, ou sua estimativa".

fiduciárias em geral, salvo naquilo que forem incompatíveis com o regime jurídico peculiar das diversas espécies de garantia fiduciária.

A par dessa norma específica sobre a propriedade fiduciária, essa espécie de garantia sujeita-se ao regime jurídico dos direitos reais de garantia por força do art. 1.367 do Código Civil,[53] e, assim, a contratação de alienação fiduciária em garantia de dívida futura encontra fundamento também nos arts. 1.424, I,[54] e 1.487[55] do Código Civil, o primeiro que dispõe sobre os requisitos do contrato de penhor, dispondo que dele deve constar o "valor do crédito, sua estimação, ou valor máximo", e o segundo que dispõe sobre a constituição de hipoteca em "garantia de dívida futura ou condicionada".

Trata-se de direito sob condição suspensiva, direito expectativo, que, embora ainda não conhecido e caracterizado no momento da celebração do contrato pelo qual se constitua a obrigação a que a garantia se vinculará, seu valor é suscetível de estimação ou de fixação do seu valor máximo e, assim, atende às normas gerais sobre os direitos reis de garantia.

A garantia de dívida futura produzirá efeito se e quando vier a existir, como observa Pontes de Miranda: "O crédito sujeito a termo suspensivo, ou condição suspensiva, é crédito que tem a configuração que se explicou no Tomo V, § 545, onde mostramos que já há direito, o direito ao direito futuro,[56] o direito expectativo. De modo que a garantia real é ao crédito já existente, porque garantir o direito expectativo é garantir o direito futuro, que se expecta".

São os casos de inúmeras espécies de negócios, entre eles o de abertura de crédito em conta-corrente, de fornecimento de mercadoria, de distribuição de produtos, de agência e uma série de outros contratos de execução diferida e continuada, que comportam a contratação de alienação fiduciária de bens móveis ou imóveis em garantia em operação de crédito que se aperfeiçoará se e quando vier a ser implementada uma condição suspensiva estabelecida pelas partes. É conhecido no jargão do mercado financeiro como contrato "guarda-chuva", que abriga sob a proteção da garantia futuras operações de crédito que venham a ser firmadas entre as partes, até o limite de crédito fixado no contrato.[57]

4.2.1.3. Alienação fiduciária em garantia de abertura de crédito no mercado financeiro

A par das normas referidas no item anterior, que viabilizam a constituição de propriedade fiduciária de bens imóveis em garantia de dívida futura ou condicionada, a Lei 13.476/2017 tipifica uma espécie de abertura de crédito de aplicação restrita às instituições do sistema financeiro nacional.

---

[53] Código Civil: "Art. 1.367. A propriedade fiduciária em garantia de bens móveis ou imóveis sujeita-se às disposições do Capítulo I do Título X do Livro III da Parte Especial deste Código e, no que for específico, à legislação especial pertinente, não se equiparando, para quaisquer efeitos, à propriedade plena de que trata o art. 1.231".

[54] Código Civil: "Art. 1.424. Os contratos de penhor, anticrese ou hipoteca declararão, sob pena de não terem eficácia: I – o valor do crédito, sua estimação, ou valor máximo".

[55] Código Civil: "Art. 1.487. A hipoteca pode ser constituída para garantia de dívida futura ou condicionada, desde que determinado o valor máximo do crédito a ser garantido".

[56] PONTES DE MIRANDA, Francisco Cavalcanti. Tratado de direito privado. São Paulo: RT, 2012, t. XX, § 2.419.

[57] "Ação ordinária. Antecipação de tutela concedida a fim de obstar realização de leilão extrajudicial. Ausência de verossimilhança nas alegações. Validade da cláusula de alienação fiduciária para garantia de negócios futuros. Recurso provido. A hipótese é de escritura pública de alienação fiduciária de bem imóvel na qual se convencionou que a propriedade fiduciária ali convencionada destinava-se à cobertura de quaisquer operações de crédito que, eventualmente, já tiveram ou que vierem a ser firmadas entre os contratantes até o valor máximo de R$ 8.600.000,00 (TJSP, 28ª Câmara de Direito Privado, Agravo de Instrumento 1.246.070-0/5, rel. Des. Eduardo Sá Pinto Sandeville, j. 16/6/2009, DJ 20/7/2009).

Trata-se de negócio jurídico pelo qual o creditador se obriga a colocar determinada quantia à disposição do creditado, para que este saque de uma só vez ou sucessivamente e a restitua ao creditador com juros, no prazo convencionado.

A Lei 13.476/2017 institui requisitos e condições peculiares do contrato, que denomina "abertura de limite de crédito". Nele são estipuladas cláusulas e condições gerais, mas cada saque será objeto de instrumento que materialize uma "operação derivada", mediante estipulação de cláusulas e condições específicas, vinculadas àquelas convencionadas na "abertura de limite de crédito".[58]

Dentre as características dessa espécie de abertura de crédito destacam-se: (i) vinculação das garantias contratadas no instrumento de "abertura de crédito" ao cumprimento do somatório das dívidas futuras, a serem quantificadas em cada uma das operações derivadas; (ii) vencimento antecipado do somatório das dívidas constituídas em todas as operações derivadas em caso de inadimplemento de obrigação contraída em qualquer uma delas ("inadimplemento cruzado"); (iii) eficácia do registro das garantias constituídas no contrato de abertura de crédito em relação a todos os créditos constituídos nas operações derivadas, independentemente de novos registros ou averbações; e (iv) responsabilidade do devedor fiduciante pela integralidade da dívida, aplicando-se o art. 1.366 do Código Civil[59] em relação à garantia representada pela propriedade fiduciária de bens imóveis, de modo que, caso o produto da venda dos imóveis objeto da garantia não seja suficiente para a amortização integral da dívida, o devedor fiduciante continua responsável pelo pagamento do remanescente, excluída essa abertura de crédito da regra de exoneração de responsabilidade de que tratam os §§ 5º e 6º do art. 27 da Lei 9.514/1997.

A lei institui requisitos especiais para constituição e realização das garantias reais, compatíveis com as singularidades que distinguem essa espécie de abertura de crédito dos contratos de crédito com garantia, em geral.

Ao estabelecer essa distinção, a lei faz referência exaustiva a cada uma das disposições legais inaplicáveis a essa espécie de abertura de crédito, entre elas as que dispõem sobre a indicação do total da dívida, prazo, taxa de juros, comissões, encargos, índices de atualização monetária, cláusula penal; tal referência parece dispensável, pois a indicação, na lei especial, dos elementos de caracterização da "abertura de limite de crédito", é suficiente, por si só, para

---

[58] Lei 13.476/2017: "Art. 3o A contratação, no âmbito do sistema financeiro nacional, de abertura de limite de crédito, as operações financeiras derivadas do limite de crédito e a abrangência de suas garantias obedecerão ao disposto nesta Lei. Art. 4o A abertura de limite de crédito, no âmbito desta Lei, será celebrada por instrumento público ou particular, com pessoa física ou pessoa jurídica, e tratará das condições para celebração das operações financeiras derivadas, pelas quais o credor fará os desembolsos do crédito ao tomador, observados o valor máximo previsto no contrato principal e seu prazo de vigência. Parágrafo único. O instrumento de abertura de limite de crédito referido neste artigo deverá conter os seguintes requisitos essenciais: I – o valor total do limite de crédito aberto; II – o prazo de vigência; III – a forma de celebração das operações financeiras derivadas; IV – as taxas mínima e máxima de juros que incidirão nas operações financeiras derivadas, cobradas de forma capitalizada ou não, e os demais encargos passíveis de cobrança por ocasião da realização das referidas operações financeiras derivadas; V – a descrição das garantias, reais e pessoais, com a previsão expressa de que as garantias constituídas abrangerão todas as operações financeiras derivadas nos termos da abertura de limite de crédito, inclusive as dívidas futuras; VI – previsão de que o inadimplemento de qualquer uma das operações faculta ao credor, independentemente de aviso ou interpelação judicial, considerar vencida antecipadamente as demais operações derivadas, tornando-se exigível a totalidade da dívida para todos os efeitos legais".

[59] Código Civil: "Art. 1.366. Quando, vendida a coisa, o produto não bastar para o pagamento da dívida e das despesas de cobrança, continuará o devedor obrigado pelo restante".

afastar a incidência das demais normas do sistema que sejam incompatíveis com o regime jurídico especial.[60]

Entre os elementos de caracterização desse tipo estão a indicação do "limite" do crédito aberto; a flexibilização das taxas de juros; a forma de celebração das operações financeiras dele derivadas e suas taxas de juros mínima e máxima; a constituição de garantias no contrato de abertura de crédito e sua vinculação ao cumprimento das obrigações que vierem a ser constituídas nas diversas operações financeiras derivadas e a estipulação de vencimento antecipado da totalidade das operações derivadas em caso de inadimplemento em qualquer uma delas.

A vinculação das garantias constituídas no contrato de abertura de crédito ao cumprimento do somatório das obrigações constituídas nas diversas operações dele derivadas atende à natureza do contrato de abertura de crédito, pois dos desembolsos sucessivos convencionados em cada instrumento de operação derivada resultam obrigações integrantes de um único negócio jurídico. Derivadas que são do contrato de abertura de crédito, essas operações não são dotadas de autonomia; antes, refletem as cláusulas e condições do contrato de abertura de crédito, a elas se sujeitam e se vinculam desde a formação de cada operação derivada até sua extinção.

É em razão dessa caracterização que os contratos de abertura de crédito regulados por essa lei contemplam a estipulação de vencimento antecipado do somatório das dívidas oriundas de todas as operações derivadas em caso de inadimplemento de obrigação pactuada em qualquer uma delas ("falha cruzada").

Como bem observa Afrânio Dantzger, "o limite de crédito é rotativo e se uma das operações financeiras dele derivadas for inadimplida, todas as demais operações poderão ser vencidas antecipadamente e a dívida oriunda da utilização do limite de crédito será executada como um todo, a partir do saldo devedor global aferido pelo somatório dos saldos devedores de cada uma das operações financeiras dele derivadas".[61]

Não se exige forma especial para contratação das operações derivadas, admitida sua formalização mediante emissão de título de crédito *cambiariforme*, a exemplo da Cédula de Crédito Bancário e demais Cédulas reguladas por leis específicas, no âmbito do Sistema Financeiro Nacional.[62]

Aspecto de especial relevância é o registro dos direitos reais constituídos em garantia dessa espécie de abertura de crédito.

Dispõe a Lei 13.476/2017 que as garantias são constituídas no instrumento de abertura de crédito, inclusive as garantias reais, entre elas a propriedade fiduciária, e que o registro dessas garantias produzirá seus efeitos em relação a todos os futuros contratos de operações derivadas que vierem a se vincular ao contrato de abertura de crédito, no qual são estipuladas as condições gerais, de modo que "as garantias constituídas no instrumento de abertura do

---

[60] Lei 13.476/2017: "Art. 7º O registro das garantias constituídas no instrumento de abertura de limite de crédito deverá ser efetuado na forma prevista na legislação que trata de cada modalidade da garantia, real ou pessoal, e serão inaplicáveis os requisitos legais indicados nos seguintes dispositivos legais: I – incisos I, II e III do *caput* do art. 18 e incisos I, II e III do *caput* do art. 24 da Lei nº 9.514, de 20 de novembro de 1997; II – incisos I, II e III do art. 1.362 e incisos I, II e III do art. 1.424 da Lei nº 10.406, de 10 de janeiro de 2002; e III – *caput* do art. 66-B da Lei nº 4.728, de 14 de julho de 1965".

[61] DANTZGER, Afrânio Carlos Camargo, *Alienação fiduciária de bens imóveis* – Lei 9.514/1997 – Aplicação prática e suas consequências. 4. ed. Salvador: JusPodium, 2018, p. 153.

[62] Lei 13.476/2017: "Art. 5º As operações financeiras derivadas serão celebradas mediante a manifestação de vontade do tomador do crédito, pelas formas admitidas na legislação em vigor".

limite de crédito servirão para assegurar todas as operações financeiras derivadas, independentemente de qualquer novo registro e/ou averbação adicional".[63]

Assim, no tocante a essa espécie de abertura de crédito e suas operações derivadas, a Lei 13.476/2017 põe fim à controvérsia sobre a necessidade ou não de cancelamento do registro de garantias reais constituídas no contrato original e subsequente constituição de garantias de cada nova operação derivada. Basta o registro do contrato de abertura de crédito para que as garantias nele constituídas produzam efeitos sobre todas as futuras operações derivadas, independentemente de novo registro ou averbação, no Registro de Imóveis, das CCB ou outros instrumentos pelos quais será formalizada a contratação das futuras operações derivadas.

Especialmente relevante é a sujeição dessa operação à regra geral à qual estão sujeitas as garantias fiduciárias, de que trata o art. 1.366 do Código Civil, de modo que a "abertura de limite de crédito" e suas "operações derivadas" estão excluídas do campo de incidência da regra especial dos §§ 5º e 6º do art. 27 da Lei 9.514/1997, que exoneram o tomador do crédito da responsabilidade de pagar o saldo remanescente da dívida caso o produto da venda de imóvel objeto de garantia fiduciária não seja suficiente para sua integral satisfação. Dispõe a Lei 13.476 que, nessa espécie de abertura de crédito, se "o produto resultante não bastar para quitação da dívida decorrente das operações financeiras derivadas, acrescida das despesas de cobrança, judicial e extrajudicial, o tomador e os prestadores de garantia pessoal continuarão obrigados pelo saldo devedor remanescente, não se aplicando, quando se tratar de alienação fiduciária de imóvel, o disposto nos §§ 5º e 6º do art. 27 da Lei nº 9.514, de 20 de novembro de 1997".[64]

4.2.1.4. *Alienação fiduciária da propriedade superveniente*

O Código Civil permite a constituição de direitos reais de garantia, em geral, sobre propriedade superveniente (art. 1.420, § 1º).[65] Especificamente em relação à propriedade fiduciária, essa permissão é objeto do § 3º do art. 1.361 do Código Civil, segundo o qual "a propriedade superveniente, adquirida pelo devedor, torna eficaz, desde o arquivamento, a transferência da propriedade fiduciária".[66]

Essa permissão excepciona a regra geral segundo a qual só aquele que pode alienar poderá constituir garantia real; refere-se, entre outros, àquele que é proprietário sob condição, entre eles o devedor-fiduciante.

Como vimos, a alienação fiduciária é negócio jurídico de transmissão condicional, pelo qual o adquirente (credor) torna-se titular de propriedade resolúvel e o alienante (devedor) torna-se titular de direito real de aquisição, sob condição suspensiva (Código Civil, art. 1.368-B), que o legitima a contratar a alienação fiduciária da propriedade superveniente.

---

[63] Lei 13.476/2017: "Art. 6º As garantias constituídas no instrumento de abertura do limite de crédito servirão para assegurar todas as operações financeiras derivadas, independentemente de qualquer novo registro e/ou averbação adicional".
[64] Lei 9.514/1997: "Art. 27. Uma vez consolidada a propriedade em seu nome, o fiduciário, no prazo de trinta dias, contados da data do registro de que trata o § 7º do artigo anterior, promoverá público leilão para a alienação do imóvel. (...) § 5º Se, no segundo leilão, o maior lance oferecido não for igual ou superior ao valor referido no § 2º, considerar-se-á extinta a dívida e exonerado o credor da obrigação de que trata o § 4º. § 6º Na hipótese de que trata o parágrafo anterior, o credor, no prazo de cinco dias a contar da data do segundo leilão, dará ao devedor quitação da dívida, mediante termo próprio".
[65] Código Civil: "Art. 1.420. (...) § 1º A propriedade superveniente torna eficaz, desde o registro, as garantias reais estabelecidas por quem não era dono".
[66] Código Civil: "§ 3º A propriedade superveniente, adquirida pelo devedor, torna eficaz, desde o arquivamento, a transferência da propriedade fiduciária".

A constituição dessa espécie de garantia não tem por objeto o direito aquisitivo, que se encontra no patrimônio do devedor-fiduciante, mas, sim, o futuro direito de propriedade, do qual o fiduciante se tornará titular quando implementada a condição suspensiva (pagamento); disso resulta, obviamente, que a eficácia da garantia (nova) fica subordinada ao implemento dessa condição. Não se confunda a alienação da propriedade superveniente com alienação fiduciária de 2º grau, que é inadmissível.

Qualificada como uma alienação condicional (Código Civil, art. 1.361, e Lei 9.514/1997, art. 22, entre outras normas legais), a alienação fiduciária é registrável em data contemporânea à da celebração do contrato, com fundamento nos arts. 167, I, 29, da Lei de Registros Públicos.[67] Assim deve ser porque, embora não produza efeitos enquanto não implementada a condição a que está subordinada (aquisição da propriedade pelo fiduciante), a efetividade da garantia depende do registro da alienação fiduciária da propriedade superveniente logo que contratada, enquanto estiver em curso a alienação fiduciária anteriormente contratada, coerentemente com a lógica dos arts. 1.361, § 3º, 1.420, § 1º, do Código Civil, pois, se não registrada na pendência da alienação fiduciária em curso, essa permissão legal seria absolutamente inócua; se, por exemplo, antes do registro do contrato de alienação fiduciária for registrado outro direito real (um penhor de direito aquisitivo, por exemplo), este prevalecerá, restando ao credor que deixou de promover o registro do seu contrato um crédito quirografário.

Bem a propósito, Caio Mário da Silva Pereira, citando Enneccerus, chama a atenção para a necessidade imperiosa da efetivação desse registro contemporaneamente à celebração do contrato, pois os efeitos da constituição da garantia se reputam realizados na data da declaração de vontade: "A data da declaração de vontade, ou seja, a da celebração do negócio, é que importa para a constituição do direito condicional, muito embora a sua incorporação ao patrimônio do titular (*adquisitio*) se dê somente no dia do implemento da condição. O princípio tem a maior importância quando houver necessidade de se apurar a qualidade do direito em referência à localização no tempo (*prior in tempore melior in jure*). A anterioridade é computada pela data da celebração do negócio: assim é que a aquisição do domínio, a alienação da propriedade, a constituição da obrigação etc. reputam-se realizadas contemporaneamente à declaração de vontade, não obstante a condição somente verificar-se ulteriormente, o que tem grande importância prática em caso de litígio sobre a propriedade, qualidades do crédito em concurso de preferências, eficácia em caso de falência etc."[68]

Tratando-se de crédito garantido por direito real, a validade deste perante terceiros é determinada pela data do registro e, uma vez implementada a condição, a qualidade do crédito é aquela em que ele se encontrava na data do registro.

Verificada a condição, aquele registro que, antes, tinha somente efeito assecuratório passa a ter efeito constitutivo, operando a constituição da propriedade fiduciária pelo simples implemento da condição e pelo consequente cancelamento da propriedade fiduciária anterior, sem necessidade de nenhum outro ato de confirmação: o efeito real é automático, sendo preciso apenas a efetiva realização da condição.

O raciocínio é coerente com o sistema que disciplina os negócios imobiliários e com a noção do negócio jurídico condicional. Diz Serpa Lopes, também referindo-se à venda condicional, categoria na qual se enquadra a alienação fiduciária, e invocando Eduardo Espínola, João Luiz Alves, J. M. Carvalho Santos e Luzzati, que, "transcrita uma venda de imóveis, feita

---

[67] Lei 6.015/1973: "Art. 167. No Registro de Imóveis, além da matrícula, serão feitos: I – o registro: (...) 29) da compra e venda pura e da condicional".

[68] PEREIRA, Caio Mário da Silva, *Instituições de Direito Civil*, 20. ed. rev. e atual. por Maria Celina Bodin de Moraes. Rio de Janeiro: Forense, 2004, v. I, p. 566.

sob condição suspensiva, aplica-se o art. 122 do Código Civil, o qual produz uma retroação. Podem ser então assentes os seguintes princípios: 1º) se a venda sob condição suspensiva for transcrita no próprio dia do contrato, a condição, verificando-se, retroage ao próprio dia, tanto entre as partes como em relação a terceiros; 2º) se for transcrita *medio tempore*, o efeito da condição não vale, em relação a terceiros, senão do dia da transcrição; 3º) se for transcrito somente depois da verificação da condição, o seu efeito, ao invés de decorrer do dia do contrato, produz-se do dia da transcrição".[69]

O mesmo Serpa Lopes esclarece que, realizado o registro na pendência da condição, não deve ser feito outro registro: "de modo nenhum. Transcrita a venda condicional, o ato de publicidade fica, sob o ponto de vista orgânico, inteiramente perfeito, completo".

Igualmente relevante é a eventualidade de, enquanto pende a condição, o outorgante vir a se tornar incapaz ou alterar-se seu estado civil, mas tais alterações não produzem qualquer efeito em relação à eficácia do ato de constituição da propriedade fiduciária sobre a propriedade superveniente, pois a eficácia é *ipso jure*, como observa Pontes de Miranda: "A eficácia, ao implir-se a condição, é *ipso iure*. Realizada, nasce o crédito, a pretensão, ou a ação, ou se produz a modificação jurídica real (criação, transferência ou cessação do direito real), ou pessoal, que teria de provir do ato de disposição. A ciência dos figurantes, ou seus sucessores, e a sua vontade no momento de se implir a condição, não importam. A vontade, que fixou a condição, foi manifestada no passado e inseriu-se, como determinação inexa, no ato jurídico. Não importa, portanto, ter caído em incapacidade, ou ter morrido o outorgante, ou o outorgado; salvo se só àquele aproveitaria ou se o ato somente poderia ser praticado pelo outorgado, sendo capaz, ou se só ele, embora não capaz, poderia praticar".[70]

Especificamente em relação à alienação fiduciária em garantia, dispõe o § 3º do art. 1.361 do Código Civil que, uma vez adquirida a propriedade pelo fiduciante (por efeito do implemento da condição), a transferência da propriedade resolúvel ao credor considera-se efetivada desde a data do registro do contrato pelo qual esta foi convencionada; o "arquivamento" a que se refere esse dispositivo do Código Civil diz respeito ao registro do contrato, e essa regra se aplica à propriedade fiduciária de bem imóvel por força do art. 1.368-A do Código Civil.

A norma codificada adota a concepção segundo a qual, verificada a condição, "(...) tudo se passa como se o negócio fosse puro e simples, e como se o tempo intermediário, entre o momento da declaração de vontade e o do implemento da *conditio*, não existisse (...). O direito suspenso adquire-se, e se tem como adquirido, *ex tunc*, isto é, desde o momento da declaração de vontade".[71]

4.2.1.5. *A contratação da alienação fiduciária em garantia do autofinanciamento de grupos de consórcio*

Uma das operações em que a alienação fiduciária é contratada com muita frequência é o autofinanciamento de grupos de pessoas que se reúnem em associação denominada *consórcio*. Trata-se de sociedade não personificada, caracterizada pela reunião de pessoas físicas ou jurídicas em grupo, cuja formação e administração são realizadas por uma sociedade administradora habilitada para esse fim pelo Banco Central do Brasil. O objeto do consórcio

---

[69] SERPA LOPES, Miguel Maria de. *Tratado dos registros públicos*. Rio de Janeiro: Freitas Bastos, 1955, p. 375.
[70] PONTES DE MIRANDA, Francisco Cavalcanti, *Tratado de direito privado*. São Paulo: RT, 2012, t. III, § 545, nº 4.
[71] PEREIRA, Caio Mário da Silva. *Instituições de direito civil*. 20. ed. rev. e atual. de acordo com o Código Civil de 2002. Atualizadora: Maria Celina Bodin de Moraes. Rio de Janeiro: Forense, 2004, v. I, p. 560-561.

é a constituição de fundo pecuniário destinado ao fornecimento, aos consorciados, de bens e serviços.[72]

A sociedade credenciada à administração de consórcio pode formar, gerir e representar vários grupos, mas os recursos aportados pelos participantes de cada grupo são alocados em um patrimônio de afetação, dotado de ativo e passivo próprios e destinado exclusivamente a atender aos objetivos específicos do grupo. O patrimônio de cada grupo não se confunde com o da administradora nem com os dos demais grupos por ela administrados e é objeto de contabilidade própria, separada.[73]

O contrato de participação em consórcio é negócio jurídico plurilateral de natureza associativa, cujo objeto é a constituição de fundo pecuniário destinado à aquisição de bens e serviços pelos consorciados, mediante autofinanciamento.[74] Por esse modo, vinculam-se entre si a administradora e todos os consorciados que a ele aderem para formar cada grupo, obrigando-se estes a constituir o fundo pecuniário destinado ao cumprimento do objeto do consórcio.

Assim, a obrigação de cada consorciado consiste no aporte mensal de certa quantia correspondente a uma cota sobre o número de participantes do grupo, de modo a formar a cada mês o capital necessário à aquisição do bem ou do serviço que constitui o objeto daquele grupo. Assim, tomando-se, por ilustração, um grupo formado por 50 consorciados, cada um pagará mensalmente uma cota correspondente a 1/50 do valor do bem ou do serviço a ser fornecido ao consorciado sorteado ou que der lance suficiente para a aquisição, e assim sucessivamente, mês a mês, até que todos os consorciados tenham recebido o crédito e adquirido o bem ou o serviço correspondente, nos termos do respectivo contrato.

Aspecto especialmente relevante é a natureza mutualista que caracteriza a atividade do grupo de consórcio, no qual ressalta a prevalência do interesse da coletividade sobre o de cada consorciado, isoladamente considerado.[75]

O recebimento e a administração dos recursos aportados pelos consorciados incumbem à sociedade administradora, à qual a lei atribui a gestão dos negócios do grupo e a defesa dos seus interesses, inclusive em juízo.

Uma vez contemplado, o consorciado adquirirá o bem e imediatamente o vinculará à satisfação do crédito do grupo, em regra mediante alienação fiduciária do bem em garantia em nome da administradora.

Dado que, como vimos, o grupo é sociedade não personificada, seus recursos, direitos e obrigações integram um patrimônio de afetação cuja administração é atribuída a uma sociedade administradora, que exerce a função de prestadora de serviços.[76]

---

[72] Lei 11.795/2008: "Art. 2º Consórcio é a reunião de pessoas naturais e jurídicas em grupo, com prazo de duração e número de cotas previamente determinados, promovida por administradora de consórcio, com a finalidade de propiciar a seus integrantes, de forma isonômica, a aquisição de bens ou serviços, por meio de autofinanciamento".

[73] Tratamos do tema no item 3.5.

[74] Lei 11.795/2008: "Art. 10. O contrato de participação em grupo de consórcio, por adesão, é o instrumento plurilateral de natureza associativa cujo escopo é a constituição de fundo pecuniário para as finalidades previstas no art. 2º. § 1º O contrato de participação em grupo de consórcio, por adesão, criará vínculos obrigacionais entre os consorciados, e destes com a administradora, para proporcionar a todos igual condição de acesso ao mercado de consumo de bens ou serviços".

[75] Lei 11.795/2008: "Art. 3º (...). § 2º O interesse do grupo de consórcio prevalece sobre o interesse individual do consorciado".

[76] Lei 11.795/2008: "Art. 5º A administradora de consórcios é a pessoa jurídica prestadora de serviços com objeto social principal voltado à administração de grupos de consórcio, constituída sob a forma de sociedade limitada ou sociedade anônima, nos termos do art. 7º, inciso I".

Em razão dessa configuração peculiar, as garantias são prestadas à sociedade administradora, sem que isso, contudo, importe em incremento do seu patrimônio, pois o beneficiário das garantias é o grupo de consórcio em relação ao qual está vinculado o crédito garantido, cujo patrimônio é separado e incomunicável em relação ao patrimônio da administradora e ao dos demais grupos de consórcio por ela administrados.[77]

Visando atender a esse interesse coletivo e assegurar a preservação dos recursos destinados à consecução do fim econômico e social do negócio, o § 6º do seu art. 14 imputa ao consorciado inadimplente a responsabilidade pelo pagamento integral do saldo remanescente, caso no leilão do imóvel não se alcance quantia suficiente para tal fim.[78]

Os efeitos dessa disposição legal, entretanto, são neutralizados pelas normas que disciplinam o modo de realização da garantia fiduciária imobiliária, de que trata a Lei 9.514/1997, cujas disposições devem ser adaptadas para adequação ao princípio geral da responsabilidade patrimonial do devedor fiduciante prevista no art. 1.364 do Código Civil.

Com efeito, o § 6º do art. 14 da Lei 11.795/2008 atribui ao consorciado inadimplente a responsabilidade pelo pagamento do saldo devedor que remanescer após o leilão, caso o valor aí obtido não seja suficiente para o resgate integral da dívida.

Ocorre que essa norma deve ser aplicada em conformidade com os §§ 2º, 5º e 6º do art. 27 da Lei 9.514/1997 e estes tornam inviável a apuração de saldo remanescente do leilão do imóvel, em primeiro lugar, porque o § 2º do art. 27 impede o credor de aceitar lance inferior ao saldo devedor e, em segundo lugar, porque seu § 5º considera extinta a dívida se o maior lance oferecido não for igual ou superior ao saldo devedor.[79]

Ora, a dívida se extingue caso não haja lance igual ou superior ao saldo devedor (art. 27, § 5º), então inexistirá o saldo remanescente pelo qual o § 6º do art. 14 da Lei 11.975/2008 responsabiliza o consorciado.

Trata-se de grave distorção, cuja correção há muito defendemos, mediante restrição da exoneração de responsabilidade aos financiamentos destinados à aquisição ou construção de moradia própria, ressalvados aqueles obtidos por meio de grupo de consórcio.[80]

4.2.2. Natureza jurídica dos direitos do devedor-fiduciante e do credor-fiduciário

Na regulamentação dos atos de transmissão da propriedade ou da titularidade de direitos para fins de garantia, o direito positivo brasileiro atribui à propriedade transmitida ao credor-fiduciário o caráter de *propriedade resolúvel*, com as adaptações necessárias a que

---

[77] Lei 11.795/2008: "Art. 5º (...) § 5º Os bens e direitos adquiridos pela administradora em nome do grupo de consórcio, inclusive os decorrentes de garantia, bem como seus frutos e rendimentos, não se comunicam com o seu patrimônio, observado que: I – não integram o ativo da administradora; II – não respondem direta ou indiretamente por qualquer obrigação da administradora; III – não compõem o elenco de bens e direitos da administradora, para efeito de liquidação judicial ou extrajudicial".

[78] Lei 11.795/2008: "Art. 14. No contrato de participação em grupo de consórcio, por adesão, devem estar previstas, de forma clara, as garantias que serão exigidas do consorciado para utilizar o crédito. (...). § 6º Para os fins do disposto neste artigo, o oferecedor de garantia por meio de alienação fiduciária de imóvel ficará responsável pelo pagamento integral das obrigações pecuniárias estabelecidas no contrato de participação em grupo de consórcio, por adesão, inclusive da parte que remanescer após a execução dessa garantia".

[79] Lei 9.514/1997: "Art. 27. (...) § 5º Se, no segundo leilão, o maior lance oferecido não for igual ou superior ao valor referido no § 2º, considerar-se-á extinta a dívida e exonerado o credor da obrigação de que trata o § 4º".

[80] Ver item 6.10.1 – Exoneração da responsabilidade pelo pagamento integral da dívida.

possa cumprir função de garantia do crédito em conformidade com a dinâmica da economia moderna, com celeridade e eficácia.

O art. 1.361 do Código Civil define-a como "a propriedade resolúvel de coisa móvel infungível, que o devedor, com escopo de garantia, transfere ao credor" (no âmbito do mercado financeiro e de capitais, o art. 66-B da Lei 4.728/1965 admite a constituição de propriedade fiduciária também sobre coisa fungível); quanto aos bem imóveis, a Lei 9.514/1997 define a alienação fiduciária de bens imóveis como "o negócio jurídico pelo qual o devedor (...) contrata a transferência ao credor, ou fiduciário, da propriedade resolúvel de coisa imóvel" (art. 22); a mesma Lei 9.514/1997 define a cessão fiduciária de direitos creditórios como o negócio jurídico pelo qual se opera a "transferência ao credor da titularidade dos créditos cedidos, até a liquidação da dívida garantia" (art. 18).

A configuração é coerente com a conceituação da fidúcia moderna, na qual "a fonte do domínio fiduciário é um ato ou negócio fiduciário no qual o *pactum fiduciae* se materializa por meio da condição ou prazo resolutórios".[81]

Dada essa configuração, o devedor-fiduciante transmite ao credor-fiduciário um direito de propriedade temporário e restrito, porque destinado apenas a exercer função de garantia, que, portanto, está, como na definição de Teixeira de Freitas,[82] "subordinado a durar somente até o cumprimento de uma cláusula ou condição resolutiva, ou até o vencimento de um prazo resolutivo, para o efeito da restituição da coisa ao seu antigo dono".

Em razão da constituição da garantia fiduciária, o devedor-fiduciante se despe da qualidade de proprietário, embora reserve para si os direitos econômicos do bem transmitido; na medida em que se constitui em favor do credor-fiduciário uma propriedade resolúvel, o devedor-fiduciante passa à qualidade de proprietário sob condição suspensiva, podendo tornar-se novamente titular da propriedade plena ao implementar a condição de pagamento da dívida que constitui objeto do contrato principal.

Tem, assim, o devedor-fiduciante uma pretensão restitutória, que constitui uma expectativa real, subordinada, entretanto, ao implemento da condição.

4.2.2.1. *Natureza jurídica do direito do credor-fiduciário*

A propriedade fiduciária de que tratam os arts. 1.361 a 1.368-B do Código Civil é qualificada como direito real de garantia e, portanto, submete-se ao regime jurídico dessa categoria de direitos reais por expressa definição do art. 1.367.[83] Nos termos do art. 1.368-A, essas disposições constituem normas gerais sobre a propriedade fiduciária em garantia e se aplicam às demais espécies reguladas por leis especiais, salvo naquilo que com estas são incompatíveis.

Com efeito, ao adquirir a propriedade do bem por tempo limitado e com poderes restritos, com função de garantia, o adquirente (fiduciário) o faz sob condição resolutiva, tornando-se titular de uma propriedade fadada a extinguir-se, se e quando implementada a condição resolutiva.

---

[81] KIPER, Claudio Marcelo, *Fideicomisso. Dominio fiduciario. Securitización.* 2. ed. Buenos Aires: Depalma, 1996, p. 156.

[82] *Esboço*, art. 4.302.

[83] Código Civil: "Art. 1.367. A propriedade fiduciária em garantia de bens móveis ou imóveis sujeita-se às disposições do Capítulo I do Título X do Livro III da Parte Especial deste Código e, no que for específico, à legislação especial pertinente, não se equiparando, para quaisquer efeitos, à propriedade plena de que trata o art. 1.231".

A propriedade resolúvel extingue-se, ensina Teixeira de Freitas, "por todas as causas pelas quais extingue-se o domínio perfeito",[84] e, particularmente, quando contratada a transmissão com escopo de garantia, extingue-se pelo implemento da condição a que sua contratação está subordinada. A extinção da propriedade resolúvel está prevista no próprio título em que é contratada sua aquisição.

O poder do credor-fiduciário, na qualidade de proprietário fiduciário, é extremamente limitado, pois está circunscrito à finalidade exclusiva de garantia para a qual foi constituída essa propriedade especial. Esse restrito direito de propriedade perdura somente enquanto persistir sua razão de ser, que é a de garantir o pagamento de uma dívida ou obrigação.

A propriedade fiduciária com função de garantia caracteriza-se como direito acessório, sendo principal o contrato pelo qual se constitui o crédito garantido, e, assim, só é transmissível por efeito da transmissão do crédito, de acordo com o princípio segundo o qual o acessório segue o principal.

O implemento da condição resolutiva opera *ex tunc*, extinguindo o direito de propriedade para o fiduciário e reconstituindo-o na pessoa do fiduciante automaticamente, por efeito do simples pagamento da dívida.

Se, entretanto, não for implementada a condição, o direito de propriedade incorpora-se em termos definitivos no patrimônio do fiduciário. Em razão da resolubilidade, a consolidação da propriedade no fiduciário opera-se pelo simples não implemento da condição, independentemente de qualquer novo ato constitutivo desse direito, seja judicial ou extrajudicial. Essa consolidação direta decorre da própria natureza da condição, como elucida Teixeira de Freitas, no art. 616 do *Esboço*, pelo qual, "não cumprida a condição resolutiva, ou sendo certo que não se cumprirá, o direito a ela subordinado ficará irrevogavelmente adquirido, como se nunca tivesse havido condição".

Contudo, não obstante consumar-se essa aquisição irrevogável a que se refere Teixeira de Freitas, a limitação do direito do fiduciário, quando constituída a titularidade fiduciária para fins de garantia, é de tal maneira extremada que estará presente até mesmo depois da consolidação da propriedade plena em seu nome.

De fato, mesmo depois de consolidada a propriedade em seu nome, o fiduciário não pode dela dispor livremente, como lhe convier, mas deverá fazê-lo rigorosamente dentro de condições e limites fixados na lei e no contrato. Está dentro dessa ordem de limitações o ônus imposto ao fiduciário de colocar o imóvel à venda em prazo certo (no máximo trinta dias após o registro da consolidação), e deverá fazê-lo em leilão público; o credor não tem liberdade de fixar o preço de venda do imóvel, mas deverá oferecê-lo à venda pelo valor que para esse fim tiver sido estabelecido no contrato ou pelo valor de avaliação aferido pelo Município ou pelo Distrito Federal para cálculo do ITBI devido por efeito da consolidação da propriedade no patrimônio do credor-fiduciário, devendo, também, observar os procedimentos legais e contratuais estabelecidos para realização do leilão, tudo isso levando em conta que o ingresso do imóvel no seu patrimônio se faz para o fim específico de garantia, e não para sua livre utilização e disposição. Em suma, o poder do credor sobre o bem visa a realização do seu valor econômico, para satisfação do crédito.

4.2.2.2. *Natureza jurídica do direito do devedor-fiduciante*

O devedor-fiduciante é titular de direito real de aquisição, assim definido pelo art. 1.368-B do Código Civil.

---

[84] *Esboço*, art. 4.309.

Sendo o credor-fiduciário titular de uma propriedade resolúvel, em decorrência do contrato que celebrara com o devedor-fiduciante, encontra-se este último, na pendência da condição, em posição de se tornar novamente proprietário do bem que transmitira em caráter resolúvel ao credor-fiduciário.

Por força dessa transmissão em caráter resolúvel, o transmitente (devedor-fiduciante) e o adquirente (credor-fiduciário) são "investidos de direitos opostos e complementares, e o acontecimento que aniquila o direito de um consolidará, fatalmente, o do outro".[85]

Caio Mário da Silva Pereira destaca como característica da essência desse negócio jurídico a existência de "duas declarações de vontade geminadas: *a*) uma de alienação, pela qual a coisa passa ao domínio do adquirente; *b*) outra (correspondente ao *pactum fiduciae*) exprimindo o seu retorno condicional ao devedor.[86]

Ao identificar a posição jurídica do devedor-fiduciante, José Carlos Moreira Alves vê pontos de contato entre a alienação fiduciária em garantia e a compra e venda com reserva de domínio, em que "o comprador, antes de pagar integralmente o preço, tem, como titular que é de propriedade sob condição suspensiva, direito expectativo, em cujo conteúdo se encontram os *iura possidendi*, *utendi* e *fruendi*".[87]

Ressalva, entretanto, que na alienação fiduciária "a resolução decorre da verificação de *condicio iuris* (a extinção da obrigação, ainda que posteriormente ao vencimento, a venda, pelo credor, da coisa alienada fiduciariamente, ou a renúncia dessa modalidade de propriedade), e não de *condicio facti* (que é condição em sentido técnico), porquanto a existência de *condicio iuris* não depende da vontade das partes".[88]

É que os eventos que ensejam a recuperação do bem pelo fiduciante e sua consolidação no fiduciário são elementos da tipificação desse negócio jurídico, não tendo as partes autonomia para criar condições diversas daquelas constantes da lei, de modo que as condições do contrato de alienação fiduciária não o são em sentido próprio, mas caracterizam-se como requisitos, condições legais ou condições *impróprias*, pois "enquanto as condições, em sentido próprio, são postas pelo manifestante ou pelos manifestantes, as *condiciones iuris* são-no pela lei".[89]

Assim, a condição suspensiva que a doutrina, majoritariamente,[90] identifica na posição do devedor-fiduciante deve ser tomada na acepção de *condicio iuris*, que opera independen-

---

[85] GONÇALVES, Aderbal da Cunha. *Da propriedade resolúvel*. São Paulo: RT, 1979, p. 66.

[86] PEREIRA, Caio Mário da Silva. *Instituições de direito civil* – contratos. 12. ed. rev. e atual. por Regis Frichtner. Rio de Janeiro: Forense, 2005. v. III.

[87] ALVES, José Carlos Moreira. *Alienação fiduciária em garantia*. 2. ed. Rio de Janeiro: Forense, 1979, p. 132.

[88] ALVES, José Carlos Moreira. *Alienação fiduciária em garantia*. 2. ed. Rio de Janeiro: Forense, 1979, p. 140.

[89] PONTES DE MIRANDA, Francisco Cavalcanti, *Tratado*, cit., 2012, § 545, nº 4. A propósito, anota Beviláqua que "algumas destas condições são chamadas impróprias, porque apresentam a forma, sem ter a essência das condições. Tais são as necessárias, as *condiciones juris*..." (BEVILÁQUA, Clóvis, *Teoria geral do direito civil*. 2. ed. Rio de Janeiro: Livraria Francisco Alves, 1929, p. 297).

[90] Registrem-se, nesse sentido, GOMES, Orlando: "o fiduciário adquire uma propriedade limitada, *sub conditionis*, a denominada *propriedade resolúvel*. Ele passa a ser *proprietário sob condição resolutiva* e o fiduciante, que a transmitiu, *proprietário sob condição suspensiva*" (GOMES, Orlando. *Alienação fiduciária em garantia*. 4. ed. São Paulo: RT, 1975, p. 38); VIANA, Marco Aurélio S.: "temos, então, na pessoa do credor a propriedade sob condição resolutiva, enquanto no devedor a propriedade sob condição suspensiva" (*Comentários ao novo Código Civil* – Dos ireitos reais. Coordenador Sálvio de Figueiredo Teixeira. 2. ed. Rio de Janeiro: Forense, 2004, v. XVI, p. 533); e RESTIFFE NETO, Paulo: "Esse direito expectativo está submerso na eventualidade da reaquisição do domínio do bem, agora sob condição

temente da vontade das partes e "é, por definição, suspensiva, no sentido de que, antes da sua verificação, ou não há contrato, ou o mesmo não é eficaz".[91]

Com efeito, "como subproduto da resolubilidade",[92] surge para o devedor-fiduciante o direito de reaquisição da propriedade, e essa reaquisição encontra-se pendente da realização de uma condição suspensiva, representada pela dívida cujo pagamento o fiduciante se obriga a efetivar; a realização dessa condição (o pagamento) importa necessariamente na extinção da propriedade fiduciária.

Dada a estruturação do contrato de alienação fiduciária, o direito do fiduciante nasce no momento em que contrata a constituição da propriedade resolúvel, pois é aí que começa a se produzir o fato complexo, de formação sucessiva, a que o direito faz corresponder, quando concluído, o efeito aquisitivo do direito de propriedade, como anota Galvão Telles, ao observar que uma das hipóteses características de "expectativa é a dos contratos ou outros negócios jurídicos celebrados sob condição suspensiva".[93]

A condição suspensiva que atribui ao devedor-fiduciante direito expectativo à recuperação da propriedade plena tem natureza de direito real, observando Enneccerus-Nipperdey que o direito expectativo é da mesma natureza do direito expectado, e este é o direito de propriedade, que o fiduciante adquirirá quando se cumprir a condição: "*En resumen, la expectativa del titular condicional es tratada como un derecho en todos los aspectos conocidos y, por esto mismo, hay considerarla también como un derecho. La hemos de construir, pues, como una expectativa (pendiente), o sea, como un derecho aadquirir ipso iure, al cumplirse la condición, el crédito, La propiedad, há herencia, el legado. Este derecho tiene el mismo carácter que el derecho pleno. Por conseguinte, el derecho de expectativa a la adquisición de la propiedad es un derecho real*".[94]

A situação se assemelha à da reserva de propriedade do direito português, em que se caracteriza uma expectativa real, "visto que existe na perspectiva da aquisição de um direito real. E, sem hesitações, qualifica-la-íamos de *direito real de aquisição*, uma vez que o vendedor não pode evitar a verificação dos pressupostos aquisitivos (...). Com a verificação da condição, em regra o pagamento integral do preço, na venda a prestações com o pagamento da última prestação, o 'direito de expectativa' ascende, *ipso jure*, a direito (de propriedade) pleno".[95]

Não há que confundir *direito expectativo* com *expectativa de direito*: enquanto naquele já se tem um direito eventual, e se podem exercer ações a ele inerentes, nesta se tem apenas mera expectativa ou expectativa de fato, que não enseja o exercício de qualquer ação. Diz Pontes de Miranda: "quando falo de expectativa (pura), estou necessariamente aludindo à posição de alguém em que se perfizeram elementos de suporte fático, de que sairá fato jurídico, produtor de direitos e outros efeitos, porém ainda não todos os elementos do suporte fático: a regra jurídica, a cuja incidência corresponderia o fato jurídico, ainda não incidiu, porque suporte

---

suspensiva da integralização do pagamento da dívida" (*Garantia fiduciária*. 2. ed. São Paulo: RT, 1976, p. 325).

[91] MESSINEO, Francesco, *apud* GONÇALVES, Aderbal da Cunha. *Da propriedade resolúvel*. São Paulo: RT, 1979, p. 91.

[92] RESTIFFE NETO, Paulo, *Garantia fiduciária*. 2. ed. São Paulo: RT, 1976, p. 325.

[93] TELLES, Inocêncio Galvão, *Expectativa jurídica (algumas notas)*, O Direito, 1 (1958), 2-6, *apud* PINHEIRO, Luís Lima, *A cláusula de reservada propriedade*. Coimbra: Livraria Almedina, 1988, p. 54.

[94] ENNECCERUS, Ludwig e NIPPERDEY, Hans Carl, *Tratado de derecho civil de Enneccerus, Kipp e Wolff*. 2ª parte. 3. ed. espanhola, Barcelona: Bosch, 1956, t. I, v. II, p. 292-293.

[95] ASCENSÃO, Oliveira, *apud* PINHEIRO, Luís Lima, *A cláusula de reserva da propriedade*. Coimbra: Almedina, 1988, p. 57-58.

fático ainda não há".⁹⁶ É ainda Pontes de Miranda que alinha, entre os direitos expectativos, aqueles que se originam de negócios jurídicos a prazo ou sob condição, porque a verificação do termo ou o implemento da condição opera a aquisição do *direito expectado,* de modo que aquele que frustra a *expectação a termo ou sob condição* tem que sofrer os efeitos do art. 129 do Código Civil". Em síntese, o direito eventual do fiduciante integra seu patrimônio e, como "direito expectado, é elemento do patrimônio do expectante, pode ser arrestado, penhorado, ou entrar em massa concursal, e se transmite entre vivos e a causa de morte".⁹⁷

O titular desse direito tem a faculdade de exercer todos os atos destinados a conservá-lo, tal como prescreve o art. 130 do Código Civil, notadamente, no caso da alienação fiduciária, o de defender a posse direta que lhe é atribuída pelo contrato, com os interditos possessórios, inclusive contra o próprio fiduciário. Além disso, sendo titular de um direito real, que decorre da própria configuração da propriedade resolúvel e da natureza real do *direito expectado* (que é a propriedade), tem o fiduciante legitimidade para promover as ações reais contra quem quer que viole esse direito.

Uma vez implementada a condição, mediante pagamento da dívida ou do adimplemento da obrigação, tem o fiduciante (que até então era devedor) pretensão restitutória contra quem quer que seja o titular do direito de propriedade fiduciária. O direito de reversão da propriedade ao fiduciante é inerente à dinâmica da propriedade resolúvel, operando-se a reversão automaticamente, tão logo seja paga a dívida, tendo ele, assim, "uma pretensão desenganadamente real, visto que se tornou novamente proprietário com o implemento da condição resolutiva",⁹⁸ até porque a própria configuração do contrato, nos termos da lei, alinha a reversão como um dos elementos de sua tipificação. Confirma-o o art. 25 da Lei 9.514/1997, que prevê expressamente a resolução da propriedade fiduciária com o pagamento da dívida e encargos e que, no seu § 1º, impõe ao fiduciário a obrigação de, no prazo de trinta dias, fornecer "o respectivo termo de quitação ao fiduciante, sob pena de multa em favor deste", estabelecendo, por fim, no seu § 2º, que, "à vista do termo de quitação (...), o oficial do competente Registro de Imóveis efetuará o cancelamento do registro da propriedade fiduciária".

Assim, nos atos de transmissão fiduciária da propriedade, para fins de garantia, tal como configurada no direito positivo brasileiro, o fiduciante é titular de um *direito real de aquisição*, que se concretiza com a conclusão do pagamento e mediante simples cancelamento do registro da garantia fiduciária.

Se, entretanto, a condição não se realizar no tempo e pelo modo convencionado, isto é, se o fiduciante não pagar a dívida, considera-se inexistente o ato, inapto a produzir qualquer resultado, devendo o fiduciante restituir a posse da coisa nos termos definidos na legislação pertinente, sujeitando-se, conforme o caso, à ação de busca e apreensão ou à ação de reintegração de posse.

O direito do fiduciante é transmissível, inclusive por sucessão hereditária. A Lei 9.514/1997, que disciplina a alienação fiduciária da coisa imóvel, prevê expressamente, no seu art. 29, a possibilidade de transmissão dos direitos e obrigações do devedor-fiduciante, que se convenciona mediante cessão.⁹⁹ A regra não deixa margem a qualquer dúvida: sendo o fiduciante titular de um direito real de aquisição da propriedade, cuja concretização dar-se-á mediante o pagamento da dívida, poderá transmitir esse direito de aquisição e as obri-

---

96 PONTES DE MIRANDA, Francisco Cavalcanti. *Tratado de direito privado*. São Paulo: RT, 2012, t. V, § 577, nº 8.
97 PONTES DE MIRANDA, Francisco Cavalcanti. *Tratado de direito privado*. São Paulo: RT, 2012, t. V, nº 9.
98 GOMES, Orlando, *Alienação fiduciária em garantia*. 4. ed. São Paulo: RT, 1975, p. 63.
99 "Art. 29. O fiduciante, com anuência expressa do fiduciário, poderá transmitir os direitos de que seja titular sobre o imóvel objeto da alienação fiduciária em garantia, assumindo o adquirente as respectivas obrigações."

gações correspondentes, de forma que o cessionário substituirá o cedente em todos os seus direitos e obrigações, passando a figurar como fiduciante na respectiva relação fiduciária. O cessionário, assim, investe-se do direito real de aquisição da propriedade plena, que passará a lhe pertencer mediante implemento da condição. Tratando-se de direito cuja constituição dependa de registro, deve a cessão ser registrada para sua plena eficácia e para que produza efeitos jurídicos perante terceiros.

4.2.2.3. Penhora e outros atos de constrição sobre os direitos do fiduciário e do fiduciante

Os direitos do credor-fiduciário e do devedor-fiduciante são suscetíveis de penhora e outros atos de constrição, tal como dispõe o art. 835, XII, do Código de Processo Civil.[100]

Quanto ao credor-fiduciário, o objeto da penhora há de ser seu direito de crédito, acompanhado da propriedade fiduciária objeto da garantia.

Assim, no leilão, ao adquirir o crédito, o arrematante se sub-roga nos direitos e obrigações decorrentes do contrato de alienação fiduciária, tornando-se titular do crédito e proprietário fiduciário do bem objeto da garantia, em substituição ao credor-fiduciário; por força da sub-rogação, o arrematante se apropriará do produto da cobrança do crédito e, uma vez satisfeito o crédito que arrematou, será obrigado a dar quitação ao devedor-fiduciante e fornecer-lhe o "termo de quitação".

No outro polo está o devedor-fiduciante; este é titular de um direito real de aquisição, um direito sob condição suspensiva, que pode ter como objeto, igualmente, bens móveis, imóveis ou, ainda, direitos de crédito. O direito do devedor-fiduciante é igualmente sujeito a penhora, arresto, indisponibilidade ou qualquer outra espécie de constrição.

Pontes de Miranda refere-se especificamente a essa hipótese, ao alinhar entre os direitos expectativos os derivados de negócios a prazo ou sob condição, salientando que tais direitos integram o patrimônio do expectante (aqui, devedor-fiduciante) e, assim sendo, "pode ser arrestado, penhorado ou entrar em massa concursal...".[101]

Sérgio Jacomino lembra, a propósito, que os direitos do devedor-fiduciante, na alienação fiduciária de bens imóveis, são suscetíveis de cessão (Lei 9.514/1997, art. 29), não deixando dúvida quanto à sua penhorabilidade; ora, diz ele, "ostentando um conteúdo econômico, *direito atual* disponível, parece lógico que esse direito também pudesse ser objeto de constrição judicial e consequentemente alienação forçosa".[102] Nesse caso, o objeto do ato de constrição, qualquer que seja, será o direito real de aquisição do domínio, isto é, o direito que tem o devedor-fiduciante de ser investido na propriedade plena do bem ao efetivar o pagamento da dívida que o onera. Assim, cogitando-se de penhorar ou sujeitar a qualquer espécie de constrição os direitos do devedor-fiduciante, o objeto da constrição não será a propriedade, que ele ainda não tem,[103] mas tão somente o direito real de aquisição.[104]

---

[100] Código de Processo Civil: "Art. 835. A penhora observará, preferencialmente, a seguinte ordem: (...); XII – direitos aquisitivos derivados de promessa de compra e venda e de alienação fiduciária em garantia; XIII – outros direitos".

[101] PONTES DE MIRANDA, Francisco Cavalcanti. *Tratado de direito privado*. Rio de Janeiro: Borsoi, 1954, § 577, nº 9.

[102] JACOMINO, Sérgio, Penhora – alienação fiduciária de coisa imóvel. Algumas considerações sobre o registro. *Boletim Eletrônico IRIB*, n. 2245, 9 jan. 2006.

[103] A situação tem pontos de contato com a caução de direito aquisitivo sobre imóvel, isto é, a caução do direito do promitente comprador ou do promitente cessionário de imóvel, bem como do cessionário do promitente comprador (Lei 9.514/1997, arts. 17 e 21).

[104] "Processual civil. Locação. Penhora. Direitos. Contrato de alienação fiduciária. O bem alienado fiduciariamente, por não integrar o patrimônio do devedor, não pode ser objeto de penhora. Nada impede,

Em execução de crédito correspondente às despesas de condomínio o objeto da penhora será o direito aquisitivo de que é titular o devedor fiduciante, como prevê o art. 835, XII, do CPC, e não o domínio do imóvel, como tem reconhecido a jurisprudência do Superior Tribunal de Justiça.[105]

O fundamento da definição do direito aquisitivo do devedor fiduciante como objeto da penhora é não somente sua titularidade sobre esse direito real, mas também o proveito do conteúdo econômico do imóvel que a lei lhe confere com exclusividade em razão da posse direta que lhe atribui. É com esses fundamentos que a jurisprudência do Superior Tribunal de Justiça reconhece a legitimidade do devedor fiduciante para figurar no polo passivo da ação, afastando a solidariedade do credor fiduciário por ter este apenas "a propriedade resolúvel como mero direito real de garantia", só podendo vir a responder por essas despesas se e quando o devedor fiduciante se tornar inadimplente e, em consequência, o credor fiduciário vier a se tornar proprietário pleno do imóvel e nele investido na posse, nos termos do parágrafo único do art. 1.368-B do Código Civil.[106]

---

contudo, que os direitos do devedor-fiduciante oriundos do contrato sejam constritos. Recurso especial provido" (REsp 260.880-RS, rel. Min. Félix Fischer, DJ 12/2/2001).

"Execução fiscal – Embargos de terceiro – Penhora – Bem alienado fiduciariamente – Impossibilidade – Propriedade do credor-fiduciário – Inexistência de privilégio do crédito tributário. 1. 'A alienação fiduciária em garantia expressa negócio jurídico em que o adquirente de um bem móvel transfere – sob condição resolutiva – ao credor que financia a dívida, o domínio do bem adquirido. Permanece, apenas, com a posse direta. Em ocorrendo inadimplência do financiado, consolida-se a propriedade resolúvel' (REsp 47.047-1-SP, rel. Min. Humberto Gomes de Barros). 2. O bem objeto de alienação fiduciária, que passa a pertencer à esfera patrimonial do credor-fiduciário, não pode ser objeto de penhora no processo de execução fiscal, porquanto o domínio da coisa já não pertence ao executado, mas a um terceiro, alheio à relação jurídico-tributária. 3. A alienação fiduciária não institui um ônus real de garantia, não havendo de se falar, nesses casos, em aplicação da preferência do crédito tributário. 4. Precedentes das Turmas" (STJ, 2ª T., REsp 332369-SC, rel. Min. Eliana Calmon, DJ 1º/8/2006).

"O bem sujeito à alienação fiduciária não pode ser penhorado em execução fiscal enquanto devedor o fiduciante, visto que aquele bem não lhe pertence. Trata-se, portanto, de mero possuidor sujeito à responsabilidade dos depositários. Porém nada obsta a constrição dos direitos que lhe advêm do contrato, pois o art. 11, VIII, da Lei n. 6.830/1980 (Lei de Execuções Fiscais) permite a constrição de direitos e ações". Precedentes citados: REsp 795.635-PB, DJ 7/8/2006; REsp 679.821-DF, DJ 17/12/2004, e REsp 260.880-RS, DJ 12/2/2001. REsp 910.207-MG, rel. Min. Castro Meira, j. 9/10/2007).

[105] "Agravo interno no recurso especial. Ação de execução de título extrajudicial. Débito condominial. Penhora sobre o imóvel gerador do débito que está alienado fiduciariamente. Impossibilidade. Agravo interno não provido. 1. É deficiente a fundamentação do recurso especial em que a alegação de ofensa aos arts. 489 e 1.022 do CPC/2015 se faz de forma genérica, sem a demonstração exata dos pontos em relação aos quais o acórdão se fez omisso, contraditório ou obscuro. Incidência da Súmula 284 do STF. 2. O Superior Tribunal de Justiça firmou o entendimento de que 'o bem alienado fiduciariamente, por não integrar o patrimônio do devedor, não pode ser objeto de penhora. Nada impede, contudo, que os direitos do devedor fiduciante oriundos do contrato sejam constritos' (AgInt no AREsp 1.370.727/SP, Rel. Ministro Marco Aurélio Bellizze, Terceira Turma, julgado em 25/03/2019, DJe de 28/03/2019). 3. Agravo interno a que se nega provimento" (REsp 1.819.186/SP, rel. Min. Raul Araujo, DJe 4/2/2020).

[106] "Direito civil. Processual civil. Recurso especial. Ação de cobrança. Despesas condominiais. Imóvel objeto de alienação fiduciária. Responsabilidade do credor fiduciário. Solidariedade. Ausência. Verbas de sucumbência. 1. Ação de cobrança de despesas condominiais. 2. Ação ajuizada em 05/05/2011. Recurso especial concluso ao gabinete em 26/08/2016. Julgamento: CPC/73. 3. O propósito recursal é definir se há responsabilidade solidária do credor fiduciário e dos devedores fiduciantes quanto: i) ao pagamento das despesas condominiais que recaem sobre imóvel objeto de garantia fiduciária; e ii) ao pagamento das verbas de sucumbência. 4. O art. 27, § 8º, da Lei 9.514/97 prevê expressamente que responde o fiduciante pelo pagamento dos impostos, taxas, contribuições condominiais e quaisquer outros encargos que recaiam ou venham a recair sobre o imóvel, cuja posse tenha sido transferida para o fiduciário, nos

Efetivada a penhora do direito aquisitivo do devedor-fiduciante, deve o requerente diligenciar a intimação do fiduciário.[107]

Na medida em que a aquisição da propriedade, por parte do devedor-fiduciante, é condicionada ao pagamento da dívida, que em geral se faz parceladamente, a apuração do valor econômico do direito aquisitivo passível de constrição deve levar em conta, necessariamente, entre outros fatores, o valor do saldo devedor, deduzindo-o do valor de mercado do bem. Realizado o leilão dos direitos aquisitivos penhorados, o arrematante ficará sub-rogado nos direitos e obrigações do devedor-fiduciante, substituindo-o na relação contratual com o credor-fiduciário; neste caso, o arrematante tornar-se-á titular dos direitos aquisitivos e estará obrigado a resgatar o saldo da dívida, em cumprimento da condição a que está subordinado o contrato.

A penhora dos direitos do devedor-fiduciante não atinge o direito do credor-fiduciário, pois o que ocorre é apenas substituição do devedor-fiduciante, que deixa de ser o devedor original e passa a ser o arrematante.

Em qualquer dos casos – seja referindo-se aos direitos do credor ou aos direitos aquisitivos do devedor –, a penhora deve ser averbada no Registro competente.

Em razão dessa delimitação legal, a existência de penhora, indisponibilidade, arresto ou qualquer outro ato de constrição sobre os direitos do fiduciante não obsta a consolidação da propriedade no patrimônio do credor fiduciário, sua averbação no Registro de Imóveis e a venda do bem, pois a constrição determinada contra bem do patrimônio do fiduciante tem por objeto seu direito aquisitivo e, depois de consolidada a propriedade no credor, o direito à percepção da quantia que eventualmente restar depois de satisfeito o crédito com o produto da venda do bem.

A jurisprudência já consolidada reconhece que a constrição decretada contra bens do devedor fiduciante "não tem o condão de afastar o exercício dos direitos do credor fiduciário resultantes do contrato de alienação fiduciária, pois, do contrário, estaríamos a permitir a ingerência na relação contratual sem que a lei o estabeleça".[108]

---

termos deste artigo, até a data em que o fiduciário vier a ser imitido na posse. 5. Ademais, o art. 1.368-B do CC/02, veio, de forma harmônica, complementar o disposto no art. 27, § 8º, da Lei 9.514/97, ao dispor que o credor fiduciário que se tornar proprietário pleno do bem, por efeito de realização da garantia, mediante consolidação da propriedade, adjudicação, dação ou outra forma pela qual lhe tenha sido transmitida a propriedade plena, passa a responder pelo pagamento dos tributos sobre a propriedade e a posse, taxas, despesas condominiais e quaisquer outros encargos, tributários ou não, incidentes sobre o bem objeto da garantia, a partir da data em que vier a ser imitido na posse direta do bem. 6. Aparentemente, com a interpretação literal dos mencionados dispositivos legais, chega-se à conclusão de que o legislador procurou proteger os interesses do credor fiduciário, que tem a propriedade resolúvel como mero direito real de garantia voltado à satisfação de um crédito. 7. Dessume-se que, de fato, a responsabilidade do credor fiduciário pelo pagamento das despesas condominiais dá-se quando da consolidação de sua propriedade plena quanto ao bem dado em garantia, ou seja, quando de sua imissão na posse do imóvel, nos termos do art. 27, § 8º, da Lei 9.514/97 e do art. 1.368-B do CC/02. A sua legitimidade para figurar no polo passivo da ação resume-se, portanto, à condição de estar imitido na posse do bem. 8. Na espécie, não reconhecida pelas instâncias de origem a consolidação da propriedade plena em favor do Itaú Unibanco S.A, não há que se falar em responsabilidade solidária deste com os devedores fiduciários quanto ao adimplemento das despesas condominiais em aberto. 9. Por fim, reconhecida, na hipótese, a ausência de solidariedade do credor fiduciário pelo pagamento das despesas condominiais, não há que se falar em condenação solidária do recorrente ao pagamento das despesas processuais e honorários advocatícios. 10. Recurso especial conhecido e provido" (REsp 1.731.735/SP, 3ª T., rel. Min. Nancy Andrigui, DJe 22/11/2018).

[107] Código de Processo Civil: "Art. 799. Incumbe ainda ao exequente: I – requerer a intimação do credor pignoratício, hipotecário, anticrético ou fiduciário, quando a penhora recair sobre bens gravados por penhor, hipoteca, anticrese ou alienação fiduciária".

[108] "Processual civil. Recurso especial. Direitos do fiduciante sobre bem submetido a contrato de alienação fiduciária. Penhora. Possibilidade. 1. A pretensão da Fazenda não consiste na penhora do bem objeto

Assim, se, depois de efetivada a penhora do direito aquisitivo do devedor fiduciante, sobrevier o inadimplemento da obrigação garantida pela propriedade fiduciária e, em consequência, a consolidação da propriedade no patrimônio do credor, o devedor fiduciante deixa de ser titular de direito aquisitivo sobre o imóvel e passa a ser titular do direito de crédito em valor correspondente ao *quantum* que vier a remanescer do produto da venda do bem, que, por efeito do inadimplemento, foi transmitido ao credor fiduciário mediante consolidação. Relembre-se que a propriedade consolida-se no patrimônio do credor fiduciário, que, apesar de se tornar proprietário pleno, tem o dever de ofertar seu imóvel à venda em trinta dias para satisfação do seu crédito em dinheiro e entregar o eventual saldo ao antigo devedor fiduciante. Assim, sobrevindo a consolidação da propriedade no patrimônio do credor fiduciário, o gravame existente sobre o direito aquisitivo do fiduciante sub-roga-se no direito à percepção do saldo que eventualmente restar do produto da venda.

Apesar da clara delimitação dos direitos do devedor-fiduciante, até mesmo pelo novo Código de Processo Civil, vez por outra registram-se decisões equivocadas que, ante a existência de constrições contra direito patrimonial do devedor-fiduciante e sobrevindo certificação do inadimplemento da obrigação deste pelo Oficial do Registro de Imóveis, redirecionam a constrição para o patrimônio do credor-fiduciário e o impedem de exercer seu direito , ao vedar a averbação da consolidação da propriedade e a venda do bem até que seja levantada a constrição, sob a falsa premissa de que tal averbação "faria extinguir os direitos dos devedores fiduciários",[109] ignorando que, no caso, o bloqueio visa o direito aquisitivo do fiduciante e o eventual saldo que restar do leilão, e não o crédito do fiduciário e o direito de propriedade fiduciária, que acompanha crédito e se converte em propriedade plena do credor por efeito do inadimplemento da obrigação do fiduciante.

4.2.2.3.1. Impenhorabilidade do bem de família. Lei 8.009/1990

A Lei 8.009/1990 considera impenhorável o imóvel destinado à moradia do grupo familiar, excluindo-o da responsabilidade por qualquer dívida civil, comercial, fiscal, previdenciária ou de outra natureza,[110] mas ressalvando que esse imóvel responde pelas dívidas oriundas de financiamento da sua construção ou aquisição, com ou sem garantia real (art. 3º, II), e, ain-

---

de alienação fiduciária, mas sim dos direitos que o devedor fiduciante possui sobre a coisa. 2. Referida pretensão encontra guarida na jurisprudência deste Tribunal Superior que, ao permitir a penhora dos direitos do devedor fiduciante oriundos do contrato de alienação, não traz como requisito a anuência do credor fiduciário. Precedentes: AgInt no AREsp 644.018/SP, Rel. Ministra Maria Isabel Gallotti, Quarta Turma, DJe de 10/06/2016 ST; AgRg no REsp 1.459.609/RS, de minha relatoria, Segunda Turma, *DJe* 4/12/2014; STJ, REsp 1.051.642/RS, Rel. Ministra Denise Arruda, Primeira Turma, *DJe* 2/2/2010; STJ, REsp 910.207/MG, Rel. Ministro Castro Meira, Segunda Turma, *DJ* 25/10/2007. 3. Esclarece-se, por oportuno, que a penhora, na espécie, não tem o condão de afastar o exercício dos direitos do credor fiduciário resultantes do contrato de alienação fiduciária, pois, do contrário, estaríamos a permitir a ingerência na relação contratual sem lei que o estabeleça. Até porque os direitos do devedor fiduciante, objeto da penhora, subsistirão na medida e na proporção que cumprir com suas obrigações oriundas do contrato de alienação fiduciária" (REsp 1.697.645-MG, rel. Min. Og Fernandes, *DJe* 25/4/2018).

[109] "Registro de Imóveis – Alienação fiduciária de bem imóvel – Consolidação da propriedade em nome da credora fiduciária, em face da regular intimação e da mora dos devedores fiduciantes – Averbações de indisponibilidades contra os fiduciantes, que impedem a consolidação – Necessidade de levantamento mediante ordem dos juízos de onde emanaram – Recurso desprovido. (Corregedoria-Geral de Justiça do Estado de São Paulo, Processo CG 2015/154498, *DJe* 17/12/2015).

[110] Lei 8.009/1990: "Art. 1º O imóvel residencial próprio do casal, ou da entidade familiar, é impenhorável e não responderá por qualquer tipo de dívida civil, comercial, fiscal, previdenciária ou de outra natureza,

da, por operações de crédito, em geral, garantidas por hipoteca oferecida pelo casal ou pela entidade familiar (art. 3º, V).[111]

Assim, a impenhorabilidade é oponível à execução de todo e qualquer crédito não relacionado ao imóvel de moradia, admitida sua excussão somente para satisfação de crédito correspondente ao IPTU, condomínio, entre outros encargos relacionados ao imóvel, bem como ao financiamento da respectiva construção ou aquisição e, ainda, às operações de crédito em geral garantidas por hipoteca ou propriedade fiduciária do imóvel de moradia.

Apesar de a lei não se referir à alienação fiduciária,[112] essa omissão veio a ser suprida pelo art. 833, § 1º, do Código de Processo Civil, que, na sua primeira parte, institui regra geral segundo a qual a impenhorabilidade é inoponível "à execução de dívida relativa ao próprio bem", abrangendo qualquer operação de crédito, inclusive aquela com garantia do próprio imóvel, e, na segunda parte, trata da situação específica do financiamento do imóvel, ao referir-se à "dívida contraída para sua aquisição".[113]

Do mesmo modo, o inciso II do art. 3º da Lei 8.009/1990 também contempla norma geral, pois, ao prever que a impenhorabilidade é inoponível à cobrança do crédito decorrente de financiamento para construção ou aquisição, que, em regra, é garantido por hipoteca ou propriedade fiduciária.[114]

De outra parte, esse caráter abrangente indica o propósito de abarcar toda a diversidade de contratos cujo objeto seja a construção e a aquisição de imóveis, tanto no ambiente da produção e comercialização, formado pelas empresas do mercado imobiliário, como nos negócios entre pessoas físicas, formalizados, em geral, mediante contratos de compra e venda, com ou sem garantias, reais ou pessoais, e a promessa de compra e venda.

Essa diversidade é considerada na jurisprudência do Superior Tribunal de Justiça, que já firmou o entendimento de que a impenhorabilidade do bem de família "também abrange o imóvel em fase de aquisição, como aqueles decorrentes da celebração do compromisso de compra e venda ou do financiamento de imóvel para fins de moradia".[115]

---

contraída pelos cônjuges ou pelos pais ou filhos que sejam seus proprietários e nele residam, salvo nas hipóteses previstas nesta lei".

[111] Lei 8.009/1990: "Art. 3º A impenhorabilidade é oponível em qualquer processo de execução civil, fiscal, previdenciária, trabalhista ou de outra natureza, salvo se movido: (...) II – pelo titular do crédito decorrente do financiamento destinado à construção ou à aquisição do imóvel, no limite dos créditos e acréscimos constituídos em função do respectivo contrato (...); V – para execução de hipoteca sobre o imóvel oferecido como garantia real pelo casal ou pela entidade familiar".

[112] A menção apenas à hipoteca foi justificada por ser essa a única garantia real imobiliária em uso no País quando da aprovação dessa lei, em 1990, pois garantia fiduciária imobiliária só veio a ser regulamentada sete anos mais tarde, pela Lei 9.514/1997. De outra parte, a anticrese já se encontrava em desuso e nem constava no rol das garantias reais no Projeto de Código Civil de 1965. Sobre sua irrelevância como garantia real, Caio Mário da Silva Pereira observou que se trata de figura que subsistiria "como contrato de natureza meramente creditícia ou cláusula adjeta a contrato hipotecário" (PEREIRA, Caio Mário da Silva. *Instituições de direito civil*. 18. ed. Rio de Janeiro: Forense, 2004. v. IV, p. 414).

[113] Código de Processo Civil: "Art. 833. São impenhoráveis: (...) § 1º A impenhorabilidade não é oponível à execução de dívida relativa ao próprio bem, inclusive àquela contraída para sua aquisição". Anteriormente, a Lei 11.382/2006 já havia tratado da matéria, ao incluir ao art. 649 do CPC/1973 o § 1º com a seguinte redação: "§ 1º A impenhorabilidade não é oponível à cobrança do crédito concedido para a aquisição do próprio bem".

[114] DANTZGER, Afranio Carlos Camargo. *Alienação fiduciária de bens imóveis*. 5. ed. rev., atual. e ampl. Salvador: JusPodivm, 2020. p. 147 e ss.

[115] "Recurso especial. Direito processual civil. Bem imóvel. Alienação fiduciária em garantia. Direitos do devedor fiduciante. Penhora. Impossibilidade. Bem de família legal. Lei nº 8.009/1990. 1. Recur-

Nesses casos, o objeto da penhora é o direito aquisitivo do promitente comprador ou do devedor fiduciante, e não o domínio do imóvel.[116]

Assim, em execuções promovidas por terceiros, que tenham por objeto créditos não relacionados ao imóvel de moradia do devedor, a que se referem os incisos do art. 3º da Lei 8.009/1990, a penhora do domínio do imóvel hipotecado ou do direito aquisitivo do imóvel alienado fiduciariamente somente é admitida se o imóvel não constituir bem de família.[117]

O fato de o casal ou entidade familiar hipotecar ou alienar fiduciariamente imóvel utilizado para sua moradia que já integrava seu patrimônio, para fins diversos do habitacional, inclusive para financiamento de capital de giro ou outros negócios de sociedade empresária de que o proprietário seja sócio, não torna a impenhorabilidade oponível à execução do correspondente crédito hipotecário ou fiduciário.

A jurisprudência do Superior Tribunal de Justiça reconhece a validade e a eficácia dessa garantia, mesmo sendo a operação de crédito destinada a pessoa diversa daquelas integrantes da entidade familiar, pois, estando o imóvel livre e desembaraçado e sendo o proprietário dotado de capacidade civil, pode "dar seu único imóvel, residencial, em garantia a um contrato de mútuo favorecedor de pessoa diversa". O que não se admite é que o devedor constitua essa garantia e posteriormente venha a invocar a proteção da Lei 8.009/1990, se vier a inadimplir, pois não lhe é "permitido contrariar seu comportamento anterior pretendendo alijar a garantia no momento em que deixar de adimplir o débito".[118]

---

so especial interposto contra acórdão publicado na vigência do Código de Processo Civil de 2015 (Enunciados Administrativos nos 2 e 3/STJ). 2. Cinge-se a controvérsia a definir se os direitos (posse) do devedor fiduciante sobre o imóvel objeto do contrato de alienação fiduciária em garantia podem receber a proteção da impenhorabilidade do bem de família legal (Lei nº 8.009/1990) em execução de título extrajudicial (cheques). 3. Não se admite a penhora do bem alienado fiduciariamente em execução promovida por terceiros contra o devedor fiduciante, haja vista que o patrimônio pertence ao credor fiduciário, permitindo-se, contudo, a constrição dos direitos decorrentes do contrato de alienação fiduciária. Precedentes. 4. A regra da impenhorabilidade do bem de família legal também abrange o imóvel em fase de aquisição, como aqueles decorrentes da celebração do compromisso de compra e venda ou do financiamento de imóvel para fins de moradia, sob pena de impedir que o devedor (executado) adquira o bem necessário à habitação da entidade familiar. 5. Na hipótese, tratando-se de contrato de alienação fiduciária em garantia, no qual, havendo a quitação integral da dívida, o devedor fiduciante consolidará a propriedade para si, deve prevalecer a regra de impenhorabilidade. 6. Recurso especial provido" (REsp 1.677.079-SP, 3ª T., rel. Min. Ricardo Villas Bôas Cueva, *DJe* 1/10/2018).

[116] Como vimos nos itens 4.2.2.1, 4.2.2.2, 4.2.2.3 e 6.1, ao hipotecar seu imóvel, o devedor conserva consigo a propriedade, mas, ao alienar fiduciariamente, o devedor se demite da propriedade, tornando-se titular do direito real de aquisição. Assim, em ação de execução movida contra o devedor hipotecante, pode ser penhorado o domínio do imóvel hipotecado, enquanto em execução movida contra o devedor fiduciante a penhora recai sobre seu direito real de aquisição.

[117] Tratamos da execução judicial promovida pelo credor fiduciário para cobrança do crédito garantido por propriedade fiduciária nos itens 5.12.3 e 6.8.3.

[118] "Agravo Interno no Agravo em Recurso Especial. Alienação fiduciária. Imóvel. Sociedade. Bem pertencente aos únicos sócios. Penhora. Bem de família. Benefício. Reversão à entidade familiar. Presunção. Reexame. Súmulas n. 7 e 83/STJ. Não provimento. 1. A jurisprudência do Superior Tribunal de Justiça trilha no caminho de que "o bem de família é penhorável, quando os únicos sócios da empresa devedora são os titulares do imóvel hipotecado, sendo ônus dos proprietários a demonstração de que a família não se beneficiou dos valores auferidos" (EAREsp 848.498/PR, Rel. Ministro Luís Felipe Salomão, Segunda Seção, julgado em 25/4/2018, *DJe* 7/6/2018). Incidência, na hipótese, das disposições do verbete n. 83 da Súmula desta Casa. 2. Não cabe, em recurso especial, reexaminar matéria fático-probatória (Súmula n. 7/STJ). 3. Agravo interno a que se nega provimento." (AgInt no AREsp 2.052.640-RS, rel. Min. Maria Isabel Gallotti, *DJe* 31.3.2023).

4.2.3. Pacto comissório

A lei proíbe o pacto comissório,[119] considerando nula a convenção que autorize o credor a se apropriar da coisa objeto da garantia caso a dívida não seja paga no vencimento.[120]

A proibição atende à natureza do direito real de garantia, que se caracteriza pela vinculação da coisa ao cumprimento da obrigação[121] e confere ao credor o direito de, em caso de inadimplemento, promover a venda do bem objeto da garantia e satisfazer seu crédito em dinheiro, com o produto aí obtido, entregando o saldo, se houver, ao devedor.

É justificada pela necessidade de tutela do devedor ante o risco de locupletamento,[122] que poderia ocorrer "se se permitisse ao credor ficar com ela [a coisa dada em garantia] sem avaliação ou com uma avaliação realizada por ele próprio, no caso de incumprimento da obrigação garantida (e com a sua consequente extinção)".[123]

Com relação ao penhor, à hipoteca e à anticrese, a vedação do pacto comissório está prevista no art. 1.428 do Código Civil.[124]

No tocante à garantia fiduciária, a proibição dessa cláusula foi originalmente prevista no § 6º do art. 66 da Lei 4.728/1965,[125] que tipificou a alienação fiduciária de bens móveis infungíveis em garantia de créditos das instituições financeiras, previdenciários e fiscais, tendo causado perplexidade na doutrina, considerando que essa garantia se caracteriza pela transmissão da propriedade ao credor, conquanto resolúvel, observando Pontes de Miranda que "não se pode negar [ao proprietário fiduciário] tornar-se aquilo que ele já é";[126] idêntico

---

"Sendo a alienante pessoa dotada de capacidade civil, que livremente optou por dar seu único imóvel, residencial, em garantia a um contrato de mútuo (...), não se admite a proteção irrestrita do bem de família se esse amparo significar o alijamento da garantia após o inadimplemento do débito, contrariando a ética e a boa-fé, indispensáveis em todas as relações negociais" (AgInt no AREsp 2.071.640, rel., Min. Marco Aurélio Bellizze, *DJe* 10.08.2022).

[119] Sobre a vedação do pacto comissório em contrato de promessa de compra e venda, vem item 6.11.2. A convivência do CDC com as normas de tipificação dos contratos por espécie. A vedação do pacto comissório prevista no art. 53 do CDC.

[120] Diferentemente dessa cláusula, que a lei considera nula, é lícito o acordo de vontade denominado *pacto marciano*, cláusula pela qual as partes convencionam que, em caso de inadimplemento da obrigação garantida, o credor pode satisfazer seu crédito mediante apropriação do bem, pagando ao devedor a diferença entre o valor da dívida e o de avaliação feita por terceiro por ocasião do vencimento. Sobre essa forma de satisfação do crédito tratamos adiante (item 4.2.3.5).

[121] Código Civil: "Art. 1.419. Nas dívidas garantidas por penhor, anticrese ou hipoteca, o bem dado em garantia fica sujeito, por vínculo real, ao cumprimento da obrigação".

[122] Há propostas doutrinárias segundo as quais a proibição não se limita à tutela do devedor, mas, também, à proteção dos seus credores, com fundamento em que sua *ratio* é "plúrima e complexa, revelando, a um só tempo, o propósito de defender o devedor da (possível) extorsão do credor e a necessidade, que corresponde a um interesse geral do tráfego, de não serem falseadas as 'regras do jogo', através da atribuição injustificada de privilégios a alguns credores, em objectivo (seja ele efectivo ou potencial) prejuízo dos demais" (GOMES, Manuel Januário da Costa, *Assunção fidejussória de dívida*. Sobre o sentido e o âmbito da vinculação como fiador. Coimbra: Almedina, 2000, p. 94).

[123] VASCONCELOS, Luís Miguel Delgado Paredes Pestana de, *A cessão de créditos em garantia e a insolvência*. Coimbra: Coimbra Editora, 2007, pp. 626-627.

[124] Código Civil: "Art. 1.428. É nula a cláusula que autoriza o credor pignoratício, anticrético ou hipotecário a ficar com o objeto da garantia, se a dívida não for paga no vencimento".

[125] Lei 4.728/1965: "Art. 66. (...). § 6º É nula a cláusula que autorize o proprietário fiduciário a ficar com a coisa alienada fiduciariamente em garantia, se a dívida não for paga no seu vencimento". (Redação original do § 7º da Lei 4.728/1965, renumerado pelo Decreto-lei 911/1969).

[126] Segundo Pontes de Miranda, "quem é outorgado em pacto de transmissão em segurança não poderia ficar subordinado à *ratio legis* do art. 765 do Código Civil porque já é adquirente; não se poderia negar

fundamento foi adotado pela jurisprudência anterior ao Código Civil de 2002, que afastava a aplicação da regra proibitiva.[127]

É que, como vimos (item 3.6), a alienação fiduciária é negócio jurídico de transmissão condicional, pelo qual o devedor se demite da propriedade e a transmite ao credor, em caráter resolúvel. A condição resolutiva a que se subordina a propriedade transmitida ao credor em garantia é definida por lei e opera seus efeitos independentemente da vontade das partes; assim, a propriedade, transmitida ao patrimônio do credor quando da contratação da garantia, a ele haverá de se incorporar como propriedade plena se e quando ocorrer certo *evento definido por lei* (inadimplemento da obrigação garantida), e não em cumprimento de uma cláusula comissória, *estipulada por convenção* das partes.

Sobrevindo, especialmente a partir dos anos 2000, legislação que expandiu o campo originalmente restritivo da garantia fiduciária,[128] surgem novas perspectivas sobre sua sujeição a essa proibição, a partir de releitura das normas que a regulamentam, suas alterações e da experiência colhida ao longo de mais de meio século da sua aplicação, iniciada no final da década de 1960.

Merecem atenção as seguintes normas legais relacionadas à questão:

A Lei 9.514/1997 regulamenta a alienação fiduciária de bem imóvel e, apesar de nada dispor sobre a cláusula comissória, estabelece mecanismos de controle compatíveis com a vedação do pacto comissório, entre eles a avaliação do imóvel por terceiro, em data contemporânea ao leilão, e a satisfação do crédito com o produto da venda.

---

tornar-se aquilo que ele já é; pode-se vedar o vir a ser, não o ser; aplicar-se o art. 765 ao outorgado em pacto de transmissão em segurança seria negar-se a alguém poder continuar a ser o que já é" (*Tratado*, cit., t. XXI, p. 450. No mesmo sentido, Caio Mário da Silva Pereira, *Instituições*, cit., v. IV, p. 281, e Orlando Gomes, *Alienação fiduciária*, cit., p. 95) (Alienação fiduciária em garantia, cit., pp. 106-107). Em sentido contrário, entende José Carlos Moreira Alves que "é ilícito o pacto comissório quando aposto à alienação fiduciária em garantia, da mesma forma que o é quando aposto aos contratos de penhor, anticrese e hipoteca", ressaltando que é "manifesta a intenção da lei de impedir o resultado econômico a que conduz o pacto comissório, seja com eficácia real, seja com eficácia pessoal, isto é, a transferência da propriedade plena de coisa de valor superior ao débito" (*Alienação fiduciária em garantia*, cit., pp. 106-107).

[127] "Alienação fiduciária em garantia. Bens integrantes do patrimônio do devedor. Possibilidade. Precedentes. Súmula. Recurso provido. I – Segundo entendimento sumulado do Tribunal (Enunciado nº 28), o contrato de alienação fiduciária em garantia pode ter por objeto bens já integrantes do patrimônio do devedor. II – Não obstante as afinidades, a alienação fiduciária em garantia não pode ser qualificada como 'penhor mascarado e pacto comissório antecipado' pela circunstância de sustentar-se também em bens já pertencentes ao devedor" (REsp 5528-RS, rel. Min. Sálvio de Figueiredo Teixeira, j. 19/11/1991). "Alienação fiduciária em garantia. Bens integrantes do patrimônio do devedor. Possibilidade. Precedentes. I – Segundo entendimento sumulado (Enunciado nº 28), o contrato de alienação fiduciária em garantia pode ter por objeto bens já integrantes do patrimônio do devedor. II – Não obstante as afinidades, essa modalidade de alienação fiduciária em garantia não pode ser confundida com os institutos do penhor e do pacto comissório, pela circunstância de sustentar-se também em bens já pertencentes ao devedor" (REsp 162942-MS, rel. Min. Sálvio de Figueiredo Teixeira, j. 30/4/1998).

[128] V. Item 4.2. Principais figuras de natureza fiduciária do direito brasileiro. Há muito defendemos a necessidade de sistematização das normas sobre propriedade fiduciária no direito brasileiro, sendo esse o objeto de nossa monografia denominada *Negócio Fiduciário*, apresentada no Curso de Especialização em Direito Privado, na Universidade Federal Fluminense em 1996, que deu origem a esta obra, aos anteprojetos de lei convertidos na regulamentação das garantias fiduciárias instituída pela Lei 9.514/1997 e da afetação patrimonial da incorporação imobiliária (Lei 10.931/2004) e, ainda, ao anteprojeto de lei de regulamentação do *contrato de fidúcia*, apresentado na Câmara Federal nos termos do Projeto de Lei 4.908/1998, do Deputado José Chaves. V. item 4 e artigo Afetação patrimonial no direito contemporâneo, *Revista Trimestral de Direito Civil*, Editora Padma, v. 29, pp. 111-147, jan.-mar. 2007.

A mesma Lei 9.514 e o art. 66-B, § 3º, da Lei 4.728/1965, incluído pela Lei 10.931/2004, ao regulamentar a cessão fiduciária de títulos de crédito e direitos creditórios, autorizam o credor cessionário fiduciário a exercer diretamente a cobrança dos créditos cedidos fiduciariamente e se apropriar do produto da cobrança até o limite do seu crédito.[129]

O § 6º do art. 66 da Lei 4.728/1965, que vedava o pacto comissório na garantia fiduciária do bem móvel infungível de créditos do mercado financeiro, previdenciários e fiscais, foi derrogado pela Lei 10.931/2004, mas a lacuna deixada pela derrogação não afasta a proibição da apropriação do bem pelo credor, pois, no silêncio da lei especial, incide a regra geral da proibição do art. 1.365 do Código Civil, aplicável a todas as espécies de garantia fiduciária, por força do seu art. 1.368-A.

A parte final do art. 2º do Decreto-lei 911/1969,[130] ainda sobre alienação fiduciária de bens móveis infungíveis, com a redação dada pela Lei 13.043/2014, admite a estipulação de outras formas de satisfação do crédito, além do pagamento em dinheiro ("... o credor poderá vender a coisa (...), salvo disposição expressa em contrário no contrato"), e, assim, abre espaço à atuação da autonomia privada, viabilizando a contratação de outras formas de realização da garantia.

Essa mesma Lei 13.043 introduziu importantes alterações no Código Civil, reafirmando a atribuição da propriedade plena ao credor, por efeito da consolidação,[131] e a qualificação da propriedade fiduciária como direito real em garantia.[132]

A qualificação assim definida pelo Código Civil afasta qualquer dúvida quanto à estrutura e função da propriedade fiduciária em garantia. Apesar de denominada *propriedade*

---

[129] Lei 9.514/1997: "Art. 19. Ao credor fiduciário compete o direito de: I – conservar e recuperar a posse dos títulos representativos dos créditos cedidos, contra qualquer detentor, inclusive o próprio cedente; II – promover a intimação dos devedores que não paguem ao cedente, enquanto durar a cessão fiduciária; III – usar das ações, recursos e execuções, judiciais e extrajudiciais, para receber os créditos cedidos e exercer os demais direitos conferidos ao cedente no contrato de alienação do imóvel; IV – receber diretamente dos devedores os créditos cedidos fiduciariamente. § 1º As importâncias recebidas na forma do inciso IV deste artigo, depois de deduzidas as despesas de cobrança e de administração, serão creditadas ao devedor cedente, na operação objeto da cessão fiduciária, até final liquidação da dívida e encargos, responsabilizando-se o credor fiduciário perante o cedente, como depositário, pelo que receber além do que este lhe devia. § 2º Se as importâncias recebidas, a que se refere o parágrafo anterior, não bastarem para o pagamento integral da dívida e seus encargos, bem como das despesas de cobrança e de administração daqueles créditos, o devedor continuará obrigado a resgatar o saldo remanescente nas condições convencionadas no contrato".

[130] Decreto-lei 911/1969: "Art. 2o No caso de inadimplemento ou mora nas obrigações contratuais garantidas mediante alienação fiduciária, o proprietário fiduciário ou credor poderá vender a coisa a terceiros, independentemente de leilão, hasta pública, avaliação prévia ou qualquer outra medida judicial ou extrajudicial, salvo disposição expressa em contrário prevista no contrato, devendo aplicar o preço da venda no pagamento de seu crédito e das despesas decorrentes e entregar ao devedor o saldo apurado, se houver, com a devida prestação de contas".

[131] Código Civil: "Art. 1.368-B. A alienação fiduciária em garantia de bem móvel ou imóvel confere direito real de aquisição ao fiduciante, seu cessionário ou sucessor. Parágrafo único. O credor fiduciário que se tornar proprietário pleno do bem, por efeito de realização da garantia, mediante consolidação da propriedade, adjudicação, dação ou outra forma pela qual lhe tenha sido transmitida a propriedade plena, passa a responder pelo pagamento dos tributos sobre a propriedade e a posse, taxas, despesas condominiais e quaisquer outros encargos, tributários ou não, incidentes sobre o bem objeto da garantia, a partir da data em que vier a ser imitido na posse direta do bem".

[132] Código Civil: "Art. 1.367. A propriedade fiduciária em garantia de bens móveis ou imóveis sujeita-se às disposições do Capítulo I do Título X do Livro III da Parte Especial deste Código e, no que for específico, à legislação especial pertinente, não se equiparando, para quaisquer efeitos, à propriedade plena de que trata o art. 1.231".

fiduciária, essa espécie de direito real limita-se a vincular o bem ao cumprimento da obrigação (art. 1.419), e não à pessoa do seu titular, credor fiduciário; integra, portanto, a categoria dos direitos reais de garantia, por expressa definição do art. 1.367 do Código Civil.

4.2.3.1. O contorno peculiar da vedação do pacto comissório na alienação fiduciária em garantia

A apropriação do bem pelo credor fiduciário, mediante consolidação, não caracteriza violação da proibição da cláusula comissória, pois, como bem pondera Pablo Renteria, essa proibição "apresenta, na alienação fiduciária em garantia, contorno específico, vedando-se não a apropriação do bem em caso de inadimplemento – o que sequer seria concebível haja vista fundar-se tal modalidade de garantia na transmissão do domínio – mas a manutenção do bem na titularidade do credor após o vencimento da dívida".[133]

É que a atribuição da propriedade ao credor fiduciário é afetada à função de garantia, e essa afetação não desaparece nem mesmo depois que o credor fiduciário se torna proprietário pleno, mas apenas passa a ser *residual*, observando Francisco Eduardo Loureiro que, mesmo depois da consolidação, "não pode o credor, agora proprietário pleno da coisa, mas com afetação residual à satisfação de um crédito, ficar com ela, devendo promover sua alienação a terceiros".[134]

Assim, o direito subjetivo do credor proprietário fiduciário é condicionado e limitado pela afetação do bem à satisfação do crédito, a partir de critérios peculiares de avaliação do bem e excussão, como dispõem as normas especiais sobre a realização da garantia fiduciária a que nos referimos acima.

Observem-se o art. 3º do Decreto-lei 911/1969, relativo à execução de créditos de instituições financeiras, previdenciários e fiscais garantidos por propriedade fiduciária de bens móveis infungíveis, e os arts. 26 e 27 da Lei 9.514/1997, que dispõem sobre a realização da garantia fiduciária de bens imóveis.[135]

No primeiro caso, uma vez caracterizado o inadimplemento, efetiva-se liminarmente a consolidação da propriedade no credor, em ação de busca e apreensão, facultada ao devedor fiduciante a reaquisição do bem mediante pagamento da integralidade da dívida nos cinco dias que se seguirem à intimação da liminar. Expirado esse prazo sem o pagamento, o credor, já proprietário pleno, deverá vender o bem, devendo prestar contas ao antigo devedor e lhe entregar a quantia que eventualmente exceder ao valor do seu crédito e despesas.[136]

No segundo caso, a consolidação é efetivada mediante procedimento extrajudicial realizado no Registro de Imóveis da situação do imóvel, pelo qual, uma vez certificado o inadimplemento por certidão do oficial do Registro, procede-se à averbação da consolidação da propriedade à vista de requerimento do credor instruído com comprovação do pagamento do ITBI e do laudêmio, se for o caso; nos trinta dias seguintes à consolidação, o credor deve ofertar o imóvel à venda em dois leilões, destinando-se o produto aí obtido ao credor, para satisfação do crédito, e o saldo, se houver, ao devedor (arts. 26 e 27).

Nesse caso, a realização da garantia fiduciária de bens imóveis é regulamentada detalhadamente pela Lei 9.514/1997, merecendo atenção seus principais aspectos.

---

[133] RENTERÍA, Pablo, *Penhor e autonomia privada*. Rio de Janeiro: GEN-Atlas, 2016, p. 165.
[134] LOUREIRO, Francisco Eduardo, *Código Civil comentado*. Coord. Ministro Cezar Peluso. 10. ed. São Paulo: Manole. 2018, comentário ao art. 1.364, p. 1.356.
[135] Os procedimentos são tratados nos itens 5.8 a 5.12 e 6.8 a 6.10.
[136] V. itens 5.9 a 5.12.

Uma vez consolidada a propriedade do bem imóvel, o credor fiduciário, já na qualidade de proprietário pleno, deverá ofertar o imóvel à venda em dois leilões. Se não se alcançar quantia suficiente para satisfação do crédito em nenhum dos dois leilões, considera-se extinta a dívida e exonerado o devedor da responsabilidade pelo eventual saldo remanescente, salvo em relação a operações de autofinanciamento denominado *consórcio* e determinadas operações de abertura de crédito de instituições financeiras.

As normas sobre comprovação da mora, caracterização do inadimplemento e, ainda, sobre a expropriação do direito aquisitivo do devedor fiduciante, avaliação do imóvel e realização do leilão visam adaptar a propriedade resolúvel ao regime jurídico dos direitos reais de garantia.

Com relação à avaliação para leilão, a lei dispõe que o imóvel será ofertado no primeiro leilão pelo valor fixado no contrato de alienação fiduciária, revisto por ocasião do leilão (art. 24, VI).[137]

Mas não basta a revisão da avaliação em data próxima do leilão, pois, para ajustar o valor do imóvel ao preço de mercado, a lei exige que o valor revisto seja comparado com o da avaliação realizada pela Prefeitura para cálculo do ITBI exigível para consolidação da propriedade, que antecede o leilão,[138] dispondo que prevalecerá o maior dos dois como lance mínimo para o primeiro leilão.

Essa avaliação por um ente público, terceiro, imparcial, realizada em data próxima à do leilão, atende à *ratio* da vedação da cláusula comissória, pois visa dotar o procedimento de realização da garantia de mecanismos de controle que assegurem a efetividade dessa proibição,[139] impedindo a excussão do bem "sem que este seja avaliado, ou quando a avaliação seja realizada só pelo credor (e não por um terceiro independente das partes, como deverá, em regra, suceder) e, consequentemente, um potencial prejuízo do seu anterior titular."[140]

Além desse rigoroso critério de avaliação, o procedimento de excussão também é objeto de tratamento peculiar: embora a propriedade plena já esteja incorporada ao patrimônio do

---

[137] No mercado da incorporação imobiliária, para efeito de oferta no primeiro leilão, indica-se no contrato de alienação fiduciária, usualmente, o preço de venda do imóvel atualizado pelos mesmos índices de atualização do saldo devedor. Embora se trate de mecanismo de adequação de um valor pecuniário em face da depreciação da moeda, a atualização monetária não cumpre a função da revisão da avaliação, que compreende a articulação de diferentes fatores de aferição dos dados no mercado real, que pode discrepar do valor atualizado.

[138] Lei 9.514/1997: "Art. 24. O contrato que serve de título ao negócio fiduciário conterá: (...); VI – a indicação, para efeito de venda em público leilão, do valor do imóvel e dos critérios para a respectiva revisão; (...).§ 1º Caso o valor do imóvel convencionado pelas partes nos termos do inciso VI do *caput* seja inferior ao utilizado pelo órgão competente como base de cálculo para a apuração do imposto sobre transmissão inter vivos, exigível por força da consolidação da propriedade em nome do credor fiduciário, este último será o valor mínimo para efeito de venda do imóvel no primeiro leilão.

§ 2º Nos contratos firmados com cláusula de alienação fiduciária em garantia, caberá ao fiduciante a obrigação de arcar com o custo do pagamento do Imposto sobre a Propriedade Predial e Territorial Urbana - IPTU incidente sobre o bem e das taxas condominiais existentes."

[139] A adoção da avaliação realizada por ente público como referencial para definição do preço mínimo de oferta do bem em leilão atende aos pressupostos e ao propósito da vedação do pacto comissório, ao dotar o procedimento de realização da garantia de mecanismos "que assegurem, com effectividade e actualidade, que o valor do bem apropriado não é superior ao valor da dívida garantida ou que, sendo aquele superior a este, o credor não se apropriará do valor que exceda o necessário para a satisfação do crédito" (PIRES, Catarina Monteiro, *Alienação em garantia*. Coimbra: Almedina, 2010, p. 272).

[140] VASCONCELOS, Luís Miguel Delgado Paredes Pestana de, *A cessão de créditos em garantia e a insolvência*. Coimbra: Coimbra Editora, 2007, p. 629.

credor fiduciário, este é obrigado a ofertar o imóvel à venda, limitada essa diligência, entretanto, à realização de dois leilões.

Outra peculiaridade desse procedimento é a extinção da dívida, com a consequente exoneração da responsabilidade patrimonial do devedor fiduciante pelo saldo remanescente, caso nesses dois leilões não se alcance lance igual ou superior ao saldo devedor. Essa regra excepcional tem como precedente legislativo o tratamento especial dado pela Lei 5.741/1971 à execução judicial de créditos hipotecários habitacionais vinculados ao Sistema Financeiro da Habitação.[141]

É como dispõe o § 5º do art. 27 da Lei 9.514/1997, segundo o qual, em caso de frustração dos dois leilões, "considerar-se-á extinta a dívida e exonerado o credor da obrigação de que trata o § 4º [pagamento de sobejo ao devedor]".[142]

De acordo com essa regra, exaurido o procedimento dos leilões sem que tenha havido arrematação, a propriedade anteriormente incorporada ao patrimônio do credor pela consolidação aí permanece, agora exonerada do ônus da oferta pública para venda nos termos da lei, como anotam Paulo Restiffe Neto e Paulo Sérgio Restiffe: "na eventualidade de não haver no segundo público leilão licitante ou lance igual ou superior ao valor da dívida, considera *in extremis* a lei *extinta* a dívida e quitado o devedor (§§ 5º e 6º), desonerando o credor do encargo de novas tentativas de excussão, mas não da prestação de contas e entrega ao devedor do que eventualmente sobejar".[143]

4.2.3.2. *Jurisprudência sobre os efeitos da consolidação da propriedade*

A jurisprudência a respeito dos atos subsequentes à apropriação do bem pelo credor, mediante consolidação, e a realização da garantia, é rarefeita.

Com relação à realização da garantia fiduciária de bens móveis infungíveis registram-se precedentes a partir da década de 1990 no Superior Tribunal de Justiça, que têm por objeto a pretensão de prestação de contas formulada por antigos devedores fiduciantes.

Nesses casos, as decisões limitam-se a reconhecer o interesse processual dos antigos devedores, com fundamento em que eles são titulares de direito de crédito correspondente ao que exceder o valor de sua dívida. Assim, mesmo depois de rompido o vínculo correspondente ao contrato de empréstimo com pacto adjeto de alienação fiduciária e expropriado, por efeito da consolidação da propriedade, o direito aquisitivo do devedor fiduciante sobre o bem objeto da garantia, a jurisprudência reconhece a persistência de um vínculo obrigacional que autoriza a propositura da ação de prestação de contas pelo antigo devedor fiduciante, tendo

---

[141] A dispensa do pagamento de eventual saldo remanescente na execução hipotecária é objeto do art. 7º da Lei 5.741/1971, que institui procedimento especial de execução judicial de crédito hipotecário vinculado a financiamento habitacional do Sistema Financeiro da Habitação, do seguinte teor: "Art. 7º Não havendo licitante na praça pública, o juiz adjudicará, dentro de quarenta e oito horas, ao exequente o imóvel hipotecado, ficando exonerado o executado da obrigação de pagar o restante da dívida". Tratamos da matéria mais detidamente no item *6.10.1 – Exoneração da responsabilidade pelo pagamento integral da dívida*, sustentando a necessidade de alteração legislativa que restrinja o benefício aos tomadores de financiamento habitacional e aos contratantes de autofinanciamento do tipo *consórcio*, mantendo as operações de crédito em geral subordinadas às normas dos arts. 586 e 1.366 do Código Civil.

[142] Lei 9.514/1997: "Art. 27. (...). § 5º Se, no segundo leilão, o maior lance oferecido não for igual ou superior ao valor referido no § 2º, considerar-se-á extinta a dívida e exonerado o credor da obrigação de que trata o § 4º".

[143] RESTIFFE NETO, Paulo, e RESTIFFE, Paulo Sérgio, *Propriedade fiduciária imóvel* (regime jurídico, questionamentos, jurisprudência). São Paulo: Malheiros, 2009, p. 175.

em vista que "o produto da venda, descontadas despesas, haverá de ser aplicado no pagamento do crédito, cabendo ao devedor o que eventualmente sobejar".[144]

Quanto à garantia fiduciária de bens imóveis, a jurisprudência começou a ser construída na década de 2010.

Os precedentes encontrados dizem respeito a ações nas quais antigos devedores fiduciantes postulam a restituição de quantias pagas ao antigo credor fiduciário, fundamentando-se em que, tendo sido expropriado seu direito aquisitivo, por efeito da consolidação da propriedade no credor, e sendo infrutíferos os dois leilões, deveria o credor fiduciário restituir-lhes as parcelas recebidas a título de amortização e juros do empréstimo ou pagar-lhes a diferença entre o valor da dívida e o da avaliação do imóvel.

Com relação à pretensão de simples restituição das quantias pagas a título de amortização e juros, a jurisprudência do STJ vem se consolidando pela rejeição, fundamentando-se em que a extinção do contrato de crédito garantido por propriedade fiduciária submete-se à lei especial, que, no que tem de específico, prevalece sobre o art. 53 do Código de Defesa do Consumidor. Fundamenta-se a posição do STJ em que, na extinção do contrato de alienação fiduciária, o antigo devedor fiduciante tem direito à percepção da quantia que sobrar do produto da venda do bem, não sendo aplicável a essa hipótese a jurisprudência relativa à extinção das promessas de compra e venda por inadimplemento da obrigação do promitente comprador, segundo a qual este faz jus à restituição de parte das quantias pagas.[145] Essa posição veio a ser consagrada no direito positivo pelo § 14 do art. 67-A da Lei 4.591/1964, com a redação dada pela Lei 13.786/2018, que, ao regulamentar os efeitos da resolução do contrato de promessa de venda de imóveis integrantes de incorporação imobiliária, ressalva que nos casos de extinção de contrato de alienação fiduciária em garantia, entre outros, cujo acerto de contas decorrente de extinção do contrato se faça com o produto do leilão, "a restituição far-se-á de acordo com os critérios estabelecidos na respectiva lei especial ou com as normas aplicáveis à execução em geral".[146]

---

[144] "O produto da venda, descontadas despesas, haverá de ser aplicado no pagamento do crédito, cabendo ao devedor o que eventualmente sobejar. Patente o seu direito de conhecer o valor das respectivas parcelas e, para isso, o caminho adequado é a prestação de contas" (REsp 67.295/RO, rel. Min. Eduardo Ribeiro, DJ 7/10/1996).
"Direito processual civil. Ação de prestação de contas. Interesse processual. Alienação fiduciária Busca e apreensão. Leilão extrajudicial. Veículo automotor. Administração de interesse de terceiro. Cabimento. 1. A violação do art. 844 do CPC/1973 não foi debatida no Tribunal de origem, o que implica ausência de prequestionamento. Incidência da Súmula n. 282/STF. 2. No caso de alienação extrajudicial de veículo automotor regida pelo art. 2º do Decreto-lei n. 911/1969 – redação anterior a Lei n. 13.043/2014 –, tem o devedor interesse processual na ação de prestação de contas, quanto aos valores decorrentes da venda e à correta imputação no débito (saldo remanescente). 3. A administração de interesse de terceiro decorre do comando normativo que exige destinação específica do *quantum* e a entrega de eventual saldo ao devedor. 4. Após a entrada em vigor da Lei n. 13.043/2014, que alterou o art. 2º do Decreto-lei n. 911/1969, a obrigação de prestar contas ficou expressamente consignada. 5. Recurso especial conhecido em parte e não provido (REsp 1678525/SP, de minha relatoria, 4ª Turma, julgado em 05/10/2017, DJe 09/10/2017)" (REsp 1672697, rel. Min. Antônio Carlos Ferreira, DJe 8/8/2018, decisão monocrática).

[145] Tratamos especificamente da matéria no item 6.11, que trata dos distintos modos de extinção forçada dos contratos de crédito com pacto adjeto de alienação fiduciária e de promessa de compra e venda e 6.15, que trata da disciplina da garantia fiduciária e das demais garantias da mesma natureza à luz do princípio da isonomia. Destaquem os seguintes acórdãos do STJ que consagram essa orientação: REsp 1.230.384-SP, rel. Min. Paulo de Tarso Sanseverino, DJe 4/3/2013, Agravos de Instrumentos em REsps 932750-SP (8/2/2008) e 1.160.549-RS (3/9/2012) e REsps 1.230.384-SP (3/4/2013), 1.421.845-SP (decisão monocrática, 1º/6/2015), 1.172.146-SP (26/6/2015) e 1.456.180-DF (decisão monocrática, 8/10/2015).

[146] Lei 4.591/1964: "Art. 67-A. (...). § 14. Nas hipóteses de leilão de imóvel objeto de contrato de compra e venda com pagamento parcelado, com ou sem garantia real, de promessa de compra e venda ou de

Quanto à pretensão de antigos devedores fiduciantes, cujo objeto é o recebimento de diferença entre o valor da dívida e o da avaliação do imóvel ou, alternativamente, entre o valor da dívida e o da venda posterior ao segundo leilão, desenha-se a formação de três correntes, a quase totalidade no Tribunal de Justiça do Estado de São Paulo.

Uma corrente alinha-se ao texto legal, reconhecendo que, "extinta a dívida pela falta de interessados no segundo leilão, está o credor, ora apelante, dispensado de devolver qualquer montante que se refere o citado § 4º".[147]

Outras duas correntes admitem a persistência de um direito de crédito do devedor fiduciante mesmo após a extinção do vínculo contratual, divergindo, entretanto, quanto aos referenciais de cálculo e ao momento do pagamento.

Uma corrente parte do pressuposto de que, a despeito da frustração dos dois leilões, o antigo credor fiduciário deve continuar as diligências de venda e pagar ao antigo devedor fiduciante a diferença entre o valor da dívida e o da venda.

A outra corrente entende que, independentemente de novas tentativas de venda, o antigo credor fiduciário deve pagar ao antigo devedor fiduciante quantia correspondente à diferença entre o valor da dívida e o da avaliação logo após o segundo leilão negativo.

---

cessão e de compra e venda com pacto adjeto de alienação fiduciária em garantia, realizado o leilão no contexto de execução judicial ou de procedimento extrajudicial de execução ou de resolução, a restituição far-se-á de acordo com os critérios estabelecidos na respectiva lei especial ou com as normas aplicáveis à execução em geral". (Redação dada pela Lei 13.786/2018.)

[147] "Apelação cível. Ação declaratória de nulidade de leilão. Alienação fiduciária de bem imóvel. Sentença de procedência. Ocorrência de consolidação da propriedade do imóvel ao apelante em face da ausência de interessados no primeiro e no segundo leilão realizado. Intimações dos devedores que são válidas e reconhecidas na petição inicial. Terceiro leilão que ocorreu de forma particular e por opção do credor. Desnecessidade de intimação dos devedores. Sentença reformada. Inversão da sucumbência. Recurso conhecido e provido. 1. No caso dos autos, o primeiro leilão foi realizado em 14/11/2016 sem que houvesse qualquer interessado (mov. 96.2) e o segundo leilão realizado em 17/11/2016, também sem interessados (mov. 96.2). Nessa perspectiva, os próprios autores/apelados declararam na inicial que foram devidamente intimados e que estavam atentos quanto ao fato de não ter havido lances, de modo que não há como sustentar a tese de que houve irregularidade em suas intimações. 2. Nos termos do artigo 27, § 5º, da Lei nº 9.514/97 e como não houve lance ofertado no segundo leilão realizado em 17/11/2016, a consequência automática estipulada pelo legislador foi justamente a extinção da dívida. Por isso, uma vez extinta essa dívida e ocorrendo a adjudicação do imóvel pelo apelante, este poderia dispor do bem da forma como entendesse melhor, não havendo necessidade alguma de intimação dos devedores sobre as providências escolhidas já que eles não mantinham mais qualquer relação com o imóvel além de ser inexistente a possibilidade de purgar a mora. 3. Considerando a extinção da dívida pela falta de interessados no segundo leilão, está o credor, ora apelante, dispensado de devolver qualquer montante a que se refere o citado § 4º" (TJPR, 18ª Câmara Cível, Apelação Cível 0047249-88.2017.8.16.0014, j. 27/11/2018).

"Mandado de segurança. Contrato de financiamento de imóvel garantido por alienação fiduciária regido pela Lei n. 9.514/97. Leilões negativos. Impossibilidade de devolução de valores ao adquirente. Extinção da dívida e desoneração do credor de qualquer obrigação. Aplicação do art. 27, § 5º. Inaplicabilidade do CDC" (TJRS, 1ª Turma Recursal Cível, Mandado de Segurança 71007122237, nº CNJ: 0054580-91.2017.8.21.9000, j. 31/10/2017).

"Apelação cível. Alienação fiduciária em garantia. Mora comprovada. Segundo leilão negativo. Consequência. Extinção da dívida. Consolidação da propriedade ao credor fiduciário. Aplicação da Lei nº 9.514/97. Restituição das parcelas pagas. Descabimento. 1. (...) 3. Havendo leilões negativos, conf. o § 5º do artigo 27 da Lei nº 9.514/97, ocorrerá a efetiva consolidação da propriedade pelo credor, extinguindo-se a dívida e exonerando o credor da obrigação. 4. A inaplicabilidade do art. 53 do CDC, quanto à restituição das parcelas pagas, decorre da previsão específica para a hipótese de inadimplemento nos contratos regidos pela Lei nº 9.514/97. Apelação conhecida e desprovida" (TJGO, 5ª Câmara Cível, Apelação Cível 63899-31.2016.8.09.0051, j. 8/9/2016, *DJe* 16/9/2016).

A corrente que adota como referencial o valor da venda posterior ao segundo leilão fundamenta-se em que o crédito do antigo devedor é eventual, porque só existirá se vendido o imóvel por valor superior ao da dívida, encargos e despesas, sendo essa a razão pela qual só se torna exigível após a venda posterior aos dois leilões: "face à inexistência de lances nos dois leilões extrajudiciais, eventual restituição deve corresponder à diferença entre o valor de posterior alienação do imóvel e o saldo devedor das devedoras, não podendo ser considerado como parâmetro, nesse caso, o valor de avaliação do bem".[148]

Em sentido diverso, mas ainda admitindo a persistência de crédito a favor do antigo devedor, a outra corrente impõe ao antigo credor fiduciário a obrigação de pagar valor correspondente à diferença entre o valor da dívida e o da avaliação, independentemente de novas diligências de venda.[149]

No curso da formação dessa divergência, sobreveio em outubro de 2018 o primeiro precedente do Superior Tribunal de Justiça (REsp 1.654.112-SP), que, contrapondo-se à posição adotada por essas duas correntes, alinha-se ao texto legal, isto é, considera extinta a dívida após o segundo leilão negativo, exoneradas as partes das suas obrigações e mantida a propriedade no patrimônio do credor fiduciário sem qualquer ônus de promover novos leilões.

Trata-se de recurso interposto por antiga credora fiduciária contra decisão que a condenou a pagar ao antigo devedor fiduciante, imediatamente após o segundo leilão negativo e independentemente da venda do imóvel, valor correspondente à diferença entre o valor da dívida e o valor da avaliação do imóvel. A 3ª Turma do STJ reformou a decisão para considerar extinta a dívida e assegurar a propriedade do antigo fiduciário sem ônus, ressaltando o caráter excepcional do procedimento de realização da garantia fiduciária de bem imóvel, notadamente o § 5º do art. 27 da Lei 9.514/1997, tendo o relator observado que "somente após todas essas medidas é que a legislação autoriza excepcionalmente que o bem fique com o credor fiduciário. (...). Assim, *em caráter excepcional*, a lei permite que o bem permaneça com o credor fiduciário, ocorrendo a extinção de todas as obrigações existentes entre o devedor fiduciante e o credor fiduciário".[150]

---

[148] "Alienação fiduciária de imóvel propriedade consolidada em favor do fiduciário primeiro e segundo leilões de arrematação infrutíferos. Dívida extinta e devedoras exoneradas. Pedido de restituição da diferença entre o valor da avaliação do imóvel e o saldo devedor. Descabimento. Embora seja possível reconhecer a inaplicabilidade do § 5º do art. 27 da Lei nº 9.514/97, face à inexistência de lances nos dois leilões extrajudiciais, eventual restituição deve ser da diferença entre o valor de posterior alienação do imóvel e o saldo devedor das devedoras, não podendo ser considerando como parâmetro, nesse caso, o valor de avaliação do bem. Ante a ausência de prova de posterior venda do bem por valor superior ao da dívida, era mesmo o caso de rejeição do pedido inicial. Recurso desprovido" (TJSP, 25ª Câmara de Direito Privado, Apelação nº 1016846-48.2017.8.26.0562, rel. Des. Edgard Rosa).

[149] "Alienação fiduciária de bem imóvel. Leilão infrutífero. Emissão de carta de quitação e adjudicação do imóvel pela instituição financeira. Indenização. 1. (...). 2. Mostra-se temerário por possibilitar o indevido enriquecimento sem causa, permitir à instituição financeira que, diante da ausência de interessados na arrematação de imóvel nos leilões por ela mesma promovidos, simplesmente expedir carta de quitação em favor do devedor, retomando a propriedade do imóvel objeto da garantia, com posteriormente venda a terceiro, sem obediência aos ditames legais. Diante de tal circunstância, deve-se dar interpretação legal mais favorável ao consumidor e determinar a restituição da diferença entre o valor do bem e o da dívida. 3. A taxa de ocupação prevista no art. 37-A da Lei 9.514/97 em caso de adjudicação do imóvel pela instituição financeira por ausência de arrematação é devida desde a emissão do termo de quitação. 4. Não restando claros os critérios utilizados pela ré para aferição do saldo devedor do contrato, de rigor que tal questão reste aclarada em fase de liquidação de sentença, com realização de perícia contábil. Recurso do autor parcialmente provido, desprovido o apelo do réu" (TJSP, 26ª Câmara de Direito Privado, Apelação 1000760-76.2017.8.26.0311, rel. Des. Felipe Ferreira, j. 23/8/2018).

[150] "Recurso especial. Alienação fiduciária em garantia. Imóvel. Leilões. Frustração. Pretensos arrematantes. Não comparecimento. Lances. Inexistência. 1. Recurso especial interposto contra acórdão publicado na

4.2.3.3. Peculiaridades relevantes da lei e da jurisprudência

A amostragem da jurisprudência produzida até o final de 2018 revela que, de uma parte, não chegou a ser explorado o contorno especial da vedação do pacto comissório na alienação fiduciária e, de outra parte, em alguns casos foram adotadas premissas incompatíveis com o regime jurídico próprio desse contrato de garantia.

O primeiro aspecto que desperta a atenção nesses precedentes diz respeito ao modo de atribuição da propriedade plena ao credor fiduciário, enquanto o segundo aspecto refere-se à anomalia representada pelo critério de extinção da dívida e exoneração da responsabilidade dos contratantes, estabelecido pela Lei 9.514/1997.

Com relação ao primeiro aspecto, algumas decisões deixam de aplicar o § 5º do art. 27 da Lei 9.514/1997 e dão à consolidação da propriedade no credor fiduciário o tratamento legal da adjudicação na execução comum (CPC, § 4º do art. 876), obrigando-o a pagar ao devedor fiduciante a diferença entre o valor da dívida e o da avaliação.[151]

A substituição da consolidação pela adjudicação é inadmissível, pois, em conformidade com a peculiar natureza jurídica da propriedade fiduciária em garantia, a lei define expressamente a consolidação como modo de atribuição da propriedade plena ao credor fiduciário (Código Civil, art. 1.368-B, parágrafo único; Decreto-lei 911/1969, art. 3º, § 1º; e Lei 9.514/1997, art. 26, § 7º).

Anote-se, por relevante, que adjudicação após o segundo leilão corresponderia a uma dupla atribuição da propriedade ao credor fiduciário, pois ele já terá se tornado proprietário pleno no início do procedimento de realização da garantia.

Tratamos da matéria nos itens 3.6, 4.2.1 e 6.9, destacando, entre as características desses dois modos de atribuição da propriedade, a distinção entre o objeto e a natureza da expropriação do direito do devedor, decorrente da consolidação e da adjudicação.

Na consolidação o objeto da expropriação é o direito aquisitivo do devedor fiduciante e na adjudicação, o direito de propriedade do devedor executado.

Quanto à natureza, a consolidação corresponde a uma expropriação *liquidativa*, pois atribui a propriedade ao credor no início ao procedimento para que promova sua venda e, só após, satisfaça seu crédito em dinheiro, diferentemente da expropriação decorrente da

---

vigência do Código de Processo Civil de 2015 (Enunciados Administrativos nºs 2 e 3/STJ). 2. Cinge-se a controvérsia a definir se o § 5º do art. 27 da Lei nº 9.514/1997 é aplicável às hipóteses em que os dois leilões realizados para a alienação do imóvel objeto da alienação fiduciária são frustrados, não havendo nenhum lance advindo de pretensos arrematantes. 3. Vencida e não paga a dívida, o devedor fiduciante deve ser constituído em mora, conferindo-lhe o direito de purgá-la, sob pena de a propriedade ser consolidada em nome do credor fiduciário com o intuito de satisfazer a obrigação. Precedente. 4. Inexistindo a purga da mora, o credor fiduciário terá o prazo de 30 (trinta) dias, contado do registro de averbação da consolidação da propriedade na matrícula do respectivo imóvel, para promover o leilão público com o objetivo de alienar o referido bem. 5. O § 5º do art. 27 da Lei nº 9.514/1997 abrange a situação em que não houver, no segundo leilão, interessados na aquisição do imóvel, fracassando a alienação do bem, sem a apresentação de nenhum lance. 6. Na hipótese, frustrado o segundo leilão do imóvel, a dívida é compulsoriamente extinta e as partes contratantes são exoneradas das suas obrigações, ficando o imóvel com o credor fiduciário" (REsp1.654.112-SP, rel. Min. Ricardo Villas Bôas Cueva, *DJe* 26/10/2018).

[151] Veja-se, a título de ilustração, a ementa da Apelação 1000760-76.2017.8.26.0311, 26ª Câmara de Direito Privado do Tribunal de Justiça de São Paulo: "Alienação fiduciária de bem imóvel. Leilão infrutífero. Emissão de carta de quitação e *adjudicação do imóvel pela instituição financeira*. Indenização. (...). A taxa de ocupação prevista no art. 37-A da lei 9.514/97 *em caso de adjudicação do imóvel pela instituição financeira por ausência de arrematação* é devida desde a emissão do termo de quitação." (destaques nossos).

adjudicação, que é *satisfativa*,[152] pois o credor satisfaz seu crédito mediante apropriação do bem, encerrando a execução, como esclarece Alexandre Câmara: "[na adjudicação] haverá apenas uma expropriação, satisfativa, ao contrário do que se dá no pagamento por entrega de dinheiro, em que ocorrem duas expropriações (liquidativa e satisfativa)".[153]

A natureza liquidativa da consolidação decorre de expressa disposição legal, pois a Lei 9.514/1997 não considera satisfeito o crédito mediante consolidação; antes, obriga o credor fiduciário a promover dois leilões para a venda do bem e satisfação do crédito em dinheiro, deixando claro que, a despeito de sua investidura na propriedade plena, "não desaparece a imposição de vender o objeto, que corresponde a uma obrigação do credor (*rectius*, do sub-rogado) em correlação a igual direito do devedor, irrenunciável por força da natureza de ordem pública que ditou a proibição de ficar aquele com a coisa".[154]

Além da equivocada aplicação das normas processuais sobre adjudicação, outro aspecto merecedor de reflexão é o critério de extinção da dívida e de exoneração das responsabilidades dos contratantes, instituído pelos §§ 2º, 5º e 6º do art. 27 da Lei 9.514/1997.

Esse critério é nota dissonante no conjunto normativo que adapta a propriedade resolúvel ao regime jurídico dos direitos reais de garantia, a que nos referimos anteriormente.

Para melhor compreensão das distorções provocadas por essa norma, recorde-se que a extinção da dívida independentemente de sua amortização integral tem como precedente a Lei 5.741/1971, que institui procedimento especial de execução judicial do crédito hipotecário habitacional vinculado ao SFH. Trata-se de norma excepcional pela qual o imóvel é adjudicado compulsoriamente ao credor hipotecário caso não haja lance suficiente para amortizar integralmente o saldo devedor, ficando o devedor exonerado da sua obrigação.

O tratamento diferenciado dado ao crédito habitacional foi justificado no início da década de 1970 pela necessidade de compensar a situação de desvantagem do adquirente ante os elevados índices de inflação registrados na ocasião. Naquele ambiente inflacionário, a correção monetária tornava o valor do saldo devedor superior ao do imóvel, de modo que, se houvesse arrematação por preço de mercado (inferior ao valor da dívida), remanesceria saldo devedor de responsabilidade do adquirente de moradia.

Ante o claro risco de superendividamento, sobreveio a regra excepcional da Lei 5.741/1971 para limitar a responsabilidade do devedor mediante entrega do imóvel ao credor em pagamento da dívida, exonerado o devedor da responsabilidade por eventual remanescente, observando Araken de Assis que, "em tempos de crise econômica, o imóvel vale menos do que a dívida, beneficiando o devedor, que a solverá integralmente tão só pagando o respectivo valor".[155]

A Lei 9.514/1997 inspirou-se nessa norma ao regulamentar a propriedade fiduciária de bens imóveis em garantia, mas, em vez de restringir essa regra excepcional às dívidas decorrentes de financiamento habitacional, instituiu-a como regra geral, subvertendo o regime jurídico dos direitos reais de garantia (Código Civil, arts. 586, 1.366 e 1.419) e podendo dar causa a desequilíbrio da execução e enriquecimento sem causa, seja do credor ou do devedor.

---

[152] Como leciona Cândido Dinamarco: "o ato imperativo de transferência do bem penhorado ao patrimônio do arrematante chama-se *expropriação liquidativa*, porque se destina a produzir liquidez de recursos, indispensável para satisfazer o exequente. O ato de satisfação deste pela entrega do produto da arrematação é *expropriação satisfativa* (Edoardo Garbagnati)" (DINAMARCO, Cândido, *Instituições de Direito Processual Civil*. São Paulo: Malheiros, 1ª ed., 2004, v. IV, p. 496).

[153] CÂMARA, Alexandre Freitas, *Lições de Direito Processual Civil*. São Paulo: Gen-Atlas, 23. ed., 2014, p. 333.

[154] RESTIFFE NETO, Paulo, e RESTIFFE, Paulo Sérgio, *Garantia fiduciária*. 3. ed. rev., atual. e ampl. São Paulo: RT, 2000, p. 508.

[155] ASSIS, Araken de, *Manual do processo de execução*. 20. ed. São Paulo: RT, 2018, p. 1.475.

Como se sabe, a alienação fiduciária pode ser contratada em garantia de quaisquer operações de crédito e vem sendo empregada em larga escala no mercado financeiro, em garantia de empréstimos empresariais destinados a capital de giro, em geral formalizados mediante emissão de Cédula de Crédito Bancário (CCB). Essas operações devem submeter-se às regras gerais de execução de créditos, não sendo, obviamente, merecedoras de tutela especial que exonere a empresa devedora do pagamento do saldo devedor que remanescer, caso, no leilão, não se apure quantia suficiente para amortização integral da dívida.

Há também inúmeros empréstimos sem finalidade específica, para pessoa física, conhecidos no jargão do mercado como *home equity*, que igualmente não são merecedores de tutela especial.

Dada essa relação entre o valor do crédito e o do imóvel objeto de alienação fiduciária, é possível que, se o devedor tiver amortizado razoável parcela da dívida, o saldo devedor no momento da execução corresponda a menos de 50% do valor da avaliação do imóvel. Nesse caso, se o imóvel for arrematado no segundo leilão pelo valor do saldo devedor, como permitido pela Lei 9.514/1997, a arrematação pode ser invalidada por caracterização de preço vil (CPC, arts. 891 e 903, § 1º, I).[156]

O mesmo pode ocorrer nos empréstimos garantidos por propriedade fiduciária de terreno no qual o devedor fiduciante venha a edificar com recursos próprios, pois nesse caso o valor da construção pode não estar compreendido no cálculo do saldo devedor e, portanto, seu montante poderá ser inferior a 50% do valor da avaliação no momento da execução.

Independentemente do risco de arrematação a preço vil, pode até ocorrer a esdrúxula situação de "oferta a preço vil", pois a eventual redução do saldo devedor a valor inferior a 50% do valor da avaliação criará uma situação de difícil solução, ante a norma do § 2º do art. 27 da Lei 9.514/1997, que obriga a oferta pelo valor do saldo devedor, e a dos arts. 891 e 903, § 1º, do CPC, que considera vil o lance inferior a 50% do valor da avaliação.

4.2.3.4. *Necessidade de adequação legislativa*

A situação anômala caracterizada pela exoneração de responsabilidade do devedor fiduciante independentemente de amortização integral da dívida, instituída pelos §§ 2º, 5º e 6º do art. 27 da Lei 9.514/1997, evidencia que, apesar de o direito positivo brasileiro ter cuidado de adequar a propriedade resolúvel à função de garantia, essas normas não se conformam plenamente ao regime jurídico dessa categoria de direito real.

Essa anomalia, aliada ao fato de que não mais subsiste a conjuntura econômica que justificara a exoneração de responsabilidade do devedor na década de 1970 e, ainda, a importantes alterações introduzidas pelo Código de Processo Civil de 2015 no procedimento de execução, tornam necessária a adequação da Lei 9.514/1997 às normas desse Código relacionadas ao princípio do equilíbrio da execução e, ainda, recomendam a aplicação restritiva da limitação da responsabilidade do devedor às operações de financiamento habitacional.

Para esse fim, submetemos ao debate sugestão de alteração da Lei 9.514/1997 pela qual a realização da garantia fiduciária de bem imóvel seja submetida à regra geral do art. 1.366 do Código Civil, segundo a qual, se o produto do leilão não bastar para pagamento da dívida,

---

[156] Código de Processo Civil: "Art. 891. Não será aceito lance que ofereça preço vil. Parágrafo único. Considera-se vil o preço inferior ao mínimo estipulado pelo juiz e constante do edital, e, não tendo sido fixado preço mínimo, considera-se vil o preço inferior a cinquenta por cento do valor da avaliação. (...). Art. 903. (...). § 1º Ressalvadas outras situações previstas neste Código, a arrematação poderá, no entanto, ser: I – invalidada, quando realizada por preço vil ou com outro vício".

encargos e despesas da execução, o devedor fiduciante responde pelo saldo remanescente, cobrável por ação de execução.

Para adequação ao art. 891 do CPC, deve ser exigido lance mínimo correspondente ao montante da dívida e encargos ou 50% do valor da avaliação, o que for maior. Nesses termos, seria explicitamente afastado o risco de arrematação por preço vil, que poderia ocorrer, já que a regra do § 2º do art. 27 da Lei 9.514/1997 autoriza a venda no segundo leilão pelo valor do saldo devedor, sem, contudo, fazer ressalva ao referencial que só veio a ser estabelecido pelo CPC em 2015.

Além disso, cria-se oportunidade de apuração de saldo a favor do devedor no segundo leilão, o que não ocorreria se vendido o imóvel pelo valor do saldo devedor, como permitido pelo § 2º do art. 27 da Lei 9.514/1997.

Nos 15 dias que se seguirem ao leilão, o credor fiduciário entregará ao devedor fiduciante a quantia que exceder ao montante da dívida, encargos e despesas da execução, depois de satisfeito seu crédito com os encargos e pagas as despesas da execução.

Caso sejam infrutíferos os dois leilões, o credor fiduciário entregará ao devedor fiduciante a quantia correspondente à diferença, se houver, entre o montante da dívida, encargos e despesas da execução e 50% do valor da avaliação.

Em caráter excepcional, na execução de créditos oriundos de financiamento habitacional, considerar-se-á extinta a dívida e exonerado o devedor fiduciante da responsabilidade pelo remanescente, caso no segundo leilão não haja lance igual ou superior ao valor do saldo devedor ou a 50% do valor da avaliação, o que for maior.

Essa regra excepcional integraria o art. 26-A e seus parágrafos da Lei 9.514/1997, que abarca as normas especiais aplicáveis especificamente aos financiamentos habitacionais.

4.2.3.5. Pacto marciano

A par do modo de execução do crédito com garantia real definido em lei, no qual a satisfação do crédito se dá em dinheiro, com o produto da venda do bem, admite-se, alternativamente, a satisfação do crédito mediante apropriação do bem pelo credor nos termos do *pacto marciano*,[157] pelo qual lhe é conferida a faculdade de ficar com o bem mediante pagamento da diferença entre o valor da dívida e o da avaliação do bem, realizada por terceiro por ocasião do vencimento da dívida.

É modo peculiar de satisfação do crédito, convencionado pelos contratantes no exercício da autonomia privada, em relação ao qual Pablo Renteria destaca três aspectos fundamentais: "(i) a aquisição do bem conferido em garantia condicionada à configuração do inadimplemento do devedor; (ii) a aquisição pelo seu valor justo; e (iii) a obrigação de o credor entregar ao proprietário a eventual diferença entre esse valor e a importância devida (*superfluum*)".[158]

Diferentemente do pacto comissório, que é considerado nulo por facultar ao credor ficar com o bem sem avaliação ou com avaliação feita por ele próprio, no pacto marciano a

---

[157] A denominação é justificada pela circunstância de estar mencionada numa consulta dirigida ao jurisconsulto Marciano, autor do fragmento que qualifica essa convenção, do seguinte teor: "Pode assim fazer-se a entrega do penhor ou da hipoteca, de sorte que, se, dentro de determinado tempo, não for pago o dinheiro, por direito do comprador, tome posse da coisa, que deve ser então avaliada pelo justo preço; neste caso a venda parece ser de certo modo condicional, e assim decidiram por descrito os divinos Severo e Antonino" (MATOS, Isabel Andrade de, *O pacto comissório*: contributo para o estudo do âmbito da sua proibição. Coimbra: Almedina, 2006, p. 82).

[158] RENTERÍA, Pablo, *Penhor e autonomia privada*. Rio de Janeiro: GEN-Atlas, 2016, p. 178.

avaliação realizada por terceiro por ocasião do vencimento da dívida viabiliza a aferição de justo valor e, portanto, assegura o equilíbrio da execução.[159]

A exigibilidade do pagamento do *superfluum* depende, obviamente, de expressa convenção das partes, não podendo o credor ser compelido a pagá-lo, como parece ter ocorrido em alguns dos precedentes judiciais considerados neste capítulo, que, ante a frustração dos dois leilões, impuseram ao credor fiduciário a obrigação de pagar ao devedor fiduciante a diferença entre o valor da dívida e o da avaliação, aplicando, implicitamente, o regime jurídico do pacto marciano.

A aferição do justo valor do bem para efeito de cumprimento do pacto marciano constitui elemento essencial de caracterização desse modo de satisfação do crédito e, segundo Carlos Edison do Rego Monteiro, "envolve, de um lado, aspecto procedimental (avaliação do bem por terceiro imparcial ou por comum acordo das partes), e, de outro, aspecto temporâneo (avaliação deverá se dar necessariamente no momento da aquisição da coisa).[160]

Na medida em que constitui modo de satisfação do crédito mediante apropriação do bem, o pacto marciano importa na extinção da dívida mediante pagamento ao devedor da diferença entre o valor da dívida e o da avaliação, produzindo, fundamentalmente, os seguintes efeitos, segundo esse mesmo autor: "(a) a extinção da obrigação sem que nada mais seja devido, quando o valor do bem equivaler ao da dívida, ou nos casos de perdão legal; (b) o abatimento do valor do bem no montante da dívida, permanecendo o devedor obrigado pelo restante; e (c) a obrigação de o credor restituir o *superfluum* (valor do bem que excede o da dívida) ao devedor ou ao terceiro que tenha oferecido o bem em garantia".[161]

Pode o credor renunciar à apropriação do bem, hipótese em que a satisfação do crédito se submeterá às normas procedimentais pelas quais se assegura ao credor o direito de promover a venda do bem para pagar-se com o produto aí obtido.[162]

O mecanismo foi adotado no âmbito europeu a partir da Diretiva 2002/47/CE do Parlamento Europeu, especificamente para os contratos de garantia financeira, entre eles a

---

[159] Assim, no pacto marciano não estão presentes as razões que justificam a nulidade do pacto comissório, como observa Pablo Rentería: "as razões que justificam a nulidade do primeiro – a desnaturação da função desempenhada pela garantia e a proteção do devedor vulnerável diante de acordo potencialmente lesivo aos seus interesses – não se aplicam ao primeiro. A diferença entre os dois pactos é, de fato, marcante" (RENTERÍA, Pablo, *Penhor e autonomia privada*, cit., p. 176).

[160] MONTEIRO, Carlos Edison do Rego, *Pacto comissório e pacto marciano no sistema brasileiro de garantias*. Rio de Janeiro: Processo, 2017, p. 280.

[161] MONTEIRO, Carlos Edison do Rego, *Pacto comissório e pacto marciano no sistema brasileiro de garantias*. Rio de Janeiro: Processo, 2017, p. 280.

[162] "Se, porém, no contrato de alienação fiduciária em garantia, as partes tiverem estipulado um pacto Marciano, não solvida a dívida em seu vencimento, pode o credor tornar-se proprietário pleno dela, pagando ao alienante o seu justo valor, que, ou já foi estimado por terceiro antes de vencido o débito, ou o será posteriormente ao não pagamento. Outorgando o pacto Marciano ao credor uma faculdade, não está este adstrito a tornar-se proprietário pleno da coisa pelo valor estimado. Se quiser, poderá renunciá-la, não perdendo, por isso, a faculdade de vender a coisa, judicial ou extrajudicialmente, a terceiro, como lhe permite a qualidade de proprietário fiduciário. Poderá ocorrer, entretanto, que o credor, no contrato de alienação fiduciária em garantia, ao invés de se haver reservado a faculdade de se tornar proprietário pleno da coisa pelo justo valor, a isso se tenha obrigado (estipulação que igualmente é lícita). Nessa hipótese, se ele não cumprir a obrigação e vender a coisa a terceiro, valendo-se da faculdade que tem como proprietário fiduciário, não poderá o alienante impedir essa venda. Mas, se o preço nela alcançado for inferior ao estimado pelo terceiro, responderá o credor, em face do alienante, pela diferença, a título de perdas e danos pelo não cumprimento da obrigação decorrente do pacto estipulado entre eles" (TJSP, Apelação Cível 001.12.075800-2, 36ª CDP, Rel. Des. Romeu Ricupero, j. 31/1/2008).

cessão de crédito,[163] tendo sido consagrado no direito português para o penhor financeiro pelo Decreto-lei 105/2004.[164]

O direito brasileiro não contempla sua regulamentação, mas a inexistência de norma específica não impede que os contratantes, na esfera da autonomia privada, convencionem cláusula que autorize o credor a se apropriar do bem objeto da garantia mediante aferição do seu justo valor e entrega do supérfluo ao devedor, como já reconhecido em Enunciado aprovado pela VIII Jornada de Direito Civil do Conselho da Justiça Federal, realizada em 2018.[165]

Nada obsta a estipulação da cláusula marciana nas garantias fiduciárias, observando José Carlos Moreira Alves que, a despeito da proibição do pacto comissório, "não é ilícito, porém, o denominado *pacto Marciano*".[166]

Nessa espécie de garantia, entretanto, os efeitos da cláusula marciana operam-se de modo peculiar.

É que, enquanto nas garantias reais em coisa alheia o objeto do pacto marciano é a transmissão da propriedade ao credor, nas garantias fiduciárias, em coisa própria, o objeto dessa cláusula é a consolidação da propriedade e a investidura do credor na livre disponibilidade do bem, pois a propriedade plena é incorporada ao seu patrimônio automaticamente, por força da *conditio juris* a que está subordinado o negócio jurídico de transmissão condicional (§ 1º do art. 3º do Decreto-lei 911/1969, o § 7º do art. 26 da Lei 9.514/1997 e o parágrafo único do art. 1.368-B do Código Civil).

---

[163] Diretiva 2002/47/CE: "Art. 4º Os Estados-Membros assegurarão que sempre que ocorra um facto que desencadeie a execução, o beneficiário da garantia tenha a possibilidade de realizar de uma das seguintes formas qualquer garantia financeira fornecida ao abrigo de um acordo de garantia financeira com constituição de penhor e segundo as disposições nele previstas: a) Instrumentos financeiros mediante venda ou apropriação, quer compensando o seu valor, quer aplicando-o para liquidação das obrigações financeiras cobertas; (...) 2. A apropriação só é possível nos seguintes casos: a) Ter sido convencionada entre as partes no acordo de garantia financeira com constituição de penhor; e b) Ter existido acordo entre as partes sobre a avaliação dos instrumentos financeiros no quadro do acordo de garantia financeira com constituição de penhor".

[164] O art. 11 do Decreto-lei 105/2004 regulamenta a convenção sob a epígrafe "pacto comissório", mas a doutrina reconhece que "não estamos perante um pacto comissório, mas face ao pacto marciano, quando o credor pode fazer seu o objecto da garantia (...). Daí que, ao contrário do que proclama no preâmbulo [do Decreto-lei], não há aqui qualquer excepção à proibição do pacto comissório, que se mantém incólume: consagrou-se a este propósito foi o pacto marciano" (VASCONCELOS, Luís Miguel Delgado Paredes Pestana de. *A cessão de créditos em garantia e a insolvência*. Coimbra: Coimbra Editora, 2007, p. 634, nota 1.224). No mesmo sentido, Diogo Macedo Graça: "a convenção das partes deve assegurar a equivalência entre o montante em dívida e o valor dos instrumentos financeiros dados em penhor, o que se consubstancia na modalidade de pacto marciano e não na definição de pacto comissório *strictu sensu*" (*Os contratos de garantia financeira*. Coimbra: Almedina, 2010, p. 62). Segundo João Calvão da Silva, "no caso de o devedor não cumprir as obrigações financeiras garantidas, o credor-proprietário mantém o numerário, créditos sobre terceiros ou os instrumentos financeiros, vale dizer, conserva definitivamente a propriedade ou a titularidade dos mesmos, sem prejuízo, obviamente, da obrigação de restituir ao garante o montante correspondente à diferença entre o valor do objeto da garantia e o montante das obrigações financeiras garantidas. (...). Resultado que vem de longe, já com o conhecido pacto marciano: no caso de incumprimento, a propriedade dada em garantia transfere-se para o credor, restituindo este a diferença entre o valor do bem e o débito, a fim de evitar uma vantagem injustificada para o credor que se aproveitaria da debilidade do devedor" (*Banca, Bolsa e Seguros* – Direito europeu e português. 4. ed. Coimbra: Almedina, 2013, t. I, p. 238).

[165] Enunciado 626: "Art. 1.428: Não afronta o art. 1.428 do Código Civil, em relações paritárias, o pacto marciano, cláusula contratual que autoriza que o credor se torne proprietário da coisa objeto da garantia mediante aferição de seu justo valor e restituição do supérfluo (valor do bem em garantia que excede o da dívida)".

[166] ALVES, José Carlos Moreira, *Da alienação fiduciária em garantia*. São Paulo: Saraiva, 1979, p. 107.

Embora possa constituir importante alternativa para satisfação de crédito com garantia real, a eventualidade de estipulação do pacto marciano deve ser vista *cum grano salis*, pois, tratando-se de exceção à regra geral do pacto comissório, sua estipulação deve se dar em caráter excepcional, de modo que atenda ao interesse dos contratantes em face das circunstâncias peculiares do negócio.

Com relação às operações de crédito realizadas em larga escala no sistema financeiro, sua estipulação deve ser considerada com reserva, tendo em vista os rigorosos critérios de controle de liquidez a que se submetem as instituições financeiras. Tratando-se de atividade de intermediação financeira, essas instituições emprestam recursos captados do público e dependem do retorno em dinheiro para preservação da sua liquidez e para manutenção da higidez do sistema financeiro.

4.2.4. Extraconcursalidade dos créditos com garantia fiduciária na falência e na recuperação judicial

Como vimos, ao constituir a propriedade fiduciária em garantia, o devedor fiduciante se demite da propriedade plena e transfere ao credor fiduciário a propriedade resolúvel do bem; o devedor é investido no direito aquisitivo e de fruição do bem e o credor fiduciário, no poder de "executar a afetação que constitui a causa da fidúcia",[167] que, na transmissão em garantia, é a satisfação do crédito.

Por efeito da alienação fiduciária, o bem é excluído do patrimônio do devedor fiduciante e alocado em um patrimônio de afetação, vinculado ao cumprimento da obrigaçao garantida e, para que realize essa função, permanece blindado contra as situações de crise de ambos os contratantes.

Os elementos de caracterização assim sintetizados evidenciam que os créditos com garantia fiduciária não sofrem os efeitos de falência ou de recuperação judicial de qualquer dos contratantes, em relação às quais são classificados como extraconcursais em razão da sua própria natureza.[168]

Excluem-se dos efeitos da falência os créditos com garantia fiduciária por expressa disposição das normas especiais que os regulamentam, entre elas o art. 7º do Decreto-lei 911/1969 e os arts. 20, parágrafo único, e 32 da Lei 9.514/1997, que asseguram ao credor fiduciário a restituição do bem, se for o caso,[169] e a satisfação do seu crédito independente os efeitos da falência. No caso de crédito garantido por propriedade fiduciária de bem móvel infungível, o credor promove procedimento de busca e apreensão do bem, por meio do qual se efetiva a consolidação da propriedade no credor, seguindo-se a venda do bem; no caso de crédito garantido por propriedade fiduciária de bem imóvel, o credor promove procedimento extrajudicial de intimação para purgação da mora, cuja frustração resulta na consolidação da propriedade e leilão; em ambos os casos, o saldo do produto da venda, se houver, será acrescido à massa falida

---

[167] BARRIÈRE, François. *La Réception du trust au travers de la fiducie*. Paris: Litec, 2004, p. 331.

[168] A afetação é efeito natural da transmissão fiduciária e é explicitada em alguns diplomas legais que dispõem sobre a matéria, como a Lei 9.514/1997. No direito francês, o art. 2011 do Código Civil, que caracteriza a transmissão fiduciária, prevê que, uma vez atribuído ao fiduciário, este o mantém em um patrimônio separado de modo a preservá-lo para o cumprimento do fim da transmissão. V. item 3.6.2.

[169] Decreto-lei 911/1969: "Art. 7º Na falência do devedor alienante, fica assegurado ao credor ou proprietário fiduciário o direito de pedir, na forma prevista na lei, a restituição do bem alienado fiduciariamente. Parágrafo único. Efetivada a restituição o proprietário fiduciário agirá na forma prevista neste Decreto-lei."

A par dessas normas específicas, a Lei 11.101/2005 enuncia norma geral que exclui dos efeitos da falência os direitos e obrigações integrantes de patrimônio de afetação, que, como vimos, compreende os créditos com garantia fiduciária.[170]

Já em relação à recuperação judicial, os créditos garantidos por propriedade fiduciária são objeto do § 3º do art. 49 da Lei 11.101/2005, que os exclui dos efeitos do plano de recuperação e reafirma sua sujeição às normas especiais que regulamentam essa espécie de garantia, assegurando ao credor fiduciário a percepção dos seus créditos no tempo e no modo convencionados, ao dispor que prevalecerão os direitos de propriedade sobre a coisa e as condições contratuais, observadas a legislação respectiva, entre elas a Lei 4.728/1965, o Decreto-lei 911/1969 e a Lei 9.514/1997[171] e as condições instituídas pelos §§ 4º e 4º-A do art. 6º da LREF, com a redação dada pela Lei 14.112/2020, comentadas no item seguinte.

Nesses termos, a Lei de Recuperação Judicial de Empresa e Falência visa, de um lado, assegurar a preservação da empresa devedora sem, de outro, obstar o exercício dos direitos creditórios do credor fiduciário, em conformidade com as normas especiais da legislação que regulamenta de modo peculiar as diversas espécies de garantia fiduciária.

Assim, vindo a empresa recuperanda a se colocar em mora em relação ao cumprimento da obrigação garantida por propriedade fiduciária, seja de bem móvel, fungível ou infungível, ou imóvel, o credor fiduciário somente não poderá promover imediatamente as medidas para a consolidação da propriedade fiduciária se se tratar de bem de capital que seja *essencial* à atividade empresarial do devedor.

Com efeito, dado que o propósito das normas sobre recuperação judicial é a preservação da atividade empresarial, para a qual instituem um regime especial que envolve, entre outras medidas, a dilação de prazo e a renegociação dos créditos, o § 3º do seu art. 49, a despeito da reafirmação da extraconcursalidade dos créditos dotados de garantia fiduciária, veda "a venda ou retirada do estabelecimento da empresa recuperanda das máquinas e equipamentos alienados fiduciariamente, mas que sejam necessários ao exercício da atividade empresarial," durante o prazo de suspensão e sua eventual prorrogação, a que se refere o § 4o do seu art. 6o da Lei 11.101/2005, bem como durante o prazo adicional a que se refere seu § 4º-A, incluído pela Lei 14.112/2020, caso os credores apresentem plano de recuperação alternativo.[172]

Assim, durante esse prazo (*stay period*) e sua eventual prorrogação ficam suspensas as medidas judiciais ou extrajudiciais que tenham por objeto a retirada de ativos classificados como bens de capital essenciais à atividade da empresa em recuperação judicial, devendo a devedora fiduciante demonstrar sua essencialidade para o cumprimento do objeto social.

---

[170] Lei 11.101, de 2/8/2005: "Art. 119. (...) IX – os patrimônios de afetação, constituídos para cumprimento de destinação específica, obedecerão ao disposto na legislação respectiva, permanecendo seus bens, direitos e obrigações separados dos do falido até o advento do respectivo termo ou até o cumprimento de sua finalidade, ocasião em que o administrador judicial arrecadará o saldo a favor da massa falida ou inscreverá na classe própria o crédito que contra ela remanescer".

[171] Lei 11.101/2005: "Art. 49. Estão sujeitos à recuperação judicial todos os créditos existentes na data do pedido, ainda que não vencidos. (...). § 3º Tratando-se de credor titular da posição de proprietário fiduciário de bens móveis ou imóveis, de arrendador mercantil, de proprietário ou promitente vendedor de imóvel cujos respectivos contratos contenham cláusula de irrevogabilidade ou irretratabilidade, inclusive em incorporações imobiliárias, ou de proprietário em contrato de venda com reserva de domínio, seu crédito não se submeterá aos efeitos da recuperação judicial e prevalecerão os direitos de propriedade sobre a coisa e as condições contratuais, observada a legislação respectiva, não se permitindo, contudo, durante o prazo de suspensão a que se refere o § 4o do art. 6o desta Lei, a venda ou a retirada do estabelecimento do devedor dos bens de capital essenciais a sua atividade empresarial."

[172] Ver alterações introduzidas pela Lei 14.112/2020, no item 4.2.4.1.

Em relação a esses bens, é admitida a competência do juiz da recuperação para determinar a suspensão de atos de constrição, a ser implementada mediante a cooperação jurisdicional de que trata o art. 69 do CPC e o princípio da menor onerosidade para o devedor.

A norma que determina a manutenção da posse do bem na empresa, quando indispensável para a atividade empresarial, é coerente com o propósito da recuperação da empresa, justificando-se, portanto, pela necessidade de evitar a quebra do ritmo da produção e de afastar o risco de interrupção da atividade empresarial por falta de bens de capital essenciais para esse fim.

Nesses termos, a norma do § 3º do art. 49 visa harmonizar os interesses do credor fiduciário e o da empresa em recuperação, mantendo inalterado o direito subjetivo do primeiro e assegurando a esta o uso dos bens objeto de propriedade fiduciária no processo de geração de receitas mediante preservação da atividade empresarial no curso do prazo de suspensão.

Nesse mesmo sentido, o § 7º-A do mesmo art. 6º, com a redação dada pela Lei 14.112/2020, atribui ao juízo da recuperação judicial competência para "determinar a suspensão dos atos de constrição que recaiam sobre bens de capital essenciais à manutenção da atividade empresarial durante o prazo de suspensão", por meio da cooperação jurisdicional a que se refere o art. 69 do CPC, respeitado o princípio da menor onerosidade para a devedora.[173]

A inalterabilidade do direito subjetivo do credor fiduciário é particularizada pelo art. 6º-A do Decreto-lei 911/1969, com a redação dada pela Lei 13.043/2014, ao dispor que o pedido de recuperação judicial ou extrajudicial pela empresa devedora fiduciante "não impede a distribuição e a busca e apreensão do bem".

Importa, todavia, que esse direito seja exercido em conformidade com a ressalva do § 3º do art. 49 da Lei 11.101/2005, advertindo Manoel Justino Bezerra Filho que "uma leitura menos atenta poderia levar ao entendimento de que este dispositivo estaria anulando o prazo de 180 dias previsto no § 3º do art. 49 da Lei 11.101/2005, o que, porém, estaria confrontando toda a jurisprudência dominante, que tem concedido prazo até superior aos 180 dias".[174]

Após decorrido o prazo de suspensão, que só pode ser prorrogado por igual período, uma única vez,[175] dentro do qual a empresa recuperanda, devedora fiduciante, terá conservado a fruição dos bens objeto de propriedade fiduciária, o credor fiduciário estará liberado para prosseguir as medidas extrajudiciais e as ações judiciais respectivas para satisfação do seu crédito, inclusive mediante realização da garantia com a venda do bem e apropriação do produto da venda, até o limite do seu crédito e encargos.

A aplicação prática da norma sobre a extraconcursalidade dos créditos fiduciários é um dos aspectos mais sensíveis do regime jurídico da recuperação judicial, pois envolve a necessidade de equilibrada proteção do sistema de crédito e do interesse econômico e social específico da atividade empresarial da recuperanda.

A identificação do ponto de equilíbrio entre esses interesses depende do exame do caso concreto, pela qual se busque aferir o modo como se materializam a função econômico/

---

[173] "§ 7º-A. O disposto nos incisos I, II e III do *caput* deste artigo não se aplica aos créditos referidos nos §§ 3º e 4º do art. 49 desta Lei, admitida, todavia, a competência do juízo da recuperação judicial para determinar a suspensão dos atos de constrição que recaiam sobre bens de capital essenciais à manutenção da atividade empresarial durante o prazo de suspensão a que se refere o § 4º deste artigo, a qual será implementada mediante a cooperação jurisdicional, na forma do art. 69 da Lei nº 13.105, de 16 de março de 2015 (Código de Processo Civil), observado o disposto no art. 805 do referido Código."

[174] BEZERRA FILHO, Manoel Justino. *Lei de Recuperação de Empresas e Falência*. 14. ed. São Paulo: Revista dos Tribunais, 2019, p. 182.

[175] § 4º do art. 6º da Lei 11.101/2005, com a redação dada pela Lei 14.112/2020.

social do crédito e a da empresa, sendo "indispensável que o devedor comprove ao juiz as características/qualidades técnicas do bem, aquelas que o tornam imprescindível para o exercício da atividade empresária em questão";[176] cabe ao juiz, além de apreciar a prova da essencialidade dos bens de capital para a continuidade da atividade empresarial[177] e "certificar a extraconcursalidade do crédito, controlar os atos executivos a fim de constatar a essencialidade do bem excutido".[178] O balanceamento desse conflito, no entanto, perderá lugar assim que cessar o *stay period* ou a sua prorrogação – a partir de então, por opção legislativa, prevalecerão os interesses do credor fiduciário mesmo que o exercício de seus direitos possa prejudicar as atividades do devedor.

A competência para a qualificação dos bens de capital em razão da sua essencialidade à atividade empresarial da empresa em recuperação é atribuída ao juízo da recuperação judicial (§ 7º-A do art. 6º da LREF), como já anteriormente reconhecida pela jurisprudência.[179]

---

[176] SCALZILLI, João Pedro; SPINELLI, Luís Felipe; TELLECHEA, Rodrigo. *Recuperação de empresas e falência*. 3. ed. São Paulo: Almedina, 2018, p. 423.

[177] "Em face da regra do art. 49, § 3º, da Lei 11.101/05, não se submetem aos efeitos da recuperação judicial os créditos garantidos por alienação fiduciária (...). Hipótese em que os imóveis rurais sobre os quais recai a garantia não são utilizados como sede da unidade produtiva, não se tratando de bens de capital imprescindíveis à atividade empresarial das devedoras em recuperação judicial, tanto que destinados à venda nos planos de recuperação aprovado" (STJ, 2ª Seção, CC 131.656-PE, rel. Min. Maria Isabel Gallotti, *DJe* 8.10.2014).

[178] "Agravo Interno nos Embargos de Declaração no Agravo em Recurso Especial. Recuperação judicial. 1. Rejeição monocrática dos embargos de declaração. Art. 1.024, § 2º, do CPC/2015. Ausência de prejuízo. 2. Execução de crédito extraconcursal. Controle realizado pelo juízo da recuperação. Afastada a essencialidade do bem. Acórdão em harmonia com a jurisprudência desta corte. Súmula 83/STJ. 3. Inexistência de garantia fiduciária e alienação das ações. Ausência de prequestionamento. Ofensa ao art. 1.022 do CPC/2015 não suscitada. 4. Agravo desprovido. 1. Nos termos do art. 1.024, § 2º, do CPC/2015, quando os embargos de declaração forem opostos contra decisão de relator ou outra decisão unipessoal proferida em tribunal, o órgão prolator da decisão embargada decidi-los-á monocraticamente. Ademais, não há nenhum prejuízo à parte, pois lhe é oportunizada a interposição de Agravo interno. 2. Não se submetem aos efeitos da recuperação judicial do devedor os direitos de crédito cedidos fiduciariamente por ele em garantia de obrigação representada por cédula de crédito bancário existente na data do pedido de recuperação. Contudo, não se concede ao credor um aval para a livre execução da dívida e expropriação dos bens da sociedade em recuperação, cabendo ao juízo da recuperação, além de certificar a extraconcursalidade do crédito, controlar os atos executivos a fim de constatar a essencialidade do bem excutido. 2.1. No caso vertente, o acórdão recorrido se alinhou à jurisprudência desta corte superior e asseverou que o crédito buscado por Haitong Banco de Investimento do Brasil s.a. é extraconcursal e a penhora das ações de titularidade das recuperandas no capital social da Companhia Brasileira de Diques – CBD não causará nenhum prejuízo à consecução do plano de recuperação, notadamente em razão da ausência de essencialidade do bem. (...). 4. Agravo interno desprovido" (AgInt nos EDcl no Aresp 1490024-sp, rel. Min. Marco Aurélio Bellizze, 3ª turma, *DJe* 17.2.2020).

[179] "Agravo regimental no conflito de competência. Deferimento de Recuperação judicial. Medidas impostas ao patrimônio da Recuperanda. Competência do juízo da recuperação judicial, independentemente do decurso do prazo de 180 (cento e oitenta) dias Previsto no art. 6º, § 4º, da Lei n. 11.101/05. Art. 49, § 3º, da lei n. 11.101/2005. Bens essenciais às atividades econômico-produtivas. Permanência com a Empresa recuperanda. Competência do juízo da recuperação judicial. Agravo improvido. **1**. A despeito de o art. 6º, § 4º, da Lei n. 11.101/05 assegurar o direito de os credores prosseguirem com seus pleitos individuais passado o prazo de 180 (cento e oitenta) dias da data em que deferido o processamento da recuperação judicial, a jurisprudência desta Corte tem mitigado sua aplicação, tendo em vista tal determinação se mostrar de difícil conciliação com o escopo maior de implementação do plano de recuperação da empresa. Precedentes. 2. Agravo regimental a que se nega provimento" (STJ, 2ª Seção, AgRg no CC 143.802-SP, rel. Min. Marco Aurélio Bellizze, *DJe* 19.4.2016). No mesmo sentido: 2ª Seção, AgRg no RCD no CC 134.655-AL, rel. Min. Raul Araújo, *DJe* 3.11.2015; 4ª Turma, REsp 1298670-MS, rel. Min. Luís Felipe Salomão, *DJe* 26.6.2015.

Merece atenção o procedimento de execução do crédito garantido por propriedade fiduciária de bem imóvel.

Nesse caso, vindo a devedora fiduciante (empresa recuperanda) a incidir em mora, deve ser intimada para purgação da mora no prazo de 15 dias a contar da data em que receber a intimação;[180] purgada a mora, convalesce o contrato, que voltará a seguir seu curso normal, mediante pagamento das parcelas de amortização e juros, mas, não purgada a mora, caracteriza-se o inadimplemento absoluto da obrigação garantida, do qual resulta a imediata transferência da propriedade ao credor fiduciário, mediante averbação da consolidação no Registro de Imóveis. Uma vez averbada a consolidação, desaparece o suporte contratual capaz de viabilizar o convalescimento do contrato e rompe-se o vínculo real que prendia o direito aquisitivo do imóvel à devedora fiduciante (empresa recuperanda). Disso resulta que a propriedade e a posse do bem somente poderão ser recuperadas pelo antigo devedor fiduciante por reaquisição, cujo preço corresponderá ao valor da integralidade do saldo devedor, seus encargos e despesas da consolidação até o momento do segundo leilão.[181]

A situação comporta interpretação sistemática e teleológica das normas envolvidas, de forma a que o credor fiduciário exerça seus direitos sem comprometer a finalidade do prazo de suspensão de 180 dias e sua eventual prorrogação, retomando o curso do procedimento ao final desse prazo.

A questão é objeto de julgados em tribunais estaduais, entre os quais os acórdãos proferidos pelas duas Câmaras Especializadas de Direito Empresarial do Tribunal de Justiça de São Paulo, que, sopesando os efeitos da consolidação da propriedade ante a finalidade do *stay period*, não admitem a consolidação de imóveis classificados como bens essenciais para a atividade da empresa em recuperação, por absoluta incompatibilidade com a função desse prazo de suspensão. Afinal, consolidada a propriedade, não é mais possível a restauração do curso normal do contrato, pois "a sorte do imóvel dado em garantia já estará selada (...). Razoável, portanto, em harmonia com a própria finalidade do *stay period*, se evite nesse meio tempo situação definitiva e irreversível de perda da propriedade, permitindo à devedora soerguer-se, purgar a mora e retomar o contrato".[182]

Não se registra restrição, entretanto, em relação aos imóveis não considerados bens essenciais, cuja consolidação tem sido admitida por não comprometer a atividade da empresa.[183]

---

[180] Nos financiamentos habitacionais a lei concede um prazo adicional de 30 dias, operando-se a consolidação em prazo superior a 45 dias após a expiração do prazo da intimação do devedor fiduciante.

[181] V. itens 4.2.3, 6.8 e 6.9 desta obra.

[182] "A reintegração de posse é mera consequência da consolidação da propriedade e, na forma da lei 9.514/97, pode ser postulada tanto pelo credor fiduciário como pelo arrematante. Parece extremamente severo sustentar que a propriedade pode ser perdida durante o pedido de reorganização da empresa, preservando-se apenas a sua posse direta. Isso porque, passado o período de seis meses, a sorte do imóvel dado em garantia já estará selada. Ainda que a devedor fiduciante consiga reorganizar-se e reunir recursos para purgar a mora, isso não mais será possível, uma vez que a propriedade plena já estará em definitivo consolidada nas mãos da credora fiduciária. Razoável, portanto, em harmonia com a própria finalidade do *stay period*, se evite nesse meio tempo situação definitiva e irreversível de perda da propriedade, permitindo à devedora soerguer-se, purgar a mora e retomar o contrato" (TJSP, 1ª Câmara Reservada de Direito Empresarial, Agravo de Instrumento 2135163-59.2016.8.26.0000, rel Des. Francisco Loureiro j. 22.8.2018).

[183] "Agravo de instrumento – Decisão que rejeitou os pedidos de suspensão da consolidação/leilão de propriedade das garantias de alienação fiduciária dos imóveis – Elementos que indicam a extraconcursalidade do crédito discutido, sendo inaplicáveis os efeitos do 'stay period' (Lei 11.101/05, art. 49, § 3º) – Exceção de mencionado dispositivo que abrange apenas os "bens de capital essenciais", que não é o caso dos autos – Validade do procedimento de consolidação da propriedade dos imóveis alienados

Especificamente em relação aos direitos creditórios objeto de cessão fiduciária,[184] importa ter presente a distinção entre os elementos de caracterização desse negócio jurídico e os de configuração da alienação fiduciária de bens imóveis e móveis infungíveis, pois, enquanto nestes a posse direta do bem é atribuída ao devedor fiduciante, na cessão fiduciária de direitos creditórios a posse é atribuída plenamente ao credor cessionário fiduciário.[185] Disso resulta que, ainda que possa ser considerado *bem de capital*,[186] o crédito, uma vez cedido fiduciariamente, não pode ser caracterizado como bem que se encontra no estabelecimento, como exigido pela parte final do § 3º do art. 49, pois a posse do título que o representa é atribuída por lei ao cessionário fiduciário, para que possa exercer a cobrança diretamente e pagar-se com o produto da cobrança.[187] Além disso, ao serem cedidos, os créditos não compunham o ativo imobilizado do patrimônio da empresa cedente, mas, sim, seu ativo realizável, e foram efetivamente realizados quando substituídos por dinheiro em troca da cessão dos créditos e da posse dos títulos.

Coerentemente com essa concepção, a jurisprudência do STJ confirma a não sujeição dos créditos cedidos fiduciariamente aos efeitos da recuperação,[188] havendo, entretanto, deci-

---

fiduciariamente – Observância da Lei nº 9.514/97 – Precedentes jurisprudenciais – Decisão mantida – Recurso desprovido" (TJSP, 2ª Câmara Reservada de Direito Empresarial, Agravo de Instrumento 2059745-47.2018.8.26.0000, rel. Des. Maurício Pessoa, j. 6.6.2018).

[184] Especificamente sobre os efeitos em relação aos créditos cedidos fiduciariamente, v. item 7.8 desta obra.

[185] Lei 4.728/1965: "Art. 66-B. (...). § 3º É admitida a alienação fiduciária de coisa fungível e a cessão fiduciária de direitos sobre coisas móveis, bem como de títulos de crédito, hipóteses em que, salvo disposição em contrário, a posse direta e indireta do bem objeto da propriedade fiduciária ou do título representativo do direito ou do crédito é atribuída ao credor, que, em caso de inadimplemento ou mora da obrigação garantida, poderá vender a terceiros o bem objeto da propriedade fiduciária independente de leilão, hasta pública ou qualquer outra medida judicial ou extrajudicial, devendo aplicar o preço da venda no pagamento do seu crédito e das despesas decorrentes da realização da garantia, entregando ao devedor o saldo, se houver, acompanhado do demonstrativo da operação realizada."

[186] O Decreto 2.179/1997, art. 2º, inciso I, assim define "bem de capital": "I – 'Bens de Capital': máquinas, equipamentos, inclusive de testes, ferramental, moldes e modelos para moldes, instrumentos e aparelhos industriais e de controle de qualidade, novos, bem como os respectivos acessórios, sobressalentes e peças de reposição, utilizados no processo produtivo e incorporados ao ativo permanente."

[187] Lei 9.514/1997: "Art. 19. Ao credor fiduciário compete o direito de: I – conservar e recuperar a posse dos títulos representativos dos créditos cedidos, contra qualquer detentor, inclusive o próprio cedente; II – promover a intimação dos devedores que não paguem ao cedente, enquanto durar a cessão fiduciária; III – usar das ações, recursos e execuções, judiciais e extrajudiciais, para receber os créditos cedidos e exercer os demais direitos conferidos ao cedente no contrato de alienação do imóvel; IV – receber diretamente dos devedores os créditos cedidos fiduciariamente."

[188] "3. A partir da própria natureza do direito creditício sobre o qual recai a garantia fiduciária – bem incorpóreo e fungível, por excelência –, não há como compreendê-lo como bem de capital, utilizado materialmente no processo produtivo da empresa. 4. Por meio da cessão fiduciária de direitos sobre coisas móveis ou de títulos de crédito (em que se transfere a propriedade resolúvel do direito creditício, representado, no último caso, pelo título – bem móvel incorpóreo e fungível, por natureza), o devedor fiduciante, a partir da contratação, cede 'seus recebíveis' à instituição financeira (credor fiduciário), como garantia ao mútuo bancário, que, inclusive, poderá apoderar-se diretamente do crédito ou receber o correlato pagamento diretamente do terceiro (devedor do devedor fiduciante). Nesse contexto, como se constata, o crédito, cedido fiduciariamente, nem sequer se encontra na posse da recuperanda, afigurando-se de todo imprópria a intervenção judicial para esse propósito (liberação da trava bancária). 5. A exigência legal de restituição do bem ao credor fiduciário, ao final do *stay period*, encontrar-se-ia absolutamente frustrada, caso se pudesse conceber o crédito, cedido fiduciariamente, como sendo 'bem de capital'. Isso porque a utilização do crédito garantido fiduciariamente, independentemente da finalidade (angariar fundos, pagamento de despesas, pagamento de credores submetidos ou não à recuperação judicial, etc), além de desvirtuar a própria finalidade dos "bens de capital", fulmina por completo a própria garantia

sões em tribunais estaduais no sentido da liberação total ou parcial desses créditos durante o prazo de suspensão, desde que o magistrado os classifique como "bem de capital essencial ao sucesso do regime da recuperação e à preservação da empresa".[189]

Observando que "é indispensável que o devedor comprove ao juiz as características/qualidades técnicas do bem, aquelas que o tornam imprescindível para o exercício da atividade empresária em questão", João Pedro Scalzilli, Luís Felipe Spinelli e Rodrigo Tellechea ressalvam a existência de decisões segundo as quais é necessária ao menos a liberação parcial do produto dos créditos cedidos fiduciariamente para viabilizar o sucesso do regime recuperacional e a preservação da empresa.[190]

4.2.4.1. Alienação fiduciária em garantia de financiamento a empresa em recuperação judicial

O prazo de suspensão e a proibição de atos de constrição e de busca e apreensão referidos no item 4.2.4, acima, são objeto da Lei 14.112/2020, que introduz importantes alterações na Lei 11.101/2005 com base na experiência colhida nos 15 anos de aplicação da LREF e em precedentes do direito comparado, contemplando autorização de prorrogação do prazo de suspensão, apresentação de plano alternativo pelos credores, ampliação das possibilidades de financiamento a empresas em recuperação judicial, entre outras disposições.

No que tange ao tema objeto desta obra, destacamos alterações relacionadas aos créditos com garantia fiduciária, cuja extraconcursalidade é mantida tal como prevê o § 3º do art. 49 da LREF, vedada, apenas, sua venda ou retirada do estabelecimento da devedora, se se tratar de "bens de capital essenciais a sua atividade empresarial", durante a suspensão de 180 dias de eu trata o § 4º do art. 6º, ressalvado, contudo, que sua efetividade pode ser comprometida por eventual prorrogação desse prazo e pela abertura de um prazo adicional, neste caso se os credores apresentarem plano alternativo (§§ 4º e 4º-A do art. 6º), além da possibilidade de suspensão de atos de constrição, entre eles a busca e apreensão (§ 7º-A do art. 6º).

Com efeito, de acordo com a nova redação dada pela Lei 14.112/2020 ao § 4º do art. 6º da LREF, o prazo de suspensão de 180 pode ser prorrogado por igual período, uma única vez, desde que justificadamente, dado que a lei só admite a prorrogação em caráter excepcional. Assim, se o objeto da garantia fiduciária for bem de capital essencial à atividade da empresa recuperanda, sua venda ou retirada do estabelecimento poderá se estender por um ano, contado da data do deferimento do processamento da recuperação judicial da devedora.[191]

---

fiduciária, chancelando, em última análise, a burla ao comando legal que, de modo expresso, exclui o credor, titular da propriedade fiduciária, dos efeitos da recuperação judicial" (Resp 1758746-GO, 3ª Turma, rel. Min. Marco Aurélio Bellizze, *DJe* 1.10.2018).

[189] TJRJ, 22ª Câmara Cível, Agravo de Instrumento 0039244-09.2015.8.19.0000, rel. Des. Carlos Santos de Oliveira, j. 8.9.2015; TJSP, 2ª Câmara Reservada de Direito Empresarial, Agravo de Instrumento 2081702-2016.8.26.0000, rel. Des. Carlos Alberto Garbi, j. 17.10.2016.

[190] SCALZILLI, João Pedro; SPINELLI, Luís Felipe; TELLECHEA, Rodrigo. *Recuperação de empresas e falência*. 3. ed. São Paulo: Almedina, 2018, p. 423.

[191] Lei 11.101/2005, com a redação dada pela Lei 14.112/2020: "Art. 6º A decretação da falência ou o deferimento do processamento da recuperação judicial implica: (...) § 4º Na recuperação judicial, as suspensões e a proibição de que tratam os incisos I, II e III do *caput* deste artigo perdurarão pelo prazo de 180 (cento e oitenta) dias, contado do deferimento do processamento da recuperação, prorrogável por igual período, uma única vez, em caráter excepcional, desde que o devedor não haja concorrido com a superação do lapso temporal."

A par da possibilidade de prorrogação do *stay period*, o § 7º-A do mesmo art. 6º atribui ao juízo da recuperação judicial competência para "determinar a suspensão dos atos de constrição que recaiam sobre bens de capital essenciais à manutenção da atividade empresarial durante o prazo de suspensão", por meio da cooperação jurisdicional a que se refere o art. 69 do CPC, respeitado o princípio da menor onerosidade para a devedora.[192]

A alteração correspondente ao § 4º-A, incluído no art. 6º pela Lei 14.112/2020, pode repercutir nos efeitos dos créditos com garantia fiduciária e no procedimento de sua excussão, ao criar a possibilidade de os credores apresentarem plano alternativo após a expiração do prazo de suspensão, hipótese em que será aberto novo prazo de suspensão.

É que, de acordo com essa nova disposição, em caso de expiração do prazo de 180 dias, contados do deferimento do processamento da recuperação, sem que a assembleia geral dos credores tenha deliberado sobre o plano de recuperação apresentado pela devedora, ou se o plano apresentado pelo devedor for rejeitado, é facultada aos credores a apresentação de plano alternativo mediante o preenchimento de determinadas condições.

Se os credores não apresentarem esse plano até 30 dias após a expiração do prazo de suspensão, tornam-se inaplicáveis as suspensões e a proibição a que se referem os incisos I, II e III do art. 6º (§ 4º-A, I, do art. 6º), e se o apresentarem perdurarão essas suspensões e proibição (§ 4º-A, II, do art. 6º).[193]

Estão também relacionadas à constituição e aos efeitos da garantia fiduciária as novas disposições que disciplinam o *financiamento DIP*, assim caracterizado aquele concedido a empresa em crise em momento posterior à distribuição do pedido de recuperação, visando o cumprimento do plano e a reestruturação da empresa em recuperação judicial.

A operação já era praticada com fundamento nos arts. 66 e 67, inclusive com garantia real, mediante autorização do juiz, ouvido o Comitê de Credores, como evidenciam precedentes encontrados na aplicação prática e na jurisprudência.[194]

---

[192] Lei 11.101/2005, com a redação dada pela Lei 14.112/2020: "Art. 6º (...). § 7º-A. O disposto nos incisos I, II e III do *caput* deste artigo não se aplica aos créditos referidos nos §§ 3º e 4º do art. 49 desta Lei, admitida, todavia, a competência do juízo da recuperação judicial para determinar a suspensão dos atos de constrição que recaiam sobre bens de capital essenciais à manutenção da atividade empresarial durante o prazo de suspensão a que se refere o § 4º deste artigo, a qual será implementada mediante a cooperação jurisdicional, na forma do art. 69 da Lei nº 13.105, de 16 de março de 2015 (Código de Processo Civil), observado o disposto no art. 805 do referido Código."

[193] Lei 11.101/2005, com a redação dada pela Lei 14.112/2020: "Art. 6º (...). § 4º-A. O decurso do prazo previsto no § 4º deste artigo sem a deliberação a respeito do plano de recuperação judicial proposto pelo devedor faculta aos credores a propositura de plano alternativo, na forma dos §§ 4º, 5º, 6º e 7º do art. 56 desta Lei, observado o seguinte: I – as suspensões e a proibição de que tratam os incisos I, II e III do *caput* deste artigo não serão aplicáveis caso os credores não apresentem plano alternativo no prazo de 30 (trinta) dias, contado do final do prazo referido no § 4º deste artigo ou no § 4º do art. 56 desta Lei; II – as suspensões e a proibição de que tratam os incisos I, II e III do *caput* deste artigo perdurarão por 180 (cento e oitenta) dias contados do final do prazo referido no § 4º deste artigo, ou da realização da assembleia-geral de credores referida no § 4º do art. 56 desta Lei, caso os credores apresentem plano alternativo no prazo referido no inciso I deste parágrafo ou no prazo referido no § 4º do art. 56 desta Lei."

[194] "Recuperação Judicial. Financiamento autorizado pelo magistrado que preside a causa. Necessidade de razoabilidade do negócio. Condições especiais que devem passar pela aprovação da Assembleia Geral dos Credores. Autorização para o recebimento de R$ 200.000.000,00. Recurso parcialmente provido" (TJSP, 2ª Câmara Reservada de Direito Empresarial, Agravo de Instrumento 2176529-15.2015.8.26.0000, rel. Des. Carlos Alberto Garbi, j. 16.12.2015). O financiamento é considerado indispensável na fase inicial do procedimento de recuperação, como bem observa o relator em seu voto: "A possibilidade do financiamento nesta fase é prevista na maior parte dos países que disciplinaram a recuperação das empresas

A despeito de ser considerado um dos meios indispensáveis ao êxito da recuperação de empresa e da necessidade de proteção especial em razão do alto risco a que está exposto o financiador, a regulamentação dessa espécie de financiamento era insuficiente e não chegava a compensar os efeitos do alto risco de crédito que encerra. A simples classificação como créditos extraconcursais não chega a constituir incentivo suficiente para a concessão dessa espécie de financiamento pelos agentes financeiros, pois, dada sua classificação como crédito do mais elevado risco operacional, é exigido provisionamento correspondente a 100% do valor do crédito.

Para suprir essa e outras lacunas, a Lei 14.112/2020 cria alternativas de negócio destinadas a compensar esse elevado risco, seja mediante expresso reconhecimento da habilitação de qualquer pessoa, física ou jurídica, para concessão dessa espécie de financiamento,[195] inclusive sócios, familiares e integrantes do grupo da devedora, bem como mediante afastamento de qualquer restrição a que as garantias sejam prestadas por terceiros;[196] além disso, a Lei visa à mitigação do risco de crédito, ao lhe conferir extraconcursalidade qualificada, que a ele atribui prioridade em face dos créditos com direito real, e afastar controvérsias quanto aos efeitos das garantias, especialmente a extraconcursalidade do crédito com garantia fiduciária.

O propósito da alteração legislativa é facilitar o acesso ao crédito por parte da empresa em recuperação, ao viabilizar o suprimento das suas necessidades de caixa mediante contratação de financiamento com qualquer pessoa, e não apenas com instituições financeiras.

Importante medida de proteção do direito do provedor de financiamento DIP é a irreversibilidade da validade e eficácia da alienação ou oneração de bens "após a consumação do negócio jurídico com o recebimento dos recursos correspondentes pelo devedor", prevista no art. 66-A. Observe-se que, ao definir a "consumação do negócio" e o "recebimento dos recursos" como fatos impeditivos da anulação ou da ineficácia, essa norma dispensa, para esse fim, o requisito do registro do contrato como modo de transmissão da propriedade ou de constituição de direitos reais de garantia, privilegiando nessa operação, como ato caracterizador do aperfeiçoamento do negócio jurídico, o "recebimento dos recursos", a par, obviamente, da sua formalização.[197]

---

em crise, como valioso instrumento para alcançar o escopo maior de preservação da empresa. É natural, nesse negócio, conhecido como *DIP financing*, a respectiva constituição de garantia, porque aquele que se dispõe a financiar a empresa em crise financeira, pelo risco maior que expõe o seu capital, não aceita fazê-lo sem importante garantia da restituição do quanto emprestado".

Outro precedente foi o *financiamento DIP* concedido ao Grupo Aralco em Contrato de Pré-Pagamento de Exportação com garantia fiduciária de bens imóveis e direitos creditórios, facultada ao financiador, em caso de não pagamento do financiamento, a compra de 51% das ações da Nova Aralco, empresa cuja constituição está contemplada no plano de recuperação.

[195] Lei 11.101/2005, com a redação dada pela Lei 14.112/2020: "Art. 69-E. O financiamento de que trata esta Seção poderá ser realizado por qualquer pessoa, inclusive credores, sujeitos ou não à recuperação judicial, familiares, sócios e integrantes do grupo do devedor".

[196] Lei 11.101/2005, com a redação dada pela Lei 14.112/2020: "Art. 69-F. Qualquer pessoa ou entidade pode garantir o financiamento de que trata esta Seção mediante a oneração ou a alienação fiduciária de bens e direitos, inclusive o próprio devedor e os demais integrantes do seu grupo, estejam ou não em recuperação judicial".

[197] Lei 11.101/2005, com a redação dada pela Lei 14.112/2020: "Art. 66-A. A alienação de bens ou a garantia outorgada pelo devedor a adquirente ou a financiador de boa-fé, desde que realizada mediante autorização judicial expressa ou prevista em plano de recuperação judicial ou extrajudicial aprovado, nao podera ser anulada ou tomada ineficaz após a consumação do negocio juridico com o recebimento dos recursos correspondentes pelo devedor".

Coerentemente com a norma do art. 66, o art. 69-A prevê que a contratação do financiamento deve ser autorizada pelo juiz da recuperação, depois de ouvido o Comitê de Credores, que pode ser garantido por direito real, inclusive propriedade fiduciária, constituído sobre bens integrantes do ativo não circulante da própria empresa recuperanda, ou de terceiros.[198]

A par da extraconcursalidade decorrente da própria natureza da garantia fiduciária, a lei confere preferência especial aos titulares de crédito derivado dessa espécie de financiamento em relação ao valor a ela efetivamente desembolsado, qualquer que seja a garantia,[199] e preserva a extraconcursalidade qualificada do crédito e a garantia, na proporção do valor já desembolsado, caso, em grau de recurso, seja modificada a decisão do juiz da recuperação que autorizou a contratação do financiamento.[200]

Não se admite constituição de garantia subordinada sobre bens objeto de alienação fiduciária ou cessão fiduciária, pois, como se sabe, a constituição da garantia fiduciária se dá mediante celebração de negócio jurídico de transmissão condicional ao credor fiduciário, pelo qual o devedor ou o prestador da garantia se demite da propriedade e, portanto, é destituído do poder de dispor ou onerar o domínio do bem.[201] Todavia, não há impedimento a que a empresa recuperanda constitua garantia fiduciária sobre a propriedade superveniente (CC, art. 1.361, § 3º) de bem que já alienara fiduciariamente, possibilitando, assim, o compartilhamento de garantia preexistente.[202]

A convolação da recuperação judicial em falência antes da liberação dos valores correspondentes ao financiamento DIP importa em automática extinção desse contrato, preservadas a validade e a eficácia das garantias e da preferência especial até o limite dos valores entregues à devedora antes da data da sentença de convolação.[203]

---

[198] Lei 11.101/2005, com a redação dada pela Lei 14.112/2020: "Art. 69-A. Durante a recuperação judicial, nos termos dos arts. 66 e 67 desta Lei, o juiz poderá, depois de ouvido o Comitê de Credores, autorizar a celebração de contratos de financiamento com o devedor, garantidos pela oneração ou pela alienação fiduciária de bens e direitos, seus ou de terceiros, pertencentes ao ativo não circulante, para financiar as suas atividades e as despesas de reestruturação ou de preservação do valor de ativos".

[199] Lei 11.101/2005: "Art. 67. Os créditos decorrentes de obrigações contraídas pelo devedor durante a recuperação judicial, inclusive aqueles relativos a despesas com fornecedores de bens ou serviços e contratos de mútuo, serão considerados extraconcursais, em caso de decretação de falência, respeitada, no que couber, a ordem estabelecida no art. 83 desta Lei".

[200] Lei 11.101/2005, com a redação dada pela Lei 14.112/2020: "Art. 69-B. A modificação em grau de recurso da decisão autorizativa da contratação do financiamento não pode alterar sua natureza extraconcursal, nos termos do art. 84 desta Lei, nem as garantias outorgadas pelo devedor em favor do financiador de boa-fé, caso o desembolso dos recursos já tenha sido efetivado".

[201] Lei 11.101/2005, com a redação dada pela Lei 14.112/2020: "Art. 69-C. O juiz poderá autorizar a constituição de garantia subordinada sobre um ou mais ativos do devedor em favor do financiador de devedor em recuperação judicial, dispensando a anuência do detentor da garantia original. § 1º A garantia subordinada, em qualquer hipótese, ficará limitada ao eventual excesso resultante da alienação do ativo objeto da garantia original. § 2º O disposto no *caput* deste artigo não se aplica a qualquer modalidade de alienação fiduciária ou de cessão fiduciária".

[202] Ver item 4.2.1.4 – Alienação fiduciária da propriedade superveniente e 4.2.2.2 – Natureza jurídica do direito do devedor fiduciante.

[203] Lei 11.101/2005, com a redação dada pela Lei 14.112/2020: "Art. 69-D. Caso a recuperação judicial seja convolada em falência antes da liberação integral dos valores de que trata esta Seção, o contrato de financiamento será considerado automaticamente rescindido. Parágrafo único. As garantias constituídas e as preferências serão conservadas até o limite dos valores efetivamente entregues ao devedor antes da data da sentença que convolar a recuperação judicial em falência".

Especialmente relevante é a alteração introduzida no art. 84, que confere prioridade ao titular do crédito correspondente ao financiamento DIP, à frente dos créditos com garantia real.[204]

---

[204] Lei 11.101/2005, com a redação dada pela Lei 14.112/2020: "Art. 84. Serão considerados créditos extraconcursais e serão pagos com precedência sobre os mencionados no art. 83 desta Lei, na ordem a seguir, aqueles relativos: I – (revogado); I-A – às quantias referidas nos arts. 150 e 151 desta Lei; I-B – ao valor efetivamente entregue ao devedor em recuperação judicial pelo financiador, em conformidade com o disposto na Seção IV-A do Capítulo III desta Lei".

5
ALIENAÇÃO FIDUCIÁRIA DE BENS MÓVEIS

INTRODUÇÃO

O contrato de alienação fiduciária de bens móveis é título constitutivo da *propriedade fiduciária*, tendo sido originalmente caracterizado no art. 66 da Lei 4.728, de 1965,[1] que, ao estruturar as bases do Mercado de Capitais, com novas formas de captação e aplicação de recursos do público, criou a garantia fiduciária visando suprir a insuficiência das garantias incidentes sobre bens móveis, como o penhor e a reserva de domínio, que já então não eram compatíveis com as características da circulação do crédito na sociedade contemporânea. A redação do art. 66 da Lei 4.728/1965 foi alterada pelo Decreto-lei 911/1969.

Posteriormente, a matéria veio a ser inserida no Código Civil de 2002, que regulamentou a propriedade fiduciária de bens móveis, em garantia, nos arts. 1.361 a 1.368-B.[2] Diferentemente da Lei 4.728/1965, o Código Civil não restringe a utilização dessa garantia ao mercado de capitais, legitimando qualquer pessoa a contratar sua aplicação em garantia de pagamento de dívida. Mais tarde, a Lei 10.931, de 2 de agosto de 2004, derrogou os arts. 66 e 66-A da Lei 4.728/1965 e nela introduziu o art. 66-B, definindo algumas características especiais para constituição de propriedade fiduciária em garantia no âmbito do mercado financeiro e de capitais. Além disso, o § 3º do mesmo art. 66-B instituiu a alienação

---

[1] O art. 66 e seus parágrafos da Lei 4.728/1965 delineou a alienação fiduciária em garantia nos seguintes termos: "Art. 66. Nas obrigações garantidas por alienação fiduciária de bem móvel, o credor tem o domínio da coisa alienada, até a liquidação da dívida garantida. (...) § 2º O instrumento da alienação fiduciária transfere o domínio da coisa alienada, independentemente de sua tradição, continuando o devedor a possuí-la em nome do adquirente, segundo as condições do contrato e com as responsabilidades do depositário." O Decreto-lei 911, de 1969, deu nova redação a esse dispositivo, nos seguintes termos: "Art. 66. A alienação fiduciária em garantia transfere ao credor o domínio resolúvel da coisa móvel alienada, independentemente da tradição efetiva do bem, tornando-se o alienante ou devedor em possuidor direto e depositário com todas as responsabilidades e encargos que lhe incumbem de acordo com a lei civil e penal".

[2] "Art. 1.361. Considera-se fiduciária a propriedade resolúvel de coisa móvel infungível que o devedor, com escopo de garantia, transfere ao credor. § 1º Constitui-se a propriedade fiduciária com a transcrição do contrato, celebrado por instrumento público ou particular, que lhe serve de título, no Registro de Títulos e Documentos do domicílio do devedor, ou, em se tratando de veículos, na repartição competente para o licenciamento, fazendo-se a anotação no certificado de registro. § 2º Com a constituição da propriedade fiduciária, dá-se o desdobramento da posse, tornando-se o devedor possuidor direto da coisa."

fiduciária de coisa fungível e a cessão fiduciária de direitos sobre bens móveis, bem como sobre títulos de crédito em geral.

Assim, existem no direito positivo brasileiro duas espécies de propriedade fiduciária de bens móveis, para fins de garantia: uma de aplicação geral como garantia de dívida, sem restrição quanto à pessoa do credor, regulamentada pelos arts. 1.361 a 1.368-B do Código Civil, e outra exclusivamente para garantia de créditos constituídos no âmbito do mercado financeiro e de capitais, bem como do fisco e da previdência social, caracterizada pelas disposições especiais definidas pelo art. 66-B e seus parágrafos da Lei 4.728/1965.

Quanto às normas processuais, a mesma Lei 10.931/2004 e a Lei 13.043/2015 alteraram os procedimentos relativos à ação de busca e apreensão do bem objeto da propriedade fiduciária, dando nova redação ao art. 3º do Decreto-lei 911/1969 e restringindo esse procedimento de busca e apreensão às operações do mercado financeiro e de capitais e às garantias dos créditos fiscais e previdenciários. Assim, de acordo com essa legislação, dois são os procedimentos aplicáveis à propriedade fiduciária de bens móveis: a ação de reintegração de posse, de que tratam os arts. 560 e seguintes do Código de Processo Civil, e a ação autônoma de busca e apreensão, de que trata o art. 3º do Decreto-lei 911/1969, sendo que para esta última só estão legitimadas as pessoas jurídicas de direito privado integrantes do mercado financeiro e de capitais e as pessoas jurídicas de direito público titulares de créditos fiscais e previdenciários.

5.1. ALIENAÇÃO FIDUCIÁRIA E FIGURAS AFINS

Apesar de ter pontos de aproximação com a reserva de domínio, com a retrovenda e com o penhor, a alienação fiduciária em garantia de bens móveis não se confunde com essas figuras.

Na venda com reserva de domínio, o vendedor, sendo proprietário de determinado bem, contrata sua venda ao adquirente-devedor, mas a transmissão da propriedade fica suspensa, dependendo do pagamento do preço; já na alienação fiduciária, é o devedor que, sendo proprietário da coisa, nessa condição contrata sua transmissão ao credor; na primeira hipótese a garantia decorre da reserva, enquanto na segunda a garantia está na venda que o devedor faz ao credor. Além disso, a venda com reserva de domínio tem como partes contratantes apenas o vendedor e o comprador, enquanto na alienação fiduciária, em regra, figuram o vendedor, o comprador e o financiador.

Quanto à retrovenda, também não há o que confundir, pois por esse contrato se conveniona uma venda em que o vendedor se reserva a faculdade de reaver a coisa mediante restituição do preço mais as despesas feitas pelo comprador, enquanto na alienação fiduciária é o devedor-fiduciante que tem assegurada a reversão da coisa à sua propriedade. Além disso, a causa, no contrato de retrovenda, não é a garantia, que é a causa do contrato de alienação fiduciária.

Por fim, a alienação fiduciária se distingue do penhor porque neste o devedor conserva a propriedade da coisa, enquanto na alienação fiduciária o devedor transfere a propriedade ao credor.

5.2. CONCEITO E CARACTERIZAÇÃO

Propriedade fiduciária é uma propriedade limitada pelas restrições que sofre em seu conteúdo, considerada a finalidade para a qual é constituída, tendo duração limitada, enquanto perdurar o escopo do negócio. Por esse modo, o titular de determinado bem transmite a propriedade ao credor sob condição resolutiva, com a exclusiva finalidade de garantia. Uma vez cumprida a obrigação garantida, resolve-se a propriedade do credor, retornando a plena propriedade ao patrimônio do antigo titular.

Trata-se de direito acessório, constituído com a precípua finalidade de assegurar o cumprimento de obrigação, que, em geral, corresponde à satisfação de um direito de crédito, que é o principal. Dado o caráter acessório da garantia, em caso de cessão do crédito, aquela se transmite ao cessionário, juntamente com o crédito cedido, que é o direito principal; pela mesma razão, extingue-se a propriedade fiduciária automaticamente, com a extinção do direito de crédito.

A propriedade fiduciária em garantia difere dos direitos reais limitados de garantia, quais sejam o penhor, a anticrese e a hipoteca, porque nestes o titular da garantia tem um direito real *na coisa alheia*, tendo em vista que o bem dado em garantia, embora vinculado ao cumprimento da obrigação, continua no patrimônio do devedor, enquanto na propriedade fiduciária a garantia incide em *coisa própria* do credor, já que o devedor lhe transmite a propriedade do bem, embora em caráter resolúvel.

Esse traço peculiar de caracterização impede que a propriedade do bem objeto de propriedade fiduciária seja gravado com novas garantias, como é admitido em relação à hipoteca, ao penhor ou à anticrese, que poderão ser constituídas em graus sucessivos. Assim é porque, ao alienar fiduciariamente, o fiduciante deixa de ser proprietário, daí porque ao dispor sobre a garantia fiduciária de bem móvel infungível o § 2º do art. 66-B da Lei 4.728/1965 tipifica a alienação fiduciária do bem já alienado fiduciariamente como ilícito penal.[3]

Como vimos (4.2.1.4 – *Alienação fiduciária da propriedade superveniente*), o direito real do devedor fiduciante, ou do fiduciante, é o "direito real de aquisição" do bem alienado fiduciariamente, como define o art. 1.368-B do Código Civil, e não o "direito de propriedade do bem". Trata-se de direito real expectativo de propriedade e, enquanto pendente a condição a que esse direito está subordinado, isto é, enquanto subsistir a propriedade fiduciária em garantia, o fiduciante pode alienar ou onerar a *propriedade superveniente*, de que se tornará titular quando satisfizer o crédito garantido. Sendo contrato sob condição suspensiva, torna-se eficaz somente quando da extinção da propriedade fiduciária em curso, por efeito da qual o fiduciante readquire a propriedade plena (CC, art. 1.361, § 3º).

Em razão do risco de preterição por outros gravames que eventualmente venham a ser constituídos enquanto pendia a condição, o direito do credor garantido pela propriedade fiduciária da propriedade superveniente só estará protegido contra terceiros se registrar seu contrato de alienação fiduciária logo após sua celebração, como lhe faculta o art. 130 do Código Civil[4] com vistas à conservação do seu direito eventual.[5]

Ao disciplinar a propriedade fiduciária em garantia o Código Civil conservou a estrutura básica formulada pela Lei 4.728/1965 e pelo Decreto-lei 911/1969, aperfeiçoando a regulamentação em termos conceituais e de técnica legislativa.

Inova o Código ao dispor que a constituição da propriedade fiduciária se dá mediante registro do contrato no Registro de Títulos e Documentos do domicílio do devedor, "ou, em se tratando de veículos, na repartição competente para o licenciamento..." (§ 1º do

---

[3] Lei 4.728/1965, com a redação dada pela Lei 10.931/2004: "Art. 66-B. (...). § 2º O devedor que alienar, ou der em garantia a terceiros, coisa que já alienara fiduciariamente em garantia, ficará sujeito à pena prevista no art. 171, § 2º, I, do Código Penal."

[4] Código Civil: "Art. 130. Ao titular do direito eventual, nos casos de condição suspensiva ou resolutiva, é permitido praticar os atos destinados a conservá-lo."

[5] BOTTEGA, Jéverson Luís. *Qualificação registral imobiliária à luz da Crítica Hermenêutica do Direito*: equanimidade e segurança jurídica no registro de imóveis. Belo Horizonte: Conhecimento Editora, 2021, p. 140.

art. 1.361),[6] bem como ao prever a possibilidade de o devedor *dar em pagamento ao credor "seu direito eventual à coisa"* (parágrafo único do art. 1.365), e, ainda, ao estabelecer que *ficará sub-rogado* não só o terceiro interessado que pagar a dívida, mas, também, *o terceiro não interessado* que o fizer (art. 1.368).

De outra parte, quanto ao objeto da propriedade fiduciária, a Lei 10.931/2004 inova ao admitir a constituição de propriedade fiduciária sobre coisa fungível e, bem assim, a constituição de titularidade fiduciária sobre direitos relativos a bens móveis e, ainda, sobre créditos representados por títulos de crédito, em geral, ressalvado que essas novas modalidades de garantia só se aplicam para garantia de créditos constituídos no âmbito do mercado financeiro e de capitais, bem como para garantia de créditos fiscais e previdenciários.[7]

A forma de constituição da propriedade fiduciária e da titularidade fiduciária é o contrato de alienação fiduciária, caso o objeto seja coisa corpórea, ou de cessão fiduciária, caso seja incorpórea.

O contrato de alienação fiduciária é o negócio jurídico de transmissão condicional, pelo qual o devedor, também chamado *fiduciante*, com escopo de garantia, contrata a transferência ao credor, ou *fiduciário*, da propriedade resolúvel de determinada coisa móvel ou da titularidade resolúvel de direito sobre coisa móvel ou de título de crédito.

---

[6] O emprego da conjunção alternativa "ou" suscitou controvérsia, tendo em vista que, ao atribuir à repartição encarregada do licenciamento competência para registro do contrato, retira dos serviços de Registro de Títulos e Documentos – RTD a exclusividade que, anteriormente, lhes era conferida para esse fim, nos termos do art. 236 da Constituição Federal, pelo qual "os serviços notariais e de registro são exercidos em caráter privado, por delegação do Poder Público". Antes mesmo da entrada em vigor do Código Civil, os arts. 11 e 18 da Medida Provisória 1.925-5/2000 já atribuíam ao "respectivo órgão de trânsito" competência para tal registro, e contra essa norma a ANOREG – Associação dos Notários e Registradores do Brasil ajuizou a ação direta de inconstitucionalidade 2.150-8-DF, alegando violação dos princípios de publicidade e de segurança que caracterizam os serviços de registros públicos constituídos com base no referido art. 236 da CF. O STF julgou improcedente o pedido, entendendo que aqueles dispositivos não violam a Constituição, apenas preveem uma modalidade peculiar de registro. Assinala o Relator, Ministro Ilmar Galvão, que tal modalidade "em nada compromete a publicidade e a segurança das relações respaldadas por cédulas de crédito bancário". Em seu voto, o Ministro Sepúlveda Pertence destacou que "o excepcional na Constituição é a atividade de registros públicos ser exercida, conforme o art. 236, em caráter privado, mediante delegação do poder público. Quem pode delegar pode não delegar. Foi o que fez a lei, com relação aos veículos". Não obstante, tramita no Congresso Nacional o Projeto de Lei 6960/2002, contendo proposição de mais de uma centena de alterações no Código Civil, entre elas uma que propõe nova redação ao § 1º do art. 1.361, pela qual procura preservar a competência do Registro de Títulos e Documentos, prevendo que o registro do contrato será feito no Registro e na repartição competente para licenciamento de veículos. Fundamenta-se a proposição em que o modo de constituição de direito real é o registro do respectivo título no Registro competente; se se tratar de imóvel, no Registro de Imóveis do lugar do imóvel, se se tratar de bem móvel, no Registro de Títulos e Documentos. Assim, de acordo com o preceito constitucional e com os princípios que orientam a constituição dos direitos reais, o modo de constituição da propriedade fiduciária sobre veículos haveria de ser o registro do contrato de alienação fiduciária no RTD, devendo ser entendido o registro na repartição de licenciamento como um *plus*, que pode ser considerado para fins de controle e fiscalização, e não para fins de constituição da propriedade fiduciária sobre veículos.

[7] Art. 66-B, § 3º, da Lei 4.728/1965: "É admitida a alienação fiduciária de coisa fungível e a cessão fiduciária de direitos sobre coisas móveis, bem como de títulos de crédito, hipóteses em que, salvo disposição em contrário, a posse direta e indireta do bem objeto da propriedade fiduciária ou do título representativo do direito ou do crédito é atribuída ao credor, que, em caso de inadimplemento ou mora da obrigação garantida, poderá vender a terceiros o bem objeto da propriedade fiduciária independente de leilão, hasta pública ou qualquer outra medida judicial ou extrajudicial, devendo aplicar o preço da venda no pagamento do seu crédito e das despesas decorrentes da realização da garantia, entregando ao devedor o saldo, se houver, acompanhado do demonstrativo da operação realizada".

Em regra, com a constituição da propriedade fiduciária ou da titularidade fiduciária desdobra-se a posse, ficando o devedor com a posse direta e o credor com a posse indireta do bem objeto da garantia.

Assim, apesar de a alienação fiduciária importar na transmissão da propriedade ao credor, conquanto resolúvel, a lei preserva o poder jurídico e econômico do devedor fiduciante sobre o bem objeto da garantia e, ao impor ao devedor fiduciante ao dever de "empregar na guarda da coisa a diligência exigida por sua natureza" (CC, art. 1.363, I), sujeita a operação ao mesmo tratamento previsto para a tradição da coisa ao comprador (CC, art. 492), que permanece com a plena fruição do bem financiado e, portanto, tem "o dever de cuidado na guarda da coisa, dela zelando como se tivesse a propriedade plena. A responsabilidade civil decorrente de ato ilícito do devedor fiduciante, ou de terceiros, na utilização da coisa, especialmente acidentes de veículos, não acarreta a responsabilidade civil do credor fiduciário, segundo entendimento do STJ e do STF. Também a responsabilidade pelo pagamento de multas decorrentes de infrações de trânsito (...), são de responsabilidade exclusiva do devedor fiduciante, não recaindo sobre o patrimônio do credor fiduciário."[8]

Disso resulta que, no outro polo da relação fiduciária, o credor fiduciário é exonerado da responsabilidade por esses e outros encargos de cuidado por não manter ele, credor, nenhuma relação pessoal e direta com a coisa que pudesse lhe facultar sua utilização, dado que a coisa, em relação ao credor, é vinculada ao cumprimento da obrigação, e não à sua pessoa (CC, art. 1.419).

Dessa situação distingue-se, em parte, a transmissão fiduciária em garantia tendo por objeto coisa fungível ou direito sobre bem móvel e, ainda, quando se tratar de título de crédito, a regra é a atribuição da posse ao credor, salvo disposição contratual em contrário.

O modo de constituição da propriedade fiduciária ou da titularidade fiduciária é o registro do contrato no registro competente.

Ao contratar a transferência da propriedade o devedor o faz sob condição resolutiva, pela qual, ao se completar o pagamento da dívida garantida, extingue-se a propriedade fiduciária, recuperando o devedor a propriedade plena do bem.

A alienação fiduciária é negócio jurídico bilateral, oneroso, formal, comutativo e acessório, que visa a transmissão da propriedade em garantia. *Bilateral* porque encerra uma série de direitos e obrigações tanto para o credor como para o devedor. *Oneroso*, porque ambas as partes visam vantagens ou benefícios, impondo-se encargos recíprocos. *Formal* porque se exige a observância de requisitos formais, entre eles o registro do contrato no Registro de Títulos e Documentos ou na repartição encarregada do licenciamento de veículos.[9] *Comutativo*, pois as obrigações de ambas as partes guardam relativa equivalência. É, finalmente, *acessório* porque visa a garantia do cumprimento de obrigações contraídas em outro contrato, que pode ser, em geral, de empréstimo, de abertura de crédito ou de compra e venda com pagamento parcelado.

O campo de aplicação do contrato de alienação fiduciária nas hipóteses dos arts. 1.361 e seguintes do Código Civil e do § 3º do art. 66-B da Lei 4.728/1965, com a redação dada pela Lei 10.931/2004, restringe-se ao de garantia de dívida. Por ele o devedor transfere ao credor, em confiança, o domínio de certos bens, sob a condição resolutiva de lhe serem devolvidos quando paga a dívida. Não se efetuando o pagamento da dívida, "fica o credor obrigado a vender, judicial ou extrajudicialmente, a coisa a terceiros e aplicar o preço no

---

[8] LOUREIRO, Francisco Eduardo, *Código Civil Comentado*. São Paulo: Manole. Coord. Cezar Peluso, 12. ed., 2018, comentário ao art. 1.363, p. 1.351.

[9] Ver, acima, nota sobre o § 1º do art. 1.361 do Código Civil.

pagamento de seu crédito e das despesas de cobrança, e a entregar o saldo, se houver, ao devedor" (art. 1.364).

É vedado o pacto comissório, sendo a propriedade do credor onerada com um encargo, pois, deixando o devedor de pagar, o credor recupera a posse do bem, mas com o encargo de vendê-lo para, com o produto da venda, satisfazer o seu crédito.[10]

5.3. ELEMENTOS

O contrato de alienação fiduciária, em regra, vincula-se a contrato de empréstimo, sendo ambos, quase sempre, celebrados num mesmo instrumento, no qual se contrata uma compra e venda cujo preço é pago com os recursos do empréstimo tomado pelo adquirente do bem. Nesse conjunto de contratos estabelece-se uma relação de natureza obrigacional, concernente ao contrato de empréstimo, e outra de natureza real, que é a alienação da coisa ao emprestador para garantia do empréstimo, esta última tendo como sujeitos o fiduciante e o fiduciário e como objeto a transmissão da coisa em caráter fiduciário.

A esse propósito, observa Alfredo Buzaid que "o nexo que se forma entre os elementos supõe a um tempo o financiamento e a transferência ao credor de um bem que, uma vez satisfeita a obrigação, deve ser restituído ao alienante. O objetivo da alienação exclui que a transferência possa ser considerada uma *datio in solutum*, pois esta representa uma forma de pagamento, cuja função consiste em extinguir a obrigação".[11]

Há, assim, (i) um vínculo real entre devedor-fiduciante e credor-fiduciário, que se consubstancia na transmissão da coisa, e (ii) um vínculo obrigacional, que, neste caso, desdobra-se diferentemente do que ocorre no negócio fiduciário, no qual só o credor tem obrigação de restituir a coisa, pois aqui, no contrato de alienação fiduciária, a obrigação é recíproca entre as partes: enquanto o credor-fiduciário se obriga a restituir a coisa, o devedor-fiduciante se obriga a pagar a dívida. Só então, satisfeitas as obrigações, extingue-se o contrato e as partes voltam ao *statu quo ante*. Todavia, se o devedor-fiduciante se tornar inadimplente, a propriedade e a posse plenas são transferidas ao credor-fiduciário, sendo a ele vedado, contudo, conservar para si a propriedade plena, devendo, ao contrário, vendê-la e, então, apropriar-se do produto da venda até o limite do crédito garantido, isso porque a propriedade é transferida ao fiduciário somente para garantia da dívida.

Dada essa configuração, destacam-se mais dois elementos que caracterizam a alienação fiduciária: a resolubilidade e a transitoriedade da transmissão da propriedade e, bem assim, a restrição da propriedade.

Contrata-se a alienação apenas para garantia do cumprimento das obrigações do alienante-fiduciante, permanecendo o fiduciário com o domínio resolúvel do bem enquanto tais obrigações não forem inteiramente cumpridas. A resolubilidade e transitoriedade consubstanciam-se na limitação temporal do domínio,[12] que permanece no fiduciário até o implemento da condição (pagamento da dívida). Ele não recebe a propriedade para se apropriar da coisa em caráter perpétuo, mas com a finalidade de restituí-la, desde que a obrigação seja cumprida, e esta é a restrição caracterizadora da propriedade fiduciária em garantia, pois, como observa Alfredo Buzaid, "não se pode deixar de reconhecer que o fiduciário está indiretamente vinculado, no exercício de suas faculdades de proprietário, a obrigações assumidas em face do

---

[10] WALD, Arnoldo, *Curso de direito civil brasileiro* – obrigações e contratos. 14. ed. São Paulo: RT, 1990, p. 167.
[11] BUZAID, Alfredo. Ensaio sobre a alienação fiduciária em garantia. *Revista dos Tribunais*, n. 401, p. 9-29.
[12] RESTIFFE NETO, Paulo. *Garantia fiduciária*. São Paulo: RT, 1976, p. 97.

fiduciante".[13] Verificando-se a condição, o fiduciante, automaticamente, recupera sua posição jurídica de proprietário pleno do bem. Os efeitos do implemento da condição operam *ex tunc*.

5.4. SUJEITOS DO CONTRATO

São sujeitos do contrato de alienação fiduciária o titular de determinado bem e o credor; o titular da propriedade do bem pode ser o devedor ou terceiro-garante e o credor é aquele ao qual será transmitida a propriedade do bem, para garantia de empréstimo; na hipótese, a transferência do bem, em caráter resolúvel, é pactuada mediante contrato de alienação fiduciária vinculado a contrato de empréstimo.

5.5. ELEMENTOS E REQUISITOS DO CONTRATO

A aplicação mais frequente da alienação fiduciária de coisa infungível se dá no contexto do mercado de consumo de bens duráveis, no qual a alienação fiduciária está associada à compra de um bem para o qual o comprador precisa de financiamento, caso em que se vinculam, em geral, três pessoas: o comprador (devedor-fiduciante), o vendedor e um financiador (credor-fiduciário). Trata-se de operação complexa em que se articulam contratos de compra e venda (vendedor e comprador), de financiamento (financiador e comprador-devedor) e de garantia (devedor-fiduciante e financiador credor-fiduciário). O financiador celebra com o comprador um contrato de financiamento para aquisição do bem, por efeito do qual entrega ao vendedor, em nome do comprador, o preço correspondente, no todo ou em parte; o comprador, por sua vez, firma com o vendedor a compra e venda, cujo preço foi pago, no todo ou em parte, com os recursos do financiamento que obteve do financiador; na sequência, o comprador celebra com o financiador o contrato de garantia, pelo qual lhe transmite a propriedade fiduciária do bem adquirido.

Na relação que se estabelece entre o financiador (credor-fiduciário) e o devedor (fiduciante), o contrato principal é o de financiamento, ou empréstimo, e o contrato acessório é o de alienação fiduciária.

A despeito da articulação desses contratos, que, em regra, se realizam simultaneamente, o vendedor não se libera das obrigações decorrentes do contrato de compra e venda, continuando a responder pelos vícios e defeitos da coisa vendida e devendo zelar pela sua integridade, perfeição e boa qualidade, assegurados ao adquirente, pelos Códigos Civil e do Consumidor, o direito de pleitear o abatimento no preço ou a resolução do contrato.

A propósito do eventual interesse do proprietário fiduciário (financiador) nos litígios que podem decorrer dessas relações, sustenta Paulo Restiffe Neto que ele pode, "pela íntima conexão e dependência entre o negócio subjacente e o negócio fiduciário, estabelecedores da triangulação dos sujeitos, legitimamente reclamar do vendedor, ocupando a posição do adquirente, ao lado deste, em litisconsórcio ativo (art. 46 do CPC).[14] É que o vício ou defeito, conforme a sua extensão ou gravidade, deprecia a coisa dada em segurança, desfalcando a garantia real, autorizando o credor a considerar vencida a dívida (art. 762, I, do CC)[15] se não houver reforço ou acertamento".[16]

---

[13] BUZAID, Alfredo. Ensaio sobre a alienação fiduciária em garantia. *Revista dos Tribunais*, n. 401, p. 19.
[14] Corresponde ao art. 113 do CPC/2015.
[15] Corresponde ao art. 1.425, I, do CC/2002.
[16] RESTIFFE NETO, Paulo. *Garantia fiduciária*. São Paulo: RT, 1976, p. 113.

A alienação fiduciária de coisa fungível é inovação introduzida pela Lei 10.931/2004 e deve ter aplicação mais restrita, mais frequentemente para fins de garantia de empréstimo destinado a capital de giro de empresas. Nesse caso, a estruturação do contrato é mais simples, contemplando apenas a presença do tomador do empréstimo (devedor-fiduciante) e a do emprestador (credor-fiduciário).

Como qualquer negócio jurídico, a alienação fiduciária pressupõe agente capaz, objeto lícito e forma prescrita ou não defesa em lei e, bem assim, requisitos de ordem subjetiva, objetiva e formal.

Os requisitos de ordem subjetiva são a capacidade e a legitimação, os de natureza objetiva dizem respeito às coisas que podem ser objeto do contrato e os requisitos de cunho formal referem-se às formalidades necessárias à validade e eficácia da garantia.

5.5.1. Capacidade

Segundo os princípios de ordem geral, devem as partes – devedor-fiduciante e credor-fiduciário – ter capacidade para contratar.

O devedor-fiduciante poderá ser qualquer pessoa que seja proprietária de um bem, sobre o qual tenha poder de disposição, e que irá aliená-lo fiduciariamente para garantia de pagamento de determinada dívida, enquanto credor-fiduciário é aquele que, sendo credor do fiduciante, adquire a propriedade resolúvel do bem objeto da garantia.

A capacidade não se confunde com a legitimidade.

5.5.2. Legitimidade

Qualquer pessoa, natural ou jurídica, que seja proprietária de um bem e tenha capacidade para alienar, pode figurar como fiduciante (alienante) no contrato de alienação fiduciária, mas, quanto à legitimidade para adquirir fiduciariamente bens móveis, registrou-se controvérsia até entrar em vigor a Lei 10.931/2004, uma corrente sustentando que a Lei 4.728/1965 teria reservado tal posição às instituições financeiras e outra defendendo a liberdade de qualquer pessoa, mesmo não vinculada ao mercado de capitais, para adquirir fiduciariamente, pois não havia restrição explícita na lei.

Aqueles que defendiam a generalização do instituto argumentavam que o fato de esse contrato ser utilizado mais frequentemente no mercado de capitais não o tornava exclusivo das instituições financeiras, pois não havia restrição explícita na lei; invocavam em favor da generalização o Decreto 62.789/1968 (revogado pelo Decreto 72.771/1973), Regulamento da Previdência Social, que admitiu a utilização da alienação fiduciária para constituição de garantia de débitos perante a Previdência; nessa hipótese, o credor não é instituição financeira e, de outra parte, o devedor é qualquer empresa com débito para com a Previdência, e não alguém que toma um empréstimo para aquisição de algum bem. Além disso, havia o Decreto-lei 413, de 1969, que admite a constituição de propriedade fiduciária para garantia de crédito representado por cédula de crédito industrial.

Já aqueles que defendiam a tese de que a alienação fiduciária de bens móveis só teria aplicação quando o credor fosse instituição financeira sustentavam que, não obstante se encontrassem na lei alusões genéricas às figuras do credor e do devedor, o certo é que, como explicitava a exposição de motivos do Decreto-lei 911/1969, sua *mens legis* era dar maiores garantias às operações feitas pelas financeiras, dando celeridade aos processos, sem prejuízo da defesa, "não sendo lícito aplicar uma norma jurídica senão à ordem de coisas para a qual foi feita",[17] havendo também a tese de que só poderiam ser garantidas por propriedade fiduciária as operações que a lei indicava, de maneira específica.[18]

A controvérsia foi solucionada com a entrada em vigor do novo Código Civil e da Lei 10.931/2004, pois, de uma parte, o Código possibilita a utilização generalizada dessa figura, para garantia de quaisquer negócios jurídicos, e não apenas como garantia dos financiamentos concedidos pelas entidades financeiras ou para as hipóteses previstas de maneira restritiva pela legislação especial, e, de outra parte, a Lei 10.931/2004 estabelece características especiais para o contrato de alienação fiduciária de que seja parte entidade financeira, intitulando a Seção XIV da Lei 4.728/1965 de "Alienação Fiduciária em Garantia no âmbito do Mercado Financeiro e de Capitais".

A propósito da generalização do contrato de alienação fiduciária em garantia, observa José Carlos Moreira Alves que, para evitar sua utilização em negócios usurários, o Código Civil deve ser complementado por legislação processual visando propiciar ao devedor defesa mais ampla quando da busca e apreensão, ressalvando, entretanto, que a vedação do uso da garantia não é a melhor maneira de coibir a usura.[19]

A despeito dessa nova orientação, importa registrar que a legislação especial anterior que autorizava a utilização dessa garantia para casos específicos continua em vigor.[20]

5.5.3. Objeto

O contrato de alienação fiduciária tem como objeto a transmissão de coisa infungível, assim definido pelo Código Civil (art. 1.361) por ser considerada da essência desse negócio a obrigação de restituir a própria coisa, que só pode ser satisfeita se ela for conservada e não substituída.

Dado esse pressuposto, a fungibilidade incompatível com a natureza do contrato de alienação fiduciária, pois fungíveis são bens que podem ser substituídos por outros da mesma espécie, qualidade e quantidade; a disponibilidade desses bens é inerente à sua própria natureza, como são os casos da matéria prima da fábrica ou do estoque da loja, que se destinam à circulação pela produção e venda. Na medida em que se constitua sobre esses bens uma garantia fiduciária o devedor fica impedido de fazer o uso a que eles estão destinados, pois o "dever de guarda, conservação e entrega implica sua imobilização e a consequente paralisação da atividade que constitui o escopo mesmo da empresa comercial ou industrial. O devedor já não os pode vender, ou especificar, ou transformar, ou aceder, porque deve mantê-los tais como são, *in natura*, à disposição do credor, íntegros e imutáveis".[21]

---

[17] MAXIMILIANO, Carlos, *Hermenêutica e aplicação do direito*. 16. ed. Rio de Janeiro: Freitas Bastos, 1996, p. 134.
[18] Confirma essa tese a decisão da 1ª Turma do STF, no RE 90.723-SP: "A legitimidade da utilização da alienação fiduciária pelos consórcios advém de imposição normativa constante do art. 7º da Lei nº 5.768/71, e dos desdobramentos que lhe seguiram".
[19] ALVES, José Carlos Moreira. *Alienação fiduciária em garantia*. 2. ed. Rio de Janeiro: Forense, 1979, p. 198.
[20] O art. 28 do Decreto-lei 413, de 1969, admite que terceiro possa prestar garantia; pelo § 2º do art. 186 do Decreto 62.789, de 1968, passou a ser admitida a utilização da propriedade fiduciária como garantia do pagamento de débitos perante a previdência social (ratificada essa faculdade pelo Decreto 72.771/1973), enquanto a Lei 6.729, de 1979, permite sua utilização em operações de auto-financiamento denominada "consórcio"; o art. 5º da Lei 8.929, de 1994, admite a prestação de garantia fiduciária das obrigações constituídas mediante Cédula de Produto Rural (CPR).
[21] FABRÍCIO, Adroaldo Furtado. Alienação fiduciária de coisa fungível – um grave equívoco. *RT*, São Paulo, nº 617, p. 16-19, mar. 1987.

A propósito, Paulo Restiffe Neto invoca a figura do depósito, inerente a essa modalidade contratual, que somente será regular quando tiver por objeto coisas infungíveis, pois o depositário se obriga a restituir o próprio bem depositado, devidamente identificado por sinais característicos, acrescentando que "uma vez constatada essa desnaturação, ao invés da aplicação dos remédios processuais específicos previstos no Decreto-lei nº 911, de 1969, terão adequação apenas as regras a respeito do mútuo (arts. 1.256 a 1.264 do Código Civil)".[22]

A crítica de Adroaldo Fabrício e de Paulo Restiffe foi feita à luz da antiga redação da Lei 4.728/1965, que, embora não se referisse explicitamente às coisas fungíveis, continha disposições que admitiam interpretação pela qual tais coisas poderiam ser objeto de alienação fiduciária, como anota José Carlos Moreira Alves: "A Lei 4.728 – no que não foi modificada pelo Decreto-lei 911/1969 – admite, de certa forma e ilogicamente, que as coisas fungíveis possam ser objeto de alienação fiduciária".[23] Nesse regime, operava-se o desdobramento da posse, permanecendo a coisa na posse direta do devedor e atribuindo-se ao credor a posse indireta.

Não obstante essas restrições, o direito positivo veio a admitir a alienação fiduciária de bens fungíveis, dispondo o § 3º do art. 66-B da Lei 4.728/1965, com a redação dada pelo art. 55 da Lei 10.931/2004, que a posse desses bens seja atribuída ao credor, excepcionando o princípio do desdobramento da posse que caracteriza a alienação fiduciária.

De acordo com esse dispositivo legal, a constituição de propriedade fiduciária sobre coisa fungível é admitida em caráter excepcional, apenas em garantia de créditos constituídos no âmbito do mercado financeiro e de capitais.

Em regra, o bem deve ser identificado por caracteres individuais peculiares, seja por número e série de fabricação ou qualquer outro sinal indicativo, os quais deverão constar do contrato de alienação fiduciária, sobretudo para que o credor possa individualizá-lo na hipótese de promover a recuperação de sua posse, inclusive em face de terceiros. Caso, no contrato, o objeto não seja identificado "por números, marcas e sinais, (...) cabe ao proprietário fiduciário o ônus da prova, contra terceiros, da identificação dos bens do seu domínio que se encontram em poder do devedor" (§ 1º do art. 66-B da Lei 4.728/1965).

É admissível a contratação de alienação fiduciária de coisa futura (art. 483 do Código Civil).

A propriedade superveniente, "adquirida pelo devedor, torna eficaz, desde o arquivamento, a transferência da propriedade fiduciária" (§ 3º do art. 1.361).

Navios e aeronaves, embora equiparados aos bens imóveis, para efeito de hipoteca, podem ser objeto de alienação fiduciária conforme a disciplina da Lei 4.728/1965 (Decreto-lei 413/1969, art. 48).

Títulos de crédito, em geral, podem ser transmitidos em garantia fiduciária no âmbito do mercado financeiro e de capitais, mediante cessão (§§ 3º e 4º do art. 66-B da Lei 4.728/1965).

As ações do capital social de sociedades anônimas, bem como as partes beneficiárias e os bônus de subscrição podem ser objeto da alienação fiduciária, tal como dispõem os arts. 40, 100 e 113 da Lei 6.404/1976, que explicitam o tratamento peculiar dessa modalidade do contrato, como, por exemplo, quanto ao registro, que será feito nos livros da sociedade, considerando-se constituída a propriedade fiduciária com a respectiva averbação.

A permissão para negociação fiduciária de ações inspira-se no princípio de que o negócio fiduciário, como instituto de ampla aplicação, abrange a transmissão de bens ou direitos, bem

---

[22] RESTIFFE NETO, Paulo. *Garantia fiduciária*. São Paulo: RT, 1976, p. 101. Os artigos citados correspondem aos arts. 586 e 592 do CC/2002.

[23] ALVES, Jose Carlos Moreira. *Alienação fiduciária em garantia*. 2. ed. Rio de Janeiro: Forense, 1979, p. 89-90.

como a assunção de obrigações abstratas. Nesse caso, a alienação fiduciária[24] enseja a criação da figura do acionista fiduciário, o qual, observa Ferrara, "não é fictício, testa de ferro ou mandatário, mas verdadeiro acionista, proprietário efetivo da ação, quer nas relações internas quer nas relações externas, podendo, portanto, intervir nas assembleias e exercitar direitos sociais".[25] Não obstante, a Lei 6.404/1976, no parágrafo único do art. 113, excepciona esses princípios, preservando o direito de voto do devedor, mas executável somente nas condições que o contrato estipular, ao dispor que "o credor garantido por alienação fiduciária da ação não poderá exercer o direito de voto; o devedor somente poderá exercê-lo nos termos do contrato".

É admissível a contratação de alienação fiduciária de coisa futura.

Essa regra geral é particularizada pela Lei 8.929/1994, que trata da Cédula de Produto Rural (CPR), cujo art. 8º dispõe que a garantia fiduciária "poderá recair sobre bens futuros, fungíveis ou infungíveis, consumíveis ou não", admitindo a prestação da garantia por terceiro e determinando a aplicação das normas do Código Civil e das leis especiais sobre alienação fiduciária de bens infungíveis, penhor rural, penhor agrícola e mercantil naquilo que não forem incompatíveis com as normas sobre a CPR. O beneficiamento ou a transformação dos produtos ou subprodutos alienados fiduciariamente não importa em extinção da garantia, que passa a incidir automaticamente sobre os produtos e subprodutos daí resultantes. Aplica-se o Decreto-lei 911/1969 para realização da garantia.[26]

5.5.4. Forma e modo de constituição da propriedade fiduciária

A forma de constituição da propriedade fiduciária em garantia é, como se viu, o contrato de alienação fiduciária, celebrado por instrumento público ou particular, e o modo de constituição dessa propriedade é o registro do contrato no registro público competente.

Com efeito, como se trata de direito real, a propriedade fiduciária sobre bens móveis só se considera constituída mediante registro do contrato de alienação fiduciária no Registro de Títulos e Documentos do domicílio do devedor e, tratando-se de veículos, na repartição competente para o respectivo licenciamento.[27]

O registro é elemento essencial da segurança jurídica, pois, na sua falta, o gravame não terá eficácia contra terceiros, que poderão, de boa-fé, adquirir o bem como se estivesse livre e desembaraçado. O registro é elemento essencial para que a alienação fiduciária em garantia

---

[24] A designação apropriada é *cessão* fiduciária, como, aliás, corretamente enunciado no art. 22 da Lei 4.864/1965, ao tratar da cessão fiduciária dos créditos decorrentes da comercialização de imóveis, e no § 3º do art. 66-B da Lei 4.728/1965, ao tratar da cessão fiduciária de títulos de crédito, em geral.

[25] BUZAID, Alfredo. Ensaio sobre a alienação fiduciária em garantia. *Revista dos Tribunais*, n. 401.

[26] Lei 8.929/1994: "Art. 8º A não identificação dos bens objeto de alienação fiduciária não retira a eficácia da garantia, que poderá incidir sobre outros do mesmo gênero, qualidade e quantidade, de propriedade do garante. § 1º A alienação fiduciária de produtos agropecuários e de seus subprodutos poderá recair sobre bens presentes ou futuros, fungíveis ou infungíveis, consumíveis ou não, cuja titularidade pertença ao fiduciante, devedor ou terceiro garantidor, e sujeita-se às disposições previstas na Lei nº 10.406, de 10 de janeiro de 2002 (Código Civil), e na legislação especial a respeito do penhor, do penhor rural e do penhor agrícola e mercantil e às disposições sobre a alienação fiduciária de bens infungíveis, em tudo o que não for contrário ao disposto nesta Lei. § 2º O beneficiamento ou a transformação dos gêneros agrícolas dados em alienação fiduciária não extinguem o vínculo real que se transfere, automaticamente, para os produtos e subprodutos resultantes de beneficiamento ou transformação. § 3º Em caso de necessidade de busca e apreensão dos bens alienados fiduciariamente aplicar-se-á o disposto nos arts. 3º e seguintes do Decreto-Lei nº 911, de 1º de outubro de 1969" (parágrafos incluídos pela Lei 13.986/2020).

[27] Ver, acima, nota a respeito do § 1º do art. 1.361 do Código Civil e da Ação Direta de Inconstitucionalidade 2.150-8-DF.

produza todos os efeitos inerentes à sua natureza, pois, ao se constituir a propriedade fiduciária, por meio do registro, o bem é afastado dos efeitos da insolvência do fiduciante e do fiduciário; afinal, a propriedade fiduciária em garantia é constituída com a finalidade específica de segregação patrimonial, visando maior eficácia da realização da garantia, daí por que a ausência do registro frustra a própria finalidade do contrato, como observa Paulo Restiffe Neto: "um importante efeito que decorre do registro em relação a terceiros é que comprovada a existência do ônus da alienação fiduciária, torna-se o bem insuscetível de responder por dívidas, quer do fiduciante, quer do fiduciário".[28]

A alienação fiduciária pode ser contratada em momento posterior ao da celebração do contrato pelo qual se constitui o crédito a ser garantido pela propriedade fiduciária, sendo certo, entretanto, que na prática das operações de empréstimo e financiamento, entre elas as destinadas a aquisição de bens duráveis, o crédito e a garantia são constituídos simultaneamente.

É da essência do ato a enunciação, no instrumento, dos elementos do contrato. Há elementos essenciais em todo e qualquer contrato de alienação fiduciária e elementos só exigíveis nos contratos celebrados no âmbito do mercado financeiro e de capitais, bem como aqueles destinados à constituição de garantias de créditos fiscais e previdenciários.

Assim, todo e qualquer contrato de alienação fiduciária deve conter (art. 1.362 do Código Civil):

I – o total da dívida, ou sua estimativa;

II – o prazo, ou a época do pagamento;

III – a taxa de juros, se houver; e

IV – a descrição da coisa objeto da transferência, com os elementos indispensáveis à sua identificação.

Os contratos celebrados no âmbito do mercado financeiro e de capitais, bem como em garantia de créditos fiscais e previdenciários, além dos elementos indicados no art. 1.362 do Código Civil, devem indicar também a cláusula penal, o índice de atualização monetária, se houver, e as demais comissões e encargos (art. 66-B da Lei 4.728/1965).

5.6. DIREITOS E OBRIGAÇÕES DAS PARTES CONTRATANTES

As obrigações e os direitos das partes contratantes (fiduciante e fiduciário) decorrem de lei e das estipulações do contrato.

O devedor-fiduciante, como possuidor direto da coisa objeto da alienação fiduciária, pode usá-la segundo sua destinação, por sua conta e risco, sendo-lhe assegurados os seguintes direitos:

a) usar, gozar e fruir do bem, sobre o qual tem a posse direta, enquanto se mantiver adimplente;

b) propor ação possessória para reaver a posse do bem;

c) praticar atos conservatórios sobre o bem;

d) reaver a propriedade plena sobre o bem, depois de paga a dívida à qual está vinculado;

e) receber o saldo apurado no leilão, no caso de, configurado seu inadimplemento, o credor-fiduciário vender o bem para satisfazer seu crédito.

---

[28] RESTIFFE NETO, Paulo. *Garantia fiduciária*. São Paulo: RT, 1976, p. 130.

Se o objeto da propriedade fiduciária for coisa fungível ou título de crédito, e estiverem na posse do credor, como prevê o § 3º do art. 66-B da Lei 4.728/1965, o devedor-fiduciante não terá direito de usar, gozar e fruir desses direitos, nem de praticar atos conservatórios sobre ele ou de propor ações possessórias contra terceiros, restando-lhe, tão somente, o direito de propor ações possessórias e de indenização contra o credor, se, depois de paga a dívida, este se recusar a restituir o bem ou os títulos, bem como o direito de receber o saldo apurado em leilão, caso se torne inadimplente e o bem seja vendido para satisfazer o crédito do credor.

As obrigações fundamentais do devedor-fiduciante são as seguintes:

a) pagar a dívida e os respectivos encargos financeiros, nas condições pactuadas, bem como as penas pecuniárias pela mora ou pelo inadimplemento;

b) pagar os encargos incidentes sobre o bem, tais como a taxa de licenciamento, o registro no órgão público competente etc.;

c) conservar o bem do qual tiver a posse, inclusive mediante adoção de medidas judiciais necessárias a conservar ou recuperar sua posse direta;

d) reparar as perdas e danos decorrentes da utilização do bem, respondendo por isso perante terceiros;

e) resgatar o eventual saldo da dívida, caso, na hipótese de inadimplemento, o bem tenha sido vendido em leilão e o produto da venda não seja suficiente para amortização integral da dívida.[29]

O credor-fiduciário tem direito de manter-se na posse da coisa, em caso de alienação fiduciária de coisa fungível, ou do direito, no caso de cessão fiduciária de direitos sobre bens móveis e de títulos de crédito. No caso dos títulos de crédito, a posse do credor-fiduciário se justifica para que este possa cobrar o crédito diretamente do devedor do cedente-fiduciante e pagar-se com o produto da cobrança.

Tem o credor-fiduciário, naturalmente, o direito de receber o crédito e seus acessórios e, para esse fim, tem a prerrogativa de promover a venda do bem para pagar-se.

De outra parte, nas hipóteses em que a posse é deferida ao fiduciante, o fiduciário é obrigado a respeitá-la, permitindo ao fiduciante o uso normal da coisa. Quando resgatada a dívida, o fiduciário é obrigado a restituir ao fiduciante a propriedade plena da coisa. Para esse fim, deverá fornecer-lhe o respectivo "termo de quitação" para que o fiduciante obtenha o cancelamento do gravame, na repartição ou no registro competente, conforme o caso.

Em caso de inadimplemento do devedor-fiduciante, em relação às obrigações do contrato de alienação fiduciária de bem móvel, é assegurada ao credor-fiduciário a ação de busca e apreensão ou de depósito e, bem assim, a venda do bem e a apropriação do produto da alienação até o limite do seu crédito, dos respectivos acessórios e das despesas, devendo entregar ao devedor o saldo remanescente; não se obtendo na venda valor suficiente para satisfação do crédito, o credor pode promover a cobrança do saldo remanescente.

Diverso é o procedimento em caso de alienação fiduciária de coisa fungível que esteja na posse do credor. Nesse caso, sendo possuidor o credor, "poderá vender a terceiros o bem objeto da propriedade fiduciária independente de leilão, hasta pública ou qualquer outra medida judicial

---

[29] Essa regra não é aplicável no caso de alienação fiduciária de bens imóveis, hipótese em que o devedor ficará exonerado do pagamento do eventual saldo devedor, qualquer que seja o produto arrecadado no leilão.

ou extrajudicial, devendo aplicar o preço da venda no pagamento do seu crédito e das despesas decorrentes da realização da garantia, entregando ao devedor o saldo, se houver, acompanhado do demonstrativo da operação realizada" (§ 3º do art. 66-B da Lei 4.728/1965).

Procedimento semelhante aplica-se à hipótese de cessão fiduciária de título de crédito.[30]

5.7. PAGAMENTO

Na alienação fiduciária, o pagamento é condição resolutiva pela qual se extingue a propriedade do credor e o bem retorna plenamente ao patrimônio do fiduciante.

O sujeito passivo da obrigação é o devedor-fiduciante. Ele é que deve pagar a dívida, mas também podem fazê-lo os fiadores ou avalistas e, até mesmo, terceiros não interessados (Código Civil, art. 1.368), ficando aquele que pagar sub-rogado no crédito, na garantia e no exercício das ações asseguradas ao credor-fiduciário. Quanto à garantia, entretanto, a sub-rogação só se opera mediante liquidação total da dívida.

O titular do crédito e destinatário do pagamento é o fiduciário.

É admitida a dação em pagamento, caso a dívida não seja paga no vencimento (Código Civil, parágrafo único do art. 1.365). O objeto da dação não é a coisa objeto da propriedade fiduciária, mas o direito eventual de que o devedor seja titular sobre essa coisa. A dação opera a consolidação da propriedade no credor, definitivamente, dispensada a venda do bem.

5.7.1. Reversão da propriedade

Efetivado o pagamento, operam-se automaticamente os efeitos da condição convencionada no contrato de alienação fiduciária, revertendo a propriedade do bem ao patrimônio do devedor-fiduciante.

Com efeito, a contratação da garantia fiduciária importa na transmissão da propriedade do bem ao credor, sob condição resolutiva, e na atribuição, ao devedor, de direito aquisitivo sob condição suspensiva.

Como se sabe, a condição, quando convencionada expressamente, produz seus efeitos automaticamente, pela simples ocorrência do evento que a caracteriza, que, no caso, é o pagamento da dívida a que está vinculada a garantia fiduciária.

Assim, efetivado o pagamento, considera-se adquirida a propriedade pelo fiduciante pelo simples efeito da quitação da dívida, bastando que o credor lhe forneça o respectivo termo de quitação, com o qual o fiduciante obterá, nas repartições competentes, o cancelamento da propriedade fiduciária e a consequente reversão da propriedade do bem ao seu patrimônio, livre do ônus.[31]

5.8. INADIMPLEMENTO E MORA

Pelo contrato de alienação fiduciária, o fiduciante se obriga a pagar a dívida a prazo, normalmente em parcelas mensais, sendo raro o inadimplemento absoluto do devedor, isto é, a impossibilidade total de cumprir a obrigação, salvo nos casos de insolvência. A impontualidade nos pagamentos pode ensejar a extinção do contrato com a consequente consolidação da propriedade no credor-fiduciário, facultada ao devedor, entretanto, a purgação da mora.

---

[30] Ver item específico sobre *cessão fiduciária de direitos creditórios*.
[31] V., adiante, capítulo "Consolidação da propriedade no fiduciário".

A mora decorre do simples vencimento do prazo para pagamento da prestação, ou seja, se o devedor não pagar uma determinada prestação na forma, na época, no valor e no lugar convencionados no contrato, estará constituído em mora.

Considerando que, no caso, a mora é *ex re*, e, portanto, sua constituição decorre do simples fato do não pagamento, a lei exige que seja comprovada mediante carta dirigida ao devedor, por intermédio do Registro de Títulos e Documentos, ou por protesto, que pode ser das notas promissórias, das letras de câmbio aceitas pelo credor ou do próprio contrato.[32]

Feita a comunicação, ou protestado o título ou o contrato, o fiduciário pode propor qualquer das medidas a que está legitimado.

A mora e o inadimplemento facultarão ao credor-fiduciário considerar, de pleno direito, vencida toda a dívida, independentemente de aviso ou notificação judicial ou extrajudicial (§ 3º do art. 2º do Decreto-lei 911/1969).

5.9. PURGAÇÃO DA MORA

Nota introdutória – Até o advento da Lei 10.931/2004 vigoravam os procedimentos estabelecidos na versão original do Decreto-lei 911/1969, segundo a qual, na ação de busca e apreensão, uma vez executada a liminar de apreensão do bem objeto da garantia, o devedor era citado para apresentar contestação em três dias ou, se já tivesse pago 40% do preço financiado, efetivar a purgação da mora.[33]

Esse procedimento foi substancialmente alterado pelo art. 56 da Lei 10.931/2004, que deu nova redação aos parágrafos do art. 3º do Decreto-lei 911/1969, destacando-se as seguintes inovações: (a) exige-se do devedor o pagamento da "integralidade da dívida pendente (...), hipótese na qual o bem lhe será restituído livre do ônus" (§ 2º do art. 3º), sem qualquer referência alguma à purgação da mora; (b) o devedor pode oferecer resposta em 15 dias; (c) o fato de o devedor efetivar esse pagamento integral não o impede de questionar, na resposta, o valor apresentado pelo credor na inicial (§§ 3º e 4º do mesmo art. 3º); (d) não há referência à citação do devedor; (e) se improcedente o pedido, o autor (credor-fiduciário) está sujeito à multa de 50% do valor do financiamento.

Essas questões serão apreciadas adiante, em itens específicos, exceto a questão relacionada à purgação da mora, que apreciamos neste item, ainda que de maneira sucinta.

5.9.1. A jurisprudência após a vigência da Lei 10.931/2004

Nos primeiros anos de vigência da Lei 10.931/2004, os tribunais estaduais vinham construindo jurisprudência majoritária no sentido de assegurar a purgação da mora mediante

---

[32] Súmula 72 do STJ: "A comprovação da mora é imprescindível à busca e apreensão do bem alienado fiduciariamente". REsp 303060-DF, *DJ* 25/6/2001, rel. Min. Ruy Rosado de Aguiar: "Alienação fiduciária. Ação de busca e apreensão. Prova da mora. A mora é *ex re*, mas a ação de busca tem por pressuposto a notificação pessoal da devedora, meio de comprovar a mora. Súmula 72/STJ".

[33] Desde o advento do Decreto-lei 911/1969 controverteu-se sobre a base de cálculo desse percentual de 40%, se deveria corresponder ao somatório das prestações já vencidas ou ao valor integral do financiamento concedido. A Súmula 284, de 13/5/2004, pôs fim à controvérsia, ratificando a exigência de pagamento mínimo de 40% do valor financiado como requisito para purgação da mora (Súmula 284: "A purga de mora, nos contratos de alienação fiduciária, só é permitida quando já pagos pelo menos 40% (quarenta por cento) do valor financiado"). Ante a reformulação do processo de busca e apreensão pela Lei 10.931/2004, que exige o resgate integral da dívida, o requisito do pagamento mínimo perdeu sentido, e por isso a nova redação do art. 3º e seus parágrafos do Decreto-lei 911/1969 não mais se refere à exigência da comprovação desse pagamento.

pagamento das prestações vencidas mais encargos, priorizando a conservação do contrato, até porque a faculdade da purgação "deriva de outras disposições legais relacionadas com os direitos constitucional, obrigacional e de proteção das relações de consumo, as quais devem ser interpretadas de forma sistemática".[34]

---

[34] Seguem alguns acórdãos de tribunais estaduais, proferidos nos primeiros anos de vigência do novo critério.
"Direito processual civil. Aplicação do artigo 557 do Digesto Processual e do artigo 31, inciso VIII, do Regimento Interno do Tribunal de Justiça. Recurso manifestamente improcedente. Direito processual civil. Agravo de instrumento. Alienação fiduciária. Busca e apreensão. Decisão que deferiu a purga da mora. Inobstante a nova redação do artigo 3º, § 2º, do Decreto-lei 911/1969, não restou vedada a possibilidade do devedor efetuar o pagamento das prestações vencidas nos contratos de alienação fiduciária, pois da expressão poderá pagar ressai tal possibilidade. Princípio da probidade e boa-fé nos contratos. Artigos 422 e 423 do Código Civil. Manutenção dos contratos. A par da prioridade que se confere à manutenção do contrato, até mesmo em caso de onerosidade excessiva (Código Civil, art. 479), a mora em contratos dessa espécie enseja a possibilidade de purgação, circunstância que faz convalescer o contrato, só se admitindo a resolução depois de esgotadas todas as oportunidades de emenda da mora. Apesar de a dívida ser considerada una, o direito positivo consagrou a purgação mediante pagamento das parcelas vencidas em atenção à função econômica e social do contrato de crédito e de venda com pagamento parcelado, sobretudo os que envolvam situações de maior densidade social. Recurso a que se nega seguimento pela manifesta improcedência" (TJRJ, 6ª Câmara Cível, Agravo de Instrumento 2007.002.34.397, rel. Des. Nagib Slaibi Filho, j. 13/12/2007).
"Alienação fiduciária. Ação de busca e apreensão. Purga da mora mediante o pagamento das parcelas atrasadas do contrato até o dia do depósito, acrescidas dos seus encargos moratórios. Direito a ser assegurado ao devedor fiduciário mesmo após o advento da Lei 10.931/2004. Interpretação sistemática de princípios constitucionais, obrigacionais e de proteção às relações de consumo. Desconsideração do vencimento antecipado da avença. Apelo desprovido" (TJRS, 14ª Câmara Cível, Apelação Cível 70024048456, rel. Des. Isabel de Borba Lucas, j. 12/6/2008).
"Ação de busca e apreensão. Alienação fiduciária em garantia. Medida liminar. Purgação da mora perante a Lei 10.931, de 2004. Valores. Parcelas vencidas até a data do depósito acrescidas dos encargos pertinentes. As disposições introduzidas no procedimento pela Lei 10.931, de 2004, não suprimiram a possibilidade de purgação da mora nas ações de busca e apreensão regidas pelo Decreto-lei 911, de 1969. A expressão 'dívida pendente' do § 2º do artigo 3º do Decreto-lei 911, de 1969, refere-se à dívida vencida, sem abarcar as parcelas vincendas, facultando-se a purgação da mora e a sobrevida do contrato, uma vez que, não sendo permitida a elisão, estaria desnaturada a natureza do contrato de financiamento garantido por alienação fiduciária" (TJSP, 34ª Câmara de Direito Privado, Agravo de Instrumento 1.193.006-0/4, rel. Des. Irineu Pedroti, j. 23/7/2008).
"Alienação fiduciária – Busca e apreensão – Possibilidade de purgação da mora, mesmo após o advento da Lei 10.931/2004, entendida esta como as prestações vencidas até a data do depósito – Decisão mantida (TJSP, 34ª Câmara de Direito Privado, Agravo de Instrumento 1181072-0/1, rel. Des. Cristina Zucchi, j. 23/7/2008).
"Agravo inominado. Agravo de instrumento. Alienação fiduciária. Ação de busca e apreensão. Purga de mora do débito vencido. Possibilidade. Tratam os autos de agravo inominado interposto contra decisão monocrática desta Des. Relatora que, com base no art. 557, do CPC, negou seguimento ao agravo de instrumento interposto pelo ora agravante que se insurgia contra a decisão que deferiu a purga da mora pelo pagamento da dívida pendente, entendendo-se como tal o débito vencido até a data do efetivo depósito, não abrangendo as parcelas futuras. A decisão recorrida foi proferida com justo e perfeito amparo no art. 557 do CPC e logrou apontar com ampla suficiência todos os fundamentos que levaram à negativa de seguimento do recurso do ora agravante, sobretudo por versar o presente caso concreto acerca de matéria já reiteradamente decidida e consolidada na jurisprudência deste E. Tribunal. A interpretação do artigo 3º do Dec.-lei 911/1969, seja na redação original ou na que lhe deu a Lei 10.931/2004, é a de que a purga da mora pode ser feita pelo valor do débito vencido, e não pela integralidade do ajustado. Precedentes. Recurso desprovido" (TJRJ, 2ª Câmara Cível, Agravo Inominado no Agravo de Instrumento 200800219311, rel. Des. Elisabete Filizzola, j. 9/7/2008).
"Ação de busca e apreensão. Alienação fiduciária. Purga da mora fora do prazo legal. Na ação de busca e apreensão, cujo procedimento é de cognição restrita, a mora constitui-se *ex re*, exigindo-se, para

Da leitura das decisões proferidas nessa fase inicial de formação da jurisprudência nos tribunais estaduais percebe-se que, salvo raras exceções, não chegaram a ser explorados, de modo específico, o sentido e o alcance da faculdade da purgação de mora à luz da função econômica do contrato de mútuo com garantia fiduciária e com o princípio da conservação do contrato, sobretudo à luz do *topos* da inutilidade/utilidade da prestação no contrato de mútuo.[35]

O mesmo ocorreu em relação à jurisprudência do Superior Tribunal de Justiça em face da alteração introduzida pela Lei 10.931/2004, que se desenvolveu no sentido de não mais conferir ao devedor-fiduciante a faculdade de emendar a mora na ação de busca e apreensão, não se lhe reconhecendo senão a alternativa de pagar a integralidade da dívida, compreendendo as parcelas vencidas mais o saldo devedor ainda não vencido.[36]

---

comprová-la, a simples notificação, contendo referência, apenas, ao contrato inadimplido (Decreto-lei 911/1969). Com o advento da Lei 10.931/2004, o prazo para a purga da mora é de 5 dias, ressalvando-se que o pagamento deve ser feito integralidade da dívida, segundo os valores apresentados pelo credor, sob pena de consolidação da posse e propriedade em favor do credor-fiduciário. Sentença correta. Recurso improvido" (TJRJ, 1ª Câmara Cível, rel. Des. Maldonado de Carvalho, j. 6/11/2007).

"Alienação fiduciária em garantia. Ação de busca e apreensão. Decisão do juízo *a quo* deferiu a liminar, que foi devidamente cumprida. Agravado citado que requer a purga da mora e parcelamento do débito. Decisão agravada que determinou o pagamento integral, incluindo, até, as custas e honorários advocatícios. Alegação do agravante de que, com a alteração inserida pela Lei 10931/2004, não há mais purga de mora, mas sim pagamento integral da dívida. Não apresentado pedido de pagamento integral do débito, no prazo do art. 3º, §§ 1º e 2º, do Decreto-lei 911, de 1º de outubro de 1969, com a redação que lhe deu a Lei 10.931, de 2 de agosto de 2004, não tem mais o devedor direito a pagar. Propriedade e posse já consolidadas no agravante, nos termos do § 1º citado. Provimento do recurso" (TJRJ, 15ª Câmara Cível, Agravo de Instrumento 2007.002.29750, rel. Des. Sérgio Lúcio Cruz, j. 13/12/2007).

[35] A atenção para esses aspectos é essencial para apreciar a faculdade da purgação, pois, como observa Judith Martins-Costa, nessa espécie de negócio jurídico "atua, de forma tríplice, o *topos* da utilidade: (i) para o credor, cujo interesse está em receber o crédito e não apossar-se do bem; (ii) para o devedor que tem interesse em adquirir o bem mediante o pagamento parcelado do preço; (iii) e para a própria sociedade que vê realizar-se a utilidade do modelo contratual em causa, sendo objeto da atividade econômica instrumentalizada pelo contrato de alienação fiduciária o crédito e não a comercialização do bem objeto da garantia. É justamente na direção dessa tríplice utilidade que deve caminhar interpretação da lei, para admitir-se a purga da mora mediante o pagamento das prestações vencidas e não pagas, sem prejuízo da faculdade assegurada ao devedor de pagar a totalidade da dívida para obter o bem livre da propriedade fiduciária" (MARTINS-COSTA, Judith, *Comentários ao novo Código Civil – Do inadimplemento das obrigações*. Coordenador: Sálvio de Figueiredo Teixeira. 2. ed., Rio de Janeiro, Forense, 2004, v. V, t. II, item 7.5.1).

[36] "Ação de busca e apreensão. Decreto-lei 911/1969 com a redação dada pela Lei 10.931/2004.
1. Com a nova redação do art. 3º do Decreto-lei 911/1969 pela Lei 10.931/2004, não há mais falar em purgação da mora, podendo o credor, nos termos do respectivo § 2º, 'pagar a integralidade da dívida pendente, segundo os valores apresentados pelo credor-fiduciário na inicial, hipótese na qual o bem lhe será restituído livre do ônus'. 2. Recurso especial conhecido e provido, em parte" (REsp 767.227/SP, rel. Min. Carlos Alberto Menezes Direito, 3ª T., *DJ* 13/2/2006).

"Agravo regimental no agravo de instrumento. Ausência de impugnação dos fundamentos da decisão agravada. Verbete 182 da súmula do STJ. Ação de busca e apreensão. Purgação da mora. Divergência jurisprudencial não caracterizada. Lei 10.931/2004. Integralidade da dívida. Verbete 284 da Súmula do STJ superado. Agravo não conhecido. (...). 3. Ademais, o entendimento da Corte de origem está em consonância com recente jurisprudência deste Superior Tribunal de Justiça, segundo a qual, na vigência da Lei 10.931/2004, a purgação da mora não está mais condicionada ao pagamento de 40% do valor financiado, uma vez que, 'sob o novo regime, cinco dias após a execução da liminar, a propriedade do bem fica consolidada com o credor-fiduciário. Todavia, no § 2º autorizou a nova redação que o devedor naquele prazo de cinco dias pague a integralidade da dívida, o que quer dizer a dívida segundo os valores apresentados pelo credor-fiduciário na inicial, 'hipótese na qual o bem lhe será restituído livre do ônus'. Ora, com isso, de fato, fica superada a Súmula 284 da Corte alinhada à redação anterior do § 1º do art.

Assim, alinhado à literalidade da norma, o STJ, pelo rito dos recursos repetitivos, acabou por consolidar a jurisprudência no sentido de que "compete ao devedor, no prazo de 5 (cinco) dias após a execução da liminar na ação de busca e apreensão, pagar a integralidade da dívida – entendida esta como os valores apresentados e comprovados pelo credor na inicial –, sob pena de consolidação da propriedade do bem móvel objeto de alienação fiduciária".[37]

A decisão foi adotada por unanimidade, com ressalva de entendimento do Ministro Marco Buzzi, no sentido de que "Não é necessário que o devedor efetue, no prazo de cinco dias contados da liminar que autoriza a busca e apreensão do bem, o pagamento da integralidade do saldo devedor do contrato de alienação fiduciária para purgar a mora", merecendo atenção a fundamentação de sua ressalva, segundo a qual "tanto o teor do artigo 2º, § 3º, do Decreto-lei 911/1969, que faculta ao credor-fiduciário considerar antecipadamente vencida a totalidade da dívida em caso de mora, quanto o prescrito no artigo 3º, §§ 1º e 2º, que possui previsão no sentido de que o devedor-fiduciante poderá pagar a integralidade da dívida pendente, devem ser interpretados a bem da preservação do contrato de adesão firmado pelas partes, já que a norma não veda expressamente a purgação da mora, ou, se preferir, o resgate do débito pendente. Tal ponderação milita em dar ênfase aos direitos do consumidor (art. 5º, XXXII, da CF), mormente no caso sob análise, em que o devedor (parte vulnerável) se dispõe ao pagamento do débito vencido e não pago, a fim de preservar a avença, restando, portanto, resgatadas a função social do contrato e a boa-fé objetiva que devem respaldar tais negócios jurídicos. e obter a restituição do bem livre de ônus. Isso porque tal procedimento constitui interpretação extensiva do art. 3º, §§ 1º e 2º, do Decreto-lei 911/1969, com redação determinada pela Lei 10.931/2004, o qual não exige a quitação total do saldo devedor, mas apenas o pagamento da integralidade da dívida pendente, à luz do princípio da continuidade dos contratos".

Antes dessa decisão proferida pelo rito repetitivo no REsp 1.418.593-MS tratamos da matéria na 4ª edição desta obra, numa perspectiva sistemática.

Sem embargo da posição adotada pelo STJ, mas considerando que a situação envolve aspectos controvertidos ainda não inteiramente explorados, permitimo-nos manter a apreciação que fizemos à luz da estrutura e função econômica do contrato de crédito para aquisição

---

3º' (REsp 767.227, Terceira Turma, rel. Min. Carlos Alberto Menezes Direito, DJ 13/02/2006). 4. Agravo não conhecido" (AgRg no Ag 772.797-DF, rel. Min. Hélio Quaglia Barbosa, 4ª T., DJ 6/8/2007).
"Agravo regimental no recurso especial. Fundamentos insuficientes para reformar a decisão agravada. Contrato garantido com cláusula de alienação fiduciária. Ação de busca e apreensão. Purgação da mora após a vigência da Lei 10.931/2004. Impossibilidade. Necessidade de pagamento da integralidade da dívida. Súmula 83 do STJ. (...). 2. Com a nova redação do artigo 3º do Decreto-lei n.º 911/1969, dada pela Lei 10.931/2004, não há mais se falar em purgação da mora nas ações de busca e apreensão do bem alienado fiduciariamente, devendo o devedor pagar a integralidade da dívida, no prazo de 5 dias após a execução da liminar, hipótese na qual o bem lhe será restituído livre de ônus. (...). 4. Agravo regimental não provido" (AgRg no REsp 1.183.477/DF, rel. Min. Vasco Della Giustina (Desembargador convocado do TJ/RS), 3ª T., DJe 10/5/2011).

[37] "Alienação fiduciária em garantia. Recurso especial representativo de controvérsia. Art. 543-C do CPC. Ação de busca e apreensão. Decreto-lei 911/1969. Alteração introduzida pela Lei 10.931/2004. Purgação da mora. Impossibilidade. Necessidade de pagamento da integralidade da dívida no prazo de 5 dias após a execução da liminar. 1. Para fins do art. 543-C do Código de Processo Civil: 'Nos contratos firmados na vigência da Lei n. 10.931/2004, compete ao devedor, no prazo de 5 (cinco) dias após a execução da liminar na ação de busca e apreensão, pagar a integralidade da dívida – entendida esta como os valores apresentados e comprovados pelo credor na inicial –, sob pena de consolidação da propriedade do bem móvel objeto de alienação fiduciária" (REsp 1.418.593-MS, 2ª Seção, rel. Min. Luís Felipe Salomão, DJe 27/5/2014).

de bens móveis duráveis; do parágrafo único do art. 395 do Código Civil; do princípio da conservação do contrato; dos precedentes legislativos e jurisprudenciais em situações análogas e da controvertida aplicação do § 2º do art. 54 do Código de Defesa do Consumidor aos contratos de mútuo celebrados por adesão.

5.9.2. Estrutura e função do financiamento para aquisição de bens de consumo duráveis

A concessão de crédito é necessariamente precedida de análise do cadastro e da renda do pretendente, a partir da qual se afere sua capacidade de pagamento, se fixa o limite de crédito e se estabelecem as condições do financiamento, entre elas o valor das *prestações* mensais e o prazo do contrato, tudo dentro de um limite de comprometimento financeiro compatível com a renda do pretendente.

O financiamento para aquisição de determinado bem e o consequente parcelamento do pagamento têm como pressuposto, em regra, a incapacidade do tomador de pagar o preço de uma só vez, na data da compra; por isso precisa de financiamento e do parcelamento, e é esse mesmo pressuposto que leva a crer que, por ocasião da ação de busca e apreensão do bem alienado fiduciariamente, ele também não terá capacidade financeira para pagar a totalidade da dívida, mas talvez somente para resgatar as parcelas vencidas e os encargos da mora; dada essa realidade, é de se admitir que, se for exigido o pagamento integral do financiamento, o devedor perderá sumariamente seu direito, seguindo-se a consolidação da propriedade no credor e a venda do bem.

Ante a mora do devedor, e consideradas as alternativas que se põem diante do financiador – receber as parcelas vencidas, com a recomposição do fluxo mensal de recebimentos, ou apropriar-se do bem e vendê-lo –, parece não haver dúvida de que o interesse do financiador será o recebimento das parcelas vencidas, com o consequente convalescimento do contrato.

Efetivamente, dada a natureza da atividade financeira, é de se admitir que a apropriação do bem objeto da garantia seja a última opção do financiador, só compreensível após frustradas as diligências visando a emenda da mora, isto porque a característica da sua atividade empresarial é o fornecimento de crédito, o retorno do capital e sua reaplicação; dada essa caracterização, o financiador só adjudicará o bem em último caso e mesmo assim é obrigado a vendê-lo, operação que foge aos padrões do seu negócio e é inconveniente, tendo em vista que exige desembolso para custeio de anúncios e outras providências para comercialização do bem apreendido.

No caso das instituições financeiras, o crédito é o próprio objeto da sua atividade econômica, sendo certo que o retorno dos financiamentos em *prestações* evolui num compasso estabelecido em harmonia com a rentabilidade almejada e com as opções de reaplicação dos valores recebidos, de tal modo que para elas o eventual recebimento antecipado das parcelas vincendas pode se tornar inconveniente. Por isso mesmo, em princípio considera-se indesejável o pagamento antecipado, de tal modo que não raras vezes se cobram tarifas pelo pré-pagamento, pois a reaplicação dos recursos recebidos antecipadamente pode não propiciar a rentabilidade pactuada no contrato extinto antecipadamente.

Dada, assim, a dinâmica do financiamento com amortização parcelada, a apropriação do bem por parte do financiador deve ser vista sempre como solução excepcional, a ser adotada somente na hipótese em que não seja possível restaurar o curso normal da programação financeira do contrato.

Além disso, no caso de financiamento com garantia real, a apropriação do bem pelo credor é sempre excepcional e essa excepcionalidade é inerente à própria natureza e função do direito real de garantia, pois o vínculo que se estabelece entre o credor e o bem dado em garantia tem em vista somente a possibilidade de sua conversão em dinheiro para satisfazer o crédito, e não a incorporação do próprio bem no patrimônio do credor.

5.9.3. O artigo 395, parágrafo único, do Código Civil

A função do contrato de financiamento nos leva naturalmente à regra do parágrafo único do art. 395 do Código Civil,[38] segundo o qual a recusa da emenda da mora só se justifica quando há um obstáculo insuperável para o cumprimento da prestação. Para identificar tal situação é preciso qualificar o grau de importância do descumprimento, considerando todo um leque de situações, ou, como sintetiza Ruy Rosado de Aguiar Jr., "definir a passagem do simples incumprimento para a inutilidade da prestação para o credor".[39]

Ao conferir ao credor a faculdade de rejeitar a prestação por inutilidade, o parágrafo único do art. 395 do Código Civil indica o ponto de partida que direcionará a interpretação ou no sentido da resolução do contrato ou da sua conservação; esse dispositivo, observa Judith Martins-Costa, "introduz o que, em metodologia da ciência do Direito, se denomina um *topos*, isto é, um lugar-comum ou ponto de vista. Neste caso, o topos é o da inutilidade da prestação, para o credor, que pode também ser perspectivado (de um ponto de vista positivo) como um topos da utilidade da prestação (...) é a regra central, o parâmetro que indicará até que ponto pode a prestação ser cumprida, e que demarcará o limite entre a mora e o inadimplemento absoluto".[40]

Com efeito, a identificação da eventual utilidade ou inutilidade da prestação é o *topos*, isto é, "ponto de vista" em torno do qual deve gravitar o trabalho de interpretação da qual resultará a conservação do contrato ou sua resolução, observadas a natureza do negócio jurídico em causa e as circunstâncias do caso, especialmente em face do *adimplemento substancial* ou do *inadimplemento absoluto*.

Assim, se, em virtude da mora, a prestação se tornar inútil para o credor, estará caracterizado o inadimplemento absoluto, e não mais a simples mora; nesse caso, justificam-se a recusa e a consequente resolução, pois a prestação, por inútil, não mais atende ao interesse, à necessidade e à legítima expectativa do credor.

Exemplo clássico é o da costureira que veio a entregar o vestido de noiva em data posterior à do casamento.

Já no mútuo amortizável mediante pagamentos periódicos, o retardamento de pagamento de algumas parcelas é situação bem diversa e não se ajusta com tanta precisão à hipótese de inutilidade da prestação, a ponto de justificar a recusa do credor e a resolução do contrato, salvo circunstâncias especiais em que se demonstre a inutilidade da prestação.

Ora, no mútuo, a prestação do devedor corresponde à restituição da quantia mutuada, de modo que a mora em relação ao pagamento tardio, correspondente a parcela proporcionalmente pequena em relação à prestação, não conduz, necessariamente, à frustração do programa contratual, capaz de tornar inútil a prestação, desde que sejam pagas as parcelas, os encargos da mora, as custas e os honorários de advogado, no prazo fixado no § 2º do art. 3º do Decreto-lei 911/1969.

---

[38] Código Civil: "Art. 395. Responde o devedor pelos prejuízos que sua mora der causa (...). Parágrafo único. Se a prestação, devido à mora, se tornar inútil ao credor, este poderá enjeitá-la, e exigir a satisfação das perdas e danos".

[39] AGUIAR JR., Ruy Rosado, *Extinção dos contratos por incumprimento do devedor*. Resolução. 2. ed. 2ª tiragem, Rio de Janeiro: Aide, 2004, p. 130.

[40] MARTINS-COSTA, Judith. *Comentários ao novo Código Civil* – Do inadimplemento das obrigações. Coordenador: Sálvio de Figueiredo Teixeira. Rio de Janeiro: Forense, 2004. v. V, t. II, p. 250.

Nessa hipótese, portanto, não se vislumbra a impossibilidade definitiva da prestação que poderia justificar a resolução do contrato, nos termos do parágrafo único do art. 395 do Código Civil.

A jurisprudência fornece subsídios valiosos nesse sentido, e, ao comentar esse dispositivo, Judith Martins-Costa salienta: "ao analisar a totalidade dos interesses em causa e a concreta utilidade que resulta do programa contratual, tem decidido ora pelo 'adimplemento substancial' do contrato, rejeitando a resolução, ora pelo seu 'inadimplemento fundamental', conduzindo, aí sim, à via resolutória".[41]

Em outras palavras, a resolução se justifica se o retardamento no cumprimento da obrigação for de tal gravidade que atinja a própria substância do contrato e, assim, torne inútil a prestação e afaste o interesse do credor; ao contrário, a resolução não se justifica se, a despeito do retardamento, ainda for possível preservar a economia do contrato em termos satisfatórios para o credor.[42]

5.9.4. Situações análogas na lei e na jurisprudência

É verdade que, sendo a dívida, em regra, considerada una, e as *prestações* apenas um fracionamento da sua amortização, a falta de pagamento de uma delas pode implicar o vencimento antecipado das frações subsequentes, ensejando a resolução do contrato.

Entretanto, o direito positivo consagra a emenda da mora em atenção à função econômica e social do contrato de crédito ou da venda com pagamento parcelado, sobretudo os que envolvam situações de maior densidade social, e disso são exemplos os Decretos-leis 58/1937 e 745/1969, que, nos contratos de promessa de venda de bem imóvel, asseguram ao devedor a purgação da mora mediante pagamento das prestações vencidas, e a Lei 9.514/1997, pela qual a condição resolutória do contrato de alienação fiduciária de bens imóveis só se considera implementada se o devedor, notificado, não purgar a mora mediante pagamento das prestações vencidas mais os encargos da mora. Em ambos os casos, a não purgação da mora, depois de expirado o prazo fixado na notificação premonitória, é requisito essencial para a resolução do contrato e atende ao interesse econômico e social de conservação dos contratos.

Há, além disso, a figura afim da venda com reserva de domínio, para a qual, em caso de apreensão do bem, o Código de Processo Civil assegura a purgação da mora mediante pagamento das prestações vencidas (art. 1.071, § 2º).

Em todos esses casos só a não purgação da mora, após expirado o prazo (que na busca e apreensão é de 5 dias após a juntada do mandado de intimação da apreensão e citação), é que enseja a extinção do contrato.

A par das hipóteses similares em que a lei admite expressamente a purgação de mora, nas vendas com pagamento parcelado, há outras situações em que, embora a lei seja omissa, admite-se a purgação da mora mediante pagamento das prestações vencidas. É o caso das ações de reintegração de posse de bem arrendado em forma de *leasing*. É verdade que o *leasing* é figura distinta da alienação fiduciária,[43] bem como da venda com reserva de domínio e

---

[41] MARTINS-COSTA, Judith. *Comentários ao novo Código Civil* – Do inadimplemento das obrigações. Coordenador: Sálvio de Figueiredo Teixeira. Rio de Janeiro: Forense, 2004. v. V, t. II, p. 254.

[42] Nesse sentido, o Código Civil italiano afasta a possibilidade de resolução se o inadimplemento for de "escassa importância": "*Art. 1455 Importanza dell'inadempimento – Il contratto non si può risolvere se l'inadempimento di una delle parti ha scarsa importanza, avuto riguardo all'interesse dell'altra*".

[43] O *leasing* é uma locação financeira, envolvendo fruição e aquisição; já a alienação fiduciária é contrato acessório que visa a constituição da propriedade fiduciária para garantia de financiamento. Entretanto, ambos têm em comum o fato de serem contratos de trato sucessivo, em que o pagamento da obrigação

da promessa de venda de lote de terreno, mas delas se aproxima no que tange à forma de implemento da obrigação do devedor, de modo que, em atenção à regra do parágrafo único do art. 395 e ao princípio da conservação dos contratos, a prerrogativa da purgação da mora vem sendo reconhecida pela jurisprudência.[44]

5.9.5. A conservação dos contratos

Quanto ao princípio da conservação dos contratos, que constitui importante elemento de realização da sua função social, importa ressaltar que a restauração da dinâmica normal do negócio é admitida até mesmo em caso de onerosidade excessiva (Código Civil, art. 479).

Também esse princípio justifica a purgação da mora mediante pagamento das parcelas vencidas e o consequente convalescimento do contrato, só se admitindo a resolução se frustradas as diligências visando a emenda da mora.

Ora, nos contratos dessa espécie, que contemplam a reposição do empréstimo em parcelas mensais, a purgação da mora, salvo raras exceções, é conveniente para ambas as partes, porque repõe o negócio jurídico no seu curso normal e, em consequência, viabiliza a consecução da sua função econômica e social, caracterizada pela circulação da riqueza, aí compreendida a comercialização e utilização de bens e a dinâmica do mercado de crédito; a eventual obstrução momentânea do fluxo de pagamentos, em pequena proporção, não chega a causar prejuízo

---

se faz parceladamente, justificando-se, por esse aspecto, equiparação de tratamento no que tange à purgação da mora, como forma de viabilizar a aplicação do princípio da conservação dos contratos.

[44] "Civil. Consumidor. Contrato de adesão. Contrato de arrendamento mercantil. *Leasing*. Cláusula resolutória expressa. Mora. Emenda da mora. Deferimento. Direito básico do consumidor. Inteligência do disposto no parágrafo único do art. 395 do Código Civil. O art. 7º da Lei 8.078/1990 dispõe que, em relação aos direitos básicos do consumidor, pode o magistrado se valer do juízo de equidade, daí por que se afigura lícito reconhecer que o devedor em mora tem direito a emendá-la. Considera-se abusiva – e, portanto, não escrita – a cláusula que disponha sobre o vencimento antecipado da dívida, caso em que restaria desconsiderado o direito básico de emenda da mora. Com a purga da mora não há prejuízo para o credor que, além do principal, recebe todos os encargos financeiros, ressarcido, ainda, das custas processuais e honorários de advogado. Entretanto, para o devedor que já pagou parte do preço, o impedimento à purgação da mora equivale à perda do bem, restando-lhe a risível garantia de receber o saldo que eventualmente existir após a alienação do veículo. Seja como for, a simples mora não é causa de resolução contratual porque a lei só permite que o credor enjeite a prestação, ofertada após o vencimento e a constituição da mora, se essa prestação se tornar inútil. É o que consta do parágrafo único do art. 395 do Código Civil de 2002, que, no aspecto, nada inovou em relação à codificação revogada" (TJRJ, 20ª Câmara Cível, Agravo de Instrumento 2007.002.15214, rel. Des. Marco Antonio Ibrahim, j. 18/7/2007).

"Contrato de *leasing*. Emenda da mora. Parcelas vencidas. Possibilidade. Cancelamento automático do contrato. Cláusula resolutória. Nulidade. CDC, 51, IV e XI; CDC, 54, § 2º. Correta revogação da liminar de reintegração de posse. Existência de ação revisional do contrato. Desprovimento. 1. É regra básica do Direito das Obrigações que, enquanto a prestação for interessante ao credor, é lícita ao devedor a purgação da mora. 2. Em se tratando de prestação em dinheiro, não há como supor que esse bem (o mais fungível de todos) não mais seja de interesse ao credor, ainda mais quando este, empresa de arrendamento, atua como se fosse instituição financeira. 3. Por outro lado, nosso ordenamento jurídico prima sempre pela manutenção do contrato, a menos que esgotadas todas as possibilidades de seu convalescimento, ainda que em condições onerosas (art. 479 do Código Civil). 4. Precedentes do STJ quanto à purga da mora nos contratos de arrendamento mercantil (REsp 174736/RS e 6696/SP). 5. É nula de pleno direito a cláusula resolutória que retira do consumidor a oportunidade da purga da mora, nos termos dos artigos 51, incisos IV e XI, e 54, § 2º, todos do CDC. 6. Não há comprovação da notificação do devedor se o aviso de recebimento não foi por ele assinado. 7. A decisão agravada encontra fundamento também na existência de ação em que a ora agravada questiona a validade de cláusulas do contrato de arrendamento" (TJRJ, 20ª Câmara Cível, Agravo de Instrumento 2007.002.04135, rel. Des. Marcos Alcino A. Torres).

irreparável ao credor, nem a tornar inútil a prestação, na medida em que a purgação da mora recomporá o programa contratual.

5.9.6. O artigo 54, § 2º, do Código de Defesa do Consumidor

Esses são fundamentos suficientes para assegurar a purgação da mora em qualquer relação obrigacional, sejam paritárias ou de consumo, ressalvadas, naturalmente, circunstâncias que caso a caso justifiquem interpretação peculiar.

No entanto, além deles, não raras vezes se invoca, para deferimento da purgação, o § 2º do art. 54 do CDC e no Enunciado 297 da Súmula do Superior Tribunal de Justiça, pela qual "o Código de Defesa do Consumidor é aplicável às instituições financeiras".

Quanto à aplicação do CDC às operações das instituições financeiras, a que se refere o Enunciado 297 da Súmula do STJ, o Supremo Tribunal Federal, na Ação Direta de Inconstitucionalidade 2.591, pôs fim em definitivo à controvérsia, deixando claro que as normas de conduta do CDC se aplicam às operações e serviços das instituições financeiras.

Já a aplicação do § 2º do art. 54 do CDC pode suscitar controvérsias se considerado especificamente o contrato de mútuo.

Com efeito, nos termos do § 2º do art. 54 do CDC, admite-se cláusula resolutória nos contratos de adesão, mas desde que alternativa, cabendo a escolha ao consumidor.

Trata-se de regra protetiva pela qual o CDC confere ao consumidor a prerrogativa de priorizar a manutenção do vínculo obrigacional, com o propósito assegurar a continuidade da fruição do bem ou do direito, mesmo em caso de inadimplemento de suas obrigações; no caso do mútuo, esse propósito poderia ser alcançado mediante pagamento das prestações vencidas, hipótese em que convalesceria o contrato.

A propósito dessa norma, observa Claudia Lima Marques que o CDC segue a "nova doutrina internacional que, em contratos pós-modernos, cativos, de longa duração, massificados e de grande importância social, impede a rescisão, mesmo com causa, pelo fornecedor, e transfere a decisão para o consumidor, que pode optar pelo aumento das prestações, pela sanção por seu descumprimento contratual, até mesmo por alguma modificação do plano para adaptá-lo às novas circunstâncias, mas optando, ao mesmo tempo, pela manutenção (e não resolução) da relação jurídica de consumo".[45]

A obra da Professora Claudia Lima Marques não se ocupa da análise de contratos por espécie, mas, não obstante, a autora observa que a opção do consumidor é aplicável especialmente nos contratos cativos de longa duração e nos de seguros, "com uma característica determinante: a posição de catividade ou dependência dos clientes, consumidores".[46]

É, de fato, a situação peculiar de "catividade" e "dependência que justifica a exceção que o CDC abre ao princípio, já referido, que confere ao credor a prerrogativa de enjeitar a prestação se ela se tornar inútil do ponto de vista dele, credor, e não do devedor, pois, como

---

[45] MARQUES, Claudia Lima, *Contratos no Código de Defesa do Consumidor*. 5. ed. São Paulo: RT, 2006, p. 1.051.
[46] MARQUES, Claudia Lima, *Contratos no Código de Defesa do Consumidor*. 5. ed. São Paulo: RT, 2006, p. 92. Os exemplos citados pela autora referem-se a contratos bilaterais de fornecimento contínuo de serviços: "Os exemplos principais destes contratos cativos de longa duração são as novas relações banco-cliente, os contratos de seguro-saúde e de assistência médico-hospitalar, os contratos de previdência privada, os contratos de uso de cartão de crédito, os seguros em geral, os serviços de organização e aproximação de interessados, os serviços de transmissão de informações e lazer por cabo, telefone, televisão, computadores, assim como os conhecidos serviços públicos básicos, de fornecimento de água, luz e telefone por entes públicos ou privados".

observa Everaldo Cambler, amparado na lição de Agostinho Alvim, o momento do inadimplemento "é o da possibilidade ou da impossibilidade, não do devedor, mas sim de o credor receber a prestação".[47]

Aqui ganha especial relevo o instigante dilema "conservação do contrato *x* resolução do contrato".

Claudia Lima Marques reconhece que este constitui "um dos temas mais polêmicos e complexos do direito atual", circunstância que justifica atenção especial na construção doutrinária e jurisprudencial, visando encontrar o ponto de equilíbrio entre elementos fundamentais da relação obrigacional que se encontram em conflito, sempre tendo em vista a função do contrato. Diz a professora: "Dois valores entram aqui em conflito: a expectativa futura dos consumidores na continuação dos vínculos, que têm como finalidade justamente protegê-los dos riscos futuros, e a lógica regra da autonomia da vontade, de que ninguém continua vinculado a uma relação contratual que não mais lhe convém. A solução deste aparente conflito e o caminho do meio entre esses dois valores é o atual desafio da jurisprudência".[48]

A jurisprudência começa agora a enfrentar esse desafio, nas questões relacionadas ao contrato de mútuo com garantia fiduciária de bens móveis, e esse enfrentamento realça ainda mais a complexidade da matéria.

A respeito do mútuo, especificamente, Paulo Restiffe Neto e Paulo Sérgio Restiffe veem no § 2º do art. 54 do CDC o fundamento legal para purgação da mora mediante pagamento das parcelas vencidas, sustentando-se em que, embora se admita nas relações de consumo a cláusula resolutória, "esta só opera e tem eficácia quando assegurada em ato pelo credor predisponente ao devedor aderente a alternativa de não resolução, em caso de mora (...); o credor toma a iniciativa, mas a decisão final é, por lei, por norma de ordem pública, do devedor, o que implica dever ser asseguradas e facilitadas, por interpelação do predisponente ao aderente, todas as condições adequadas para o exercício da escolha da alternativa de não resolução; prerrogativa que se concretiza em purgar a mora de direito material pelo valor das prestações vencidas e pelos acréscimos devidos que lhe sejam apresentados".[49]

A esse propósito, na terceira edição deste trabalho lançamos dúvida quanto à aplicabilidade desse dispositivo aos contratos de mútuo, dada sua natureza peculiar. Ainda sem pretender aprofundar, aqui, o debate que a controvertida questão comporta, destacamos alguns dos aspectos mais relevantes, que podem contribuir para a busca do sentido e alcance dessa norma protetiva, em relação ao contrato de mútuo.

Com efeito, a lógica da norma excepcional do CDC parece estar relacionada a contratos de fornecimento contínuo de serviços, em que haja sucessivas prestações e contraprestações estipuladas em contratos cativos, também denominados *serviços contínuos, contratos de serviços complexos de longa duração* etc., celebrados por adesão, como registra Claudia Lima Marques.

Efetivamente, todas essas situações são caracterizadas pela "cativeiro" e "dependência" de um futuro serviço e decorrem de contratos de natureza bilateral, de trato sucessivo, cujas prestações são correspectivas e o fornecimento de bens ou serviços se dá em contrapartida a pagamentos periódicos a cargo do consumidor; em alguns casos, o consumidor efetiva o pagamento e só depois obtém o bem ou serviço.

---

[47] CAMBLER, Everaldo, *Curso avançado de direito civil – obrigações*. São Paulo: RT, 2004, p. 135.
[48] MARQUES, Claudia Lima, *Contratos no Código de Defesa do Consumidor*. 5. ed. São Paulo: RT, 2006, p. 1.049 e 1.051-1.052.
[49] RESTIFFE NETO, Paulo, e RESTIFFE, Paulo Sérgio, *Alienação fiduciária e o fim da prisão civil*. São Paulo: RT, 2007, p. 126-127.

Nessa espécie de relação, a transferência, para o consumidor, da decisão de resolução ou não do contrato visa coibir práticas abusivas, sobretudo tendo em vista que ele é dependente dos serviços, pois, se aplicada a regra geral e a resolução ficar a critério exclusivo do fornecedor, o consumidor pode ser privado, abruptamente e até abusivamente, da fruição de serviços essenciais.

Diversa é a situação no contrato de mútuo; aqui se trata de contrato real, unilateral, em que o financiador já terá entregue o dinheiro ou o crédito ao tomador do financiamento; neste caso, o financiado (consumidor) obtém um aumento patrimonial antes de efetivar qualquer desembolso; aliás, o contrato de mútuo tem esse traço peculiar: o financiador entrega ao financiado o dinheiro ou o crédito e aí se exaure sua atuação, remanescendo, então, obrigações somente para o financiado, e essas são as obrigações de restituição do capital mutuado e o pagamento dos respectivos encargos financeiros.

Ora, na medida em que o consumidor já se apropriou por inteiro da vantagem econômica que o contrato lhe confere, não há vulnerabilidade alguma em relação ao risco típico de não fornecimento de bem ou direito por parte do outro contratante, que constitui a razão de ser da exceção enunciada no § 2º do art. 54 do CDC, até porque no mútuo o mutuante nada tem a prestar.

Dada essa realidade, a norma que, excepcionalmente, reverte para o consumidor a prerrogativa de optar pela resolução ou pela conservação do contrato parece não atender aos princípios da razoabilidade e da proporcionalidade, no que tange ao contrato de mútuo.

Essas singelas anotações, em que se busca identificar o campo de incidência da exceção do § 2º do art. 54 do CDC, realçam a complexidade do tema e recomendam interpretação *cum grano salis* dessa norma excepcional, de modo que, levando em consideração a natureza do contrato, deve ser afastada sua aplicação em relação a contratos que investem o consumidor na titularidade do bem ou do direito antecipadamente; nesses casos, já incorporado o bem ou o direito no seu patrimônio, só restam obrigações para ele, consumidor, como ocorre no contrato de mútuo.

Nem por isso, entretanto, fica desprotegido o consumidor, pois o direito à purgação da mora é assegurado independentemente das normas do CDC e tem fundamento nas regras gerais relativas à mora (Código Civil, arts. 394 e seguintes) e na legislação relacionada aos contratos de venda com pagamento parcelado, interpretadas sistematicamente à luz da função dessas espécies de contrato.

Importa ressalvar, contudo, que não se deve admitir o uso abusivo dessa prerrogativa, devendo ser coibida a reiteração, tal como ocorre, por exemplo, na lei das locações, pela qual a faculdade de purgação da mora não é admitida se o locatário a tiver utilizado por duas vezes nos doze meses imediatamente anteriores à propositura da ação de despejo fundada na falta de pagamento.[50]

5.10. HIPÓTESES DE VENCIMENTO ANTECIPADO DA DÍVIDA

Ocorre o vencimento antecipado da dívida nos casos dos arts. 1.421, 1425, 1.426, 1.427 e 1.436, a saber:

a) se o objeto da garantia se deteriorar ou se depreciar, desfalcando a garantia, e o devedor, intimado a reforçá-la, não o fizer;

---

50   Art. 62, parágrafo único, da Lei 8.245/1991.

b) se o devedor cair em insolvência, ou falir;
c) se as prestações não forem pontualmente pagas, toda vez que deste modo se achar estipulado o pagamento;
d) se perecer o objeto dado em garantia e não for substituído;
e) se a coisa dada em garantia for desapropriada, depositando-se a parte do preço que for necessária para o pagamento integral do credor.

Além disso, de acordo com o art. 333, pode o credor cobrar a dívida antes do vencimento nos seguintes casos:

a) se, executado o devedor, o direito de aquisição do devedor-fiduciante for penhorado em execução por outro credor;
b) se, tornadas insuficientes, ou cessadas, as garantias do débito, o devedor, intimado, se negar reforçá-las.

De todas as hipóteses de vencimento antecipado da dívida, merece especial atenção aquela que diz respeito à falta de pagamento das prestações.

Efetivamente, nos termos do § 3º do art. 2º do Decreto-lei 911/1969, ressalvado o direito do devedor à purgação da mora, o credor pode considerar vencidas todas as obrigações contratuais, antecipadamente, na hipótese de mora no pagamento de uma das prestações, e isso porque a dívida é uma só; o parcelamento é feito para atender a conveniência do devedor, pois este só terá tomado o financiamento porque não dispunha de recursos para pagar a totalidade do preço de aquisição do bem. Observa Orlando Gomes que o fracionamento do pagamento da dívida decorre da conveniência das partes, "significando, em última análise, uma concessão do credor".[51]

Com efeito, as parcelas de pagamento, ou *prestações,* não são autônomas, mas frações da dívida, que, assim, é una, daí por que a falta de pagamento de uma dessas frações da dívida implica o vencimento antecipado das frações subsequentes, autorizando o credor a exigir o pagamento da totalidade da dívida e encargos.

Trata-se de faculdade conferida ao credor, podendo este, se lhe convier, deixar de exercê-la, ressalvado o direito à purgação da mora consagrado no direito positivo, em atenção à função econômica e social de certas espécies de contrato.[52]

5.11. VENDA DO BEM OBJETO DA PROPRIEDADE FIDUCIÁRIA

O fiduciário é titular da propriedade resolúvel da coisa até que toda a dívida seja paga. No caso de inadimplemento do fiduciante, a propriedade se consolida no credor, sendo este obrigado a promover a venda do bem para, com o produto da venda, obter a satisfação do seu crédito.[53]

---

[51] GOMES, Orlando. *Alienação fiduciária em garantia.* 4. ed. São Paulo: RT, 1975, p. 104.
[52] V. item 5.9 – Purgação da Mora.
[53] A lei fala em pacto comissório, mas essa hipótese não se configura em face da propriedade fiduciária, que se caracteriza como propriedade resolúvel, pois, como se sabe, a consequência natural da não implementação da condição resolutiva é a consolidação da propriedade no fiduciário. Coerentemente com a natureza peculiar dessa garantia, a lei especial sobre alienação fiduciária de bens imóveis não se refere

Não se trata de mera autorização dada ao fiduciário, mas, sim, um direito-dever intrínseco à natureza do contrato de alienação fiduciária, que está expressamente enunciado na lei e independe de qualquer manifestação de vontade das partes,[54] pois esse contrato caracteriza-se, mesmo, "pelo fato de constituir, em favor do credor, uma propriedade resolúvel e onerada com encargo".[55]

O Código Civil inovou em relação à forma de venda, pois limita-se a dispor que o credor-fiduciário promova a venda do bem "judicial ou extrajudicialmente", enquanto o Decreto-lei 911/1969, com a redação dada pela Lei 13.043/2014, a admite "independentemente de leilão, hasta pública, avaliação prévia ou qualquer outra medida judicial ou extrajudicial, salvo disposição expressa em contrário prevista no contrato, devendo aplicar o preço da venda no pagamento de seu crédito e das despesas decorrentes e entregar ao devedor o saldo apurado, se houver, com a devida prestação de contas".[56]

A legitimação para promover a venda é do credor-fiduciário, podendo fazê-lo diretamente ou por leiloeiro. Nada obriga o credor a promover avaliação do bem para promover sua venda. Pode vendê-lo pelo melhor preço. Não obstante, deve possibilitar ao devedor o conhecimento prévio da alienação, para que este possa fiscalizá-la.[57]

A venda só poderá ser feita depois de consolidada a propriedade no credor-fiduciário, que, de acordo com a nova redação do § 1º do art. 3º do Decreto-lei 911/1969 (art. 56 da Lei 10.931/2004), se verifica cinco dias após executada a liminar de busca e apreensão do bem. Importa notar que é dentro desse prazo de cinco dias que é facultado ao devedor-fiduciante purgar a mora, de modo que, expirado o prazo sem que haja a purgação, considera-se automaticamente consolidada a propriedade no credor-fiduciário, estando este, portanto, legitimado a vender o bem a partir desse momento.[58]

Anteriormente à alteração introduzida pela Lei 10.931/2004, questionava-se a possibilidade da venda extrajudicial do bem antes da sentença que declarasse consolidada a posse e a propriedade plenas no fiduciário (*venda antecipada do bem*), sendo majoritária a doutrina no sentido de que o credor não poderia, antes da sentença que pusesse fim ao

---

em momento algum ao pacto comissório. Para Caio Mário da Silva Pereira, referindo-se à alienação fiduciária de bem móvel, "parece que o legislador deixou-se por demais influenciar pela dogmática do penhor e da hipoteca (...) no plano ontológico não tem cabimento a atração do princípio. Ao contrário do que ocorre na situação pignoratícia ou hipotecária, com a alienação fiduciária a coisa já está na propriedade e na posse (indireta embora) do credor. Desta sorte, não haveria proibir aquilo que é o efeito natural do negócio fiduciário (aquisição da coisa pelo credor)" (*Instituições de direito civil*. Rio de Janeiro: Forense, v. IV, p. 281). No mesmo sentido, Pontes de Miranda considera aberração pretender negar ao proprietário fiduciário tornar-se aquilo que ele já é, pois esse já é adquirente: "pode-se vedar o vir a ser, não o ser; aplicar-se o art. 765 [1.428 do Código Civil de 2002] ao outorgado em pacto de transmissão em segurança seria negar-se a alguém poder continuar a ser o que já é" (*Tratado*, cit., 1954, tomo XXI, p. 333).

54 BUZAID, Alfredo. Ensaio sobre a alienação fiduciária em garantia. *Revista dos Tribunais*, n. 401, p. 9.
55 WALD, Arnoldo. *Curso de direito civil brasileiro*. 14. ed. São Paulo: RT, 2000, p. 267.
56 Aplica-se esse procedimento somente no âmbito do mercado financeiro e de capitais, bem como da previdência social e do fisco.
57 REsp 327291-RS, *DJ* 8/10/2001, rel. Min. Nancy Andrighi. "Alienação fiduciária. Venda judicial. Condição não prevista em lei. A venda extrajudicial do bem objeto de alienação fiduciária não está condicionada à prévia avaliação do mesmo por oficial de justiça, mas deverá o devedor ser previamente comunicado das condições da alienação para que possa exercer a defesa de seus interesses."
58 "Art. 3º (...) § 1º Cinco dias após executada a liminar mencionada no *caput*, consolidar-se-ão a propriedade e a posse plena e exclusiva do bem no patrimônio do credor-fiduciário, cabendo às repartições competentes, quando for o caso, expedir novo certificado de registro de propriedade em nome do credor, ou de terceiro por ele indicado, livre do ônus da propriedade fiduciária."

litígio e autorizasse a venda, alienar o bem dado em garantia, sobretudo à revelia do juízo, pois o fiduciário, até então, ainda não possuía título de propriedade, mas, somente, de depositário judicial.[59] Não obstante, em caso de perigo de perda ou de deterioração do bem, seria possível a alienação a qualquer momento, mediante autorização judicial, nos termos dos arts. 852 e 730 do CPC.

A Lei 10.931/2004 dá outro tratamento à questão, considerando automaticamente consolidada a propriedade e a posse uma vez executada a liminar de busca e apreensão e expirado o prazo de cinco dias sem que o devedor-fiduciante purgue a mora. Importa ressaltar, por relevante, que se vier a ser julgado improcedente o pedido de busca e apreensão, o juiz condenará o credor-fiduciário ao pagamento de multa em favor do devedor-fiduciante, em valor correspondente a cinquenta por cento do valor atualizado do financiamento, sem prejuízo do ressarcimento das perdas e danos que tiver causado ao devedor-fiduciante, notadamente em razão da perda do bem em consequência da venda que o credor-fiduciário tiver efetivado nos cinco dias subsequentes à execução da liminar de busca e apreensão.

Efetivada a venda, apura-se o saldo entre o produto da venda e o montante da dívida e encargos, procedendo-se a prestação de contas ao devedor; havendo sobra, o credor deverá entregá-la ao devedor ou, ao contrário, remanescendo saldo devedor, o devedor continua responsável pelo pagamento.[60]

O critério de acertamento de contas estabelecido pelo Decreto-lei 911/1969 é o adequado aos contratos de empréstimo com garantia real, sendo, igualmente, coerente com o princípio enunciado pelo art. 53 do Código de Defesa do Consumidor, que considera nula a cláusula que preveja a perda total das quantias pagas pelo devedor.

Com efeito, o art. 53 do CDC, em essência, reproduz o princípio de vedação do enriquecimento sem causa, ao qual se submete toda e qualquer situação, seja envolvendo contratos paritários ou relações de consumo.

Sucede que as inúmeras espécies de contrato a que se aplica esse princípio, inclusive aquelas que corporificam relações de consumo, têm peculiaridades que distinguem umas das outras e que, portanto, merecem tratamento legal coerente com sua estrutura e função próprias.

No caso do acertamento decorrente da extinção da alienação fiduciária, o Decreto-lei 911/1969, com as alterações introduzidas pela Lei 10.931/2004 e pela Lei 13.043/2014, regulamenta por completo a matéria e a jurisprudência há muito se consolidou no sentido da aplicação dessa legislação especial, que é coerente com o princípio do CDC e, ao mesmo passo, atende às peculiaridades do contrato de empréstimo com garantia fiduciária, ou seja, prevê

---

[59] "Só o resultado da procedência da ação e consolidação da propriedade e posse plena e exclusiva do objeto em mãos do autor através da sentença de primeiro grau que autoriza a venda. Aí o fiduciário teve reconhecido o seu título de propriedade. Portanto, enquanto não obtida a prestação jurisdicional favorável, não pode o autor, que detém a coisa apreendida na qualidade de depositário judicial e não de seu proprietário, abrir mão do depósito e alienar o objeto depositado em juízo" (RESTIFFE NETO, Paulo. *Garantia fiduciária*. São Paulo: RT, 1976, p. 323).

[60] A insuficiência do valor apurado na venda do bem tem tratamento diferente na Lei 9.514/1997, que disciplina a alienação fiduciária de bens imóveis. Nesse caso, o imóvel deverá ser ofertado à venda em dois leilões; no primeiro, o lance mínimo deve ser o valor de avaliação, que as partes estabeleceram no contrato, e no segundo o valor da dívida e encargos. Não se alcançando esse lance mínimo no segundo leilão, o devedor ficará exonerado do pagamento do saldo devedor remanescente. A hipótese é semelhante aos efeitos do processo de execução judicial de crédito hipotecário regulamentado pela Lei 5.741, de 1971, pelo qual, não havendo, no leilão, lance que cubra o valor da dívida, o imóvel é adjudicado ao credor, considerando-se quitada a dívida hipotecária.

a entrega, ao devedor, do saldo apurado quando da venda da coisa, em estrita conformidade com a estrutura e função do contrato.[61]

Com efeito, pelo contrato de mútuo o mutuário deve restituir ao mutuante a totalidade da quantia que dele recebeu, mais os encargos financeiros (Código Civil, art. 586), daí por que, vendido o bem, é vedado ao credor apropriar-se de quantia superior ao valor do seu crédito e encargos, sendo obrigado a entregar o saldo ao devedor.

Assim, na interpretação do art. 53 do CDC, devem ser considerados o regime jurídico próprio do contrato de mútuo, definido pelo Código Civil, e a natureza do direito acessório de garantia decorrente do contrato de alienação fiduciária.

5.12. AÇÕES DECORRENTES DA ALIENAÇÃO FIDUCIÁRIA EM GARANTIA

As principais ações a que está legitimado o credor no contrato de alienação fiduciária de bens móveis são as de busca e apreensão, possessória, de depósito e de execução.

Até o advento da Lei 10.931/2004 a realização da garantia decorrente do contrato de alienação fiduciária se fazia quase que exclusivamente por meio da busca e apreensão do bem, executada mediante ação regulamentada pelo Decreto-lei 911/1969. O procedimento é célere e possibilita a apreensão do bem liminarmente, embora assegurando ao devedor o direito de purgar a mora.

De acordo com a legislação anterior ao novo Código Civil, só eram legitimadas para receber a propriedade fiduciária em garantia, de bens móveis corpóreos, as instituições financeiras e outras pessoas jurídicas a que a lei viesse a reconhecer legitimidade. O novo Código Civil, entretanto, ao tratar da propriedade fiduciária de bens móveis, retirou essa restrição, possibilitando a contratação da alienação fiduciária para garantia de quaisquer dívidas (arts. 1.361 a 1.368).

A despeito do alargamento do campo de aplicação dessa garantia, a legitimidade para o procedimento especial de excussão da garantia fiduciária de bens móveis, regulamentado pelo Decreto-lei 911/1969, com as alterações introduzidas pela Lei 10.931/2004 e pela Lei 13.043/2014, restringe-se às pessoas jurídicas de direito público e àquelas submetidas diretamente à fiscalização e ao controle do Estado. Assim, só é admitida a ação de busca e apreensão disciplinada por esse Decreto-lei quando a garantia tiver por objeto créditos fiscais, previdenciários e os constituídos no âmbito do mercado financeiro e de capitais (art. 8º-A do Decreto-lei 911/1969, com a redação dada pelo art. 56 da Lei 10.931/2004).

Para marcar a distinção entre essas duas modalidades de contrato de alienação fiduciária, Paulo Restiffe Neto cunhou expressões próprias de identificação, denominando *paritária* a alienação fiduciária regulamentada pelo Código Civil, porque essa espécie, em princípio, é

---

[61] "Alienação fiduciária – Busca e apreensão – Bem apreendido – Inadimplemento contratual – Restituição da parcela paga com base no Código de Defesa do Consumidor – Inadmissibilidade. Pretensão à restituição das parcelas pagas com base no Código de Defesa do Consumidor. Descabimento. Necessidade de prévia venda do bem. Apuração de saldo remanescente. Recurso desprovido" (Ap. c/ Rev. 690.924-00/8, 26ª Câm., rel. Des. Andreatta Rizzo, j. 7/3/2005). "Alienação fiduciária – Bem móvel – Apreensão em razão de inadimplência – Restituição das parcelas pagas – Possibilidade somente após a compensação obtida pelo valor arrecadado na venda do bem com o abatimento do capital investido, mais as verbas sucumbenciais – Prevalência do artigo 1º, §§ 4º e 5º, e artigo 2º do Decreto-lei 911/1969 sobre as normas do Código de Defesa do Consumidor – Recurso não provido" (Apelação Cível 852.944-0/7-Jaboticabal, 26ª Câmara de Direito Privado, rel. Felipe Ferreira, j. 21/11/2005, v.u., Voto 9.436).

contratada entre iguais, havendo presumivelmente equiparação econômica e técnica entre as partes, e *mercadológica* a alienação fiduciária de que trata o Decreto-lei 911/1969, porque esta espécie se caracteriza pela não equiparação entre as partes, havendo, ao contrário, desigualdade entre elas, seja do ponto de vista econômico ou técnico, situação que, pela vulnerabilidade em que se encontraria o devedor, configuraria uma relação de consumo.[62]

Assim, na alienação fiduciária de bens móveis corpóreos, haverá procedimentos próprios para tutela judicial dos direitos do credor, conforme seja ela contratada no âmbito *mercadológico* ou *paritário*, isto é:

a) ação de busca e apreensão regulada pelo Decreto-lei 911/1969, com a redação dada pela Lei 10.931/2004, para a qual somente estão legitimados o fisco, a previdência e as entidades que operam no mercado financeiro e de capitais; e

b) ação de reintegração de posse ou ação reivindicatória ou, ainda, ação de depósito, para a qual estão legitimadas todas as demais pessoas, naturais ou jurídicas, que sejam titulares de propriedade fiduciária de bens móveis, em garantia.

A distinção parece razoável, tendo em vista a possibilidade de o Estado coibir abusos, notadamente mediante usura, mas pecou o legislador por deixar de estabelecer uma regulamentação específica para realização da garantia nos contratos *paritários*, permitindo que se repita o longo período de incerteza que perdurou desde a promulgação da Lei 4.728/1965, que não definiu o procedimento judicial de realização da garantia fiduciária de bens móveis corpóreos, até a edição do Decreto-lei 911/1969, que criou a ação de busca e apreensão. A insegurança jurídica quanto ao procedimento aplicável à hipótese inibiu a utilização do contrato naquele período, só vindo essa garantia a ter aplicação prática quando a lei definiu o processo especial destinado à realização da garantia.

A história agora se repete, de modo que a inexistência de um procedimento especial destinado às hipóteses não enquadradas na ação de busca e apreensão do Decreto-lei 911/1969 pode gerar controvérsia e tornar duvidosa a eficácia da garantia fiduciária disciplinada pelo Código Civil, pois os titulares dessa garantia terão que recorrer ao procedimento comum, presumindo-se que a ausência de estrutura judicial que assegure a agilidade necessária à recuperação do crédito poderá colocar em risco a efetividade do processo.

Observe-se, a propósito, que uma das inovações introduzidas pela Lei 10.931/2004 no procedimento de busca e apreensão é a consolidação da propriedade, liminarmente, no patrimônio do credor, que o autoriza a vender o bem imediatamente, e a justificativa para tal alteração é a possibilidade de deterioração dos bens apreendidos, sobretudo automóveis, que ficariam meses a fio nos pátios, tornando-se quase imprestáveis ao longo do processo. Ora, se o procedimento especial do Decreto-lei 911/1969 já era considerado ineficaz e por isso foi necessário dar mais celeridade ao processo, como alcançar a efetividade do processo por meio de uma ação possessória ou reivindicatória?

O certo é que, ao distinguir as duas espécies de garantia fiduciária e disciplinar o procedimento específico para a espécie regulada pelo Decreto-lei 911/1969, o legislador deveria definir o rito processual aplicável à realização da garantia regulamentada pelo Código Civil, talvez criando uma tutela específica, de urgência, como, por exemplo, a reintegração de posse liminar tal como aquela prevista na Lei 9.514/1997, que regulamenta a alienação fiduciária de bem imóvel.

---

[62] Palestra proferida em outubro de 2004 em simpósio realizado no 2º Tribunal de Alçada Civil do Estado de São Paulo.

A despeito da inexistência de procedimento específico que dê celeridade à realização da garantia, não há dúvida de que a propriedade fiduciária em garantia de operações *paritárias* é dotada de maior eficácia do que as garantias tradicionais, como a hipoteca e o penhor.

É que, como se sabe, a constituição da garantia fiduciária importa na retirada do bem do patrimônio do devedor e seu ingresso no patrimônio do credor, ainda que com as restrições próprias do caráter resolúvel da transmissão, de modo que, em caso de insolvência do devedor, o bem objeto da garantia não comporá o ativo da massa, do mesmo modo que não compõe o plano de recuperação judicial de empresa. Já as garantias de hipoteca, penhor e anticrese não importam em alteração da titularidade sobre o bem objeto da garantia, que permanece no patrimônio do devedor; assim, em caso de insolvência do devedor, o bem objeto da garantia será levado ao concurso dos credores e arrecadado à massa falida, o que, como já visto, não ocorre com o bem objeto de propriedade fiduciária; em caso de recuperação judicial, o contrato garantido por propriedade fiduciária segue seu curso normal, sob administração dos administradores da empresa em recuperação e fiscalização do administrador judicial.

Não obstante, a realização da garantia fiduciária regulamentada pelo Código Civil reclama a construção de procedimento especial, em conformidade com sua peculiar natureza jurídica – sendo propriedade resolúvel, a falha da condição por inadimplemento da obrigação garantida importa em consolidação da propriedade plena no patrimônio do credor proprietário fiduciário –, de modo que os efeitos da consolidação da propriedade sejam regulamentados em termos compatíveis com a função de garantia, atendendo-se ao princípio de equilíbrio da execução do crédito e às necessidades da circulação do crédito na sociedade contemporânea.

5.12.1. Ação de busca e apreensão

É a ação mais frequente, aplicável somente aos casos em que o crédito tiver natureza fiscal, previdenciária ou tiver sido contratado no âmbito do mercado financeiro e de capitais.

Trata-se de ação autônoma, dotada de regras especiais.

A ação de busca e apreensão visa a devolução do bem e a atribuição da propriedade e posse plena ao credor-fiduciário, mediante consolidação, abrindo-se prazo ao devedor-fiduciante para pagamento da integralidade da dívida e a isso se restringe, não tendo nenhuma relação com a ação de cobrança. A sentença condena o réu (devedor-fiduciante) a devolver o bem e confirma a consolidação da propriedade no patrimônio do credor-fiduciário.

A ação tem como causa de pedir a mora do devedor-fiduciante, cuja comprovação é exigida por lei como requisito indispensável para a propositura da ação. Comprova-se a mora mediante remessa de carta registrada com aviso de recebimento, "não se exigindo que a assinatura constante do referido aviso seja a do próprio destinatário" (§ 2º do art. 2º do Decreto-lei 911/1969, com a redação dada pela Lei 13.043/2014). A alteração legislativa consolida o entendimento do Superior Tribunal de Justiça, segundo o qual, "na alienação fiduciária, a mora do devedor deve ser comprovada por notificação extrajudicial realizada por intermédio do Cartório de Títulos e Documentos a ser entregue no domicílio do devedor, sendo prescindível a notificação pessoal" (AgRg no AREsp 763.430/MS, 3ª Turma, *DJe* 20/5/2016; e AgInt no AREsp 883.726/MS, 4ª Turma, *DJe* 30/8/2016).

Sujeito ativo da ação de busca e apreensão é o credor, que pode ser o financiador no contrato de alienação fiduciária, ou o avalista, o fiador ou o terceiro interessado, que tenham efetivado o pagamento e se sub-rogado no direito de crédito e na garantia; sujeito passivo é o devedor e, eventualmente, o terceiro prestador da garantia, ou terceiro que esteja na posse do bem. A inclusão de um terceiro como legitimado passivo para a ação de busca e apreensão, apesar de poder suscitar controvérsias, por não integrar a relação de direito material decorrente do contrato de alienação fiduciária, justifica-se em razão do direito de sequela que constitui um dos principais atributos dos direitos reais; por isso, o credor poderá buscar o bem em mãos de quem o detenha, seja o próprio devedor ou terceiros.

Proposta a ação, e presentes os requisitos legais, o juiz deferirá liminarmente a busca e apreensão do bem.

A Lei 13.043/2014 alterou a redação de determinados dispositivos do Decreto-lei 911/1969 e nele introduziu novas disposições.

Em relação ao procedimento de busca e apreensão, ao decretar a medida o juiz, "caso tenha acesso à base de dados do Registro Nacional de Veículos Automotores – Renavam, inserirá diretamente a restrição judicial na base de dados do Renavam", dela excluindo tal restrição uma vez efetivada a apreensão (§ 9º do art. 3º do Decreto-lei 911/1969, com a redação dada pela Lei 13.043/2014).

Caso o juiz não tenha acesso a esse sistema de registro, deverá expedir ofício ao departamento de trânsito competente para que: I – registre o gravame referente à decretação da busca e apreensão do veículo; II – retire o gravame após a apreensão do veículo (§ 10 do art. 3º do Decreto-lei 911/1969).

Outra inovação introduzida pela Lei 13.043/2014 é a criação de um *banco de mandados*, no qual será inserido o mandado de busca e apreensão (§ 11 do art. 3º do Decreto-lei 911/1969).

Foi profundamente alterado o procedimento para prática de ato processual fora da sede do juízo no qual tramita a busca e apreensão; para esse caso específico, se a alienação fiduciária tiver como objeto veículo automotor, o credor-fiduciário autor da ação poderá requerer sua apreensão diretamente ao juízo da comarca onde o veículo vier a ser localizado, instruindo tal requerimento com cópia da petição inicial e, quando for o caso, com cópia do despacho que concedeu a busca e apreensão (§ 12 do art. 3º).

A lei refere-se impropriamente a "*despacho* que concedeu a busca e apreensão", quando na verdade essa medida liminar é deferida mediante decisão, e não despacho.

O requerimento a ser dirigido pelo autor da ação ao juízo da comarca onde se encontrar o veículo cumprirá papel típico de carta precatória, a despeito de o cumprimento da busca e apreensão ser requerida pelo autor da ação *diretamente* a juiz de outra comarca, distinto daquele que deferiu a medida.

Ao referir-se à juntada da decisão que concedeu a liminar "quando for o caso", a lei faz pressupor que pode ocorrer a distribuição da ação em uma comarca e o requerimento de concessão da liminar em outra, na qual tenha sido localizado o veículo, e, se for esse o caso, o requerimento ao juiz da outra comarca deve ser instruído com cópia de todos os documentos que instruem a inicial, pois é esse outro juiz que procederá ao exame da viabilidade da concessão da liminar, para o qual é indispensável que examine todos aqueles documentos. Deferida e cumprida a liminar, a apreensão será comunicada ao juízo ao qual foi distribuída a ação, que intimará a instituição financeira a, em 48 horas, retirar o veículo do local onde se encontra depositado (§ 13 do art. 3º). Embora a lei nada fale quanto ao destino do requerimento e do conjunto de documentos que o instruem, é de se admitir que se apliquem à hipótese, por analogia, os procedimentos relativos às cartas precatórias, com sua remessa ao juízo da causa.

A Lei 13.043 inovou também ao permitir que a busca e apreensão seja apreciada por juiz em exercício no plantão judiciário (art. 3º, *caput*, do Decreto-lei 911/1969), apesar de essa espécie de medida não reunir, em regra, os requisitos de urgência que autorizam a atuação do juízo de plantão. A despeito de a lei referir-se apenas à apreciação da busca e apreensão, é de se admitir que, em respeito à isonomia, também o réu possa a ele opor-se no juízo de plantão, inclusive em segunda instância, se comprovar, por exemplo, o pagamento integral da dívida, como lhe permite o § 2º do art. 3º do Decreto-lei 911/1969.

No cumprimento do mandado o réu deverá entregar o bem e seus respectivos documentos (§ 14 do art. 3º).

O art. 7º-A introduz importante alteração, visando proteger a propriedade do bem alienado fiduciariamente do risco de constrição por obrigações do devedor-fiduciante. Como vimos, ao alienar fiduciariamente o bem em garantia, o devedor-fiduciante demite-se da propriedade e a transmite ao credor-fiduciário, que a adquire em caráter fiduciário; por essa forma, o devedor-fiduciante torna-se titular de direito aquisitivo (Código Civil, art. 1.368-B), sendo esse o direito sobre o qual podem incidir atos de constrição por dívidas dele, fiduciante. Não obstante, no contexto de medidas judiciais intentadas contra o devedor-fiduciante, vez por outra são determinados bloqueios judiciais sobre o direito de propriedade do bem, e não sobre o direito aquisitivo e, eventualmente, sobre o produto que restar do leilão, caso o fiduciante se torne inadimplente. O art. 7º-A do Decreto-lei 911/1969, com a redação dada pela Lei 13.043/2014, delimita o direito passível de constrição nesses casos, embora em linguagem eivada de impropriedades, ao dispor que "Não será aceito bloqueio judicial de bens constituídos por alienação fiduciária nos termos desde Decreto-lei, sendo que qualquer discussão sobre concursos de preferências deverá ser resolvida pelo valor da venda do bem, nos termos do art. 2º".

A Lei 13.043/2014 cuidou de atualizar as normas sobre alienação fiduciária também em relação à recuperação judicial de empresa, regulamentada pela Lei 11.101/2005, ao incluir no Decreto-lei 911/1969 o art. 6º-A, segundo o qual "O pedido de recuperação judicial ou extrajudicial pelo devedor nos termos da Lei 11.101, de 9 de fevereiro de 2005, não impede a distribuição e a busca e apreensão do bem".

Se a busca e apreensão se frustrar por não se encontrar o bem na posse do devedor-fiduciante, a lei faculta ao credor-fiduciário requerer a conversão da busca e apreensão em execução, que já vinha sendo admitida pela jurisprudência (art. 4º do Decreto-lei 911/1969).

A alteração legislativa já se mostrava oportuna desde a edição da Súmula Vinculante 25 do Superior Tribunal Federal, segundo a qual "É ilícita a prisão civil de depositário infiel, qualquer que seja a modalidade de depósito". Anteriormente ao reconhecimento da inconstitucionalidade da prisão civil, o Decreto-lei 911/1969 previa a possibilidade de o credor requerer a conversão da busca e apreensão em ação de depósito.

A par da conversão agora prevista expressamente, mantém-se a faculdade do credor-fiduciário de recorrer à execução e nela promover a penhora de tantos bens quantos bastem à satisfação do seu crédito. Se foi positiva a diligência, "o devedor-fiduciante poderá pagar a integralidade da dívida pendente", no prazo de cinco dias, ou apresentar resposta em quinze dias. Embora a nova lei seja omissa quanto à citação, o princípio constitucional do devido processo legal e a articulação sistemática das normas processuais conduzem naturalmente à conclusão de que o réu deve ser citado, o que deve ser feito em ato imediatamente subsequente à apreensão do bem, contando-se os prazos para purgação da mora e para resposta da juntada do mandado de citação.

A nova redação dada pela Lei 10.931/2004 ao § 2º do art. 3º do Decreto-lei 911/1969 prevê a possibilidade de pagamento integral do saldo da dívida, que deve ser indicado na inicial. Inicialmente, os tribunais admitiam a purgação da mora, isto é, o pagamento das parcelas vencidas e encargos, mas, dez anos depois da vigência da lei, a jurisprudência do Superior Tribunal de Justiça veio a consolidar-se pelo sistema dos recursos repetitivos no sentido de que "nos contratos firmados na vigência da Lei 10.931/2004, compete ao devedor, no prazo de 5 (cinco) dias após a execução da liminar na ação de busca e apreensão, pagar a integralidade da dívida – entendida esta como os valores apresentados e comprovados pelo credor na inicial –, sob pena de consolidação da propriedade do bem móvel objeto de alienação fiduciária" (REsp 1.418.593-MS, 2ª Seção, rel. Min. Luís Felipe Salomão, j. 14/5/2014, DJe 27/5/2014).

Apesar de a lei só se referir ao pagamento integral, a jurisprudência tem admitido a purgação da mora mediante pagamento das parcelas vencidas e encargos.[63]

Para a resposta não há a restrição que anteriormente havia: na redação original do § 2º do art. 3º do Decreto-lei 911/1969 o réu só poderia apresentar contestação alegando o pagamento do débito vencido ou o cumprimento das obrigações contratuais. Na nova redação, o legislador amplia o mais possível o campo de defesa ao assegurar ao devedor-fiduciante a apresentação de "resposta", abrangendo as exceções e a contestação; há, entretanto, controvérsias quanto à reconvenção, autores admitindo o contra-ataque do réu na ação de busca e apreensão[64] e entendendo outros ser inadmissível a reconvenção por se tratar de ação em que se postula uma tutela jurisdicional diferenciada, bem como por causa de regras processuais especiais que não se limitam à fase postulatória, como, por exemplo, a sentença com efeito meramente devolutivo, que são incompatíveis com os efeitos da reconvenção.

Não se cogita mais de remessa dos autos ao Contador visando calcular o valor para efeito de purgação da mora, pois, a exemplo do processo de execução comum, o credor deve apresentar demonstrativo do débito com a inicial.

Havendo o pagamento integral da dívida, o credor estará autorizado a levantar o valor correspondente ao seu crédito e deverá restituir o bem ao devedor, já agora livre do ônus da propriedade fiduciária, seguindo-se a extinção do processo.

Não havendo esse pagamento, nem a purgação da mora mediante pagamento das prestações vencidas, dá-se, em ato subsequente, a consolidação da propriedade e da posse plena do bem no patrimônio do credor, que poderá vendê-lo desde logo, cabendo à repartição competente a emissão de um novo certificado de registro da propriedade, seja em nome do credor ou em nome da pessoa a quem ele vendeu o bem. Nesse sentido, diz o § 1º do art. 3º do Decreto-lei 911/1969 que "cinco dias após executada a liminar mencionada no *caput*, consolidar-se-ão a propriedade e a posse plena e exclusiva do bem no patrimônio do credor-fiduciário, cabendo às repartições competentes, quando for o caso, expedir novo certificado de registro de propriedade em nome do credor, ou de terceiro por ele indicado, livre do ônus da propriedade fiduciária".

Da sentença cabe recurso de apelação com efeito devolutivo.

5.12.1.1. Contagem do prazo para purgação da mora e para resposta

Na redação original, o Decreto-lei 911/1969 previa que, depois de "despachada a inicial e executada a liminar, o réu será citado para, em três dias, apresentar contestação ou, se já tiver pago 40% (quarenta por cento) do preço financiado, requerer a purgação da mora" (§ 1º do art. 3º).

Na redação introduzida pela Lei 10.931/2004, entretanto, o Decreto-lei 911/1969 é omisso quanto à citação,[65] dispondo, quanto ao termo inicial do prazo, que, no prazo de "cinco dias

---

[63] Ver item *purgação da mora*.
[64] FIGUEIRA JÚNIOR, Joel Dias. *Ação de busca e apreensão em propriedade fiduciária*. São Paulo: RT, 2005.
[65] Como já registrado em notas anteriores, manifestamo-nos a esse propósito por ocasião da tramitação do Projeto de Lei 3.065/2004, em pronunciamento no Instituto dos Advogados Brasileiros e na forma

após executada a liminar" (de busca e apreensão), o devedor poderá purgar a mora (§ 2º do art. 3º) ou, no prazo de quinze dias, apresentar resposta (§ 3º do art. 3º).

Apesar de a nova lei não se referir à citação, a omissão pode ser suprida na implementação prática do processo, mediante despacho ordenando a citação em ato subsequente ao cumprimento do mandado de busca e apreensão.[66]

A esse propósito, quando da entrada em vigor da Lei 10.931/2004, Márcio Calil de Assumpção faz alusão a uma situação semelhante, decorrente da aplicação do art. 802, parágrafo único, inciso II, do Código de Processo Civil de 1973, ao qual corresponde o art. 306 do novo CPC, que, ao tratar da contagem do prazo para contestação, em ação cautelar, refere-se também à data da execução da medida, como termo inicial da contagem do prazo. Assinala esse autor que a ação de busca e apreensão "é ação de conhecimento, de procedimento especial, e não se confunde com ação cautelar, as lições doutrinárias desde que examinadas à luz dessa diferença de classificação (processo de conhecimento e processo cautelar), podem perfeitamente ser aplicadas".[67]

Nesse mesmo sentido, Antonio Cláudio da Costa Machado, também referindo-se à omissão do CPC quanto ao ato citatório na ação cautelar), sustenta que "malgrado a completa omissão do texto legal quanto à referência ao ato citatório, é evidente que só a partir deste é que se conta o prazo de contestação no processo cautelar. Como explicar, então, a regra sob enfoque que não fala da citação? É simples: dizendo que o prazo se conta da execução da medida cautelar, fica subentendido que a tal execução se segue, ato contínuo, a citação do requerido, de sorte que do mesmo mandado que vai ser juntado aos autos consta tanto a certidão da execução da liminar como a certificação de que o sujeito passivo foi citado".[68]

A questão torna-se especialmente relevante caso o bem esteja em poder de terceiro e perante este seja executada a liminar de busca e apreensão.

De fato, se a execução da liminar se fizer perante o próprio devedor, poder-se-ia argumentar que, intimado da apreensão, ele teria elementos para purgar a mora e/ou apresentar resposta. Entretanto, se o bem estiver em poder de terceiro, a apreensão poderá ser executada sem que o devedor tome conhecimento, sujeitando-o aos efeitos da revelia sem que lhe tenha sido aberta a possibilidade de exercer o direito de defesa. Nesse caso, fica claro que a falta de citação do devedor importaria em sonegação da informação a partir da qual ele poderia reagir, deflagrando o contraditório, circunstância que configuraria violação do princípio constitucional do devido processo legal.

---

de sugestão de Emenda encaminhada por intermédio da Ordem dos Advogados do Brasil – Secção do Estado do Rio de Janeiro, que recebeu o nº 22 e propunha reformulação do art. 3º e seus parágrafos do Decreto-lei 911/1969, com a seguinte redação para o § 2º: "§ 2º Executada a liminar, *o réu será citado para, em cinco dias, purgar a mora, pagando o valor constante do demonstrativo que instrui a inicial, ou apresentar resposta, na qual só poderá alegar o pagamento do débito vencido ou o cumprimento das obrigações contratuais*" (grifamos).

[66] Hipótese semelhante é a do inciso II do parágrafo único do art. 802, que se refere à data da execução da medida liminar como termo inicial da contagem do prazo para agravar contra a decisão que concede liminarmente a medida cautelar. Não obstante, a jurisprudência é no sentido de que tal prazo se conta da juntada aos autos do mandado de citação e intimação, devidamente cumprido (STJ, 1ª Turma, REsp 192.157-SP, rel. Min. Milton Luiz Pereira, j. 12/6/2001; STJ, 3ª Turma, REsp 198.011-RJ, rel. Min. Menezes Direito, j. 24/6/1999; STJ, 4ª Turma, REsp 70.399-PR, rel. Min. Sálvio de Figueiredo, j. 29/10/1997).

[67] ASSUMPÇÃO, Márcio Calil, A Lei 10.931/04 e os novos delineamentos do procedimento da ação de busca e apreensão (DL 911/69), *Revista Dialética de Processo Civil*, n. 20, p. 59-74, nov. 2004.

[68] MACHADO, Antonio Cláudio da Costa, *Código de Processo Civil interpretado*, Saraiva, 1996, *apud* ASSUMPÇÃO, Márcio Calil, A Lei 10.931/04 e os novos delineamentos do procedimento da ação de busca e apreensão (DL 911/69). *Revista Dialética de Processo Civil*, n. 20, p. 59-74, nov. 2004.

Orientando-se, assim, pelos princípios constitucionais e pela interpretação sistemática das normas processuais, a solução que melhor se ajusta ao sentido das normas relativas ao procedimento especial de busca e apreensão de bem móvel objeto de propriedade fiduciária é a efetivação da citação do devedor imediatamente após a execução da liminar de apreensão do bem, contando-se o prazo da juntada do mandado, seja para purgação da mora ou para resposta.

5.12.1.2. Resposta do devedor

O devedor pode apresentar resposta mesmo que tenha pago a totalidade do saldo da dívida, e pode fazê-lo no mais amplo sentido.

O prazo para resposta é de quinze dias, nos termos dos §§ 3º e 4º do art. 3º do Decreto-lei 911/1969, que dispõem que ela poderá ser apresentada "ainda que o devedor tenha se utilizado da faculdade do § 2º, caso entenda ter havido pagamento a maior e desejar restituição".

São dignas de nota as seguintes inovações:

a) a nova lei aumenta o prazo de defesa, passando-o de três dias para quinze dias;

b) é alargado o campo de defesa, na medida em que a lei fala em "resposta" do devedor, que compreende contestação e exceções, entendendo alguns ser admissível a reconvenção;

c) a resposta não tem mais a restrição anterior, na qual o devedor só poderia alegar o pagamento do débito ou o cumprimento do contrato. A nova redação não impõe restrição alguma.

Não havendo limitação ao objeto da resposta, é de se admitir que possa contemplar toda a matéria relativa às obrigações decorrentes do contrato de empréstimo ou financiamento com pacto adjeto de alienação fiduciária.

A amplitude do campo de defesa está, ademais, explicitada no § 4º do art. 3º, que permite ao devedor apresentar resposta ainda que tenha pago a totalidade do saldo devedor, caso em que, se entender que pagou quantia superior ao devido, deverá comprovar o excesso de cobrança e requerer a restituição. O pagamento a maior é questão que poderá suscitar controvérsia, à luz do parágrafo único do art. 42 da Lei 8.078/1990 (Código de Defesa do Consumidor), que faculta ao consumidor receber em dobro a quantia que pagou em excesso.

A contagem do prazo para apresentação da resposta, como acima comentado, deve ter início da juntada do mandado de citação.

5.12.1.3. A sentença

A ação de busca e apreensão regulada pelo Decreto-lei 911/1969 contempla a consolidação da propriedade no patrimônio do credor, fato que lhe confere todas as faculdades inerentes à propriedade, assegurando-lhe, assim, o direito de dispor livremente do bem; uma vez consolidada a propriedade no patrimônio do credor, o bem já estará livre do gravame fiduciário, até porque a consolidação resulta exatamente da retirada das restrições que o gravame impunha à propriedade. Nos termos do § 1º do art. 3º do Decreto-lei 911/1969, se, decorridos cinco dias da apreensão do bem, o devedor-fiduciante não tiver pago a dívida, o bem considera-se definitivamente integrado ao patrimônio do credor-fiduciário, o mesmo ocorrendo, a nosso ver, se o devedor não tiver purgado a mora, mediante pagamento das prestações vencidas;

não havendo qualquer desses pagamentos, caberá "às repartições competentes, quando for o caso, expedir novo certificado de registro de propriedade em nome do credor, ou de terceiro por este indicado, livre do ônus da propriedade fiduciária".

A sentença que julgar procedente o pedido tem caráter declaratório, pois não tem efeito constitutivo relativamente à consolidação da propriedade; esta resulta, de pleno direito, da verificação da condição, que corresponde à não purgação da mora. A sentença apenas declara a consolidação.[69]

A consolidação se dá pelo simples fato da não purgação da mora, independente de decisão judicial e assim ocorre porque a propriedade fiduciária é uma propriedade resolúvel, e sua extinção ou consolidação se opera pelo simples acontecimento do evento que caracteriza a condição sob a qual foi constituída. O credor-fiduciário é titular de um direito de propriedade sob condição resolutiva e o devedor-fiduciante é titular de um direito de propriedade sob condição suspensiva; ambas as condições estão vinculadas ao pagamento da dívida. Assim, uma vez efetivado o pagamento da dívida, extingue-se automaticamente a propriedade fiduciária, revertendo ao devedor a propriedade plena do bem; se, ao contrário, o devedor deixar de cumprir sua obrigação de pagar, mesmo depois de oferecida oportunidade para purgação da mora, a propriedade se consolida no patrimônio do credor, livre do ônus.

De fato, sendo a condição resolutiva pactuada em termos expressos, seu efeito "opera de pleno direito, independentemente de interpelação, vale dizer, verificada a condição (seja *positiva*, seja *negativa*), atua automaticamente sobre o vínculo jurídico, resolvendo-o (...) vale por si só e dispensa a intervenção do judiciário".[70] No mesmo sentido, Espínola assinala que os efeitos da condição, quando expressa, se produzem "apenas por força da lei, sem intervenção dos tribunais e dispensada qualquer ação. Não é necessária a intervenção do juiz para pronunciar a resolução do contrato, não lhe sendo lícito até mesmo considerá-lo como não extinto (ESPÍNOLA, *Man., cit.*, pág. 415)".[71]

Assim, a expedição de novo certificado de registro de propriedade, no caso da consolidação no credor, ou o cancelamento do gravame à vista da comprovação do pagamento da dívida, são consequências diretas desses eventos, que, numa hipótese, provoca a extinção da garantia ou, na outra hipótese, importa na consolidação. Por isso mesmo, não estão incluídos na esfera da função jurisdicional nem o ato do cancelamento do gravame, que importa na reversão da propriedade do bem ao devedor, à vista do simples comprovante de pagamento da totalidade da dívida, nem o ato da expedição de novo certificado em nome do credor ou de terceiro adquirente, à vista da comprovação da não purgação da mora, pois os efeitos de ambas as condições – suspensiva e resolutiva – se produzem automaticamente, pela simples verificação do evento, sem necessidade de se buscar qualquer espécie de prestação jurisdicional.

Considerando, entretanto, que nesse caso a propriedade fiduciária tem apenas função de garantia, a lei limita a intensidade do direito do credor, visando afastar o risco de locupletamento e evitar perdas para o devedor. Assim, mesmo admitindo a possibilidade de o bem ser vendido logo após constatada a não purgação da mora, a lei imputa todo o risco da venda ao credor, de modo que se o pedido de busca e apreensão for julgado improcedente e o credor

---

[69] RESTIFFE NETO, Paulo. *Garantia fiduciária*. São Paulo: RT, 1976, p. 381, e ASSUMPÇÃO, Márcio Calil de. *Ação de busca e apreensão decorrente de alienação fiduciária em garantia*. São Paulo: Juarez de Oliveira. 2001, p. 140.

[70] PEREIRA, Caio Mário da Silva. *Instituições de direito civil*. 20. ed. rev. e atual. de acordo com o Código Civil de 2002. Atualizadora: Maria Celina Bodin de Moraes. Rio de Janeiro: Forense, 2004. v. I, p. 568-569.

[71] SANTOS, J.M. de Carvalho, *Código Civil brasileiro interpretado*. 12. ed. Rio de Janeiro: Livraria Freitas Bastos, 1984, v. III, p. 71.

tiver vendido o bem que se consolidou no seu patrimônio, o juiz o condenará ao pagamento de multa, em favor do devedor, correspondente a cinquenta por cento do valor atualizado do financiamento original, independente da sua responsabilidade de reparar as perdas e danos.

Aspecto igualmente relevante diz respeito ao resgate da dívida. Como se sabe, a ação do credor tem apenas a finalidade de busca e apreensão do bem objeto da propriedade fiduciária, não se confundindo com a ação de execução ou de cobrança. Entretanto, é por efeito da ação de busca e apreensão que o credor se apropria do bem e o vende, podendo se apropriar do produto da venda até o limite do seu crédito e despesas, operando-se, assim, o resgate da dívida. Caso o valor apurado na venda não seja suficiente para esse pagamento, pode o credor promover a cobrança do saldo residual mediante ação de execução ou monitória.

Do que precede, resulta que a sentença que julgar procedente o pedido formulado na ação de busca e apreensão importa na confirmação da consolidação da propriedade e da posse no patrimônio do credor, liberando-o definitivamente de qualquer restrição quanto à disponibilidade do bem. A improcedência, por sua vez, implica a revogação da liminar de apreensão do bem, daí por que deve o bem retornar à posse e propriedade do devedor. Considerando, entretanto, que, não havendo purgação da mora, o bem terá sido consolidado liminarmente na propriedade do credor, com a consequente emissão de novo certificado de propriedade, pode ter ocorrido a venda do bem antes da sentença, circunstância que, obviamente, tornaria materialmente impossível sua reversão ao patrimônio do devedor; se isso tiver ocorrido, a sentença que julgar improcedente o pedido imporá ao credor multa correspondente a cinquenta por cento do valor atualizado do financiamento original. Além disso, o devedor terá assegurado o ressarcimento das perdas e danos decorrentes do ato do credor.

Da sentença cabe apelação, mas somente no efeito devolutivo. Quanto a esse aspecto, a inovação do § 5º do art. 3º do Decreto-lei 911/1969 é que esse efeito se dá seja quando julgado procedente ou improcedente o pedido, enquanto na redação anterior o efeito devolutivo só ocorria se julgado procedente o pedido.

5.12.1.4. Perdas e danos

O § 7º do art. 3º do Decreto-lei 911/1969 dispõe que a multa a que se refere o § 6º não exclui a responsabilidade do credor-fiduciário por perdas e danos. No caso do procedimento regulado pelo Decreto-lei 911/1969, trata-se, evidentemente, de ressarcimento dos prejuízos decorrentes da venda do bem antes da prolação da sentença.

Com efeito, como se viu, consolidado o bem no patrimônio do credor, por força do § 2º do art. 3º do Decreto-lei 911/1969, estará ele investido de todos os poderes inerentes à propriedade, podendo vender o bem; se efetivar essa venda e a sentença vier a julgar improcedente o pedido, o risco da venda é todo seu e, além de pagar multa correspondente a cinquenta por cento do valor atualizado do financiamento, deverá ressarcir os prejuízos que o devedor sofrer em razão da perda do bem.

Trata-se de responsabilidade objetiva de natureza processual. O credor responde independente de culpa, bastando a improcedência do pedido de busca e apreensão para ser aplicada a norma. O propósito da lei, nesse aspecto, é evitar a lide temerária, impondo ao credor maiores cuidados para evitar o risco do processo. O nexo causal entre a conduta do credor-fiduciário e o dano estará configurado se o credor-fiduciário tiver vendido o bem e a sentença vier a julgar improcedente o pedido. A apuração do valor da indenização dar-se-á após o trânsito em julgado da decisão que julgar improcedente o pedido, podendo ser liquidada nos próprios autos da ação de busca e apreensão. A esse propósito, observa Márcio Calil de Assumpção que não há necessidade de processo autônomo, ficando assegurado ao devedor o direito de optar pela apuração nos próprios autos da ação de busca e apreensão, caso em que "instaurar-se-á um processo (e não procedimento, uma vez que haverá citação do devedor, no caso o credor-fiduciário) de liquidação que, em regra, será por artigos já que não se sabe quais serão efetivamente as perdas e danos a serem apuradas (*v.g.* podem ser desde a perda de uma safra, se o bem apreendido foi uma colheitadeira, aos lucros cessantes na perda de negócios, no caso do bem apreendido ser uma máquina industrial, enfim, inúmeras situações). Não se exclui aqui a possibilidade, embora remota, de liquidação por arbitramento sob o fundamento da 'natureza do objeto da liquidação' II)".[72]

5.12.2. Ação de depósito e prisão civil do devedor-fiduciante

Dispunha o art. 4º do Decreto-lei 911/1969 que, se o bem não fosse encontrado ou não se achasse na posse do devedor, o credor poderia requerer a conversão da ação de busca e apreensão em ação de depósito. Da mesma forma, o credor, desde que ciente de que o devedor se desfez do bem objeto da alienação fiduciária, antes mesmo de ajuizada a ação de busca e apreensão, poderia ajuizar diretamente a ação de depósito em face do devedor-fiduciante, podendo o terceiro adquirente, alheio à relação existente entre fiduciante e fiduciário, defender-se por via embargos de terceiro ou oposição nos autos da ação de depósito.

Tratamos dos requisitos dessa ação nas edições anteriores dessa obra, mas suprimimos esses comentários a partir desta edição, pois, diante decisão proferida por unanimidade pelo Supremo Tribunal Federal em 2009 no RE 446.343-SP, seguida da sua Súmula Vinculante 25, editada nesse mesmo ano, que consideram ilícita a prisão civil do depositário infiel, a Lei 13.043/2014 suprimiu a norma legal contida no art. 4º do Decreto-lei 911/1969, que previa a prisão, alterando sua redação para dispor sobre a conversão da ação de busca e apreensão em ação de execução, que, aliás, já era anteriormente facultada ao credor-fiduciário independentemente de previsão legal.

Importa anotar, apenas para registro da evolução do tratamento da matéria, que essa ação e a consequente prisão civil do devedor-fiduciante considerado depositário infiel foram praticadas desde a edição do Decreto-lei 911/1969 até que com a promulgação da Constituição de 1988 suscitaram-se divergências na doutrina e na jurisprudência, tendo em vista o que dispõe seu art. 5º, inc. LXVII, pelo qual "não haverá prisão civil por dívida, salvo a do responsável pelo inadimplemento voluntário e inescusável de obrigação alimentícia e a do depositário infiel".

Em face dessa disposição constitucional, ressurgiu uma velha polêmica acerca da validade da prisão civil de depositário infiel, passando o Superior Tribunal de Justiça a pronunciar-se pela sua inconstitucionalidade, sob o argumento de que o contrato de alienação fiduciária gera uma obrigação de garantia, que é acessória em relação à obrigação de pagar o empréstimo, este constituindo a obrigação principal. Tratando de obrigação principal, o depositário deve restituir a coisa, conforme convencionado; tratando-se de obrigação acessória, o depósito reforça a obrigação de cumprimento do contrato, podendo a prisão configurar uma restrição ao exercício do direito de liberdade se utilizada para que o devedor honre a dívida civil. Argumentavam ainda aqueles que se filiavam a essa corrente que o devedor-fiduciante que descumpre a obrigação pactuada, deixando de entregar a coisa ao credor-fiduciário, não se equipara ao depositário infiel, pois o contrato de depósito, de que trata o art. 627 do Código Civil, não guarda nenhuma semelhança com o contrato de alienação fiduciária, uma vez que,

---

[72] ASSUMPÇÃO, Márcio Calil de. A Lei 10.931/04 e os novos delineamentos do procedimento da ação de busca e apreensão (DL 911/69). *Revista Dialética de Processo Civil*, n. 20, p. 59-74, nov. 2004.

nesse caso, pode haver pelo menos o pagamento parcial do preço, consistindo a cláusula de fidúcia apenas um reforço para honrar obrigação civil, não sendo a restituição um fim em si mesma. Admitiam que, se houvesse depósito, esse seria depósito irregular, sujeito às regras do mútuo, sendo inviável "o retrocesso aos tempos prístinos da execução por coação corporal". A regra do art. 1º do Decreto-lei nº 911/1969 (a que correspondem a regra do § 2º do art. 1.361 e a do art. 1.363 do Código Civil) teria perdido sua vitalidade jurídica em face da nova ordem constitucional.[73] Esse entendimento consolidou-se no Superior Tribunal de Justiça nos termos do Recurso de *Habeas Corpus* 5.598, publicado em 29/9/97, no *DJ*, p. 48.231, do qual foi relator o Ministro Edson Vidigal.

Não obstante, o Supremo Tribunal Federal firmava entendimento pela constitucionalidade da prisão civil fundamentando-se em que a Constituição a proibia com relação aos débitos em sentido estrito, ou seja, aqueles débitos em que o devedor tem que tirar do seu patrimônio para fazer face à dívida, e não no caso do depósito, em que, na verdade, a obrigação do devedor não era a de tirar de si, mas apenas a de manter-se fiel à confiança do depositante, no sentido de restituir uma coisa que não era dele (devedor-fiduciante), mas do depositante (credor-fiduciário).[74]

Em 2009 o Supremo Tribunal Federal pôs fim definitivamente à controvérsia ao julgar o RE 466.343-SP, relator o Ministro Cézar Peluso, tendo firmado o entendimento, por unanimidade, de que é "ilícita a prisão civil de depositário infiel, qualquer que seja a modalidade do depósito".[75]

Considerando que, no caso em questão, a alienação fiduciária é contrato acessório de empréstimo para aquisição de bem de consumo durável, pelo qual o devedor-fiduciante se demite da propriedade, transmitindo-a ao credor-fiduciário em caráter resolúvel e investindo-se, o fiduciante, em direito real de aquisição, com o propósito de novamente vir a tornar-se proprietário do bem, salienta o relator em seu voto que "nesse caso o fiduciante recebe a posse da coisa, não para custódia desta, nem o credor-fiduciário a deixa (e não 'entrega') para esse fim, senão para dela usar e gozar em posição idêntica à do compromissário comprador (...). E já se viu que, se, de acordo com a própria finalidade econômica e causa jurídica do contrato, o suposto depositário adquire o direito de usar da coisa, já não há aí depósito. Impossível, portanto, encontrar, na alienação fiduciária em garantia, resíduo de contrato de depósito e, até, afinidade de situações jurídico-subjetivas entre ambos (...) Ao depois, não há parentesco, nem similaridade quanto às posses, visto que o depósito supõe a entrega efetiva do bem ao depositário, enquanto, na alienação em garantia, tal entrega só pode imaginar-se mediante artifício montado a partir da suposição de que o fiduciário, que recebe a posse por ficção jurídica (*constituto possessório* ou *traditio ficta*), possa tê-la entregue, na modalidade indireta, ao fiduciante – o que não corresponde à realidade, pela razão óbvia de que nunca a teve antes disso, pois recebe apenas a indireta, ficando a direta com o fiduciante".

---

[73] HC 2.155/93, 6ª Turma do STJ, rel. Min. Anselmo Santiago; HC 2.771/94, 6ª Turma do STJ, rel. Min. Anselmo Santiago; HC 2.685/94, 6ª Turma do STJ, rel. Min. Luiz Vicente Cernicchiaro; REsp 6.566/90, 4ª Turma do STJ, rel. Min. Sálvio de Figueiredo; e HC 3.552/95, 6ª Turma do STJ, rel. Min. Vicente Leal.

[74] *Habeas Corpus* 73.306 e 72.131.

[75] "Prisão civil. Depósito. Depositário infiel. Alienação fiduciária. Decretação da medida coercitiva. Inadmissibilidade absoluta. Insubsistência da previsão constitucional e das normas subalternas. Interpretação do art. 5º, inc. LXVII e §§ 1º, 2º e 3º, da CF, à luz do art. 7º, § 7º, da Convenção Americana de Direitos Humanos *(Pacto de San José da Costa Rica)*. Recurso improvido. Julgamento conjunto do RE 349.703 e dos HCs 87.585 e 92.566. É ilícita a prisão civil de depositário infiel, qualquer que seja a modalidade do depósito" (RE 466.343-SP, rel. Min. Cézar Peluso, *DJe* 5/6/2009).

5.12.3. Ação de execução

Pode o credor-fiduciário buscar a satisfação de seu crédito por meio de execução, sendo-lhe facultado indicar à penhora tantos bens do devedor quantos bastem ao pagamento da dívida, podendo a penhora incidir, inclusive, sobre o direito real de aquisição do bem objeto da alienação fiduciária, do qual o devedor-fiduciante é titular.

O credor pode recorrer diretamente à ação de execução ou mediante conversão da busca e apreensão.

A execução comum, cuja faculdade sempre foi reconhecida pela jurisprudência, veio a ser prevista de maneira expressa no art. 4º do Decreto-lei 911/1969, com a redação dada pela Lei 13.043/2014.

Ressalve-se, entretanto, a possibilidade de penhora dos direitos aquisitivos do devedor-fiduciante.[76]

O parágrafo único do art. 5º do Decreto-lei 911/1969 dispõe que "não se aplica à alienação fiduciária o disposto nos incisos VI e VIII do art. 649 do Código de Processo Civil" (correspondem aos mesmos incisos do art. 833 do CPC/2015), daí por que na execução decorrente de dívida em que foi contratada a alienação fiduciária, poderão ser penhorados os bens enumerados naqueles dispositivos da lei instrumental.[77]

A ação de execução poderá ser o meio adequado para a satisfação do crédito quando o bem alienado tiver sido total ou parcialmente destruído. Seu objeto é a cobrança da dívida, podendo compreender sua totalidade, isto é, as prestações vencidas e vincendas, uma vez que, como assinala Paulo Restiffe Neto,[78] faculta-se ao credor considerar ou não vencida antecipadamente a dívida, independentemente de interpelação.

O credor-fiduciário, bem como aqueles que ficaram sub-rogados no crédito e na propriedade fiduciária (avalistas, fiadores e terceiros, interessados ou não interessados), são os legitimados para promover a execução. Por outro lado, a execução poderá ser movida em face do devedor-fiduciante bem como de quaisquer coobrigados, sejam avalistas ou fiadores.

A execução é utilizada, em regra, quando o credor visa o patrimônio geral do devedor, desprezando o procedimento especial de execução fiduciária por considerá-lo inadequado à situação ou por considerar os bens insuficientes para satisfação de seu crédito.

5.12.4. Ação monitória

Nas hipóteses em que o produto da venda do bem, realizada em consequência da ação de busca e apreensão, não seja suficiente para satisfação de todo o crédito e encargos, restará ainda um saldo devedor, já agora desprovido da garantia fiduciária.

Se a venda tiver sido feita extrajudicialmente, sem prévia avaliação e sem que o devedor tenha manifestado anuência quanto ao preço, o meio judicial próprio para cobrança do saldo é a ação monitória. É que a venda extrajudicial do bem, sem que tenha havido avaliação prévia e sem que o devedor tenha manifestado sua anuência quanto ao preço, retira a liquidez do crédito remanescente, não se reconhecendo no instrumento representativo desse crédito a característica de título executivo, circunstâncias que tornam inviável a ação de execução, restando ao credor o procedimento ordinário comum, admitindo-se o ajuizamento da ação monitória.[79]

---

[76] V. item 4.2.2.3.
[77] Livros, máquinas, utensílios e instrumentos, necessários ou úteis ao exercício de qualquer profissão, e, bem assim, os materiais necessários para obras em andamento, salvo se estas forem penhoradas.
[78] RESTIFFE NETO, Paulo. *Garantia fiduciária*. São Paulo: RT, 1976, p. 589.
[79] "A venda extrajudicial do bem, independente de prévia avaliação e de anuência do devedor quanto ao preço, retira do eventual crédito remanescente a característica de liquidez, e do título dele represen-

5.12.5. Ação possessória

Dispõe o fiduciário, ainda, de ação possessória, embora de escassa utilidade, tendo em vista a eficácia da ação de busca e apreensão.

Tendo em vista que o fiduciante tem a posse direta do bem dado em garantia, e que o fiduciário é titular da posse indireta, o inadimplemento do devedor dá causa à rescisão contratual, configurando-se o esbulho possessório se o fiduciante não entregar a coisa ao proprietário-fiduciário.

5.13. CONCORDATA, FALÊNCIA E RECUPERAÇÃO DE EMPRESA

Como já visto, na garantia fiduciária a propriedade da coisa é transmitida ao credor; o devedor, ou o prestador da garantia, é investido de um direito de aquisição do bem objeto da garantia, sendo titular de um *direito expectativo* à propriedade plena do bem.

Essa peculiar situação decorrente da alienação fiduciária implica necessariamente a criação de um *patrimônio de afetação*, que tem por objeto o bem alienado fiduciariamente. O domínio que o credor tem sobre o bem deve "durar somente até o cumprimento da condição resolutiva, *para o efeito da restituição da coisa a seu antigo dono*" (grifamos).[80]

Dada essa configuração, a eventual concordata de qualquer dos contratantes não provoca qualquer alteração no curso do contrato. Tratando-se de contrato com garantia real, sobre ele não incidem os efeitos da concordata, daí por que, se concordatário o devedor, continuará obrigado a pagar normalmente as parcelas de amortização, juros e demais encargos da dívida, até sua integral satisfação, exatamente nos termos em que foi contratado; de outra parte, se concordatário o credor, manter-se-á também íntegro seu direito creditório, assim como sua obrigação restitutória, pelo que faz jus ao completo recebimento das parcelas do seu crédito, até final, quando, uma vez satisfeito o crédito, operar-se-á o cancelamento de sua propriedade fiduciária, revertendo ao devedor-fiduciante a propriedade plena do bem que servia de garantia; já no caso de colocar-se em mora ou tornar-se inadimplente o devedor, estará o credor-fiduciário concordatário legitimado a promover todas as medidas legais necessárias à proteção do seu direito e ao recebimento do seu crédito.

Idêntica solução se dá na hipótese de recuperação da empresa devedora-fiduciante, nos termos do § 3º do art. 49 da Lei 11.101, de 2/8/2005, que exclui dos efeitos da recuperação os créditos garantidos por propriedade fiduciária de bens móveis ou imóveis, vedando, entretanto, a venda ou a retirada do estabelecimento do devedor dos bens de capital essenciais à sua

---

tativo, em consequência, a qualidade de título executivo Em casos tais, pelo saldo devedor somente responde pessoalmente, em processo de conhecimento, o devedor principal. Cabível, portanto, a ação monitória" (RSTJ 22/30, rel. Min. Carlos Alberto Menezes Direito). "Apesar da venda unilateral do bem pelo credor-fiduciário retirar do título executivo sua liquidez e certeza, o saldo devedor pode ser cobrado em ação monitória, dirigida contra o devedor e seu garante, presentes os requisitos do art. 1.102.a do CPC" (Turma Julgadora da 11ª Câmara do TACivil de São Paulo). "Ação de busca e apreensão. Bem alienado fiduciariamente. Bem apreendido e vendido extrajudicialmente. Pretensão à execução do saldo devedor em aberto nos próprios autos da busca e apreensão. Inviabilidade. Cobrança do saldo em processo de conhecimento, admitido o ajuizamento de ação monitória. Julgada procedente a ação de busca e apreensão de bem alienado fiduciariamente e realizada a venda extrajudicial do bem, o credor só poderá executar nos próprios autos os encargos sucumbenciais. O saldo remanescente não pode ser executado na ação de busca e apreensão, devendo o credor se valer do processo de conhecimento, admitida a ação monitória" (2º TACivil/SP, Agravo de Instrumento 806.343-0-0, rel. Juiz Manoel Calças).

[80] TEIXEIRA DE FREITAS, *Esboço*, art. 4.302.

atividade empresarial.[81] Por essa forma, o crédito do credor-fiduciário permanece afastado dos efeitos da recuperação judicial da empresa devedora, mantendo o contrato seu curso normal até a integral extinção da dívida, quando se dará o cancelamento da propriedade fiduciária; colocando-se em mora ou tornando-se inadimplente o devedor, estará o credor legitimado a adotar os procedimentos previstos na legislação especial que disciplina os meios de realização da garantia fiduciária.

A exclusão de que trata o § 3º do art. 49 da Lei 11.101/2005 alcança a garantia fiduciária constituída sobre bens móveis, imóveis e, bem assim, sobre os direitos e títulos de crédito a que se refere o art. 66-B da Lei 4.728/1965, com a redação dada pela Lei 10.931/2004, devendo-se entender que a expressão "propriedade fiduciária" foi empregada pelo legislador em sentido abrangente, compreendendo não só a propriedade sobre bens corpóreos, mas, também, a titularidade fiduciária sobre direitos e sobre títulos de crédito. É que, como já visto, a constituição de garantia fiduciária, de qualquer espécie, importa na retirada do bem ou do direito do patrimônio do devedor e na sua transmissão ao patrimônio do credor, aí permanecendo segregado e imune aos efeitos da insolvência tanto do credor como do devedor, com vistas ao cumprimento de sua destinação.

Por isso, o inciso IX do art. 119 da Lei 11.101, de 2/8/2005, coerentemente com as disposições específicas da legislação especial sobre as garantias fiduciárias, enuncia uma regra genérica de exclusão dos patrimônios de afetação, em geral, dos efeitos da falência, estando compreendidos nesses patrimônios especiais todas as espécies de garantia fiduciária, sejam aquelas que tenham por objeto os bens móveis ou imóveis como aquelas constituídas sobre direitos, sobre móveis ou imóveis, e títulos de crédito; para todas essas hipóteses, esse dispositivo prescreve que esses "bens, direitos e obrigações" permanecerão separados, prosseguindo o curso normal dos respectivos contratos até o cumprimento da finalidade da afetação, isto é, da garantia fiduciária.[82]

Ocorrendo a falência do fiduciário, "deve o síndico proceder como se fora o próprio titular da propriedade resolúvel (...) a condição resolutiva vale contra os credores do fiduciário, visto que a propriedade foi transferida unicamente para o fim de garantia, não para uso ou gozo do seu titular provisório, tanto assim que se extingue".[83]

Nestas condições, não se extingue a relação jurídica decorrente da alienação fiduciária; a massa falida assume a posição do fiduciário, mantendo-se o direito eventual do fiduciante; assim, se o fiduciante pagar, obterá a propriedade plena do bem, mas, ao contrário, se o fiduciante não pagar, sujeita-se aos efeitos da mora e, portanto, poderá perder seu direito à

---

[81] Lei 11.101, de 2/8/2005: "Art. 49. Estão sujeitos à recuperação judicial todos os créditos existentes na data do pedido, ainda que não vencidos. (...) § 3º Tratando-se de credor titular da posição de proprietário fiduciário de bens móveis ou imóveis, de arrendador mercantil, de proprietário ou promitente vendedor de imóvel cujos respectivos contratos contenham cláusula de irrevogabilidade ou irretratabilidade, inclusive em incorporações imobiliárias, ou de proprietário em contrato de venda com reserva de domínio, seu crédito não se submeterá aos efeitos da recuperação judicial e prevalecerão os direitos de propriedade sobre coisa e as condições contratuais, observada a legislação respectiva, não se permitindo, contudo, durante o prazo de suspensão a que se refere o § 4º do art. 6º desta Lei, a venda ou a retirada do estabelecimento do devedor dos bens de capital essenciais a sua atividade empresarial".

[82] Lei 11.101, de 2/8/2005: "Art. 119. (...) IX – os patrimônios de afetação, constituídos para cumprimento de destinação específica, obedecerão ao disposto na legislação respectiva, permanecendo seus bens, direitos e obrigações separados dos do falido até o advento do respectivo termo ou até o cumprimento de sua finalidade, ocasião em que o administrador judicial arrecadará o saldo a favor da massa falida ou inscreverá na classe própria o crédito que contra ela remanescer".

[83] GOMES, Orlando. *Alienação fiduciária em garantia*. 4. ed. São Paulo: RT, 1975, p. 142.

reaquisição da propriedade, hipótese em que caberão, normalmente, os procedimentos de intimação para purgação da mora e consolidação da propriedade no fiduciário, na forma da legislação pertinente, pois, com a falência, passa a massa falida do credor-fiduciário a ser a titular da propriedade resolúvel, que operará em benefício do concurso de credores.

Quanto à hipótese de falência do devedor/fiduciante, a solução está disciplinada na lei de forma explícita, assegurando ao fiduciário a restituição do bem, seja móvel ou imóvel, nos termos da legislação pertinente (art. 7º do Decreto-lei 911/1969 e art. 32 da Lei 9.514/1997), isso porque, ao se contratar a alienação fiduciária e se constituir a propriedade fiduciária em nome do credor-fiduciário, o bem objeto do negócio é excluído do ativo do devedor-fiduciante e, portanto, não faz parte da massa. A par da restituição, promove o credor a venda do bem para satisfação do seu crédito, entregando o saldo que eventualmente sobejar à massa falida.

Ainda na hipótese de falência do devedor-fiduciante, se em face dele tiver sido proposta ação de busca e apreensão, antes da decretação da falência, a ação continuará a ter seu curso normal, com o administrador, no Juízo em que foi proposta. A questão deu origem a controvérsia, quando do advento da legislação sobre alienação fiduciária, uma corrente entendendo que se já tiver havido a apreensão antes da decretação de quebra, prossegue a ação, mas se não tiver havido a apreensão, embora ajuizada a ação antes da quebra, a ação fica prejudicada, devendo o credor-fiduciário requerer a restituição do bem no Juízo da falência, enquanto outra corrente sustenta que a quebra não suspende o curso da busca e apreensão, que deve prosseguir no Juízo em que foi intentada, pois o crédito não se sujeita a rateio e a ação visa coisa certa (Decreto-lei 7.661/1945, art. 24, § 2º, I e II).[84] A despeito das divergências verificadas quando do advento da lei, a jurisprudência consolidou o entendimento de que, nos termos dos referidos dispositivos da antiga Lei de Falências, a ação de busca e apreensão deve prosseguir até final, com o síndico/administrador, no Juízo em que foi proposta, quer tenha sido efetivada a apreensão ou não. E assim se firmou por considerar que a propriedade fiduciária, posto que limitada pelo escopo de garantia, coloca o credor-fiduciário entre os credores por títulos não sujeitos a rateio na falência.[85]

Nesse mesmo sentido, a nova legislação que disciplina a recuperação e falência do empresário e da sociedade empresária, ao dispor sobre a suspensão das ações promovidas em face do devedor, ressalva expressamente aquelas relativas aos créditos garantidos pela propriedade ou pela titularidade fiduciária (Lei 11.101/2005, art. 52, III).

5.14. CAUSAS DA EXTINÇÃO DA PROPRIEDADE FIDUCIÁRIA

A extinção da propriedade fiduciária se dá por causas análogas às da extinção do penhor, a saber:

---

[84] ALVES, Jose Carlos Moreira. *Alienação fiduciária em garantia*. 2. ed. Rio de Janeiro: Forense, 1979, p. 141 e ss. A matéria é regulada atualmente pela Lei 11.101/2005.

[85] Nesse sentido: RE 83.198, j. 2/9/1977, rel. Min. José Carlos Moreira Alves, extraindo-se do voto: "Por outro lado, a propriedade fiduciária do credor – por ser propriedade, embora limitada pelo fim de garantia – o enquadra, sem qualquer dúvida, entre os credores por títulos não sujeitos a rateio na falência. Por isso mesmo, o artigo 7º do Decreto-lei 911/1969, lhe assegura, caso a falência já haja sido decretada antes que ele entre na posse da coisa alienada fiduciariamente, o pedido de restituição desta, para que, posteriormente, possa vender a coisa a terceiro, e pagar-se. Se, porém – como é a hipótese dos autos, a ação de busca e apreensão já havia sido proposta antes da falência, é de aplicar-se o disposto no art. 24, § 2º, I, do Decreto-lei 7.661, de 1945". Ainda no mesmo sentido: do Primeiro Tribunal de Alçada Civil de São Paulo: 7ª Câmara, *RT* 657/117, 13/2/1990; 1ª Câmara, *RT* 679/114; do Segundo Tribunal de Alçada Civil de São Paulo: 6ª Câmara, 4/3/1997, Ap. c/Rev. 479.023, rel. Juiz Paulo Hungria; do Tribunal de Justiça do Estado do Rio de Janeiro: 5ª Câmara Cível, Agr. Instr. 4807/96, j. 11/3/1997, rel. Des. Murilo Fabregas.

a) extinção da obrigação, com a consequente reversão da propriedade ao fiduciante;
b) perecimento da coisa;
c) renúncia do credor;
d) adjudicação judicial, remissão, ou venda amigável do penhor, se o contrato permitir expressamente ou for autorizada pelo devedor ou pelo credor;
e) confusão na mesma pessoa das qualidades de credor e dono da coisa.

6
ALIENAÇÃO FIDUCIÁRIA DE BENS IMÓVEIS

INTRODUÇÃO

A Lei 9.514, de 20 de novembro de 1997, ao disciplinar a alienação fiduciária de bens imóveis, veio suprir importante lacuna do sistema de garantias do direito brasileiro, dotando o ordenamento de instrumento que permite sejam as situações de mora, nos financiamentos imobiliários e nas operações de crédito com garantia imobiliária, recompostas em prazos compatíveis com as necessidades da economia moderna, a exemplo do que há muito se verifica no âmbito dos financiamentos de bens móveis.

De fato, as garantias "existentes nos sistemas jurídicos de origem romana, e são elas a hipoteca, o penhor e a anticrese, não mais satisfazem a uma sociedade industrializada, nem mesmo nas relações creditícias entre pessoas físicas, pois apresentam graves desvantagens pelo custo e morosidade em executá-las...".[1]

Dada essa realidade, considerando que a morosidade da execução das garantias inibe a aplicação de recursos no setor imobiliário e a concessão de empréstimos e financiamentos com garantia imobiliária, a Lei 9.514/1997 tem em vista criar as condições necessárias para revitalização e expansão do crédito imobiliário e, partindo do pressuposto de que o bom funcionamento do mercado, com permanente oferta de crédito, depende de mecanismos capazes de imprimir eficácia e rapidez nos processos de recomposição das situações de mora, regulamentou a alienação fiduciária como garantia nos negócios imobiliários.

Presumivelmente, a aplicação da propriedade fiduciária de bens imóveis em garantia há de se fazer com mais frequência no mercado de produção e de comercialização de imóveis com pagamento parcelado, dado que é aí que se verifica a concessão de crédito imobiliário em maior escala.

Isso não obstante, a lei que regulamenta essa garantia não tem sentido restritivo, permitindo, ao contrário, que a propriedade fiduciária de bem imóvel seja constituída para garantia de quaisquer obrigações, pouco importando o fato de ter sido regulamentada no contexto de uma lei na qual prepondera a regulamentação de operações típicas dos mercados imobiliário, financeiro e de capitais. São nesse sentido as disposições do § 1º do art. 22 da Lei 9.514/1997, pelo qual a alienação fiduciária pode ser contratada por qualquer pessoa, física ou jurídica,

---

[1] ALVES, Jose Carlos Moreira. *Alienação fiduciária em garantia*. 2. ed. Rio de Janeiro: Forense, 1979, p. 3.

não sendo privativa das entidades que operam no sistema de financiamento imobiliário, e o art. 51 da Lei 10.931/2004, que permite a constituição de propriedade fiduciária para garantia de quaisquer obrigações, em geral.

Na configuração dessa nova modalidade de garantia, adota-se a concepção originalmente definida no art. 66 da Lei 4.728/1965 e alguns aperfeiçoamentos, inclusive mediante adoção de princípios que norteiam a configuração da propriedade fiduciária constante no Projeto de Código Civil, que, quando da formulação do Projeto de Lei que veio a ser convertido na Lei 9.514/1997, ainda tramitava no Congresso Nacional, e, obviamente, com as adaptações requeridas pela natureza peculiar da propriedade imobiliária, sobretudo quanto aos aspectos registrários.

A alienação fiduciária é espécie de negócio em que se utiliza a transmissão da propriedade para fins de garantia.

Tal garantia, já conhecida em nosso direito para o financiamento de bens móveis, exerce função semelhante às garantias reais imobiliárias que já integram o direito positivo, mas é dotada de mais eficácia. Como se sabe, nas garantias mais comumente utilizadas, como a hipoteca, o devedor retém o bem, mas apenas o grava para garantia de uma obrigação, enquanto *na propriedade fiduciária o devedor transmite a propriedade*, passando-a ao credor para que fique com este até que seja satisfeita a obrigação. Em suma, enquanto a hipoteca é um direito real em coisa alheia, a propriedade fiduciária é um direito real em coisa própria.

Em razão da constituição da propriedade fiduciária, desdobra-se a posse, atribuindo-se a posse direta ao devedor-fiduciante e a posse indireta ao credor-fiduciário.

Para a hipótese de falta de pagamento de alguma parcela do financiamento, a lei adota um conjunto de procedimentos similares àqueles já consagrados na lei de loteamento (Lei 6.766, de 1979), atribuindo ao Oficial do competente Registro de Imóveis as diligências de notificação para purgação de mora; efetivado o pagamento pelo devedor-fiduciante, o Oficial do Registro entregará ao credor as quantias recebidas ou, não purgada a mora, certificará esse fato e promoverá os assentamentos necessários à consolidação da propriedade em nome do credor-fiduciário. Uma vez consolidada a propriedade, o credor deverá promover a realização de dois leilões para venda do imóvel, apropriando-se do produto da venda até o limite do seu crédito e entregando ao devedor o *quantum* que exceder à dívida, encargos e despesas. Se, no segundo leilão, não se alcançar o valor da dívida, encargos e despesas, o credor exonerará o devedor do pagamento da diferença, dando-lhe quitação da dívida.

A lei prevê a hipótese de transmissão dos direitos e obrigações, tanto do credor como do devedor, pelo que o cessionário do crédito passará a ser o proprietário fiduciário do bem, enquanto o cessionário do débito passará a ocupar a posição do fiduciante, investido do direito expectativo à obtenção da propriedade plena sobre o bem.

Assegura-se ao fiduciário, seu cessionário ou sucessores, inclusive aquele que vier a adquirir o imóvel em leilão, a reintegração na posse do imóvel, que será concedida liminarmente, para desocupação em sessenta dias.

Na hipótese de insolvência do fiduciante, é assegurada ao fiduciário a restituição do bem, na forma da legislação pertinente.

6.1. PROPRIEDADE FIDUCIÁRIA E HIPOTECA

Exercendo a propriedade fiduciária, como garantia, função correspondente às garantias reais que já integram nosso ordenamento, não raras vezes tem sua configuração confundida com outras modalidades de garantia utilizadas para fim semelhante.

Destaque-se, a propósito, a hipoteca.

Como já dito, a propriedade fiduciária não se confunde com a hipoteca, fundamentalmente, porque esta é ônus real que incide sobre coisa alheia, enquanto a propriedade fiduciária é direito próprio do credor, um direito real em coisa própria, com função de garantia. Assim, com o registro do contrato de alienação fiduciária, o credor torna-se titular do domínio resolúvel sobre a coisa objeto da garantia, permanecendo sob seu domínio até que o devedor pague a dívida. O bem, assim, é excluído do patrimônio do devedor, só retornando a ele após o cumprimento da obrigação garantida.

Tal distinção implica importantes consequências.

Em primeiro lugar, na medida em que o bem é retirado da esfera patrimonial do devedor, não mais pode ser objeto de constrição em razão de suas dívidas, estando consolidada a jurisprudência no sentido de que não há que se cogitar de preferência de crédito tributário em relação a débito de responsabilidade do devedor-fiduciante.[2]

O mais relevante efeito da segregação patrimonial do bem objeto da propriedade fiduciária é sua exclusão dos efeitos de eventual insolvência do devedor-fiduciante.

De fato, por efeito da constituição da propriedade fiduciária, cria-se um patrimônio de afetação integrado pelo bem objeto da garantia, que não é atingido pelos efeitos de eventual insolvência do devedor ou do credor, não integrando, portanto, a massa falida de um ou do outro.

Disso resulta que se cair em insolvência o devedor-fiduciante, o bem objeto da garantia, que foi excluído do seu patrimônio e passou a constituir um patrimônio de afetação, permanecerá separado dos bens da massa "até o advento do respectivo termo ou até o cumprimento da sua finalidade, ocasião em que o administrador judicial arrecadará o saldo a favor da massa falida ou inscreverá na classe própria o crédito que contra ela remanescer" (Lei 11.101/2005, art. 119, IX), assegurada ao fiduciário, se for o caso, a restituição do bem e eventualmente sua venda, aplicando a importância que aí apurar na satisfação do seu próprio crédito, sem concorrência com os demais credores (Lei 9.514/1997, art. 32, e Lei 11.101/2005, art. 49, § 3º).

Já se se tratar de hipoteca, vindo a falir o devedor hipotecário, o bem objeto da garantia, que permaneceu em seu patrimônio, será arrecadado pelo administrador judicial e passará a integrar o ativo da massa, devendo o credor hipotecário concorrer com os demais credores segundo a ordem legal de preferência.

Além desse relevante efeito decorrente das distintas características dessas garantias, outro aspecto a merecer atenção é a impossibilidade de se aplicar à propriedade fiduciária a regra do art. 1.476 do Código Civil,[3] pelo qual o dono do imóvel pode constituir sobre ele sucessivas hipotecas, com diferentes graus de preferência.

---

[2] "Execução fiscal. Embargos de terceiro. Penhora. Bem alienado fiduciariamente. Impossibilidade. Propriedade do credor-fiduciário. Inexistência de privilégio do crédito tributário. 1. 'A alienação fiduciária em garantia expressa negócio jurídico em que o adquirente de um bem móvel transfere – sob condição resolutiva – ao credor que financia a dívida, o domínio do bem adquirido. Permanece, apenas, com a posse direta. Em ocorrendo inadimplência do financiado, consolida-se a propriedade resolúvel' (REsp 47.047-1/SP, rel. Min. Humberto Gomes de Barros). 2. O bem objeto de alienação fiduciária, que passa a pertencer à esfera patrimonial do credor-fiduciário, não pode ser objeto de penhora no processo de execução fiscal, porquanto o domínio da coisa já não pertence ao executado, mas a um terceiro, alheio à relação jurídico-tributária. 3. A alienação fiduciária não institui um ônus real de garantia, não havendo de se falar, nesses casos, em aplicação da preferência do crédito tributário. 4. Precedentes das Turmas" (STJ, 2ª T., REsp 332369-SC, rel. Min. Eliana Calmon, DJ 1º/8/2006).

[3] "Art. 1.476. O dono do imóvel hipotecado pode constituir outra hipoteca sobre ele, mediante novo título, em favor do mesmo ou de outro credor."

Essa regra é absolutamente incompatível com a natureza da garantia fiduciária e, portanto, a despeito de respeitável opinião doutrinária,[4] não se aplica à propriedade fiduciária de bem imóvel, de modo que é juridicamente inadmissível constituir-se propriedades fiduciárias em primeiro grau, segundo grau etc.

É que, como se sabe, na hipoteca o bem permanece no patrimônio do devedor e, assim, sendo ele, o devedor, titular do domínio sobre o imóvel, pode constituir sobre ele novos gravames e até mesmo vendê-lo, hipótese em que, por força da sequela, o gravame hipotecário passa à responsabilidade do adquirente.

Já na propriedade fiduciária o bem é retirado do patrimônio do devedor e transmitido ao patrimônio do credor. Assim, não sendo mais titular da propriedade, o devedor-fiduciante não tem mais a faculdade de dispor do bem e, portanto, não pode vendê-lo, ainda que em caráter fiduciário, mais de uma vez, sucessivamente, ao mesmo adquirente ou a diferentes adquirentes (relembre-se que a alienação fiduciária importa na transmissão da propriedade, ainda que em caráter resolúvel; transmitida a propriedade fiduciária ao credor, o fiduciante torna-se titular da posse direta e de direito aquisitivo sobre o imóvel, sob condição suspensiva, só vindo a readquiri-lo por efeito do pagamento da dívida garantida).

Pode o devedor-fiduciante, entretanto, como titular de direito real de aquisição, sob condição suspensiva, caucionar esse direito, tal como permitido pelos arts. 17, III, e 21 da Lei 9.514/1997.[5] A caução do direito real de aquisição pode ser constituída em favor do mesmo credor-fiduciário ou em favor de outro credor, caso em que a aferição do valor econômico desse direito deve levar em conta, entre outros fatores, o valor do saldo da dívida garantida pela propriedade fiduciária.[6]

Não obstante, pode eventualmente ser admitida a alienação fiduciária da propriedade superveniente, tal como admitido pelo § 3º do art. 1.361 do Código Civil, pelo qual a propriedade superveniente, adquirida pelo devedor, torna eficaz a garantia fiduciária,[7] bem como pelo § 1º do art. 1.420 do Código Civil.[8] Assim, a alienação fiduciária de imóvel já anteriormente alienado fiduciariamente (isto é, que não se encontra no patrimônio do devedor-alienante), só terá eficácia após verificada a condição suspensiva que enseja a aquisição da propriedade por parte do devedor-fiduciante, com a averbação, no Registro de Imóveis, do "termo de quitação" da dívida garantida pela propriedade fiduciária anteriormente constituída. Nesse momento surge a propriedade superveniente a que aludem as disposições do Código Civil acima referidas e, em consequência, torna-se eficaz a nova garantia fiduciária.

6.2. CONCEITO E CARACTERIZAÇÃO

Na dinâmica delineada pela lei, o devedor (fiduciante), sendo proprietário de um imóvel, aliena-o ao credor (fiduciário) a título de garantia; a propriedade assim adquirida tem caráter resolúvel, vinculada ao pagamento da dívida, pelo que, uma vez verificado o pagamento,

---

[4] DINAMARCO, Cândido Rangel, Alienação fiduciária de bens imóveis. *Revista de Direito Imobiliário*, ano 24, n. 51, p. 235-252, jul.-dez. 2001.

[5] Lei 9.514/1997: "Art. 21. São suscetíveis de caução, desde que transmissíveis, os direitos aquisitivos sobre imóvel, ainda que em construção".

[6] V. item 4.2.2.3. Penhora e outros atos de constrição sobre os direitos do fiduciário e do fiduciante.

[7] "Art. 1.361. (...) § 3º A propriedade superveniente, adquirida pelo devedor, torna eficaz, desde o arquivamento, a transferência da propriedade fiduciária."

[8] "Art. 1.420. (...) § 1º A propriedade superveniente torna eficaz, desde o registro, as garantias reais estabelecidas por quem não era dono."

opera-se a automática extinção da propriedade do credor, com a consequente reversão da propriedade plena ao devedor-fiduciante, enquanto, ao contrário, se verificado o inadimplemento contratual do devedor-fiduciante, opera-se a consolidação da propriedade plena no patrimônio do credor-fiduciário.[9]

Na medida em que o devedor transfere a propriedade do imóvel ao credor, até que a dívida seja paga, resulta claro que essa modalidade de alienação caracteriza-se pela temporariedade e pela transitoriedade; o credor adquire o imóvel não com o propósito de mantê-lo como sua propriedade, em caráter perpétuo e exclusivo, mas com a finalidade de garantir-se, mantendo-o sob seu domínio até que o devedor-fiduciante pague a dívida, e somente até aí.

Sendo propriedade resolúvel, a propriedade fiduciária tem como traço característico o fato de estar prevista sua extinção no próprio título em que é convencionada sua constituição. Subordina-se a propriedade fiduciária em garantia, assim, à condição decorrente dessa finalidade, daí por que, realizada a condição (pelo pagamento da dívida), reverte em definitivo a propriedade ao devedor-fiduciante, ou, frustrada a condição (pelo inadimplemento do fiduciante), consolida-se a propriedade em nome do credor-fiduciário.

É a propriedade fiduciária (resolúvel) uma espécie de domínio que, "por virtude do título de sua constituição, é revogável ou resolúvel, fenômeno este que ocorre quando a *causa* da aquisição do domínio encerra em si um princípio ou condição resolutiva do mesmo domínio".[10]

Dada a configuração peculiar da propriedade fiduciária, o credor tem poder limitado sobre o bem que recebeu com essa condição, daí por que embora possa transferir sua propriedade, somente pode fazê-lo como consequência da cessão de sua posição de credor; de fato, sendo a propriedade fiduciária um direito acessório, a eventual cessão do crédito, que é por ela garantido, opera a automática transmissão dessa propriedade, com todas as restrições que lhe são impostas pelo caráter fiduciário.

Enquanto perdurar o escopo para o qual foi constituída, a propriedade fiduciária, nesse interregno, importa na colocação do bem fiduciado fora do alcance dos demais credores do devedor-fiduciante. Igualmente, estará aquele bem, enquanto propriedade resolúvel do fiduciário, fora do alcance dos credores deste, só podendo vir a ser objeto de excussão por dívida do fiduciário se a propriedade vier a ser consolidada na pessoa deste.

A investidura do credor na propriedade se faz limitada pelo caráter fiduciário.

Dentre as limitações que sofre o poder do fiduciário está o da possibilidade de constituição de direitos reais sobre o imóvel havido em caráter fiduciário, mas limitado ao advento do termo ou ao implemento da condição. É que, nos termos do art. 1.359 do Código Civil, "resolvida a propriedade (...), entendem-se também resolvidos os direitos reais concedidos na sua pendência".

A lei prevê que a propriedade fiduciária se constitui "mediante registro, no competente Registro de Imóveis, do contrato que lhe serve de título" (Lei 9.514/1997, art. 23), deixando claro que a garantia real é o domínio fiduciário constituído por aquele registro. Efetivamente, é requisito essencial para a constituição da propriedade fiduciária o registro do contrato de alienação fiduciária no Registro de Imóveis competente, dado que nosso sistema de transmissão imobiliária adota o registro como modo de aquisição da propriedade.

---

[9] "Art. 22. A alienação fiduciária regulada por esta lei é o negócio jurídico pelo qual o devedor, ou fiduciante, com o escopo de garantia, contrata a transferência ao credor, ou fiduciário, da propriedade resolúvel de coisa imóvel."

[10] PEREIRA, Lafayette Rodrigues, *Direito das coisas*. Edição histórica. Rio de Janeiro: Editora Rio, 1977, v. I, p. 113.

O mesmo art. 23 da lei prevê, ainda, o desdobramento da posse sobre o imóvel, "tornando-se o fiduciante possuidor direto e o fiduciário possuidor indireto".

Investido na posse direta do imóvel, o devedor-fiduciante poderá usá-lo, exercendo todos os direitos de legítimo possuidor, enquanto adimplente (art. 24, V). Em contrapartida, imputa-se a ele, devedor-fiduciante, a responsabilidade pela conservação do imóvel, pelo pagamento de todos os impostos, taxas e demais encargos, notadamente as contribuições condominiais (Lei 9.514/1997, art. 27, § 8º), inclusive a responsabilidade civil.

6.3. ELEMENTOS

6.3.1. Sujeitos

Considerando-se a situação mais comum em que se utiliza a alienação fiduciária, ou seja, a constituição de garantia de financiamento, hão de figurar como sujeitos do contrato de alienação fiduciária o *devedor-fiduciante*, proprietário do bem imóvel a ser transmitido em garantia, e o *credor-fiduciário*, aquele que tem um crédito contra o devedor-fiduciante e, em garantia do pagamento, receberá a propriedade fiduciária do imóvel; eventualmente figurará também um terceiro na qualidade de garantidor.

Segundo os princípios gerais, devem ambas as partes ter capacidade para contratar, notadamente para dispor de seus bens, pois esse contrato encerra a transmissão da propriedade de um imóvel do devedor-fiduciante para o credor-fiduciário e, subsequentemente, a reversão da propriedade para o fiduciante, se realizada a condição, ou sua transmissão do fiduciário para terceiro (neste último caso, se se frustrar a condição a que está subordinado o negócio, a propriedade se consolida no fiduciário e este deve promover dois leilões para venda do imóvel a terceiro, para satisfação do seu crédito). Importa, portanto, que ambos os contratantes tenham capacidade para alienar.

Quanto à legitimidade, a Lei 9.514/1997 autoriza a contratação da alienação fiduciária de maneira generalizada, atribuindo legitimidade para contratação dessa alienação a qualquer pessoa, quer física, quer jurídica, sem qualquer restrição (art. 22). Com a generalização, o legislador deixa clara sua intenção de dotar o setor imobiliário, em toda a sua amplitude, de importante instrumento de dinamização de suas atividades, sobretudo mediante funcionamento do mercado secundário de créditos imobiliários.

E não poderia ser de outra forma, pois o funcionamento de um *mercado secundário* de créditos imobiliários (que é um dos propósitos da Lei 9.514/1997) se faz, necessariamente, mediante uma dinâmica pela qual os créditos imobiliários, em geral, gerados por qualquer pessoa física ou jurídica, que produza ou comercialize imóveis, bem como pelos que emprestem dinheiro, possam circular no mercado. Ora, sendo esse o propósito da lei, é evidente que, para ser *descontável* no mercado, mediante cessão, o crédito deverá estar constituído de acordo com determinado padrão, válido para todos os níveis em que se desenvolvem as operações do mercado, notadamente com as garantias nele utilizadas.

Observe-se que, ainda com esse mesmo propósito de viabilizar o funcionamento do mercado secundário, a Lei 9.514/1997 também autorizou a que em qualquer operação de comercialização de imóveis, com pagamento parcelado, sejam aplicadas as mesmas condições permitidas para as entidades que operem no sistema de financiamento imobiliário, como, por exemplo, a contratação de seguros, a capitalização de juros e os critérios e índices de reajuste monetário, entre outras. Visa a lei, assim, que o mercado harmonize suas linhas de operação, de forma a viabilizar a constituição de créditos homogêneos, e por isso suscetíveis de circular com mais facilidade, sem obstáculos no mercado, ensejando a captação de recursos em larga escala para esse setor da produção.

Importa notar que, pelas mesmas razões, esse tipo de padronização encontra precedente na legislação que disciplinou a atuação do extinto Banco Nacional da Habitação, de que é exemplo o Decreto-lei 70, de 1966, que prevê que nas hipotecas constituídas fora do sistema financeiro da habitação serão utilizados os mesmos critérios de correção monetária aplicáveis ao aludido sistema, isso com o intuito de uniformizar as operações e viabilizar o *desconto* dos créditos junto ao extinto BNH.

Admite-se que a aplicação mais frequente da alienação fiduciária de bens imóveis ocorra no mercado das incorporações imobiliárias, seja mediante operação em que figurem somente o incorporador e o adquirente, seja mediante operação em que figurem a financiadora, o incorporador e o adquirente.

Em ambas as hipóteses os contratos podem ser celebrados em um único instrumento.

Na primeira hipótese, figurariam como partes somente o incorporador e o adquirente, que celebrariam, fundamentalmente, dois contratos coligados. É o caso da operação pela qual o incorporador vende um imóvel ao adquirente, concedendo-lhe financiamento para pagamento parcelado, hipótese em que, em garantia da dívida, o adquirente-devedor aliena fiduciariamente ao incorporador o imóvel que acabou de adquirir; nessa hipótese, formalizam-se contratos de compra e venda, financiamento e alienação fiduciária, sendo *vendedor* e *credor-fiduciário* o incorporador e *comprador* e *devedor-fiduciante* o adquirente do imóvel.

Na segunda hipótese, figurariam como partes do conjunto de contratos a financiadora, o incorporador e o adquirente; *financiadora* e *credora-fiduciária* há de ser a instituição financeira que fornecerá os recursos ao adquirente, para que este adquira o imóvel; *incorporador (vendedor)* há de ser o titular do empreendimento imobiliário em que se situa o imóvel objeto da venda, que celebrará um contrato de compra e venda com o adquirente; e, finalmente, *adquirente* e *devedor-fiduciante* há de ser aquele que obtém financiamento para adquirir um imóvel, adquire-o mediante contrato de compra e venda e, a seguir, para garantia da dívida decorrente do financiamento, aliena-o fiduciariamente à financiadora. Na dinâmica desse tipo de operação, a financiadora celebrará com o adquirente dois contratos: primeiro o de financiamento e depois o de alienação fiduciária; o contrato de financiamento está no nascedouro desse conjunto de operações, que obedecerá invariavelmente a seguinte sequência: (1º) *financiamento* (origem dos recursos para a compra), (2º) *compra e venda* (pagamento com os recursos do financiamento) e (3º) *alienação fiduciária* (transmissão da propriedade do imóvel recém-adquirido, para fins de garantia do financiamento). O adquirente será, num primeiro momento, o tomador do financiamento e, consequentemente, *devedor*; num segundo momento, será o adquirente propriamente (quando contrata a aquisição com o incorporador-vendedor); e num terceiro momento (depois de já ter adquirido o imóvel) será *devedor-fiduciante*, quando, tendo se tornado devedor, transmitirá à financiadora a propriedade fiduciária do imóvel que adquirira, em garantia do pagamento da dívida; assim, figurará ele no conjunto de contratos na posição de (1º) devedor, (2º) adquirente e (3º) devedor-fiduciante.

Não obstante seja esse esquema o mais comum, admitem-se quaisquer outras operações em que se possa transmitir a propriedade de coisa imóvel para garantia de qualquer operação de crédito, e não somente para garantia do financiamento utilizado na aquisição do imóvel, tal como soe acontecer, por exemplo, com um empréstimo comum com garantia hipotecária. Nesta hipótese, o conjunto de contratos de empréstimo e de alienação fiduciária terá somente duas partes: o devedor e o credor, pois aquele alienará fiduciariamente um imóvel que já era de sua propriedade ao tempo em que tiver tomado o empréstimo.

É ainda de se admitir a possibilidade de alienação fiduciária efetivada por terceiro, alheio à operação principal de empréstimo, como nas hipóteses em geral de prestação de garantia por terceiro.

6.3.2. Objeto

O contrato de alienação fiduciária de que trata a Lei 9.514/1997 tem como objeto a transmissão de coisa imóvel, em garantia (art. 22), compreendendo "o solo e tudo quanto se lhe incorporar natural ou artificialmente" (Código Civil, art. 79).[11]

É suscetível de alienação fiduciária todo e qualquer imóvel passível de alienação plena, isto é, que não esteja fora do comércio.

Assim, pode ser objeto de alienação fiduciária a transmissão, em garantia, da propriedade de quaisquer bens imóveis, sejam terrenos, com ou sem acessões, o domínio útil ou a propriedade superficiária, bem como o direito de uso especial para fins de moradia e o direito real de uso, desde que suscetível de alienação, ressalvado que a propriedade fiduciária sobre o direito real de uso e sobre a propriedade superficiária tem duração limitada ao prazo da respectiva concessão (art. 22 da Lei 9.514/1997, § 1º, incisos I a IV, e § 2º, com a redação dada pela Lei 11.481/2007).

O direito de superfície, como se sabe, excepciona o princípio da acessão e implica a bifurcação do domínio, importando na criação de uma propriedade sobre o solo e outra propriedade sobre a construção ou plantação; cada uma dessas propriedades tem identidade própria e é dotada de autonomia; cada uma delas é incomunicável em relação aos direitos e obrigações que venham a se vincular a outra propriedade. Dadas essas características, a construção pode ser alienada fiduciariamente e o terreno permanecer livre de qualquer ônus, e vice-versa, sendo certo que a responsabilidade patrimonial do titular do solo e a do titular da propriedade superficiária são condicionadas e demarcadas pela autonomia dos seus respectivos direitos de propriedade, permanecendo segregados e incomunicáveis os direitos, inclusive creditórios, e as obrigações dos patrimônios dos quais façam parte.

Anteriormente à Lei 11.481/2007, que alterou os §§ 1º e 2º do art. 22 da Lei 9.514/1997, admitindo a alienação fiduciária da propriedade superficiária, apresentamos proposição à III Jornada de Direito Civil, promovida pelo Conselho da Justiça Federal em 2004, que se converteu no Enunciado 249,[12] visando afastar dúvidas quanto à possibilidade de constituição de direitos reais de gozo ou de garantia sobre a propriedade superficiária.

Em razão das peculiaridades dessa espécie de propriedade, a matéria voltou a ser tratada na Jornada seguinte, a IV Jornada de Direito Civil, realizada em outubro de 2006, que aprovou o Enunciado 321 de nossa lavra, esclarecendo que a bifurcação do direito de propriedade decorrente da concessão do direito de superfície importa na constituição de dois patrimônios distintos, incomunicáveis: *de um lado*, o terreno, com os direitos e obrigações a ele vinculadas (com exclusão da construção ou da plantação e os direitos e obrigações a estas relacionados), constituem um patrimônio de que é titular o dono do terreno, e, *de outro lado*, a construção ou plantação, com os direitos e obrigações a elas vinculados (com exclusão do

---

[11] A redação do § 1º do art. 22, ora vigente, foi introduzida pela Lei 11.481/2007. Na versão original desse artigo, havia um parágrafo único que explicitava: "podendo ter como objeto imóvel concluído ou em construção". A explicitação, além de desnecessária, é tecnicamente incorreta. Ora, "são bens imóveis o solo e tudo quanto se lhe incorporar natural ou artificialmente" (Código Civil, art. 79; Código Civil de 1916, art. 43), daí por que, ao indicar como objeto da transmissão fiduciária *a coisa imóvel*, o *caput* do art. 22 da Lei 9.514/1997 já está especificando que podem ser objeto de alienação fiduciária tanto o *terreno* como as *acessões que sobre ele forem erigidas*, sendo perfeitamente dispensável a *explicitação* "imóvel concluído ou em construção" contida na redação original do parágrafo único do art. 22.

[12] *Enunciado 249 (Art. 1.369)*. "A propriedade superficiária pode ser autonomamente objeto de direitos reais de gozo e garantia, cujo prazo não exceda a duração da concessão da superfície, não se lhe aplicando o art. 1.474".

terreno e dos direitos e obrigações a este relacionadas), constituem outro patrimônio, de que é titular o concessionário da superfície. Esses patrimônios são incomunicáveis, de modo que pelas obrigações e dívidas de cada um deles respondem exclusivamente os bens integrantes do ativo a que estiverem vinculadas tais obrigações e dívidas, não podendo os credores de um desses patrimônios agredir bens e direitos do outro patrimônio.[13]

A ideia contida no Enunciado foi incorporada ao novo Código de Processo Civil, que, ao dispor sobre a execução de crédito na qual se efetive penhora de terreno ou de construção objeto de direito de superfície, determina que os atos de constrição serão averbados separadamente na matrícula do imóvel, com a identificação do executado, do valor do crédito e do objeto sobre o qual recai o gravame, além de outros elementos, "de modo a assegurar a publicidade da responsabilidade patrimonial de cada um deles pelas dívidas e pelas obrigações que a eles estão vinculadas" (§ 1º do art. 791).[14]

A alienação fiduciária pode ser contratada em garantia de quaisquer obrigações, e não somente em garantia de operação de crédito destinado à compra, construção ou reforma de imóveis. A despeito de ter sido regulamentada no contexto da Lei 9.514/1997, que trata de *financiamento imobiliário* em geral, seus arts. 22 e seguintes, que a tipificam, ressalvam que a alienação fiduciária de bem imóvel "pode ser contratada por pessoa física ou jurídica, não sendo privativa das entidades que operam no SFI"; além disso, o art. 51 da Lei 10.931/2004 deixa ainda claro que a propriedade fiduciária de imóvel integra o sistema dos direitos reais de garantia do direito positivo brasileiro, ao dispor que a propriedade fiduciária de imóveis pode ser constituída em garantia de obrigações em geral, admitindo sua constituição por terceiros.

A mesma Lei 10.931/2004 refere-se à contratação de qualquer espécie de garantia das operações de crédito consubstanciadas em Cédula de Crédito Bancário (CCB) e prevê a constituição de "crédito de qualquer modalidade" com garantia fiduciária em geral, entre as quais, obviamente, encontra-se a propriedade fiduciária de bem imóvel (arts. 26, 31 e 35).[15]

---

[13]   *Enunciado 321 (Art. 1.369)*: "Os direitos e obrigações vinculados ao terreno e, bem assim, aqueles vinculados à construção ou à plantação formam patrimônios distintos e autônomos, respondendo cada um dos seus titulares exclusivamente por suas próprias dívidas e obrigações, ressalvadas as fiscais decorrentes do imóvel".

[14]   Código de Processo Civil: "Art. 791. Se a execução tiver por objeto obrigação de que seja sujeito passivo o proprietário de terreno submetido ao regime do direito de superfície, ou o superficiário, responderá pela dívida, exclusivamente, o direito real do qual é titular o executado, recaindo a penhora ou outros atos de constrição exclusivamente sobre o terreno, no primeiro caso, ou sobre a construção ou a plantação, no segundo caso. § 1o Os atos de constrição a que se refere o *caput* serão averbados separadamente na matrícula do imóvel, com a identificação do executado, do valor do crédito e do objeto sobre o qual recai o gravame, devendo o oficial destacar o bem que responde pela dívida, se o terreno, a construção ou a plantação, de modo a assegurar a publicidade da responsabilidade patrimonial de cada um deles pelas dívidas e pelas obrigações que a eles estão vinculadas".

[15]   "Recurso especial. Ação anulatória de garantia fiduciária sobre bem imóvel. Cédula de Crédito Bancário. Desvio de finalidade. Não configuração. Garantia de alienação fiduciária. Coisa imóvel. Obrigações em geral. Ausência de necessidade de vinculação ao sistema financeiro imobiliário. Inteligência dos arts. 22, § 1º, da Lei 9.514/1997 e 51 da Lei 10.931/2004. Antecipação dos efeitos da tutela. Verossimilhança da alegação. Ausência. 1. Cinge-se a controvérsia a saber se é possível a constituição de alienação fiduciária de bem imóvel para garantia de operação de crédito não relacionadas ao Sistema Financeiro Imobiliário, ou seja, desprovida da finalidade de aquisição, construção ou reforma do imóvel oferecido em garantia. 2. A lei não exige que o contrato de alienação . 2. A lei não exige que o contrato de alienação fiduciária de imóvel se vincule ao financiamento do próprio bem, de modo que é legítima a sua formalização como garantia de toda e qualquer obrigação pecuniária, podendo inclusive ser prestada por terceiros. Inteligência dos arts. 22, § 1º, da Lei 9.514/1997 e 51 da Lei 10.931/2004. 3. Muito embora a alienação fiduciária de imóveis tenha sido introduzida em nosso ordenamento jurídico pela Lei 9.514/1997, que

Admite-se a alienação fiduciária de imóvel gravado, mas tal faculdade talvez não tenha larga aplicação prática, pois o gravame poderá restringir os efeitos de garantia pretendidos pelo credor.

Para constituição de propriedade-fiduciária sobre imóvel enfitêutico não é necessária a anuência do senhorio, nem é exigível o pagamento do laudêmio, pois essa transmissão é efetivada apenas com escopo de garantia; será, entretanto, devido o laudêmio se e quando vier a ser consolidada a propriedade no credor, pois aí se opera a transmissão da propriedade plena.

Na medida em que visa, preponderantemente, mas não exclusivamente, a expansão do crédito imobiliário, em geral, a lei admite a alienação fiduciária de terreno ou de frações ideais de terreno, possibilitando larga aplicação nas incorporações imobiliárias, nas quais o contrato de alienação fiduciária terá como objeto a fração ideal do terreno objeto do financiamento e as acessões que sobre ela vierem a ser erigidas. É nesse campo que a alienação fiduciária tem ampla aplicação, pois é o mercado da construção civil que gera o maior volume dos créditos passíveis de repasse às instituições financiadoras dessa atividade empresarial e à securitização no mercado secundário de créditos imobiliários. Por isso mesmo, a alienação fiduciária de bem imóvel é autorizada de modo generalizado, com o propósito de viabilizar a constituição de créditos com características capazes de propiciar sua negociação no mercado secundário, o que não se alcançaria se sua aplicação fosse restrita às instituições financeiras, e, bem assim, possibilitar o uso de mecanismos mais eficazes para garantia das obrigações em geral, envolvendo quaisquer pessoas físicas ou jurídicas.

A constituição de garantia fiduciária em favor de dois ou mais credores sobre imóvel indivisível importa na constituição de um condomínio geral, sujeito às normas gerais dos arts. 1.314 e seguintes do Código Civil.

A transitoriedade que caracteriza a propriedade atribuída em condomínio geral e a eventualidade de a propriedade fiduciária vir a ser consolidada em quinhões no patrimônio dos credores justificam a estipulação, pelos credores, de procedimentos especiais para administração do crédito, no seu curso normal e sua eventual execução. Sabendo-se da complexidade do exercício de direitos em comunhão e, particularmente, da existência de distintos créditos garantidos por propriedade fiduciária exercida em comum sobre um só imóvel, a eventualidade de cessão do crédito por um dos credores é situação merecedora de estipulação de regras especiais entre as partes. A celebração de um acordo de credores é útil não só para evitar conflito decorrente da cessão de crédito com a consequente substituição de um ou outro credor no compartilhamento da garantia, sem a anuência ou o conhecimento dos demais, e pode ser conveniente para caminhar no sentido da extinção do condomínio sobre o

---

dispõe sobre o Sistema Financiamento Imobiliário, seu alcance ultrapassa os limites das transações relacionadas à aquisição de imóvel. 4. Considerando-se que a matéria é exclusivamente de direito, não há como se extrair do texto legal relacionado ao tema a verossimilhança das alegações dos autores da demanda" (REsp 1.542.275-MS, rel. Min. Ricardo Vilas Boas Cuêva, *DJe* 2/12/2015).

"Agravo interno no recurso especial. Ação declaratória de nulidade de garantia fiduciária sobre bem imóvel. Cédula de crédito bancário. Desvio de finalidade. Não configuração. Garantia de alienação fiduciária. Coisa imóvel. Obrigações em geral. 1. Cinge-se a controvérsia a saber se é possível a constituição de alienação fiduciária de bem imóvel para garantia de operação de crédito não relacionadas com o Sistema Financeiro Imobiliário, ou seja, desprovida da finalidade de aquisição, construção ou reforma do imóvel oferecido em garantia. 2. A lei não exige que o contrato de alienação fiduciária de imóvel se vincule ao financiamento do próprio bem, de modo que é legítima a sua formalização como garantia de toda e qualquer obrigação pecuniária" (AgInt no REsp 1630139-MT, rel. Min. Ricardo Villas Bôas Cueva, *DJe* 18.5.2017).

imóvel objeto da garantia, à luz do art. 504 do Código Civil,[16] racionalizando e simplificando a execução; apesar da autonomia de cada direito de crédito, não se pode deixar de considerar que a execução de cada um dos créditos tem como lastro um único imóvel, que é comum aos dois ou mais credores, em proporção.

Também visando a racionalização dos procedimentos relacionados à execução do crédito, justifica-se a constituição, pelos credores, de um agente de garantia para promover os atos correspondentes, entre eles a notificação do devedor, os atos de consolidação da propriedade mediante averbação no Registro de Imóveis, a venda do imóvel, a distribuição do produto entre os credores e a entrega do eventual saldo ao devedor.

Uma vez consolidada a propriedade, os antigos credores, agora titulares da propriedade plena na proporção dos seus respectivos quinhões, devem ofertar o imóvel à venda não só em cumprimento à norma do art. 27 da Lei 9.514/1997, como, também, em razão da transitoriedade do condomínio geral, distribuindo entre si o produto da venda na proporção dos seus quinhões, salvo se um dos credores adquirir o crédito e, em consequência, tornar-se titular da propriedade fiduciária por inteiro (Código Civil, art. 1.322 e seu parágrafo).[17]

6.3.2.1. *Alienação fiduciária de imóvel rural a pessoa física ou jurídica estrangeira*

A constituição de garantias reais sobre imóveis rurais em favor de pessoa física ou jurídica estrangeira ou a ela equiparada, bem como a excussão desses bens, é objeto de disposições das Leis 5.709/1971 e 6.634/1979, com a redação dada pela Lei 13.986/2020, que afastam as restrições impostas a essa categoria de credores e permitem que se tornem proprietários do imóvel objeto da garantia em procedimento de excussão ou transação com o devedor, inclusive mediante dação em pagamento da dívida garantida.[18]

---

[16] Código Civil: "Art. 504. Não pode um condômino em coisa indivisível vender a sua parte a estranhos, se outro consorte a quiser, tanto por tanto. O condômino, a quem não se der conhecimento da venda, poderá, depositando o preço, haver para si a parte vendida a estranhos, se o requerer no prazo de cento e oitenta dias, sob pena de decadência. Parágrafo único. Sendo muitos os condôminos, preferirá o que tiver benfeitorias de maior valor e, na falta de benfeitorias, o de quinhão maior. Se as partes forem iguais, haverão a parte vendida os comproprietários, que a quiserem, depositando previamente o preço".

[17] Código Civil: "Art. 1.322. Quando a coisa for indivisível, e os consortes não quiserem adjudicá-la a um só, indenizando os outros, será vendida e repartido o apurado, preferindo-se, na venda, em condições iguais de oferta, o condômino ao estranho, e entre os condôminos aquele que tiver na coisa benfeitorias mais valiosas, e, não as havendo, o de quinhão maior".

[18] Lei 5.709/1971: "Art. 1º O estrangeiro residente no País e a pessoa jurídica estrangeira autorizada a funcionar no Brasil só poderão adquirir imóvel rural na forma prevista nesta Lei. § 1º Fica, todavia, sujeita ao regime estabelecido por esta Lei a pessoa jurídica brasileira da qual participem, a qualquer título, pessoas estrangeiras físicas ou jurídicas que tenham a maioria do seu capital social e residam ou tenham sede no Exterior. § 2º As restrições estabelecidas nesta Lei não se aplicam: I – aos casos de sucessão legítima, ressalvado o disposto no art. 7º desta Lei; II – às hipóteses de constituição de garantia real, inclusive a transmissão da propriedade fiduciária em favor de pessoa jurídica, nacional ou estrangeira; III – aos casos de recebimento de imóvel em liquidação de transação com pessoa jurídica, nacional ou estrangeira, ou pessoa jurídica nacional da qual participem, a qualquer título, pessoas estrangeiras físicas ou jurídicas que tenham a maioria do seu capital social e que residam ou tenham sede no exterior, por meio de realização de garantia real, de dação em pagamento ou de qualquer outra forma".
Lei 6.634/1979: "Art. 2º Salvo com o assentimento prévio do Conselho de Segurança Nacional, será vedada, na Faixa de Fronteira, a prática dos atos referentes a: (...) V – transações com imóvel rural, que impliquem a obtenção, por estrangeiro, do domínio, da posse ou de qualquer direito real sobre o imóvel; VI – participação, a qualquer título, de estrangeiro, pessoa natural ou jurídica, em pessoa jurídica que seja titular de direito real sobre imóvel rural. (...). § 4º Excetuam-se do disposto nos incisos V e VI do

A jurisprudência já vinha reconhecendo a validade da constituição dessa garantia a pessoa jurídica estrangeira, mas exigia a apresentação da autorização para efeito de "consolidação da propriedade no patrimônio dessas pessoas, em caso de inadimplemento da obrigação garantida e de consequente excussão do bem",[19] tendo em vista que a averbação da consolidação no Registro de Imóveis opera a transferência da propriedade plena ao credor fiduciário, ainda que o obrigue a ofertar o imóvel em leilão visando a satisfação do crédito em dinheiro.

A alteração legislativa põe fim a controvérsias que vez ou outra eram suscitadas sobre a *validade e eficácia* da contratação de alienação fiduciária por credores estrangeiros e vai além, ao dispensar, também, a autorização para a transferência da propriedade plena ao credor fiduciário, mediante consolidação.

6.3.3. Forma e requisitos do contrato

A Lei 9.514/1997 (art. 24) dispõe sobre os requisitos do contrato, determinando explicitamente quais as cláusulas essenciais que deverão ser enunciadas no instrumento, a saber:

I – o valor do principal da dívida;

II – o prazo e as condições de reposição do empréstimo ou do crédito fiduciário;

III – a taxa de juros e os encargos incidentes;

IV – a cláusula de constituição da propriedade fiduciária, com a descrição do imóvel objeto da alienação fiduciária e a indicação do título e modo de aquisição;

V – a cláusula assegurando ao fiduciante, enquanto adimplente, a livre utilização, por sua conta e risco, do imóvel objeto da alienação fiduciária;

VI – a indicação, para efeito de venda em público leilão, do valor do imóvel e dos critérios para a respectiva revisão;

VII – a cláusula dispondo sobre procedimentos de que trata o art. 27, isto é, os procedimentos do eventual leilão do imóvel alienado fiduciariamente.

§ 1º Caso o valor do imóvel convencionado pelas partes nos termos do inciso VI do *caput* seja inferior ao utilizado pelo órgão competente como base de cálculo para a apuração do imposto sobre transmissão *inter vivos*, exigível por força da consolidação da propriedade em nome do credor fiduciário, este último será o valor mínimo para efeito de venda do imóvel no primeiro leilão.

§ 2º Nos contratos firmados com cláusula de alienação fiduciária em garantia, caberá ao fiduciante a obrigação de arcar com o custo do pagamento do Imposto sobre a

---

caput deste artigo a hipótese de constituição de garantia real, inclusive a transmissão da propriedade fiduciária, em favor de pessoa jurídica nacional ou estrangeira, ou de pessoa jurídica nacional da qual participem, a qualquer título, pessoas estrangeiras físicas ou jurídicas que tenham a maioria do seu capital social e que residam ou tenham sede no exterior, bem como o recebimento de imóvel rural em liquidação de transação com pessoa jurídica nacional ou estrangeira por meio de realização de garantia real, de dação em pagamento ou de outra forma".

[19] "A alienação fiduciária de bem imóvel rural em garantia em favor de pessoa física ou jurídica estrangeira, ou a esta equiparada, não se submete às restrições estabelecidas pela Lei nº 5.709/1971. Todavia, os requisitos nela previstos devem ser observados em caso de consolidação da propriedade no patrimônio dessas pessoas, em caso de inadimplemento da obrigação garantida e de consequente excussão do bem, ou para dação do direito eventual do fiduciante em pagamento da dívida garantida" (TJGO, Agravo de Instrumento 5166595.48.2018.8.09.0000, rel. Des. Carlos Alberto França, *DJe* 20/2/2019).

Propriedade Predial e Territorial Urbana - IPTU incidente sobre o bem e das taxas condominiais existentes.

Considerada a hipótese mais comum – financiamento, compra e venda e alienação fiduciária –, tendo como objeto imóvel já individualizado, com construção averbada no Registro de Imóveis, a operação imobiliária com alienação fiduciária poderá ter estrutura semelhante ao exemplo que figuramos anteriormente, no item relativo aos sujeitos dos contratos.

Estamos nos referindo a uma operação de *financiamento, compra e venda e pacto adjeto de alienação fiduciária*.

Nesse negócio jurídico, deverão figurar como partes o vendedor, em geral o incorporador, o comprador e a financiadora, que poderá ser entidade financeira autorizada a operar no SFI, inicialmente como *credora* e como *mutuante* e, posteriormente como proprietária fiduciária em decorrência da alienação fiduciária em garantia.

Do instrumento deverá constar a descrição do imóvel objeto do negócio, bem como a indicação da forma e do modo de sua aquisição pelo devedor-fiduciante.

Para efeito de venda em leilão público, no caso de inadimplemento do devedor-fiduciante, indicar-se-á no contrato o valor pelo qual as partes avaliam o imóvel para esse fim e os critérios para sua revisão (observe-se que o dispositivo se refere a *critérios* de *revisão* do valor, e não de *reajuste*). Empregada essa garantia com frequência na comercialização de imóveis, é comum atribuir para esse fim o preço de venda, não sendo necessário, que tal avaliação coincida com este preço. É essencial a fixação desse valor, que é o lance mínimo pelo qual o imóvel será ofertado à venda no primeiro leilão, caso o devedor-fiduciante se torne inadimplente.

Em relação a esse requisito, a Lei 13.465, de 11.7.2017, acrescentou ao art. 24 parágrafo único, alterado para § 1º pela Medida Provisória 1.162/2023, segundo o qual o valor mínimo para oferta do imóvel no primeiro leilão será o da avaliação da autoridade competente para cálculo do ITBI devido pela consolidação da propriedade no patrimônio do credor, caso o valor seja superior àquele fixado pelas partes no contrato para oferta nesse leilão.[20]

Esse novo critério visa ajustar os procedimentos do leilão à realidade do mercado, mediante utilização, como referencial, do valor apurado por ente público isento em relação aos contratantes. Constitui importante aperfeiçoamento com vistas à satisfação das expectativas dos contratantes, sobretudo em relação aos financiamentos habitacionais, dado que, em razão da longa duração desses contratos, pode ocorrer significativa defasagem entre o valor fixado pelas partes no instrumento contratual, mesmo atualizado ou revisto, e seu valor de mercado. Na medida em que a função do leilão é a arrecadação de recursos suficientes para satisfação do crédito garantido e a entrega de eventual sobejo ao devedor, é de interesse de ambos que o imóvel seja avaliado em data próxima daquela em que será realizado o leilão, de acordo com a realidade do mercado nesse momento.

A avaliação pelo ente público atende a esse propósito por corresponder, presumivelmente, ao valor de mercado em data contemporânea à do leilão, na medida em que é aferido cerca de 30 dias antes da realização do primeiro leilão.

---

[20] Lei nº 9.514/1997, Parágrafo único do art. 24, incluído pela Lei 13.465, de 11.7.2017, tevê sua numeração alterada para § 1º pela MP 1.162/2022, mantida a redação: "Art. 24. (...). § 1º. Caso o valor do imóvel convencionado pelas partes, nos termos do inciso VI do *caput*, seja inferior ao utilizado, pelo órgão competente, como base de cálculo para apuração do imposto sobre transmissão *inter vivos*, exigível por força da consolidação da propriedade em nome do credor-fiduciário, este será o valor mínimo para efeito de venda do imóvel no primeiro leilão".

Dentre outras cláusulas, vale destacar a que firma o pacto de alienação do imóvel ao credor, em caráter fiduciário, para garantia do financiamento; a relativa à reposição da garantia em caso de deterioração ou diminuição da garantia prestada; a que se refere ao desdobramento da posse entre o comprador (fiduciante), investido na posse direta, e o credor (fiduciário), titular da posse indireta, assegurando ao primeiro sua permanência no imóvel, bem como sua livre utilização, por conta e risco dele, fiduciante, enquanto adimplente; as obrigações de zelo e guarda do fiduciante, além do seu direito de transmissão dos direitos relativos ao contrato; e, ainda, a cláusula dispondo sobre os procedimentos para realização do leilão.

O § 2º do art. 26 da Lei 9.514/1997 estabelece que o contrato definirá o prazo de carência a ser observado antes que seja expedida a intimação para purgação da mora, sem o decurso do qual o fiduciante não poderá ser constituído em mora.

Os atos e contratos referidos na Lei 9.514/1997, bem como aqueles resultantes da sua aplicação, poderão ser formalizados por instrumento particular.[21]

A lei não faz restrição alguma quanto às modalidades de contrato passíveis de ser formalizados mediante instrumento particular em relação à Lei 9.514/1997; ao contrário, estende a possibilidade de formalizar por instrumento particular a todos "os atos e contratos referidos nesta lei ou resultantes de sua aplicação". Assim, quando resultantes da referida lei, podem ser celebrados por instrumento particular a compra e venda, a promessa de venda, a hipoteca, a caução de direitos aquisitivos, a cessão fiduciária, a alienação fiduciária, enfim, os atos e contratos relacionados à comercialização de imóveis e à constituição de garantias imobiliárias previstas na Lei 9.514/1997 ou resultantes dela.

Com efeito, as modalidades de contrato passíveis de vincular-se ao crédito imobiliário constituem uma vasta gama de contratos nominados e de outros que poderão vir a ser tipificados no direito positivo. Assim, não seria conveniente a enumeração dos contratos passíveis de vinculação ao crédito imobiliário, pois, se os especificasse, a lei poderia deixar de contemplar uma ou outra modalidade. De outra parte, a expressão *atos e contratos resultantes da sua aplicação* indica clara generalização, significando que são passíveis de ser formalizados mediante instrumento particular não só os "atos referidos nesta lei", mas, também, os atos que não são nela referidos mas que sejam resultantes da sua aplicação. Ora, uma compra e venda que se concretiza com recursos de financiamento concedido nas condições da Lei 9.514/1997 é, obviamente, um *contrato resultante da aplicação da aludida Lei 9.514/1997*, daí por que tal compra e venda pode ser celebrada por instrumento particular. Do mesmo modo, a compra e venda decorrente do leilão poderá ser celebrada por instrumento particular, pois essa venda é ato resultante da aplicação do art. 27 da Lei 9.514/1997. Anote-se, ademais, que tais operações – o financiamento, a compra e venda e a alienação fiduciária, ou o empréstimo com pacto adjeto de alienação fiduciária – são inequivocamente vinculadas, não tendo nenhuma delas existência autônoma, mas todas dependentes umas das outras; trata-se de contratos coligados, já que se não houver financiamento não haverá a compra e venda e se não houver esta o tomador do financiamento não será titular do imóvel que em seguida alienará fiduciariamente ao financiador, pois todas essas operações têm como

---

[21] "Art. 38. Os atos e contratos referidos nesta Lei ou resultantes da sua aplicação, mesmo aqueles que visem à constituição, transferência, modificação ou renúncia de direitos reais sobre imóveis, poderão ser celebrados por escritura pública ou por instrumento particular com efeitos de escritura pública." (Redação dada pela Lei 11.076, de 2004. Na redação original, essa disposição era restritiva quanto ao sujeito do contrato, só facultando a contratação mediante instrumento particular quando o beneficiário final da operação fosse pessoa física.)

objeto a compra e venda com financiamento e alienação fiduciária. Portanto, a compra a crédito a que se refere o art. 491 do Código Civil, inclusive com pagamento parcelado e garantia fiduciária, contratada diretamente pela empresa incorporadora ou por qualquer pessoa física ou jurídica, como previsto no § 1º do art. 22 da Lei 9.514/1997, é negócio resultante da aplicação da Lei 9.514/1997 e, consequentemente, pode ser formalizada por instrumento particular.

6.4. CONDIÇÕES ESSENCIAIS DE OPERAÇÃO

O art. 24 da Lei 9.514/1997, que dispõe sobre os requisitos essenciais do contrato, remete-nos ao art. 5º, que, por sua vez, estabelece determinadas condições essenciais para a consecução da finalidade última da lei; essa finalidade é a circulação do crédito imobiliário, sem obstáculos.

Para esse fim, a lei conferiu tratamento homogêneo às operações do mercado imobiliário, estabelecendo as condições operacionais básicas do SFI, nos incisos I a IV do art. 5º, e estendendo esse padrão operacional a quem quer que comercialize imóveis a prazo, no § 2º do mesmo art. 5º. Com essa equiparação, essas condições passaram a ser comuns a todos os participantes do mercado. Além disso, os arts. 17, 22 e seus parágrafos estendem igualmente a qualquer pessoa, física ou jurídica, a concessão de mútuo com garantia de alienação fiduciária de bens imóveis.

A lógica é elementar: considerando que, além de introduzir novas garantias no sistema, o propósito imediato da lei é criar as condições para funcionamento de um mercado secundário, no qual quem quer que seja titular de um crédito imobiliário possa descontá-lo, mediante cessão a uma companhia securitizadora, para que esta o faça circular no mercado financeiro ou no mercado de capitais, em forma de títulos, então o crédito deve estar constituído conforme padrão assimilável por essas companhias e pelas instituições do mercado, donde, obviamente, as condições creditícias devem ser comuns a todas as partes envolvidas, isto é, o vendedor, a companhia securitizadora e eventualmente uma entidade financeira.

Desta forma, visando impulsionar o novo sistema de financiamento, o legislador indicou como paradigma da padronização operacional do mercado imobiliário condições de operacionalização já existentes e vinculadas ao mercado financeiro. São elas as dos incisos I a IV, a saber: (1º) o reajuste monetário, (2º) a livre pactuação dos juros, (3º) a capitalização dos juros e (4º) a contratação de seguros obrigatórios.

As condições concernentes aos juros e aos seguros obrigatórios poderão ser objeto de padronização emanada do Conselho Monetário Nacional e da Superintendência dos Seguros Privados, enquanto o reajuste monetário é objeto de legislação ordinária, ora geral, como é o caso das obrigações pecuniárias em geral, ora especial, como é o caso das operações do mercado financeiro, de seguros, de previdência privada e de capitalização de futuros.

As entidades autorizadas a operar no SFI, definidas no art. 2º, são as caixas econômicas e outras instituições que captam recursos mediante depósitos de poupança, além de outros instrumentos, e reajustam os saldos dessas contas mensalmente com base na variação da taxa referencial de juros apurada no mercado financeiro, abreviadamente TR; na contrapartida, ao aplicar esses recursos, tais entidades reajustam os saldos dos financiamentos também mensalmente, com base no mesmo índice de reajuste dos depósitos que acolhem, isto é, a mesma taxa referencial de juros – TR mensal.

Ao permitir a contratação dos financiamentos imobiliários, em geral, mediante as mesmas condições permitidas para as entidades autorizadas a operar no SFI, a Lei 9.514/1997 estendeu a todas as categorias de empresas do mercado imobiliário a legitimação para pactuar as condições essenciais de reajuste, juros e seguros definidas nos incisos I a IV do art. 5º, e, sendo certo que aquelas entidades do SFI reajustam seus créditos com base na TR, resulta claro que as operações imobiliárias podem ser reajustadas com base na TR mensal.

Vista a questão sob a perspectiva da securitização, é ainda mais nítida a necessidade de homogeneidade das condições operacionais, inclusive com a padronização das garantias, como está explícito nos arts. 17 e 22 e seus parágrafos dessa mesma lei.

Com efeito, diante do grande volume de recursos necessários para o financiamento do setor imobiliário, em geral, e para o financiamento habitacional, em particular, a Lei 9.514/1997 visou criar novas fontes de recursos e, para tal fim, lançou as bases para funcionamento de um mercado secundário de créditos imobiliários no qual o produtor possa descontar seus créditos, obtendo antecipação de receitas visando a manutenção e a aceleração da sua atividade produtiva. Para isso, é indispensável que os créditos do produtor se revistam de condições operacionais compatíveis com aquelas utilizadas nos mercados financeiro e de valores mobiliários, daí por que o § 2º do art. 5º criou condições operacionais comuns a todos os protagonistas do mercado, desde o produtor até o investidor, pois, caso assim não fosse, os créditos não seriam acessíveis a todos os mercados e, consequentemente, não se lograria a circulação dos créditos e a almejada captação de recursos para o setor produtivo.

Logo após a promulgação da Lei 9.514/1997, suscitou-se controvérsia quanto à necessidade de homogeneidade de índices e critérios de atualização monetária, tendo em vista que o art. 36, incluído nas suas disposições gerais, continha preceito que tratava também da atualização monetária dos financiamentos imobiliários, dispondo que, respeitada a legislação pertinente, admitir-se-ia estipulação de cláusula de reajuste e das condições e critérios de sua aplicação.

A controvérsia não tinha como prosperar, pois o sentido válido e lógico da lei é a homogeneidade de tratamento para todos os créditos imobiliários, para que possam circular sem obstáculos, pois o contrário, a heterogeneidade de tratamento, tornaria inviável a livre circulação dos créditos e, portanto, anularia e faria perecer o objeto da lei (que, nesse aspecto, é a circulação dos créditos).

Assim, vista a questão sob a perspectiva teleológica, haveriam de prevalecer para os financiamentos imobiliários em geral as condições previstas no art. 5º e seus parágrafos, pois estas é que, sendo comuns a todos os participantes dos mercados, estão aptas a perpassar homogeneamente por todo o circuito do mercado, viabilizando o funcionamento do mercado secundário de créditos imobiliários.

Para pôr fim a essa controvérsia, a Lei 10.931/2004, no seu art. 46, deixa claro que os contratos de comercialização de imóveis em geral, com prazo mínimo de 36 meses, bem como os títulos e valores mobiliários deles oriundos, podem ter como referencial de atualização monetária índices setoriais ou gerais, bem como o índice específico de atualização básica dos depósitos de poupança, possibilitando, assim, a padronização do critério de atualização monetária em todo o circuito do crédito, desde sua origem, com a compra e venda do imóvel, até sua extinção, com o resgate do título lastreado naquele crédito.

A propósito, vale a pena registrar que, quando da tramitação, na Câmara, do Projeto de Lei 3.242, que deu origem à Lei 9.514/1997, a questão foi objeto de intenso debate, pois o projeto originário do Poder Executivo não previa com clareza a homogeneidade de condições operacionais. Por isso, algumas emendas foram apresentadas no sentido de se autorizar os protagonistas do mercado imobiliário, em geral, a operar nas mesmas condições em que o mercado secundário houvesse de adquirir os créditos gerados na compra e venda de imóveis. Entre essas emendas está a de nº 25, do Deputado Luiz Roberto Ponte, acolhida, com adaptação da redação, pelo autor do Substitutivo que deu origem à lei, Deputado José Chaves.

A justificativa do Relator é por si só esclarecedora do sentido e alcance da regra contida no § 2º do art. 5º da Lei 9.514/1997: "A emenda vem suprir importante lacuna no projeto. Com efeito, para que o mercado imobiliário possa gerar créditos passíveis de serem adquiridos pelas instituições autorizadas a operar no SFI, é essencial que as condições dessas operações sejam aquelas aplicáveis às mencionadas instituições, pois, do contrário, esses créditos não seriam transferíveis para elas e não seriam assimiláveis pelo mercado secundário, por via da securitização. Ressalte-se, a propósito, situação análoga que ocorria no antigo SFH: o ordenamento pertinente, com o propósito de viabilizar a criação de um mercado de créditos, previa que "nas hipotecas não vinculadas ao SFH, a correção monetária da dívida obedecerá ao que for disposto para o SFH". (Decreto-lei 70/1966, art. 9º, § 1º). É necessário, pois, que as condições de contratação tenham absoluta uniformidade, em todo o percurso pelo qual transitem os créditos, desde o pequeno construtor até a companhia securitizadora, passando pelas instituições autorizadas a operar no SFI. Entendemos, entretanto, que o acolhimento da emenda implica ajuste na sua redação nos termos do Substitutivo".[22]

A padronização dos negócios imobiliários, entretanto, não se restringe apenas às suas condições operacionais, previstas no art. 5º da Lei do SFI e no art. 46 da Lei 10.931/2004, mas vão além, e estão contempladas também nos seus arts. 17 e 22 da Lei 9.514/1997, que dizem respeito às garantias utilizáveis no mercado e especificamente à garantia fiduciária.

De fato, as mesmas razões que justificam a necessidade de homogeneização das condições de reajuste monetário, juros e seguros, prevista no art. 5º, são as que justificam a homogeneização das garantias do crédito e, assim, para tornar possível a aquisição do crédito por uma instituição financeira ou por companhia securitizadora, deverá ele estar garantido por algum dos direitos reais previstos na lei, isto é, a hipoteca, a caução, a titularidade fiduciária de créditos ou a propriedade fiduciária de bem imóvel.

Assim, da mesma forma que o § 2º do art. 5º estende a qualquer pessoa, física ou jurídica, a legitimidade para adotar as condições operacionais a que estão autorizadas as instituições do SFI, também o § 1º art. 22 da Lei 9.514/1997 permite a contratação da alienação fiduciária por qualquer pessoa, quer física, quer jurídica, não a restringindo às entidades que operam no Sistema de Financiamento Imobiliário (SFI).

6.5. DIREITOS E OBRIGAÇÕES DAS PARTES CONTRATANTES[23]

Ao ser registrado o contrato de alienação fiduciária, considera-se transmitida a propriedade ao credor-fiduciário, em caráter resolúvel; de outra parte, o devedor-fiduciante é demitido de sua propriedade e investido de direito real de reaquisição, sob condição suspensiva, podendo tornar-se novamente titular da propriedade plena ao implementar o pagamento da dívida que constitui objeto do contrato garantido pela propriedade fiduciária.

Tem o fiduciante, assim, uma pretensão restitutória, que constitui uma expectativa real, subordinada, entretanto, ao implemento da condição.

É obrigação do fiduciante pagar a dívida com todos os seus encargos, enquanto o fiduciário tem o dever de promover a reversão do imóvel para a propriedade plena do fiduciante, assim que satisfeito seu crédito.

Recebendo a totalidade do seu crédito e encargos, o fiduciário é obrigado a fornecer ao fiduciante o *termo de quitação*, que constituirá documento hábil para que este promova a

---

[22] *Parecer final do Relator do Substitutivo ao Projeto de Lei nº 3242/97*, p. 697.
[23] V. no Capítulo IV itens 4.2.2.1 e 4.2.2.2.

reversão da propriedade plena para seu nome. Na hipótese de recusa ou de delonga por mais de trinta dias, ficará o fiduciário (a) sujeito à ação do fiduciante, em que este pleiteará o cumprimento da obrigação de outorgar o *termo de quitação*, e (b) sujeito à multa correspondente a meio por cento por mês ou fração, sobre o valor do contrato.

O fiduciante, enquanto adimplente, tem todos os direitos inerentes à posse direta, podendo protegê-la contra quem quer que a ameace ou turbe, inclusive contra o fiduciário.

Todavia, em caso de falta de pagamento de prestações por parte do devedor-fiduciante, o fiduciário, depois de expirado o prazo de carência, intimá-lo-á para purgar a mora, no prazo de quinze dias, por intermédio do Oficial do competente Registro de Imóveis, adotando-se todos os procedimentos para intimação e purgação junto a esse mesmo Registro de Imóveis.

Tem o fiduciante o direito de purgar a mora, sem qualquer limitação, mas, deixando de efetivar o pagamento no prazo da intimação, considera-se de pleno direito frustrada a condição resolutiva, ensejando a que o fiduciário recolha o imposto de transmissão *inter vivos* e, se enfitêutico o imóvel, o laudêmio, e providencie, no competente Registro de Imóveis, a consolidação da propriedade em seu nome, após o que estará autorizado a requerer, judicialmente, contra o fiduciante ou eventuais ocupantes do imóvel, a reintegração de posse.

É obrigação do fiduciário, depois de vender o imóvel em público leilão, entregar ao fiduciante a quantia que exceder o valor da dívida e encargos.

6.5.1. Locação de imóvel objeto de alienação fiduciária

Como vimos (4.2.2.2), o devedor fiduciante é titular de direito real de aquisição e da posse sobre o imóvel que alienou fiduciariamente e tem assegurada, "enquanto adimplente, a livre utilização, por sua conta e risco, do imóvel objeto da alienação fiduciária",[24] tendo, portanto, a faculdade de cedê-lo em locação, com ou sem aquiescência do credor fiduciário, que não pode se opor a essa forma de fruição do imóvel pelo devedor.

Nos casos em que o credor fiduciário concordar, por escrito, em que o devedor fiduciante dê em locação o imóvel alienado fiduciariamente, antes ou depois de contratada a alienação fiduciária, deve respeitar a locação nos termos, prazo e nas condições do contrato.

A situação é equivalente à das locações do imóvel objeto de usufruto, contratada pelo usufrutuário, ou do imóvel objeto de fideicomisso, contratada pelo fiduciário.[25]

Se, em virtude de inadimplemento da obrigação do devedor fiduciante, o direito aquisitivo do devedor fiduciante vier a ser expropriado mediante consolidação da propriedade, pela qual o credor fiduciário se torna proprietário pleno do imóvel, estando o imóvel locado sem sua aquiescência, a locação pode ser denunciada no prazo de noventa dias a contar da averbação da consolidação da propriedade. Ainda no caso de locação sem aquiescência do credor fiduciário, a faculdade de denúncia da locação é atribuída também aos sucessores do credor fiduciário no crédito, e, em consequência, na propriedade fiduciária em garantia, e àquele que tiver adquirido o imóvel no procedimento de leilão.

---

[24] Lei 9.514/1997: "Art. 24. O contrato que serve de título ao negócio fiduciário conterá: (...); V – a cláusula assegurando ao fiduciante, enquanto adimplente, a livre utilização, por sua conta e risco, do imóvel objeto da alienação fiduciária".

[25] Lei 8.245/1991: "Art. 7º Nos casos de extinção de usufruto ou de fideicomisso, a locação celebrada pelo usufrutuário ou fiduciário poderá ser denunciada, com o prazo de trinta dias para a desocupação, salvo se tiver havido aquiescência escrita do nuproprietário ou do fideicomissário, ou se a propriedade estiver consolidada em mãos do usufrutuário ou do fiduciário. Parágrafo único. A denúncia deverá ser exercitada no prazo de noventa dias contados da extinção do fideicomisso ou da averbação da extinção do usufruto, presumindo-se, após esse prazo, a concordância na manutenção da locação."

A lei exige que a faculdade de denúncia do contrato pelo antigo credor fiduciário ou seus sucessores conste expressamente no contrato de locação.[26]

A Lei 9.514/1997 dispõe especificamente sobre as locações contratadas sem concordância por escrito do credor fiduciário nos termos do art. 37-B, que as considera ineficazes perante este ou seus sucessores.[27]

A regra geral do art. 8º da Lei 8.245/1991 é objeto de tratamento especial em relação ao imóvel objeto de alienação fiduciária.

Trata-se de disposição que confere àquele que vier a adquirir imóvel já locado a faculdade de denunciar o contrato de locação, com prazo de noventa dias para desocupação, salvo se a locação tiver sido contratada por tempo determinado, se tiver sido estipulada cláusula de vigência em caso de alienação e se o contrato estiver averbado no Registro de Imóveis.[28]

Nesse caso, independente de estipulação de cláusula de vigência da locação e de averbação do contrato de locação no Registro de Imóveis, o credor fiduciário que tiver se tornado proprietário pleno do imóvel por efeito de consolidação da propriedade, ou terceiro que vier a adquiri-lo (seja no procedimento de leilão ou posteriormente, diretamente do antigo fiduciário), qualquer dos dois deve respeitar a locação em relação à qual tenha havido aquiescência do credor fiduciário.

Disso resulta que, enquanto a regra da Lei 9.514/1997 exige apenas a aquiescência do credor fiduciário para se tornar exigível o respeito ao contrato de locação do imóvel objeto de propriedade fiduciária, o art. 8º da Lei 8.245/1991 exige três requisitos para que seja respeitada a locação, quais sejam, (i) a existência de locação em curso, com prazo determinado, (ii) a existência de cláusula de vigência e (iii) a averbação dessa cláusula no Registro de Imóveis.

Outra norma especial em relação aos imóveis objeto de propriedade fiduciária em garantia refere-se ao direito de preferência do locatário à compra do imóvel locado.

Não há direito de preferência, nem por ocasião da constituição dessa garantia, nem no caso de perda da propriedade por efeito de excussão do bem, nos termos do art. 32.[29]

Na primeira hipótese – contratação de alienação fiduciária de imóvel que já se encontra locado – o locatário não tem preferência em face do futuro credor fiduciário, pois essa espécie de alienação (em garantia) não opera a transferência da propriedade plena ao adquirente

---

[26] Lei 9.514/1997. "Art. 27. (...). § 7º Se o imóvel estiver locado, a locação poderá ser denunciada com o prazo de trinta dias para desocupação, salvo se tiver havido aquiescência por escrito do fiduciário, devendo a denúncia ser realizada no prazo de noventa dias a contar da data da consolidação da propriedade no fiduciário, devendo essa condição constar expressamente em cláusula contratual específica, destacando-se das demais por sua apresentação gráfica" (Incluído pela Lei nº 10.931/2004).

[27] Lei 9.514/1997: "Art. 37-B. Será considerada ineficaz, e sem qualquer efeito perante o fiduciário ou seus sucessores, a contratação ou prorrogação de contrato de locação de imóvel alienado fiduciariamente por prazo superior a um ano sem concordância por escrito do fiduciário" (Incluído pela Lei nº 10.931/2004).

[28] Lei 8.245/1991: "Art. 8º Se o imóvel for alienado durante a locação, o adquirente poderá denunciar o contrato, com o prazo de noventa dias para a desocupação, salvo se a locação for por tempo determinado e o contrato contiver cláusula de vigência em caso de alienação e estiver averbado junto à matrícula do imóvel."

[29] Lei 8.245/1991: "Art. 32. O direito de preferência não alcança os casos de perda da propriedade ou venda por decisão judicial, permuta, doação, integralização de capital, cisão, fusão e incorporação. Parágrafo único. Nos contratos firmados a partir de 1º de outubro de 2001, o direito de preferência de que trata este artigo não alcançará também os casos de constituição de propriedade fiduciária e de perda da propriedade ou venda por quaisquer formas de realização de garantia, inclusive mediante leilão extrajudicial, devendo essa condição constar expressamente em cláusula contratual específica, destacando-se das demais por sua apresentação gráfica" (Parágrafo único incluído pela Lei 10.931/2004).

(credor fiduciário), mas tão somente a propriedade resolúvel, que é temporária e destinada a garantia (a propriedade resolúvel neste caso, como se sabe, é direito fadado à extinção tão logo cumprida a obrigação garantida). Assim, ao contratar a locação, o locador era titular exclusivo da propriedade e da posse do imóvel e, mesmo ao aliená-lo fiduciariamente, mantém-se na posse e no direito de fruição, permanecendo, portanto; uma vez extinto o contrato de alienação fiduciária por efeito do cumprimento da obrigação garantida, voltará a ser proprietário pleno e continuará no exercício dos seus direitos de locador; portanto, não deixa de ser locador em nenhum momento.

A segunda hipótese é a da consolidação da propriedade no credor fiduciário e sua subsequente venda em leilão; nessa situação, o alienante não transmite a propriedade por ato de vontade, mas, sim, tem seu direito real sobre o imóvel expropriado por efeito de inadimplemento da obrigação garantida e da consolidação da propriedade no patrimônio do credor; sendo esta, a consolidação, uma das formas de perda forçada do direito real sobre o bem, é hipótese de exclusão do direito de preferência.

Na hipótese de contratação da alienação fiduciária sem manifestação de anuência do credor fiduciário, existindo contrato de locação dotado de cláusula de vigência já averbado no Registro de Imóveis, a incidência da regra do § 7º do art. 27 deve ser analisada também com base nos princípios da publicidade, continuidade e fé pública registral que caracterizam o registro público.

Eventualmente, o fato de o credor cientificar-se da existência do contrato de locação averbado, ao examinar a matrícula do imóvel e mesmo assim celebrar o contrato de alienação fiduciária do imóvel já locado pode caracterizar sua aquiescência presumida com a locação dotada de cláusula de vigência, tornando exigível o respeito da locação até seu termo final.

Nessa análise, merece atenção a regra do art. 54 da Lei 13.097/2015, que, embora não se refira de modo específico à locação de imóveis objeto de alienação fiduciária, traduz priorização do princípio da fé pública registral, pelo qual pode-se presumir que, mesmo inexistindo manifestação expressa, o credor fiduciário terá anuído com a locação se celebrou o contrato de alienação ciente da existência da averbação da locação.[30]

A despeito do silêncio da legislação sobre a faculdade de renovação do contrato de locação não residencial, nos termos do art. 51 da Lei 8.245/1991, não há qualquer objeção a

---

[30] Lei 13.097/2001: "Art. 54. Os negócios jurídicos que tenham por fim constituir, transferir ou modificar direitos reais sobre imóveis são eficazes em relação a atos jurídicos precedentes, nas hipóteses em que não tenham sido registradas ou averbadas na matrícula do imóvel as seguintes informações: I – registro de citação de ações reais ou pessoais reipersecutórias; II – averbação, por solicitação do interessado, de constrição judicial, de que a execução foi admitida pelo juiz ou de fase de cumprimento de sentença, procedendo-se nos termos previstos no art. 828 da Lei nº 13.105, de 16 de março de 2015 (Código de Processo Civil); III – averbação de restrição administrativa ou convencional ao gozo de direitos registrados, de indisponibilidade ou de outros ônus quando previstos em lei; e IV – averbação, mediante decisão judicial, da existência de outro tipo de ação cujos resultados ou responsabilidade patrimonial possam reduzir seu proprietário à insolvência, nos termos do inciso IV do caput do art. 792 da Lei nº 13.105, de 16 de março de 2015 (Código de Processo Civil). § 1º Não poderão ser opostas situações jurídicas não constantes da matrícula no registro de imóveis, inclusive para fins de evicção, ao terceiro de boa-fé que adquirir ou receber em garantia direitos reais sobre o imóvel, ressalvados o disposto nos arts. 129 e 130 da Lei nº 11.101, de 9 de fevereiro de 2005, e as hipóteses de aquisição e extinção da propriedade que independam de registro de título de imóvel. § 2º Para a validade ou eficácia dos negócios jurídicos a que se refere o *caput* deste artigo ou para a caracterização da boa-fé do terceiro adquirente de imóvel ou beneficiário de direito real, não serão exigidas: I - a obtenção prévia de quaisquer documentos ou certidões além daqueles requeridos nos termos do § 2º do art. 1º da Lei nº 7.433, de 18 de dezembro de 1985; e II - a apresentação de certidões forenses ou de distribuidores judiciais."

que o locatário proponha ação renovatória contra o locador (devedor fiduciante), desde que a locação tenha contado com a aquiescência do credor fiduciário. Nesse caso, se a locação tiver sido contratada antes da contratação da alienação fiduciária e vier a ocorrer a consolidação da propriedade plena no patrimônio do credor fiduciário, este ou terceiro que vier a arrematar o imóvel no procedimento de leilão se submeterá aos efeitos da sentença proferida na ação declaratória, nos termos do § 3º do art. 109 do Código de Processo Civil.[31]

A hipótese de venda forçada de imóvel locado, seja ou não objeto de propriedade fiduciária, é situação sobre a qual a jurisprudência é rarefeita, merecendo atenção a doutrina de Araken de Assis, *verbis*:

> "Na locação de imóvel urbano, seja qual for sua destinação, governada pela Lei 8.245, de 18.10.1991, a alienação do imóvel torna denunciável o vínculo (art. 8º, *caput*, 1ª parte). O conceito de 'alienação' abrange a alienação forçada e a adjudicação. Tem o adquirente o prazo de noventa dias, contados do registro, para efetivar a denúncia (art. 8º, § 2º) – de forma análoga dispõe, relativamente à locação dos imóveis, em geral, o art. 576, § 2º, do CC-02 –, sob pena de recondução tácita do pacto (...). Feita no prazo a denúncia, a demanda despejatória poderá ser ajuizada a qualquer tempo, segundo a jurisprudência do STJ. Também aqui, a teor do art. 8º, *caput*, 2ª parte, manter-se-á a locação imune à denúncia do adquirente se o contrato por prazo determinado contiver cláusula de vigência em caso de alienação e estiver averbado junto à matrícula do mesmo."[32]

6.5.2. Pagamento do ITR, IPTU e das despesas de condomínio

Na concepção da Lei 9.514/1997, o fiduciante é investido na posse direta do imóvel (parágrafo único do art. 23), assumindo-a por sua inteira conta e risco, daí por que é responsável por todos os impostos, taxas e contribuições que incidem sobre o imóvel, notadamente o imposto predial e as contribuições condominiais, e é civilmente responsável pela correta utilização do imóvel perante terceiros e poderes públicos, devendo indenizar qualquer prejuízo ou dano, material ou pessoal, a que der causa, além de estar obrigado a conservar e manter o imóvel (art. 24, IV).

A obrigação do fiduciante de pagamento dos impostos, taxas, contribuições e demais encargos incidentes sobre o imóvel tem início na data em que recebe a posse do imóvel e perdura "até a data em que o fiduciário vier a ser imitido na posse" (§ 8º do art. 27).

Em relação ao Imposto Territorial Rural (ITR) e ao Imposto Predial e Territorial Urbano (IPTU), o fato gerador é a propriedade, o domínio útil ou a posse do bem imóvel (CTN, arts. 29 e 32) e o contribuinte é o proprietário, o titular do domínio útil ou o possuidor a qualquer título (CTN, arts. 31 e 34).[33]

---

[31] Código de Processo Civil: "Art. 109. A alienação da coisa ou do direito litigioso por ato entre vivos, a título particular, não altera a legitimidade das partes. § 1º O adquirente ou cessionário não poderá ingressar em juízo, sucedendo o alienante ou cedente, sem que o consinta a parte contrária. § 2º O adquirente ou cessionário poderá intervir no processo como assistente litisconsorcial do alienante ou cedente. § 3º Estendem-se os efeitos da sentença proferida entre as partes originárias ao adquirente ou cessionário."

[32] ASSIS, Araken de. *Manual de Execução*. 11. ed. São Paulo: Revista dos Tribunais, 2007, p. 708.

[33] Código Tributário Nacional: "Art. 29. O imposto, de competência da União, sobre a propriedade territorial rural tem como fato gerador a propriedade, o domínio útil ou a posse de imóvel por natureza, como definido na lei civil, localização fora da zona urbana do Município. (...). Art. 31. Contribuinte do imposto é o proprietário do imóvel, o titular de seu domínio útil, ou o seu possuidor a qualquer

A propriedade, ou o domínio útil, é, por natureza, o fato gerador dos impostos reais, por traduzir o feixe de direitos subjetivos correspondentes à fruição e à disposição do bem, e por exercê-los é que seu titular é qualificado como contribuinte.

A posse também é fato gerador dos impostos reais, mas somente se ancorada em direito real, tal como reconhecido pelo direito positivo nos casos do usufruto, do uso e da habitação (CC, arts. 1.403, 1.413 e 1.416),[34] da alienação fiduciária (CC, art. 1.368-B[35] e Lei 9.514/1997, arts. 23, parágrafo único, 24, V, e 27, § 8º)[36] e da promessa de compra e venda (Constituição Federal, art. 150, § 3º, e CC, art. 1.417).[37]

Apesar de o CTN referir-se ao possuidor, como contribuinte, de maneira genérica ("possuidor a qualquer título"), só será sujeito passivo o titular de posse vinculada a direito real, como observa Sacha Calmon: "a posse prevista no Código Tributário Nacional, como tributável, é a da pessoa que já é ou pode vir a ser proprietária da coisa",[38] sendo essa a posição jurídica na qual está investido o fiduciante, que é o destinatário da propriedade plena do imóvel quando implementada a condição correspondente ao pagamento da dívida.

Especificamente em relação ao fiduciante, o art. 1.368-B do Código Civil, com a redação dada pela Lei 13.043/2014, atribui-lhe direito real de aquisição, que, aliado à posse na qual está investido, o qualifica como contribuinte dos impostos sobre o bem (CTN, arts. 29 e 32). Assim é porque, pelo contrato de alienação fiduciária, o fiduciante, a despeito de demitir-se da propriedade plena ao contratar a alienação fiduciária, torna-se titular de direito real de aquisição e conserva consigo, com exclusividade, os poderes jurídicos inerentes à fruição, apropria-se de todo o proveito econômico daí resultante e tem a faculdade de dispor desse direito real.[39] A responsabilidade por esses encargos passará ao credor-fiduciário se e quando

---

título (...). Art. 32. O imposto, de competência dos Municípios, sobre a propriedade predial e territorial urbana tem como fato gerador a propriedade, o domínio útil ou a posse de bem imóvel por natureza ou por acessão física, como definido na lei civil, localizado na zona urbana do Município. (...). Art. 34. Contribuinte do imposto é o proprietário do imóvel, o titular do seu domínio útil, ou o seu possuidor a qualquer título".

[34] Código Civil: "Art. 1.403. Incumbem ao usufrutuário: I – (...); II – as prestações e os tributos devidos pela posse ou rendimento da coisa usufruída". O Código de 1916 referia-se a "impostos reais devidos pela posse, ou rendimento da coisa usufruída".

[35] Código Civil: "Art. 1.368-B. A alienação fiduciária em garantia de bem móvel ou imóvel confere direito real de aquisição ao fiduciante, seu cessionário ou sucessor".

[36] Lei 9.514/1997: "Art. 27. (...) § 8º Responde o fiduciante pelo pagamento dos impostos, taxas, contribuições condominiais e quaisquer outros encargos que recaiam ou venham a recair sobre o imóvel, cuja posse tenha sido transferida ao fiduciário, nos termos deste artigo, até a data em que o fiduciário vier a ser imitido na posse".

[37] Constituição de 1988: "Art. 150. (...). § 3º As vedações do inciso VI, 'a', e do parágrafo anterior não se aplicam ao patrimônio, à renda e aos serviços, relacionados com exploração de atividades econômicas regidas pelas normas aplicáveis a empreendimentos privados, ou em que haja contraprestação ou pagamento de preços ou tarifas pelo usuário, nem exonera o promitente comprador da obrigação de pagar imposto relativamente ao bem imóvel".

[38] COÊLHO, Sacha Calmon Navarro, *Do imposto sobre a propriedade predial e territorial urbana*. São Paulo: Saraiva, 1982, p. 119-120.

[39] "Ilegitimidade passiva. Execução fiscal. IPTU. Imóvel construído e vendido pela executada, e a ela alienado fiduciariamente. Hipótese em que as transações foram registradas no Registro de Imóveis. Ilegitimidade passiva do credor-fiduciário, que, ademais, deixou de figurar como proprietário do bem imóvel. Sujeição passiva do devedor-fiduciante, nos termos dos artigos 32 e 34 do Código Tributário Nacional e o artigo 27 da Lei 9.514/97. Precedentes do STJ e desta Corte. Reconhecimento. Exceção de pré-executividade acolhida. Recurso de agravo de instrumento provido" (TJSP, 15ª Câmara de Direito Público, Agravo de Instrumento 2214382-58.2015.8.26.0000, *DOE* 22/8/2016).

vier a se tornar proprietário do bem e possuidor direto, em decorrência de execução da dívida garantida, nos termos do parágrafo único do art. 1.368-B do Código Civil.[40]

A obrigação de pagamento das despesas de condomínio e assemelhadas segue a mesma lógica: são atribuídas aos usufrutuários e aos titulares do uso e da habitação por força dos arts. 1.403, 1.413 e 1.416 do Código Civil, aos fiduciantes pelo § 8º do art. 27 da Lei 9.514/1997 e aos promitentes compradores de unidades imobiliárias de condomínio edilício, ou seus cessionários pelo art. 1.334, I, e seu § 2º, do Código Civil.[41] Neste último caso, o Superior Tribunal de Justiça, em decisão proferida pelo regime do recurso repetitivo, firmou o entendimento de que a obrigação de pagamento das despesas de condomínio decorre da relação de direito material dos promitentes compradores com o imóvel, representado pela posse, e da inequívoca ciência desse fato pela administração do condomínio, e não do registro da promessa.[42]

É à vista desses mesmos fundamentos e com base no art. 835, XII, do CPC[43] que, em relação à execução de crédito correspondente a despesas de condomínio vinculadas a imóvel objeto de alienação fiduciária em garantia, a jurisprudência reconhece sua imputação ao devedor fiduciante, "enquanto estiver na posse direta do imóvel. O credor fiduciário somente responde pelas dívidas condominiais incidentes sobre o imóvel se consolidar a propriedade

---

"Agravo de instrumento. Execução fiscal. Exceção de pré-executividade. IPTU. Exercício de 2014. Insurgência em face da decisão que rejeitou a exceção de pré-executividade, afastando a alegação de ilegitimidade passiva do credor-fiduciário. Hipótese em que não ostenta a condição de proprietário. Responsabilidade exclusiva do devedor-fiduciante. Inteligência do art. 27, § 8º, da Lei 9514/97. Recurso provido, com acolhimento da exceção de pré-executividade e extinção da execução fiscal" (TJSP, 15ª Câmara de Direito Público, Agravo de Instrumento 2219466-06.2016.8.26.0000, DOE 22/2/2017).

[40] Código Civil: "Art. 1.368-B. A alienação fiduciária em garantia de bem móvel ou imóvel confere direito real de aquisição ao fiduciante, seu cessionário ou sucessor. Parágrafo único. O credor-fiduciário que se tornar proprietário pleno do bem, por efeito de realização da garantia, mediante consolidação da propriedade, adjudicação, dação ou outra forma pela qual lhe tenha sido transmitida a propriedade plena, passa a responder pelo pagamento dos tributos sobre a propriedade e a posse, taxas, despesas condominiais e quaisquer outros encargos, tributários ou não, incidentes sobre o bem objeto da garantia, a partir da data em que vier a ser imitido na posse direta do bem".

[41] Código Civil: "Art. 1.334. Além das cláusulas referidas no art. 1.332 e das que os interessados houverem por bem estipular, a convenção determinará: I – a quota condominial e o modo de pagamento das contribuições dos condôminos para atender às despesas ordinárias e extraordinárias do condomínio (...). § 2º São equiparados aos proprietários, para os fins deste artigo, salvo estipulação em contrário, os promitentes compradores e os cessionários de direitos relativos às unidades imobiliárias".

[42] "Processo civil. Recurso especial representativo de controvérsia. Art. 543-C do CPC. Condomínio. Despesas comuns. Ação de cobrança. Compromisso de compra e venda não levado a registro. Legitimidade passiva. Promitente vendedor ou promissário comprador. Peculiaridades do caso concreto. Imissão na posse. Ciência inequívoca. 1. Para efeitos do art. 543-C do CPC, firmam-se as seguintes teses: a) O que define a responsabilidade pelo pagamento das obrigações condominiais não é o registro do compromisso de compra e venda, mas a relação jurídica material com o imóvel, representada pela imissão na posse pelo promissário comprador e pela ciência inequívoca do condomínio acerca da transação. b) Havendo compromisso de compra e venda não levado a registro, a responsabilidade pelas despesas de condomínio pode recair tanto sobre o promitente vendedor quanto sobre o promissário comprador, dependendo das circunstâncias de cada caso concreto. c) Se ficar comprovado: (i) que o promissário comprador se imitira na posse; e (ii) o condomínio teve ciência inequívoca da transação, afasta-se a legitimidade passiva do promitente vendedor para responder por despesas condominiais relativas a período em que a posse foi exercida pelo promissário comprador" (STJ, 2ª Seção, REsp 1345331-RS, rel. Min. Luís Felipe Salomão, DJe 20/4/2015).

[43] Código de Processo Civil: "Art. 835. A penhora observará, preferencialmente, a seguinte ordem: (...) XII – direitos aquisitivos derivados de promessa de compra e venda e de alienação fiduciária em garantia; XIII – outros direitos".

para si, tornando-se o possuidor direto do bem".[44] Dado que o credor fiduciário é apenas titular da "propriedade resolúvel como mero direito real de garantia", não tem legitimidade para responder pelos débitos condominiais, sendo esta atribuída ao devedor fiduciante não somente em razão da sua titularidade sobre o direito real de aquisição do imóvel, a que se refere o art. 835, XII, do CPC, mas também porque ele é que se apropria, com exclusividade, dos frutos do imóvel ao exercer a posse direta que a lei lhe atribui. Assim, o credor fiduciário somente responderá pelas despesas condominiais incidentes sobre esse imóvel se e quando o devedor fiduciante se tornar inadimplente e, em consequência, o credor fiduciário vier a se tornar proprietário pleno do imóvel e nele investido na posse, nos termos do parágrafo único do art. 1.368-B do Código Civil.[45]

---

[44] "Agravo interno no recurso especial. Ação de execução de título extrajudicial. Débito condominial. Penhora sobre o imóvel gerador do débito que está alienado fiduciariamente. Impossibilidade. Agravo interno não provido. 1. É deficiente a fundamentação do recurso especial em que a alegação de ofensa aos arts. 489 e 1.022 do CPC/2015 se faz de forma genérica, sem a demonstração exata dos pontos em relação aos quais o acórdão se fez omisso, contraditório ou obscuro. Incidência da Súmula 284 do STF. 2. O Superior Tribunal de Justiça firmou o entendimento de que 'o bem alienado fiduciariamente, por não integrar o patrimônio do devedor, não pode ser objeto de penhora. Nada impede, contudo, que os direitos do devedor fiduciante oriundos do contrato sejam constritos' (AgInt no AREsp 1.370.727/SP, Rel. Ministro Marco Aurélio Bellizze, Terceira Turma, julgado em 25/03/2019, *DJe* de 28/03/2019). 3. Agravo interno a que se nega provimento" (REsp 1.819.186-SP, rel. Min. Raul Araujo, *DJe* 4/2/2020).

[45] "CIVIL E PROCESSUAL CIVIL. RECURSO ESPECIAL. AÇÃO DE EMBARGOS À EXECUÇÃO. ALEGAÇÃO DE VIOLAÇÃO DE DISPOSITIVO CONSTITUCIONAL. IMPOSSIBILIDADE. TESES DE EXCESSO DE EXECUÇÃO E PRECLUSÃO. SÚMULAS 283 E 284 DO STF. EXECUÇÃO DE DESPESAS CONDOMINIAIS. IMÓVEL ALIENADO FIDUCIARIAMENTE. RESPONSABILIDADE DO DEVEDOR FIDUCIANTE. ARTS. 27, § 8º, DA LEI Nº 9.514/1997 E 1.368-B, PARÁGRAFO ÚNICO, DO CC/2002. PENHORA DO IMÓVEL. IMPOSSIBILIDADE. BEM QUE NÃO INTEGRA O PATRIMÔNIO DO DEVEDOR FIDUCIANTE. PENHORA DO DIREITO REAL DE AQUISIÇÃO. POSSIBILIDADE. ARTS. 1.368-B, *CAPUT*, DO CC/2002, C/C O ART. 835, XII, DO CPC/2015. 1. Ação de embargos à execução, ajuizada em 11/5/2021, da qual foi extraído o presente recurso especial, interposto em 26/8/2022 e concluso ao gabinete em 27/10/2022. 2. O propósito recursal é definir se é possível a penhora de imóvel alienado fiduciariamente, em ação de execução de despesas condominiais de responsabilidade do devedor fiduciante. 3. De acordo com o art. 105, III, "a", da CRFB, não é cabível recurso especial fundado em violação de dispositivo constitucional ou em qualquer ato normativo que não se enquadre no conceito de lei federal. 4. A existência de fundamento do acórdão recorrido não impugnado, quando suficiente para a manutenção da decisão quanto ao ponto, impede o conhecimento do recurso especial. Súmula 283/STF. 5. A ausência de indicação do dispositivo violado impede o conhecimento do recurso especial quanto ao tema. Súmula 284/STF. 6. A natureza ambulatória (ou propter rem) dos débitos condominiais é extraída do art. 1.345 do CC/2002, segundo o qual "o adquirente de unidade responde pelos débitos do alienante, em relação ao condomínio, inclusive multas e juros moratórios". 7. Apesar de o art. 1.345 do CC/2002 atribuir, como regra geral, o caráter ambulatório (ou *propter rem*) ao débito condominial, essa regra foi excepcionada expressamente, na hipótese de imóvel alienado fiduciariamente, pelos arts. 27, § 8º, da Lei nº 9.514/1997 e 1.368-B, parágrafo único, do CC/2002, que atribuem a responsabilidade pelo pagamento das despesas condominiais ao devedor fiduciante, enquanto estiver na posse direta do imóvel. Precedentes. 8. No direito brasileiro, afirmar que determinado sujeito tem a responsabilidade pelo pagamento de um débito, significa dizer, no âmbito processual, que o seu patrimônio pode ser usado para satisfazer o direito substancial do credor, na forma do art. 789 do CPC/2015. 9. Ao prever que a responsabilidade pelas despesas condominiais é do devedor fiduciante, a norma estabelece, por consequência, que o seu patrimônio é que será usado para a satisfação do referido crédito, não incluindo, portanto, o imóvel alienado fiduciariamente, que integra o patrimônio do credor fiduciário. 10. Assim, não é possível a penhora do imóvel alienado fiduciariamente em execução de despesas condominiais de responsabilidade do devedor fiduciante, na forma dos arts. 27, § 8º, da Lei nº 9.514/1997 e 1.368-B, parágrafo único, do CC/2002, uma vez que o bem não integra o seu patrimônio, mas sim o do credor fiduciário, admitindo-se, contudo, a penhora do direito real de aquisição derivado da alienação fiduciária, de acordo com os arts. 1.368-B, caput, do CC/2002, c/c o art. 835, XII, do CPC/2015. 11. Hipótese

Se, eventualmente, o fiduciário vier a pagar o IPTU ou despesas de condomínio no curso do contrato de alienação fiduciária, fará jus ao reembolso, inclusive mediante ação própria, em Juízo, podendo promover o procedimento extrajudicial de execução e consolidação da propriedade regulado pelo art. 27 da Lei 9.514/1997.

A situação possessória a que está vinculado o fiduciante assemelha-se à do usufrutuário, do titular do direito de uso ou de habitação, aos quais o Código Civil imputa a responsabilidade pelos "tributos devidos pela posse ou rendimento da coisa usufruída" (arts. 1.403, 1.413 e 1.416).

A razão jurídica dessa regra é a comutatividade, pela qual aquele que tem a fruição da coisa é que deve responder pelos encargos a ela correspondentes. Em qualquer dos casos citados, quem usa o imóvel e dele tira proveito econômico são o usufrutuário, o usuário, o titular do direito de habitação e o fiduciante, e, portanto, são eles que têm que responder pelos tributos vinculados ao imóvel objeto do negócio.[46]

6.6. CESSÃO DA POSIÇÃO CONTRATUAL

Está prevista a cessão da posição contratual, tanto por parte do credor-fiduciário, como por parte do devedor-fiduciante, hipóteses em que o cessionário é sub-rogado nos direitos e obrigações do contrato de alienação fiduciária (arts. 28 e 29 da Lei 9.514/1997).

6.6.1. Cessão da posição do fiduciário[47]

Dispõe o art. 28 que a cessão do crédito implicará a transferência, ao cessionário, de todos os direitos e obrigações inerentes à propriedade fiduciária em garantia, reproduzindo o princípio segundo o qual o acessório segue o principal. A cessão do crédito para novo credor implica a transferência para este da garantia desse crédito, que é a propriedade fiduciária.[48]

A cessão do crédito opera, obviamente, a substituição do credor originário da relação contratual, passando o cessionário a ocupar sua posição, integralmente sub-rogado nos direitos daquele.

Na cessão da posição do fiduciário, merece destaque sua peculiar titularidade sobre o imóvel objeto da alienação fiduciária.

Com efeito, na contratação da alienação fiduciária, o fiduciário torna-se titular da propriedade, não na plenitude das suas faculdades, mas sob condição resolutiva, tornando-se proprietário fiduciário.

---

em que o Tribunal de origem decidiu pela possibilidade da penhora do imóvel, apesar de estar alienado fiduciariamente, em razão da natureza *propter rem* do débito condominial positivado no art. 1.345 do CC/2002. 12. Recurso especial parcialmente conhecido e, nessa extensão, provido, para julgar parcialmente procedentes os pedidos formulados na inicial dos embargos à execução, a fim de declarar a impenhorabilidade do imóvel na espécie, por estar alienado fiduciariamente, ficando ressalvada a possibilidade de penhora do direito real de aquisição." (REsp 2.036.289-RS, rel. Min. Nancy Andrighi, DJe 20.4.2023).

[46] "Recurso especial. Tributário. Imposto Predial e Territorial Urbano. Usufruto. Legitimidade passiva do usufrutuário. Precedente deste sodalício (...) Nas hipóteses de usufruto de imóvel não há falar em solidariedade passiva do proprietário e do usufrutuário no tocante ao imposto sobre a propriedade predial e territorial urbana quando apenas o usufrutuário é quem detém o direito de usar e fruir exclusivamente do bem" (REsp 691714-SC, rel. Min. Franciulli Netto, *DJ* 27/6/2005).
"Usufruto. Pagamento do IPTU. 1. O usufrutuário, que colhe os proveitos do bem, é o responsável pelo pagamento do IPTU, nos termos do art. 733, II, do Código Civil, na proporção do seu usufruto" (REsp 203098-SP, rel. Min. Carlos Alberto Menezes Direito, *DJ* 8/3/2000).

[47] V. também Capítulo IV, item 4.2.2.1, sobre a posição jurídica do fiduciário.

[48] Código Civil: "Art. 287. Salvo disposição em contrário, na cessão de um crédito abrangem-se todos os seus acessórios".

Efetivada a cessão e averbada no Registro de Imóveis, o cessionário passa a ser o titular da propriedade fiduciária, portanto, com todos os direitos e obrigações inerentes a essa posição, notadamente, de uma parte, o de receber o crédito e acessórios e, além disso, o de restituir a propriedade plena ao fiduciante, uma vez paga a dívida.

A averbação da cessão é indispensável, não só para validade contra terceiros, mas também perante o fiduciante, pois o fiduciário deve estar formalmente investido dos seus direitos para legitimar-se aos procedimentos de cobrança, constituição do fiduciante em mora, consolidação da propriedade em seu nome e implementação da ação de reintegração de posse.

Por efeito da cessão da posição do fiduciário, o cedente exonera-se de todas as suas obrigações, salvo se, no contrato de cessão, as partes tiverem convencionado que o cedente responda pela solvência do devedor, nos termos do art. 296 do Código Civil.[49]

Igualmente, assume a posição do fiduciário o fiador ou o terceiro interessado que pague a dívida, pois, nos termos do art. 31 da Lei 9.514/1997, este sub-roga-se de pleno direito no crédito e na propriedade fiduciária, podendo exercer todos os direitos inerentes à figura do fiduciário, estando sujeito, na contrapartida, a todas as obrigações a este imputáveis.

Tendo em vista a necessidade de simplificação e celeridade nos negócios de cessão de crédito para funcionamento do mercado secundário de créditos imobiliários, a lei dispensa a notificação do devedor nas cessões de crédito a que alude (art. 35 da Lei 9.514/1997), excepcionando a regra do art. 290 do Código Civil.[50] No mesmo sentido, permite-se que o crédito seja representado por Cédula de Crédito Imobiliário, caso em que a cessão se faz mediante endosso na própria cédula, se cartular, ou, se a Cédula for escritural, mediante registro da operação em sistemas de registro e liquidação financeira de títulos privados autorizados pelo Banco Central do Brasil.

A cessão da posição do fiduciário não constitui hipótese de incidência de imposto de transmissão *inter vivos*, porque não configura nenhuma das hipóteses do art. 156, II, da Constituição Federal.[51] No caso, tem-se apenas uma cessão de crédito, acompanhada da transmissão da garantia representada pela propriedade fiduciária, estando explicitamente excepcionada pela Constituição a transmissão dos *direitos reais de garantia*. Obviamente, se verificado o inadimplemento do fiduciante que justifique a consolidação da propriedade no fiduciário, nesse caso estará ele adquirindo a propriedade, configurando-se, só nessa hipótese, a *transmissão (...) de bens imóveis* de que trata o art. 156, II, da Constituição.

6.6.2. Cessão da posição do fiduciante[52]

Na dinâmica do contrato de alienação fiduciária de bens imóveis, torna-se o alienante-fiduciante titular de um direito sob condição suspensiva e pode transmiti-lo da mesma forma como são transmissíveis quaisquer direitos expectativos.[53]

---

[49] "Art. 296. Salvo estipulação em contrário, o cedente não responde pela solvência do devedor."
[50] "Art. 290. A cessão do crédito não tem eficácia em relação ao devedor, senão quando a este notificada; mas por notificado se tem o devedor que, em escrito público ou particular, se declarou ciente da cessão feita."
[51] Na definição do dispositivo constitucional, só incide imposto de transmissão *inter vivos* na "transmissão (...) de bens imóveis (...) e de direitos reais sobre imóveis, exceto os de garantia...". Sendo a propriedade fiduciária constituída *com o escopo de garantia*, por expressa definição do art. 22 da Lei 9.514, resulta claro que não se configura a hipótese de incidência do imposto de transmissão no ato da contratação da alienação fiduciária, mas somente, eventualmente, no ato da consolidação da propriedade no fiduciário, pois aí, sim, estará presente a hipótese prevista na Constituição, de *transmissão de bem imóvel*.
[52] Sobre a natureza jurídica do direito do fiduciante, v. no Capítulo IV item 4.2.2.2.
[53] Lei 9.514/1997: "Art. 29. O fiduciante, com a anuência expressa do fiduciário, poderá transmitir os direitos de que seja titular sobre o imóvel objeto da alienação fiduciária em garantia, assumindo o adquirente as respectivas obrigações".

A forma contratual é a cessão, que deverá contar com a anuência expressa do fiduciário.

No momento inicial da aplicação da Lei 9.514/1997, houve quem pensasse que a transmissão dos direitos do devedor-fiduciante poderia ser contratada mediante compra e venda, e não por meio de cessão.

Pouco importando a denominação que se atribua ao contrato, pois a cessão se rege pelas regras aplicáveis à compra e venda, o certo é que "a venda de bens incorpóreos, aí compreendidos os direitos, denomina-se cessão. Não tem finalidade de transferência do domínio propriamente dito, visto que este só se exerce sobre bens corpóreos, vale dizer, sobre coisas".[54]

Com efeito, a compra e venda é definida no Código Civil e tem por objeto a transferência do "domínio de certa coisa" (art. 481).

Sucede que, na estrutura da alienação fiduciária em garantia, o credor-fiduciário é que é titular do domínio, conquanto resolúvel, e não o devedor-fiduciante; este é titular de direito aquisitivo e, portanto, só tem legitimidade para transmitir esse direito, donde, obviamente, não está habilitado a celebrar o contrato definido no art. 481 do Código Civil, que é o de transferência "de domínio de certa coisa".

Há precedentes legislativos no direito brasileiro. O direito do devedor-fiduciante tem a mesma natureza jurídica do direito do promitente comprador, isto é, direito de aquisição sob condição suspensiva, cuja transmissão se contrata mediante cessão ou promessa de cessão (Lei 6.766/1979, arts. 26 e 31). O mesmo sucede com o titular de direito hereditário, cuja transmissão é explicitamente admitida pelo Código Civil sob forma de cessão (arts. 1.793 e seguintes).

Apesar de, em regra, o nome não ser relevante para a qualificação dos contratos, é de todo conveniente padronizar a denominação da transmissão dos direitos e obrigações do devedor-fiduciante em conformidade a nomenclatura consagrada pelo direito positivo para a transmissão de bens incorpóreos, isto é, *cessão* (Código Civil, arts. 481, 1.451, 1.793, 1.794, entre outros; Decreto-lei 58/1937, Lei 6.766/1979 etc.). A padronização facilita e simplifica a circulação dos negócios, e, assim, como observa o advogado Maury Rouède Bernardes: "tratando-se, portanto, de titularidade sobre um direito real de aquisição da propriedade sob condição suspensiva, entendemos que o título adequado para a transferência da posição do devedor-fiduciante é o instrumento de cessão e sub-rogação...".[55]

É sob esses fundamentos que a jurisprudência vem consagrando o emprego dessa forma de contrato para a transmissão da posição contratual do devedor-fiduciante.[56]

---

[54] GOMES, Orlando, *Contratos*. 2. ed. Rio de Janeiro: Forense, 1966, p. 220.
[55] BERNARDES, Maury Rouède, A transferência da posição de devedor-fiduciante. Cessão ou compra e venda?. *Diário das Leis, BDI, Boletim do Direito Imobiliário*, n. 5, p. 5-7, 2º decêndio, fev. 2008.
[56] "REGISTRO DE IMÓVEIS. Dúvida julgada improcedente. Contrato particular de cessão de direitos. Alienação fiduciária de imóvel. Exigências para o registro. Irresignação parcial relativa apenas à celebração do instrumento que deveria ser de compra e venda. Inadmissibilidade. Recurso parcialmente provido para ser julgada prejudicada a dúvida." Excerto do voto do relator: "Não se afigura correta a exigência do oficial para que a suscitante providenciasse a celebração de contrato de compra e venda, ao invés do de cessão de direitos, por meio do qual, na verdade, está anuindo expressamente com a transferência ao cessionário dos direitos e obrigações inerentes à propriedade fiduciária em garantia, assumidos pelos então devedores fiduciantes. Com efeito, como salientado, a apelada não pretendeu transferir aos cessionários o domínio do imóvel, que permanecerá seu até que quitado o contrato de mútuo. E os seus devedores-fiduciantes anteriores, ao contrário do que sustentado, também não poderiam desejar alienar o imóvel aos ora cessionários porque não são proprietários dele. A imperfeição técnica na elaboração do instrumento não tem o condão de desvirtuar a real intenção que o negócio realizado representa, não se podendo olvidar que nas declarações de vontade se atenderá mais à intenção nelas consubstanciada

Por efeito dessa cessão, o cessionário substitui o cedente na relação contratual, passando a figurar no contrato como devedor-fiduciante, sub-rogado nos direitos e nas obrigações do cedente. Em consequência, o novo fiduciante passa a ser o titular do direito expectativo de que era titular o fiduciante originário, assumindo, na contrapartida, todas as obrigações que estão vinculadas ao aludido direito expectativo. A cessão sem anuência do fiduciário só produz efeito entre o cedente e o cessionário e, por isso, é desaconselhável para todas as partes envolvidas no negócio, pois, de uma parte, o cedente continuará obrigado perante o fiduciário e, de outra parte, o cessionário não terá legitimação para reivindicar os direitos de fiduciante em face do fiduciário.

A cessão da posição do fiduciante constitui hipótese de incidência do imposto de transmissão, pois trata-se da transmissão de direito real sobre imóvel.

A cessão deve ser registrada no Registro de Imóveis, sendo ali consignado o nome do novo titular do direito de aquisição da propriedade, bem como deve estar ali assentado quem é o novo sujeito das obrigações concernentes ao contrato de alienação fiduciária. O interesse pelo assentamento da cessão no Registro de Imóveis é de ambas as partes, fiduciário e novo fiduciante, pois o cancelamento da propriedade fiduciária beneficiará aquele que figurar como fiduciante no Registro e, não havendo o registro da cessão, continuará figurando o antigo fiduciante; de outra parte, na hipótese de mora do devedor, não haverá discrepância entre o nome que figurar no requerimento de intimação, formulado pelo fiduciário, e o nome constante no Registro como titular dos direitos e obrigações do contrato.

6.7. PAGAMENTO

O pagamento é a condição para que a propriedade plena retorne ao fiduciante, pois na alienação fiduciária o fiduciante transfere ao fiduciário a propriedade resolúvel do imóvel com o escopo de garantia, assim permanecendo até que seja paga a dívida.

Aplicam-se ao pagamento os princípios gerais previstos nos arts. 304 e seguintes do Código Civil, pelo que devem pagar o devedor principal (fiduciante) ou seus coobrigados, ficando estes, caso paguem, sub-rogados no crédito e na garantia fiduciária.

Titular do crédito e, portanto, legitimado a recebê-lo é o credor-fiduciário ou seu cessionário a qualquer título.

O pagamento é o fato jurídico que extingue a obrigação e caracteriza o implemento da condição, daí por que dispõe a lei que, com o pagamento da dívida, resolve-se a propriedade fiduciária do imóvel, devendo o fiduciário fornecer ao fiduciante o termo de quitação dentro de 30 dias; à vista do termo de quitação, o oficial do Registro de Imóveis competente cancela o registro da propriedade fiduciária (Lei 9.514/1997, art. 25 e parágrafos), daí decorrendo a automática reversão da propriedade ao fiduciante.

É o pagamento, assim, o evento caracterizador do implemento da condição, criando automaticamente para o credor a obrigação de dar quitação ao fiduciante e viabilizando para este a recuperação da plena propriedade do imóvel.

Para evitar que o credor-fiduciário retenha a entrega do termo de quitação e, com isso, possa causar prejuízo ao fiduciante, a lei lhe impõe a multa de meio por cento sobre o valor do contrato, por mês ou fração, caso postergue a entrega do termo por mais de trinta dias contados do pagamento da última parcela da dívida.

---

do que ao sentido literal da linguagem (CC, art. 112). (Conselho Superior da Magistratura do Estado de São Paulo, Apelação Cível 417-6/5, da Comarca de Barueri, rel. Des. José Mário Antonio Cardinale, Corregedor-Geral da Justiça, j. 15/12/2005).

O devedor pode efetivar o pagamento mediante dação, caso em que transmitirá ao credor seu direito eventual, consolidando-se a propriedade definitivamente no patrimônio deste, dispensada a realização do leilão do imóvel. (Lei 9.514/1997, art. 26, § 8º).

6.7.1. Reversão da propriedade

Por efeito do pagamento, opera-se automaticamente a reversão da propriedade ao patrimônio do devedor-fiduciante.

Com efeito, o devedor-fiduciante é titular de direito real de aquisição subordinado a condição suspensiva, de modo que a propriedade considera-se adquirida pelo simples implemento da condição, o que se dá com o pagamento da dívida, independente de intervenção judicial.

A reversão se efetiva mediante averbação, no Registro de Imóveis, do "termo de quitação" da dívida garantida pela propriedade fiduciária.

Nesse sentido, a lei prevê que com o pagamento da dívida resolve-se a propriedade fiduciária e, para efetivação do ato de registro correspondente, obriga o credor-fiduciário a fornecer ao devedor-fiduciante, no prazo de trinta dias a contar da data da liquidação da dívida, o correspondente "termo de quitação", sob pena de multa em quantia equivalente a 0,5% (meio por cento) por mês ou fração sobre o valor do contrato. De posse do "termo", o antigo devedor o apresenta ao Oficial do Registro de Imóveis competente, que o averba na matrícula do imóvel, procedendo ao cancelamento do registro da propriedade fiduciária. Por força desse cancelamento, volta a vigorar o registro da propriedade plena em nome do antigo devedor-fiduciante (Lei 9.514/1997, art. 25 e seus parágrafos).

Como se sabe, os direitos do credor-fiduciário e do devedor-fiduciante, subordinados, respectivamente, a condição resolutiva e a condição suspensiva, são opostos e complementares, sendo certo que o evento que extingue a propriedade do credor (pagamento) é o mesmo que opera a aquisição da propriedade pelo devedor.

No contrato de alienação fiduciária em garantia, a condição decorre de expressa disposição legal, é *conditio juris*, de modo que opera seus efeitos automaticamente. Basta que aconteça o evento (pagamento) para que se considere efetivada a aquisição da propriedade pelo devedor, o que se dá por força da reversão decorrente da averbação do "termo de quitação" na matrícula do imóvel.[57]

6.8. MORA E INADIMPLEMENTO

A constituição do devedor em mora, no contrato de alienação fiduciária, segue a regra geral da primeira parte do art. 397 do Código Civil, pela qual o inadimplemento da obrigação positiva e líquida, no seu termo, constitui de pleno direito em mora o devedor, sendo desnecessária qualquer interpelação, salvo o caso em que não houver prazo assinado.

Assinala Orlando Gomes, ao tratar do contrato de alienação fiduciária de bens móveis, que a lei exige a notificação do devedor apenas para comprovação da mora, "para que o credor se documente, praticando ato que torne inequívoco o comportamento do devedor", salientando que "o devedor não incorre em mora no dia da expedição da carta, mas, sim, se não paga a dívida no vencimento".[58]

É que, em regra, no contrato de empréstimo com pacto adjeto de alienação fiduciária o vencimento das parcelas de amortização, juros e encargos tem vencimento certo, estabele-

---

[57] V., adiante, *Consolidação da propriedade no fiduciário*.
[58] GOMES, Orlando. *Alienação fiduciária em garantia*. 4. ed. São Paulo: RT, 1975, p. 100.

cido em contrato, de modo que se aplica a regra *dies interpellat pro homine*, que contempla a constituição automática da mora, pela qual o inadimplemento da obrigação, positiva e líquida, no seu termo, constitui de pleno direito em mora o devedor. Com efeito, nas obrigações sem termo certo é necessário que o credor seja avisado do vencimento, enquanto nas obrigações que devam ser cumpridas *dies certus an certus quando* a interpelação é dispensável, pois o vencimento já terá sido fixado no contrato. O que importa, para configuração da mora, é que o devedor tenha ciência, com certeza, de que o credor quer ser satisfeito prontamente.[59] No caso dos contratos de empréstimo com pacto adjeto de alienação fiduciária, o devedor tem ciência das datas de vencimento desde o momento em que contraiu a dívida e firmou o contrato, porque nestes está estabelecido o vencimento certo, tendo o devedor, portanto, certeza de que o credor tem interesse em que o pagamento se realize na data aprazada[60].

Na linha desses princípios, e fiel à natureza da propriedade resolúvel de que está investido o credor, o art. 26 da Lei 9.514/1997 considera constituído em mora o devedor desde que vencida e não paga a dívida, mas, não obstante, estabelece requisitos para que se efetive a consolidação da propriedade no patrimônio do credor, a saber, (i) a observância de um prazo de carência, que corresponde a um intervalo entre o vencimento da parcela da dívida e o início do procedimento de execução do crédito, e (ii), após expirado esse prazo, a intimação do devedor-fiduciante para que pague "no prazo de quinze dias (...) a prestação vencida e as que se vencerem até a data do pagamento, os juros convencionais, as penalidades e os demais encargos contratuais, os encargos legais, inclusive tributos ..." (§ 1º do art. 26).

Importa notar que a interpelação ao devedor "é ato de vontade destinado apenas a dar ciência, porquanto os efeitos da mora decorrem do inadimplemento", não tendo a interpelação a função de suscitar os efeitos da mora, pois esta já terá ocorrido.[61] No caso específico da alienação fiduciária de bem imóvel, os termos do § 1º do art. 26 da Lei 9.514/1997 tornam exigível a prova da mora para efeito de consolidação da propriedade, postergando a data da constituição em mora para a data da sua comprovação, como observa Paulo Restiffe Neto, ao comentar situação análoga nos contratos de alienação fiduciária de bens móveis: "É que o conteúdo (mora) só é palpável através do continente (prova), ou seja, só através da forma percebe-se a matéria (...) Aliás, através da comunicação feita pelo credor ao devedor, de acordo com a tradição do nosso Direito, sempre se abre oportunidade à purgação da mora ou apresentação do motivo que possa justificar a inação, no prazo eventualmente concedido...".[62]

Anote-se, ainda, que, apesar de a Lei 9.514/1997 ter adotado procedimento similar ao da lei de parcelamento do solo urbano, para efeito da comprovação da mora, admitindo a purgação em relação à promessa de compra e venda de lotes de terreno, não se pode confundir a estrutura e a função desse contrato, regulado pela Lei 6.766/1979, com a estrutura e a função da alienação fiduciária, aquele um contrato preliminar para futura transmissão da propriedade e este um contrato acessório, de garantia, pelo qual o devedor transmite a propriedade ao credor, em caráter resolúvel, com função de garantia, sendo certo que, no caso, a condição resolutiva é expressa e, assim, opera de pleno direito, independentemente de interpelação, considerando-se a propriedade irremediavelmente adquirida pelo credor-fiduciário, uma vez caracterizado o inadimplemento, como se nunca tivesse havido condição (Teixeira de Freitas, art. 616 do Esboço).

---

[59] ESPÍNOLA, Eduardo, *Sistema do direito civil brasileiro*. 4. ed. Rio de Janeiro: Conquista, 1961, v. II, p. 302.
[60] GOMES, Orlando, *Obrigações*. 12. ed. Rio de Janeiro: Forense, 1999, p. 169.
[61] GOMES, Orlando. *Obrigações*. 12. ed. Rio de Janeiro: Forense, 1999, p. 169.
[62] RESTIFFE NETO, Paulo. *Garantia fiduciária*. São Paulo: RT, 1976, p. 315.

Verificado o atraso de pagamento e decorrido o prazo de carência fixado no contrato, o credor-fiduciário poderá dar início ao procedimento de que trata o art. 26, que poderá resultar no convalescimento do contrato, se purgada a mora, ou na expropriação do direito do devedor-fiduciante, se não purgada a mora.

A carta para intimação só poderá ser expedida depois de decorrido o prazo de carência estabelecido no contrato para esse fim. A lei torna obrigatória a fixação de um intervalo entre o vencimento da dívida, ou de parcela da dívida, e o início do procedimento de intimação para purgação da mora, ao dispor que "o contrato definirá o prazo de carência após o qual será expedida a intimação" (§ 2º do art. 26 da Lei 9.514/1997). Carência semelhante é exigida pela Lei de Incorporações, com a diferença de que nesse caso é a lei que fixa o intervalo entre o vencimento da dívida e a expedição da carta de intimação – para a hipótese de mora do adquirente de imóvel em incorporação imobiliária, a Lei 4.591, de 1964, dispõe que o adquirente será intimado para purgação da mora após a falta de pagamento de 3 prestações ou atraso de 90 dias de pagamento de qualquer prestação. Apesar de a lei não exigir a apresentação de demonstrativo do débito, deve o credor-fiduciário fazê-lo ao instruir o requerimento dirigido ao oficial do Registro de Imóveis para intimação do devedor-fiduciante.

Observados esses requisitos, o credor-fiduciário deverá requerer ao Oficial do Registro de Imóveis competente (aquele em que estiver matriculado o imóvel objeto do negócio) a intimação do fiduciante para que purgue a mora no prazo de quinze dias. A intimação far-se-á pessoalmente ao fiduciante ou ao seu representante legal ou procurador regularmente constituído. Tem o Oficial do Registro de Imóveis a faculdade de promover pessoalmente a intimação ou transferir essa diligência a um Oficial de Registro de Títulos e Documentos da comarca da situação do imóvel ou do domicílio de quem deva recebê-la, podendo também o Oficial do Registro de Imóveis, se preferir, realizar a intimação por meio do Correio, mediante carta-notificação com aviso de recebimento. Todavia, em qualquer hipótese a intimação deve ser feita pessoalmente, ao devedor ou ao seu representante legal ou ao seu procurador, daí por que, se a carta-notificação for remetida pelo Correio, só valerá se o aviso de recebimento tiver sido assinado pelo próprio devedor, por seu representante legal ou seu procurador. Caso o fiduciante, seu representante legal ou procurador, se oculte, poderá ser feita a intimação por hora certa e caso se encontre em local incerto e não sabido, far-se-á a intimação por edital.

Para bem implementar suas atribuições no que concerne aos procedimentos visando a purgação da mora ou as consequências da não purgação, é necessário que o Oficial do competente Registro de Imóveis forme um processo para cada requerimento de intimação, contendo todas as peças do procedimento.

Nos condomínios ou outras espécies de conjuntos imobiliários com controle de acesso, é válida a intimação feita ao funcionário da portaria responsável pelo recebimento da correspondência.

Nas diligências de intimação em que o oficial ou o serventuário por ele indicado para esse fim, após duas tentativas, não encontrar o intimando em seu domicílio ou residência e suspeitar motivadamente que ele esteja se ocultando, deverá intimar qualquer pessoa da família ou, em sua falta, qualquer vizinho, mediante procedimento de intimação por hora certa, aplicando-se a esse ato, subsidiariamente, as normas do CPC correspondente a esse ato.[63]

---

[63] Lei nº 9.514/1997, § 3º-A e § 3º-B do art. 26, incluído pela Lei 13.465, de 11.7.2017: "Art. 26. (...). § 3º-A Quando, por duas vezes, o oficial de Registro de Imóveis ou de Registro de Títulos e Documentos ou serventuário por eles credenciado houver procurado o intimando em seu domicílio ou residência sem o encontrar, deverá, havendo suspeita de ocultação, intimar qualquer pessoa da família ou, em sua falta, qualquer vizinho de que, no dia útil imediato, retornará ao imóvel, a fim de efetuar a intimação, na hora

A purgação da mora far-se-á perante o oficial do Registro de Imóveis competente, mediante pagamento dos valores que lhe tiverem sido informados pelo credor, em demonstrativo no qual deverão estar discriminados os valores do principal, dos juros e demais encargos contratuais; tendo em vista o tempo que decorrerá entre o requerimento de intimação e o final do prazo para purgação de mora, é de toda conveniência que o credor apresente demonstrativo em que estejam compreendidas as parcelas que se vencerem nesse interregno, incluindo as penalidades, pois, do contrário, haverá o risco de efetivar-se pagamento em valor inferior ao devido, considerada a futura data em que vier a se realizar a purgação da mora; nos 3 dias seguintes à purgação, o Oficial do Registro de Imóveis deverá entregar ao credor-fiduciário as importâncias recebidas, deduzidas as despesas de cobrança e de intimação (art. 26 e §§).

O § 1º do art. 26 fixa em 15 dias o prazo para purgação da mora, mas essa regra é excepcionada para os financiamentos habitacionais, para os quais a lei confere ao devedor-fiduciante um prazo adicional de 30 dias após a expiração do prazo de 15 dias.

Assim, nas operações de crédito com alienação fiduciária de imóveis, em geral, expirado o prazo de 15 dias sem que o devedor tenha purgado a mora, extingue-se o contrato e averba-se imediatamente a consolidação da propriedade em nome do credor-fiduciário, situação que não mais comporta a purgação da mora.

Diferentemente, nos financiamentos habitacionais, inclusive aqueles de interesse social do Programa Minha Casa, Minha Vida, de que trata a Lei 11.977/2009, a lei confere ao devedor-fiduciante a faculdade de pagar as parcelas vencidas da dívida e encargos contratuais até a data da averbação da consolidação da propriedade em nome do credor-fiduciário, que somente poderá ser efetivada 30 dias após o término do prazo de 15 dias fixado na carta de intimação. Por essa forma, a lei cria um critério especial para pagamento das parcelas vencidas e encargos contratuais, com a consequente restauração do curso normal do contrato de financiamento habitacional.[64]

Em qualquer das duas hipóteses – operações de crédito em geral ou financiamento habitacional –, a consolidação rompe o vínculo real que prendia o direito aquisitivo do imóvel ao antigo devedor-fiduciante, e este somente poderá ser restaurado mediante reaquisição da propriedade, até o momento do segundo leilão, por preço correspondente ao saldo devedor, seus encargos e despesas da consolidação. Para esse fim, o § 2º-B do art. 27 da Lei 9.514/1997 confere preferência ao antigo fiduciante perante terceiros.[65]

---

que designar, aplicando-se subsidiariamente o disposto nos arts. 252, 253 e 254 da Lei nº 13.105, de 16 de março de 2015 (Código de Processo Civil). § 3º-B Nos condomínios edilícios ou outras espécies de conjuntos imobiliários com controle de acesso, a intimação de que trata o § 3º-A pode ser feita ao funcionário da portaria responsável pelo recebimento de correspondência".

[64] Lei 9.514/1997, com a redação dada pela Lei 13.465, de 11.7.2017: "Art. 26-A. Os procedimentos de cobrança, purgação de mora e consolidação da propriedade fiduciária relativos às operações de financiamento habitacional, inclusive as operações do Programa Minha Casa, Minha Vida, instituído pela Lei nº 11.977, de 7 de julho de 2009, com recursos advindos da integralização de cotas no Fundo de Arrendamento Residencial (FAR), sujeitam-se às normas especiais estabelecidas neste artigo. § 1º A consolidação da propriedade em nome do credor-fiduciário será averbada no registro de imóveis trinta dias após a expiração do prazo para purgação da mora de que trata o § 1º do art. 26 desta Lei. § 2º Até a data da averbação da consolidação da propriedade fiduciária, é assegurado ao devedor-fiduciante pagar as parcelas da dívida vencidas e as despesas de que trata o inciso II do § 3º do art. 27, hipótese em que convalescerá o contrato de alienação fiduciária."

[65] Lei 9.514/1997, com a redação dada pela Lei 13.465, de 11.7.2017: "Art. 27. (...). § 2o-B. Após a averbação da consolidação da propriedade fiduciária no patrimônio do credor-fiduciário e até a data da realização do segundo leilão, é assegurado ao devedor-fiduciante o direito de preferência para adquirir o imóvel por preço correspondente ao valor da dívida, somado aos encargos e despesas de que trata o § 2º deste

Em síntese, nas operações de crédito com garantia fiduciária imobiliária, em geral, o prazo para purgação da mora é de 15 dias, enquanto nos financiamentos habitacionais esse prazo é dilatado para no mínimo 45 dias, tomando-se como termo inicial a data do recebimento da carta de intimação e como termo final o 30º dia a contar da data em que expirar o prazo fixado na carta de intimação ou do momento imediatamente anterior à averbação da consolidação; passado esse prazo sem que o devedor-fiduciante tenha efetivado o pagamento das parcelas vencidas da dívida, o oficial do Registro de Imóveis procederá à averbação da consolidação da propriedade, após a qual não é mais admitida a purgação da mora por não mais existir suporte contratual que poderia viabilizar a continuidade do vínculo, extinto que foi por efeito do inadimplemento absoluto, por força do qual terá sido transferida a propriedade ao credor-fiduciário mediante averbação da consolidação.

6.8.1. Limites da prerrogativa da purgação da mora

A purgação da mora, como se sabe, é faculdade conferida ao devedor para preservação do contrato, de modo que, "purgada a mora no Registro de Imóveis, convalescerá o contrato de alienação fiduciária" (§ 5º do art. 26). A não purgação caracteriza o inadimplemento absoluto, a partir do qual "não mais poderá o devedor-fiduciante pagar as parcelas em atraso e, portanto, cumprir a condição resolutiva da propriedade fiduciária, que, então, tornar-se-á plena nas mãos do credor"[66] (§ 7º do art. 26).

Não obstante, registram-se decisões, inclusive do Superior Tribunal de Justiça, pelas quais foi reaberto o prazo para purgação da mora depois de expirado o prazo legal e, até mesmo, depois de transferida a propriedade plena do imóvel para o antigo credor-fiduciário. Fundamentam-se essas decisões em que (i) a Lei 9.514/1997 não teria fixado data-limite para purgação da mora e essa omissão justificaria a aplicação subsidiária do art. 34 do Decreto-lei 70/1966, que, ao regulamentar a execução extrajudicial de crédito hipotecário, permite a purgação da mora até a data da arrematação do imóvel hipotecado; (ii) o contrato de mútuo garantido por propriedade fiduciária não se extingue por força da consolidação da propriedade no patrimônio do credor-fiduciário; e (iii) a consolidação da propriedade não importa em incorporação do imóvel no patrimônio do credor-fiduciário.[67]

---

artigo, aos valores correspondentes ao imposto sobre transmissão *inter vivos* e ao laudêmio, se for o caso, pagos para efeito de consolidação da propriedade fiduciária no patrimônio do credor-fiduciário, e às despesas inerentes ao procedimento de cobrança e leilão, incumbindo, também, ao devedor-fiduciante o pagamento dos encargos tributários e despesas exigíveis para a nova aquisição do imóvel, de que trata este parágrafo, inclusive custas e emolumentos".

[66] LOUREIRO, Francisco Eduardo et al., *Código Civil comentado*. 9. ed. Cezar Peluso (coord,). São Paulo: Manole, 2015, comentário ao art. 1.363, p. 1.324.

[67] "Habitacional. Sistema Financeiro Imobiliário. Purgação da mora. Data-limite. Assinatura do auto de arrematação. Dispositivos legais analisados: arts. 26, § 1º, e 39, II, da Lei 9.514/97; 34 do DL 70/1966; e 620 do CPC. (...). 4. Havendo previsão legal de aplicação do art. 34 do DL 70/99 à Lei 9.514/97 e não dispondo esta sobre a data-limite para purgação da mora do mutuário, conclui-se pela incidência irrestrita daquele dispositivo legal aos contratos celebrados com base na Lei 9.514/97, admitindo-se a purgação da mora até a assinatura do auto de arrematação. (...). 6. Considerando que a purgação pressupõe o pagamento integral do débito, inclusive dos encargos legais e contratuais, nos termos do art. 26, § 1º, da Lei 9.514/97, sua concretização antes da assinatura do auto de arrematação não induz nenhum prejuízo ao credor. Em contrapartida, assegura ao mutuário, enquanto não perfectibilizada a arrematação, o direito de recuperar o imóvel financiado, cumprindo, assim, com os desígnios e anseios não apenas da Lei 9.514/97, mas do nosso ordenamento jurídico como um todo, em especial da Constituição Federal" (REsp 1.433.031-DF, rel. Min. Nancy Andrighi, *DJe* 18.06.2014).

As decisões assim proferidas buscam fundamento no art. 39 da Lei 9.514/1997, segundo o qual aplicam-se às operações previstas nessa lei os arts. 29 a 41 do Decreto-lei 70/1966, que permitem a purgação da mora nas execuções extrajudiciais de créditos hipotecários vinculados ao Sistema Financeiro da Habitação até que seja assinado o auto de arrematação.

Nessas decisões, entretanto, não chegaram a ser considerados elementos de caracterização das garantias reais que distinguem a garantia hipotecária da garantia fiduciária, cujos regimes jurídicos são marcados por singularidades que tornam suas normas insuscetíveis de recíproca aplicação analógica no que tange aos procedimentos de realização da garantia.

Assim, a regra de purgação da mora até a assinatura do auto de arrematação é adequada para as execuções hipotecárias extrajudiciais, e, especificamente para essas execuções, foi instituída pelo Decreto-lei 70/1966 (art. 34), mas é incompatível com o regime jurídico da garantia fiduciária; ademais, existindo na Lei 9.514/1997 regra e prazo para purgação da mora (§ 1º do art. 26 e § 2º do art. 26-A), não há lacuna que pudesse justificar o recurso à analogia.

Também não se compatibilizam com o regime jurídico da garantia fiduciária os argumentos segundo os quais (i) o contrato não se extingue por efeito do inadimplemento, caracterizado pela não purgação da mora no prazo legal, e (ii) a averbação da consolidação da propriedade não importa em transferência do imóvel ao credor-fiduciário.

Com efeito, caracteriza-se a propriedade fiduciária em garantia como propriedade resolúvel subordinada a uma *conditio juris*, cujos efeitos são produzidos pela simples ocorrência ou não ocorrência de *evento definido por lei*, quais sejam, o adimplemento ou o inadimplemento da obrigação garantida, que importam na extinção do contrato à qual essa garantia está vinculada; dispõe a lei que, no primeiro caso, implementada a condição (pagamento), extingue-se o contrato, com a consequente reversão da propriedade plena ao fiduciante; no segundo caso, não implementada a condição (retardamento do pagamento e não purgação da mora), extingue-se o contrato, com a consequente transferência da propriedade plena ao fiduciário, mediante consolidação.

A regra geral de transferência da propriedade para o credor-fiduciário, seja o bem móvel ou imóvel, só se efetiva após a extinção do contrato, dispondo o Código Civil que o credor-fiduciário se torna "proprietário pleno do bem, por efeito de realização da garantia, mediante consolidação da propriedade..." (parágrafo único do art. 1.368-B). Em relação à propriedade fiduciária de bem imóvel, o § 7º do art. 26 da Lei 9.514/1997 dispõe que, decorrido o prazo fixado para a purgação sem que o devedor tenha efetivado o pagamento, "o oficial do com-

---

"No âmbito da alienação fiduciária de imóveis em garantia, o contrato não se extingue por força da consolidação da propriedade em nome do credor-fiduciário, mas, sim, pela alienação em leilão público do bem objeto da alienação fiduciária, após a lavratura do auto de arrematação. 3. Considerando-se que o credor-fiduciário, nos termos do art. 27 da Lei 9.514/1997, não incorpora o bem alienado em seu patrimônio, que o contrato de mútuo não se extingue com a consolidação da propriedade em nome do fiduciário, que a principal finalidade da alienação fiduciária é o adimplemento da dívida e a ausência de prejuízo para o credor, a purgação da mora até a arrematação não encontra nenhum entrave procedimental" (REsp 1.462.210-RS, 3ª Turma, rel. Min. Ricardo Villas Bôas Cueva, *DJe* 25.11.2014).

"Recurso especial. Alienação fiduciária de coisa imóvel. Lei 9.514/1997. Quitação do débito após a consolidação da propriedade em nome do credor-fiduciário. Possibilidade. Aplicação subsidiária do Decreto-lei 70/1966. Proteção do devedor. Abuso de direito. Exercício em manifesto descompasso com a finalidade. 1. É possível a quitação de débito decorrente de contrato de alienação fiduciária de bem imóvel (Lei 9.514/1997), após a consolidação da propriedade em nome do credor-fiduciário. Precedentes. 2. No âmbito da alienação fiduciária de imóveis em garantia, o contrato não se extingue por força da consolidação da propriedade em nome do credor-fiduciário, mas, sim, pela alienação em leilão público do bem objeto da alienação fiduciária, após a lavratura do auto de arrematação. (...)" (REsp 1.518.085-RS, rel. Min. Marco Aurélio Bellizze, *DJe* 20.05.2015).

petente Registro de Imóveis, certificando esse fato, promoverá a averbação, na matrícula do imóvel, da consolidação da propriedade em nome do fiduciário...".

Assim, extinto o contrato por efeito do inadimplemento, desaparece o suporte contratual que viabilizava a continuidade do vínculo obrigacional mediante purgação da mora, podendo o vínculo real que ligava o imóvel ao antigo devedor ser restaurado mediante nova aquisição no segundo leilão pelo valor do saldo devedor, acrescido dos encargos e das despesas com ITBI, emolumentos de averbação da consolidação etc., com fundamento no § 2º do art. 27 da Lei 9.514/1997, que obriga o antigo fiduciário a vender o imóvel a quem quer que venha a ofertar esse montante no segundo leilão.

Essa parece ter sido a solução aventada no acórdão proferido no REsp 1.462.210-RS, referido no início deste item. É que, a despeito de constar da ementa que "o credor-fiduciário não incorpora o bem alienado em seu patrimônio", o voto condutor faz menção "à nova transmissão da propriedade", atribuindo ao devedor-fiduciante o reembolso das quantias despendidas pelo fiduciário com a consolidação, ao prever que "[...] os prejuízos advindos com a *posterior purgação da mora são suportados exclusivamente pelo devedor-fiduciante, que arcará com todas as despesas referentes à 'nova' transmissão da propriedade* e também com os gastos despendidos pelo fiduciário com a consolidação da propriedade (ITBI, custas cartorárias, etc.)" (grifamos).

A situação foi elucidada pelo § 2º-B do art. 27, incluído na Lei 9.514/1997 pela Lei 13.465, de 11.7.2017, segundo o qual o valor a ser pago pelo antigo fiduciante a partir da data da averbação da consolidação da propriedade em nome do antigo fiduciário, e até a data do segundo leilão, é o correspondente ao valor do saldo devedor, acrescido dos encargos contratuais e despesas da consolidação e do leilão, se este já tiver sido anunciado,[68] vindo a jurisprudência do STJ a adequar seu entendimento no sentido de que "a partir da entrada em vigor da lei nova, nas situações em que consolidada a propriedade, mas não purgada a mora, é assegurado ao devedor fiduciante tão somente o exercício do direito de preferência", e não o direito à purgação da mora (REsp 1.649.595-RS, 3ª Turma, *DJe* 16.10.2020), de modo que a aplicação da Lei 13.465/2017 aos contratos anteriores à sua vigência tem como condicionante a data da consolidação da propriedade no patrimônio do credor, a partir da qual não é admitida a purgação da mora.[69]

---

[68] Lei nº 9.514/1997: "Art. 27. (...). § 2º-B Após a averbação da consolidação da propriedade fiduciária no patrimônio do credor-fiduciário e até a data da realização do segundo leilão, é assegurado ao devedor-fiduciante o direito de preferência para adquirir o imóvel por preço correspondente ao valor da dívida, somado aos encargos e despesas de que trata o § 2º deste artigo, aos valores correspondentes ao imposto sobre transmissão *inter vivos* e ao laudêmio, se for o caso, pagos para efeito de consolidação da propriedade fiduciária no patrimônio do credor-fiduciário, e às despesas inerentes ao procedimento de cobrança e leilão, incumbindo, também, ao devedor-fiduciante o pagamento dos encargos tributários e despesas exigíveis para a nova aquisição do imóvel, de que trata este parágrafo, inclusive custas e emolumentos" (redação dada pela Lei 13.465, de 11.07.2017).

[69] "PROCESSUAL CIVIL. RECURSO ESPECIAL. AÇÃO ANULATÓRIA DE ATO JURÍDICO. ALIENAÇÃO FIDUCIÁRIA DE BEM IMÓVEL. PURGAÇÃO DA MORA APÓS A CONSOLIDAÇÃO DA PROPRIEDADE EM NOME DO CREDOR FIDUCIÁRIO. IMPOSSIBILIDADE. APLICAÇÃO DA LEI Nº 13.465/2017. DIREITO DE PREFERÊNCIA. 1. Ação anulatória de ato jurídico ajuizada em 19/02/2020, da qual foi extraído o presente recurso especial, interposto em 28/03/2022 e atribuído ao gabinete em 04/07/2022. 2. O propósito recursal consiste em decidir acerca da possibilidade de o mutuário efetuar a purgação da mora, em contrato garantido por alienação fiduciária de bem imóvel, após a consolidação da propriedade em nome do credor fiduciário. 3. De acordo com a jurisprudência do STJ, antes da edição da Lei nº 13.465/2017, a purgação da mora era admitida no prazo de 15 (quinze) dias após a intimação prevista no art. 26, § 1º, da Lei nº 9.514/1997 ou, a qualquer tempo,

6.8.2. Vencimento antecipado da dívida

A Lei 9.514/1997 não se refere às hipóteses de vencimento antecipado da dívida, devendo ser aplicada a regulamentação dos direitos reais de garantia em geral, enunciadas no art. 1.424 do Código Civil, observadas, naturalmente, as características peculiares da propriedade fiduciária.

Observe-se que, ao tratar dos meios de satisfação do crédito do credor-fiduciário, a Lei 9.514/1997 trata do procedimento extrajudicial de leilão e exonera o devedor-fiduciante da obrigação de pagar o saldo da dívida caso não se alcance, no segundo leilão, valor que corresponda pelo menos ao saldo devedor e acrescidos. Dada essa particularidade, o procedimento de leilão extrajudicial previsto no art. 27 é inadequado para as hipóteses de deterioração ou depreciação do imóvel objeto da garantia, porque nesses casos certamente não se alcançará no leilão valor suficiente para saldar toda a dívida, sendo certo que o credor não poderá cobrar o saldo remanescente; pior para o credor é a hipótese de perecimento do imóvel, caso não tenha sido contratado o seguro correspondente, pois aí nem haverá um bem a ser levado a leilão. Para esses casos, o meio adequado para que o credor obtenha a satisfação do seu crédito é a execução por título extrajudicial: o devedor deverá ser intimado para reforçar ou substituir a garantia e, caso não o faça, considera-se vencida antecipadamente a dívida, ensejando sua cobrança mediante execução por título extrajudicial, que será garantida por tantos bens ou direitos quantos bastem para satisfação do crédito.

Dá-se também o vencimento antecipado da dívida na hipótese de desapropriação. Nesse caso, os direitos reais sobre o imóvel, isto é, a propriedade fiduciária e o direito real de aquisição, ficam sub-rogados no preço, de modo que do valor pago será destacada quantia suficiente para resgate da dívida e demais encargos que recaiam sobre o imóvel, entregando-se ao devedor a sobra. Caso o valor da desapropriação seja insuficiente para resgate da dívida, poderá o credor promover a cobrança do saldo remanescente mediante execução por título extrajudicial.

---

até a assinatura do auto de arrematação do imóvel, com base no art. 34 do Decreto-Lei nº 70/1966, aplicado subsidiariamente às operações de financiamento imobiliário relativas à Lei nº 9.514/1997. Precedentes. 4. Após a edição da Lei nº 13.465, de 11/7/2017, que incluiu o § 2º-B no art. 27 da Lei nº 9.514/1997, assegurando o direito de preferência ao devedor fiduciante na aquisição do imóvel objeto de garantia fiduciária, a ser exercido após a consolidação da propriedade e até a data em que realizado o segundo leilão, a Terceira Turma do STJ, no julgamento do REsp 1.649.595/RS, em 13/10/2020, se posicionou no sentido de que, "com a entrada em vigor da nova lei, não mais se admite a purgação da mora após a consolidação da propriedade em favor do fiduciário", mas sim o exercício do direito de preferência para adquirir o imóvel objeto da propriedade fiduciária, previsto no mencionado art. 27, § 2º-B, da Lei nº 9.514/1997. 5. Na oportunidade, ficou assentada a aplicação da Lei nº 13.465/2017 aos contratos anteriores à sua edição, considerando, ao invés da data da contratação, a data da consolidação da propriedade e da purga da mora como elementos condicionantes, nos seguintes termos: "i) antes da entrada em vigor da Lei n. 13.465/2017, nas situações em que já consolidada a propriedade e purgada a mora nos termos do art. 34 do Decreto-Lei n. 70/1966 (ato jurídico perfeito), impõe-se o desfazimento do ato de consolidação, com a consequente retomada do contrato de financiamento imobiliário; ii) a partir da entrada em vigor da lei nova, nas situações em que consolidada a propriedade, mas não purgada a mora, é assegurado ao devedor fiduciante tão somente o exercício do direito de preferência previsto no § 2º-B do art. 27 da Lei n. 9.514/1997" (REsp 1.649.595/RS, Terceira Turma, julgado em 13/10/2020, DJe de 16/10/2020). 6. Hipótese dos autos em que a consolidação da propriedade em nome do credor fiduciário ocorreu após a entrada em vigor da Lei nº 13.465/2017, razão pela qual não há que falar em possibilidade de o devedor purgar a mora até a assinatura do auto de arrematação, ficando assegurado apenas o exercício do direito de preferência para adquirir o imóvel objeto da propriedade fiduciária. 7. Recurso especial conhecido e não provido." (REsp 2.007.941-MG, rel. Min. Nancy Andrigui, DJe 16.2.2023).

6.8.3. Ação de execução por título extrajudicial

O credor-fiduciário pode optar pelo processo judicial de execução por quantia certa contra devedor solvente, caso considere esse meio mais adequado de acordo com as circunstâncias. A referência à execução judicial na Lei 9.514/1997 é dispensável, não só porque o título representativo desse crédito tem força executiva, por ser constituído por instrumento público ou particular subscrito por duas testemunhas (CPC, art. 784), mas, sobretudo, porque o contrato de crédito com garantia real é classificado como título executivo extrajudicial pelo inciso V do mesmo art. 784 do CPC.

Assim, a satisfação do crédito pode ser obtida mediante ação de execução caso o imóvel tenha sido destruído, no todo ou em parte, e o devedor tiver outros bens penhoráveis suficientes para satisfação do crédito, podendo essa faculdade também ser exercida pelo credor na hipótese de insuficiência da garantia por depreciação do imóvel ou outras circunstâncias que justifiquem a opção pela ação de execução judicial.

A existência, no ordenamento, de um procedimento extrajudicial de realização da garantia fiduciária imobiliária não obsta o exercício da faculdade do credor fiduciário de promover a execução judicial do seu crédito.

Na execução, a penhora recairá necessariamente sobre o direito aquisitivo do devedor fiduciante em relação ao imóvel objeto da garantia,[70] como há muito reconhecido pela jurisprudência[71] e previsto expressamente no CPC/2015,[72] podendo incidir sobre outros bens do patrimônio do devedor fiduciante caso o valor do direito aquisitivo seja insuficiente para satisfação integral do crédito.

A opção opera apenas a substituição do procedimento extrajudicial pelo procedimento judicial de realização da garantia e não caracteriza renúncia à garantia.

Como se sabe, a renúncia deve ser expressa, como reconhece a jurisprudência do Superior Tribunal de Justiça,[73] pois se trata de extinção de direito real de garantia, tal como

---

[70] Código de Processo Civil: "Art. 835. A penhora observará, preferencialmente, a seguinte ordem: (...) § 3º Na execução de crédito com garantia real, a penhora recairá sobre a coisa dada em garantia, e, se a coisa pertencer a terceiro garantidor, este também será intimado da penhora".

[71] "Processual civil. Recurso especial. Alienação fiduciária. Penhora. Bem dado em garantia do contrato. Possibilidade. Recurso parcialmente provido. I. 'Se o credor optar pelo processo de execução, os bens objeto do contrato de alienação fiduciária em garantia podem ser indicados pelo devedor para a penhora.' (REsp 448.489-RJ, rel. Min. Ruy Rosado de Aguiar, 4ª Turma, DJ 19.12.2002, p. 376). II. Recurso especial conhecido e em parte provido" (STJ, REsp 838.099-SP, 4ª T., rel. Min. Aldir Passarinho, DJe 11/11/2010). "Agravo de Instrumento. Execução de título extrajudicial. Penhora dos imóveis alienados fiduciariamente em favor do próprio credor. Possibilidade. Precedentes do C. Superior Tribunal de Justiça. Decisão reformada. Recurso provido" (TJSP, 15ª Câmara de Direito Privado, Agravo de Instrumento 2128808-62.2018.8.26.0000, rel. Des. Jairo Brazil Fontes de Oliveira, DJe 27/2/2019).
"Penhora. Incidência sobre bem alienado fiduciariamente em favor do próprio credor. Possibilidade. Precedentes do e. STJ. 1. 'Se o credor optar pelo processo de execução, os bens do contrato de alienação fiduciária em garantia podem ser indicados pelo devedor para a penhora, só se justificando a constrição sobre outros se os bens indicados forem insuficientes' REsp nº 448.489/RJ. 2. Recurso provido" (TJSP, 14ª Câmara de Direito Privado, Agravo de Instrumento 2022079-46.8.26.0000, rel. Des. Melo Colombi, DJe 9/5/2017).

[72] Código de Processo Civil: "Art. 835. A penhora observará, preferencialmente, a seguinte ordem: (...) XII – direitos aquisitivos derivados de promessa de compra e venda e de alienação fiduciária em garantia".

[73] "Recurso especial. Recuperação judicial. Alienação fiduciária em garantia. Crédito não sujeito aos efeitos da recuperação da devedora. Art. 49, § 3º, da Lei nº 11.101/2005. Execução extrajudicial. Pedido de penhora on-line. Renúncia à garantia fiduciária. Inocorrência. 1. A norma de regência da recuperação

dispõe o art. 1.499 do Código Civil em relação à hipoteca,[74] e, sendo ato de disposição, "há de ser expressa, porque não se poderia averbar renúncia tácita. Para que se dê a extinção da hipoteca, é preciso que concorram os seguintes pressupostos: declaração unilateral do credor hipotecário, assentimento de terceiros que tenham direito sobre a hipoteca e a averbação no registro de imóveis".[75]

Para validade e eficácia da renúncia, é necessário que do instrumento conste a caracterização do imóvel e do direito real objeto da desconstituição, devendo o instrumento ser registrado no Registro de Imóveis competente.[76]

6.9. CONSOLIDAÇÃO DA PROPRIEDADE NO FIDUCIÁRIO

Frustrada a condição para aquisição da propriedade pelo fiduciante, consolida-se a propriedade no fiduciário, mediante averbação[77] na matrícula do imóvel, caso o devedor não purgue a mora no prazo da intimação que receber do credor-fiduciário.[78]

Com efeito, a propriedade fiduciária é uma propriedade resolúvel com características especiais, de modo que, realizada a condição (pagamento) que opera sua extinção, o bem reverterá ao patrimônio do fiduciante (devedor); ao contrário, não ocorrendo a condição resolutiva, a propriedade, que já se encontra no patrimônio do fiduciário (credor), com as

---

judicial, apesar de estabelecer que todos os créditos existentes na data do pedido, ainda que não vencidos, estejam sujeitos à recuperação judicial (LRE, art. 49, *caput*), também preconiza, nos §§ 3º e 4º do dispositivo, as exceções que acabam por conferir tratamento diferenciado a determinados créditos, normalmente titulados pelos bancos, afastando-os dos efeitos da recuperação, justamente visando conferir maior segurança na concessão do crédito e diminuindo o *spread* bancário. 2. A renúncia à garantia fiduciária deve ser expressa, cabendo, excepcionalmente, a presunção da abdicação de tal direito (art. 66-B, § 5º, da Lei 4.728/1965 c/c art. 1.436 do CC/2002). 3. Na hipótese, não houve renúncia expressa nem tácita da garantia fiduciária pelo credor, mas sim, em razão das circunstâncias do caso, como medida acautelatória, pedido de penhora do ativo até que as garantias fossem devidamente efetivadas. 4. Recurso especial não provido" (REsp 1.338.748-SP, 4ª T., rel. Min. Luís Felipe Salomão, *DJe* 28/6/2016).

[74] Código Civil: "Art. 1.499. A hipoteca extingue-se: I – pela extinção da obrigação principal; II – pelo perecimento da coisa; III – pela resolução da propriedade; IV – pela renúncia do credor; V – pela remição; VI – pela arrematação ou adjudicação".

[75] PONTES DE MIRANDA, Francisco Cavalcanti. *Tratado de direito privado*. São Paulo: Revista dos Tribunais, 2012. t. XX, p. 415.

[76] Lei 6.015/1973: "Art. 172. No Registro de Imóveis serão feitos, nos termos desta Lei, o registro e a averbação dos títulos ou atos constitutivos, declaratórios, translativos e extintos de direitos reais sobre imóveis reconhecidos em lei, *inter vivos* ou *mortis causa* quer para sua constituição, transferência e extinção, quer para sua validade em relação a terceiros, quer para a sua disponibilidade".

[77] A redação original da Lei 9.514/1997 falava em *registro*, mas a Lei 10.931/2004 deu nova redação ao § 7º do art. 26 deixando claro que o ato é de *averbação*. De fato, o correto é *averbação* porque a consolidação se dá por cancelamento da condição resolutiva. Efetivamente, ao se constituir a propriedade fiduciária, a propriedade é atribuída ao fiduciário com exclusão ou limitação de poderes, que são objeto de ressalva no título constitutivo. Dada essa estrutura da propriedade fiduciária, a consolidação resultará apenas da retirada dessa ressalva, com o que a propriedade deixará de ser provisória e restrita e passará a ser definitiva e exclusiva, não havendo necessidade de constituição de nova propriedade (v. SERPA LOPES, Miguel Maria de. *Tratado dos registros públicos*. Rio de Janeiro: Freitas Bastos, 1955, p. 373 e ss.).

[78] "Art. 26. Vencida e não paga, no todo ou em parte, a dívida e constituído em mora o fiduciante, consolidar-se-á, nos termos deste artigo, a propriedade do imóvel em nome do fiduciário. (...) § 7º Decorrido o prazo de que trata o § 1º [prazo da intimação para purgação da mora], sem a purgação da mora, o Oficial do competente Registro de Imóveis, certificando esse fato, promoverá a averbação, na matrícula do imóvel, da consolidação da propriedade em nome do fiduciário, à vista da prova do pagamento por este, do imposto de transmissão *inter vivos* e, se for o caso, do laudêmio".

restrições próprias da resolubilidade, nele permanecerá, agora consolidada como propriedade plena (Código Civil, parágrafo único do art. 1.368-B).

Como é da natureza da propriedade resolúvel, essa consolidação se dá independente de intervenção judicial.

O *caput* do art. 26 e seus §§ 1º a 6º contemplam, minuciosamente, toda a disciplina para a purgação da mora do devedor-fiduciante, desde a expedição da carta para intimação até a entrega das quantias recebidas ao credor-fiduciário.

No que tange aos aspectos procedimentais, a Lei 9.514/1997, no § 7º do seu art. 27, dispõe que a consolidação da propriedade no credor dar-se-á à vista de requerimento do credor, instruído com a comprovação da não implementação da condição resolutiva, do mesmo modo que a reversão da propriedade ao devedor-fiduciante se faz mediante simples averbação do Oficial, à vista de requerimento do devedor, instruído com a prova da implementação da condição resolutiva, isto é, o *termo de quitação* da dívida (§ 2º do art. 25).

Os procedimentos de registro são coerentes com a natureza da propriedade resolúvel.

Efetivamente, a reversão da propriedade ao devedor-fiduciante, assim como sua consolidação no patrimônio do credor, são efeitos normais da condição resolutiva e operam automaticamente, independente de atuação judicial.

Tanto um assentamento como o outro são atos próprios da função do Oficial do Registro, praticados coerentemente com a natureza da propriedade resolúvel. Obviamente, não é o ato do Oficial que atribui a propriedade ao fiduciante ou ao fiduciário; essa atribuição é definida pela lei como consequência da ocorrência do evento que caracteriza o implemento ou o não implemento da condição, e o ato do Oficial apenas anota esse acontecimento na matrícula do imóvel.

Por isso mesmo, ao proceder à averbação da consolidação ou da reversão da propriedade, o Oficial do Registro de Imóveis estará apenas fazendo constar na matrícula do imóvel os fatos correspondentes aos efeitos normais da condição pactuada pelas partes, e o faz no exercício de uma função própria dele, Oficial, e não da autoridade judiciária.[79]

Uma vez por outra percebe-se certa confusão entre *consolidação* e *adjudicação*, até mesmo em precedentes judiciais, que desprezam o regime jurídico próprio da garantia fiduciária e consideram que a adjudicação seria o modo de atribuição da propriedade plena ao credor fiduciário, e não a consolidação. Partindo dessa equivocada premissa, deixam de aplicar o § 5º do art. 27 da Lei 9.514/1997 e dão à consolidação o tratamento legal da adjudicação na execução comum (CPC, § 4º do art. 876), obrigando o credor fiduciário a pagar ao devedor fiduciante a diferença entre o valor da dívida e o da avaliação.[80]

Ora, a consolidação é, por definição legal, modo de atribuição da propriedade típico da execução fiduciária (Código Civil, art. 1.368-B, parágrafo único; Decreto-lei 911/1969, art. 3º, § 1º; e Lei 9.514/1997, art. 26, § 7º), sendo inadmissível sua substituição pela adjudicação.[81]

---

[79] Ver, adiante, itens 6.16.1 e 6.16.2, a propósito da garantia fiduciária à luz do art. 53 do Código de Defesa do Consumidor e do princípio do devido processo legal.

[80] Veja-se, a título de ilustração, a ementa da Apelação 1000760-76.2017.8.26.0311, 26ª Câmara de Direito Privado do Tribunal de Justiça de São Paulo: "Alienação fiduciária de bem imóvel. Leilão infrutífero. Emissão de carta de quitação e *adjudicação do imóvel pela instituição financeira*. Indenização. (...). A taxa de ocupação prevista no art. 37-A da Lei 9.514/97 *em caso de adjudicação do imóvel pela instituição financeira por ausência de arrematação* é devida desde a emissão do termo de quitação" (destaques nossos).

[81] Como vimos, por efeito da alienação fiduciária, o devedor transmite a propriedade ao credor, em caráter resolúvel, e torna-se titular de direito expectativo de reaquisição do mesmo bem, que será efetivado

Um breve cotejo entre esses modos de atribuição da propriedade evidencia a incompatibilidade da adjudicação com o regime jurídico da propriedade fiduciária.[82]

Como vimos (itens 3.6, 4.2.1 e 4.2.3.3), embora consolidação e adjudicação sejam modo de atribuição da propriedade em procedimento de execução de crédito, não se confundem e se excluem, pois a atribuição da propriedade por consolidação afasta, obviamente, a possibilidade de nova atribuição por adjudicação.

Com efeito, a consolidação dá início ao procedimento de realização da garantia. Opera-se por força de *conditio juris* que integra o contrato de alienação fiduciária em garantia como elemento do seu conteúdo necessário.[83] Converte em propriedade plena a propriedade resolúvel que já se encontrava no patrimônio do credor fiduciário.

Já a adjudicação encerra a execução, mediante transmissão da propriedade do devedor executado ao credor exequente, outorgada pelo juiz da execução a requerimento do credor.[84]

Na consolidação a atribuição da propriedade ao credor é compulsória, independe da vontade das partes, enquanto a adjudicação é faculdade do credor, que a exerce a seu exclusivo critério, se a apropriação do bem em pagamento da dívida for vantajosa, como observa Humberto Theodoro Júnior: "[a adjudicação] pressupõe sempre a iniciativa do próprio credor, já que tendo direito a receber quantia certa de dinheiro, não pode ser compelido, contra sua vontade, a receber coisa diversa".[85]

A consolidação resulta da ineficácia superveniente de negócio jurídico (alienação fiduciária), enquanto a adjudicação caracteriza-se como um novo negócio jurídico, que se forma por iniciativa do credor exequente, se e quando lhe interessar, mediante expressa manifestação, qualificado por Araken de Assis como "negócio jurídico análogo à arrematação, no qual figura como adquirente o credor".[86]

---

mediante cumprimento da obrigação garantida. Enquanto pendente a condição, no curso normal do contrato, o devedor é titular de direito aquisitivo, sob condição suspensiva. Entretanto, configurado o inadimplemento da sua obrigação, expropria-se o direito aquisitivo do devedor fiduciante, da qual resulta a incorporação plena e definitiva da propriedade no patrimônio do credor, rompendo-se o vínculo real que ligava o bem ao devedor fiduciante.

[82] Eventualmente, o credor fiduciário pode preferir cobrar seu crédito mediante ação de execução, deixando de promover o procedimento de que tratam os arts. 26 e 27 da Lei 9.514/1997. Nesse caso, será possível penhorar o direito aquisitivo do devedor fiduciante e, quiser, poderá requerer a adjudicação desse direito, nos termos do § 4º do art. 876 do CPC, hipótese em que pagará a diferença entre o valor da dívida e o da avaliação. Ver itens 4.2.2.3 e 6.8.3.

[83] No caso da propriedade fiduciária em garantia, a consolidação decorre de ineficácia superveniente do contrato de crédito com pacto adjeto de alienação fiduciária, ou seja, uma transmissão sob condição. Observa Antônio Junqueira de Azevedo que, "uma vez existindo, valendo e produzindo efeito, o negócio venha, *depois*, por causa superveniente, a se tornar ineficaz. Haverá, então, *ineficácia superveniente*, isto é, resolução do negócio. Por exemplo, o contrato submetido à condição resolutiva que vem a se desfazer pelo advento do evento futuro e incerto" (*Negócio jurídico*: existência, validade e eficácia. São Paulo: Saraiva, 2002, p. 60).

[84] Há a adjudicação por imposição legal da Lei 5.741/1971, mas essa norma excepcional aplica-se restritivamente à execução hipotecária de crédito habitacional e não alcança a execução do crédito fiduciário.

[85] THEODORO JR., Humberto, *Curso de direito processual civil*. 39. ed. Rio de Janeiro: Forense, 2006, v. 2, p. 343.

[86] ASSIS, Araken de, *Manual da execução*. 20. ed. São Paulo: RT, 2018, pp.1.129-1.131: "Consoante os dados hauridos do *ius positum*, antes citado, ela constitui ato expropriatório. O órgão judiciário transfere coativamente os bens penhorados do patrimônio do executado para o exequente ou para outra pessoa. Este intercâmbio patrimonial forçado se distingue da alienação judicial (art. 879, I e II) pela circunstância de o bem divergir do objeto da prestação, que é dinheiro, mas o fenômeno acontece através de declaração de vontade do exequente, conforme estabelece o art. 876, *caput*. Daí, mediante a adjudicação, o juiz, 'que

Na execução fiduciária, o sobejo a que faz jus o devedor é entregue depois da consolidação, em função do resultado do leilão, enquanto na execução comum essa quantia lhe é entregue antes da adjudicação e como requisito para sua outorga pelo juiz, dispensada a realização de leilão.

Distinguem-se também quanto à natureza da expropriação do direito do devedor.

A adjudicação caracteriza uma expropriação *satisfativa*, que põe fim à execução, enquanto a consolidação corresponde a uma expropriação *liquidativa*, que dá início ao procedimento de realização da garantia.

Como se sabe, nos procedimentos de execução em geral, a simples retirada do direito do patrimônio do devedor caracteriza expropriação liquidativa, sendo satisfativa aquela que encerra a execução, mediante entrega ao credor do dinheiro apurado com a venda do direito penhorado (CPC, art. 924, II), como leciona Cândido Rangel Dinamarco: "o ato imperativo de transferência do bem penhorado ao patrimônio do arrematante chama-se *expropriação liquidativa*, porque se destina a produzir liquidez de recursos, indispensável para satisfazer o exequente. O ato de satisfação deste pela entrega do produto da arrematação é *expropriação satisfativa* (Edoardo Garbagnati)".[87]

A lição de Alexandre Câmara é igualmente elucidativa: "Efetua-se a adjudicação através da entrega, ao exequente, do bem penhorado. Trata-se de um ato executivo, através do qual são expropriados bens do patrimônio do executado, os quais haviam sido objeto de penhora, transferindo-se tais bens diretamente para o patrimônio do exequente. Nesta hipótese, como claramente se vê, haverá apenas uma expropriação, satisfativa, ao contrário do que se dá no pagamento por entrega de dinheiro, em que ocorrem duas expropriações (liquidativa e satisfativa)".[88]

A Lei 9.514/1997 define esses dois momentos, ao dispor sobre a consolidação da propriedade no patrimônio do credor (art. 26) seguida da oferta do imóvel à venda em dois leilões (art. 27). Aqui, a consolidação, que importa na expropriação do direito aquisitivo do fiduciante, constitui *expropriação liquidativa* (art. 26), porque "se destina a produzir liquidez de recursos", e a apropriação do produto da venda do bem pelo credor fiduciário constitui *expropriação satisfativa* (art. 27).

Aspecto igualmente merecedor de atenção, no contexto da consolidação da propriedade, é a eventualidade de judicialização de questões relacionadas ao exercício dos direitos do credor fiduciário, ante eventual penhora e atos de constrição que venham a incidir sobre o direito aquisitivo do devedor fiduciante.

Como vimos (item 4.2.2.3), a constrição decretada sobre o direito aquisitivo do devedor fiduciante, a que se refere o art. 835, XII, do Código de Processo Civil, não atinge a propriedade fiduciária do imóvel, de titularidade do credor, e não o impede de exercer seus direitos de, em caso de inadimplemento da obrigação garantida, obter a consolidação da propriedade em seu nome e promover o leilão do imóvel nos 30 dias seguintes.

A consolidação da propriedade importa na extinção do direito aquisitivo do devedor fiduciante, tornando-se esse titular de direito de crédito correspondente à quantia que even-

---

tem consigo o poder de converter', assina os bens penhorados ao exequente – na acepção clássica. Ela opera *pro soluto* até o valor do bem adjudicado. Trata-se de negócio jurídico, análogo à arrematação, no qual figura como adquirente o credor. (...). A adjudicação permanece simples faculdade do exequente. Não pode ser constrangido a adjudicar, nem sequer permite-se a adjudicação *ex officio*".

[87] DINAMARCO, Cândido Rangel, *Instituições de direito processual civil*. São Paulo: Malheiros, 2004, v. IV, p. 496.

[88] CÂMARA, Alexandre Freitas, *Lições de direito processual civil*. 23. ed. São Paulo: GEN-Atlas, 2014, p. 333.

tualmente sobejar do produto da venda do imóvel em leilão, sendo esse o direito sobre o qual passará a incidir a constrição caso seu direito aquisitivo tenha sido objeto de constrição por efeito de execução promovida por terceiros e a propriedade venha a ser consolidada no fiduciário. É como o art. 7o-A do Decreto-lei 911/1969, com a redação dada pela Lei 13.043/2014, regulamenta a incidência de atos de constrição sobre direitos do devedor fiduciante.[89] A constrição decretada contra bens do devedor fiduciante, portanto, incide tão somente sobre seu direito aquisitivo e se sub-roga no eventual direito do fiduciante de receber o que sobejar do produto do leilão, depois de satisfeito o crédito do credor fiduciário. Portanto, não impede o credor de, em caso de inadimplemento da obrigação garantida, promover a expropriação desse direito, a venda do bem para pagar-se com o produto aí obtido e a entrega do sobejo, se houver, ao antigo devedor.

Os limites do campo de incidência da constrição são bem definidos na lei e na jurisprudência já consolidada, segundo a qual constrição sobre o direito do devedor fiduciante "não tem o condão de afastar o exercício dos direitos do credor fiduciário resultantes do contrato de alienação fiduciária, pois, do contrário, estaríamos a permitir a ingerência na relação contratual sem que a lei o estabeleça".[90]

Apesar de esse entendimento do Superior Tribunal de Justiça ser adotado pelos tribunais superiores, inclusive na Justiça do Trabalho,[91] ainda se registram decisões que redirecionam a constrição decretada contra o devedor fiduciante para a esfera patrimonial do credor

---

[89] Decreto-lei 911/1969, com a redação dada pela Lei 13.043/2014: "Art. 7o-A. Não será aceito bloqueio judicial de bens constituídos por alienação fiduciária nos termos deste Decreto-lei, sendo que, qualquer discussão sobre concursos de preferências deverá ser resolvida pelo valor da venda do bem, nos termos do art. 2o". Embora esse Decreto-lei se refira a bens móveis, a conversão do direito aquisitivo em direito de crédito correspondente ao que eventualmente sobejar do leilão, em caso de inadimplemento da obrigação garantida, é inerente à natureza da propriedade fiduciária em garantia.

[90] "Processual civil. Recurso especial. Direitos do fiduciante sobre bem submetido a contrato de alienação fiduciária. Penhora. Possibilidade. 1. A pretensão da Fazenda não consiste na penhora do bem objeto de alienação fiduciária, mas sim dos direitos que o devedor fiduciante possui sobre a coisa. 2. Referida pretensão encontra guarida na jurisprudência deste Tribunal Superior que, ao permitir a penhora dos direitos do devedor fiduciante oriundos do contrato de alienação, não traz como requisito a anuência do credor fiduciário. Precedentes: AgInt no AREsp 644.018/SP, Rel. Ministra Maria Isabel Gallotti, Quarta Turma, DJe 10/6/2016 ST; AgRg no REsp 1.459.609/RS, de minha relatoria, Segunda Turma, DJe 4/12/2014; STJ, REsp 1.051.642/RS, Rel. Ministra Denise Arruda, Primeira Turma, DJe 2/2/2010; STJ, REsp 910.207/MG, Rel. Ministro Castro Meira, Segunda Turma, DJ 25/10/2007. 3. Esclarece-se, por oportuno, que a penhora, na espécie, não tem o condão de afastar o exercício dos direitos do credor fiduciário resultantes do contrato de alienação fiduciária, pois, do contrário, estaríamos a permitir a ingerência na relação contratual sem lei que o estabeleça. Até porque os direitos do devedor fiduciante, objeto da penhora, subsistirão na medida e na proporção que cumprir com suas obrigações oriundas do contrato de alienação fiduciária" (REsp 1.697.645-MG, rel. Min. Og Fernandes, DJe 25/4/2018).

[91] "Bem imóvel. Alienação fiduciária. Penhora sobre direitos e ações decorrentes do contrato. Na esteira do entendimento do STJ: 'O bem alienado fiduciariamente, por não integrar o patrimônio do devedor, não pode ser objeto de penhora. Nada impede, contudo, que os direitos do devedor fiduciante oriundos do contrato sejam constritos' (Resp 679821/DF, Rel. Min. Felix Fisher, Quinta Turma, unânime, DJ 17/12/2004, p. 594). Contudo, o entendimento da d. maioria dos membros desta Eg. Turma é no sentido de que se aplica à hipótese, por analogia, o entendimento consubstanciado na Súmula 31 deste Regional no sentido de que 'não se admite, no processo do trabalho, a penhora de veículo gravado com ônus de alienação fiduciária', motivo pelo qual determina-se a desconstituição da penhora que recaiu sobre bem imóvel objeto de alienação fiduciária (TRT da 3ª Região; Processo: 0001457-26.2014.5.03.0048 AP; Data de Publicação: 24/04/2015; Disponibilização: 23/04/2015, DEJT/TRT3/Cad. Jud, p. 220; Órgão Julgador: Sétima Turma; Relator: Marcelo Lamego Pertence; Revisor: Fernando Luiz G. Rios Neto)".

fiduciário,[92] "judicializando o procedimento, isto porque a execução da garantia, que nasceu para ser extrajudicial, passa a depender de uma prévia intervenção judicial".[93]

Questões como essas interrompem a execução extrajudicial do crédito fiduciário e dão causa a prolongadas diligências judiciais para correção do equívoco, onerando desnecessariamente a execução em prejuízo de ambos os contratantes, e despertam a atenção para a necessidade de sistematização das normas sobre a propriedade fiduciária, que propusemos na monografia que deu origem a esta obra no final da década de 1990.

Nesse sentido, a Academia Brasileira de Direito Civil, em reunião realizada em setembro de 2018, aprovou Declaração de Interpretação e proposição de anteprojeto para inclusão de um parágrafo no art. 1.364 do Código Civil, segundo a qual "os direitos reais de garantia, constrições ou indisponibilidades de qualquer natureza incidentes sobre o direito real de aquisição de bem móvel ou imóvel de que seja titular o fiduciante não obstam sua consolidação no patrimônio do credor e sua venda, mas sub-rogam-se no direito do fiduciante à percepção do saldo que eventualmente restar do produto da venda".

6.9.1. Imposto de transmissão *inter vivos* e laudêmio

A consolidação da propriedade em nome do fiduciário é evento que caracteriza a hipótese de incidência do imposto de transmissão *inter vivos*, pois até então o credor-fiduciário é proprietário fiduciário do bem, cumprindo essa *propriedade fiduciária* função de garantia, enquanto pendente a condição a que está subordinada.

De fato, ao se contratar a alienação fiduciária, não se tem em vista a transmissão plena da propriedade ao credor-fiduciário, mas, apenas, a constituição de uma propriedade fiduciária sobre o bem, que é um direito real limitado, constituído com o escopo de garantia. Tratando-se, assim, de um direito real de garantia, a constituição da propriedade fiduciária não enseja a incidência do imposto de transmissão, pois, nos termos do art. 156, II, da Constituição Federal, o fato gerador desse imposto é a "transmissão 'inter vivos', a qualquer título, por ato oneroso, de bens imóveis, por natureza ou acessão física, e de direitos reais sobre imóveis, *exceto os de garantia*, bem como cessão de direitos a sua aquisição".

Assim, o ITBI só se tornará exigível na transmissão para o fiduciário, por efeito do contrato de alienação fiduciária, no momento em que vier a se verificar a consolidação da propriedade em seu nome.

O mesmo ocorre em relação ao laudêmio, que só será devido se e quando a propriedade se consolidar no fiduciário. Igualmente, só a partir daí é que o fiduciário passa a ser responsável pelo pagamento do foro, que, até então, é da responsabilidade do fiduciante.

6.10. LEILÃO

Uma vez consolidada a propriedade em nome do fiduciário, este deverá promover leilão público para venda do imóvel, nos trinta dias subsequentes, contados da data do registro da consolidação da propriedade.

---

[92] "Em que pese esteja gravado com cláusula de alienação judiciária em contrato de cédula de crédito bancário, a real situação do imóvel é diversa, isto é, os executados contraíram um empréstimo bancário junto ao embargante e deram o imóvel, na verdade, como garantia hipotecária, e não fiduciária, sendo a denominação, que consta no contrato como alienação fiduciária, indevida" (Fundamento de decisão que decretou a penhora do domínio de imóvel alienado fiduciariamente nos Embargos de Terceiro 0011811-45.2017.5.03.0165, 28.11.2017, confirmada por decisão unânime do TRT da 3ª Região).

[93] GALHARDO, Flaviano, Averbação de penhora e de indisponibilidade sobre direitos de fiduciante e o futuro da alienação fiduciária, in *ARISPJUS*, ano II, p. 43-49, maio-ago. 2017.

É dispensada a realização do leilão, entretanto, caso a propriedade tenha se consolidado por efeito de dação em pagamento (Lei 9.514/1997, art. 26, § 8º) e, ainda, caso o antigo fiduciante exerça seu direito de readquirir a propriedade do imóvel por preço correspondente ao valor do saldo devedor, encargos contratuais e despesas, antes mesmo da realização do leilão; trata-se de direito de preferência passível de ser exercido a partir da data da averbação da consolidação da propriedade no patrimônio do credor e até a realização do segundo leilão, pelo qual o antigo fiduciante pode restaurar o vínculo real que prendia o imóvel a ele, mediante nova aquisição.

Se, logo após a averbação da consolidação, o antigo fiduciante não exercer seu direito de readquirir o imóvel, o credor designará as datas para o primeiro e o segundo leilão e as comunicará ao antigo fiduciante por correspondência dirigida aos endereços constantes do contrato.[94] A lei não exige comprovação de entrega da comunicação ao destinatário, diferentemente da exigência de intimação pessoal do devedor-fiduciante para efeito de purgação de mora (Lei 9.514/1997, art. 26, § 1º), determinando apenas que, para ciência das datas designadas para leilão, a correspondência seja dirigida aos endereços constantes do contrato, à semelhança da jurisprudência do Superior Tribunal de Justiça relativa ao procedimento de notificação do devedor-fiduciante para purgação de mora em operações de crédito com garantia fiduciária de bem móvel, de que trata o Decreto-lei nº 911/1969.[95]

A comunicação das datas do leilão passou a ser legalmente exigida pela Lei 13.465, de 11.7.2017, e é justificada pela necessidade de assegurar o exercício, pelo antigo fiduciante, do direito de preferência para reaquisição do imóvel que, ao ser ofertado no leilão, já se encontra consolidada no patrimônio do antigo credor-fiduciário, preferência instituída por essa mesma alteração legislativa.

Anteriormente a tal alteração legislativa, a comunicação das datas designadas para o leilão já era objeto de decisões do Superior Tribunal de Justiça,[96] fundamentadas em

---

[94] Lei nº 9.514/1997, § 2º A do art. 27, com a redação dada pela Lei 13.465, de 11.7.2017: "Art. 27. (...). § 2º-A Para os fins dos §§ 1º e 2º, as datas, horários e locais dos leilões serão comunicados ao devedor mediante correspondência dirigida aos endereços constantes do contrato, inclusive ao endereço eletrônico.

§ 2º-B Após a averbação da consolidação da propriedade fiduciária no patrimônio do credor-fiduciário e até a data da realização do segundo leilão, é assegurado ao devedor-fiduciante o direito de preferência para adquirir o imóvel por preço correspondente ao valor da dívida, somado aos encargos e despesas de que trata o § 2º deste artigo, aos valores correspondentes ao imposto sobre transmissão *inter vivos* e ao laudêmio, se for o caso, pagos para efeito de consolidação da propriedade fiduciária no patrimônio do credor-fiduciário, e às despesas inerentes ao procedimento de cobrança e leilão, incumbindo, também, ao devedor-fiduciante o pagamento dos encargos tributários e despesas exigíveis para a nova aquisição do imóvel, de que trata este parágrafo, inclusive custas e emolumentos" (redação dada pela Lei 13.465, de 11.7.2017).

[95] "Processual Civil. Agravo Interno no Agravo em Recurso Especial. Ação de busca e apreensão. Alienação fiduciária de veículo. Configuração da mora. Notificação extrajudicial entregue no domicílio do devedor. Desnecessidade de notificação pessoal. Simples ajuizamento de ação revisional. Inafastabilidade da mora. Harmonia entre o acórdão recorrido e a jurisprudência do STJ. 1 – O acórdão recorrido que adota a orientação firmada pela jurisprudência do STJ não merece reforma" (AgInt no AREsp 709013-MS, rel. Min. Isabel Gallotti, *DJe* 21.11.2016).

[96] "Recurso especial. Ação anulatória de arrematação. Negativa de prestação jurisdicional. Art. 535 do CPC. Não ocorrência. Lei nº 9.514/97. Alienação fiduciária de coisa imóvel. Leilão extrajudicial. Notificação pessoal do devedor-fiduciante. Necessidade. 1. Não há falar em negativa de prestação jurisdicional se o tribunal de origem motiva adequadamente sua decisão, solucionando a controvérsia com a aplicação do direito que entende cabível à hipótese, apenas não no sentido pretendido pela parte. 2. A teor do que dispõe o artigo 39 da Lei nº 9.514/97, aplicam-se as disposições dos artigos 29 a 41 do Decreto-lei nº 70/66 às operações de financiamento imobiliário em geral a que se refere a Lei nº 9.514/97. 3. No

aplicação analógica na jurisprudência dessa Corte que exige a cientificação do devedor hipotecante em relação ao leilão resultante de procedimento de execução hipotecária de que trata o Decreto-lei 70/1966. A nova legislação transpõe para o direito positivo a orientação jurisprudencial, embora sob fundamento diverso: enquanto no leilão em execução hipotecária a comunicação deste visa assegurar o direito do devedor hipotecante de *conservar a propriedade no seu patrimônio*, na execução fiduciária, a comunicação é justificada pela necessidade de assegurar ao antigo devedor-fiduciante o direito de *readquirir a propriedade do antigo credor-fiduciário*.

A lei estabelece os procedimentos para realização do leilão, determinando que eles devem ser explicitados em cláusula do contrato de alienação fiduciária. Devem as partes, obviamente, ater-se aos princípios gerais que regem a matéria, já consagrados no direito positivo, notadamente aqueles explicitados no Código de Processo Civil, na Lei 4.591/1964 e no Decreto-lei 70/1966. Assim, em atenção à segurança jurídica, os procedimentos do leilão deverão estar explicitamente previstos no contrato, podendo-se considerar, a título de sugestão os seguintes procedimentos:

1. o primeiro leilão realizar-se-á no prazo de trinta dias da data da consolidação da propriedade, como estabelecido no art. 27;
2. o segundo leilão realizar-se-á no prazo de quinze dias da realização do primeiro leilão;
3. no primeiro leilão, o valor de referência para a venda do imóvel há de ser aquele que, na forma do art. 24, VI, tiverem as partes indicado no contrato para efeito de venda em público leilão ou o valor avaliado pelo órgão público competente para cálculo do ITBI devido por efeito da consolidação da propriedade, o que for maior, enquanto no segundo leilão o imóvel será colocado pelo valor da dívida e encargos;
4. na modalidade tradicional de leilão presencial, o anúncio se faz feito por edital publicado em jornal de grande circulação na cidade em que se situa o imóvel, ou de cidade próxima em que houver jornal de circulação diária, ou, na modalidade de leilão eletrônico, por edital divulgado na internet (o CPC/2015, aplicável ao procedimento extrajudicial por força do seu art. 15, privilegia o leilão por meio eletrônico ao dispor que "não sendo possível a sua realização por meio eletrônico, o leilão será presencial" (art. 882);
5. para cálculo do valor da dívida, como referencial para o segundo leilão, deverão ser considerados os encargos, contribuições e despesas, tais como:
   a) contribuições condominiais que, à data do leilão, estejam vencidas e não pagas, caso o imóvel seja unidade autônoma integrante de condomínio;
   b) contribuições devidas a associações de moradores, que, à data do leilão, estejam vencidas e não pagas, na hipótese de o imóvel integrar conjunto imobiliário com essa característica;
   c) taxa de água e esgoto;
   d) contas de luz e gás;

âmbito do Decreto-lei nº 70/66, a jurisprudência do Superior Tribunal de Justiça há muito se encontra consolidada no sentido da necessidade de intimação pessoal do devedor acerca da data da realização do leilão extrajudicial, entendimento que se aplica aos contratos regidos pela Lei nº 9.514/97. 4. Recurso especial provido" (REsp 1.447.687-DF, rel. Min. Ricardo Villas Bôas Cueva, *DJe* 8.9.2014).

e) imposto predial, foro e outros encargos que incidem sobre o imóvel e que estejam vencidos e não pagos à data do leilão;

f) taxa de ocupação de 1% (um por cento) do valor de avaliação do imóvel (Lei 9.514/1997, art. 24, IV), exigível desde a data da alienação em leilão até a data em que o fiduciário ou seus sucessores vierem a ser imitidos na posse do imóvel (Lei 9.514/1997, art. 37-A, com a redação dada pela Lei 10.931/2004).

No que tange ao lance mínimo para o primeiro leilão, o art. 24, VI, da Lei 9.514/1997 dispõe que as partes deverão estipular no contrato cláusula em que se faça "a indicação, para efeito de venda em público leilão, do valor do imóvel e dos critérios para a respectiva revisão". Assim, ao contratar a alienação fiduciária, as partes deverão estabelecer uma avaliação prévia do imóvel e indicá-la no contrato, juntamente com o critério de revisão do respectivo valor; este será o valor do lance mínimo pelo qual o imóvel será oferecido no primeiro leilão, na hipótese de o devedor, depois de intimado, deixar de purgar a mora; devem as partes, também, estabelecer os critérios de revisão do preço de venda, podendo para tanto utilizar índices de medição da depreciação monetária ou outros indicadores que sirvam de parâmetro para aferição dos preços no mercado imobiliário.

Considerando a necessidade de ajustar esse valor ao preço de mercado do imóvel, aferido em época contemporânea ao leilão, o valor fixado no contrato deve ser cotejado com a avaliação das autoridades competentes para cálculo do ITBI devido em razão da consolidação da propriedade, prevalecendo o maior dos dois para efeito de oferta no primeiro. Trata-se de critério compatível com o princípio do equilíbrio da execução, seja porque é aferição realizada em data contemporânea à do leilão, seja porque é realizada por um terceiro, não comprometido com qualquer das partes.

Na prática do mercado das incorporações imobiliárias e do financiamento imobiliário, nos negócios que têm por objeto a compra e venda de edificações, tem sido adotado como valor para lance mínimo do primeiro leilão o preço pelo qual foi contratada a compra e venda da unidade imobiliária, reajustável nas mesmas condições pactuadas para reajuste do financiamento.

Já se a compra e venda com pacto adjeto de alienação fiduciária tiver como objeto lote de terreno, tem sido convencionado, em regra, como valor para lance mínimo do primeiro leilão, o preço de compra e venda do lote de terreno, com reajuste igual ao pactuado para o reajuste do financiamento, acrescido do valor das acessões que o fiduciante venha a erigir no lote. O valor das acessões pode ser aferido mediante multiplicação da área construída, constante no projeto aprovado pela prefeitura, pelo valor do custo de metro quadrado da construção, divulgado por revista especializada que as partes indiquem no contrato; costuma-se convencionar, também, seja esse valor atualizado com base na variação do Índice Nacional do Custo da Construção – INCC e, bem assim, depreciado a uma taxa estipulada no contrato, que é computada sobre o valor da construção periodicamente, a partir da data da averbação da construção no Registro de Imóveis.

Em qualquer hipótese, o valor para o primeiro leilão deve ser o mais próximo do preço de mercado do imóvel, para que nenhum dos contratantes seja prejudicado.

De fato, a fixação de um valor muito acima ou muito abaixo do preço de mercado prejudicará as partes, em especial o fiduciante: no primeiro caso, é pouco provável que o imóvel seja vendido e, assim sendo, o fiduciário deixará de receber a eventual diferença entre o valor da dívida e o valor da venda; no segundo caso, a oferta do imóvel por preço abaixo do mercado facilitará sua venda, mas diminuirá a diferença a favor do fiduciante; em qualquer dos dois casos, o fiduciário também será prejudicado, porque terá de conformar-se em permanecer com o imóvel e suportar os custos de manutenção e encargos condominiais e tributários até que consiga vendê-lo posteriormente.

Na forma prevista na lei, se, no primeiro leilão, o maior lance oferecido for inferior ao valor fixado no contrato ou ao do fixado pela autoridade competente para cálculo do ITBI, realizar-se-á o segundo leilão nos quinze dias subsequentes, de acordo com o art. 27 desse diploma legal.

O segundo leilão terá como referencial o valor da dívida, das despesas, dos prêmios dos seguros, dos encargos legais, inclusive tributos, e, quando for o caso, das contribuições condominiais (art. 27, § 2º). Vale ressaltar que, diante do que dispõe o § 3º do art. 27, considera-se *dívida* o saldo devedor da operação de alienação fiduciária, na data do leilão, nele incluídos os juros convencionais, as penalidades e os demais encargos; e entende-se por *despesas* a soma das importâncias correspondentes aos encargos e custas de intimação e as necessárias à realização do leilão, nestas compreendidas as relativas aos anúncios e à comissão do leiloeiro.

Ressalvado o direito de preferência conferido ao antigo fiduciante para readquirir o imóvel por preço correspondente ao saldo devedor acrescido dos encargos contratuais e despesas da consolidação e do leilão, no segundo leilão será aceito o maior lance oferecido, desde que igual ou superior ao valor da dívida previsto no contrato. Se, entretanto, o credor obtiver preço superior ao da dívida e das despesas, deverá entregar ao devedor a importância que sobejar (art. 27, § 4º), o que importará em recíproca quitação. E ainda, se o maior lance oferecido for recusado por não ser igual ou superior ao mínimo correspondente à dívida e às despesas, considerar-se-á extinta a dívida, exonerando-se o devedor da obrigação pelo eventual saldo remanescente (art. 27, § 5º), devendo o credor, no prazo de cinco dias a contar da data do segundo leilão, dar quitação ao devedor-fiduciante em termo próprio.

Pode ocorrer que o devedor tenha se tornado inadimplente após ter amortizado grande parte da dívida garantida, reduzindo substancialmente o saldo devedor.

Em relação à ação de busca e apreensão de bem alienado fiduciariamente, a 2ª Seção do Superior Tribunal de Justiça decidiu pela inaplicabilidade da teoria do adimplemento substancial em caso no qual o devedor havia pago mais de 90% da dívida,[97] tendo em vista que se trata de procedimento regulado por lei especial que visa a execução do crédito garantido por propriedade fiduciária.

De fato, a teoria do adimplemento substancial não impede a execução do crédito com garantia real e, em consequência, sua satisfação com o produto da venda do bem, nem poderia impedir, pois esse é o meio legal para satisfação do crédito em caso de inadimplemento da obrigação garantida, não se justificando a vedação da cobrança do crédito fiduciário pelos meios definidos na legislação especial que a regulamenta. Mesmo que se trate de procedimento extrajudicial, o desfecho da execução do crédito fiduciário é o mesmo da execução comum, ou seja, venda do bem objeto da garantia para satisfação do crédito e entrega do eventual saldo ao devedor; nesse procedimento são assegurados ao devedor meios de evitar a expropriação do seu direito aquisitivo, mediante purgação da mora, e mesmo que consolidada a propriedade no credor e lei lhe confere preferência para readquirir o imóvel por valor correspondente ao saldo devedor, até a realização do segundo leilão.

Aspecto igualmente relevante é a eventualidade de aviltamento do preço.

---

[97] Em decisão proferida em 22/2/2017, a 2ª Seção do Superior Tribunal de Justiça decidiu, por 6 votos a 2, que a tese do adimplemento substancial não pode ser aplicada nos casos de alienação fiduciária, podendo o credor-fiduciário promover a ação de busca e apreensão do bem alienado (REsp 1.622.555).

Considerando que a Lei 9.514/1997 dispõe que no segundo leilão será aceito para arrematação valor correspondente a do saldo devedor e acrescidos, se o devedor-fiduciante tiver amortizado quantia apreciável da qual resulte um saldo devedor inferior a 50% do valor da avaliação que as partes tiverem estipulado no contrato, pelo qual o imóvel é ofertado no primeiro leilão, o imóvel pode ser arrematado por preço vil.

A situação pode dar causa a conflito, com eventual invalidação da arrematação, nos termos do parágrafo único do art. 891 e do inciso I, § 1o, do art. 903 do Código de Processo Civil.[98]

Eventualmente, a par do procedimento instituído pela legislação especial sobre alienação fiduciária, pode o credor-fiduciário optar pela execução por título extrajudicial, hipótese em que pode promover a penhora do direito aquisitivo do devedor-fiduciante e de outros bens, que bastem ao pagamento (v. item 6.8.2).

Uma vez concluído o leilão, será lavrado o correspondente auto, que será averbado na matrícula do imóvel, no Registro de Imóveis.

Se tiver havido lance, procede-se a transmissão do imóvel ao licitante vencedor; a forma é o contrato de venda e o modo de transmissão é o registro desse contrato no Registro de Imóveis competente. Nesse contrato, figura como vendedor o antigo credor-fiduciário e comprador o licitante vencedor. O contrato poderá ser celebrado por instrumento particular, pois, nos termos do art. 38, podem ser celebrados por essa forma quaisquer atos ou contratos referidos na Lei 9.514/1997 ou dela resultantes, sendo certo que a venda decorrente do leilão é, sem dúvida, um ato resultante daquela lei, até porque é ônus que a lei impõe ao credor como característica essencial da propriedade fiduciária nela regulamentada. Se, ao contrário, não tiver havido lance vencedor, o imóvel, que, por ocasião do leilão, já se encontrava consolidado no patrimônio do credor, aí permanecerá em definitivo sem qualquer ônus.

É de toda conveniência que, encerradas todas as formalidades do leilão, o credor formule prestação de contas ao devedor e a coloque à sua disposição, à semelhança do que prevê o art. 2º do Decreto-lei 911/1969, com a redação dada pela Lei 13.043/2014, para a hipótese de venda do bem móvel objeto de alienação fiduciária, realizada igualmente pelo credor-fiduciário.

6.10.1. Exoneração da responsabilidade pelo pagamento integral da dívida

A exoneração da responsabilidade do devedor fiduciante pelo pagamento da dívida que eventualmente remanescer após o segundo leilão, prevista no § 5º do art. 27 da Lei 9.514/1997, é matéria que comporta ressalvas.

Com efeito, trata-se de mecanismo compensatório justificado pelo sentido social do crédito habitacional e dele há precedente no direito positivo brasileiro: a Lei 5.741, de 1971, que institui processo especial de execução de crédito vinculado ao Sistema Financeiro da Habitação, prevê que, não havendo lance que cubra o valor da dívida, dá-se a automática adjudicação do imóvel ao credor com a quitação da dívida, operando a adjudicação os mesmos efeitos da dação em pagamento.

No que tange à alienação fiduciária sobre bens imóveis, quando da formulação do Projeto de Lei que resultou na Lei 9.514/1997, cogitava-se de sua aplicação restrita ao mercado habitacional, de modo que, em atenção ao grande alcance social desses financiamentos, a lei

---

[98] Código de Processo Civil: "Art. 891. Não será aceito lance que ofereça preço vil. Parágrafo único. Considera-se vil o preço inferior ao mínimo estipulado pelo juiz e constante do edital, e, não tendo sido fixado preço mínimo, considera-se vil o preço inferior a cinquenta por cento do valor da avaliação. (...). Art. 903. (...). § 1º Ressalvadas outras situações previstas neste Código, a arrematação poderá, no entanto, ser: I – invalidada, quando realizada por preço vil ou com outro vício".

exonerou o fiduciante da obrigação de pagar o saldo devedor que remanescesse, caso o imóvel fosse levado a leilão e não se alcançasse valor suficiente para resgate da dívida.

Sucede que, posteriormente, a Lei 10.931, de 2004, no seu art. 51, estendeu a aplicação da alienação fiduciária de bens imóveis para garantia das obrigações em geral, sejam habitacionais ou empresariais, sem, contudo, fazer qualquer ressalva quanto ao perdão da dívida previsto na Lei 9.514, de modo que, mesmo nos empréstimos destinados a atividades empresariais a empresa devedora ficará exonerada de pagar o saldo devedor, caso não se alcance no leilão valor suficiente para resgatar inteiramente sua dívida.

Compreende-se o propósito do legislador original, da Lei 9.514/1997, de compensar a vulnerabilidade econômica do contratante mais fraco, mas tal mecanismo de compensação somente se justifica em casos merecedores de proteção especial, nos quais podem estar incluídos os financiamentos com finalidade de aquisição de casa própria, limitados a operações relativas a imóveis cujo preço não exceda a um valor que corresponda ao padrão de moradia da população de menor poder aquisitivo.

Para correção dessa distorção propusemos que o perdão da dívida se restrinja aos financiamentos de imóvel habitacional cujo valor não exceda a setecentos salários mínimos, excluindo-se desse benefício as operações de financiamento não habitacional e as de autofinanciamento realizadas por grupos de consórcio;[99] neste último caso, a distorção veio a ser corrigida logo em seguida pela Lei 11.795, de 2008 (§ 6º do art. 14), segundo a qual, caso o produto apurado na venda do bem não seja suficiente para o pagamento integral da dívida garantida, o consorciado inadimplente continua responsável pelo pagamento do saldo devedor remanescente.

De fato, no caso dos *consórcios*, a quitação por valor inferior ao da dívida beneficiaria a pessoa do consorciado-devedor, mas causaria irreparável prejuízo a todas as demais pessoas participantes do grupo de consorciados, que ocupam posição paritária do ponto de vista social e econômico, pois essas pessoas é que teriam que pagar, por rateio, o saldo devedor não amortizado pelo consorciado inadimplente. Ora, a assunção, por todos os demais consorciados, da dívida deixada pelo devedor inadimplente importaria em subversão do princípio da função econômica e social do contrato, em razão da repercussão negativa do inadimplemento de um consorciado sobre o patrimônio da coletividade dos demais consorciados do grupo. Afinal, a quitação da dívida prevista no § 5º do art. 27 da Lei 9.514/1997 atenderia ao interesse individual do devedor inadimplente, mas poderia provocar diminuição do patrimônio pertencente ao grupo dos demais consorciados, não integrantes daquela relação contratual individual.

Outro contrato em relação ao qual a distorção foi corrigida é o de abertura de crédito bancário regulado pela Lei 13.476, de 28 de agosto de 2017.[100]

Ao dispor sobre o procedimento de realização da garantia fiduciária de bem imóvel, o art. 9º dessa lei sujeita o devedor fiduciante à regra geral de responsabilidade pelo pagamento integral da dívida (Código Civil, arts. 586 e 1.366) caso o produto da venda do imóvel em

---

[99] Artigo publicado no jornal *Valor Econômico*, de 13 de abril de 2007. A sugestão teve boa receptividade e foi aproveitada no Projeto de Lei 1.070/2007 da Câmara dos Deputados, pelo qual foi proposta nova redação ao § 5º do art. 27 da Lei 9.514/1997 e o acréscimo de mais um parágrafo ao art. 27, nos seguintes termos: "§ 5º A No caso de financiamento de imóvel habitacional, se, no segundo leilão, o maior lance oferecido não for igual ou superior ao valor referido no § 2º, considerar-se-á extinta a dívida e exonerado o credor da obrigação de que trata o § 4º. (NR) Art. 3º O art. 27 da Lei 9.514, de 20 de novembro de 1997, passa a vigorar acrescido do seguinte § 8º: "Art. 27. § 8º As disposições dos §§ 5º e 6º deste artigo não se aplicam às operações de financiamento não habitacional e às de autofinanciamento realizadas por grupos de consórcio. (NR)"

[100] As operações reguladas por essa lei são objeto do item 4.2.1.3.

leilão não seja suficiente para a amortização integral do crédito, excluindo as operações de abertura de crédito bancário que menciona do campo de incidência das disposições da Lei 9.514/1997 que exoneram o devedor fiduciante dessa responsabilidade.[101]

Esses diferentes critérios de realização da garantia fiduciária de imóveis configuram injustificável anomalia, pois, afinal, o benefício do perdão da dívida, que deveria ser concedido em caráter excepcional, é alçado ao nível de regra geral pela Lei 9.514/1997, enquanto a responsabilidade pelo pagamento integral da dívida, regra geral dos arts. 586 e 1.366 do Código Civil, é convertida em norma de exceção, aplicável às operações de consórcio e de abertura de crédito bancário.

Essa grave distorção deve ser corrigida mediante simples alteração dos §§ 5º e 6º do art. 27 da Lei 9.514/1997, para adequá-los ao sistema, restringindo sua incidência aos financiamentos habitacionais e ao autofinanciamento regulado pela Lei 11.795/2008, sujeitando-se as operações de crédito em geral à regra dos arts. 586 e 1.366 do Código Civil (ver itens 4.2.3.3 e 4.2.3.4).

Além disso, em atenção ao risco de venda em leilão por preço vil, é também recomendável alterar o § 2º do art. 27 da Lei 9.514/1997, para o efeito de fixar como preço mínimo para venda no segundo leilão o correspondente a 50% do valor de avaliação do imóvel, como forma de adequar essa alienação forçada à regra do art. 891, parágrafo único, do Código de Processo Civil, que qualifica como venda a preço vil aquela realizada por valor inferior a 50% do valor da avaliação.

6.10.2. Leilão de dois ou mais imóveis objeto de alienação fiduciária

A par do procedimento especial instituído pela Lei 9.514/1997, aplicam-se subsidiariamente à execução fiduciária as normas gerais sobre execução instituídas pelo Código de Processo Civil, por força do seu art. 15,[102] conjugadas com o regime jurídico dos direitos reais de garantia.

De acordo com os princípios gerais aplicáveis à execução, havendo dois ou mais bens penhorados, todos eles são ofertados à venda forçada até que se obtenha quantia suficiente para satisfação do crédito e encargos, suspendendo-se a arrematação tão logo apurado *quantum* suficiente para esse fim (CPC, art. 899).[103]

---

[101] Lei 13.476/2017: "Art. 9o Se, após a excussão das garantias constituídas no instrumento de abertura de limite de crédito, o produto resultante não bastar para quitação da dívida decorrente das operações financeiras derivadas, acrescida das despesas de cobrança, judicial e extrajudicial, o tomador e os prestadores de garantia pessoal continuarão obrigados pelo saldo devedor remanescente, não se aplicando, quando se tratar de alienação fiduciária de imóvel, o disposto nos §§ 5o e 6o do art. 27 da Lei no 9.514, de 20 de novembro de 1997".

A confusa redação desse dispositivo tem dado causa a dúvidas sobre a extensão da responsabilidade integral às operações de crédito com garantia fiduciária de imóveis, em geral, abrangendo os financiamentos habitacionais, mas seu campo de aplicação é restrito às operações de abertura de crédito de que trata a Lei 13.476/2017, como observa Afranio Dantzger: "o teor do art. 9º da Lei 13.476/2017 não se aplica a contratações de financiamentos imobiliários em geral, muito menos àqueles destinados à aquisição da casa própria, mas apenas e tão somente, segundo a inteligência do próprio art. 3º da referida Lei, aos casos de garantias constituídas em operações de Abertura de Limite de Crédito e suas operações financeiras derivadas, especialmente reguladas pelos arts. 3º a 9º da Lei 13.476/2017" (*Alienação fiduciária de bens imóveis*. 5. ed. rev., atual. e ampl. Salvador: JusPodivm, 2020, p. 155).

[102] Código de Processo Civil: "Art. 15. Na ausência de normas que regulem processos eleitorais, trabalhistas ou administrativos, as disposições deste Código lhes serão aplicadas supletiva e subsidiariamente".

[103] Código de Processo Civil: "Art. 899. Será suspensa a arrematação logo que o produto da alienação dos bens for suficiente para o pagamento do credor e para a satisfação das despesas da execução".

Na medida em que a Lei 9.514/1997 nada dispõe sobre a execução do crédito garantido pela propriedade fiduciária de dois ou mais imóveis, aplica-se subsidiariamente a regra do art. 899 do Código de Processo Civil, por força do seu art. 15, de modo que sejam ofertados à venda todos os imóveis objeto de propriedade fiduciária, suspendendo-se o leilão assim que seja alcançado o valor do crédito, acessórios e despesas da execução.

O fato de os imóveis estarem vinculados a Cartórios localizados em cidades distintas poderá dificultar ou impedir a realização conjunta da consolidação da propriedade e do leilão. Trata-se de particularidade a ser examinada em conformidade com a situação específica, podendo tornar necessária a realização de leilões sucessivos, à medida que cada Cartório liberar a certidão de averbação da consolidação.

Se a dívida for amortizada apenas parcialmente com o produto da venda de um imóvel, os outros continuarão respondendo pelo saldo remanescente da dívida, em atenção ao princípio da indivisibilidade da garantia,[104] e devem ser ofertados em segundo leilão pelo valor desse saldo, pois os imóveis gravados permanecem todos vinculados à dívida até que ela seja extinta,[105] sendo o leilão o meio definido pela lei para conferir efetividade à garantia.[106]

A sucessividade das ofertas não viola qualquer norma legal; antes, ajusta-se à regra do art. 899 do CPC, mediante suspensão do leilão tão logo apurada quantia suficiente para satisfação do crédito, encargos e despesas da execução.

O que importa é que se alcance a efetividade do procedimento, à luz dos princípios gerais aplicáveis à execução, isto é, *primeiro*, que se obtenha, no leilão, quantia correspondente ao valor do crédito, por meio de uma ou mais arrematações, e se entregue esse valor ao credor, e, *segundo*, que se suspenda o procedimento de expropriação após ter sido alcançado esse valor (CPC, art. 899).[107]

---

[104] Código Civil: "Art. 1.421. O pagamento de uma ou mais prestações da dívida não importa exoneração correspondente da garantia, ainda que esta compreenda vários bens, salvo disposição expressa no título ou na quitação".

[105] A indivisibilidade, como se sabe, não diz respeito ao bem, mas, sim, ao *direito de garantia*, ainda que essa seja representada por um conjunto de bens.

[106] "Antecipação da tutela. Pleito de sustação da consolidação das propriedades fiduciárias sobre dois imóveis. Garantias, relativas a diversos bens móveis e imóveis, outorgadas em favor de um grupo de credores que decorreu de complexo negócio jurídico. Interpretação teleológica do art. 26, § 5º, da Lei 9.514/1997 em consonância com a causa do contrato. Excussão de um dos imóveis que não pode provocar a extinção da totalidade da dívida nem a liberação das demais garantias, porquanto a excussão conjunta dos três imóveis rurais, situados em Estados variados da Federação, certamente seria difícil. Recurso desprovido" (TJSP, Agravo de Instrumento 2034093-33.2015.8.26.0000, 1ª Câmara Reservada de Direito Empresarial, rel. Des. Francisco Loureiro, j. 8/4/2015).

[107] Essa é a lógica da execução, mas a excessiva carga de impostos e emolumentos cartorários que a aplicação pura e simples do art. 899 do CPC impõe ao devedor fiduciante (pagamento de ITBI e emolumentos) justifica alteração legislativa que adapte o procedimento ao princípio da menor onerosidade da execução. É que, na execução fiduciária, o leilão se realiza depois de transmitida a propriedade do bem ao credor, mediante consolidação, que constitui fato gerador do ITBI e do laudêmio, se houver, e importa no pagamento de emolumentos ao Registro de Imóveis. Sendo o crédito garantido por propriedade fiduciária de dois ou mais imóveis, o procedimento contempla a transmissão de todos eles ao credor e depois sua oferta sucessiva no leilão. Se o produto da venda do primeiro imóvel for suficiente para o pagamento da dívida e despesas, o outro imóvel deve ser restituído ao devedor, mediante nova transmissão da propriedade, para a qual será novamente exigível o pagamento do ITBI, do laudêmio e dos emolumentos cartorários. Em atenção ao princípio da menor onerosidade da execução justifica-se alteração legislativa pela qual a consolidação da propriedade e o leilão se façam em operações sucessivas, e somente na medida do necessário; assim, consolidada a propriedade de um dos imóveis e levado esse a leilão, se o produto da venda desse único imóvel for suficiente para satisfação integral do crédito, os demais imóveis, que ain-

6.11. EXECUÇÃO DO CRÉDITO FIDUCIÁRIO E CÓDIGO DE DEFESA DO CONSUMIDOR (ART. 53). TESE FIXADA NO TEMA 1.095/STJ

Nota introdutória – Como se sabe, o mútuo, ou operação de crédito equivalente, com pacto adjeto de alienação fiduciária de bem imóvel, é contrato de crédito com garantia real sujeito às regras gerais dos arts. 586 e ss. e 1.361 e ss. do Código Civil, sendo a alienação fiduciária de imóvel tipificada pelas regras especiais dos arts. 22 e ss. da Lei 9.514/1997. Assegurado por essa espécie de garantia real e classificado como título executivo extrajudicial (CPC, art. 784, V), esse contrato de crédito é passível de execução extrajudicial mediante procedimento disciplinado pelos arts. 26 e 27 da Lei 9.514/1997, que se conforma à natureza fiduciária da garantia e resulta na excussão do imóvel em leilão público, com a restituição do saldo, se houver, ao devedor fiduciante.

É contrato empregado com frequência na venda de imóveis a crédito no mercado imobiliário, com financiamento concedido pelo próprio incorporador ou pelo loteador e também por instituição financeira.

Outro contrato usualmente empregado nesse mercado para comercialização de imóveis é o de promessa de compra e venda.

Tanto a venda com financiamento e garantia real, fiduciária ou hipotecária, como a promessa de venda sujeitam-se à vedação do pacto comissório em relação aos efeitos da extinção forçada do vínculo contratual por inadimplemento da obrigação do devedor, observadas, obviamente, as singularidades das suas diferentes tipificações.

Considerando que o art. 53 do Código de Defesa do Consumidor[108] alude genericamente à proibição da cláusula comissória em relação a essas distintas espécies de contrato, sem, contudo, explicitar os diferentes critérios de liquidação, durante cerca de duas décadas que decorreram após a vigência da tipificação da alienação fiduciária de imóvel pela Lei 9.514, a partir de novembro de 1997, vez por outra proferiam-se decisões nas instâncias ordinárias pelas quais eram aplicadas à execução do contrato de crédito fiduciário os mesmos efeitos da resolução da promessa de compra e venda por inadimplemento do promitente comprador, em termos semelhantes ao que foi sintetizado na Súmula 543 do STJ.[109]

Assim, e a despeito da inadequação desse procedimento para a hipótese de inadimplemento do contrato de mútuo, ou operação de crédito equivalente, pelo devedor, tais decisões acolhiam pedidos de "resolução" de contrato de crédito com alienação fiduciária e obrigavam o credor fiduciário a entregar ao devedor quantia arbitrada pela sentença, desprezando a regra dos arts. 26 e 27 da Lei 9.514/1997, que disciplinam a execução e excussão mediante leilão, determinando a entrega do saldo, se houver, ao devedor.

Entretanto, o Superior Tribunal de Justiça, coerentemente com sua orientação há muito sedimentada em relação ao crédito fiduciário garantido por *bens móveis infungíveis*,[110] desde

---

da estivessem sob regime da propriedade fiduciária, seriam liberados dessa garantia mediante simples averbação do "termo de quitação", dispensado o procedimento de consolidação que torna exigíveis os pagamentos dos impostos e emolumentos.

[108] Lei 8.078/1990: "Art. 53. Nos contratos de compra e venda de móveis ou imóveis mediante pagamento em prestações, bem como nas alienações fiduciárias em garantia, consideram-se nulas de pleno direito as cláusulas que estabeleçam a perda total das prestações pagas em benefício do credor que, em razão do inadimplemento, pleitear a resolução do contrato e a retomada do produto alienado".

[109] Súmula 543/STJ: "Na hipótese de resolução de contrato de promessa de compra e venda de imóvel submetido ao Código de Defesa do Consumidor, deve ocorrer a imediata restituição das parcelas pagas pelo promitente comprador – integralmente, em caso de culpa exclusiva do promitente vendedor/construtor, ou parcialmente, caso tenha sido o comprador quem deu causa ao desfazimento."

[110] REsp 250.072/RJ, rel. Min. Ruy Rosado de Aguiar, *DJ* 7/8/2000.

o primeiro recurso sobre a garantia fiduciária de bens imóveis que julgou, em 2008, firmou e manteve uniforme entendimento no sentido de que a existência de regra especial de vedação do pacto comissório aplicável especificamente aos contratos de crédito com garantia real (CC, arts. 1.364, 1.365 e 1.419 e ss.), bem como com garantia fiduciária imobiliária (Lei 9.514/1997, arts. 26 e 27), afasta, na hipótese, a regra genérica do art. 53 do CDC,[111] em sintonia com a tese fixada pelo Supremo Tribunal Federal sobre a prevalência da lei especial sobre a lei geral.[112]

A consolidação do entendimento do STJ[113] motivou a aprovação da Lei 13.786/2018, que reitera a distinção entre a resolução do contrato de promessa e a execução do contrato de crédito com alienação fiduciária, ao incluir o art. 67-A na Lei 4.591/1964 e o art. 32-A na Lei 6.766/1979, cujos §§ 14 e 3º, respectivamente, explicitam que o procedimento específico para esse fim é a execução do crédito, seja ele hipotecário ou fiduciário, nos termos do Código de Processo Civil (art. 771 e seguintes) ou das normas especiais (Código Civil, arts. 1.364, 1.365 e 1.419, e Lei 9.514/1997, arts. 26 e 27).

6.11.1. A tese fixada no Tema 1.095/STJ. O acórdão do REsp 1.891.498-SP

Para pôr fim, em definitivo, às divergências que persistiam nas instâncias ordinárias, o STJ afetou para julgamento pelo rito repetitivo o REsp nº 1.891.498-SP, cadastrado como Tema 1.095/STJ.

De fato, dado o relevante alcance econômico e social que o crédito imobiliário envolve, há muito se reclamava a fixação de tese que confira previsibilidade e calculabilidade capazes de revestir de segurança jurídica a execução do crédito fiduciário disciplinada pela lei especial, afastando, em definitivo, a injustificada equiparação do procedimento de execução do crédito à ação de "resolução" de contrato, tendo em vista que o contrato de mútuo ou operação de crédito equivalente não preenche os requisitos do art. 475 do Código Civil, que, embora aplicável à extinção forçada da promessa de venda, é inadmissível à execução de contrato de crédito classificado como título executivo extrajudicial pelo art. 784, V, do CPC.

O caso concreto tem por objeto operação pela qual empresa incorporadora vendeu imóvel com financiamento e, em garantia, o adquirente lhe alienou fiduciariamente o mesmo imóvel. Efetivadas, assim, a transmissão da propriedade ao devedor fiduciante, sua imissão na posse e a quitação do preço pela incorporadora, exauriu-se a compra e venda.

Pois bem.

Já na posse do imóvel, o devedor propôs ação de resolução da compra e venda e dos demais contratos a ela ligados, alegando dificuldade de prosseguir o pagamento da dívida, mas

---

[111] REsp 1.871.911/SP, rel. Min. Nancy Andrighi, *DJe* 25/8/2020.

[112] Ao apreciar aparente conflito entre as normas gerais do CDC e as da Convenção de Varsóvia, que se classifica como lei ordinária especial, a respeito de indenização por extravio de bagagem, o Supremo Tribunal Federal, no RE 636.331-RJ, com repercussão geral, fixou a seguinte tese: "Nos termos do art. 178 da Constituição da República, as normas e os tratados internacionais limitadores da responsabilidade das transportadoras aéreas de passageiros, especialmente as Convenções de Varsóvia e Montreal, têm prevalência em relação ao Código de Defesa do Consumidor". Dentre os fundamentos da decisão, destaca-se o voto do relator que "devem prevalecer, mesmo nas relações de consumo, as disposições previstas nos acordos internacionais a que se refere o art. 178 da Constituição Federal, haja vista se tratar de *lex specialis*".

[113] AgInt no REsp 1.823.174-SP, rel. Min. Paulo de Tarso Sanseverino, 3ª Turma, DJe 17.6.2021. No mesmo sentido: REsp 1.792.003/SP; REsp 1.739.994/DF; AgIn no REsp 1.856.772/SP; AgIn no REsp 1.844.226/SP; AgIn no REsp 1.689.082/SP; AgIn no REsp 1.633.592/SP; AgIn Embargos de Declaração no AgIn no REsp 1.865.396/SP; AgIn no REsp 1.742.902/DF; REsp 1.867.209/SP, dentre outros.

a operação não comporta resolução, a despeito do não preenchimento dos pressupostos necessários para a postulação do remédio resolutório estabelecidos pelo art. 475 do Código Civil.

O REsp foi julgado em outubro de 2022, tendo sido o acórdão publicado em dezembro de 2022, fixada pela Segunda Seção firmado por unanimidade a seguinte tese:

Tema 1.095: "Em contrato de compra e venda de imóvel com garantia de alienação fiduciária devidamente registrado, a resolução do pacto, na hipótese de inadimplemento do devedor, devidamente constituído em mora, deverá observar a forma prevista na Lei nº 9.514/97, por se tratar de legislação específica, afastando-se, por conseguinte, a aplicação do Código de Defesa do Consumidor".[114]

O critério da especialidade adotado na fixação da tese, como vimos, tem fundamento na caracterização desse contrato como operação de crédito com garantia real (Código Civil, arts. 1.419 e ss.) e na sua classificação como executivo extrajudicial (CPC, art. 784, V), cujo inadimplemento enseja execução, seguida da excussão do bem e entrega ao devedor do saldo do produto da venda, se houver, como dispõem o Código Civil (arts. 1.364 e 1.365) e a Lei 9.514/1997 (arts. 26 e 27).

Dada a diferenciação entre essa espécie de contrato e a promessa de venda, assim como entre as diferentes técnicas procedimentais destinadas à tutela do direito material constituído em cada um desses tipos, e considerando que a operação objeto o REsp 1.891.498-SP é caracterizada pela coligação dos contratos de (i) mútuo, (ii) compra e venda e (iii) alienação fiduciária. Considerados esses pressupostos, é de se admitir que a expressão "resolução do pacto" foi empregada no acórdão do Tema 1.095/STJ em sentido genérico, parece recomendável que seja tomada no sentido específico de "execução", como, aliás, sinalizam alguns dos primeiros julgados proferidos logo após a publicação do acórdão.[115]

Com efeito, em casos como o do REsp nº 1.891.498-SP, o contrato de compra e venda já se exauriu e não há prestação alguma exigível do vendedor e do credor, não havendo, portanto, possibilidade de ocorrer inadimplemento por parte de nenhum desses em relação ao contrato de venda ou de crédito capaz de fundamentar pedido resolutório, como exige o art. 475 do Código Civil. Cada um deles já prestou, o vendedor ao transferir a propriedade e entregar o imóvel e o credor a disponibilizar o crédito, que foi integralmente utilizado pelo devedor ao pagar o preço integral da venda. Assim, no conjunto dessa operação, restam em curso os contratos de crédito e o de alienação fiduciária em garantia, que encerram obrigações somente para o devedor, cuja extinção por inadimplemento se dá por meio de execução extrajudicial do crédito garantido pela propriedade fiduciária do imóvel.

---

[114] STJ, 2ª Seção, relator Min. Marco Buzzi, j. 26/10/2022, *DJe* 19/12/2022. Quando da atualização desta obra para a 8ª edição encontram-se pendentes de julgamento dois embargos de declaração.

[115] RESOLUÇÃO DE CONTRATO DE COMPRA E VENDA COM PACTO DE ALIENAÇÃO FIDUCIÁRIA EM GARANTIA. Tema 1.095 do STJ. Ação ajuizada pelo comprador, alegando impossibilidade superveniente de pagamento do preço. Garantia real da propriedade fiduciária devidamente constituída pelo registro imobiliário. Inexistência, porém, de notificação para conversão da mora em inadimplemento absoluto e consolidação da propriedade resolúvel nas mãos da credora fiduciária, na forma do art. 26 da L. 9.514/97. Impossibilidade de resolução do contrato, que perdeu a sua natureza bilateral. Comprador se tornou devedor fiduciante do saldo parcelado do preço. Garantia real deve ser executada na forma prevista na L. 9.514/97, com leilão extrajudicial do imóvel. Impossibilidade de aproveitamento da presente ação de resolução para excussão da garantia, uma vez que não houve até o momento consolidação da propriedade em nome da credora fiduciária. Inteligência da aplicação do Tema 1.095 do STJ somente aos casos em que a mora já foi convertida em inadimplemento absoluto e a propriedade se encontra consolidada nas mãos do credor fiduciário, podendo ser levado a leilão extrajudicial. Ação de resolução improcedente. Recurso provido" (TJSP, 1ª Câmara de Direito Privado, Apelação Cível 1000418-80.2021.8.26.0099, rel. Desembargador Francisco Eduardo Loureiro, julgamento 8/3/2023).

Disso resulta que, a situação de adimplemento do devedor fiduciante, ventilado no acórdão, se tomado isoladamente, sem exame do preenchimento de todos os pressupostos exigidos pelo art. 475 do Código Civil, é "fato que não justifica a resolução do contrato na forma pretendida na inicial", até porque não há contrato a ser resolvido, tendo em vista que se trata de "compromisso de compra e venda extinto diante do esgotamento de seu objeto"[116] como decidido em acórdão proferido posteriormente à publicação da tese jurídica fixada no Tema 1.095.

Além disso, em face do Tema 1.095/STJ, "não há que se falar em direito de arrependimento ou em desistência imotivada, não se revelando cabível a resilição da avença com a determinação de devolução de qualquer quantia ao apelante, uma vez que, descumprida a obrigação de pagamento do débito, se deve promover a execução da garantia, nos termos da lei específica".[117]

A par dessas e outras decisões, as Turmas Recursais Cíveis Reunidas do Tribunal de Justiça do Rio Grande do Sul aprovaram Enunciado de Uniformização de Jurisprudência, que deixa clara a legalidade da contratação da alienação fiduciária de imóveis em favor do próprio vendedor, esclarecendo também a inaplicabilidade da Súmula 543/STJ à execução fiduciária.[118]

---

[116] "Compra e venda. Ação de rescisão contratual. Sentença de procedência. Irresignação do réu. Pedido de rescisão que poderia em tese impactar o banco cessionário, que deve, pois, figurar no polo passivo. Preliminar de ilegitimidade passiva afastada. Autor proprietário registral do imóvel e devedor fiduciante. Garantia fiduciária registrada. Inaplicabilidade da tese vinculante aprovada pelo STJ no julgamento do Tema 1.095. Autor adimplente ao tempo do ajuizamento da ação. Fato que não justifica a resolução do contrato na forma pretendida na inicial. Compromisso de compra e venda extinto diante do esgotamento de seu objeto. Resolução do contrato de compra e venda com pacto de alienação fiduciária em garantia por desinteresse do adquirente que configura quebra antecipada do contrato ('anticipatory breach'), mesmo que ainda não tenha havido mora no pagamento das prestações. Precedentes do STJ. Resolução que deve se submeter aos ditames da Lei nº 9.514/97. Ação improcedente. Sentença reformada. Recurso provido" (TJSP, 1ª Câmara de Direito Privado, Apelação Cível 1042100-73.2020.8.26.0576, rel. Desembargador Alexandre Marcondes, *DJe* 15/3/2023).

[117] Apelação Cível. Pretensão do autor de resilição do contrato de compra e venda de imóvel, com pacto de alienação fiduciária em garantia, de restituição do montante pago, deduzindo-se, tão somente, determinadas rubricas, sob o fundamento, em suma, de que não possui mais condições financeiras para arcar com o preço pactuado e que as demandadas se negam a desfazer o acordo. Sentença de improcedência do pedido. Inconformismo do demandante. *Ab initio*, registre-se ser impossível a incidência da Lei n.º 13.786, de 17 de dezembro de 2018, por força do princípio *tempus regit actum*, tendo em vista que os fatos narrados na exordial são anteriores à sua vigência. Termo de recebimento de chaves que comprova a imissão da posse por parte do autor. Inexistência de elemento probatório em sentido contrário. In casu, trata-se de instrumento de compra e venda de unidade imobiliária, com pacto adjeto de alienação fiduciária em garantia, e não de mera promessa de compra e venda, de modo que se aplica a Lei n.º 9.514, de 20 de novembro de 1997, em detrimento das disposições do Código de Defesa do Consumidor, em razão da especialidade daquela. Tese firmada pelo Superior Tribunal de Justiça, cadastrada sob o Tema 1.095. Assim, na espécie, não há que se falar em direito de arrependimento ou em desistência imotivada, não se revelando cabível a resilição da avença com a determinação de devolução de qualquer quantia ao apelante, uma vez que, descumprida a obrigação de pagamento do débito, se deve promover a execução da garantia, nos termos da lei específica que rege a matéria. Manutenção do decisum que se impõe. Recurso ao qual se nega provimento, majorando-se os honorários advocatícios em 5% (cinco por cento) sobre o *quantum* fixado pelo Magistrado a quo, nos termos do artigo 85, § 11, do Código de Processo Civil" (TJRJ, 12ª Câmara Cível, Apelação 0002121-60.2019.8.19.0024, des. Geórgia de Carvalho, *DJe* 14/4/2023).

[118] "Em contrato de compra e venda de imóvel com garantia de alienação fiduciária, a resolução do pacto, na hipótese de inadimplemento do devedor fiduciante, observará as disposições da Lei nº 9.514/97, dispensada vinculação da promitente vendedora ao sistema financeiro imobiliário – SFI - além de não serem aplicáveis as disposições do CDC, nem da Súmula 543 do STJ" (Incidente de Uniformização

Contudo, os termos em que foi redigido o acórdão do Tema 1.095/STJ podem abrir espaço para prolação de decisões em desacordo com a ratio decidendi do acórdão e, assim, comprometer a própria efetividade do julgamento e mesmo a tese jurídica fixada. Vejam-se os casos de decisões em ações de resolução propostas por devedores fiduciantes,[119] que partem da presunção de que o fato de o acórdão do Tema 1.095 ter mencionado três requisitos para execução do crédito fiduciário permitiria o deslocamento do procedimento de extinção forçada dessa espécie de contrato para o campo de incidência do art. 475 do Código Civil pela simples ausência de algum requisito do procedimento especial de execução.

Ora, eventual falha procedimental não altera a natureza do contrato de crédito nem priva o credor do direito subjetivo ao reembolso integral do seu crédito, não podendo afastar a satisfação do seu direito de crédito mediante execução e excussão do bem, seja por meio judicial ou extrajudicial.

No âmbito do Registro de Imóveis o art. 188 da Lei de Registros Públicos assegura ao interessado suprir a falta de algum requisito nos termos da nota devolutiva emitida pelo oficial.[120]

Trata-se da regra geral de sanabilidade das falhas procedimentais, equivalente àquelas estabelecidas pelo Código de Processo Civil para seu suprimento, a exemplo dos arts. 282, § 2º, 303, § 6º, 321, 406, 485, § 1º, 700, § 5º, 801, 968, § 5º, 1.071 (redação do art. 216-A, § 10), entre outros.[121] Seu suprimento constitui direito subjetivo da parte no processo,[122] indispensável

---

Jurisprudência, nº 71009651308, Turmas Recursais Cíveis Reunida, Turmas Recursais, Relator: Luiz Augusto Guimaraes de Souza. Julgamento: 29/3/2023. Publicação: 12/4/2023).

[119] "Apelação. Rescisão contratual. Compra e venda. Alienação fiduciária. Tema 1.095 do STJ. Não incidência. Desistência do comprador. Instrumento particular de compra e venda de imóvel com alienação fiduciária em garantia. Desistência do adquirente. Pretensão das vendedoras de que a resolução do contrato se dê por execução extrajudicial, nos termos da Lei nº 9.514/97. Impossibilidade. Tese firmada pelo Superior Tribunal de Justiça no julgamento do Tema 1.095 no sentido de que a Lei nº 9.514/97 somente afasta a aplicação do Código de Defesa do Consumidor na hipótese de contrato registrado em cartório e adquirente inadimplente, devidamente constituído em mora. No caso dos autos os compradores não foram constituídos em mora. Determinação de devolução de 90% sobre os valores pagos, autorizado o desconto de eventuais débitos de consumo, IPTU e taxas condominiais em consonância com os precedentes do STJ: - Não se tratando de hipótese que impõe a execução extrajudicial do contrato e a aplicação da Lei nº 9.514/97, conforme decidido pelo STJ no julgamento do Tema nº 1.095, a resolução da avença com a retenção de 10% dos valores pagos pelo comprador mostra-se suficiente para a compensação do vendedor. Precedentes do STJ. Incabível a cobrança de taxa de ocupação, uma vez que não houve consolidação da propriedade em favor do credor fiduciário" (TJSP, 13ª Câmara de Direito Privado, Apelação 1015084-98.2019.8.26.0344/50000, rel. Des. Nelson Jorge Júnior, julgamento 3/3/2023).

[120] Lei 6.015/1973 (com a redação dada pela Lei 14.382/2022): "Art. 188. Protocolizado o título, proceder-se-á ao registro ou à emissão de nota devolutiva, no prazo de 10 (dez) dias, contado da data do protocolo, salvo nos casos previstos no § 1º deste artigo e nos arts. 189, 190, 191 e 192 desta Lei."

[121] Código de Processo Civil: "Art. 801. Verificando que a petição inicial está incompleta ou que não está acompanhada dos documentos indispensáveis à propositura da execução, o juiz determinará que o exequente a corrija, no prazo de 15 (quinze) dias, sob pena de indeferimento."

[122] "DIREITO PROCESSUAL CIVIL. PASEP. CONTA INDIVIDUAL. BANCO DO BRASIL. LEGITIMIDADE PASSIVA. TEORIA DA ASSERÇÃO. EMENDA À INICIAL NÃO OPORTUNIZADA NA ORIGEM. I - A emenda da petição inicial é direito subjetivo do autor, de modo que sendo a emenda possível, configura cerceamento desse direito o indeferimento da inicial ou extinção do processo sem julgamento do mérito, sem concessão de prazo para correção do vício. II - Pela teoria da asserção, a análise do preenchimento das condições da ação deve ser feita à luz das afirmações do demandante contidas em sua petição inicial, e não do direito provado, presumindo-se verdadeiras as alegações. Assim, não se exige prova, bastando a afirmação da pertinência da ação. III - Assim, à luz da aludida teoria, o Banco do Brasil ostenta legitimidade passiva em ação na qual se busca o pagamento de indenização por

para assegurar a análise do mérito da sua postulação, seja na fase originária ou recursal, e em estrita conformidade com o conteúdo do seu direito material.

Além desses aspectos, não se pode perder de vista que o fato de o devedor fiduciante propor contra o credor fiduciário "ação de resolução do contrato" não desvirtua a natureza jurídica da relação creditícia e não compromete o exercício do direito do credor, pois ainda nesse caso o CPC preserva a exequibilidade do crédito pelo meio adequado, mediante execução judicial ou extrajudicial, ao dispor "a propositura de qualquer ação relativa a débito constante do título executivo não inibe o credor de promover-lhe a execução."[123]

As breves considerações aqui sintetizadas evidenciam que a consecução do propósito da uniformidade das futuras decisões judiciais sobre execução do crédito oriundo de compra de imóveis com alienação fiduciária demanda análise crítica sobre a adequação da tese jurídica ao caso concreto, pois, como adverte Victor Miranda,[124] o "sistema de vinculação às decisões judiciais pressupõe a dialética argumentativa do caso-precedente para *construção* da norma jurídica que será replicada nos casos subsequentes", não se admitindo a "utilização acrítica de súmulas, teses jurídicas e principalmente, ementas."

Assim, para afastar o risco de aplicação irrefletida, orientada pela limitada literalidade da ementa, é indispensável concentrar-se no exame das razões de decidir, em estreita articulação com a identificação da natureza jurídica do contrato sobre o qual se controverte, pois, como anotam Teresa Arruda Alvim e Rodrigo Barioni,[125] "não basta ter os olhos voltados à tese jurídica fixada," tendo em vista que o valor do precedente está, essencialmente, na *ratio decidendi* do julgamento que deu origem ao paradigma, para aferir sua adequação ao caso concreto.

Firmadas essas premissas básicas, um primeiro aspecto a ser ressaltado, como vimos, é que a prevalência do critério da especialidade definida pelo acórdão do Tema 1.095/STJ é justificada pela existência de regra própria que disciplina os efeitos da vedação do pacto comissório em conformidade com a natureza jurídica do contrato de crédito fiduciário imobiliário (Lei 9.514/1997, arts. 26 e 27), disso resultando o afastamento da regra geral sobre o tema ventilada pelo art. 53 do CDC.

Quanto à identificação do campo de incidência, observe-se que, apesar da possibilidade de contratação da alienação fiduciária em garantia de operações de crédito em geral, a afetação do caso ao rito repetitivo se restringiu aos financiamentos de venda de imóveis integrantes de incorporação imobiliária por se tratar de contrato passível de configurar relação de consumo e por terem se restringido a essa espécie de contrato as decisões divergentes da orientação jurisprudencial do STJ, daí por que a aplicação da tese fixada no Tema 1.095/STJ se limita a esse campo.

---

danos materiais decorrentes de supostos desfalques ilícitos na conta PASEP. IV - Deu-se provimento ao recurso" (TJDF, 6ª Turma Cível, Apelação Cível 07029072220208070005, rel. Desembargador José Divino, PJe 13/8/2020).

[123] Código de Processo Civil: "Art. 784. (...) § 1º A propositura de qualquer ação relativa a débito constante de título executivo não inibe o credor de promover-lhe a execução."

[124] MIRANDA, Victor Vasconcelos. *Precedentes Judiciais: construção e aplicação da ratio decidendi*. São Paulo: Thomson Reuters Brasil, 2022, p. 231.

[125] Nesse sentido, Teresa Arruda Alvim e Rodrigo Barioni anotam que não se deve ficar preso apenas à tese jurídica fixada, sendo fundamental considerar a ratio decidendi: "(...) não basta ter os olhos voltados à *tese jurídica fixada no precedente dos casos repetitivos; é preciso, ainda, considerar a* ratio decidendi *do precedente, de modo que as futuras decisões judiciais sejam com elas compatíveis*" (ARRUDA ALVIM, Teresa; BARIONI, Rodrigo. Recursos repetitivos: Tese jurídica e r*atio decidendi*. *Revista de Processo*, v. 296, 2019).

Nesse contexto, e considerando que a decisão foi proferida em recurso interposto por empresa incorporadora que vendeu com financiamento próprio e o comprador alienou fiduciariamente o imóvel adquirido à própria vendedora, a tese fixada no Tema 1.095/STJ importa no reconhecimento de que a operação de venda de imóvel a crédito com garantia fiduciária independe da presença de um terceiro financiador, coerentemente com a lógica das vendas a crédito em geral (CC, art. 491) e com a expressa previsão legal dos arts. 5º e 22 da Lei 9.514/1997, que facultam essa contratação no mercado imobiliário "por qualquer pessoa física ou jurídica", abrangendo as vendas de imóveis entre particulares, pelas mesmas razões que o titular de um imóvel pode vendê-lo a crédito e receber o mesmo imóvel em garantia hipotecária, em garantia do saldo do preço da compra (v. item 6.11.6).

Apartada essa espécie de operação contratada no ambiente da incorporação imobiliária, os demais contratos de crédito garantidos por propriedade fiduciária de bens imóveis, compreendendo as operações do mercado financeiro, sejam de abertura de crédito, financiamento de capital de giro, entre outras, assim como os empréstimos sem destinação específica e os contratos de alienação fiduciária imobiliária celebrados entre particulares, se encontram fora do alcance da tese jurídica do Tema 1.095/STJ, pois em relação aos créditos fiduciários imobiliários em geral jamais se pôs em dúvida a sujeição da execução e excussão ao procedimento disciplinado pelos arts. 26 e 27 da Lei 9.514/1997 ou pelo Código de Processo Civil.

Essas e outras questões, no que têm de essencial, são tratadas nos itens subsequentes, que cuidam, preliminarmente, de contextualizar a situação fática na dinâmica da convivência entre as normas do CDC e as de tipificação desses contratos, identificando a natureza da norma enunciada pelo art. 53 do CDC e os diferentes efeitos que produz em relação a extinção forçada da promessa de venda e da operação de crédito com garantia fiduciária.

6.11.2. A convivência do CDC com as normas de tipificação dos contratos por espécie. A vedação do pacto comissório prevista no art. 53 do CDC

A eventual sujeição da promessa de venda e da alienação fiduciária às normas gerais do Código de Defesa do Consumidor, quando caracterizem relações de consumo,[126] comporta breve nota sobre a convivência desse Código e das normas especiais que dispõem sobre a extinção desses tipos contratuais.[127]

Trata-se de lei geral,[128] destinada a regular as relações de consumo e, portanto, abrange todas as espécies de contrato ou situações nesse campo, tendo por objeto os aspectos gerais dessas relações, tais como o dever de informação, vícios, cláusulas e práticas abusivas, desconsideração da personalidade jurídica etc.

Não dispõe, nem caberia dispor, sobre a tipicidade ou a funcionalidade de quaisquer espécies, que se encontram reguladas no Código Civil e em leis especiais. Assim, no processo de sua aplicação importa delimitar os perímetros dentro dos quais incidem suas normas gerais e as normas específicas de tipificação dos contratos.

---

[126] O CDC se aplica aos contratos de promessa de venda e de mútuo com pacto adjeto de alienação fiduciária quando caracterizem relações de consumo, nas situações em que o adquirente ou o devedor fiduciante seja destinatário final do imóvel adquirido com financiamento e se encontre em situação de vulnerabilidade diante da empresa incorporadora ou da instituição financeira (CDC, arts. 2º e 3º, §§ 1º e 2º).

[127] Tratamos da matéria mais detidamente nos itens 6.15.1 a 6.15.7 – *A garantia fiduciária à luz dos princípios do art. 53 do Código de Defesa do Consumidor – CDC*.

[128] MARQUES, Claudia Lima. *Contratos no Código de Defesa do Consumidor*. 5. ed. São Paulo: RT, 2006. p. 618.

Os casos de aparente antinomia entre o CDC e normas de lei especial são solucionados com base nos critérios da especialidade e da cronologia, prevalecendo a lei especial, tendo em vista a regra geral segundo a qual "preferem-se as disposições que se relacionem mais direta e especialmente com o assunto de que se trata".[129]

É com base nessa regra de convivência das normas no sistema que a jurisprudência dos tribunais superiores confirma a sujeição da generalidade dos contratos ao CDC, nos aspectos correspondentes à relação de consumo, mas ressalva a prevalência da lei especial naquilo que tem de específico,[130] sem, contudo, comprometer a função do contrato, que deve ser interpretado em conformidade com as normas que o tipificam.

É como define a tese fixada pelo Supremo Tribunal Federal na decisão proferida no Recurso Extraordinário 636.331-RJ, com repercussão geral, em que se apreciou aparente conflito entre as normas gerais do CDC e as normas especiais da Convenção de Varsóvia a respeito de indenização por extravio de bagagem, salientando o voto condutor que "devem prevalecer, mesmo nas relações de consumo, as disposições previstas nos acordos internacionais a que se refere o art. 178 da Constituição Federal, haja vista se tratar de *lex specialis*".

No que tange especificamente ao modo de extinção das espécies de contrato aqui consideradas, o art. 53 do CDC reproduz a regra geral da vedação da cláusula comissória, ao considerar nula a cláusula que preveja a perda total das quantias pagas pelo comprador, caso o contrato venha a ser resolvido por inadimplemento deste em contratos de promessa de venda e de alienação fiduciária.

Na eventualidade de aplicação das normas do CDC aos contratos de alienação fiduciária de bens imóveis, quando caracterize relação de consumo (arts. 2º e 3º, §§ 1º e 2º), importa ter presente a prevalência da Lei 9.514/1997 naquilo que tem de específico, pois, nesse caso, como observa Claudia Lima Marques, há "clara prevalência da lei especial nova pelos critérios da especialidade e cronologia. (...) Assim, o CDC, como lei geral de proteção dos consumidores, poderia ser afastado para a aplicação de uma lei nova especial para aquele contrato ou relação contratual (...). Sendo assim, quanto mais específica for a norma do CDC e mais específica for a norma 'contrária' da lei nova, maior a probabilidade de incompatibilidade, e, então, é de ser afastada a aplicação do CDC para aplicar-se a lei nova".[131]

Fixada essa premissa, importa identificar a natureza jurídica da norma enunciada pelo art. 53 do CDC e seus efeitos, especialmente no que toca à questão aqui considerada.

Trata-se de regra de vedação do pacto comissório, que se aplica tanto às promessas de venda quanto aos contratos de crédito com garantia real, seja hipotecária, pignoratícia, anticrética ou fiduciária, e em qualquer dessas hipóteses a vedação tem função limitadora da autonomia privada, justificada pela necessidade de tutela do devedor ante o risco de locupletamento do credor.

Assim, é reputada não escrita a chamada "cláusula de decaimento" nas promessas de compra e venda, do mesmo modo que é nula a cláusula que autorize o credor hipotecário, pignoratício, anticrético ou fiduciário a ficar com o bem objeto da garantia se a dívida não for paga no vencimento (CC, arts. 1.365 e 1.428).[132]

---

[129] MAXIMILIANO, Carlos. *Hermenêutica e interpretação do direito*. 9. ed. Rio de Janeiro: Forense, 1979, nº 141.
[130] ADI 2.591.
[131] MARQUES, Claudia Lima. *Contratos no Código de Defesa do Consumidor*. 5. ed. São Paulo: RT, 2006, p. 632-633.
[132] Tratamos da vedação do pacto comissório em relação aos direitos reais de garantia no item 4.2.3.
Código Civil: "Art. 1.365. É nula a cláusula que autoriza o proprietário fiduciário a ficar com a coisa alienada em garantia, se a dívida não for paga no vencimento". "Art. 1.428. É nula a cláusula que autoriza o

Dadas as especificidades desses contratos e considerada a prevalência das normas especiais sobre as normas gerais do CDC, os efeitos da vedação da cláusula comissória conformam-se aos elementos de caracterização dessas espécies de contratos, de que tratam os arts. 1.417 e 1.418 do Código Civil, o art. 67-A da Lei 4.591/1964 e o art. 32-A da Lei 6.766/1979, se tiver por objeto contrato de promessa de compra e venda de imóvel integrante de incorporação imobiliária ou de loteamento, ou, *alternativamente*, os arts. 1.365 e 1.428 do Código Civil, além de normas especiais, se tiver por objeto contrato de crédito com garantia real, seja hipotecária, pignoratícia, anticrética ou fiduciária.

Disso resulta que, em relação à promessa de compra e venda, se o contrato estipular a cláusula comissória, o juiz a afastará e, ao proferir a sentença de resolução do contrato, fixará a pena, de ofício, equitativamente, "tendo-se em vista a natureza e a finalidade do negócio" (Código Civil, art. 413).

Decretada a resolução do contrato, segue-se uma relação de liquidação mediante (i) reincorporação do domínio pleno ao patrimônio do promitente vendedor, (ii) restituição das quantias pagas ao promitente comprador e (iii) ressarcimento, por parte deste, das perdas e danos decorrentes do seu inadimplemento. Nesse procedimento, o promitente vendedor restituirá parcialmente ao promitente comprador as quantias que este houver pago, retendo quantia correspondente ao ressarcimento das perdas e danos (Súmula 543/STJ, art. 67-A, §§ 1º a 9º, da Lei 4.591/1964 e art. 32-A da Lei 6.766/1979).

Já na execução do crédito com garantia fiduciária, havendo no contrato cláusula que autorize o credor a ficar com o bem (CC, art. 1.365), o juiz igualmente a afastará, mas não poderá fixar a quantia a ser entregue ao devedor fiduciante, pois neste caso o valor a que o devedor faz jus é o correspondente ao saldo, se houver, do produto da venda do bem, depois de satisfeito o crédito garantido (CC, art. 1.364, Decreto-lei 911/1969 e Lei 9.514/1997, entre outras).[133]

Sendo esses os efeitos legais da vedação da cláusula comissória, sua incidência nos contratos de alienação fiduciária, quando caracterizem relação de consumo, não autoriza sua requalificação para convertê-los em contrato de promessa de venda de imóvel, esclarecendo Francisco Eduardo Loureiro, ao comentar os arts. 1.365 e 1.428 do Código Civil,[134] que o art. 53 do CDC "deve ser lido como vedação a que o devedor, por cláusula contratual, renuncie ao direito de receber eventual saldo apurado quando da venda da coisa garantida a terceiros, como já se pronunciou o STJ".

Nesse mesmo sentido, Nelson Nery Jr. observa que o art. 53 do CDC não admite interpretação extensiva que autorize restituição ao devedor fiduciante, pois tem apenas função de vedar a estipulação de cláusula comissória: "do *caput* do artigo [refere-se ao art. 53 do CDC] não decorre, porém, o direito à devolução das parcelas pagas. Apenas não se poderá pactuar a perda total das prestações pagas".[135]

Não obstante, decisões das instâncias ordinárias semelhantes às que nos referimos na nota introdutória, divergentes da orientação jurisprudencial do STJ, têm interpretado o art. 53

---

credor pignoratício, anticrético ou hipotecário a ficar com o objeto da garantia, se a dívida não for paga no vencimento. Parágrafo único. Após o vencimento, poderá o devedor dar a coisa em pagamento da dívida".

[133] É admitida a satisfação do crédito mediante dação em pagamento e, em caso de execução judicial, adjudicação do bem.

[134] LOUREIRO, Francisco Eduardo. *Código Civil comentado* (comentário ao art. 1.364). Coord. Ministro Cezar Peluso. 12. ed. Barueri: Manole, 2018. p. 1.357.

[135] NERY JR., Nelson et al. Comentário ao art. 53. In: GRINOVER, Ada Pellegrini; BENJAMIN, Antônio Herman de Vasconcellos e; FINK, Daniel Roberto; FILOMENO, José Geraldo Brito; NERY JR., Nelson; DENARI, Zelmo. *Código Brasileiro de Defesa do Consumidor* – Comentários pelos autores do anteprojeto. 10. ed. Rio de Janeiro: Forense, 2011. p. 622.

do CDC como norma que autorizaria o magistrado a (i) afastar a aplicação do art. 27 da Lei 9.514/1997, (ii) requalificar a alienação fiduciária e (iii) submeter a extinção forçada desse contrato de garantia aos efeitos da resolução de promessa de compra e venda, impondo ao credor fiduciário a restituir ao devedor fiduciante a quantia que fixar em sentença, e não a quantia que sobejar do leilão, como manda o § 4º do art. 27 da Lei 9.514/1997.

Os efeitos desse dispositivo do CDC, portanto, devem ser identificados mediante interpretação sistemática, seja em articulação com os arts. 1.417 e 1.418 do Código Civil, 67-A da Lei 4.591/1964 e 32-A da Lei 6.766/1979, quando se tratar de promessa de venda de imóveis em geral ou integrantes de incorporação imobiliária e loteamento, ou à luz dos arts. 1.365 e 1.428 do Código Civil e normas especiais, quando se tratar de contrato de crédito com garantia fiduciária ou hipotecária.

Essa é a orientação da melhor doutrina, e é ainda Nelson Nery Jr. que, ao interpretar o art. 53 do CDC, remete ao Decreto-lei 911/1969 por ser essa a regra de vedação do pacto comissório aplicável especificamente ao contrato de alienação fiduciária de bem móvel infungível, salientando que "há previsão no art. 2º desse diploma, no sentido de permitir ao credor a venda do bem alienado fiduciariamente, a fim de que seja pago todo o débito do consumidor junto ao fornecedor, credor fiduciário, revertendo-se o saldo, se houver, para o patrimônio do consumidor".[136]

Em suma, o art. 53 do CDC não legitima o devedor fiduciante à ação de resolução do contrato de crédito com pacto adjeto de alienação fiduciária nem lhe confere direito de restituição semelhante àquele que decorre da resolução da promessa de venda, atribuindo-lhe, diferentemente, direito à "diferença entre o valor da venda da coisa e o saldo devedor da obrigação garantida, mas não à devolução das parcelas pagas", como observa Francisco Eduardo Loureiro.[137]

Assim, ao firmar-se no sentido da "prevalência das regras contidas no art. 27, §§ 4º, 5º e 6º, da Lei nº 9.514/97 em detrimento da regra do artigo 53 do Código de Defesa do Consumidor" (REsp 1.773.047-SP), a jurisprudência do STJ aplica a regra geral da vedação do pacto comissório a que se refere o art. 53 do CDC em estrita conformidade com a estrutura e a função do contrato de alienação fiduciária em garantia.

6.11.3. A jurisprudência do Superior Tribunal de Justiça

A formação da jurisprudência do STJ a respeito dos efeitos do art. 53 do CDC em relação à garantia fiduciária teve por objeto, inicialmente, a pretensão da restituição de quantias pagas por devedores fiduciantes em contratos de alienação fiduciária de bens móveis infungíveis, de que trata a Lei 4.728/1965.

Desde então, essa Corte superior vem interpretando o art. 53 do CDC coerentemente com a natureza da alienação fiduciária como contrato acessório de garantia de mútuo, cujo inadimplemento importa na execução do crédito e excussão do bem para satisfação do crédito em dinheiro, devendo o credor entregar ao devedor o saldo, se houver.

Tratando-se de regra de vedação do pacto comissório, então objeto do art. 765 do Código Civil de 1916 e do Decreto-lei 911/1969, a jurisprudência do STJ firmou-se no sentido de que

---

[136] NERY JR., Nelson et al. Comentário ao art. 53. In: GRINOVER, Ada Pellegrini; BENJAMIN, Antônio Herman de Vasconcellos e; FINK, Daniel Roberto; FILOMENO, José Geraldo Brito; NERY JR., Nelson; DENARI, Zelmo. *Código Brasileiro de Defesa do Consumidor* – Comentários pelos autores do anteprojeto. 10. ed. Rio de Janeiro: Forense, 2011. p. 622-624.

[137] LOUREIRO, Francisco Eduardo. *Código Civil comentado* (comentário ao art. 1.364). 12. ed. Coord. Ministro Cezar Peluso. Barueri: Manole, 2018. p. 1.357.

"a regra do art. 53 do CDC deve ser interpretada em conformidade com a especificidade do negócio de alienação fiduciária em garantia", de modo que cumpra sua função típica.

Do acórdão do REsp 250.072-RJ (*DJ* 7/8/2000) destaca-se: "uma vez paga a dívida (...), o que sobejar, correspondente ou não às parcelas já pagas, deve o credor restituir ao devedor. Isso significa que o credor tem o direito ao valor financiado, do qual o bem é a garantia, e não apenas à restituição deste".[138]

Em relação à alienação de bens imóveis, o caso pioneiro do STJ data de 2008.

Trata-se do Agravo Regimental interposto contra decisão monocrática do Agravo de Instrumento 932.750-SP.

Esse acórdão é digno de nota não apenas pelo seu pioneirismo, mas, sobretudo, por ter enfrentado as questões relacionadas à diversidade de natureza material e procedimental da formação, execução e extinção forçada dos contratos de promessa de venda e de alienação fiduciária, firmando-se pela inviabilidade de equiparação dos efeitos da extinção desses distintos contratos e, em consequência, pela aplicação da regra especial do art. 27, § 4º, da Lei 9.514/1997.

Trata-se de ação proposta por antigo devedor fiduciante que, diante da inexistência de saldo positivo em leilão de imóvel que adquirira com financiamento e pacto adjeto de alienação fiduciária, obtivera êxito na pretensão de restituição de parte das quantias pagas por critério semelhante ao aplicado aos efeitos da resolução de promessa de compra e venda, tendo sido a decisão confirmada pelo tribunal local.

Em decisão monocrática, o relator negou provimento a Agravo de Instrumento interposto contra a não admissão de Recurso Especial, mas reconsiderou-a em Agravo Regimental, no qual reconhece a inaplicabilidade do critério de restituição definido pela Corte por força de resolução de promessa de compra e venda tendo em vista as diferenças estruturais e funcionais entre essa espécie de contrato e o de alienação fiduciária em garantia, concluindo que, "em verdade, a situação fática dos autos discrepa daquela em que firmado o entendimento desta Corte Superior, conforme julgados colacionados; trata-se, *in casu*, de alienação fiduciária em garantia de bens imóveis e não de simples promessa de compra e venda".

Esclarece o voto do relator que a lei especial que regulamenta a alienação fiduciária, no que tem de específico, prevalece sobre as normas gerais do CDC, no caso, o art. 53, com fundamento nos critérios da especialidade e da cronologia, invocando a doutrina de Claudia

---

[138] "Alienação fiduciária. Restituição das prestações pagas. No contrato de alienação fiduciária, o credor tem o direito de receber o valor do financiamento, o que pode obter mediante a venda extrajudicial do bem apreendido, tendo o devedor o direito de receber o saldo apurado, mas não a restituição integral do que pagou durante a execução do contrato. DL 911/1969. Art. 53 do CDC. Recurso não conhecido" (REsp 250.072/RJ, rel. Min. Ruy Rosado de Aguiar, *DJ* 7/8/2000).
"Civil e processo civil. Alienação fiduciária em garantia. Ação de busca e apreensão. Código de Defesa do Consumidor. Devolução das parcelas pagas. Dissídio. Julgados do mesmo Tribunal. O art. 53, *caput*, do Código de Defesa do Consumidor não dispõe sobre o direito à devolução das parcelas pagas antes de ocorrida a venda do bem apreendido em ação de busca e apreensão decorrente de contrato com alienação fiduciária em garantia" (AgIn 396.809-RJ, rel. Min. Nancy Andrighi, *DJ* 25/9/2001).
"Apelação cível. Ação de busca e apreensão. Contrato de alienação fiduciária em garantia. Propriedade consolidada em benefício do credor-fiduciário. Sentença de procedência. Recurso de apelação objetivando tão somente a restituição das prestações pagas. Impossibilidade da devolução. Não incidência do art. 53 do CDC. Aplicação do DL 911/1969, que dispõe sobre a restituição do saldo ao devedor. Na espécie, não há que se falar em restituição ao devedor, visto que os meses de utilização do veículo se sobrepõem até mesmo aos correspondentes aos vencimentos das prestações em que se manteve adimplente. As quantias adimplidas servem a remunerar a utilização do veículo durante todo o período em que esteve sob a posse direta do devedor. Negado seguimento ao recurso, na forma do art. 557 do CPC" (TJRJ, 5ª Câmara Cível, Apelação Cível 0021585-71.2010.8.19.0061, rel. Des. Antonio Saldanha Palheiro, j. 16/2/2016).

Lima Marques, que, em sua clássica obra sobre os contratos no CDC, "reconhece a prevalência da normação especial posterior, sobre as regras da Lei Consumerista, quando incompatíveis entre si, resultando, pois, no afastamento dessas regras gerais e incidência da legislação de regência específica do negócio jurídico: 'Se os casos de incompatibilidade são poucos, há neles, porém, clara prevalência da lei especial nova pelos critérios da especialidade e cronologia. Somente o critério hierárquico pode 'proteger' o texto 'geral' anterior incompatível. Assim, o CDC, como lei geral de proteção dos consumidores, poderia ser afastado para a aplicação de uma lei nova especial para aquele contrato ou relação contratual, como se dá no caso da lei sobre seguro-saúde, se houver incompatibilidade de preceitos. O exame da incompatibilidade deve ser, portanto, o ponto central da análise. Sendo assim, quanto mais específica for a norma do CDC e mais específica for a norma 'contrária' da lei nova, maior a probabilidade de incompatibilidade, e, então, é de ser afastada a aplicação do CDC para aplicar-se a lei nova' (*Contratos no Código de Defesa do Consumidor*: o novo regime das relações contratuais. 5. ed. São Paulo: RT, 2005, p. 632-633). Observa-se, por conseguinte, que a solução da controvérsia, seja ela buscada no âmbito do conflito de normas, seja pela ótica da inexistência de conflitos entre os dispositivos normativos em questão, leva à prevalência da norma específica de regência da alienação fiduciária de bens imóveis, concluindo-se, por conseguinte, pelo descabimento da pretensão".[139]

Estando claramente identificadas nesse precedente pioneiro as diferentes categorias de contrato a que pertencem a promessa de venda e a alienação fiduciária, a jurisprudência do STJ vem confirmando a prevalência da lei especial que regulamenta o procedimento de extinção do contrato de alienação fiduciária de bens imóveis sobre a norma geral do art. 53 do CDC, com fundamento em que "a regra especial do § 4º do art. 27 da Lei n. 9.514/1997 claramente estatui que a restituição ao devedor, após a venda do imóvel em leilão, será do valor do saldo que sobejar ao total da dívida apurada. Portanto, existe regra especial para a situação jurídica em questão, que deve preponderar sobre a regra geral do Código de Defesa do Consumidor"[140] (Agravos de Instrumentos em REsps 932.750-SP (8/2/2008) e 1.160.549-RS (3/9/2012) e REsps 1.230.384-SP (3/4/2013), 1.421.845-SP (decisão monocrática, 1º/6/2015), 1.172.146-SP (26/6/2015), 1.456.180-DF (decisão monocrática, 8/10/2015), 1.822.750-SP (20.11.2019), AgInt em REsp 1.848.934-SP (25.5.2020), AgInt no REsp 1863255-SP (14.8.2020) e 1.871.911-SP (25.8.2020).[141]

---

[139] STJ: "Agravo regimental em agravo de instrumento. Alienação fiduciária de bem imóvel. Alegada violação do art. 53 do CDC. Restituição dos valores pagos. Prevalência das regras contidas no art. 27, §§ 4º, 5º e 6º, da Lei 9.514/1997. Decisão reconsiderada. Agravo de instrumento improvido" (AgRg no Agravo de Instrumento 932.750-SP, rel. Min. Hélio Quaglia Barbosa). Depois de discorrer sobre os padrões de restituição definidos pelo STJ para os casos de resolução de promessa de compra e venda, e de ter se referido à sua decisão monocrática que fixava a restituição em 25%, o saudoso Ministro Relator reconsiderou tal decisão fundamentando-se em que, "em verdade, a situação fática dos autos discrepa daquela em que firmado o entendimento desta Corte Superior, conforme julgados colacionados; trata-se, *in casu*, de alienação fiduciária em garantia de bens imóveis e não de simples promessa de compra e venda (...); a solução da controvérsia, seja ela buscada no âmbito do conflito de normas, seja pela ótica da inexistência de conflitos entre os dispositivos normativos em questão, leva à prevalência da norma específica de regência da alienação fiduciária de bens imóveis, concluindo-se, por conseguinte, pelo descabimento da pretensão" (AgRg nos EDcl no AgRg no AgIn 932.750-SP, rel. Min. Luis Felipe Salomão, j. 8/6/2010).
[140] REsp 1.230.384-SP, rel. Min. Paulo de Tarso Sanseverino, DJe 4/3/2013.
[141] "Processual civil. Agravo interno no recurso especial. Ação de rescisão contratual cumulada com nulidade de cláusulas contratuais e restituição das parcelas pagas. Contrato de compra e venda de Imóvel. Alienação fiduciária em garantia. Dificuldade financeira do comprador. Quitação da dívida. Aplicação da Lei 9.514/97. Não incidência do art. 53 do CDC. 1. Ação de rescisão contratual cumulada com nu-

Situação peculiar diz respeito à ação de resolução de contrato de crédito com pacto adjeto de alienação fiduciária proposta por devedor fiduciante enquanto adimplente, objeto dos REsps 1.851.592-PR e 1.873.334-SP, que chegaram a ser admitidos como representativos de controvérsia para apreciação pelo rito repetitivo, mas tiveram sua afetação rejeitada sob fundamento de que "os poucos julgados encontrados no *site* do STJ, diversamente deste processo, não cuidam de casos em que o adquirente do imóvel esteja com suas prestações em dia na data da propositura da demanda" (REsp 1.851.592-PR).

De fato, o primeiro recurso julgado pelo STJ, cujo objeto é a pretensão de resolução manifestada por devedor fiduciante enquanto adimplente, foi decidido posteriormente, tendo a 3ª Turma do STJ mantido o entendimento pela prevalência do modo de extinção do contrato definido pelo art. 27 da Lei 9.514/1997, afastando a possibilidade de aplicação de critério de restituição de valores pagos à semelhança da ação de resolução de promessa de compra e venda, pouco importando se o devedor fiduciante ajuizou a ação enquanto adimplente.

Efetivamente, é irrelevante o fato de o devedor fiduciante propor a ação enquanto adimplente, pois, como consta da ementa, "o inadimplemento, referido pelas disposições dos arts. 26 e 27 da Lei 9.514/97, não pode ser interpretado restritivamente à mera não realização do pagamento no tempo, modo e lugar convencionados (mora), devendo ser entendido, também, como o comportamento contrário à manutenção do contrato ou ao direito do credor fiduciário".[142]

---

lidade de cláusulas contratuais e restituição das parcelas pagas em razão de dificuldade financeira do comprador de imóvel objeto de contrato de compra e venda com alienação fiduciária em garantia. 2. Nos contratos de alienação fiduciária em garantia de bens imóveis, a quitação da dívida deve ocorrer nos termos dos arts. 26 e 27 da Lei 9.514/97, afastando-se a regra genérica e anterior prevista no art. 53 do CDC. Precedentes. 3. Agravo interno no recurso especial não provido" (AgInt no REsp 1.863.255-SP, rel. Min. Nancy Andrighi, *DJe* 14/8/2020).

"Agravo Interno no Recurso Especial. Ação de rescisão contratual com devolução de valores. Código de Defesa do Consumidor. Inaplicabilidade. Arts. 26 e 27 da Lei 9.514/97. Norma especial que prevalece sobre o CDC. Agravo não provido. 1. A jurisprudência do Superior Tribunal de Justiça já firmou entendimento de que, ocorrendo o inadimplemento de devedor em contrato de alienação fiduciária em garantia de bens imóveis, a quitação da dívida deverá observar a forma prevista nos arts. 26 e 27 da Lei 9.514/97, por se tratar de legislação específica, o que afasta, por consequência, a aplicação do art. 53 do CDC. Precedentes. 2. Agravo interno desprovido" (AgIn em REsp 1.848.934-SP, rel. Min. Raul Araujo, *DJe* 25/5/2020).

"Processual civil. Agravo interno no recurso especial. Ação de restituição de valores c/c indenização por benfeitorias. Reexame de fatos e provas e interpretação de cláusulas contratuais. Inadmissibilidade. Súmulas 5 e 7/STJ. Contrato de compra e venda de imóvel. Alienação fiduciária em garantia. Código de defesa do consumidor, art. 53. Não incidência. 1. O reexame de fatos e provas e a interpretação de cláusulas contratuais em recurso especial são inadmissíveis. 2. A Lei nº 9.514/1997, que instituiu a alienação fiduciária de bens imóveis, é norma especial e também posterior ao Código de Defesa do Consumidor – CDC. Em tais circunstâncias, o inadimplemento do devedor fiduciante enseja a aplicação da regra prevista nos arts. 26 e 27 da lei especial. 3. Agravo interno não provido" (REsp 1.822.750-SP, 3ª Turma, rel. Min. Nancy Andrighi, *DJe* 20/11/2019).

[142] "Recurso especial. Direito Civil e Processual Civil. Ação de resolução de contrato com pedido de restituição de valores pagos. Compra e venda de imóvel (lote) garantida mediante alienação fiduciária em garantia. Ausência de culpa do vendedor. Desinteresse do adquirente. 1. Controvérsia acerca do direito do comprador de imóvel (lote), adquirido mediante compra e venda com pacto adjeto de alienação fiduciária em garantia, pedir a resolução do contrato com devolução dos valores pagos, não por fato imputável à vendedora, mas, em face da insuportabilidade das prestações a que se obrigou. 2. A efetividade da alienação fiduciária de bens imóveis decorre da contundência dimanada da propriedade resolúvel em benefício do credor com a possibilidade de realização extrajudicial do seu crédito. O inadimplemento, referido pelas disposições dos arts. 26 e 27 da Lei 9.514/97, não pode ser interpretado

Trata-se de inadimplemento anterior à exigibilidade da prestação, a que nos referimos adiante, e trata-se de "inadimplemento *atual* da prestação, e não de previsão de inadimplemento futuro, pelo que pode o credor adotar desde logo as medidas cabíveis", como salienta Aline Terra, ensejando a execução do crédito conforme o procedimento definido na Lei 9.514/1997.[143]

A hipótese, em princípio, configura falta de interesse processual, a que nos referimos adiante.

Dada a sedimentação da jurisprudência, a questão tem sido objeto de decisões monocráticas que determinam o retorno dos autos aos tribunais de origem para novo julgamento, mediante afastamento do art. 53 do CDC e aplicação do art. 27 da Lei 9.514/1997, com fundamento na prevalência dessa regra especial sobre aquela regra geral do CDC.[144]

É com base nessa orientação que os tribunais de origem, majoritariamente, vêm reconhecendo a falta de interesse processual da pretensão do devedor fiduciante de resolução da operação de crédito com pacto adjeto de alienação fiduciária, ora decidindo pela extinção do processo sem julgamento do mérito,[145] ora decidindo pela improcedência do pedido, em atenção ao princípio da primazia do julgamento do mérito.[146]

---

restritivamente à mera não realização do pagamento no tempo, modo e lugar convencionados (mora), devendo ser entendido, também, como o comportamento contrário à manutenção do contrato ou ao direito do credor fiduciário. 4. O pedido de resolução do contrato de compra e venda com pacto de alienação fiduciária em garantia por desinteresse do adquirente, mesmo que ainda não tenha havido mora no pagamento das prestações, configura quebra antecipada do contrato ('anticipatory breach'), decorrendo daí a possibilidade de aplicação do disposto nos 26 e 27 da Lei 9.514/97 para a satisfação da dívida garantida fiduciariamente e devolução do que sobejar ao adquirente" (REsp 1.867.209-SP, rel. Min. Paulo de Tarso Sanseverino, *DJe* 8.9.2020).

[143] AGUIAR JR., Ruy Rosado de. *Extinção dos contratos por incumprimento do devedor:* resolução. 2. ed. rev. e atual. Rio de Janeiro: Aide, 2003, p. 127. Ver também ASSIS, Araken de. *Resolução do contrato por inadimplemento.* 6. ed. São Paulo: Revista dos Tribunais, 2019, p. 86 e seguintes; TERRA, Aline de Miranda Valverde. *Inadimplemento anterior ao termo.* Rio de Janeiro: Renovar, 2009; AZULAY, Fortunato. *Do inadimplemento antecipado.* Rio de Janeiro: Brasília/Rio, 1977, p. 101-102; MARTINS-COSTA, Judith. *A Boa-fé no Direito Privado.* 2. ed. São Paulo: Saraiva, 2018, p. 769/770. Tratamos da matéria em nosso Incorporação Imobiliária (5. ed. Rio de Janeiro: Forense, 2019, p. 361 e seguintes).

[144] "Civil. Recurso especial. Irresignação manifestada na vigência do NCPC. Compra e venda de imóvel (terreno) com pacto adjeto de alienação fiduciária em garantia. Ação de rescisão contratual por Desinteresse exclusivo do adquirente. Violação dos arts. 26 e 27 da Lei n. 9.514/97. Norma especial que prevalece sobre o CDC. Precedentes. Necessidade de Retorno dos autos à origem para novo julgamento da apelação. Recurso especial provido" (STJ, 1.858.635-SP, rel. Min. Moura Ribeiro, *DJe* 3/2/2020).

[145] "Rescisão contratual. Contrato de compra e venda de bem imóvel com alienação fiduciária em garantia. Inconformismo do autor. Negócio jurídico imobiliário que se submete a regime jurídico específico (Lei n. 9.514/97). Impossibilidade jurídica do pedido de rescisão do negócio jurídico com a restituição das parcelas pagas pelo adquirente. Hipótese que excepciona a incidência do art. 53 do CDC. Norma especial que se sobrepõe ao CDC. Fiduciário que tem mera expectativa de crédito resultante de superveniente leilão extrajudicial. Ausência de interesse de agir. Extinção do processo sem resolução do mérito, por falta de interesse de agir (art. 485, VI, do CPC/2015). Recurso desprovido" (TJSP, Apelação 1004487-02.2017.8.26.0066, 7ª Câmara de Direito Privado, rel. Des. Rômulo Russo, *DJe* 22/2/2019).

[146] "Compra e venda de bem imóvel. Rescisão contratual em razão da desistência dos compromissários compradores. Sentença de improcedência. Apelo dos autores. Relação jurídica firmada entre as partes que é regida pela Lei n. 9.514/97, adequando-se o julgado neste ponto ao quanto decidido neste processo, em definitivo, pelo C. STJ no REsp nº 1.846.442/SP. Procedimento especial da Lei 9.514/97. Inaplicabilidade do art. 53 do CDC. Mera expectativa de crédito resultante de superveniente leilão extrajudicial. Parte autora que carece de interesse de agir, pela impossibilidade jurídica da rescisão contratual tal como pretendida. Primazia do julgamento de mérito. Sentença mantida. Recurso desprovido" (TJSP, Apelação 1045918-38.2017.8.26.0576, Rel. Maria de Lourdes Lopez Gil, 7ª Câmara de Direito Privado, Foro de São José do Rio Preto, 3ª Vara Cível, j. 28/5/2020, Data de Registro: 28/5/2020).

6.11.4. Decisões divergentes nas instâncias ordinárias

A despeito da observância da jurisprudência assim consolidada no STJ nas instâncias ordinárias ainda se registravam[147] decisões que, talvez sob influência da grave crise econômica deflagrada no Brasil a partir de 2014, desprezavam o procedimento de extinção forçada da alienação fiduciária e acolhiam pedidos de "resolução" desse contrato de garantia, impondo ao credor fiduciário a restituição de quantia fixada em sentença, negando vigência ao § 4º do art. 27 da Lei 9.514/1997, que determina a venda do imóvel em leilão e a entrega ao devedor do saldo, se houver.

Fundamentavam-se essas decisões, não raras vezes, em que essa espécie de operação caracteriza "relação de consumo e contrato de adesão", circunstância que autorizaria o devedor-fiduciante a "postular a rescisão da avença, em virtude de sua incapacidade financeira para continuar honrando as parcelas"; disso resultava a exoneração da obrigação de resgatar o financiamento que o devedor fiduciante tomou para adquirir o imóvel.[148]

Não há dúvida de que a garantia fiduciária, quando contratada por adesão, deve ter suas cláusulas interpretadas de maneira mais favorável ao aderente, ainda que não caracterize relação de consumo (Código Civil, arts. 423 e 424, e CDC, arts. 47 e 54), mas essa regra deve ser aplicada com observância do regime jurídico próprio do tipo contratual em questão.

Na medida em que a abusividade é aferida em conformidade com o tipo contratual, não se pode considerar abusiva a cláusula que, nos contratos de mútuo ou operação de crédito equivalente com garantia fiduciária ou outra garantia real, obriga o devedor a repor no patrimônio do credor a quantia correspondente ao crédito tomado pelo devedor, tal como

---

[147] "Alienação fiduciária de imóvel. Garantia inserida em mútuo fenerattício realizado para pagamento do preço da compra do mesmo bem. Devedores-fiduciantes e credora-fiduciária que correspondem, pela ordem, aos compradores e à vendedora do imóvel. Devedores que, antes de entrarem em mora por falta de condições financeiras para continuarem pagando as parcelas do mútuo, ajuizaram ação de 'rescisão' dos contratos c.c. pedido de devolução das parcelas pagas. Sentença de procedência com base no art. 53 do CDC e na constatação de que não chegou a ser iniciado o procedimento previsto nos arts. 26 e 27 da Lei 9.514/1997. Reforma. Necessidade. Uma vez constituída a propriedade fiduciária mediante registro do instrumento na matrícula do imóvel, como no caso, a disciplina da Lei 9.514/1997 passa a prevalecer sobre o art. 53 do CDC, de modo que para o comprador-fiduciante sobram duas opções: ou cumpre o mútuo fenerattício até o fim, ou se submeterá ao procedimento previsto nos arts. 26 e 27 da Lei 9.514/1997. Precedentes da câmara. Recurso provido" (TJSP, 31ª Câmara de Direito Privado, Apelação 1003412-37.2019.8.26.0201, rel. Des. Francisco Casconi, *DJe* 1/4/2020).

[148] "Apelação cível. Ação de rescisão contratual c.c. revisão de cláusula abusiva e restituição de quantias pagas Contrato de compra e venda de imóvel Sentença de improcedência Reforma que se impõe Consumidor que não pode ser obrigado a ficar vinculado a contrato, ainda que este preveja a garantia por alienação fiduciária Resilição do contrato que é direito potestativo do consumidor Restituição de 85% dos valores pagos que se impõe Taxa SATI que deve ser devolvida, posto que sua cobrança foi considerada ilegal pelo STJ, em sede de recurso repetitivo Débitos condominiais, porém, que são devidos, posto que foram entregues as chaves do imóvel Recurso parcialmente provido." (TJSP, 2ª Câmara de Direito Privado, Apelação 1025170-21.2018.8.26.0100, rel. Des. José Carlos Ferreira Alves, *DJe* 19.3.2019). Merecem destaque os seguintes fundamentos do acórdão: "[...] o fato de haver procedimento específico para o credor fiduciário obter a consolidação da propriedade em caso de mora do devedor fiduciante não afasta a possibilidade deste de obter a rescisão contratual por outros meios, já que no caso dos autos incide as normas protetivas do Código de Defesa do Consumidor, norma de ordem pública e de aplicação cogente às relações de consumo, cuja proteção encontra fundamento direto na Constituição Federal ao caso dos autos, por ser a relação jurídica entre as partes, inegavelmente, de consumo. 8. Neste sentido, a jurisprudência pátria consolidou o entendimento de que o pedido de rescisão contratual se tornou um direito potestativo do consumidor que, ainda que inadimplente, *pode pedir a rescisão do contrato e reaver as quantias pagas, admitida a compensação com gastos próprios de administração e propaganda feitos pelo compromissário vendedor, assim como com o valor que se arbitrar pelo tempo de ocupação do bem*" (Súmula 1 deste E. TJSP)."

caracterizado pelo art. 586, bem como os arts. 1.364 e 1.419 do Código Civil, que vinculam o bem objeto da garantia ao cumprimento da obrigação e asseguram ao credor a satisfação do seu crédito com o produto da venda do bem objeto da garantia.[149]

Nas relações creditícias, por exemplo, com ou sem garantia hipotecária, pignoratícia ou fiduciária, a cláusula pela qual se convenciona a reposição do capital emprestado acrescido de juros exprime obrigação inerente a esse tipo contratual e, portanto, não é abusiva, só podendo ser assim qualificada se a cobrança "exceder a taxa legal", como prevê o art. 591 do Código Civil, hipótese em que deve ser reduzida ao limite legal, sem alteração da estrutura, da função e da dinâmica do contrato. Serve a esse propósito a regra dos §§ 2o e 3º do art. 330 do Código de Processo Civil, segundo a qual, nas ações de revisão de obrigações contratuais, o autor tem que discriminar na petição inicial a parte incontroversa da obrigação e aquela que pretende controverter, sob pena de inépcia, e deve continuar a pagar a parcela incontroversa da dívida no tempo e no modo contratados.[150]

A interpretação mais favorável ao aderente, prevista no Código Civil e no CDC, não autoriza o juiz a negar vigência às normas que disciplinam a extinção do contrato de crédito com garantia real ou a promover sua requalificação, convertendo-o em contrato preliminar de promessa de compra e venda.

Se, no curso do contrato, sobrevier incapacidade financeira do devedor-fiduciante para resgatar a dívida, a solução admitida pela lei, alternativamente ao pagamento em dinheiro, é a dação do seu direito aquisitivo em pagamento (Código Civil, art. 1.365, e Lei 9.514/1997, art. 26, § 8º), mas não a "rescisão da alienação fiduciária" (isto é, "rescisão" do contrato acessório de garantia como meio de extinção do contrato principal, de crédito), até porque, se fosse juridicamente possível, a "rescisão" do contrato de alienação fiduciária daria causa tão somente ao perecimento da garantia, e não à extinção da dívida, que continuaria existindo, mas, então, desfalcada de garantia.

6.11.5. A promessa de compra e venda e a compra e venda com pacto de alienação fiduciária nas atividades da incorporação imobiliária e do loteamento

Dado que os arts. 26 e 27 da Lei especial 9.514/1997 têm sido objeto de negativa de vigência em ações cujo objeto são a venda financiada de imóveis integrantes de incorporação imobiliária e de loteamento, justifica-se breve registro sobre o emprego desses tipos contratuais nessas atividades.

Em geral, nessas atividades a promessa de compra e venda é empregada no curso da construção.[151]

Sua contratação nesse contexto sujeita-se à tipificação peculiar instituída pela Lei 4.591/1964 para a incorporação imobiliária e na Lei 6.766/1979 para o loteamento, segundo

---

[149] "Uma vez pago o preço da compra com o produto do mútuo e investido o comprador no domínio do imóvel adquirido, extingue-se a relação contratual atinente à compra e venda, restando apenas a mantida entre o mutuante e o mutuário" (STJ, REsp n. 1400607/RS, rel. Min. Luis Felipe Salomão, DJe 26.6.2018).

[150] Código de Processo Civil (Lei 13.105/2015): "Art. 330. A petição inicial será indeferida quando: I – for inepta; (...). § 2º Nas ações que tenham por objeto a revisão de obrigação decorrente de empréstimo, de financiamento ou de alienação de bens, o autor terá de, sob pena de inépcia, discriminar na petição inicial, dentre as obrigações contratuais, aquelas que pretende controverter, além de quantificar o valor incontroverso do débito. § 3º Na hipótese do § 2º, o valor incontroverso deverá continuar a ser pago no tempo e modo contratados".

[151] Nada impede a comercialização mediante compra e venda, em geral com financiamento e garantia fiduciária ou hipotecária. É operação menos frequente, da qual tratamos adiante.

as quais a obrigação do empreendedor não se limita à de transmitir a propriedade e entregar o bem, mas envolve também a obrigação de construir, por si ou por terceiros, em prazo determinado; de outra parte, o promitente comprador se obriga a pagar o preço, em geral parceladamente, cerca de 20% a 30% no curso da obra e o saldo de 70% a 80% de uma só vez, contra a entrega do imóvel e o pagamento integral do saldo do preço.

Na atividade da incorporação imobiliária, o ciclo da promessa de venda se encerra por efeito da conclusão da obra e da disponibilização do imóvel ao promitente comprador, contra o pagamento do saldo do preço, exigível como condição para entrega do imóvel (Lei 4.591/1964, art. 52).

Efetivado o pagamento e dada quitação do preço, extingue-se a promessa.

Nos casos em que o promitente comprador não dispõe de recursos próprios para integralizar o preço, toma financiamento bancário ou da própria empreendedora, efetiva o pagamento com esses recursos, celebra a compra e venda e, já como proprietário do imóvel, contrata com o banco financiador ou com a empreendedora a alienação fiduciária desse mesmo imóvel, em garantia da dívida assim contraída.[152]

Inicia-se por meio desse instrumento o ciclo da compra e venda com financiamento e pacto adjeto de alienação fiduciária, subordinada a novo e distinto regime jurídico.

Situação peculiar é a de empreendimentos em que o incorporador promove a comercialização mediante compra e venda ainda durante a construção, com financiamento concedido ao adquirente pelo próprio banco financiador da construção e pacto adjeto de alienação fiduciária. Neste caso, o adquirente se sub-roga nos direitos e obrigações correspondentes ao financiamento da construção e, portanto, torna-se devedor do banco, na proporção do crédito atribuído à sua unidade imobiliária, antes mesmo da conclusão da obra e do recebimento do imóvel.[153]

6.11.6. A permissão legal para constituição de garantia real em favor do empreendedor-vendedor

A celebração de financiamento pelo próprio empreendedor – incorporador ou loteador – é expressamente autorizada pela Lei 9.514/1997, cujo art. 5º[154] lhe confere a faculdade de financiar ao adquirente nas mesmas condições permitidas aos bancos.

---

[152] Até o final do século XX a garantia empregada era a hipoteca, mas a partir dos anos 2000 passou preponderar a contratação da alienação fiduciária, permitida a qualquer pessoa física ou jurídica, mesmo não integrante do Sistema Financeiro Nacional, do Sistema de Financeiro da Habitação ou do Sistema de Financiamento Imobiliário.
A par do emprego da alienação fiduciária nessa atividade, importa ter presente que a partir da vigência da Lei 10.931/2004 passou a ser contratada com muita frequência em garantia de quaisquer obrigações, não raras vezes prestada por terceiros, envolvendo empréstimos em geral, para pessoas físicas ou jurídicas, abertura de crédito para atividades empresariais, financiamento para exportação, entre inúmeras outras operações de crédito. No contexto do mercado de crédito, em geral, há operações complexas, algumas em que a garantia incide sobre dois ou mais imóveis, outras em que um mesmo imóvel é alienado fiduciariamente em garantia de duas ou mais dívidas, além de outras fórmulas capazes de adequar o emprego dessa garantia a características peculiares das mais diversas finalidades em atividades empresariais de toda ordem.
[153] Tratamos da matéria em nosso *Incorporação Imobiliária*, GenForense, 5. ed., 2019, item 6.1.5 e em item adiante, ao cuidar de aspectos relacionados ao interesse processual do devedor fiduciante para a resolução. Nesse caso, considerando que a compra e venda de imóvel em construção é dotada de tipificação peculiar, instituída pelos arts. 28 e seguintes da Lei 4.591/1964, o atraso na entrega do imóvel que torne a prestação do incorporador inútil para o adquirente caracteriza inadimplemento e pode ensejar resolução da compra e venda, cujos efeitos atingem o financiamento e o contrato acessório de alienação fiduciária, dando causa à resolução conjunta de todos.
[154] Lei 9.514/1997: "Art. 5º As operações de financiamento imobiliário em geral, no âmbito do SFI, serão livremente pactuadas pelas partes, observadas as seguintes condições essenciais: (...). § 2o As operações

Sua habilitação legal para conceder crédito e receber garantia que assegure o resgate da dívida decorre do art. 491 do Código Civil e está expressamente prevista nos arts. 5º e 22 da Lei 9.514/1997 e do art. 51 da Lei 10.931/2004.

Com efeito, a constituição de garantia em favor do vendedor que entrega o bem antes de receber o preço atende à lógica das vendas a crédito, até porque segundo o art. 491 do Código Civil, "não sendo a venda a crédito, o vendedor não é obrigado a entregar a coisa antes de receber o preço,"[155] observando Nelson Rosenwald ao comentar esse dispositivo que "na venda de bens imóveis, a quitação é concedida no próprio instrumento, não se podendo compelir o vendedor a assinar a escritura pública sem ter recebido o pagamento,"[156]

No mercado da produção e comercialização imobiliária, essa venda a crédito é objeto da norma específica do § 2º do art. 5º da Lei 9.514/1997,[157] que autoriza o empreendedor a financiar ao adquirente nas mesmas condições permitidas às entidades integrantes do Sistema de Financiamento Imobiliário,[158] e do art. 22 dessa mesma Lei,[159] que reforça e torna efetiva a faculdade de contratação da alienação fiduciária em favor do empreendedor imobiliário de qualquer especialidade, ao permiti-la a qualquer pessoa, física ou jurídica, "não sendo privativa das entidades que operam no SFI".

Ademais, a propriedade fiduciária foi incluída definitivamente no sistema de garantias reais do direito brasileiro pelo art. 51 da Lei 10.931/2004, que permite sua constituição por terceiros e amplia seu emprego para garantia de "obrigações em geral," e pelo art. 1.367 do Código Civil, que às normas gerais do regime jurídico dos direitos reais de garantia.

A par da contextualização do emprego dos contratos de promessa de venda e de alienação fiduciária em relação às atividades da produção e comercialização de imóveis, importa ter presente a substancial distinção entre seus elementos de caracterização, no que têm de essencial.

6.11.7. As diferentes categorias a que pertencem a promessa de venda e a alienação fiduciária

Não há como confundir a alienação fiduciária com a promessa de venda, nem é possível requalificá-la mediante conversão desse contrato de garantia em contrato preliminar de promessa de venda.

---

de comercialização de imóveis, com pagamento parcelado, de arrendamento mercantil de imóveis e de financiamento imobiliário em geral poderão ser pactuadas nas mesmas condições permitidas para as entidades autorizadas a operar no SFI."

[155] Código Civil: "Art. 491. Não sendo a venda a crédito, o vendedor não é obrigado a entregar a coisa antes de receber o preço."

[156] ROSENWALD, Nelson, *Código Civil comentado*, Coord. Cezar Peluso. São Paulo: Manole, 12. ed., 2018, comentário ao art. 491, p. 530.

[157] Lei 9.514/1997: "Art. 5º As operações de financiamento imobiliário em geral, no âmbito do SFI, serão livremente pactuadas pelas partes, observadas as seguintes condições essenciais: (...). § 2o As operações de comercialização de imóveis, com pagamento parcelado, de arrendamento mercantil de imóveis e de financiamento imobiliário em geral poderão ser pactuadas nas mesmas condições permitidas para as entidades autorizadas a operar no SFI."

[158] Lei 10.931/2004: "Art. 51. Sem prejuízo das disposições do Código Civil, as obrigações em geral também poderão ser garantidas, inclusive por terceiros, por cessão fiduciária de direitos creditórios decorrentes de contratos de alienação de imóveis, por caução de direitos creditórios ou aquisitivos decorrentes de contratos de venda ou promessa de venda de imóveis e por alienação fiduciária de coisa imóvel."

[159] Lei 9.514/1997: "Art. 22. (...). § 1o A alienação fiduciária poderá ser contratada por pessoa física ou jurídica, não sendo privativa das entidades que operam no SFI, podendo ter como objeto, além da propriedade plena:"

Trata-se de contratos inconfundíveis, dotados de regimes jurídicos distintos, insuscetíveis de equiparação.

Com efeito, a promessa de venda integra a categoria dos contratos de transmissão da propriedade.

Por esse contrato, o titular do domínio sobre determinado imóvel (promitente vendedor) se obriga a transferi-lo ao promitente comprador a título oneroso, conservando consigo o domínio e investindo o promitente comprador no direito real de aquisição e, em regra, de fruição do imóvel. Em geral, o pagamento é feito parceladamente; concluído o pagamento, dá-se a extinção natural da promessa de venda, seguindo-se a outorga do contrato de compra e venda, que, uma vez registrada, opera a transmissão do domínio ao adquirente.

Já a alienação fiduciária é contrato destinado à constituição de direito real de garantia.

Diferentemente da atribuição de propriedade, a função do direito real de garantia "consiste em sujeitar a coisa, precipuamente, por via dum laço real, ao pagamento da dívida,"[160] como ensina Lafayette.

Dessas diferentes funções deflui importante traço distintivo entre esses contratos.

A promessa de compra e venda é dotada de autonomia; nasce, desenvolve-se e se extingue independente de qualquer outro contrato.

Também nesse aspecto distingue-se a alienação fiduciária, que é contrato acessório, celebrado em pacto adjeto a outro contrato, no qual se constitui a obrigação a ser garantida pela propriedade fiduciária; em regra, é um contrato de mútuo, ou operação de crédito equivalente, que, por ser o contrato principal em relação ao de garantia, determina as condições da formação, execução e extinção da alienação fiduciária.[161]

Esses elementos de caracterização são suficientes para pôr à mostra a substancial distinção entre os direitos subjetivos derivados desses contratos, salientando-se que a promessa *vincula o imóvel à pessoa do promitente comprador*, ao investi-lo no direito de apropriação e de fruição do imóvel (CC, arts. 1.228, 1.417 e 1.418), enquanto a alienação fiduciária *vincula o imóvel ao cumprimento de obrigação*, ao atribuir ao credor fiduciário direito de satisfazer seu crédito com o produto da venda do bem (CC, arts. 1.361 e seguintes e 1.419), negando-lhe a fruição e apropriação do bem (CC, arts. 1.365 e 1.428).

Essa distinta caracterização se reflete no campo procedimental, no qual o inadimplemento da obrigação de pagar enseja a resolução da promessa, que opera o retorno das partes ao estado anterior, com a reincorporação do domínio do imóvel ao patrimônio do promitente vendedor e a restituição parcial das quantias pagas ao promitente comprador, enquanto, diferentemente, o inadimplemento da obrigação garantia enseja a execução do crédito com garantia fiduciária para sua satisfação em dinheiro, com a venda do bem, vedada a apropriação do bem pelo credor, salvo se mediante dação, consolidação ou adjudicação.

É digno de nota, ainda, o contraste entre a bilateralidade da promessa de venda e a unilateralidade do contrato de mútuo, ou operação de crédito equivalente, vinculada ao bem objeto da garantia fiduciária.

Na promessa de venda "cada um dos figurantes assume o dever de prestar para que outro ou outros lhe contraprestem,"[162] compensando-se, por esse modo, suas prestações recíprocas. Dada sua autonomia, esse contrato se extingue pelo cumprimento da obrigação nele mesmo constituída.

---

[160] PEREIRA, Lafayette Rodrigues, *Direito das coisas*. Edição histórica. Rio de Janeiro: Editora Rio, 1977, p. 5.

[161] Como se sabe, o mútuo é contrato translativo, pelo qual o mutuante transfere a propriedade de coisa ao mutuário e este se obriga a "restituir ao mutuante o que dele recebeu em coisa do mesmo gênero, qualidade e quantidade" (Código Civil, art. 586), bem como pagar os respectivos juros e demais encargos, se se tratar de mútuo de dinheiro (CC, art. 591). Tem natureza real, porque se aperfeiçoa no momento em que o mutuário se apropria da coisa emprestada, e é unilateral, porque gera obrigações somente para o mutuário.

[162] PONTES DE MIRANDA, Francisco Cavalcanti, Tratado de Direito Privado. São Paulo: Revista dos Tribunais, 12. ed., v. 26, § 3.126.

Já a alienação fiduciária se subordina a um contrato unilateral de mútuo, ou operação de crédito equivalente, no qual o mutuante, o financiador ou o empreendedor, que contrata a venda a crédito, efetiva sua prestação no momento da celebração do contrato e, portanto, dele nada mais é exigível, remanescendo apenas a prestação correspondente ao reembolso exigível do devedor. Sendo acessório, o contrato de alienação fiduciária segue o contrato principal e, portanto, se extingue por efeito do pagamento da dívida nele constituída. Assim, a alienação fiduciária se extinguirá pelo mesmo modo de extinção da operação de crédito à qual está subordinada.

É em razão dessa diversidade de funções que a lei define diferentes modos de extinção do contrato em caso de inadimplemento; de uma parte, sujeita a promessa de compra e venda a *resolução*, cujos efeitos exoneratórios, restitutórios e ressarcitórios importam na restituição das quantias pagas ao promitente comprador, deduzidas do valor correspondente à cláusula penal; de outra parte, sujeita o contrato de crédito com garantia real a *execução*, cujo efeito é a excussão do bem objeto da garantia para satisfação do crédito em dinheiro, admitida a dação em pagamento ou a adjudicação, quando promovida a execução em juízo.[163]

A resolução sujeita-se à regra do art. 475 do Código Civil, a par de normas especiais aplicáveis às promessas de venda de imóveis objeto de incorporação imobiliária e loteamento, enquanto a excussão do bem objeto da garantia fiduciária imobiliária se submete às normas dos arts. 1.364, 1.365 e 1.422 do Código Civil[164] e arts. 26 e 27 da Lei 9.514/1997.

Esses procedimentos são insuscetíveis de equiparação, como evidenciam os pressupostos da resolução do contrato estabelecidos pelo art. 475 do Código Civil.

6.11.8. O fundamento legal da resolução da promessa de compra e venda

A extinção da promessa de venda por inadimplemento de obrigação de qualquer das partes fundamenta-se no art. 475 do Código Civil,[165] regra geral aplicável aos contratos bilaterais, dotados de prestações interdependentes, que investe a parte lesada no direito potestativo de pedir a resolução, mais as perdas e danos, ou, se preferir, o cumprimento do contrato.[166]

Tem como pressupostos necessários a interdependência ou correspectividade entre duas prestações[167] e a quebra do sinalagma provocada pelo inadimplemento da prestação de uma das partes.

A promessa de compra e venda atende a esses pressupostos, na medida em que por esse contrato cada uma das partes ocupa simultaneamente posição credora e devedora, cujas

---

[163] Na execução fiduciária o bem é atribuído ao credor fiduciário mediante consolidação.

[164] Código Civil: "Art. 1.364. Vencida a dívida, e não paga, fica o credor obrigado a vender, judicial ou extrajudicialmente, a coisa a terceiros, a aplicar o preço no pagamento de seu crédito e das despesas de cobrança, e a entregar o saldo, se houver, ao devedor. Art. 1.365. É nula a cláusula que autoriza o proprietário fiduciário a ficar com a coisa alienada em garantia, se a dívida não for paga no vencimento. Parágrafo único. O devedor pode, com a anuência do credor, dar seu direito eventual à coisa em pagamento da dívida, após o vencimento desta. (...) Art. 1.422. O credor hipotecário e o pignoratício têm o direito de excutir a coisa hipotecada ou empenhada, e preferir, no pagamento, a outros credores, observada, quanto à hipoteca, a prioridade no registro."

[165] Código Civil: "Art. 475. A parte lesada pelo inadimplemento pode pedir a resolução do contrato, se não preferir exigir-lhe o cumprimento, cabendo, em qualquer dos casos, indenização por perdas e danos."

[166] Nada impede que o promitente vendedor promova a execução do crédito correspondente ao saldo do preço, nos casos em que a promessa se revestir de uma das formas previstas no art. 784, II e III, do CPC.

[167] "A lei tem em vista a interdependência das prestações, que é característica do contrato bilateral. A correspectividade das atribuições patrimoniais, fundamental no cálculo econômico dos contratantes, é que motiva a convergência de vontades, originadora da formação do contrato. O inadimplemento, operando como fator de desequilíbrio, afeta tal correspectividade." (BESSONE, Darcy, *Do contrato*. Rio de Janeiro: Forense, 1960, p. 327).

prestações operam em recíproca dependência, representadas, de uma parte, pela transmissão da propriedade, de outra parte, pelo pagamento do preço.

É essa interdependência de prestações que predispõe a promessa de compra e venda ao remédio resolutório ou à ação de cumprimento, e para postulação de uma dessas medidas confere legitimidade "à parte lesada pelo inadimplemento", nos termos do art. 475 do Código Civil, pelo qual, nas palavras de Araken de Assis, "proclama-se a legitimação privativa do parceiro não inadimplente ou 'fiel' para demandar a resolução."[168]

Constitui, ainda, pressuposto necessário da pretensão de resolução ou de cumprimento do contrato que a parte adimplente prove inadimplemento da contraparte.

Aspecto merecedor de atenção é a possibilidade de caracterização do inadimplemento antes da exigibilidade da prestação,[169] em razão de ação ou omissão do devedor que configure grave violação do contrato[170] e por iniciativa do próprio devedor adimplente, que declare sua disposição de não adimplir ou sua incapacidade para adimplir, hipótese em que ele mesmo pode pedir a resolução, hipótese em que, obviamente, responde pelos seus efeitos específicos, notadamente pela indenização das perdas e danos daí decorrentes.

Disso resulta que, se o contrato de alienação fiduciária comportasse os pressupostos do art. 475 do Código Civil e o devedor fiduciante propusesse ação de "resolução" da operação de crédito fiduciário enquanto adimplente, mesmo ao ajuizá-la no estado de adimplemento estará declarando sua disposição de não adimplir ou sua incapacidade para adimplir, e sua iniciativa o coloca na posição de inadimplente, como reconhecido pela doutrina,[171] observando Aline Terra que a ação ou omissão do devedor que configure grave violação do contrato, como seria sua pretensão à ruptura pela postulação da resolução, caracteriza "inadimplemento *atual* da prestação, e não de previsão de inadimplemento futuro, pelo que pode o credor adotar desde logo as medidas cabíveis."[172]

---

[168] ASSIS, Araken de. *Resolução do contrato por inadimplemento*. São Paulo: Revista dos Tribunais, 6. ed., 2019, p. 109.

[169] ASSIS, Araken de. *Resolução do contrato por inadimplemento*. São Paulo: Revista dos Tribunais, 6. ed., 2019, pp. 86 e seguintes; TERRA, Aline de Miranda Valverde, Inadimplemento anterior ao termo. Rio de Janeiro: Editora Renovar, 2009; AZULAY, Fortunato. *Do inadimplemento antecipado*. Rio de Janeiro: Brasília/Rio, 1977, p. 101-102. Tratamos da matéria em nosso Incorporação Imobiliária (Rio de Janeiro: Forense, 5. ed., 2019, pp. 361 e seguintes).

[170] Araken de Assis refere-se à "hipótese prevista no art. 1.084, e, do CC argentino de 2014, exigindo, porém manifestação 'seria y definitiva del deudor al acreedor'" (ASSIS, Araken de, *Resolução do contrato por inadimplemento*. São Paulo: Revista dos Tribunais, 6. ed., 2019, p. 87). Judith Martins-Costa observa que a caracterização do inadimplemento antecipado depende do preenchimento de pelo menos três requisitos "(i) ocorra um inadimplemento imputável caracterizado como grave violação do contrato, possibilitando uma justa causa à resolução; (ii) haja plena certeza de que o cumprimento não se dará até o vencimento; (iii) caracterize-se, por parte do devedor uma conduta culposa, seja ao declarar que não vai cumprir, seja ao se omitir quanto aos atos de execução, recaindo em inércia de modo que o seu comportamento contratual nada indique no sentido da execução (comportamento concludente)." (MARTINS-COSTA, Judith, *A Boa-fé no Direito Privado*. São Paulo: Saraiva, 2. ed., 2018, p. 769-770).

[171] ASSIS, Araken de. *Resolução do contrato por inadimplemento*. São Paulo: Revista dos Tribunais, 6. ed., 2019, pp. 86 e seguintes; TERRA, Aline de Miranda Valverde, Inadimplemento anterior ao termo. Rio de Janeiro: Editora Renovar, 2009; AZULAY, Fortunato. *Do inadimplemento antecipado*. Rio de Janeiro: Brasília/Rio, 1977, p. 101-102. Tratamos da matéria em nosso Incorporação Imobiliária (Rio de Janeiro: Forense, 5. ed., 2019, pp. 361 e seguintes).

[172] AGUIAR JR., Ruy Rosado de. *Extinção dos contratos por incumprimento do devedor: resolução*. Rio de Janeiro: Aide, 2003, 2. ed., rev. e atual., p. 127. Nas palavras do autor, "o incumprimento pode resultar de conduta contrária do devedor, por ação (venda do estoque, sem perspectiva de reposição) ou omissão (deixar as medidas prévias indispensáveis para a prestação), ou de declaração expressa do devedor no sentido de que não irá cumprir com a obrigação."

Além dos pressupostos necessários da ação de cumprimento e do remédio resolutório de que trata o art. 475 do Código Civil, a Lei 4.591/1964 institui normas especiais complementares que regulamentam a resolução judicial de promessas de compra e venda de imóveis integrantes de incorporação imobiliária.[173]

Em relação ao inadimplemento da prestação do incorporador, o art. 43-A e seus parágrafos da Lei 4.591/1964 impõe-lhe a obrigação de restituir integralmente ao promitente comprador as quantias que recebeu, atualizadas, e o pagamento da penalidade convencionada, tudo no prazo de 60 dias.

De outra parte, o inadimplemento absoluto da obrigação do promitente comprador, caracterizado pela não purgação da mora no prazo legal, investe o promitente vendedor-incorporador no direito potestativo de pedir, alternativamente, a *resolução extrajudicial de pleno direito* (neste caso, se convencionada cláusula resolutiva expressa) ou *ação judicial de resolução*. A restituição das partes ao estado anterior se dá mediante reincorporação do domínio pleno e da posse do imóvel ao patrimônio do promitente vendedor e restituição ao promitente comprador de parte das quantias pagas, após dedução da pena convencional e demais encargos, além da taxa de ocupação, se o imóvel lhe tiver sido disponibilizado.

Os arts. 63 e 67-A, §§ 1º ao 9º, da Lei 4.591/1964, o art. 1º e seu parágrafo único do Decreto-lei 745/1969 e o art. 32 da Lei 6.766/1979 estabelecem os requisitos da intimação e os prazos para purgação da mora e limitam a cláusula penal a determinados percentuais calculados sobre o somatório das quantias pagas, deduzidas certas verbas, como, por exemplo, o valor da comissão de corretagem e a taxa de fruição do imóvel; o acerto de contas é diferido para 30 dias após o habite-se ou 6 meses após a efetivação da resolução do contrato.

Se o incorporador optar pelo procedimento extrajudicial de que trata o art. 63 da Lei 4.591/1964 não poderá dispor livremente do imóvel, mas, antes, deverá promover sua venda em leilão; nesse caso, a quantia a ser restituída ao promitente comprador corresponderá ao saldo, se houver, do produto do leilão do imóvel (Lei 4.591/1964, art. 67-A, § 14).

Dados seus efeitos exoneratórios, restitutórios e ressarcitórios, a resolução do contrato importará em (i) reincorporação do domínio no patrimônio do promitente vendedor, (ii) restituição total ou parcial das quantias pagas e (iii) ressarcimento das perdas e danos a que o inadimplemento deu causa.

Distintos são os fundamentos e os efeitos da execução forçada da operação de crédito com garantia fiduciária.

6.11.9. Modo de extinção da operação de crédito com garantia fiduciária em caso de inadimplemento

Uma vez concluída a obra e efetivado o pagamento integral do preço, exigível como condição para entrega do imóvel (Lei 4.591/1964, art. 52), extingue-se o contrato bilateral de promessa de venda.

Desaparecem portanto, os pressupostos da ação de resolução, de que tratam o art. 475 do Código Civil, os arts. 63 e 67-A, §§ 1º ao 9º, da Lei 4.591/1964 e os arts. 32 e 32-A da Lei 6.766/1979.

TERRA, Aline de Miranda Valverde, *Inadimplemento anterior ao termo*. Rio de Janeiro: Editora Renovar, 2009, p. 273.

[173] Tratamos mais detidamente desse tema em nosso *Incorporação Imobiliária*, Forense, 5. ed., 2019, Capítulo XI.

Com efeito, uma vez superado o contrato preliminar de promessa, pela outorga do contrato definitivo pelo qual o vendedor transmite o domínio do imóvel ao comprador, ao qual estão coligadas uma operação de crédito e um pacto adjeto de garantia, este passa a constituir, daí em diante, a única fonte dos direitos e obrigações das partes no negócio, não mais se admitindo a invocação do contrato preliminar como elemento de interpretação de qualquer questão relacionada ao novo negócio jurídico.

Trata-se de compra e venda definitiva, para cuja contratação o adquirente utilizou crédito concedido pelo banco ou pelo empreendedor e constituiu garantia real em favor desse credor, mediante alienação fiduciária do imóvel que acabou de adquirir.

A operação assim contratada submete-se ao regime jurídico do mútuo, que, por integrar a classe dos contratos unilaterais, geradores de obrigações "para uma só das partes, falta neles [contratos unilaterais] a interdependência ou reciprocidade das prestações, que é peculiaridade apenas dos contratos bilaterais. Há aí apenas um devedor. Se este se torna inadimplente, a execução coativa é o meio hábil para obter o melhor resultado possível."[174]

Assim, por unilateral, a operação de crédito equivalente ao mútuo está excluída do campo de incidência do art. 475 do Código Civil não somente por inexistência de duas prestações interdependentes, mas, sobretudo, por impossibilidade de caracterização de inadimplemento da prestação do credor fiduciário, pois este já a terá efetivado no momento em que o entregou o crédito ao devedor e este o utilizou para pagamento do preço da promessa de venda.

Trata-se de título executivo extrajudicial,[175] que, quando garantido por propriedade fiduciária de bem imóvel, sujeita-se às normas dos arts. 1.364, 1.365 e 1.422 do Código Civil[176] e os arts. 26 e 27 da Lei 9.514/1997.

Pode o credor fiduciário, se preferir, promover a execução judicial do título, nos termos dos arts. 771 e seguintes do CPC, e neste caso promoverá a penhora do direito aquisitivo do devedor fiduciante e a excussão desse direito, tal como preveem o art. 835, XII, e seu § 3º, do Código de Processo Civil.[177]

O procedimento especial regulamentado pela Lei 9.514/1997 contempla a consolidação da propriedade no patrimônio do credor fiduciário,[178] seguindo-se a oferta pública do imóvel em dois leilões, o primeiro pelo maior entre o valor fixado no contrato, revisto por ocasião

---

[174] BESSONE, Darcy, *Do contrato*. Rio de Janeiro: Forense, 1960, p. 331.
[175] Código de Processo Civil: "Art. 784. São títulos executivos extrajudiciais: (..); V – o contrato garantido por hipoteca, penhor, anticrese ou outro direito real de garantia e aquele garantido por caução."
[176] Código Civil: "Art. 1.364. Vencida a dívida, e não paga, fica o credor obrigado a vender, judicial ou extrajudicialmente, a coisa a terceiros, a aplicar o preço no pagamento de seu crédito e das despesas de cobrança, e a entregar o saldo, se houver, ao devedor. Art. 1.365. É nula a cláusula que autoriza o proprietário fiduciário a ficar com a coisa alienada em garantia, se a dívida não for paga no vencimento. Parágrafo único. O devedor pode, com a anuência do credor, dar seu direito eventual à coisa em pagamento da dívida, após o vencimento desta. (...) Art. 1.422. O credor hipotecário e o pignoratício têm o direito de excutir a coisa hipotecada ou empenhada, e preferir, no pagamento, a outros credores, observada, quanto à hipoteca, a prioridade no registro."
[177] Código de Processo Civil: "Art. 835. A penhora observará, preferencialmente, a seguinte ordem: XII – direitos aquisitivos derivados de promessa de compra e venda e de alienação fiduciária em garantia; (...). § 3º Na execução de crédito com garantia real, a penhora recairá sobre a coisa dada em garantia, e, se a coisa pertencer a terceiro garantidor, este também será intimado da penhora."
[178] O credor fiduciário torna-se proprietário pleno por efeito da consolidação, mas o imóvel permanece afetado ao cumprimento da obrigação, razão pela qual a lei lhe impõe a obrigação de promover sua oferta em dois públicos leilões para satisfazer seu crédito em dinheiro, com o produto aí obtido. Tratamos da matéria no item 4.2.3.1.

do leilão (art. 24, VI),[179] e o valor da avaliação realizada pela Prefeitura para cálculo do ITBI exigível em razão da consolidação da propriedade, que antecede o leilão.[180] Essa avaliação por terceiro, um ente público imparcial, realizada em data próxima à do leilão, visa assegurar o equilíbrio da execução.

Há situações em que não há lance suficiente para satisfação do crédito, hipótese em que, nos casos previstos em lei, considera-se extinta a dívida, operando-se a satisfação do crédito mediante consolidação da propriedade do imóvel no patrimônio do credor fiduciário.[181]

Admite-se a extinção da dívida mediante dação em pagamento do imóvel objeto da garantia, com a anuência do credor, hipótese em que é dispensada a realização do leilão.[182]

---

[179] No mercado da incorporação imobiliária, para efeito de oferta no primeiro leilão, indica-se no contrato de alienação fiduciária, usualmente, o preço de venda do imóvel atualizado pelos mesmos índices de atualização do saldo devedor. Embora se trate de mecanismo de adequação de um valor pecuniário em face da depreciação da moeda, a atualização monetária não cumpre a função da revisão da avaliação, que compreende a articulação de diferentes fatores de aferição dos dados no mercado real, que pode discrepar do valor atualizado.

[180] Lei 9.514/1997: "Art. 24. O contrato que serve de título ao negócio fiduciário conterá: (...); VI – a indicação, para efeito de venda em público leilão, do valor do imóvel e dos critérios para a respectiva revisão; (...). § 1º. Caso o valor do imóvel convencionado pelas partes nos termos do inciso VI do *caput* deste artigo seja inferior ao utilizado pelo órgão competente como base de cálculo para a apuração do imposto sobre transmissão *inter vivos*, exigível por força da consolidação da propriedade em nome do credor fiduciário, este último será o valor mínimo para efeito de venda do imóvel no primeiro leilão". (numeração do parágrafo pela Medida Provisória 1.162/2022).

[181] Lei 9.514/1997: "Art. 27. Uma vez consolidada a propriedade em seu nome, o fiduciário, no prazo de trinta dias, contados da data do registro de que trata o § 7º do artigo anterior, promoverá público leilão para a alienação do imóvel. § 1o Se no primeiro leilão público o maior lance oferecido for inferior ao valor do imóvel, estipulado na forma do inciso VI e do parágrafo único do art. 24 desta Lei, será realizado o segundo leilão nos quinze dias seguintes. § 2º No segundo leilão, será aceito o maior lance oferecido, desde que igual ou superior ao valor da dívida, das despesas, dos prêmios de seguro, dos encargos legais, inclusive tributos, e das contribuições condominiais. § 2º-A. Para os fins do disposto nos §§ 1º e 2º deste artigo, as datas, horários e locais dos leilões serão comunicados ao devedor mediante correspondência dirigida aos endereços constantes do contrato, inclusive ao endereço eletrônico. § 2º-B. Após a averbação da consolidação da propriedade fiduciária no patrimônio do credor fiduciário e até a data da realização do segundo leilão, é assegurado ao devedor fiduciante o direito de preferência para adquirir o imóvel por preço correspondente ao valor da dívida, somado aos encargos e despesas de que trata o § 2º deste artigo, aos valores correspondentes ao imposto sobre transmissão *inter vivos* e ao laudêmio, se for o caso, pagos para efeito de consolidação da propriedade fiduciária no patrimônio do credor fiduciário, e às despesas inerentes ao procedimento de cobrança e leilão, incumbindo, também, ao devedor fiduciante o pagamento dos encargos tributários e despesas exigíveis para a nova aquisição do imóvel, de que trata este parágrafo, inclusive custas e emolumentos. § 3º Para os fins do disposto neste artigo, entende-se por: I – dívida: o saldo devedor da operação de alienação fiduciária, na data do leilão, nele incluídos os juros convencionais, as penalidades e os demais encargos contratuais; II – despesas: a soma das importâncias correspondentes aos encargos e custas de intimação e as necessárias à realização do público leilão, nestas compreendidas as relativas aos anúncios e à comissão do leiloeiro. § 4º Nos cinco dias que se seguirem à venda do imóvel no leilão, o credor entregará ao devedor a importância que sobejar, considerando-se nela compreendido o valor da indenização de benfeitorias, depois de deduzidos os valores da dívida e das despesas e encargos de que tratam os §§ 2º e 3º, fato esse que importará em recíproca quitação, não se aplicando o disposto na parte final do art. 516 do Código Civil. § 5º Se, no segundo leilão, o maior lance oferecido não for igual ou superior ao valor referido no § 2º, considerar-se-á extinta a dívida e exonerado o credor da obrigação de que trata o § 4º. § 6º Na hipótese de que trata o parágrafo anterior, o credor, no prazo de cinco dias a contar da data do segundo leilão, dará ao devedor quitação da dívida, mediante termo próprio."

[182] Lei 9.514/1997: "Art. 26. (...). § 8º O fiduciante pode, com a anuência do fiduciário, dar seu direito eventual ao imóvel em pagamento da dívida, dispensados os procedimentos previstos no art. 27."

6.11.10. Falta de interesse processual do devedor fiduciante por inadequação da ação de resolução para extinção do contrato de alienação fiduciária

A efetivação do pagamento do preço, seguida da transmissão do domínio pleno ao adquirente mediante celebração da compra e venda e constituição da garantia, opera a extinção do vínculo obrigacional do qual se originou a prestação, por efeito do adimplemento voluntário da prestação de cada uma das partes – promitente vendedor e promitente comprador.[183]

Cumprida sua função como contrato preliminar – transmissão da propriedade ao promitente comprador contra o pagamento e a quitação do preço – a promessa de venda se exaure, passando a vigorar em seu lugar o contrato definitivo de compra e venda e a operação de crédito, à qual está vinculada a alienação fiduciária.

Daí em diante, o contrato preliminar não mais constitui fonte de interpretação para solução de inadimplemento que vier a ocorrer na operação de crédito com garantia real fiduciária, não se podendo cogitar da aplicação da Súmula 543/STJ, não só porque esse precedente se restringe à resolução do contrato preliminar de promessa, mas, sobretudo, porque há, no ordenamento, procedimento específico para extinção da operação de crédito com pacto adjeto de alienação fiduciária, definido pelos arts. 25 a 27 da Lei 9.514/1997.

Dada a absoluta incompatibilidade lógica entre os modos de extinção desses distintos contratos, e considerando as distorções funcionais provocadas pelo acolhimento de "resolução" de contratos de alienação fiduciária, a Lei 13.786/2018 veio reiterar as normas que definem procedimentos distintos para extinção desses tipos contratuais, ao incluir na Lei 4.591/1964 o art. 67-A e seus parágrafos e, bem assim, na Lei 6.766/1979 o art. 32-A, seus incisos e parágrafos, que dispõem sobre os procedimentos judiciais e extrajudiciais aptos a satisfazerem a pretensão da parte lesada pelo inadimplemento.

Nessas disposições a lei discrimina os procedimentos aplicáveis à extinção da promessa de compra e venda daqueles adequados à extinção das operações de crédito, inclusive com garantia real, hipotecária ou fiduciária.

Os §§ 1º ao 9º do art. 67-A tratam especificamente da ação judicial de resolução da promessa de compra e venda, a que se refere o art. 475 do Código Civil, e fixam limites percentuais de restituição de quantias pagas ao promitente comprador, enquanto seu § 14 trata da execução do crédito hipotecário ou fiduciário e da excussão do bem objeto da garantia, dispondo que nesses casos a restituição será eventual e corresponderá ao saldo, se houver, do produto do leilão, conforme critérios definidos pelo Código de Processo Civil e por normas especiais (Código Civil, arts. 1.364, 1.365 e 1.419, e Lei 9.514/1997, arts. 26 e 27).[184]

Do mesmo modo, o art. 32-A, seus incisos e §§ da Lei 6.766/1979 reiteram as normas procedimentais que estabelecem distintos modos de extinção da promessa de venda e da alienação fiduciária de lotes de terreno, dispondo seu § 3º que o procedimento de resolução de promessa de venda previsto no *caput* do art. 32-A, seus incisos e §§ 1º e 2º "não se aplica aos contratos e escrituras de compra e venda de lote sob a modalidade de alienação fiduciária" e remetendo o procedimento dessa espécie de contrato aos arts. 26 e 27 da Lei 9.514/1997.

---

[183] "O adimplemento, a *solutio*, a execução, realiza o fim da obrigação: satisfaz e libera; donde cessar a relação jurídica entre o devedor e o credor" (PONTES DE MIRANDA, Francisco Cavalcanti. *Tratado de Direito Privado*. São Paulo: Revista dos Tribunais, 2012, t. XXIV, § 2.902).

[184] Lei 4.591/1964: "Art. 67-A. (...). § 14. Nas hipóteses de leilão de imóvel objeto de contrato de compra e venda com pagamento parcelado, com ou sem garantia real, de promessa de compra e venda ou de cessão e de compra e venda com pacto adjeto de alienação fiduciária em garantia, realizado o leilão no contexto de execução judicial ou de procedimento extrajudicial de execução ou de resolução, a restituição far-se-á de acordo com os critérios estabelecidos na respectiva lei especial ou com as normas aplicáveis à execução em geral."

Ao reforçar a distinção entre esses procedimentos, o § 14 do art. 67-A da Lei 4.591/1964 e o § 3º do art. 32 da Lei 6.766/1979 reafirmam a impropriedade da ação de resolução ao contrato de crédito com garantia hipotecária ou fiduciária e deixam claro que a postulação do remédio resolutório pelo devedor fiduciante, com fundamento no seu próprio inadimplemento, ainda que manifestado anteriormente ao termo, configura falta de interesse processual por inadequação da via eleita.[185]

Assim é porque a diversidade estrutural e funcional desses contratos se reflete no campo procedimental, no qual os veículos destinados a assegurar a efetividade do direito subjetivo da parte são definidos em conformidade com as peculiaridades das relações jurídicas do direito material em questão, "a partir de uma regra de *adaptabilidade* inerente à condição instrumental do processo."[186] (destaque do autor).

A pretensão da parte, portanto, deve ser manifestada em estrita conformidade com o veículo definido na lei, não lhe sendo admitida a escolha do procedimento a seu critério, pois "faltar-lhe-á o interesse de agir quando pedir medida jurisdicional que não seja *adequada segundo a lei*" (destaques do autor).[187]

Diante desses elementares princípios, e sendo o contrato de crédito com garantia real (hipotecária ou fiduciária) caracterizado como título executivo extrajudicial (art. 784, V),[188] resulta claro que o veículo adequado para correção da lesão causada pelo inadimplemento da obrigação do devedor hipotecário ou fiduciante é a excussão do bem mediante procedimento de execução, judicial ou extrajudicial, como expressamente preveem o CPC (arts. 771 e seguintes), o Código Civil (art. 1.364) e a Lei 9.514/1997 (arts. 26 e 27).

É o quanto basta para afastar o contrato de crédito com garantia real (hipotecária ou fiduciária) do campo de incidência do art. 475 do Código Civil.

Mas a par dessa definição legal, a falta de interesse processual do devedor fiduciante para postulação de resolução dessa espécie de contrato de crédito decorre, também, diretamente, do próprio art. 475 do Código Civil, pois, caracterizado que é como contrato unilateral, não há nesse contrato de crédito a interdependência de prestações que constitui pressuposto necessário do remédio resolutório, e ainda que não existisse esse óbice, a legitimidade para esse fim seria conferida ao credor fiduciário, pois, dentre os dois contratantes, ele é o único que

---

[185] Como não se ignora, o interesse processual diz respeito à necessidade e à adequação do provimento processual postulado, para cuja satisfação exige-se do postulante a escolha do meio adequado, entre os diferentes procedimentos existentes no ordenamento, "porque é inútil a provocação da tutela jurisdicional se ela, em tese, não for apta a produzir a correção da lesão arguida na inicial. Haverá, pois, falta de interesse processual se, descrita determinada situação jurídica, a providência pleiteada não for adequada a essa situação." (GRECO FILHO, Vicente, *Direito processual civil brasileiro*. São Paulo: Saraiva, 21. ed., 2009, v. I, p. 88).

[186] DINAMARCO, Cândido Rangel. *Instituições de Direito Processual Civil*. 2. ed. São Paulo: Malheiros, 2017, v. II, p. 355. Ao comentar as normas processuais relacionadas à formulação legislativa, José Roberto dos Santos Bedaque observa que "O legislador prevê diferentes tipos de tutela à luz das características inerentes às relações materiais (autoridade coatora, direito líquido e certo, tipo de obrigação)." (BEDAQUE, José Roberto dos Santos, *Código de Processo Civil interpretado*. São Paulo: Atlas, 3. ed., 2008, p. 8).

[187] DINAMARCO, Cândido Rangel, *Instituições de Direito Processual Civil*. São Paulo: Malheiros, 7. ed., 2017, v. II, p. 356: "O *interesse-adequação* liga-se à existência de múltiplas espécies de provimentos e tutelas instituídos pela legislação do país, cada um deles integrando uma técnica e sendo destinado à solução de certas *situações da vida* indicadas pelo legislador. (...). Ainda quando a interferência do Estado-juiz seja necessária, sob pena de impossibilidade de obter o bem devido (interesse-necessidade), faltar-lhe-á o interesse de agir quando pedir medida jurisdicional que não seja *adequada segundo a lei*." (Destaques do autor).

[188] Código de Processo Civil: "Art. 784. São títulos executivos extrajudiciais: (...); V – o contrato garantido por hipoteca, penhor, anticrese ou outro direito real de garantia e aquele garantido por caução."

pode ser qualificado como "parte lesada pelo inadimplemento", a qual o art. 475 do Código Civil reconhece legitimidade privativa.

Há, contudo, situações distintas, em que a alienação fiduciária compõe operação estruturada por contratos conexos, dotados de prestações correspectivas, cujas vicissitudes repercutam sobre todos em prejuízo da função comum, dando causa a resolução nessa situação peculiar.

Considere-se, no contexto da incorporação imobiliária, a contratação da compra e venda ainda na fase da construção.

Nesse caso, o adquirente recebe o título de compra e venda (e não apenas de promessa) e efetiva o pagamento integral do preço antes que o incorporador cumpra sua prestação (construir e entregar o imóvel); em muitos casos, o adquirente paga o preço da compra e venda com recursos de financiamento do banco que financia a construção do empreendimento ou do próprio incorporador e, em garantia da dívida assim contraída, aliena fiduciariamente o imóvel.

Como vimos, essa operação é, em regra, formalizada em um único instrumento, que reúne os contratos de (i) mútuo ou operação de crédito equivalente, concedido ao adquirente pelo banco ou pelo próprio incorporador, (ii) compra e venda entre o incorporador e o adquirente e (iii) alienação fiduciária entre o adquirente e o banco, ou o próprio incorporador.

A despeito das individualidades desses tipos contratuais, nessa operação cada um deles constitui a razão de ser do outro, sua causa, enfim, e se interligam funcionalmente para realização de um fim unitário comum, correspondente à transmissão da propriedade, disponibilização do imóvel ao adquirente e resgate do financiamento.

Caracteriza-se aí uma coligação contratual determinada por um nexo funcional que liga esses contratos para formar uma unidade negocial, na qual eles se tornam funcionalmente dependentes uns dos outros, "com potenciais consequências no plano da validade (...) e no plano da eficácia."[189]

Nessa conformação, a relação sinalagmática não se limita às prestações peculiares de cada contrato, mas extrapola sua esfera individual e vincula as prestações de todos eles, visando a consecução do fim unitário comum. Essa interligação importa em recíproca repercussão dos efeitos de todos os contratos, de modo tal que "a resolução de um atingirá o outro, se demonstrado que um não teria sido firmado sem o outro (sinalagma genético), ou que a impossibilidade de um determina a do outro."[190]

---

[189] "Por 'coligação contratual' compreendemos uma pluralidade de contratos e de relações jurídicas contratuais estruturalmente distintos, porém vinculados, ligados, que compõem uma única e mesma operação econômica, com potenciais consequências no plano da validade (mediante a eventual contagiação de invalidades) e no plano da eficácia (em temas como o inadimplemento, o poder de resolução, a oposição da exceção do contrato não cumprido, a abrangência da cláusula compromissória, entre outros)." (LEONARDO, Rodrigo Xavier. *Os contratos coligados, os contratos conexos e as redes contratuais*. In: CARVALHOSA, Modesto. *Tratado de Direito Empresarial*. 2. ed. São Paulo: Thomson Reuters, 2018, p. 640).

[190] "Nos contratos coligados, a resolução de um atua sobre o outro, resolvendo-o. Para isso, é preciso verificar, em primeiro lugar, se um contrato está para o outro assim como o principal está para o acessório; nesse caso, o incumprimento da obrigação do contrato principal leva à sua resolução e, também, à do acessório. Se o descumprimento é deste, a resolução concomitante do principal somente ocorrerá se impossibilitada a sua prestação, ou tornada extremamente onerosa – a exigir sacrifício anormal e desproporcionado ao devedor –, ou se eliminado o interesse do credor. Se os contratos coligados tiverem a mesma importância, a resolução de um atingirá o outro, se demonstrado que um não teria sido firmado sem o outro (sinalagma genético), ou que a impossibilidade de um determina a do outro, ou que o incumprimento de um afeta o interesse que o credor poderia ter no cumprimento do outro (sinalagma funcional). Pode acontecer que a prestação onerosa assumida em um contrato seja correspondente à vantagem garantida em outro, de tal sorte que a falta de um poderá abalar o equilíbrio que o conjunto

É o que pode ocorrer na hipótese aqui considerada, que configura uma operação econômica global, caracterizada pela reunião da compra e venda, do financiamento e do pacto adjeto de alienação fiduciária, na qual o incorporador ainda não efetivou sua prestação de entregar o imóvel.

Trata-se de venda de coisa futura (Código Civil, art. 483), que, quando contratada no regime jurídico da incorporação imobiliária, tem como elementos não apenas o consenso das partes quanto ao preço e à coisa (Código Civil, art. 481), mas envolvem, também e necessariamente, a obrigação do incorporador de coordenar os fatores de produção correspondentes à construção, sua regularização no Registro de Imóveis e entrega do conjunto imobiliário aos adquirentes (Lei 4.591/1964, arts. 28 e 29).

Dado o nexo funcional que interliga esses contratos, sua interpretação não pode se restringir à apreciação das prestações inerentes a cada um deles, mas deve considerar a relação sinalagmática que se forma entre as prestações de cada contrato.

Nessa peculiar conformação, a inexecução dessa prestação do incorporador no prazo convencionado pode caracterizar inadimplemento absoluto e legitimar o adquirente a, se a considerar inútil, postular a resolução desse contrato, que arrastará consigo a ruptura dos demais contratos de financiamento e alienação fiduciária.

Em casos análogos, a jurisprudência reconhece que "sendo conexos os contratos, a análise desloca-se da estrutura unitária de cada um deles para a análise integrada dos vínculos individuais e, a partir daí, dos direitos e das obrigações decorrentes não dos contratos individualmente considerados, mas da relação sistemática em que se situam, condizente com a totalidade negocial", ressalvando, todavia, a necessidade de ser apurado em cada caso "se as perturbações de um contrato efetivamente causam prejuízo à função comum perseguida plurinegocialmente".[191]

---

dos contratos garantia." (AGUIAR JUNIOR, Ruy Rosado de. *Extinção dos contratos por incumprimento do devedor*. Rio de Janeiro: AIDE Editora, 2004, p. 89-90).

[191] "Ação de rescisão de contrato de compra e Venda e financiamento defeito do produto – tutela antecipada suspensão do pagamento das prestações do financiamento. Possibilidade. Contratos conexos. Negócios jurídicos funcionalmente interligados. O contrato de financiamento e o contrato de compra e venda, embora estruturalmente independentes entre si, encontram-se funcionalmente interligados, têm um fim unitário comum, sendo ambos, em essência, partes integrantes de uma mesma operação econômica global, de tal arte que cada qual é a causa do outro, um não seria realizado isoladamente, sem o outro. Sendo conexos os contratos, possível ao consumidor promover também a rescisão do mútuo financeiro em caso de inadimplemento do vendedor." (TJSP, 30ª Câmara de Direito Privado, Apelação 0108064-56.2013.8.26.0000, rel. Des. Andrade Neto, *DJe* 30.11.2013).

"Contrato de compra e venda de imóvel com financiamento pelo programa MCMV. Resolução. Acolhimento. Superação do prazo previsto e paralisação da obra, com decretação de recuperação judicial da incorporadora. Resolução do contrato de venda e do contrato coligado de financiamento, cessando o pagamento das prestações, inclusive taxa de evolução de obra, com restituição integral dos valores despendidos. Contratos coligados ou rede contratual. Contratos realizados com unidade de finalidade, estabelecendo relação de dependência entre si, acarretando necessidade de interpretação e execução em consideração à unidade que pressupõe sua existência. Restrição à autonomia dos contratos, que não podem ser executados separadamente. Extensão dos efeitos do inadimplemento de um dos contratos ao contrato coligado. Inadmissibilidade da continuidade do contrato de financiamento, com pagamento da taxa de evolução de obra, em razão da resolução culposa do contrato de incorporação imobiliária. Limitação, contudo, da responsabilidade da instituição financeira, que somente responde pelos valores que foram pagos na constância do contrato coligado de financiamento e venda. Existência de parcela que foi paga com recursos próprios do comprador diretamente à vendedora antes mesmo da contratação do financiamento. Afastamento da responsabilidade do banco pela restituição desta parcela, que não foi objeto do contrato coligado." (TJSP, 1ª Câmara de Direito Privado, Apelação 1008322-68.2017.8.26.0269, rel. Des. Enéas Garcia, *DJe* 6.4.2020).

6.12. AÇÕES DECORRENTES DA ALIENAÇÃO FIDUCIÁRIA DE BENS IMÓVEIS

Independentemente do direito de ação genericamente assegurado pelo sistema processual, decorrem da Lei 9.514/1997 ações peculiares à estrutura própria da propriedade fiduciária em garantia de bem imóvel, entre as quais destacam-se aquelas que visam dar eficácia ao direito do credor-fiduciário, notadamente a de reintegração de posse, e as que visam assegurar os direitos do devedor-fiduciante, como a execução por obrigação de fazer, em face do fiduciário que se negar a lhe dar quitação, e as ações possessórias em face de quem ameaçar a posse direta que o fiduciante estiver exercendo em razão da lei e do contrato.

6.12.1. Ação de reintegração de posse pelo fiduciário

A ação de reintegração de posse tem por fim a recuperação da posse perdida por esbulho, que se caracteriza por "toda e qualquer moléstia aos direitos do possuidor, como quando ocorre recusa de restituir a coisa que deve ser restituída".[192] Há esbulho, assim, mesmo que não exista violência, bastando, para sua caracterização, que o possuidor seja privado injustificadamente do exercício da posse.

Na contratação da alienação fiduciária, a propriedade é transmitida ao fiduciário em caráter resolúvel, para o fim de garantir o pagamento de uma dívida; por isso mesmo é que a transmissão não é plena, mas feita com exclusão ou limitação de algumas faculdades, que, entretanto, podem vir a ser atribuídas ao fiduciário, dependendo da evolução do negócio fiduciário celebrado. É a construção típica da propriedade fiduciária.

Ao se constituir a propriedade fiduciária, opera-se o desdobramento da posse (Lei 9.514/1997, art. 23, parágrafo único), atribuindo-se ao credor-fiduciário a posse indireta e conservando o devedor-fiduciante a posse direta. Desta forma, a lei objetivou assegurar ao devedor-fiduciante o uso e gozo do imóvel, assegurando-lhe, "enquanto adimplente, a livre utilização, por sua conta e risco, do imóvel objeto da alienação fiduciária" (art. 24, IV).

Dada essa estruturação, se o fiduciante não pagar a dívida, no todo ou em parte, a consequência natural será a consolidação da propriedade no fiduciário, com o nascimento, para este ou seus sucessores, do direito de reintegrar-se na posse (art. 30).

A configuração da alienação fiduciária, com a constituição de uma propriedade resolúvel, justifica a adoção da ação de reintegração de posse na hipótese de o fiduciante se negar a restituir a posse da qual tenha perdido o título.

Ora, o fiduciante conserva a posse direta do imóvel que transmite ao fiduciário, este tornando-se proprietário com exclusão ou limitação de poderes, mas investindo-se da condição de possuidor indireto. A posse do devedor-fiduciante decorre da relação fiduciária e é exercida como consequência natural dessa relação, só sendo admitida, por isso mesmo, *enquanto adimplente o devedor-fiduciante*. Ao romper-se a relação fiduciária por inexecução culposa do devedor-fiduciante, sua posse deixa de existir a justo título, de modo que sua recusa à restituição do imóvel caracteriza esbulho. O desdobramento da relação possessória assegura tanto ao possuidor direto como ao possuidor indireto, um em face do outro, o exercício das ações de proteção da posse pela via judicial específica, como prescreve de maneira expressa o art. 1.197 do Código Civil, que assegura ao possuidor direto a defesa da sua posse contra o possuidor indireto.

---

[192] MONTEIRO, Washington de Barros, *Curso de direito civil.* Direito das coisas, São Paulo: Saraiva, 1961, p. 46.

Na linha desses princípios, a Lei 9.514/1997 faculta ao fiduciário ou seus sucessores a ação de reintegração de posse, com deferimento liminar para desocupação em sessenta dias.[193]

Do texto legal deflui como requisito indispensável para a propositura da ação a *consolidação da propriedade* no fiduciário, independentemente dos demais requisitos previstos no Código de Processo Civil para a ação de reintegração de posse.

Ao exigir o cumprimento desse requisito, a lei remete ao seu art. 26, que trata dos procedimentos de cobrança e de constituição do devedor em mora, cuidando da consolidação da propriedade na hipótese de configuração da mora do devedor-fiduciante.[194]

A consolidação da propriedade será provada mediante certidão da matrícula do imóvel, expedida pelo Oficial do Registro de Imóveis, da qual conste a averbação da consolidação, dando conta de que o fiduciário passou a ser o proprietário pleno do imóvel.

Assim, consolidada a propriedade no fiduciário, estará ele, ou seu cessionário ou sucessor, habilitado a requerer a ação de reintegração de posse, devendo instruir a inicial com a certidão do Registro de Imóveis comprovando a consolidação. O procedimento é especial e contempla o deferimento liminar da reintegração do fiduciário na posse do imóvel.[195]

---

[193] "Art. 30. É assegurada ao fiduciário, seu cessionário ou sucessores, inclusive o adquirente do imóvel por força do público leilão de que tratam os §§ 1º e 2º do art. 27, a reintegração na posse do imóvel, que será concedida liminarmente, para desocupação em sessenta dias, desde que comprovada, na forma do art. 26, a consolidação da propriedade em seu nome."

[194] "Art. 26. Vencida e não paga, no todo ou em parte, a dívida e constituído em mora o fiduciante, consolidar-se-á, nos termos deste artigo, a propriedade do imóvel em nome do fiduciário. (...) § 7º Decorrido o prazo de que trata o § 1º [prazo da intimação para purgação da mora], sem a purgação da mora, o Oficial do competente Registro de Imóveis, certificando esse fato, promoverá, à vista da prova do pagamento, pelo fiduciário, do imposto de transmissão inter vivos, o registro, na matrícula do imóvel, da consolidação da propriedade em nome do fiduciário."

[195] "Alienação fiduciária. Bem imóvel. Reintegração de posse. Liminar. Requisitos. Preenchimento. Cabimento. Aplicação do art. 30 da Lei 9.514/97. Preenchidos os requisitos dos arts. 26 e 27 da Lei 9.514/97, de rigor a concessão da medida prevista no artigo 30 que assegura ao fiduciário, seu cessionário ou sucessores, a reintegração na posse do imóvel, a ser concedida liminarmente, para desocupação em sessenta dias, ante a comprovação da consolidação da propriedade em nome do fiduciário" (2º TACivil-SP, AI 808.389-0/2, 7ª Câmara, rel. Juiz Américo Angélico, j. 16/9/2003). "Agravo de instrumento. Ação de reintegração de posse. Contrato de Compra e venda de imóvel adjecto a contrato de alienação fiduciária em garantia. Constituição do devedor em mora. Transferência do bem à propriedade do credor-fiduciário. Observância do rito da Lei 9.514/97. Requisitos preenchidos. Deferimento. Para o deferimento da medida liminar de reintegração de posse com fulcro na Lei 9.514/97, que trata da alienação fiduciária de imóvel, exige-se apenas a prova da consolidação da propriedade do bem nas mãos do credor-fiduciário, através dos atos previstos na apontada lei. Constituído em mora o devedor, o credor pagará o imposto para a transferência do bem à sua propriedade e, logo em seguida, promoverá leilão, e não havendo licitante haverá a quitação da dívida com direito do credor-fiduciário a reintegrar-se na posse do bem (inteligência dos arts. 2 e 30 da Lei 9.514/97)" (TJMG, Agravo de Instrumento 1.0024/6/057111-4/001(1), rel. Des. Antônio Pádua, j. 29/8/2006). "Ação de reintegração de posse. Contrato de financiamento de imóvel com alienação fiduciária. Aplicação dos ditames da Lei 9.514/97. Retenção por benfeitorias. Taxa de ocupação. Restituição de quantia em dinheiro aos fiduciantes. Extrai-se dos autos, que os apelantes adquiriram um imóvel da apelada, estabelecendo a alienação fiduciária como garantia, mas, em virtude do inadimplemento das obrigações foram notificados para purgar a mora, e não exercendo tal faculdade, foi realizada a praça, cuja propriedade se consolidou em nome da apelada, por não haver licitantes. Destarte, esta intentou ação de reintegração de posse do imóvel, tendo o Juízo deferido a liminar pleiteada na exordial, tornando-a definitiva através da sentença hostilizada. Quanto às benfeitorias, verifica-se pela prova documental, que as mesmas se enquadram como voluptuárias, o que torna inaplicável a regra contida no artigo 1.219 do Código Civil/2002, prevalecendo, pois, os termos do instrumento particular celebrado entre as partes, ratificado por escritura, que atende ao comando da Lei 9.514/1997, especificamente seu artigo 27,

Visando assegurar a efetividade do procedimento de expropriação do bem objeto da garantia, notadamente em relação à proteção de terceiros de boa-fé que venham a adquirir o imóvel no leilão, a lei dispõe que, uma vez efetivada a averbação da consolidação, eventuais procedimentos judiciais que tenham por objeto controvérsias sobre estipulações contratuais ou o procedimento de cobrança em leilão, exceto o requisito de notificação do devedor-fiduciante, "serão resolvidas em perdas e danos e não obstarão a reintegração do credor-fiduciário ou do arrematante na posse do imóvel".[196]

Nos termos dos arts. 1.196 e 1.210 do Código Civil, aquele que detém, de fato, o exercício de algum dos poderes do domínio é, juridicamente, possuidor e, como tal, tem legitimidade para propor ação possessória sempre que for ameaçado ou esbulhado na sua posse.

---

§ 4º. A cláusula que estabelece o pagamento de taxa de ocupação pelos fiduciantes à fiduciária tem natureza de cláusula penal e finalidade de prefixação das perdas e danos, ou seja, durante o período em que restou configurado o esbulho possessório, não havendo que se considerar abusivo o percentual especificado no artigo 34-A da Lei 9.514/1997. Os artigos 26, §§ 4º, 5º, 6º; 27 e seus parágrafos, da Lei 9.514/1997 estabelecem que eventual direito de restituição de quantia em dinheiro somente será possível na hipótese de o produto obtido com a venda em leilão público sobejar o saldo devedor, o que não é o caso dos autos, pois, sequer houve licitante. Recurso conhecido e improvido" (TJRJ, 11ª Câmara Cível, Apelação Cível 2007.001.06874, rel. Des. Cláudio de Mello Tavares, j. 28/3/2007). "Alienação Fiduciária. Bem imóvel. Liminar de reintegração de posse. Previsão do art. 30 da Lei 9.514/97. Autora que demonstrou o cumprimento dos requisitos previstos nos artigos 25 e 26 do mesmo diploma legal. Admissibilidade. Medida indeferida pela decisão recorrida. Agravo provido" (2º TACivil/SP, 11ª Câmara, AI 838.548-0/3, rel. Juiz Clovis Castelo, j. 15/3/2004). "Alienação fiduciária. Bem imóvel. Reintegração de posse. Liminar. Requisitos. Preenchimento. Cabimento. Aplicação do artigo 30 da Lei 9.514/1997. Preenchidos os requisitos dos artigos 26 e 27 da Lei 9.514/1997, de rigor a concessão da medida prevista no artigo 30 que assegura ao fiduciário, seu cessionário ou sucessores, a reintegração na posse do imóvel, a ser concedida liminarmente, para desocupação em sessenta dias, ante a comprovação da consolidação da propriedade em nome do fiduciário" (2º Tribunal de Alçada Civil de São Paulo, 11ª Câmara Cível, Agravo de Instrumento 838.548-00/3, rel. Juiz Clóvis Castelo, j. 15/3/2004). "Processual civil. Alienação fiduciária de coisa imóvel. Lei 9.514/1997. Ação possessória. Cabimento. Liminar: deferimento. A ação possessória é a via adequada para a recuperação do imóvel, conforme *regra* do art. 30 da Lei 9.514/1997. Segundo as regras do art. 5º, § 2º, e do art. 22, parágrafo único, da Lei 9.514/1997, a alienação fiduciário de coisa imóvel não é privativa das entidades que operam no SFI, qualquer pessoa física ou jurídica a tanto estão autorizadas. Nesse sentido lição de Melhim Chalhub, "in" Negócio Fiduciário, Renovar, 3ª. ed., pág. 267. Releve-se que o contrato celebrado entre as partes é de 03.09.02, posterior, portanto, à nova redação dos dispositivos legais acima citados dada pela MP 2223/200l, convertida na Lei 11.076/2004. A alegação de impropriedade da via eleita, no caso, é desautorizada pelo art. 30 da Lei 9.514/97, que expressamente assegura ao fiduciário, seu cessionário ou sucessores, inclusive o adquirente do imóvel por força de hasta pública nela prevista, a reintegração de posse no imóvel, inclusive com deferimento de liminar para desocupação em 30 dias. A existência anterior de ação de revisão do contrato de alienação fiduciária, sem que tenha sido deferido tutela antecipatória, não impede o exercício dos direitos garantidos pela *lei* de regência; tampouco são inconstitucionais os procedimentos por ela previsto, assim como não é o Decreto-lei 70/1966, conforme entendimento pacífico do STF:RJ258/67 e RT7601 8. Anote-se que a ação revisional só foi ajuizada ao depois de consolidada a propriedade do imóvel em nome do fiduciário, na forma do art. 2 e seus parágrafos, da Lei 9.514/97, e promovido o leilão de que cuida o art. 27 do mesmo diploma legal" (TJRJ, 13ª Câmara Cível, Agravo de Instrumento 2006.002.05321, rel. Des. Nametala Jorge).

[196] Lei 9.514/1997, parágrafo único, do art. 30, com a redação dada pela Lei 13.465/2017: "Art. 30. (...) Parágrafo único. Nas operações de financiamento imobiliário, inclusive nas operações do Programa Minha Casa, Minha Vida, instituído pela Lei n. 11.977, de 7 de julho de 2009, com recursos advindos da integralização de cotas no Fundo de Arrendamento Residencial (FAR), uma vez averbada a consolidação da propriedade fiduciária, as ações judiciais que tenham por objeto controvérsias sobre as estipulações contratuais ou os requisitos procedimentais de cobrança e leilão, excetuada a exigência de notificação do devedor-fiduciante, serão resolvidas em perdas e danos e não obstarão a reintegração de posse de que trata este artigo" (NR).

Especificamente no caso da posse decorrente do contrato de alienação fiduciária de imóveis, o art. 30 da Lei 9.514/1997, ressalvando que só será admitida a ação após a consolidação da propriedade, atribui legitimação ativa para a ação de reintegração de posse ao fiduciário originário ou qualquer pessoa, física ou jurídica, que o tenha sucedido no contrato ou na propriedade, seja um cessionário (a quem o então credor-fiduciário tenha cedido o crédito, com a consequente transmissão do seu acessório, que era a propriedade fiduciária em garantia), um sucessor no mesmo crédito, a qualquer outro título, ou aquele que vier a arrematar o imóvel no leilão.

No polo passivo da ação de reintegração de posse figurará, sempre, "o agente do ato representativo da moléstia do autor".[197] A legitimação passiva para a ação, portanto, poderá recair no próprio fiduciante ou qualquer eventual sucessor que se encontrar na posse direta do imóvel.

A petição inicial da ação de reintegração de posse deverá, além dos requisitos do art. 319 do Código de Processo Civil, especificar, nos termos do art. 561 da mesma lei instrumental, ainda:

      I – a posse do autor;
      II – o esbulho praticado pelo réu;
      III – a data do esbulho;
      IV – a perda da posse.

A prova da posse do autor está contemplada na própria certidão de registro do contrato de alienação fiduciária, que, de acordo com o parágrafo único do art. 23 da Lei 9.514/1997, comprova o desdobramento da posse, tendo o então fiduciante a posse direta do imóvel e o autor, então fiduciário, a posse indireta.

Na inicial, o autor deverá identificar o imóvel cuja posse constitui o objeto da ação.

O esbulho praticado pelo réu decorre da inexecução do contrato.

Como se viu, a lei só reconhece posse legítima ao fiduciante enquanto este se mantiver adimplente; a inexecução que comprova o inadimplemento decorre da certidão do Oficial do competente Registro de Imóveis que tiver promovido os procedimentos de intimação para purgação da mora.

Ao exigir a indicação da data do esbulho, o Código de Processo Civil tem em vista a definição do tipo de interdito, se se trata de ação de força velha ou de força nova, e diz respeito somente à possibilidade de concessão de medida liminar, seguindo a primeira o rito ordinário e a segunda, um procedimento especial, em que se aprecia a medida liminar. Essa distinção, entretanto, perde significado para a ação de reintegração de posse da Lei 9.514/1997, pois para essa hipótese está prevista a reintegração liminar independente da duração da posse, dado o caráter especial da medida. Dada sua adequação à natureza da posse nessa situação peculiar, é essa a interpretação que vem sendo adotada pela jurisprudência.[198]

---

[197] THEODORO JÚNIOR, Humberto, *Curso de direito processual civil*, 7. ed. Rio de Janeiro: Forense, 1993, v. III, p. 141.

[198] "Reintegração de posse. Compra e venda com financiamento imobiliário e pacto adjeto de sua alienação fiduciária em garantia. Inteligência do art. 30 da Lei 9.514/97. A Lei 9.514/97 é norma especial em relação ao Código de Defesa do Consumidor e, deste modo, prevalece sobre o aludido diploma legal. Ao exigir a indicação do esbulho, o Código de Processo Civil tem em vista a definição do tipo de interdito, se se trata de força velha ou de força nova, seguindo o primeiro o rito ordinário e a segunda *um procedimento especial*, em que se aprecia a medida liminar. Essa distinção, entretanto, perde significado para a ação de reintegração de posse da Lei 9.514/97, pois para esta hipótese está

Por fim, a perda da posse diz respeito à permanência do réu (fiduciante ou seus sucessores) na posse do imóvel, sem título legítimo.

A Lei 9.514/1997 dispõe que a reintegração na posse do imóvel "... será concedida liminarmente, para desocupação em sessenta dias..."

Dado que é medida que requer apreciação e decisão imediata, impõe-se sejam os fatos comprovados de maneira inequívoca, não se deixando margem a qualquer dúvida.

No caso da Lei 9.514/1997, a prova há de ser sempre documental, seja a prova da posse, que se faz por meio do contrato de alienação fiduciária, a da inexecução contratual que deu causa à perda do título por parte do fiduciante ou a da consolidação da propriedade, estas que se fazem mediante certidão do Registro de Imóveis.

É indispensável que a formulação do pedido se faça com absoluta precisão, notadamente quanto à descrição do imóvel, para que se forneçam ao juiz todos os elementos de que necessita para apreciar e deferir liminarmente o pedido, atentando-se para a orientação da jurisprudência, pela qual só se pode admitir o processamento de uma ação possessória quando o imóvel seja precisamente caracterizado pelo autor, pois, como adverte Humberto Theodoro Júnior, "a ação possessória somente se maneja com eficácia em torno de objeto adequadamente especificado".[199]

Ao despachar a inicial, o juiz deferirá liminarmente a reintegração, concedendo ao réu o prazo de sessenta dias para desocupação, só se escusando de deferi-la se não estiver comprovada a adequada consolidação da propriedade no fiduciário ou se não tiverem sido atendidos os demais requisitos dos arts. 319 e 561 do Código de Processo Civil.[200]

---

prevista a reintegração liminar independente da duração da posse, dado o caráter especial da medida. Decisão agravada cassada, deferindo-se a excogitada reintegração possessória. Recurso provido" (TJERJ, 12ª Câmara Cível, Agravo de Instrumento 315/2004, decisão unânime, rel. Des. Celso Guedes). "Alienação fiduciária. Bem imóvel. Reintegração de posse. Liminar. Requisitos. Preenchimento. Cabimento. Aplicação do art. 30 da Lei 9.514/97. Preenchidos os requisitos dos arts. 26 e 27 da Lei 9.514/97, de rigor a concessão da medida prevista no artigo 30 que assegura ao fiduciário, seu cessionário ou sucessores a reintegração na posse do imóvel, a ser concedida liminarmente, para desocupação em sessenta dias, ante comprovação da consolidação da propriedade em nome do fiduciário" (2º TACivil de São Paulo, 11ª Câmara, Agravo de Instrumento 838.548-0/3, decisão unânime, rel. Juiz Clóvis Castelo, j. 15/3/2004).

[199] THEODORO JÚNIOR, Humberto. *Curso de direito processual civil*. 7. ed. Rio de Janeiro: Forense, 1993, v. III, p. 143.

[200] "Alienação fiduciária. Bem imóvel. Reintegração de posse. Liminar. Requisitos. Preenchimento. Cabimento. Aplicação do art. 30 da Lei 9.514/97. Preenchidos os requisitos dos arts. 26 e 27 da Lei 9.514/97, de rigor a concessão da medida prevista no artigo 30 que assegura ao fiduciário, seu cessionário ou sucessores, a reintegração na posse do imóvel, a ser concedida liminarmente, para desocupação em sessenta dias, ante a comprovação da consolidação da propriedade em nome do fiduciário" (2º TACivil/SP, 7ª Câmara, AI 808.389-0/2, rel. Juiz Américo Angélico, j. 16/9/2003). "Agravo de instrumento. Ação de reintegração de posse. Contrato de compra e venda de imóvel adjecto a contrato de alienação fiduciária em garantia. Constituição do devedor em mora. Transferência do bem à propriedade do credor-fiduciário. Observância do rito da Lei 9.514/97. Requisitos preenchidos. Deferimento. Para o deferimento da medida liminar de reintegração de posse com fulcro na Lei 9.514/97, que trata da alienação fiduciária de imóvel, exige-se apenas a prova da consolidação da propriedade do bem nas mãos do credor-fiduciário, através dos atos previstos na apontada lei. Constituído em mora o devedor, o credor pagará o imposto para a transferência do bem à sua propriedade e, logo em seguida, promoverá leilão, e não havendo licitante haverá a quitação da dívida com direito do credor-fiduciário a reintegrar-se na posse do bem (inteligência dos arts. 2 e 30 da Lei 9.514/97)" (TJMG, Agravo de Instrumento 1.0024.06.057111-4/001(1), rel. Des. Antônio Pádua, j. 29/8/2006). "Ação de reintegração de posse. Contrato de financiamento de imóvel com alienação fiduciária. Aplicação dos ditames da Lei 9.514/97. Retenção por benfeitorias. Taxa de ocupação. Restituição de quantia em dinheiro aos fiduciantes. Extrai-se dos autos que os apelantes adquiriram um imóvel da apelada,

Nos termos da lei processual, nos cinco dias subsequentes ao deferimento do mandado liminar de reintegração deverá o autor promover a citação do réu para contestar a ação, que prosseguirá no rito ordinário.

6.12.2. Ação de despejo

Como se viu, a ação a que está legitimado o credor-fiduciário para recuperar a posse do imóvel, se o ocupante for o próprio devedor-fiduciante, é a de reintegração de posse, de acordo com o rito especial definido no art. 30 da Lei 9.514/1997.

Entretanto, se o imóvel estiver ocupado por terceiro, a título de locação, a medida judicial própria para a desocupação é a ação de despejo.

---

estabelecendo a alienação fiduciária como garantia, mas, em virtude do inadimplemento das obrigações foram notificados para purgar a mora, e não exercendo tal faculdade, foi realizada a praça, cuja propriedade se consolidou em nome da apelada, por não haver licitantes. Destarte, esta intentou ação de reintegração de posse do imóvel, tendo o Juízo deferido a liminar pleiteada na exordial, tornando-a definitiva através da sentença hostilizada. Quanto às benfeitorias, verifica-se pela prova documental, que as mesmas se enquadram como voluptuárias, o que torna inaplicável a regra contida no artigo 1.219 do Código Civil/2002, prevalecendo, pois, os termos do instrumento particular celebrado entre as partes, ratificado por escritura, que atende ao comando da Lei 9.514/97, especificamente seu artigo 27, § 4º. A cláusula que estabelece o pagamento de taxa de ocupação pelos fiduciantes à fiduciária tem natureza de cláusula penal e finalidade de prefixação das perdas e danos, ou seja, durante o período em que restou configurado o esbulho possessório, não havendo que se considerar abusivo o percentual especificado no artigo 34-A da Lei 9.514/97. Os artigos 26, §§ 4º, 5º, 6º; 27 e seus parágrafos, da Lei 9.514/97 estabelecem que eventual direito de restituição de quantia em dinheiro somente será possível na hipótese de o produto obtido com a venda em leilão público sobejar o saldo devedor, o que não é o caso dos autos, pois, sequer houve licitante. Recurso conhecido e improvido" (TJRJ, 11ª Câmara Cível, Apelação Cível 2007.001.06874, rel. Des. Cláudio de Mello Tavares, j. 28/3/2007). "Alienação fiduciária. Bem imóvel. Liminar de reintegração de posse. Previsão do art. 30 da Lei 9.514/97. Autora que demonstrou o cumprimento dos requisitos previstos nos artigos 25 e 26 do mesmo diploma legal. Admissibilidade. Medida indeferida pela decisão recorrida. Agravo provido" (2º TACivil/SP, 11ª Câmara, AI 838.548-0/3, rel. Juiz Clovis Castelo, j. 15/3/2004). "Alienação fiduciária. Bem imóvel. Reintegração de posse. Liminar. Requisitos. Preenchimento. Cabimento. Aplicação do artigo 30 da Lei 9.514/97. Preenchidos os requisitos dos artigos 26 e 27 da Lei 9.514/97, de rigor a concessão da medida prevista no artigo 30 que assegura ao fiduciário, seu cessionário ou sucessores, a reintegração na posse do imóvel, a ser concedida liminarmente, para desocupação em sessenta dias, ante a comprovação da consolidação da propriedade em nome do fiduciário" (2º Tribunal de Alçada Civil de São Paulo, 11ª Câmara Cível, Agravo de Instrumento 838.548-00/3, rel. Juiz Clóvis Castelo, j. 15/3/2004). "Processual civil. Alienação fiduciária de coisa imóvel. Lei 9.514/97. Ação Possessória. Cabimento. Liminar: deferimento. A ação possessória é a via adequada para a recuperação do imóvel, conforme *regra* do art. 30 da Lei 9.514/97. Segundo as regras do art. 5º, § 2º, e do art. 22, parágrafo único, da Lei 9.514/97, a alienação fiduciário de coisa imóvel não é privativa das entidades que operam no SFI, qualquer pessoa física ou jurídica a tanto estão autorizadas. Nesse sentido lição de Melhim Chalhub, "in" Negócio Fiduciário, Renovar, 3. ed., p. 267. Releve-se que o contrato celebrado entre as partes é de 03.09.02, posterior, portanto, à nova redação dos dispositivos legais citados pela MP 2223/200l, convertida na Lei 11.076/2004. A alegação de impropriedade da via eleita, no caso, é desautorizada pelo art. 30 da Lei 9.514/97, que expressamente assegura ao fiduciário, seu cessionário ou sucessores, inclusive o adquirente do imóvel por força de hasta pública nela prevista, a reintegração de posse no imóvel, inclusive com deferimento de liminar para desocupação em 30 dias. A existência anterior de ação de revisão do contrato de alienação fiduciária, sem que tenha sido deferido tutela antecipatória, não impede o exercício dos direitos garantidos pela *lei* de regência; tampouco são inconstitucionais os procedimentos por ela previsto, assim como não é o Decreto-lei 70/1966, conforme entendimento pacífico do STF: *RJ* 258/67 e *RT* 7601 8. Anote-se que a ação revisional só foi ajuizada ao depois de consolidada a propriedade do imóvel em nome do fiduciário, na forma do art. 2 e seus parágrafos, da Lei 9.514/97, e promovido o leilão de que cuida o art. 27 do mesmo diploma legal" (TJRJ, 13ª Câmara Cível, Agravo de Instrumento 2006.002.05321, rel. Des. Nametala Jorge).

Com efeito, se, por ocasião da consolidação da propriedade no fiduciário, o imóvel estiver locado, a locação poderá ser denunciada com o prazo de trinta dias para desocupação, salvo se tiver havido aquiescência por escrito do fiduciário, devendo a denúncia ser realizada no prazo de noventa dias a contar da data da consolidação da propriedade. A denúncia poderá ser feita pelo fiduciário ou por terceiro que tiver arrematado o imóvel no leilão.

É o que dispõe o § 7º do art. 27 da Lei 9.514/1997, que adota para a alienação fiduciária a mesma regra aplicável às locações de imóveis objeto de usufruto e fideicomisso, prevista no art. 7º da Lei 8.245/1991, pelo qual a locação celebrada pelo usufrutuário ou pelo fiduciário poderá ser denunciada no prazo de noventa dias da extinção do usufruto ou do fideicomisso, salvo se tiver havido aquiescência escrita do nu-proprietário ou do fideicomissário. O legislador adotou deliberadamente a mesma regra tendo em vista que a similitude das situações comporta tratamento equivalente.

O nu-proprietário e o fideicomissário, assim como o credor-fiduciário, não podem ser locadores porque não têm o uso e gozo do imóvel, daí por que a relação obrigacional na locação de imóvel gravado com usufruto ou propriedade fiduciária tem, de um lado, o locatário, e, de outro lado, o usufrutuário, o fiduciário (no fideicomisso) ou o devedor-fiduciante (na alienação fiduciária).

Extinto o usufruto ou o fideicomisso, desaparecem as figuras do usufrutuário ou do fiduciário, desaparecendo, portanto, o locador. O mesmo ocorre na relação fiduciária decorrente do contrato de alienação fiduciária: extinta a relação, desaparece o devedor-fiduciante. O fenômeno, entretanto, não importa na extinção da locação, observando Francisco Carlos da Rocha, a propósito do usufruto e do fideicomisso, "que a lei do inquilinato, protegendo o inquilino, afasta a extinção da relação jurídica de locação nessa hipótese. Determina sua continuidade com o nu-proprietário ou o fideicomissário, que se tornaram donos do imóvel. Assegura-lhes, apenas, o direito de denunciar a locação, decretando o rompimento do vínculo, desde que não tenham consentido, por escrito, na locação. O nu-proprietário – ou fideicomissário – que não consentiu no ajuste do qual participou o usufrutuário – ou o fiduciário – não está obrigado a respeitar e manter a locação" "Nesse caso", ele conclui, "a lei permite-lhe romper o vínculo através de simples denúncia".[201]

Se não for denunciada, a locação prosseguirá normalmente entre o fiduciário (ou aquele que tiver arrematado o imóvel no leilão) e o locatário.

Entretanto, se a locação for denunciada, seja pelo fiduciário ou pelo arrematante, e o locatário permanecer no imóvel, o meio judicial para se obter a desocupação é a ação de despejo, "seja qual for o fundamento do término da locação".[202]

Não se pode cogitar de ação de reintegração de posse, até porque a posse do locatário não pode ser qualificada como ilegítima ou espúria.

Ao comentar a hipótese de extinção da locação nos casos de imóvel objeto de usufruto ou fideicomisso, Sylvio Capanema de Souza adverte: "mesmo que não mais exista a relação *ex*

---

[201] BARROS, Francisco Carlos de Rocha, *Comentários à Lei do Inquilinato*. São Paulo: Saraiva, 1995, p. 26-27.

[202] "Assim é, e deve ser, porque o objeto próprio da ação de despejo não tem índole possessória, mas, sim, o propósito de resolver a locação, seguindo-se a inteligência do consagrado princípio de que venda rompe locação. O adquirente, mesmo não sendo locador, tem o direito acionário de despejar o inquilino que se encontra no imóvel, por efeito de locação firmada com o alienante. Não, propriamente, para imitir-se na posse; a imissão será mera consequência da resolução necessária da locação. No caso vertente, o desfazimento da compra e venda com garantia fiduciária fez o imóvel retornar ao domínio do alienante, que, então, o encontrou locado a terceiro" (TJRJ, 2ª Câmara Cível, Agravo de Instrumento 2005.002.20836, rel. Des. Jessé Torres, decisão unânime).

locato, em decorrência, por exemplo, da denúncia pelo novo adquirente, a ação de que ele dispõe para despedir o inquilino é a de despejo". E prossegue: "Decorrendo de locação a ocupação do imóvel, fica vedada a via possessória, para que o locador possa recuperar a sua posse. Na ação de despejo não se objetiva, propriamente, recuperar a posse perdida pelo locador, e sim dissolver o contrato de locação. Daí não se tratar de ação real, em que se discute posse ou domínio".[203]

É irrelevante o fato de o fiduciário ou o arrematante não integrar a relação locatícia. Tanto nesse caso como no caso da extinção de usufruto e do fideicomisso e, ainda, na hipótese de alienação do imóvel pelo locador, durante a locação, prevista no art. 8º da Lei do Inquilinato, a denúncia é feita por quem não participou da relação obrigacional original, ao qual a lei confere legitimidade para a retomada, que se faz por meio de ação de despejo.

A denúncia deve ser feita no prazo de noventa dias a contar da consolidação da propriedade no patrimônio do fiduciário, concedendo-se ao locatário trinta dias para desocupação.

Para o locatário, o despejo é procedimento menos gravoso do que a reintegração de posse, pois, enquanto por aquela via a desocupação se dá após o trânsito em julgado da sentença, pela reintegração a desocupação é deferida liminarmente, no início do processo.

Importa notar que, enquanto permanecer na posse do imóvel, mesmo após a extinção da relação jurídica decorrente da alienação fiduciária, o locatário continuará obrigado ao pagamento dos aluguéis e encargos, só que em favor do credor-fiduciário ou do arrematante do imóvel em leilão, pois estes sucedem o locador na relação locatícia.

6.12.3. Ações possessórias deferidas ao fiduciante

Estando o fiduciante investido na posse direta do imóvel, tem direito de defender sua posse, por meio dos interditos possessórios de manutenção, reintegração e proibição, nos termos dos arts. 554 a 568 do Código de Processo Civil.

Efetivamente, com o desdobramento da posse, o fiduciante conserva a posse direta sobre o imóvel, que se integra no seu direito expectativo e lhe assegura a mesma estrutura dos direitos a ela inerentes, mantendo-os, *enquanto adimplente,* nos termos do art. 24, IV.

Tendo, assim, o *ius possidendi,* o fiduciante pode defender sua posse direta em face de terceiros que a ameacem, turbem ou espoliem, inclusive em face do fiduciário, que é possuidor indireto. Além disso, considerando que é titular de direito expectativo à propriedade, o fiduciante está legitimado às ações reais contra quem afronte esse direito.

As ações possessórias asseguradas ao fiduciante não são tratadas de maneira específica pela Lei 9.514/1997, seguindo, pois, a regra geral da lei instrumental.

Nestas condições, para obter as medidas que lhe são asseguradas, cumpre ao fiduciante provar: (1º) *na ação de manutenção de posse*: a) a sua posse; b) a turbação praticada pelo réu; c) a data da turbação; d) a continuação da posse, embora turbada; (2º) *na ação de reintegração de posse*: a) a sua posse; b) o esbulho praticado pelo réu; c) a data do esbulho; d) a perda da posse; (3º) *na ação de interdito proibitório*: a) a sua posse; b) a ameaça da turbação ou esbulho por parte do réu; c) a data da ameaça; d) o justo receio de ser efetivada a ameaça.

A legitimidade ativa para a ação é, obviamente, do fiduciante, que detém a posse a justo título, decorrente que é da própria lei, pois, como já se viu, "com a constituição da propriedade fiduciária, dá-se o desdobramento da posse, tornando-se o fiduciante possuidor direto" (Lei 9.514/1997, art. 23, parágrafo único), assegurando ao fiduciante, em consequência, "enquanto adimplente, a livre utilização, por sua conta e risco, do imóvel objeto da alienação fiduciária"

---

[203] SOUZA, Sylvio Capanema de, *A nova Lei do Inquilinato comentada*. Rio de Janeiro: Forense, 1993, p. 31-32.

(art. 24, IV). Pode o fiduciante, eventualmente, ceder a posse do imóvel, por exemplo, mediante locação, e neste caso a legitimação será do locatário. Tratando-se de posse direta, a legitimação decorre igualmente da regra do art. 1.197 do Código Civil, que assegura o exercício dos interditos, como são os casos do usufruto, da locação, do penhor, do comodato etc., inclusive contra o possuidor indireto.

Legitimado passivamente é quem quer que implemente ameaça ou espoliação à posse do fiduciante.

A petição inicial da ação possessória deverá, além dos requisitos do art. 319 do Código de Processo Civil, especificar, nos termos do art. 561 da mesma lei instrumental, ainda:

> I – a sua posse;
> II – a turbação ou o esbulho praticado pelo réu;
> III – a data da turbação ou do esbulho;
> IV – a continuação da posse, embora turbada, na ação de manutenção; ou a perda da posse, na ação de reintegração.

Importa que a prova seja produzida na petição inicial de maneira inequívoca, pois, tratando-se de fatos, como são a posse, o esbulho, a turbação e a respectiva data, só em casos raros é que a prova pode ser feita documentalmente, sendo, na maioria das vezes, apoiada em declarações.

Por isso mesmo, prevê o art. 562 do Código de Processo Civil que o juiz poderá deferir liminarmente a manutenção ou a reintegração se o autor tiver fornecido prova documental suficiente para demonstração dos requisitos do art. 561, ou, então, não havendo essa prova convincente, poderá o juiz determinar a realização de audiência de justificação, para a qual será citado o réu.

A prova da posse do fiduciante está retratada na certidão do registro do contrato de alienação fiduciária, pela qual, em razão do desdobramento da posse, conservou a posse direta do imóvel, bem como em documento comprobatório de que está adimplente em relação ao aludido contrato (art. 24, IV).

A identificação do imóvel deve ser precisa, pois um dos requisitos essenciais da petição inicial é a descrição do imóvel cuja posse constitui o objeto da ação.

A prova da posse e da data em que se teria dado o atentado a ela são de fundamental importância, pois é dessa prova que decorrerá o direito do autor de se ver mantido ou reintegrado liminarmente, sem audiência do réu, se o atentado tiver ocorrido a menos de um ano e um dia. Como se sabe, as ações de manutenção e de reintegração variam de rito conforme sejam intentadas a menos de ano e dia ou depois de ultrapassado esse prazo, assegurando-se o deferimento liminar no primeiro caso e seguindo o rito ordinário no segundo.

6.12.4. Ação de cumprimento de obrigação de fazer

A propriedade fiduciária caracteriza-se pelo fato de estar subordinada a uma condição resolutiva, qual seja o cumprimento da obrigação por parte do devedor-fiduciante.

Na dinâmica do negócio de alienação fiduciária, como já dito, a garantia que se constitui em favor do credor é a propriedade fiduciária, de modo que o fiduciário tem a propriedade apenas para garantia do financiamento e enquanto houver saldo devedor.

De outra parte, tem o fiduciante o direito real de aquisição do imóvel, que lhe assegura a recuperação da propriedade plena, em caráter definitivo, quando concluir o pagamento do financiamento.

Trata-se de direito expectativo, que extrapola os limites do direito obrigacional e configura-se como direito real, criando para o fiduciário a obrigação de, uma vez satisfeito seu crédito, dar quitação ao fiduciante e entregar-lhe o respectivo termo de quitação, no prazo de trinta dias do pagamento, viabilizando o cancelamento do gravame fiduciário e, em consequência, a reversão da propriedade plena ao patrimônio do fiduciante.[204]

O fiduciante, assim, tem sua garantia na condição resolutiva, que importa na automática reversão da propriedade para si, e para assegurar a efetividade da reversão a Lei 9.514/1997 impõe ao fiduciário multa para o caso de não lhe dar quitação e fornecer o respectivo termo.

Mas, independentemente da multa pelo atraso na outorga do termo de quitação, a lei assegura ao fiduciante a ação de cumprimento de obrigação de fazer, nos termos dos arts. 497 e seguintes e 815 e seguintes do Código de Processo Civil,[205] na qual poderá requerer seja o fiduciário condenado a fornecer o termo de quitação para viabilizar o cancelamento da propriedade fiduciária, produzindo a sentença o mesmo efeito da quitação que deveria ser dada.

Tem legitimidade para propor a ação o fiduciante, seu cessionário ou sucessores, na medida em que, por efeito de eventual cessão, o cessionário se sub-roga nos direitos e nas obrigações do fiduciante (Lei 9.514/1997, art. 29).

Ao dispor sobre a possibilidade de o fiduciante transmitir os "direitos de que seja titular", a lei refere-se ao direito real de aquisição sob condição suspensiva, de que ele é titular, de modo que quem quer que venha a substituir o fiduciante na relação fiduciária estará investido desse direito expectativo e, bem assim, sub-rogado nas obrigações imputáveis à figura do fiduciante, daí por que, ao concluir o pagamento da dívida e seus encargos, estará legitimado a promover a ação que tenha como objeto o cumprimento da obrigação do fiduciário de fornecer o "termo de quitação", cuja averbação no Registro de Imóveis enseja a automática resolução da propriedade-fiduciária e a consequente reversão da propriedade ao fiduciante.

A par dos requisitos do art. 319 do Código de Processo Civil, a petição inicial deverá ser instruída com a prova da quitação da dívida e de todos os encargos contratuais. Essa prova é indispensável, pois é dela que decorre a contraprestação do fiduciário de outorgar o termo de quitação a que se refere o § 1º do art. 25.

Como nas hipóteses, em geral, alcançadas pelo art. 300 do Código de Processo Civil, também neste caso é admitida a antecipação da tutela, obviamente com as cautelas determinadas pela lei, para evitar o perigo de irreversibilidade do provimento antecipado, como seria, por exemplo, o risco de se frustrar a garantia fiduciária, pois, obtendo a liberação da propriedade, poderá o fiduciante vendê-la e esvaziar seu patrimônio, de modo que, se ainda houver alguma controvérsia quanto à quitação, e vier a se comprovar, no curso do processo, que pendia de pagamento alguma parcela da dívida ou algum encargo, inclusive relativo a impostos, taxas e contribuições condominiais, a dívida pendente estaria desprovida de qualquer garantia em caso de decisão antecipatória do mérito.

---

[204] "Art. 25. Com o pagamento da dívida e seus encargos, resolve-se, nos termos deste artigo, a propriedade fiduciária do imóvel. § 1º No prazo de trinta dias, a contar da data de liquidação da dívida, o fiduciário fornecerá o respectivo termo de quitação ao fiduciante, sob pena de multa em favor deste, equivalente a meio por cento ao mês, ou fração, sobre o valor do contrato."

[205] Nas primeiras edições deste trabalho, o dispositivo legal indicado foi o art. 639 do CPC. A despeito de eventuais controvérsias quanto a essa situação – se se trata de obrigação de fazer ou de dar –, entendemos que o objeto da ação é obrigação de fazer, isto porque corresponde a um *procedimento*, isto é, o ato do credor de declarar a quitação da dívida. É que "enquanto nas obrigações de dar a prestação incide sobre *coisas*, nas obrigações de fazer ou não fazer o objeto da relação jurídica é um *procedimento* do devedor" (THEODORO JÚNIOR, Humberto. *Curso de direito processual civil*. 7. ed. Rio de Janeiro: Forense, 1993, v. III, p. 159). A qualificação, entretanto, não parece ser tão relevante. Veja-se, por exemplo, que, ao tratar da antecipação de tutela nas ações que tenham por objeto o cumprimento de obrigações de fazer e de dar, as disposições do novo CPC dão a ambas o mesmo tratamento quanto aos seus efeitos.

Independentemente da antecipação do art. 300, há, ainda, em favor do fiduciante, a possibilidade da concessão da tutela específica prevista no art497 do Código de Processo Civil, pela qual poderá o juiz, a qualquer momento do processo, determinar ao fiduciário que dê a quitação e forneça ao fiduciante o respectivo termo. A multa pela demora no cumprimento da obrigação é aquela estabelecida no § 1º do art. 25 da Lei 9.514/1997, mas se o devedor provar que sofreu perdas e danos, fará jus à correspondente reparação.

Por efeito do curso regular do processo, a sentença que condenar o fiduciário à outorga do termo de quitação, uma vez transitada em julgado, produzirá todos os efeitos desse termo e viabilizará para o fiduciante, definitivamente, a reversão da propriedade fiduciária.

6.13. ATOS DO REGISTRO DE IMÓVEIS

Os atos concernentes à alienação fiduciária de bens imóveis, desde a celebração do contrato até o cancelamento da propriedade fiduciária ou sua consolidação na pessoa do fiduciário, só terão plena eficácia perante terceiros após o assentamento no Registro de Imóveis da circunscrição em que estiver localizado o imóvel objeto do negócio, na linha dos princípios consagrados nos arts. 1.245 e seu § 1º do Código Civil,[206] que dizem respeito (1º) à *publicidade*, pelo qual se assegura a validade e eficácia dos direitos reais *erga omnes*, (2º) à *continuidade*, pelo qual, em relação a cada imóvel adequadamente individuado, deve existir uma *cadeia de titularidade*, à vista da qual só se fará o registro de uma alienação se o outorgante desse ato de alienação figurar na matrícula do imóvel, do Registro de Imóveis, como titular daquele imóvel, e (3º) à *prioridade*, pelo qual, num concurso de direito real sobre imóvel, os assentamentos constantes do registro não ocupam todos o mesmo posto, mas se graduam ou se classificam segundo uma relação de precedência fundada na ordem cronológica do seu aparecimento ou de sua apresentação ao Registro.

Coerentemente com esses princípios, a Lei 9.514/1997, ao tipificar a alienação fiduciária de bens imóveis, dispõe que *pelo negócio de alienação se contrata* a transferência da propriedade de um imóvel, para efeito de garantia (art. 22), mas é *pelo registro que se constitui a propriedade fiduciária* (art. 23).

Dados esses princípios fundamentais do sistema registral, importa também que se tenham presentes os traços conformadores dessa nova modalidade de direito real que é a propriedade fiduciária.

Define a lei a *propriedade fiduciária* como *propriedade resolúvel*, vale dizer, aquela cuja causa *encerra em si mesma um princípio ou condição resolutiva do mesmo domínio*.[207] Não tem o proprietário, assim, aquilo que Teixeira de Freitas denomina *domínio perfeito*, que se caracterizaria pelo "direito real perpétuo de uma só pessoa sobre uma coisa própria, mas, sim, um domínio imperfeito, subordinado a durar somente até o cumprimento de uma cláusula ou condição resolutiva, ou até o vencimento de um prazo resolutivo, para o efeito da restituição da coisa a seu antigo dono, ou a quem o representar, ou domínio fiduciário ou fideicomisso singular, que é o subordinado a durar somente até o cumprimento de uma condição resolutiva, ou até o vencimento de um prazo resolutivo, mas para o efeito da restituição da coisa a um terceiro".[208]

---

[206] "Art. 1.245. Transfere-se entre vivos a propriedade mediante o registro do título translativo no Registro de Imóveis. § 1º Enquanto não se registrar o título translativo, o alienante continua a ser havido como dono do imóvel."
[207] PEREIRA, Lafayette Rodrigues. *Direito das coisas*. Rio de Janeiro: Editora Rio, 1977, p. 113.
[208] *Esboço*, arts. 4.300 e 4.314.

Disso deflui que a propriedade fiduciária transmitida ao credor, nos termos dos arts. 22 e seguintes da Lei 9.514/1997, tem somente a finalidade de garantia e, portanto, só há de durar até que se implemente a condição resolutiva, concernente ao pagamento da dívida decorrente do financiamento; verificando-se essa condição (pelo pagamento da dívida), a propriedade fiduciária do credor extinguir-se-á, revertendo automaticamente ao fiduciante, ou seus sucessores; ao se efetivar a reversão, a propriedade estará plenamente incorporada ao patrimônio daquele em favor de quem se reverteu (o fiduciante ou seus sucessores).

A partir desses princípios, desde logo se vislumbra a dinâmica do direito de propriedade de um imóvel, ao longo da vida de um contrato de empréstimo que o tem como garantia: (1º) à vista do contrato de alienação fiduciária, o Oficial do Registro efetivará o registro da transmissão fiduciária na matrícula do imóvel objeto da garantia (Lei 9.514/1997, art. 23; LRP, arts. 167, I, 35); (2º) decorrido o prazo contratual, e tendo o devedor-fiduciante pago a dívida, resolve-se a propriedade fiduciária, daí por que o Oficial averbará seu cancelamento, à vista do *termo de quitação* fornecido pelo credor-fiduciário (Lei 9.514/1997, art. 25, § 2º).

A título de ilustração, e apenas a esse título, permitimo-nos apresentar esboço daqueles que poderiam ser os atos de registro a serem praticados no Registro de Imóveis,[209] isto é:

Financiamento, aquisição do imóvel e sua alienação fiduciária

IMÓVEL – Rua _____, nº ___, no ___ Distrito do município de _____, Estado de _____, compreendendo prédio próprio para moradia e respectivo terreno, que mede ___m de largura na frente, igual largura nos fundos, por ___ m de extensão de frente a fundos, por ambos os lados, confrontando à direita com o prédio nº ___, à esquerda com o prédio nº ___ e nos fundos com o prédio nº ___ da Rua _____, sendo o prédio composto de _____, com área construída de _____m². **PROPRIETÁRIOS** – _____ (qualificação), casado com _____ (qualificação), pelo regime da _____, portadores das carteiras de identidade nºs _____ e _____, emitidas pelo _____, inscritos no CPF sob os nºs _____ e _____, respectivamente. **REGISTRO ANTERIOR** – L ___, fls., ___, n___, de ___/___/___.

R._/_____ – **COMPRA E VENDA** – _____ e sua mulher, _____, (qualificação), venderam a _____, casado com _____, (qualificação), o imóvel objeto desta matrícula, pelo preço de R$ _____, por meio de instrumento particular de compra e venda, financiamento e pacto adjeto de alienação fiduciária datado de ___/___/___. O imposto de transmissão, no valor de R$ _____, foi pago em ___/___/___, pela guia nº _____, recolhida ao Banco ____, com autenticação mecânica nº _____. _____, ___/___/___.

R._/_____ – **ALIENAÇÃO FIDUCIÁRIA** – Os adquirentes identificados e qualificados no R. ___/_____, pelo mesmo instrumento do R.___, na qualidade de devedores-fiduciantes, alienaram

---

[209] Esses esboços foram elaborados logo após a promulgação da Lei 9.514/97 e acrescentados na 1ª edição deste trabalho, em 1998, por sugestão da Diretoria do Instituto de Registro Imobiliário do Brasil – IRIB, como forma de fornecer subsídios preliminares aos registradores, tendo em vista que a propriedade fiduciária imobiliária era, então, uma figura jurídica inovadora, sobre a qual ainda não havia sido feito nenhum assentamento nos Serviços de Registro de Imóveis. Ao formular esses esboços colhi sugestões nos debates de que participei no IRIB, ao discutir o anteprojeto de lei, em meados de 1997, e depois de promulgada a lei, tendo contado com a colaboração dos Drs. Gilberto Valente da Silva (*in memoriam*), que foi titular da 1ª Vara de Registros Públicos de São Paulo, Capital, e Consultor Jurídico do IRIB, Geraldo Mendonça, Oficial do Registro de Imóveis do 1º Ofício do Rio de Janeiro, Capital, e Ubirayr Ferreira Vaz, Oficial do Registro de Imóveis da 1ª Circunscrição do Registro de Imóveis de Duque de Caxias, RJ.

fiduciariamente o imóvel matriculado pelo valor de R$ _____ ao Banco _____, em garantia do empréstimo do mesmo valor, ficando constituída, por este registro, a propriedade fiduciária do imóvel do R.__/____, sendo proprietário fiduciário o Banco identificado neste registro, devendo o empréstimo ser pago em ___ meses, com juros de __% ao ano, reajuste monetário e demais encargos constantes do contrato, tudo nos termos do art. 22 e seguintes da Lei 9.514/1997, tendo as partes atribuído ao imóvel o valor de R$ _____, para os efeitos do art. 24, VI, da supracitada lei. _____, __/__/__ x.x.x.x.x.x.x.x.x.x.x.x.x.x.x.x.x.x.x.x.x.x.x*

Av.__/____ – **CANCELAMENTO DA PROPRIEDADE FIDUCIÁRIA** – Fica cancelada a propriedade fiduciária constituída no R. __/____, nos termos do requerimento de _____, datado de ___/___/___, instruído com "Termo de Quitação" exarado pelo Banco _____ em ___/___/___, atestando o pagamento integral da dívida decorrente do contrato registrado sob o nº __/____. _____, __/__/__ .x.x.x.x.x.x.x.x.x. x.x.x.x.x.x.x.x.x.x.x.x.x.*

Esta seria a história mais simples de um empréstimo garantido por propriedade fiduciária, isto é, aquele que, de uma parte, uma financiadora concede um empréstimo e mantém o respectivo crédito em sua própria carteira durante todo o prazo contratual, sem cedê-lo ou dar em garantia a quem quer que seja, e, de outra parte, o tomador do empréstimo mantém-se na relação jurídica também desde o início até o fim do contrato, sem transferir os direitos que detém sobre o imóvel objeto da propriedade fiduciária.

Consolidação da propriedade – Entretanto, poderá ocorrer a hipótese de o devedor-fiduciante deixar de pagar o empréstimo, caso em que a financiadora requererá ao Oficial do Registro de Imóveis que proceda, por si ou por intermédio do Registro de Títulos e Documentos ou, ainda, pelo correio, sua notificação para que, no prazo de 15 dias da data em que a receber, purgue a mora no próprio Registro de Imóveis da circunscrição onde está localizado o imóvel; se o devedor-fiduciante purgar a mora, convalescerá o contrato, mas se deixar de fazê-lo estará configurada a hipótese do art. 26 da Lei 9.514/1997, devendo o Oficial do Registro de Imóveis promover o assentamento dos atos relativos à consolidação da propriedade em nome do fiduciário. Nesse caso, constatado o não comparecimento do devedor-fiduciante, o Oficial restituirá a notificação ao credor-fiduciário, com a certidão atestando o não comparecimento do devedor-fiduciante, cabendo ao credor-fiduciário, então, efetivar o pagamento do imposto de transmissão *inter vivos*, bem como do laudêmio, se for o caso, e requerer ao Oficial a averbação da consolidação de sua propriedade, instruindo o requerimento com o comprovante do pagamento do imposto e do laudêmio e com original do dossiê da notificação (LRP, art. 221).

À vista desse requerimento, averba-se a consolidação:

Av.__/____ — **CONSOLIDAÇÃO DA PROPRIEDADE** – A propriedade do imóvel desta matrícula ficou consolidada no fiduciário, nos termos § 7º do art. 26 da Lei 9.514/1997, conforme requerimento do fiduciário, Banco _____, qualificado no R.__ desta matrícula, instruído com a notificação feita aos fiduciantes _____ e sua mulher e com o comprovante do pagamento do imposto de transmissão. O imposto de transmissão, no valor de R$ _____, foi pago em ___/___/___, pela guia nº _____, recolhida ao Banco ____, com autenticação mecânica nº _____. _____, __/__/__.x. x.x.xx.x.x.x.x.x.x.x.*

Venda do imóvel pelo fiduciário – Uma vez consolidada a propriedade em seu nome, deverá o fiduciário, no prazo de trinta dias, promover público leilão para sua venda, nos termos do art. 27 da Lei 9.514/1997.

Concretizada a venda, procede-se ao respectivo registro:

R._-_____ – **COMPRA E VENDA** – O Banco _____ vendeu a _____ (qualificação)_____ o imóvel objeto desta matrícula, pelo valor de R$ _____, nos termos do instrumento particular de ___/___/___, contendo auto de leilão realizado pelo Leiloeiro Público _____ em ___/___/___ em primeira praça e em ___/___/___ em segunda praça, cujas peças ficam arquivadas neste Registro. O imposto de transmissão, no valor de R$ _____, foi pago em ___/___/___, pela guia nº _____, recolhida ao Banco ____, com autenticação mecânica nº _____. _____,__/__/___. x.x.x.x.x.x.x.x.x .x.x.x.x.x.x.x.x.x.x.x.x.x.x.*

Novo financiamento com pacto de alienação fiduciária – Se, ao promover a venda, depois de ter o imóvel consolidado em seu nome, o Banco concedeu financiamento ao novo adquirente, com garantia de propriedade fiduciária do mesmo imóvel, efetiva-se o registro respectivo, como acima exemplificado.

Cessão do crédito e securitização – Constituído o crédito pelo contrato de financiamento e a propriedade fiduciária pelo registro, poderá ocorrer a hipótese de a financiadora negociar seu crédito. É de se admitir que, na dinâmica própria do mercado de créditos imobiliários, a financiadora ceda seu crédito a uma companhia securitizadora, que venha a promover sua securitização, emitindo títulos que reflitam as características do crédito; nesse caso, poderá a companhia securitizadora instituir titularidade fiduciária sobre o direito creditório, que, assim, passará a ficar vinculado ao título que vier a emitir com lastro no aludido crédito, hipótese em que a titularidade fiduciária persistirá enquanto não forem resgatados os títulos emitidos pela securitizadora e, após o resgate, será cancelada mediante *termo de quitação* exarado pelo agente fiduciário (o agente fiduciário exerce função de proteção dos direitos dos investidores, nos termos dos arts. 26 e seguintes da Lei 14.430/2022). Tais eventos serão objeto de averbações no Registro de Imóveis, que, salvo melhor juízo, poderiam se esboçar da seguinte maneira:

Av._/_____ – **CESSÃO DE CRÉDITO** – O crédito constituído por meio do contrato registrado sob o nº ___ desta matrícula foi cedido pelo fiduciário à Companhia Securitizadora _____, pelo valor de R$ _____, com todos os seus acessórios, por instrumento de ___/___/___, passando a Companhia cessionária a figurar como titular do crédito e proprietária fiduciária do imóvel desta matrícula. _____, __/__/___ .x.x.x.x.x.x.x.x.x.x.x.x.x.x.x.x.*

Av._/_____ – CONSTITUIÇÃO DE REGIME FIDUCIÁRIO SOBRE CRÉDITOS – A Companhia Securitizadora _____ instituiu o regime fiduciário sobre o crédito constituído no R.__ desta matrícula, vinculando esse crédito aos Certificados de Recebíveis Imobiliários – CRI identificados no "Termo de Securitização de Créditos" datado de ___/___/___, de acordo com os arts. 26 e seguintes da Lei 14.430/2022. _____, __/__/___.x.x.x.x.x.xx.x.x.*

Av._/_____ – CANCELAMENTO DE REGIME FIDUCIÁRIO – Fica cancelado o regime fiduciário sobre o crédito garantido pela propriedade fiduciária do imóvel desta matrícula, instituído na Av.__, nos termos do requerimento da Companhia Securitizadora _____, instruído com o "Termo de Quitação" exarado pelo Agente Fiduciário _____, datado de ___/___/___, de acordo com o art. 29 da Lei 14.430/2022._____, __/__/___ .x.xx.x.x.x.*

Cessão do direito de aquisição – Independentemente do curso que siga o crédito fiduciário, poderá o fiduciante, com a anuência do credor-fiduciário, ceder seus direitos à aquisição do imóvel. Como se sabe, o fiduciante é titular um *direito real de aquisição*, que se concretiza com a conclusão do pagamento e mediante simples cancelamento do registro da propriedade fiduciária,[210] sendo transferíveis esses direitos, nos termos do art. 29 da Lei 9.514/1997, hipótese em que o cessionário assume as obrigações decorrentes do contrato de financiamento. Nesse caso, o cessionário substituirá o cedente na relação jurídica com o credor-fiduciário, tornando-se, portanto, titular de direito real à aquisição do imóvel e devedor na relação creditícia decorrente do financiamento. Muito embora não esteja explícito, em lei, qual o ato a ser praticado no Registro de Imóveis, no que concerne à cessão, não há dúvida de que se trata de registro na matrícula do imóvel, e não averbação, pois a cessão visa a transmissão de direito real imobiliário; para efeito de assentamento no Registro, trata-se de hipótese análoga à da promessa de compra e venda de imóvel, ou da cessão desses direitos, para as quais a Lei de Registros Públicos prevê o registro (LRP, art. 167, I, 9, 18 e 20),[211] que poderia ter o seguinte esboço:

> R._/_____ – **CESSÃO DE DIREITOS** – O fiduciante, com a anuência do credor-fiduciário, transmitiu a _____ (qualificação) os direitos de que é titular sobre o imóvel objeto desta matrícula, assim como as suas obrigações decorrentes do empréstimo fiduciário, nas condições do contrato, pelo valor de R$ _____. _____, __/__/__ .x.x.x.x.x.x.x.x.xx.x.x.x.x*

Uma vez resgatada a dívida, dar-se-á o cancelamento do gravame fiduciário e a reversão da propriedade plena ao cessionário, pois, em virtude da cessão, este foi investido do direito real de aquisição da propriedade, sob condição suspensiva. A regra do art. 29 da Lei 9.514/1997 não deixa margem a qualquer dúvida: sendo o fiduciante titular de um direito real de aquisição da propriedade, cuja concretização dar-se-á mediante o pagamento da dívida, transmitirá esse direito de aquisição e as obrigações que lhe são correspectivas, de forma que o cessionário (novo fiduciante) substitui o cedente (antigo fiduciante) em todos os seus direitos e obrigações, passando a figurar como fiduciante na relação fiduciária respectiva. O cessionário, assim, torna-se titular de direito de aquisição da propriedade plena, que passará a lhe pertencer mediante o implemento da condição e à vista do termo de quitação que lhe será fornecido pelo credor-fiduciário ao concluir o pagamento. Na hipótese, o cessionário (novo fiduciante) goza de situação mais confortável do que o cessionário de direitos decorrentes de promessa de compra e venda, pois, enquanto neste caso o cessionário dependeria de um ato de disposição de domínio, emitido pelo titular desse domínio (promitente vendedor), no caso da alienação fiduciária basta que se averbe o "termo de quitação", averbação essa que importa no cancelamento da propriedade fiduciária e na transmissão da propriedade plena ao cessionário.

---

[210] V. capítulo *natureza jurídica dos direitos do devedor-fiduciante e do credor-fiduciário*.

[211] "REGISTRO DE IMÓVEIS. Dúvida julgada improcedente. Contrato particular de cessão de direitos. Alienação fiduciária de imóvel. Exigências para o registro. Irresignação parcial relativa apenas à celebração do instrumento que deveria ser de compra e venda. Inadmissibilidade. Recurso parcialmente provido para ser julgada prejudicada a dúvida." Excerto do voto do relator: "Não se afigura correta a exigência do oficial para que a suscitante providenciasse a celebração de contrato de compra e venda, ao invés do de cessão de direitos, por meio do qual, na verdade, está anuindo expressamente com a transferência ao cessionário dos direitos e obrigações inerentes à propriedade fiduciária em garantia, assumidos pelos então devedores fiduciantes. Com efeito, como salientado, a apelada não pretendeu transferir aos cessionários o domínio do imóvel, que permanecerá seu até que quitado o contrato de mútuo. E os seus devedores-fiduciantes anteriores, ao contrário do que sustentado, também não poderiam desejar alienar o imóvel aos ora cessionários porque não são proprietários dele. A imperfeição técnica na elaboração do instrumento não tem o condão de desvirtuar a real intenção que o negócio realizado representa, não se podendo olvidar que nas declarações de vontade se atenderá mais a intenção nelas consubstanciada do que ao sentido literal da linguagem (CC, art. 112). (Conselho Superior da Magistratura do Estado de São Paulo, Apelação Cível 417-6/5, da Comarca de Barueri, rel. Des. José Mário Antonio Cardinale, Corregedor-Geral da Justiça, j. 15/12/2005).

Os atos acima são esboçados apenas com vistas a uma preliminar composição do quadro geral das formalidades inerentes à alienação fiduciária, e não têm pretensão de modelar a atividade registrária ou interferir por qualquer forma no campo de atuação dos Oficiais de Registro de Imóveis. Com essa ressalva, manifestamos desde logo nossas escusas em razão de alguma imperfeição ou omissão, pois, tratando-se apenas de esboço preliminar, elaborado antes que houvesse qualquer experiência prática relacionada à propriedade fiduciária sobre bens imóveis e à securitização de créditos imobiliários, contempla tão só alguns traços básicos dos negócios relacionados a essa matéria, o que fizemos sem a preocupação de esgotar todas as hipóteses de registro, conscientes, ainda, obviamente, de que o desenvolvimento dos negócios poderá ensejar a efetivação de outros assentamentos, inclusive como desdobramento dos que acabamos de enumerar.

6.14. INSOLVÊNCIA

A transmissão da propriedade, por efeito do contrato de alienação fiduciária, se faz sob condição resolutiva expressa.

Dada essa configuração, ao se contratar a alienação fiduciária, fica convencionado que a propriedade do bem objeto do negócio é transmitida ao credor (fiduciário), mas de modo limitado, com exclusão de certos poderes, pois a transmissão está subordinada a uma condição resolutiva. Desta forma, o fiduciário não pode usar a propriedade no seu interesse próprio, mas deve limitar-se a conservá-la para fim de garantia, sendo-lhe vedado destiná-la a outro fim que não seja o de garantia.

A limitação de que se reveste o direito de propriedade do fiduciário é a garantia do fiduciante, que pode ficar seguro de que aquele bem não terá outra destinação a não ser a garantia de sua dívida e de que pagando a dívida terá ele, fiduciante, a recuperação do bem, independentemente da vontade do fiduciário.

A garantia do fiduciante tem efeito real; trata-se de um direito expectativo de caráter real, valendo contra terceiros, daí por que, ocorrendo a falência do fiduciário, "deve o síndico proceder como se fora o próprio titular da propriedade resolúvel (...) a condição resolutiva vale contra os credores do fiduciário, visto que a propriedade foi transferida unicamente para o fim de garantia, não para uso ou gozo do seu titular provisório, tanto assim que se extingue".[212]

Ocorrendo a falência do fiduciário, não se extingue a relaçao jurídica decorrente da alienação fiduciária, assumindo a massa falida a posição do falido e mantendo-se o direito expectativo do fiduciante. Assim, se o fiduciante pagar, obterá a propriedade plena do imóvel, mas, ao contrário, se o fiduciante não pagar, sujeita-se aos efeitos da mora e, portanto, poderá perder seu direito à obtenção da propriedade, hipótese em que o administrador da massa promoverá os procedimentos de intimação para purgação da mora e consolidação da propriedade no fiduciário, na forma do art. 27 da Lei 9.514/1997.

Quanto à hipótese de insolvência do devedor/fiduciante, a solução está disciplinada na lei de forma explícita, assegurando ao fiduciário a restituição do imóvel, na forma da legislação pertinente (Decreto-lei 911/1969, art. 7º e Lei 9.514/1997, art. 32), isso porque, ao se contratar a alienação fiduciária e se constituir a propriedade fiduciária em nome do credor-fiduciário, o bem objeto do negócio foi excluído do ativo do devedor-fiduciante e, portanto, não faz parte da massa.

---

[212] GOMES, Orlando, *Alienação fiduciária em garantia*. 4. ed. São Paulo: RT, 1975, p. 142.

A eventualidade de concordata de qualquer dos contratantes não afeta o curso normal do contrato de empréstimo, nem os efeitos da garantia fiduciária.

De fato, sendo o contrato garantido por propriedade fiduciária, que é garantia real, a ele não se aplicam os efeitos da concordata.

Nestas condições, em caso de concordata do devedor-fiduciante, este, continuará responsável pelo pagamento integral da dívida, devendo prosseguir normalmente os pagamentos das parcelas de amortização, juros e demais encargos da dívida, até sua integral satisfação, exatamente nos termos em que foi contratado. Pela mesma razão, sujeita-se o devedor-fiduciante aos efeitos de sua mora ou de seu inadimplemento, podendo contra ele ser ajuizadas as ações cabíveis.

Também a concordata do credor não altera seus direitos creditórios, nem sua obrigação de restituir o bem, uma vez paga a dívida. Assim, o credor-fiduciário concordatário faz jus ao completo recebimento das parcelas do seu crédito, até final; satisfeito o crédito, dá-se o cancelamento de sua propriedade fiduciária, revertendo ao devedor-fiduciante a propriedade plena do bem que servia de garantia. Se o devedor incidir em mora ou tornar-se inadimplente, estará o credor-fiduciário concordatário legitimado a promover todas as medidas legais necessárias à proteção do seu direito e ao recebimento do seu crédito.

A legislação que disciplina a recuperação e falência da sociedade empresária e do empresário (Lei 11.101, de 2/8/2005, § 3º do art. 49) exclui dos efeitos do procedimento de recuperação os créditos garantidos por propriedade fiduciária de bens móveis ou imóveis, vedando, entretanto, a venda ou a retirada do estabelecimento do devedor dos bens de capital essenciais à sua atividade empresarial.[213]

Permanecendo afastado dos efeitos da recuperação judicial da empresa devedora, o crédito do credor-fiduciário continuará seguindo seu curso normal até a integral extinção da dívida, quando se dará o cancelamento da propriedade fiduciária. Se a empresa se colocar em mora ou tornar-se inadimplente, estará o credor legitimado a adotar os procedimentos previstos na legislação especial que disciplina os meios de realização da garantia fiduciária.

A exclusão da propriedade fiduciária dos efeitos da recuperação da empresa decorre, também, da aplicação do inciso IX do art. 119 da mesma Lei 11.101/2005, que dispõe genericamente sobre a exclusão dos patrimônios de afetação, em geral, dos efeitos da falência. Com efeito, estão configuradas de acordo com o regime de afetação todas as espécies de garantia fiduciária, sejam aquelas que tenham por objeto os bens móveis ou imóveis como aquelas constituídas sobre direitos, sobre móveis ou imóveis, e títulos de crédito, para as quais esse dispositivo dispõe que esses "bens, direitos e obrigações" permanecerão separados, prosseguindo o curso normal dos respectivos contratos até o cumprimento da finalidade da afetação, isto é, da garantia fiduciária.[214]

---

[213] Lei 11.101, de 2/8/2005: "Art. 49. Estão sujeitos à recuperação judicial todos os créditos existentes na data do pedido, ainda que não vencidos. (...) § 3º Tratando-se de credor titular da posição de proprietário fiduciário de bens móveis ou imóveis, de arrendador mercantil, de proprietário ou promitente vendedor de imóvel cujos respectivos contratos contenham cláusula de irrevogabilidade ou irretratabilidade, inclusive em incorporações imobiliárias, ou de proprietário em contrato de venda com reserva de domínio, seu crédito não se submeterá aos efeitos da recuperação judicial e prevalecerão os direitos de propriedade sobre a coisa e as condições contratuais, observada a legislação respectiva, não se permitindo, contudo, durante o prazo de suspensão a que se refere o § 4º do art. 6º desta Lei, a venda ou a retirada do estabelecimento do devedor dos bens de capital essenciais a sua atividade empresarial".

[214] Lei 11.101, de 9/8/2005: "Art. 119. (...) IX – os patrimônios de afetação, constituídos para cumprimento de destinação específica, obedecerão ao disposto na legislação respectiva, permanecendo seus bens, direitos e obrigações separados dos do falido até o advento do respectivo termo ou até o cumprimento

6.15. A GARANTIA FIDUCIÁRIA À LUZ DOS PRINCÍPIOS DO ART. 53 DO CÓDIGO DE DEFESA DO CONSUMIDOR – CDC

6.15.1. Os princípios fundamentais da defesa do consumidor (Lei 8.078/1990, arts. 4º e 5º)

Inspirada no art. 5º, XXXII, e no art. 170, V, da Constituição, a Lei 8.078, de 1990 – Código de Defesa do Consumidor – enuncia os princípios fundamentais da defesa do consumidor, destacando-se o reconhecimento da sua vulnerabilidade no mercado de consumo, a harmonização dos interesses dos participantes das relações de consumo e a compatibilização da proteção do consumidor com a necessidade de desenvolvimento econômico e tecnológico, sempre com base na boa-fé e no equilíbrio das relações entre consumidores e fornecedores. Nesse sentido, o CDC visa coibir a prática de abusos contra o consumidor, contemplando novos mecanismos de proteção para hipóteses que a sistemática então vigente não tinha resposta adequada. Com o CDC, o direito positivo brasileiro mitigou o princípio da liberdade contratual ao vedar certas cláusulas contratuais tidas como abusivas, considerando-as nulas de pleno direito, bem como o princípio da força obrigatória do contrato, permitindo a modificação ou revisão da cláusula contratual.

O CDC, efetivamente, instituiu importantes mecanismos de compensação de eventuais desequilíbrios, em situações de desvantagem do consumidor em face do fornecedor, dada a densidade social de que se reveste a relação de consumo na sociedade atual, visando manter "o equilíbrio entre as prestações de ambas as partes, que deve existir nos contratos comutativos, com base nos princípios da boa-fé e da lealdade entre os contratantes. A presença desses mecanismos, entretanto, não implica o rompimento do CDC com os princípios, conceitos e institutos do direito tradicional, significando, apenas, que o novo ordenamento veio conferir prioridade especial à defesa do consumidor, à luz da equidade e da boa-fé.[215]

Justifica-se o exame da eventual incidência do CDC na formação e na execução do contrato de alienação fiduciária pelo fato específico de que esse contrato – alienação fiduciária – está referido de maneira explícita no art. 53 do CDC.

É exclusivamente esse o enfoque da presente reflexão.

6.15.2. A prevalência das leis especiais novas em face do CDC

De plano, importa confrontar e qualificar as normas legais em questão, definindo aquela que se aplica ao caso.

Ao ser entronizado no direito positivo brasileiro, o CDC provocou, basicamente, duas ordens de questionamento: *primeiro*, se teria revogado determinados dispositivos dos Códigos Civil e Comercial, já que, aparentemente, contemplava diferentes soluções para situações já contempladas por aqueles Códigos, e, *segundo*, como seriam vistas as normas especiais posteriores, em face do CDC.[216]

---

de sua finalidade, ocasião em que o administrador judicial arrecadará o saldo a favor da massa falida ou inscreverá na classe própria o crédito que contra ela remanescer".

[215] WALD, Arnoldo, *Curso de direito civil brasileiro*. 14. ed. São Paulo: RT, 2000, p. 522.
[216] Em casos como o presente, eventualmente suscitam-se contradições aparentes ou contradições reais. Não se trataria de revogação, mas eventualmente de *antinomia*; uma lei não morrerá em face de outra, mas permanecerá viva e latente, coexistindo com a lei nova, exigindo do aplicador ou a compatibilização dos dispositivos (*antinomia aparente*) ou a escolha de uma delas, afastando a aplicação da outra (*antinomia real*). Dir-se-ia que a revogação atinge o plano da existência da norma jurídica, enquanto a

À vista dos princípios gerais de vigência da norma jurídica, pode-se dizer que o CDC tem duas faces: uma de *lei especial*, na medida em que impõe regras para relações contratuais ou extracontratuais exclusivamente entre pessoas definidas como consumidores e fornecedores; e outra de *lei geral*, na medida em que prevê que os princípios da boa-fé e do equilíbrio sempre regerão toda e qualquer relação jurídica, sem discriminar espécies de contrato.

Em relação ao Código Civil, o CDC é lei especial, pois só trata das relações das pessoas enquanto consumidoras ou fornecedoras. Observe-se que o CDC só trata de determinados aspectos dos contratos de consumo, como, por exemplo, o dever de informação, vícios, abusividade etc., não tocando nos aspectos estruturais e funcionais das diversas espécies de contrato. Não há, portanto, que se falar em revogação das normas do Código Civil, verificando-se, eventualmente, casos de antinomia real, em que deverá ser identificada a norma adequada para o caso específico, afastada a aplicação da outra, mas mantida a coexistência de ambas.

De outra parte, em relação a leis especiais como, por exemplo, a Lei 9.514/1997, que institui a alienação fiduciária de bens imóveis, o CDC é *lei geral*, devendo ser vista sob a perspectiva dos princípios de equidade e boa-fé, que incidem sobre quaisquer relações contratuais, e não sob a perspectiva de norma peculiar sobre determinada espécie de contrato. A Lei 9.514/1997 dispõe sobre determinada espécie de contrato, com disciplina própria; sabendo-se que, em caso de antinomias, prevalece a norma especial sobre a norma geral, é a Lei 9.514/1997 que deve prevalecer sobre o CDC naquilo que é específico da modalidade de contrato por ela disciplinada, observados os princípios da equidade e da boa-fé contemplados na legislação de proteção do consumidor.

É nesse sentido que, referindo-se à lei especial sobre as incorporações imobiliárias, o Ministro Ruy Rosado de Aguiar Júnior, em voto proferido em recurso especial de que foi relator, chama a atenção para a aplicabilidade da lei especial que disciplina o contrato, naquilo que ele tem de específico, salientando que, apesar da incidência dos princípios gerais trazidos pelo CDC, "o contrato de incorporação, no que tem de específico, é regido pela lei que lhe é própria (Lei 4.591/1964)", e observando que a eventual aplicação do CDC a essa espécie de contrato se daria por força dos princípios gerais que o CDC introduzira no sistema civil, entre eles o da justiça contratual, da equivalência das prestações e da boa-fé objetiva.[217]

O mesmo ocorre em relação ao contrato de alienação fiduciária de bens imóveis, que é regulamentado por lei especial (posterior ao CDC) e é regido pela sua própria lei especial, incidindo o CDC naquilo que se referir aos princípios gerais nele contidos.

A clarividência e objetividade com que o Ministro Ruy Rosado aprecia a enunciação, num microssistema, de princípios gerais, aplicáveis a todo o sistema, justifica e recomenda a reprodução do seguinte trecho do seu voto: "O CODECON traça regras que presidem a situação específica do consumo e, além disso, define princípios gerais orientadores do Direito das Obrigações. Na teoria dos sistemas, é um caso estranho a lei do microssistema enunciar os princípios gerais para o sistema, mas é isso o que acontece no caso, por razões várias, mas principalmente porque a nova lei incorporou ao ordenamento civil legislado normas que expressam o desenvolvimento do mundo dos negócios e o estado atual da ciência, introduzindo na relação obrigacional a prevalência da ideia da justiça contratual, da equivalência das prestações e da boa-fé. É certo que, no que lhe for específico, o contrato de incorporação continua regido pela lei que lhe é própria, mas os princípios gerais são os mesmos do sistema

---

antinomia atingiria o plano da eficácia, vale dizer: a norma não se aplica ao caso em exame, mas nem por isso desaparece do direito positivo.

[217] REsp 80036-SP, j. 12/2/1996.

civil, entre eles os do CODECON, inclusive para o caso de responsabilidade do fornecedor e extinção da relação contratual".

É nesse sentido a lição de Claudia Lima Marques, que, ao examinar as antinomias em face do CDC, observa que se "ambas as leis permanecem no sistema haveria prevalência da lei especial. (...). A jurisprudência tende a conceder prevalência às normas especiais, sempre que não em conflito com a Constituição", salientando a prevalência da lei especial, quando posterior: "A lei especial nova geralmente traz normas a par das já existentes, normas diferentes, novas, mais específicas do que as anteriores, mas compatíveis e conciliáveis com estas. Como o CDC não regula contratos específicos, mas sim elabora normas de conduta gerais e estabelece princípios, raros serão os casos de incompatibilidade. Se, porém, os casos de incompatibilidade são poucos, nestes há clara prevalência da lei especial nova pelos critérios da especialidade e cronologia. (...) Assim, o CDC como lei geral de proteção dos consumidores poderia ser afastado para a aplicação de uma lei nova especial para aquele contrato ou relação contratual, como no caso da lei sobre seguro-saúde, se houver incompatibilidade de preceitos".[218]

Importa, portanto, que o intérprete examine as fontes legislativas em busca da identificação dos elementos de tipificação dos contratos, de modo que a eventual incidência das normas gerais do CDC não descaracterize o tipo contratual.

Em caso de aparente contradição entre essas normas, a apreciação da sua aplicabilidade deve ser examinada em conformidade com os critérios da especialidade e da cronologia, observando Norberto Bobbio que a priorização da lei especial naquilo que tem de peculiar parte do pressuposto de que sua formulação atende à singularidade da situação que trata e, em regra, é dotada de efetividade específica em relação à situação peculiar. Ressalta o autor que essa prevalência não importa em eliminação da lei geral, tendo em vista que "a situação antinômica, criada pelo relacionamento entre uma lei geral e uma lei especial, é aquela que corresponde ao tipo de antinomia *total-parcial*. Isso significa que quando se aplica o critério da *lex specialis* não acontece a eliminação total de uma das duas normas incompatíveis, mas somente daquela parte da lei geral que é incompatível com a lei especial. Por efeito da lei especial, a lei geral cai *parcialmente*".[219]

É regra elementar, presente nas lições de Carlos Maximiliano, segundo a qual "Se existe antinomia entre a regra geral e a peculiar, específica, esta, no caso particular, tem a supremacia. Preferem-se as disposições que se relacionam mais direta e especialmente com o assunto de que se trata: *in toto jure generi per speciem derrogatur, es illud potissimum habetur quod ad speciem directum est* – 'em toda disposição de Direito, o gênero é derrogado pela espécie, e considera-se de importância preponderante o que respeita diretamente à espécie".[220]

É em conformidade com esses princípios que o Supremo Tribunal Federal, ao julgar a Ação Direta de Inconstitucionalidade nº 2.591, confirma a incidência das normas do CDC sobre as operações bancárias, quando realizadas com consumidores,[221] mas ressalva a preva-

---

[218] MARQUES, Claudia Lima, *Contratos no Código de Defesa do Consumidor*. 5. ed. São Paulo: RT, 2006, p. 247.
[219] BOBBIO, Norberto. *Teoria geral do direito*. 3. ed. São Paulo: Martins Fontes, 2010. 2. Reimpr., 2014, p. 253.
[220] MAXIMILIANO, Carlos. *Hermenêutica e aplicação do Direito*. 9. ed. Rio de Janeiro: Editora Forense, 1979, nº 141.
[221] Ementa da ADI 2.591: "Art. 3º, § 2º, do CDC. Código de Defesa do Consumidor. Art. 5º, XXXII, da CB/88. Art. 170, V, da CB/88. Instituições financeiras. Sujeição delas ao Código de Defesa do Consumidor. Ação Direta de Inconstitucionalidade julgada improcedente. 1. As instituições financeiras estão, todas elas, alcançadas pela incidência das normas veiculadas pelo Código de Defesa do Consumidor. 2. 'Consumidor', para os efeitos do Código de Defesa do Consumidor, é toda pessoa física ou jurídica

lência das normas especiais naquilo que têm de específico, quais sejam, as normas específicas relativas ao aspecto financeiro da operação, ressaltando o Ministro Cezar Peluso em seu voto que "o CDC não tende a disciplinar as relações entre as instituições integrantes do sistema financeiro nacional e seus clientes, sob o prisma estritamente financeiro...".

O entendimento do STF fica ainda mais claro na decisão proferida no Recurso Extraordinário 636.331-RJ, com repercussão geral, em que se apreciou aparente conflito entre as normas gerais do CDC e as normas especiais da Convenção de Varsóvia sobre indenização por extravio de bagagem.

Também nesse caso, o Supremo decidiu pela prevalência da Convenção de Varsóvia sobre o CDC,[222] fundamentando-se que os Tratados e as Convenções, quando não versem sobre direitos humanos, têm *status* de lei ordinária, "são normas especiais em relação ao CDC, que é norma geral para as relações de consumo. A Lei 8.078, de 1990, disciplina a generalidade das relações de consumo, ao passo que as referidas Convenções disciplinam uma modalidade especial de contrato, a saber, o contrato de transporte aéreo internacional de passageiros".

Com base nesse fundamento, ressalta o relator que "a antinomia deve ser solucionada pela aplicação ao caso em exame dos critérios ordinários, que determinam a prevalência da lei especial [Convenção] em relação à lei geral [CDC] e da lei posterior em relação à lei anterior."[223]

É com base nesses elementares princípios de convivência das normas no ordenamento que a jurisprudência dos tribunais superiores confirma a sujeição da generalidade dos contratos ao CDC, nos aspectos correspondentes à relação de consumo, sem que isso importe em interferência na estrutura, tipicidade e funcionalidade dos contratos.

Assim, visto que a Lei 9.514/1997 é norma especial nova em relação ao CDC, prevalece sobre este naquilo que tem de específico, observados os princípios da função social do contrato e da boa-fé objetiva, entre outros, que são aplicáveis a toda espécie de contrato.

---

que utiliza, como destinatário final, atividade bancária, financeira e de crédito. 3. Ação direta julgada improcedente".

[222] "Recurso extraordinário com repercussão geral. 2. Extravio de bagagem. Dano material. Limitação. Antinomia. Convenção de Varsóvia. Código de Defesa do Consumidor. 3. Julgamento de mérito. É aplicável o limite indenizatório estabelecido na Convenção de Varsóvia e demais acordos internacionais subscritos pelo Brasil, em relação às condenações por dano material decorrente de extravio de bagagem, em voos internacionais. 5. Repercussão geral. Tema 210. Fixação da tese: 'Nos termos do art. 178 da Constituição da República, as normas e os tratados internacionais limitadores da responsabilidade das transportadoras aéreas de passageiros, especialmente as Convenções de Varsóvia e Montreal, têm prevalência em relação ao Código de Defesa do Consumidor'. 6. Caso concreto. Acórdão que aplicou o Código de Defesa do Consumidor. Indenização superior ao limite previsto no art. 22 da Convenção de Varsóvia, com as modificações efetuadas pelos acordos internacionais posteriores. Decisão recorrida reformada, para reduzir o valor da condenação por danos materiais, limitando-o ao patamar estabelecido na legislação internacional. 7. Recurso a que se dá provimento."

[223] Destaca-se do voto do relator: "Tratando-se o caso de conflito entre regras que, em rigor, não apresentam o mesmo âmbito de validade, sendo uma geral e outra especial, seria, então, de aplicar-se o disposto no § 2º do art. 2º do Decreto-Lei 4.657, de 1942 (Lei de Introdução às normas de Direito Brasileiro), que dispõe: '§ 2º A lei nova, que estabeleça disposições gerais ou especiais a par das já existentes, não revoga nem modifica a lei anterior'. De acordo com a disposição transcrita, tem-se que a Lei 8.078/90 não revoga, nem é revogada pela Convenção de Varsóvia ou pelos demais acordos internacionais em questão. Ambos os regramentos convivem no ordenamento jurídico brasileiro, afastando-se o Código, no ato de aplicação, sempre que a relação de consumo decorrer de contrato de transporte aéreo internacional. A situação, aliás, é típica dos casos de revogação tácita, nos quais não se verifica efetivamente a exclusão da norma revogada do ordenamento jurídico, senão apenas sua inaplicabilidade, seja ela total ou parcial, no caso concreto. Assim, devem prevalecer, mesmo nas relações de consumo, as disposições previstas nos acordos internacionais a que se refere o art. 178 da Constituição Federal, haja vista se tratar de *lex specialis*".

6.15.3. O enunciado do art. 53 do CDC e os procedimentos de realização da garantia contidos no art. 27 da Lei 9.514/1997

Mas, ainda que não fosse lei especial nova em relação ao CDC, a Lei 9.514/1997 regula a matéria de que trata o art. 53 desse Código de maneira coerente com os princípios que inspiraram essa disposição, resguardando os direitos do devedor em estrita conformidade com a natureza do contrato de mútuo.

Com efeito, o art. 53 do CDC tem função limitadora da autonomia privada em relação à formação do contrato de promessa de venda e do contrato de crédito com pacto adjeto de alienação fiduciária em garantia, pois restringe-se a dispor que "não se poderá pactuar a perda total das prestações pagas" em razão do inadimplemento do qual resulte a extinção forçada de qualquer dessas espécies de contrato.

Ao dispor nesses termos, o art. 53 do CDC reproduz, para diferentes espécies de contrato, a regra da vedação do pacto comissório de que tratam os arts. 1.365 e 1.428 do Código Civil em relação aos contratos de crédito com garantia real, e todas essas disposições remetem aos distintos critérios de liquidação instituídos pelos regimes jurídicos próprios de cada uma dessas espécies de contrato.

Assim, no que tange às promessas de venda de imóveis integrantes de incorporação imobiliária ou de loteamento, a vedação da cláusula comissória de que trata a regra geral do CDC se articula às normas especiais do art. 67-A da Lei 4.591/1964 e do art. 32-A da Lei 6.766/1979, enquanto em relação à compra e venda de imóvel a crédito com garantia hipotecária ou fiduciária a vedação desse pacto remete aos arts. 1.365 e 1.428 do Código Civil, que, por sua vez, se articulam às normas sobre execução fiduciária do art. 2º do Decreto-lei 911/1969 e dos arts. 26 e 27 da Lei 9.514/1997, bem como ao procedimento de execução hipotecária instituído pelos arts. 29 e ss. do Decreto-lei 70/1966, além de outras normas especiais.

Ao tratar da natureza da norma contida no art. 53 do CDC e seus efeitos, Nelson Nery Jr observa que esse dispositivo não prevê qualquer "direito à devolução das parcelas pagas", mas remete ao art. 2º do Decreto-lei 911/1969, que dispõe sobre "a venda do bem alienado fiduciariamente, a fim de que seja pago todo o débito do consumidor junto ao fornecedor, credor fiduciário, revertendo-se o saldo, se houver, para o patrimônio do consumidor".

O cotejo entre o art. 53 do CDC e as normas especiais do Decreto-lei 911/1969 e da Lei 9.514/1997 evidencia que a antinomia é apenas aparente, pois não há incompatibilidade entre elas, na medida em que todas vedam a cláusula comissória, distinguindo-se pela generalização do art. 53 do CDC, que se limita a vedar a cláusula, e pela particularização das normas do Código Civil e das leis especiais, que, além de vedar o pacto comissório, definem os modos peculiares de extinção de cada uma dessas espécies de contrato e os critérios de satisfação dos créditos decorrentes desses modos de extinção.

Assim, na medida em que há lei especial que regula a matéria, e sabendo-se que "a passagem da regra geral à regra especial corresponde a um processo natural de diferenciação das categorias"[224] em razão do qual prevalece a regra especial, os efeitos da regra geral

---

[224] "A passagem da regra geral à regra especial corresponde a um processo natural de diferenciação das categorias, e a uma descoberta gradual, por parte do legislador, dessa diferenciação. Verificada ou descoberta a diferenciação, a persistência na regra geral importaria no tratamento igual de pessoas que pertencem a categorias diferentes, e, portanto, numa injustiça. Entende-se, portanto, por que a lei especial deva prevalecer sobre a geral: ela representa um momento inelinimável do desenvolvimento

da vedação do pacto comissório de que trata o art. 53 do CDC devem ser identificados em conformidade com o regime jurídico do tipo contratual em questão, não se admitindo interpretação que dele se afaste e, no caso de execução de crédito fiduciário, imponha ao credor fiduciário obrigação de entregar ao devedor fiduciante quantia diversa daquela que eventualmente restar do leilão.

Disso resulta que, ao firmar orientação no sentido da "prevalência das regras contidas no art. 27, §§ 4º, 5º e 6º da Lei nº 9.514/1997 em detrimento da regra do art. 53 do Código de Defesa do Consumidor" (REsp 1.773.047-SP), a jurisprudência do Superior Tribunal de Justiça põe em relevo os diferentes efeitos da vedação do pacto comissório, em estrita conformidade com a estrutura e a função dos contratos de promessas de venda, de um lado, e das operações de crédito com pacto adjeto de alienação fiduciária, firmando o entendimento de que no contrato de crédito com garantia fiduciária o devedor fiduciante direito tem por objeto especificamente a "diferença entre o valor da venda da coisa e o saldo devedor da obrigação garantida, mas não à devolução das parcelas pagas",[225] não sendo admitida restituição por critério semelhante ao aplicável na resolução da promessa de venda.

Coerentemente com esses distintos critérios de liquidação dos contratos de crédito e dos contratos preliminares de transmissão da propriedade, a Segunda Seção do Superior Tribunal de Justiça, ao julgar pelo rito repetitivo o REsp nº 1.891.498/SP, sob o Tema 1.095, fixou por unanimidade a seguinte tese: "Em contrato de compra e venda de imóvel com garantia de alienação fiduciária devidamente registrado, a resolução do pacto, na hipótese de inadimplemento do devedor, devidamente constituído em mora, deverá observar a forma prevista na Lei nº 9.514/97, por se tratar de legislação específica, afastando-se, por conseguinte, a aplicação do Código de Defesa do Consumidor".[226]

6.15.4. O conteúdo resolúvel da propriedade fiduciária (Código Civil, arts. 1.359 e 1.360, e Lei 9.514/1997, arts. 22 e seguintes)

Aspecto que também deve ser considerado diz respeito à natureza da garantia fiduciária, de modo que a apreciação se faça de acordo com sua configuração peculiar.

Com efeito, na estrutura concebida pelo art. 22 da Lei 9.514/1997, o devedor, para garantia da dívida, transfere ao credor a propriedade resolúvel de um imóvel; a condição resolutiva é o pagamento da dívida; assim sendo, uma vez cumprida a condição, com o pagamento da dívida, a propriedade do credor se extingue e reverte plenamente ao devedor. Todavia, se falha a condição, em razão do não pagamento da dívida, consolida-se a plena propriedade no credor. Importa atentar para o fato de que a regra da vedação do pacto comissório reveste-se de características peculiares em relação à propriedade fiduciária em garantia.

Nessa espécie de garantia, como discorremos no item 4.2.3, a apropriação do bem pelo credor fiduciário, mediante consolidação, não caracteriza violação da proibição da cláusula comissória.

Submete-se o credor, entretanto, a controle peculiar em relação à realização da garantia, tendo em vista que seu direito subjetivo é condicionado e limitado pela afetação do bem à satisfação do crédito, a partir de critérios peculiares de avaliação do bem e excussão.

---

de um ordenamento. Bloquear a lei especial frente à geral significaria paralisar esse desenvolvimento" (BOBBIO, Norberto. *Teoria do ordenamento jurídico*. Brasília: Editora UNB, 1997, p. 90).

[225] LOUREIRO, Francisco Eduardo. *Código Civil comentado* (comentário ao art. 1.364). Coord. Ministro Cezar Peluso. 12. ed. São Paulo: Manole, 2018, p. 1.357.

[226] STJ, 2ª Seção, relator Min. Marco Buzzi, j. 26/10/2022.

6.15.5. Principais situações contempladas pelo art. 53 do CDC (promessa de compra e venda, "consórcio" e mútuo com garantia fiduciária)

O art. 53 do CDC compreende os contratos de compra e venda a prazo (inclusive as promessas de venda) e os contratos de financiamento em geral (consórcios, por exemplo), nos quais tenha sido constituída garantia fiduciária.

A jurisprudência tem se ocupado da aplicação dos princípios emanados dos arts. 51 e 53 do CDC aos contratos de consórcio e de promessas de compra e venda, que contêm "cláusula de decaimento", que, na expressão de Pontes de Miranda, é aquela que prevê a perda total das quantias pagas pelo devedor no caso de mora ou inadimplemento.

No caso dos consórcios, a questão é objeto da Súmula 35 do STJ, pela qual incide correção monetária sobre as prestações pagas, quando de sua restituição, em virtude da retirada ou exclusão do participante de plano de consórcio, havendo ainda divergências quanto ao momento da devolução e quanto ao fator de correção. No que tange às promessas de venda de imóveis, antes mesmo do advento do CDC a jurisprudência já vinha estabelecendo a redução da pena, em linha de princípio com o art. 924 do Código Civil então vigente, registrando-se hoje uma tendência no sentido de que essa pena seja limitada a um percentual do que tiver sido pago, consideradas as peculiaridades do caso.

Nenhuma das duas situações, entretanto, se confunde com o contrato de mútuo garantido por propriedade fiduciária.

Com efeito, no consórcio, tem-se um contrato de autofinanciamento, envolvendo os associados de uma sociedade civil mutualista. Tomando-se uma sociedade com 50 associados, cada um paga mensalmente o equivalente a 1/50 do valor de determinado bem, de modo que ao final de cada mês a sociedade (grupo) arrecade 50/50 e compre um desses bens, entregando-o ao associado que tiver sido sorteado para tal fim. A sociedade vulgarmente denominada consórcio celebra um contrato de mútuo com o associado sorteado, entregando-lhe a quantia necessária à compra daquele bem, e assim, sucessivamente, a sociedade mutualista vai emprestando aquela mesma quantia a todos os demais associados, até que todos obtenham o empréstimo almejado e comprem o bem programado. Muito embora tudo isso seja processado por uma empresa administradora, esta é apenas uma prestadora de serviços, pois a sociedade mutualista é que é a mutuante; disso resulta que o sucesso ou o fracasso da sociedade está relacionado às forças dos próprios associados.

De outra parte, pelo contrato de venda a prazo ou de promessa de compra e venda, o vendedor ou o promitente vendedor se obriga a transmitir ao comprador a propriedade de determinado bem, mediante pagamento do preço desse bem, que é feito parceladamente. Depois de concluído pagamento, efetiva-se a transmissão da propriedade ao comprador. Na promessa de compra e venda, o promitente vendedor compromete-se a transmitir a propriedade, mas mantém o domínio sobre a coisa; nesse caso, a efetivação do pagamento produz o efeito aquisitivo do direito de propriedade, impondo-se ao promitente vendedor, em consequência, a obrigação de outorgar a escritura de venda, transmitindo-se ao promitente comprador, pelo registro do título no Registro de Imóveis, o domínio que até então detinha o promitente vendedor; caso este se recuse a outorgar a escritura, pode o promitente comprador compeli-lo mediante ação de cumprimento de obrigação de fazer; caso o promitente comprador não efetive o pagamento, dá-se a resolução do contrato, com a reintegração do promitente vendedor na posse do imóvel.

Já pelo contrato de mútuo de dinheiro, com garantia fiduciária, o mutuário recebe uma certa quantia do mutuante e se obriga a restituir o que dele recebeu, em igual qualidade e quantidade. Por esse contrato, o mutuário torna-se titular do domínio sobre o dinheiro mutuado e obriga-se a restituí-lo ao mutuante, sendo que em garantia do cumprimento dessa obrigação o mutuário transmite ao mutuante a propriedade resolúvel de determinado bem, corporificando, assim, o contrato de alienação fiduciária, acessoriamente ao contrato de mútuo.

Embora as três hipóteses possam estar compreendidas dentro do fenômeno econômico genericamente denominado financiamento, a verdade é que cada uma delas tem estrutura própria, cujo tratamento jurídico-legal há de ser com ela compatível.

Assim, considerada a natureza do consórcio, têm os associados uma relação societária que está sujeita aos riscos próprios da atividade que constitui seu objeto social, e que, obviamente, comporta os prejuízos decorrentes da perda de capacidade contributiva de seus associados. Os efeitos da mora de algum associado e a consequente excussão da garantia fiduciária refletirão sobre todos os associados, de forma homogênea; se não houver recomposição do caixa do consórcio, com a reposição de valor suficiente para adquirir aquele bem determinado, naquele mês determinado, então todos os associados terão que suportar a perda, em igual proporção.

Mas, para evitar essa perda e recompor a posição de caixa da sociedade (grupo), o CDC manda o inadimplente indenizar a sociedade mutualista dos prejuízos que tiver causado.

Com efeito, ocorrendo a mora ou o inadimplemento do associado sorteado, o § 2º do art. 53 do CDC impõe a este a obrigação de pagar uma retribuição pela fruição do bem, assim como assegura à sociedade mutualista a reparação dos prejuízos decorrentes do inadimplemento, prejuízos esses que, naturalmente, dizem respeito à não reposição integral do *quantum* mutuado.

Ao mandar descontar os prejuízos que o desistente ou inadimplente causar ao grupo, nas hipóteses em que o associado já tiver obtido o financiamento e adquirido o bem, a lei está se referindo, naturalmente, a eventual subtração patrimonial que a sociedade (o grupo) vier a sofrer, caso, na excussão, não se obtiver a integral reposição do valor mutuado e encargos. Para esse fim, há que se computar, também, as demais perdas que a sociedade vier a sofrer em razão da mora ou do inadimplemento, como são os casos, por exemplo, de eventual aumento de preço do bem objeto do consórcio, das custas e demais despesas processuais que tiverem que ser desembolsadas em busca da satisfação do crédito, dos honorários de advogado, dos eventuais custos financeiros, inclusive juros, que a sociedade tiver que suportar para suprir necessidades de caixa, decorrentes da diminuição patrimonial decorrente da mora etc.

Assim, só depois de paga a retribuição pela fruição, e depois de reparados os prejuízos que o inadimplente tiver causado à sociedade mutualista, é que poderá se dar a restituição de parte das prestações a que alude o art. 53 do CDC.

Já na compra e venda ou na promessa, a resolução do contrato decorrente da mora do promitente comprador enseja a reposição do bem no patrimônio do vendedor ou do promitente vendedor, cabendo, no caso, a reparação das perdas e danos que a mora do promitente comprador tiver dado causa, podendo essas estar prefixadas em cláusula penal ou apuradas em cada caso. A situação é peculiar e exige aferição das perdas e danos em cada caso. De fato, se, por exemplo, o promitente comprador tiver usado o imóvel, deverá pagar retribuição pelo uso, além de indenizar o promitente vendedor pelas despesas de venda que tiver realizado (corretagem, impostos etc.), devendo também repor o imóvel nas condições que recebeu e recompor as perdas decorrentes da depreciação do imóvel, mas será obviamente diversa a situação se o imóvel não foi colocado à disposição do promitente comprador.

Aliás, por causa dessas peculiaridades é que o II Congresso Nacional do Direito do Consumidor emitiu a conclusão 11, segundo a qual: "Nos contratos imobiliários é abusiva a cláusula que fixa percentual de retenção dos valores pagos na hipótese de rescisão, devendo o eventual prejuízo ser apurado caso a caso".[227]

---

[227] Embora ainda se registrem algumas decisões que determinam a devolução integral das quantias pagas pelo promitente comprador, predomina a orientação jurisprudencial de que a devolução tem que ser

Assim, considerando os traços que distinguem cada uma dessas figuras contratuais, não se pode tomar os contratos de consórcio ou de promessa como paradigmas para aferição do justo valor da cláusula penal nos contratos de mútuo, devendo-se, aqui, examinar a aplicação do art. 53 do CDC à luz do conteúdo e da natureza do contrato de mútuo.

6.15.6. O conteúdo e a estrutura do contrato de mútuo (Código Civil, arts. 586 e seguintes)

O art. 53 considera nula a chamada *clausula de decaimento* "nos contratos de compra e venda de móveis e imóveis mediante pagamento em prestações (...), bem como nas alienações fiduciárias em garantia".

Importa, pois, que se tenha presente a exata configuração do contrato de mútuo, de que trata o art. 5º da Lei 9.514/1997, para se saber se há conflito entre este e o art. 53 do CDC.

Como se sabe, pelo contrato de mútuo de dinheiro o mutuário recebe uma certa quantia do mutuante e se obriga a restituí-la em igual qualidade e quantidade, acrescida dos juros convencionais. Dada essa configuração, o mutuário, no ato da celebração do contrato, incorpora ao seu patrimônio uma certa quantia (no dizer do art. 1.257 do Código Civil, o mútuo transfere o domínio da coisa emprestada ao mutuário), mas é sua obrigação repor essa mesma quantia no patrimônio do mutuante (Código Civil, art. 587). Pode o mutuário, obviamente, fazer uso do dinheiro mutuado para qualquer finalidade, podendo dar ao mutuante garantia do pagamento da quantia mutuada, seja real ou fidejussória. O contrato de mútuo só se extingue mediante a integral reposição, ao mutuante, do *quantum* que o mutuário dele recebeu – isso é da índole do contrato.[228]

Deixando o mutuário de cumprir sua obrigação de repor no patrimônio do mutuante a quantidade de dinheiro que dele tomou, sujeita-se à execução e à expropriação de bens em valor que cubra o *quantum* da dívida, encargos, despesas processuais e honorários advocatícios; se, no processo de execução, os bens penhorados forem insuficientes para que se obtenha a integral reposição da quantia mutuada, pode o mutuante promover a penhora de outros bens, até que se satisfaça o crédito, mais os acréscimos; se o mútuo estiver garantido por algum bem, é sobre esse que a penhora recairá, em primeiro lugar, só podendo o mutuante buscar outros bens do mutuário se o valor do bem objeto da garantia for insuficiente para cobrir o crédito.

Aliás, como que a chamar a atenção para essa obviedade, o art. 5º da Lei 9.514/1997, ao enumerar as quatro condições dos financiamentos imobiliários, destaca como condição essencial a reposição integral do valor emprestado e respectivo reajuste (inciso I do art. 5º).

---

parcial, legitimando-se a retenção de parte das quantias pagas a título de indenização das perdas e danos que o promitente vendedor tiver sofrido, em razão do inadimplemento do promitente comprador. Nesse sentido, decisões do Tribunal de Justiça do Estado do Rio de Janeiro reconhecem que da interpretação que se extrai do aludido dispositivo legal (art. 53 do CDC) "não se infere que o inadimplente do contrato de compra e venda do imóvel a prestação tenha direito à devolução da totalidade das parcelas pagas. (...) No caso, a cláusula repudiada pela sentença apelada estabeleceu perda de parte das parcelas pagas (...), como pena convencional. Esta pena convencional livremente pactuada entre os contratantes visou estabelecer o equilíbrio econômico do negócio realizado, constituindo as perdas e danos que o apelante busca ver reconhecidas, com apoio nos artigos 1.056 e 1.092, parágrafo único, do Código Civil. Contudo, como o apelado cumpriu em parte a obrigação, e pela sentença terá que pagar taxa de ocupação (...), deve o apelante devolver metade do valor das parcelas pagas pelo apelado... (TJERJ, Apelação Cível 2085/96, da 5ª Câmara Cível, e Apelação Cível 10069/98, da 12ª Câmara Cível, j. 13/10/1998).

[228] CARVALHO SANTOS, J. M. de. *Código Civil Brasileiro Interpretado*. Rio de Janeiro: Freitas Bastos, 1984, v. XVII, p. 437.

Dessa elementar noção resulta que, na inexecução do contrato, o *quantum* que eventualmente houver de ser restituído ao mutuário, nos termos do art. 53 do CDC, limitar-se-á ao que sobejar, depois de reposto no patrimônio do mutuante aquilo que dele tiver sido retirado quando da contratação do mútuo.

Tal é a natureza do contrato de mútuo, que não foi alterada pelo CDC, pois, como se sabe, esse Código não formulou ou reformulou nenhum tipo de contrato em especial, mas apenas impôs novos patamares gerais de equilíbrio e de boa-fé a todas as relações de consumo, como registra Claudia Lima Marques.[229]

Efetivamente, *o bem* objeto da alienação fiduciária *é garantia do mútuo, não objeto do mútuo*; serve o bem para dar mais eficácia ao recebimento do crédito, mas não substitui o objeto do contrato, que, repita-se, é dinheiro. Não se pode deduzir que, em razão da aplicação do art. 53 do CDC, o apossamento do bem pelo mutuante, mesmo que o valor do bem seja inferior ao do crédito, implique (a) a exoneração da obrigação do mutuário de repor no patrimônio do mutuante a totalidade daquilo que recebeu e, ainda, (b) a obrigação do mutuante de subtrair parte do ativo do seu próprio patrimônio e entregar ao devedor inadimplente, depois de extinto o contrato de mútuo sem que tenha sido resposta a quantia mutuada.

Por isso, a regra do art. 53 do CDC não pode ser aplicada de maneira invariável a todos os casos concretos de alienação fiduciária, mas somente àqueles casos em que o valor do bem alienado fiduciariamente supere o valor da dívida e encargos, e é nesses casos que o CDC quer assegurar a equidade e o equilíbrio das relações contratuais, evitando que o mutuante venda o bem por valor superior ao do seu crédito e se aproprie do excesso.

Em síntese, a par da configuração peculiar do contrato de mútuo com alienação fiduciária, a legislação especial, tanto a que disciplina a alienação dos bens móveis, como dos bens imóveis, ao regulamentar a venda do bem objeto da garantia, cuida de resguardar o devedor contra o risco de perda total das quantias pagas, não havendo, portanto, qualquer confrontação entre as normas da alienação fiduciária e a vedação contida no art. 53 do Código do Consumidor.

6.16. OS PROCEDIMENTOS DE COBRANÇA E DE LEILÃO EM FACE DO PRINCÍPIO DO DEVIDO PROCESSO LEGAL

Os arts. 25 a 30 da Lei 9.514/1997 disciplinam os procedimentos de implementação da garantia fiduciária de bem imóvel, contemplando (a) a reversão da propriedade ao fiduciante, depois de paga a dívida; (b) os mecanismos de comprovação da mora; (c) a consolidação da propriedade no credor, se não paga a dívida; (d) o leilão extrajudicial do imóvel; e (e) a reintegração do credor na posse do imóvel.

A reintegração de posse se processa, obviamente, em juízo, enquanto os procedimentos de cobrança, consolidação da propriedade e leilão se desenvolvem no plano extrajudicial, perante o Oficial do Registro de Imóveis da situação do imóvel e por intermédio de leiloeiro público.

A apreciação da matéria se justifica tendo em vista que algumas normas que regulamentam procedimentos extrajudiciais são, eventualmente, questionadas, sob alegação de violação do princípio constitucional do devido processo legal.

Os casos mais conhecidos são (a) o da venda em leilão feita por Comissão de Representantes de Condomínio, tendo como objeto unidade imobiliária em construção, pertencente a condômino em mora (Lei 4.591/1964, art. 63); (b) o do leilão promovido por agente fidu-

---

[229] MARQUES, Claudia Lima, *Contratos no Código de Defesa do Consumidor*. 5. ed. São Paulo: RT, 2006, p. 238.

ciário, tendo como objeto imóvel hipotecado em garantia de dívida constituída nos moldes do Sistema Financeiro da Habitação – SFH (Decreto-lei 70/1966, arts. 29 e seguintes, e Lei 8.004/1990, art. 21); e, ainda, (c) o da venda feita pelo credor no caso de alienação fiduciária de bens móveis (Decreto-lei 911/1969, art. 2º).[230]

Em relação à alienação fiduciária de bens imóveis, o procedimento extrajudicial de consolidação da propriedade e leilão veio a ser questionado no Recurso Extraordinário 860.631-SP, no qual o recorrente invoca o RE 627.106-Tema 249, no qual foi reconhecida a repercussão geral do Decreto-lei 70/1966, que dispõe sobre procedimento extrajudicial de execução hipotecária.[231]

Importa, pois, examinar as normas que regulamentam os procedimentos extrajudiciais à luz do princípio do devido processo legal, emanado do art. 5º, incisos XXXV, LIV e LV, da Constituição Federal, segundo os quais a lei não excluirá da apreciação do Judiciário lesão ou ameaça de lesão, impedindo que alguém seja privado da liberdade ou de seus bens sem o devido processo legal e assegurando o contraditório e a ampla defesa.[232]

A despeito de distribuídos em três incisos distintos, esses princípios assentam numa única e mesma base, que é a do devido processo legal, que já se encontrava inscrita nas Constituições anteriores, garantindo o direito de ação e reservando ao Poder Judiciário a apreciação de qualquer lesão ou ameaça de lesão de direito. Por isso, ao se apreciar a conformidade da lei à Constituição, consideraram-se conjuntamente os três princípios, pois são eles indissoluvelmente articulados entre si, de tal modo que a afronta a um deles sempre repercute de algum modo nos demais.[233]

---

[230] O art. 63 da Lei 4.591/1964 autoriza a Comissão de Representantes do Condomínio a vender a fração ideal e acessões de condômino inadimplente, fazendo-o diretamente, após notificação extrajudicial para purga de mora, assim prevendo seu parágrafo primeiro: "Se o débito não for liquidado no prazo de 10 dias, após solicitação da Comissão de Representantes, esta ficará, desde logo, de pleno direito, autorizada a efetuar, no prazo que fixar, em público leilão (...) a venda, promessa de venda ou de cessão ou a cessão da quota de terreno e correspondente parte construída e direitos, bem como a sub-rogação do contrato de construção". Os arts. 29 e seguintes do Decreto-lei 70/1966 preveem a possibilidade de realização extrajudicial da garantia hipotecária, o que é efetivado por um agente fiduciário, que é uma instituição credenciada pelo Banco Central do Brasil, integrante do sistema financeiro ou segurador, mas sempre terceiro em relação às partes contratantes. Verificada a mora do devedor, e depois de remeter dois avisos de cobrança, o credor hipotecário dirige ao agente fiduciário uma solicitação de execução de dívida; a partir daí, o agente fiduciário notifica o devedor, com prazo de 20 dias e, expirado esse prazo sem purgação da mora, contrata leiloeiro e promove a venda do imóvel em público leilão. O art. 2º do Decreto-lei 911/1969 prevê que "No caso de inadimplemento ou mora nas obrigações garantidas mediante alienação fiduciária, o proprietário fiduciário ou credor poderá vender a coisa a terceiros independentemente de leilão, hasta pública, avaliação prévia ou qualquer outra medida judicial, salvo disposição expressa em contrário prevista no contrato, devendo aplicar o preço da venda no pagamento de seu crédito e das despesas decorrentes e entregar ao devedor o saldo apurado, se houver".

[231] No momento em que preparamos a 6ª edição desta obra, esse recurso se encontra em fase de admissão de partes interessadas a atuar na qualidade de *amicus curiae*.

[232] "Art. 5º (...) XXXV – a lei não excluirá da apreciação do Poder Judiciário lesão ou ameaça de lesão (...) LIV – ninguém será privado da liberdade ou de seus bens sem o devido processo legal (...) LV – aos litigantes, em processo judicial ou administrativo, e aos acusados em geral são assegurados o contraditório e ampla defesa, com os meios e recursos a ela inerentes."

[233] A identidade entre essas garantias constitucionais é reconhecida de maneira generalizada pela doutrina. Eduardo Arruda Alvim assinala que esse princípio "abrange uma série de outros princípios, que, a rigor, não precisariam sequer constar expressamente do texto constitucional", salientando a preocupação do legislador de 1988 "em fazer constar do texto constitucional uma série de princípios que, a rigor, estariam contidos no do devido processo legal" (*Curso de direito processual civil*. São Paulo: RT, 1998, p. 109); Humberto Theodoro Júnior observa que, "admitindo a vigência das garantias implícitas no art. 153,

A atuação desses princípios repercute de maneira especial quando se está diante de determinados procedimentos que restringem o campo de defesa, como é o caso da ação de desapropriação, nas quais não é admitido o encaminhamento ao juiz de todas as questões. A restrição à cognição presente em hipóteses como essa, entretanto, não pode impedir a investigação, através de outra ação, da questão litigiosa afastada, como observa Luiz Guilherme Marinoni: "Se alguma questão pertinente a um caso conflitivo não pôde ser conhecida em razão da limitação da cognição, deve estar aberta, obrigatoriamente, outra oportunidade para o seu debate".[234]

De fato, não obstante alguns procedimentos limitem a cognição do juiz, tal limitação há de ser considerada inconstitucional nas hipóteses em que impossibilitam a efetiva tutela jurisdicional. Por isso mesmo, "os procedimentos que limitam a defesa, obrigando à propositura de ação inversa, devem estar em consonância com as necessidades do direito substancial e de acordo com os valores da Constituição. Ou seja, a limitação do direito à cognição do conflito de interesses somente pode acontecer em razão de exigências do direito material e da realidade posta pela Constituição".[235]

Na aplicação desse princípio constitucional importa ter presentes a natureza e o conteúdo das figuras de direito material em questão.

6.16.1. Distinção entre os contratos de hipoteca e de alienação fiduciária. Os procedimentos de reversão e consolidação da propriedade fiduciária. Nota preliminar

A decisão que reconhece a repercussão geral do RE 860.631-SP ressalta que, embora a Lei 9.514/1997 disponha sobre procedimento extrajudicial, seu objeto é a alienação fiduciária em garantia, que "não guarda identidade com a tratada no RE 627.106 – Tema 249 da repercussão geral do Supremo Tribunal Federal", cujo objeto é a execução hipotecária regulada pelo Decreto-lei 70/1966; não obstante, reconhece que a questão relacionada à execução de crédito com garantia fiduciária também "apresenta densidade constitucional e transcende os interesses subjetivos das partes, sendo relevante do ponto de vista econômico, jurídico e social para milhões de mutuários do Sistema Financeiro Imobiliário".[236]

---

§ 4º, a Constituição brasileira adotava, realmente, a garantia do *due process of law*", tornando explícita essa garantia na Carta de 1988" (A garantia fundamental do devido processo legal e o exercício do poder cautelar no direito processual civil. *Revista dos Tribunais* 665/11-23); Nelson Nery Junior assinala que "bastaria a norma constitucional haver adotado o princípio do *due process of law* para que daí decorressem todas as consequências processuais que garantiriam aos litigantes o direito a um processo e a uma sentença justa. É, por assim dizer, o gênero do qual todos os demais princípios constitucionais de processo são espécie" (*Princípios do processo civil na Constituição Federal*. 3. ed. São Paulo: RT, 1996, p. 28).

[234] MARINONI, Luiz Guilherme, *Efetividade do processo e tutela de urgência*, Porto Alegre: Fabris, 1994, p. 71.

[235] WATANABE, Kazuo, *Da cognição no processo civil*, São Paulo: RT, 1987, p. 88; MARINONI, Luiz Guilherme. *Efetividade do processo e tutela de urgência*. Porto Alegre: Fabris, 1994, p. 72.

[236] "Cinge-se a controvérsia à constitucionalidade do procedimento de execução extrajudicial previsto na Lei 9.514/1997, nos contratos de mútuo com alienação fiduciária de imóvel, pelo Sistema Financeiro Imobiliário – SFI, à luz dos princípios constitucionais do devido processo legal, da inafastabilidade da jurisdição, do contraditório e da ampla defesa, bem como dos institutos da unidade da jurisdição e do juiz natural. Cumpre destacar que, nada obstante recaia a discussão sobre a constitucionalidade da execução extrajudicial em contratos imobiliários, a matéria versada nos autos não guarda identidade com a tratada no RE 627.106 – Tema 249 da repercussão geral do Supremo Tribunal Federal. Naquele *leading case*, discute-se a recepção constitucional do Decreto-lei 70/1966, que prevê a execução extrajudicial por dívidas contraídas no regime do Sistema Financeiro da Habitação, com garantia hipotecária,

Correta a ressalva sobre a distinção entre a hipoteca e a alienação fiduciária.[237]

Como vimos (item 6.1), embora integrem a categoria dos direitos reais de garantia, a hipoteca e a alienação fiduciária distinguem-se substancialmente no modo de constituição e de execução do crédito.

Pela hipoteca o devedor onera seu imóvel, mas não se demite da propriedade, que conserva em seu patrimônio com todo o feixe de direitos subjetivos que a caracteriza.

Já a alienação fiduciária caracteriza-se como negócio jurídico de transmissão condicional (Código Civil, arts. 125 e seguintes e 1.361, e Lei 9.514/1997, art. 22), em razão da qual o transmitente (devedor fiduciante) se demite da propriedade e a transfere ao adquirente (credor fiduciário), em caráter resolúvel, tornando-se titular do direito aquisitivo, sob condição suspensiva.[238]

Assim, enquanto pendente a condição suspensiva, o devedor fiduciante tem direito expectativo à aquisição da propriedade, que será efetivada nos termos do art. 25 da Lei 9.514/1997, segundo o qual o pagamento da dívida importa na resolução da propriedade fiduciária e, *ipso facto*, na reversão da propriedade plena ao devedor fiduciante.

Entretanto, deixando o devedor de pagar, procede-se à intimação do devedor fiduciante, por intermédio do Registro de Imóveis ou de outros meios indicados pela lei, para que purgue a mora; a purgação da mora importa no convalescimento do contrato, enquanto a não purgação caracteriza o inadimplemento absoluto da obrigação garantida, do qual resulta a consolidação da propriedade no credor, mediante averbação no Registro de Imóveis (art. 26 e seus parágrafos).

Por força do art. 27 e de seus parágrafos, o credor, no prazo máximo de trinta dias após a consolidação, deverá ofertar o imóvel à venda, mediante leilão, entregando ao devedor o *quantum* que sobejar; se, no leilão, não se alcançar o valor da dívida, o credor dará quitação ao devedor, exonerando-o do pagamento de eventual resíduo.

6.16.2. O implemento da condição a que está subordinada a alienação fiduciária e o exercício do direito de ação pelo devedor fiduciante

O exame da compatibilidade entre as normas procedimentais de consolidação da propriedade e de leilão e a garantia do devido processo legal recomendam se tenha presente a natureza do direito material em questão, atentando-se para a distinção entre o direito real de propriedade fiduciária em garantia e a os demais direitos reais de garantia.

A alienação fiduciária, como se sabe, caracteriza-se como negócio jurídico de transmissão condicional; o devedor fiduciante transmite ao credor fiduciário a propriedade resolúvel e enquanto não se verificar a condição suspensiva "permanece em suspenso a sua incorporação ao patrimônio do titular, na categoria de uma *expectativa de direito* (*spes debitum iri*), ou de um direito meramente virtual. (...). O negócio condicional está constituído, mas o direito não é adquirido".[239]

---

situação diversa da presente demanda, cujo objeto é a constitucionalidade da Lei 9.514/1997, que prevê a possibilidade de execução extrajudicial nos contratos de mútuo pelo Sistema Financeiro Imobiliário, com alienação fiduciária de imóvel."

[237] Dessas distintas configurações e suas importantes consequências tratamos no item 6.1.
[238] Código Civil: "Art. 125. Subordinando-se a eficácia do negócio jurídico à condição suspensiva, enquanto esta não se verificar, não se terá adquirido o direito, a que ele visa".
[239] PEREIRA, Caio Mário da Silva, *Instituições de direito civil*. 20. ed. rev. e atual. de acordo com o Código Civil de 2002. Atualizadora: Maria Celina Bodin de Moraes. Rio de Janeiro: Forense, 2004, v. I, pp. 564-565.

No outro polo da relação fiduciária, a propriedade adquirida pelo credor fiduciário extinguir-se-á tão logo implementada a condição, que "opera de pleno direito, independente de interpelação, vale dizer, verificada a condição (seja positiva ou negativa), atua automaticamente sobre o vínculo jurídico, resolvendo-o (...); vale por si só e dispensa a intervenção do judiciário".[240]

Sendo complementares as condições suspensiva e resolutiva, "a todo proprietário sob condição suspensiva corresponde um proprietário sob condição resolutiva, e reciprocamente",[241] de modo que pelo implemento da condição a que está subordinado o direito do devedor fiduciante (cumprimento da obrigação garantida) incorpora-se a propriedade ao seu patrimônio e, simultaneamente, extingue-se a propriedade resolúvel do fiduciário, do mesmo modo que, se falha da condição (inadimplemento da obrigação garantida), incorpora-se a propriedade ao patrimônio do fiduciário e simultaneamente extingue-se o direito expectativo do devedor fiduciante.

Esses são efeitos normais da propriedade resolúvel e operam independentemente de interpelação, em razão da regra *dies interpellat pro homine*, quando se trate de obrigação a termo, operando-se a consolidação independente de intervenção judicial, nos termos dos arts. 1.359 e 1.360 do Código Civil.

Com relação à alienação fiduciária de bens imóveis, esses efeitos da condição operam mediante procedimento extrajudicial pelo qual o oficial do Registro de Imóveis averba a reversão da propriedade ao devedor fiduciante ou sua incorporação ao patrimônio do credor fiduciário em virtude da ocorrência de *evento definido por lei* (arts. 25 a 27), e, ao proceder a essa averbação, o oficial nada mais faz do que constatar, certificar e anotar na matrícula do imóvel a ocorrência do evento que caracteriza o implemento ou a falha da condição.

O procedimento traduz, no plano do contrato de alienação fiduciária de bens imóveis, a regra geral do art. 474 do Código Civil, acrescida dos requisitos do prazo de tolerância e da abertura de prazo para purgação da mora estabelecidos pela Lei 9.514/1997, e tem como precedentes vários outros procedimentos extrajudiciais de resolução de pleno direito de contratos subordinados a condição, tais como os de (i) compromisso de compra e venda de lotes de terreno, seguida de cancelamento do registro por ato do oficial do Registro de Imóveis competente (Decreto-lei 58/1937, reproduzido pela Lei 6.766/1979); (ii) promessa de venda de imóveis não loteados (Decreto-lei 745/1969, art. 1º e parágrafo único, com a redação dada pelo art. 62 da Lei 13.097/2015); e (iii) promessa de venda de imóveis integrantes de incorporação imobiliária, seguida de leilão extrajudicial do imóvel do adquirente inadimplente realizado pelo incorporador ou pela comissão de representantes dos adquirentes (Lei 4.591/1964, art. 63, e Lei 4.864/1965, art. 1º).

A par desses procedimentos de resolução de pleno direito, independentemente de intervenção judicial, o direito positivo regulamenta a perda da propriedade mediante procedimento extrajudicial de usucapião (art. 216-A da Lei 6.015/1973, com a redação dada pelo art. 1.071 do CPC, alterada pelo art. 7º da Lei 13.465/2017), e, ainda, mediante legitimação fundiária ou legitimação de posse, que investe o possuidor na propriedade (Lei 11.977/2009 e Lei 13.465/2017), entre outros procedimentos extrajudiciais de execução e expropriação de bens.

Trata-se de tendência que se nota no direito moderno, como observa Humberto Theodoro Jr., de transferir para o âmbito administrativo, mediante ato notarial ou regis-

---

[240] PEREIRA, Caio Mário da Silva. *Instituições de direito civil*. 20. ed. rev. e atual. de acordo com o Código Civil de 2002. Atualizadora: Maria Celina Bodin de Moraes. Rio de Janeiro: Forense, 2004. v. I, pp. 568-569.
[241] GONÇALVES, Aderbal da Cunha. *Da propriedade resolúvel*. São Paulo: RT, 1979, p. 67, nota 82.

tral, "tanto o cumprimento como a resolução de diversos contratos e a desconstituição de situações jurídicas, antes administradas pelo Poder Judiciário, afastando a necessidade de intervenção judicial".[242]

Anota esse autor que "muitas medidas que no passado figuravam no rol dos procedimentos ditos de jurisdição voluntária têm migrado para a competência de órgãos administrativos, sem qualquer eiva de inconstitucionalidade", citando, entre outros, o procedimento de resolução de pleno direito regulado pelos arts. 26 e 27 da Lei 9.514/1997.

Alinhado a essa tendência, o atual Código de Processo Civil exclui do rol dos procedimentos de jurisdição voluntária a extinção da propriedade fiduciária oriunda de fideicomisso "quando ocorrer antes do evento que caracterizar a condição resolutória" (art. 725, VI),[243] isso significando que, uma vez verificada a condição resolutiva, incorpora-se a propriedade ao patrimônio do fideicomissário mediante simples averbação da ocorrência do evento pelo oficial do Registro de Imóveis, bastando para esse fim que lhe seja apresentado o respectivo documento comprobatório.

O mesmo ocorre em relação ao implemento ou à falha da condição resolutiva a que está subordinada a garantia fiduciária de bens imóveis, para a qual os arts. 25 e 26 da Lei 9.514/1997 regulamentam procedimento de averbação no Registro de Imóveis.

Em qualquer desses casos "a cláusula resolutiva expressa opera de pleno direito" (Código Civil, art. 474), "apenas por força da lei, sem intervenção dos tribunais e dispensada qualquer ação. Não é necessária a intervenção do juiz para pronunciar a resolução do contrato, não lhe sendo lícito até mesmo considerá-lo como não extinto (ESPÍNOLA, *Man., cit.*, pág. 415)".[244]

A reversão da propriedade ao patrimônio do devedor fiduciante e sua consolidação no patrimônio do credor fiduciário são, assim, atos tipicamente registrais, de averbação da ocorrência do evento correspondente ao implemento ou à falha da condição estabelecida por lei, em estrita conformidade com a natureza da transmissão condicional.

Não há nesse procedimento de averbação qualquer inconstitucionalidade, não só porque nele não há barreiras ao exercício do direito de ação do devedor fiduciante, mas, também, porque o início do procedimento viabiliza a deflagração do contraditório a qualquer momento, desde a intimação para purgação da mora (art. 26), do mesmo modo em que está assegurado o direito de ação em relação aos demais procedimentos que regulamentam a extinção do contrato por efeito da falha da condição ou até mesmo em caso de perda da propriedade por usucapião extrajudicial (Lei 6.015/1973, art. 216-A) e, ainda, a legitimação fundiária ou legitimação de posse (Lei 13.465/2017).

O processamento desses atos no âmbito administrativo, no Registro de Imóveis da situação do imóvel, é justificada pela própria natureza do negócio jurídico de transmissão condicional.

A condição opera seus efeitos de pleno direito, pela simples ocorrência do evento que a caracteriza. Assim dispõe o art. 26 e seus parágrafos da Lei 9.514/1997 em relação à propriedade fiduciária de bem imóvel decorrente de alienação fiduciária, do mesmo modo que o art. 725, VI, do Código de Processo Civil dispõe sobre o cancelamento da propriedade

---

[242] THEODORO JR., Humberto, *Curso de direito processual civil*. 59. ed. Rio de Janeiro: Forense, 2018, v. I, p. 121.

[243] Código de Processo Civil: "Art. 725. Processar-se-á na forma estabelecida nesta Seção o pedido de: (...); VI – extinção de usufruto, quando não decorrer da morte do usufrutuário, do termo da sua duração ou da consolidação, e de fideicomisso, quando decorrer de renúncia ou quando ocorrer antes do evento que caracterizar a condição resolutória".

[244] CARVALHO SANTOS, J.M. de, *Código Civil brasileiro interpretado*. 12. ed. Rio de Janeiro: Livraria Freitas Bastos, 1984, v. III, p. 71.

fiduciária constituída em fideicomisso, que também se processa diretamente no Registro de Imóveis mediante simples averbação do evento que caracteriza a condição.

No caso da propriedade fiduciária em garantia, caracterizada a mora, o devedor fiduciante dispõe de prazo para purgar a mora e assegurar o convalescimento do contrato e a preservação do seu direito aquisitivo.

Pouco importa que o procedimento se desenvolva no plano administrativo, pois o devedor fiduciante é intimado para purgar a mora e no interregno que se inicia na data da intimação e termina na data da averbação da consolidação da propriedade, ele pode evitar a expropriação do seu direito aquisitivo, seja mediante purgação da mora, seja mediante instauração do contraditório em caso de lesão ou ameaça de lesão a seu direito, pois, como observa Fredie Didier Jr., "aplica-se o princípio do contraditório, derivado que é do devido processo legal, nos âmbitos jurisdicional, administrativo e negocial".[245]

Com efeito, o contraditório tem como pressuposto, fundamentalmente, a efetiva possibilidade de reação, a partir do momento em que a parte toma ciência de algum ato que lhe seja desfavorável, como observa Sergio La China, para quem a manifestação técnica do contraditório decorre da articulação de dois elementos, quais sejam, a informação (notificação, citação) e reação (embargos, ação), *necessária sempre a primeira, eventual a segunda (mas necessário que seja efetivamente viável)*.[246]

Para cumprimento da exigência constitucional do contraditório, como observa Cândido Dinamarco, é indispensável que o ordenamento ofereça oportunidade ou "deve conter momentos para que cada uma das partes *peça, alegue* e *prove* (...)", pois "a efetividade das oportunidades para participar depende sempre do conhecimento que a parte tenha do ato a ser atacado. Diz-se então que o contraditório se exerce mediante *reação* aos atos desfavoráveis, seja que eles venham da parte contrária ou do juiz".[247]

É como também define Fredie Didier Jr, para quem "o contraditório se perfaz com a informação e o oferecimento de oportunidade para influenciar no conteúdo da decisão: participação e poder de influência são palavras-chave para a compreensão desse princípio constitucional".[248]

Efetivamente, ao entregar a carta de intimação, o Oficial do Registro de Imóveis (ou o do Registro de Títulos e Documentos) transmite ao devedor fiduciante uma informação que lhe dará conhecimento do prazo para purgação da mora e da eventualidade de expropriação do seu direito aquisitivo; diante dessa informação, o devedor fiduciante tem à sua disposição todos os meios legais para opor resistência à implementação desses atos, colocando em prática o binômio *informação + resistência* caracterizador do contraditório. A reação do devedor será eventual, como observa La China, mas é viável porque há, no ordenamento, meios para sua manifestação.

Na linha desse conceito, ao tratar do procedimento instituído pelo Decreto-lei 70/1966 para execução de crédito hipotecário (que, embora se distinga do crédito fiduciário, se realiza também

---

[245] DIDIER JR., Fredie, *Curso de direito processual civil*. 20. ed. Salvador: JusPodium, 2018, p. 105.

[246] *Apud* NERY JUNIOR, Nelson. *Princípios do processo civil na Constituição Federal*. 3. ed. São Paulo: RT, 1996. p. 133: "(...) il principio del contraddittorio si articola, nelle sue manifestazioni tecniche, il due aspetti e tempi essenziali: informazione, reazione; necessaria sempre la prima, eventuale la seconda (ma necessario chi sia resa possibile!), in L'esecuzione forzata e le disposizioni generali del codice di procedura civile", Milano, 1970, p. 394). No mesmo sentido, DINAMARCO, Cândido Rangel, *Execução civil*, São Paulo: RT, 1993, nº 100, p. 168 e nota 10.

[247] DINAMARCO, Cândido Rangel, *Fundamentos do processo civil moderno*. 4. ed. São Paulo: Malheiros, 2001, p. 126-127.

[248] DIDIER JR., Fredie. *Curso de direito processual civil*. 20. ed. Salvador: JusPodium, 2018, p. 107.

extrajudicialmente), Arruda Alvim refere-se ao binômio deflagrador do contraditório, observando que, uma vez efetivada a notificação, "todos os meios de reação, de resistência, extrajudiciais ou judiciais, restam à disposição do mutuário",[249] pois a notificação exprime a informação que possibilita ao devedor opor sua resistência se houver lesão ou ameaça de lesão a seu direito.

Nesse mesmo sentido, observa Samir José Caetano Martins que as espécies de execução disciplinadas pela Lei 4.591/1964, pelo Decreto-lei 70/1966 e pela Lei 9.514/1997, "apresentam um procedimento com traços de contraditório, na medida em que a necessidade de interpelação do devedor lhe confere a informação e a possibilidade de reação que constituem a essência do contraditório".[250]

Procedimento da mesma natureza é o de resolução extrajudicial da promessa de venda de imóvel objeto de incorporação imobiliária, cuja conformidade com o princípio do contraditório é reconhecida pela jurisprudência, "uma vez que a interpelação será absolutamente capaz de informar o devedor da inauguração do procedimento, possibilitando, concomitantemente, sua reação".[251]

O fato de o procedimento ser implementado no plano extrajudicial "não significa que esteja afastado o controle judicial ou, como se poderia pensar, erroneamente, a ampla defesa e o devido processo legal", como observa Arruda Alvim, no parecer antes referido: "Estes vetores são exercidos não somente *a posteriori*, mas, também, no próprio curso do procedimento da execução, para impedir e reprimir, pelos meios processuais próprios, que eventual ilegalidade seja perpetrada, como, ainda, podem ser objeto de medidas prévias".[252]

No que tange especificamente aos procedimentos relativos à propriedade fiduciária de bens imóveis em garantia, Cândido Dinamarco sustenta que o recurso ao controle judicial "é admissível em *dois momentos* e com duas finalidades fundamentais", ou seja, "logo no início, quando da notificação para purgar a mora ou durante o procedimento perante o registro imobiliário destinado a esse fim (Lei n. 9.514, de 20/11/1997, art. 26, §§), é lícito ao devedor-fiduciante impugnar em juízo as exigências do credor (por ex., negando a mora) ou mesmo a regularidade do procedimento. Depois, sem prejuízo de trazer à discussão o próprio registro que haja sido feito na matrícula imobiliária (lei cit., art. 26, § 7º), poderá ele discutir em juízo o valor da venda efetuada em leilão (art. 27). Tudo com apoio na promessa constitucional de acesso à justiça, que não arreda nem poderia arredar (Const., art. 5º, inc. XXXV). Por isso (...), o sistema legal de garantia aos créditos mediante a alienação fiduciária de bens imóveis não se choca com a garantia constitucional do *due process of law* nem afronta a inafastável promessa de tutela jurisdicional e acesso à justiça (Const., art. 5º, incs. LIV e LV)".[253]

---

[249] Parecer emitido em fevereiro de 1999.

[250] MARTINS, Samir José Caetano, *Execuções extrajudiciais de créditos imobiliários*. Rio de Janeiro: Espaço Jurídico, 2007, p. 52.

[251] "A execução instituída pela Lei n. 4.591/1964 possibilitou a realização de leilão extrajudicial, devendo, no entanto, a opção por sua utilização constar sempre, previamente, do contrato estabelecido entre as partes envolvidas na incorporação. A necessidade de previsão contratual da medida expropriatória extrajudicial, e a ocorrência de prévia interpelação do devedor para que seja constituído em mora, dão a essa espécie de execução elementos satisfatórios de contraditório, uma vez que a interpelação será absolutamente capaz de informar o devedor da inauguração do procedimento, possibilitando, concomitantemente, sua reação. Nos termos da execução extrajudicial da Lei n. 4.591/1964, não é necessária a realização de uma segunda notificação do devedor com o objetivo de cientificá-lo da data e hora do leilão, após a interpelação que o constitui em mora." (Excerto da ementa do Acórdão do REsp 1.399.024-RJ, rel. Min. Luís Felipe Salomão, *DJe* 11.12.2015).

[252] Parecer citado.

[253] DINAMARCO, Cândido Rangel, *Fundamentos do processo civil moderno*. 4. ed. São Paulo: Malheiros, 2001, p. 1.280.

Com efeito, o recurso ao controle jurisdicional pode ser colocado em prática tanto na fase da intimação para purgação da mora como na fase de averbação da consolidação da propriedade no patrimônio do credor ou, ainda, nos atos precedentes ao leilão, e efetivamente tem sido implementado que pode o devedor negar a mora, apontar a inobservância de alguma formalidade ou de algum requisito, consignar em pagamento, requerer tutela de urgência antecedente, na qual suscite controvérsia sobre o valor em cobrança e pague o valor incontroverso (CPC, art. 330, §§ 2o e 3º) prestação de contas ou, enfim, propor qualquer ação cabível nas circunstâncias.

Em qualquer dessas medidas é assegurada a efetividade do processo em razão da possibilidade de tutela provisória de urgência ou evidência, nos termos dos arts. 294 e seguintes do Código de Processo Civil, com o que é possível evitar a lesão mediante pronta atuação do Judiciário, sustando o procedimento desde o seu início, pela intimação para purgação da mora, como evidenciam decisões proferidas em inúmeras medidas judiciais intentadas por devedores fiduciantes a partir da intimação para purgação da mora ou cientificação para leilão.[254]

---

[254] "Alienação fiduciária – Consolidação da propriedade do bem em favor da credora fiduciária – Inconstitucionalidade da Lei 9.514/97 – Afronta aos princípios da inafastabilidade do Poder Judiciário e da ampla defesa. Inexistência: Não é inconstitucional o procedimento adotado pela Lei nº 9.514/97, a fim de consolidar a propriedade em favor do credor, pois, além de ser oportunizada ao devedor a purga da mora, pois havendo irregularidade no decorrer do procedimento, o devedor poderá recorrer ao Poder Judiciário, mantendo-se íntegro o direito previsto no artigo 5º, XXXV, da CF. Agravo de instrumento não provido" (TJSP, Agravo de Instrumento nº 2054207-56.2016.8.26.0000, rel. Nelson Jorge Júnior, 13ª Câmara de Direito Privado; j. 21/9/2016).

"Apelação – Processual civil – Ação de anulação de atos jurídicos – Prova pericial desnecessidade – Alienação fiduciária – Lei nº 9.514/97 – Constitucionalidade – Não purgação da mora – Consolidação da propriedade do imóvel em favor da credora – Manutenção da sentença. I – Não apreciada a questão acerca da alegada onerosidade excessiva do financiamento, uma vez que, em sede de ação anulatória de atos jurídicos, apenas se pode perquirir a respeito da execução extrajudicial levada a efeito, posto que não cabe, nesta ação, a revisão do contrato com o recálculo das prestações, mas tão somente a anulação do procedimento adotado pela CEF, sendo desnecessária a realização de perícia técnica contábil. II – Muito embora o STJ venha admitindo a aplicabilidade da Lei consumerista aos contratos regidos pelo Sistema Financeiro Imobiliário e que se trate de contrato de adesão, sua utilização não é indiscriminada, ainda mais que não restou comprovada abusividade nas cláusulas adotadas no contrato de mútuo em tela, que viessem a contrariar a legislação de regência. III – O contrato firmado entre as partes possui cláusula de alienação fiduciária em garantia, na forma do artigo 38 da Lei nº 9.514/97, cujo regime de satisfação da obrigação difere dos mútuos firmados com garantia hipotecária, posto que na hipótese de descumprimento contratual e decorrido o prazo para a purgação da mora, ocasiona a consolidação da propriedade do imóvel em nome da credora fiduciária. IV – O procedimento de execução do mútuo com alienação fiduciária em garantia, não ofende a ordem constitucional vigente, sendo passível de apreciação pelo Poder Judiciário, caso o devedor assim considerar necessário. Precedentes desta E. Corte: AC 00117882720114036104, 5ª Turma, Rel. Des. Fed. Maurício Kato, e-*DJF3* Judicial 1 data: 01/12/2015; AC 00096348420124036109, 1ª Turma, Rel. Des. Fed. Hélio Nogueira, e-*DJF3* Judicial 1 data: 02/12/2015; AC 00137751320114036100, 11ª Turma, Rel. Des. Fed. Cecília Mello, e-*DJF3* Judicial 1 data: 28/09/2015. V – Não há ilegalidade na forma utilizada para satisfação dos direitos da credora fiduciária, sob pena de ofender o disposto nos artigos 26 e 27 da Lei nº 9.514/97. VI – Apelação desprovida" (TRF 3ª Região, Apelação Cível nº 0005839-77.2016.4.03.6126/SP, *DE* 2/3/2018).

"No contrato de financiamento com garantia por alienação fiduciária, o devedor/fiduciante transfere a propriedade do imóvel à Caixa Econômica Federal (credora/fiduciária) até que se implemente a condição resolutiva, que é o pagamento total da dívida. Registre-se, por necessário, que o procedimento previsto pela Lei nº 9.514/97 não se reveste de qualquer nódoa de ilegalidade ou de inconstitucionalidade" (TRF 2ª Região, Agravo de Instrumento 0003877-30.2017.4.03.0000/SP, *DE* 22/2/2018).

"Civil e processual civil. Sistema Financeiro da Habitação (SFH). Alienação fiduciária. Ação anulatória. Irregularidade da consolidação da propriedade em nome do agente financeiro: Falta de intimação

No entanto, além da possibilidade de intervenção judicial contemporaneamente ao ato que possa causar lesão a direito do devedor fiduciante, há o inevitável controle jurisdicional posterior, no contexto da ação de reintegração de posse de que trata o art. 30 da Lei 9.514/1997, quando o juiz examinará, em sua plenitude, a observância dos requisitos legais dos procedimentos de comprovação da mora, da consolidação da propriedade[255] e da venda no leilão extrajudicial, e, se for o caso, imporá a responsabilização cabível a quem de direito. Tal como em qualquer dos outros procedimentos extrajudiciais regulados pelo direito positivo, o procedimento submete-se ao mais rigoroso controle judicial dos atos desde a intimação do devedor fiduciante até após o leilão do imóvel.[256]

Em suma, o procedimento extrajudicial de intimação para purgação da mora, a consolidação da propriedade e o leilão, em si, não implicam violação do princípio do devido processo legal, seja porque se trata de exercício de direito potestativo para o qual não há necessidade jurídica de prévia manifestação de vontade do devedor, seja porque a qualquer momento do procedimento de intimação para purgação de mora, consolidação da propriedade e leilão o devedor poderá deflagrar o contraditório tão logo seja informado do ato que entender lhe seja desfavorável.

---

pessoal do devedor para purgar a mora. Constitucionalidade da Lei n. 9.514/1997. Honorários advocatícios. 1. A Lei n. 9.514/1997 foi editada depois da Constituição Federal de 1988, de acordo com o processo legislativo nela previsto, ostentando, assim, a presunção *iuris tantum* de que é constitucional, considerando, ainda, que faculta aos fiduciantes, antes da consolidação da propriedade em nome do agente financeiro, a oportunidade de quitarem o débito. 2. Não comprovado, nos autos, que a consolidação da propriedade em nome do agente financeiro tenha observado as normas previstas nos artigos 26 e seguintes da Lei n. 9.514/1997, merece acolhimento o pedido de anulação do referido procedimento. 3. Hipótese em que a intimação por edital foi procedida de forma irregular, considerando que o agente financeiro tinha conhecimento do endereço do mutuário e da situação do imóvel no momento em que houve a consolidação da propriedade em seu nome. 4. A condenação ao pagamento de honorários de advogado deve ser fixada com observância do disposto nos §§ 3º e 4º do art. 20 do CPC/1973, vigente na época em que proferida a sentença, levando em consideração as circunstâncias previstas nas alíneas 'a', 'b' e 'c' do § 3º do mesmo artigo, não ficando adstrito ao valor da causa ou aos limites percentuais estabelecidos no citado § 3º. 5. No caso, considerando as circunstâncias previstas nas alíneas 'a', 'b' e 'c' do § 3º do art. 20 do CPC/1973, a fixação dos honorários advocatícios em R$ 3.000,00 (três mil reais) se mostra adequada a remunerar o trabalho dos advogados do autor. 6. Sentença mantida. 7. Apelação da CEF e recurso adesivo do autor, não providos" (TRF 1ª Região, 6ª Turma, e-*DJF1* 30/10/2017).

[255] "Cláusula de alienação fiduciária. Inadimplência há mais de dois anos. Ação de reintegração de posse. Decisão interlocutória que indefere a liminar. Decisão que deve ser reformada. Aplicação da Lei 9.514/97 que dispõe sobre a alienação fiduciária de coisa imóvel. Cumprimento de todos os requisitos legais, quais sejam: inexistência da purga de mora e consolidação da propriedade em favor do agravante. Liminar que deve ser deferida. Conhecimento do recurso para dar provimento, deferindo-se a liminar de reintegração de posse, que deverá ser cumprida no prazo de sessenta dias após a comunicação da parte ré, ora agravada, de acordo com o artigo 30 da Lei 9514/97" (TJRJ, 12ª Câmara Cível, Agravo de Instrumento 2008.002.02746, rel. Des. Siro Darlan de Oliveira, j. 25/3/2008).

[256] "Para compatibilizar tal sistemática com o princípio consagrado, hoje, no art. 5º, XXXV, da Constituição da República, é forçoso admitir que, nessa oportunidade [após a arrematação], o controle judicial se estenda a todos os atos até então praticados. Semelhante controle deve ter em vista, particularmente, a proteção dos direitos do devedor, mediante a verificação das formalidades destinadas a resguardá-los, entre as quais assumem relevo as atinentes à cientificação das medidas executivas. E há de exercer-se com o máximo rigor formalístico, único modo, aqui, de fazê-lo cumprir plenamente a finalidade da tutela jurídica que lhe é própria" (TJRJ, Apelação Cível 4.988/1989, relator para o acórdão Desembargador José Carlos Barbosa Moreira, *Revista de Direito do Tribunal de Justiça do Estado do Rio de Janeiro*, Rio de Janeiro, n. 8, p. 154-157, jul.-set. 1991).

6.16.3. Outros procedimentos de leilão extrajudicial regulados por lei

Dada a configuração peculiar da propriedade fiduciária, não se pode cotejá-la, rigorosamente, com outros direitos reais de garantia, nem comparar os procedimentos de leilão com outros meios extrajudiciais de cobrança de dívidas e de venda de bens do devedor, pois, obviamente, cada um desses procedimentos deve adequar-se ao conteúdo próprio de cada espécie de dívida e de garantia.

Os casos mais comuns, além da garantia fiduciária, são o da realização da garantia hipotecária regulada pelo Decreto-lei 70, de 1966, e o da venda de unidade imobiliária em construção pertencente a condômino inadimplente, regulada pela Lei 4.591/1964.

Não há semelhança entre a estrutura do direito material visada pelos citados diplomas, pois a Lei 4.591/1964 e o Decreto-lei 70/1966 cuidam de *leilão de imóvel do devedor*, enquanto a Lei 9.514/1997 trata de *leilão de imóvel do credor*.

Isso não obstante, esses regimes especiais de realização de garantia têm em comum o fato de os procedimentos de comprovação da mora e de venda do bem se desenrolarem no plano extrajudicial, sendo útil observar alguns aspectos a isso relativos, no que têm de relevante.

6.16.3.1. Os procedimentos de cobrança e leilão regulados pelo Decreto-lei 70, de 1966

Ao apreciar as normas do Decreto-lei 70/1966 à luz da garantia constitucional, anteriormente à Carta de 1988, Orlando Gomes, na clássica obra *Direitos Reais*, invoca uma série de exemplos de procedimentos extrajudiciais de realização de garantias (no penhor, na alienação fiduciária, na falência), em que se mantém sempre aberta a possibilidade de intervenção judicial, admitindo que o devedor possa buscar a prestação jurisdicional a qualquer momento do procedimento, ou até mesmo antes dele, "não estando excluída, por conseguinte, a cognição pelo Poder Judiciário".[257]

De fato, em todo o curso dos procedimentos, permanece inteiramente aberta a possibilidade de busca de prestação jurisdicional, sempre que ocorrer lesão de direito ou ameaça de lesão.

Mas, não obstante, registram-se manifestações pela inconstitucionalidade desse mecanismo extrajudicial.

Em doutrina, Ada Pelegrini Grinover, referindo-se às modalidades de cobrança de dívida extrajudicial do Decreto-lei 70/1966 e judicial da Lei 5.741/1971, assim se pronuncia: "Referidos diplomas legais permitem que a execução das operações ligadas aos mútuos para aquisição de casa própria se faça mediante procedimento administrativo sumário, instaurado por simples solicitação do credor ao agente fiduciário, sem possibilidade de defesa, sem contraditório, sem fase de conhecimento, ainda que incidental (...) o agente fiduciário pode ser o próprio credor (...) Nessa hipótese, concentram-se nas mãos da mesma entidade a legitimação para a execução e a competência legal para os atos executivos (...) o controle jurisdicional é insuficiente porquanto a lide se circunscreve tão só à verificação do preenchimento das formalidades legais, ficando a matéria restrita ao âmbito angusto da discussão sobre a posse (...) A verdade é que a malsinada execução extrajudicial consagra uma forma de autotutela, repudiada pelo Estado de Direito (...) infringe o princípio constitucional da inafastabilidade da apreciação judiciária e fere os institutos da unidade da jurisdição e da atribuição da função jurisdicional ao juiz constitucional; além de violar os postulados que garantem o direito de

---

[257] GOMES, Orlando, *Direitos reais*. Atualizador Humberto Theodoro Júnior. Rio de Janeiro: Forense, 1985, p. 393.

defesa, o contraditório, a produção das próprias razões, sem os quais não pode caracterizar-se o devido processo legal".[258]

No mesmo sentido, Luiz Guilherme Marinoni sustenta que no procedimento do poder econômico caracterizado pelo Decreto-lei 70/1966 somente é possível o pedido de purgação de mora, sendo inviável o exercício da defesa, já que purgar, como é cediço, não é defender: "Não cabe, evidentemente, o argumento de que o devedor, após o leilão, pode levar ao Poder Judiciário suas eventuais objeções (...) a própria Constituição veda ao legislador processual construir um procedimento que só permita a cognição das objeções, "através de ação inversa, após o leilão do bem dado em garantia".[259]

Data venia, em relação ao Decreto-lei 70/1966 é equivocada a presunção de que "o agente fiduciário pode ser – e na maioria das vezes o é – o credor hipotecário", circunstância que possibilitaria a concentração "nas mãos da mesma entidade a legitimação ativa (...) e a competência para os atos executivos (...)", consagrando "uma forma de autotutela, repudiada pelo Estado de direito". Na verdade, o agente fiduciário jamais é o credor hipotecário, sempre é figura estranha à relação contratual, podendo ser instituição financeira ou outra entidade credenciada pelo Banco Central do Brasil, mas jamais o credor hipotecário. O que se tem no Decreto-lei 70/1966 é a disciplina da venda particular do bem objeto da garantia, semelhante a inúmeras outras existentes nas modernas legislações de países democráticos, como é o precedente do art. 1.433, IV, do Código Civil.

Tanto na hipótese do Decreto-lei 70/1966, quanto na hipótese prevista no art. 1.433, IV, do Código Civil, em que o credor fica autorizado, pelo contrato, a promover a venda do objeto da garantia, não se rompe o princípio do devido processo legal, não se atingindo de nenhuma maneira o direito de ação, porque em qualquer desses casos o devedor, desde que sofra lesão ou ameaça de lesão de seu direito, tem caminho absolutamente livre para postular em juízo a repressão ou a vedação da prática de atos lesivos. Os registros forenses têm demonstrado a aplicação prática desse princípio, na forma de ações em que se atacam procedimentos de cobrança e leilão realizados de acordo com o Decreto-lei 70/1966, até porque, como observa Samir José Caetano Martins, "constitui grave equívoco metodológico tentar enquadrar as garantias fundamentais do processo, sem embargo de ser necessário enquadrá-la [a autotutela] no contexto mais amplo da ordem constitucional".[260] De outra parte, não se pode dizer que o controle jurisdicional seja insuficiente, nem que a matéria fica restrita ao âmbito angusto da discussão sobre a posse; de igual maneira, é equivocada a impressão de que só seria possível ao devedor, mediante ação inversa, manifestar sua pretensão após o leilão do bem dado em garantia; na realidade, a eventual ação do devedor pode ser intentada a qualquer momento, desde que se tenha a configuração de lesão ou ameaça de lesão a seu direito, podendo ele opor sua resistência desde o momento em que toma ciência do início dos procedimentos, com a notificação que receber para purga da mora; de outra parte, a resistência não se circunscreve aos limites da purgação da mora, podendo espraiar-se por todo o campo de defesa, com toda a amplitude do direito de ação assegurado pela Constituição.

Em situação análoga, como a do leilão de unidade imobiliária em construção, nos termos do art. 63 da Lei 4.591/1964, também se verifica a mesma amplitude do direito de ação,

---

[258] GRINOVER, Ada Pellegrini, *Novas tendências do direito processual de acordo com a Constituição de 1988*. Rio de Janeiro: Forense Universitária, 1990, p. 200.
[259] MARINONI, Luiz Guilherme. *Efetividade do processo e tutela de urgência*. Porto Alegre: Fabris, 1994, p. 72.
[260] MARTINS, Samir José Caetano. *Execuções extrajudiciais de créditos imobiliários*. Rio de Janeiro: Espaço Jurídico, 2007. p. 58.

mediante provocação do condômino inadimplente. Também nesse caso não se configura qualquer obstrução no acesso ao Judiciário, como observa Francisco Arnaldo Schmidt: "Isso a lei não impede, nem poderia fazê-lo, sob pena de, aí sim, abrigar preceito inconstitucional. Veja-se que a existência de processos judiciais questionando a validade do art. 63 constitui o melhor argumento contra a alegação de que a matéria teria sido subtraída à apreciação do Poder Judiciário".[261]

A apreciação dessas questões pelos tribunais vem se desenvolvendo de maneira ampla desde a edição do Decreto-lei 70, em 1966.

O extinto Tribunal Federal de Recursos sempre se posicionou pela constitucionalidade das normas do Decreto-lei 70/1966,[262] confirmando-se esse posicionamento no Superior Tribunal de Justiça.[263] Pela inconstitucionalidade, posicionaram-se o 1º Tribunal de Alçada Civil de São Paulo – Órgão Especial e o Tribunal de Alçada do Estado do Rio Grande do Sul.[264]

As decisões que reconhecem compatibilidade da venda extrajudicial com o princípio constitucional se fundamentam em que não há exigência constitucional no sentido de a venda ser precedida de processo judicial, salientando que nosso direito sempre admitiu a venda, por iniciativa do credor, do objeto da garantia no caso do penhor, desde que autorizada pelo contrato; salientam essas decisões que inconstitucional seria a norma que proibisse que lesão de direito seja levada à decisão do Poder Judiciário, mas não há restrição nesse sentido, e se ilegítima a venda efetuada pelo agente fiduciário, por inobservância da lei ou do contrato, terá o interessado, ao seu dispor, a ação própria para anulá-la.

As decisões pela inconstitucionalidade veem uma redução do campo de defesa do devedor, a partir do conceito de que "a ampla defesa importa, antes de mais nada, a prévia audiência, direito maior que não convive com os efeitos da preclusão da notificação extrajudicial da iniciativa do agente fiduciário (Decreto-lei 70, art. 31)".[265] Fundamenta-se esse entendimento em que o prazo da notificação não é para defesa, mas para purgação da mora e essa purgação é reconhecimento do pedido. Do acórdão do Incidente de Inconstitucionalidade do TARS extrai-se: "Nestas condições, sustentável que fosse a recusa à inconstitucionalidade da execução especial frente às regras da Constituição de 1967, com a redação da Emenda Constitucional 1/1969 (que só implicitamente consagrava o *due process* e que só trazia expressa a garantia de acesso ao Judiciário), agora, com o advento da nova Carta, exibiram-se à calva as mencionadas incompatibilidades. A interpretação sistemática e ideológica do texto constitucional recente obriga à consideração de que as garantias fundamentais dos incs. XXXV, LIV e LV, do art. 5º, têm significação imbricada. O acesso judicial supõe segurança do devido processo legal, expressado que esta se impõe o contraditório e a ampla defesa".

O entendimento pela inconstitucionalidade não tem merecido acolhida dos tribunais superiores, cujas decisões vêm reconhecendo a constitucionalidade do procedimento especial do Decreto-lei 70/1966 sob vários argumentos,[266] entre eles se destacando:

---

[261] SCHIMIDT, Francisco Arnaldo, *Incorporação imobiliária* – teoria e prática. Porto Alegre: Metrópole, 1995, p. 112.
[262] *TFR-RF* 254/246, *RJTJESP*, 68/121, *RTFR* 122/99, 161/193, *TFR-RF* 260/223.
[263] REsp 46050-RJ, rel. Min. Garcia Vieira, j. 27/4/1994, unânime, *DJU* 30/5/1994.
[264] *Lex-JTA* 151/186 (TASP-Órgão Especial, 4 votos vencidos) e JTAERGS, 76/81 (TARS-Órgão Especial, um voto vencido).
[265] Incidente de inconstitucionalidade na Apelação Cível 189040938-Órgão Especial do TARS.
[266] Seminário promovido pelo Centro de Debates e Estudos do Tribunal de Alçada do Estado do Rio de Janeiro – CEDES, em Angra dos Reis, setembro de 1994.

- não há limitação ou redução do campo de defesa do devedor, ao qual está assegurado o direito de propor as ações cabíveis (cautelar de sustação de procedimento de cobrança e leilão, revisional de contrato, consignatória, prestação de contas ou qualquer outra) sempre que entender lesado seu direito;
- só não haveria o controle judicial se o próprio texto da lei assim dispusesse;
- Decreto-lei 70/1966 possibilita a purgação da mora a qualquer momento, até a assinatura do auto de arrematação, sem prejuízo de recurso ao Judiciário;
- Decreto-lei 70/1966 impõe severa sanção ao agente fiduciário que não agir legalmente;
- o devedor, antes do início da execução, quando tiver fundada razão para pôr em dúvida a imparcialidade ou a idoneidade do agente fiduciário eleito no contrato, poderá pedir em juízo sua destituição (Decreto-lei 70/1966, arts. 31 e 41, § 1º).

Com efeito, em procedimentos como o do Decreto-lei 70/1966, a prévia audiência da parte para instauração da ampla defesa se torna possível a partir do momento em que se efetiva a notificação, pois é por ela que se dá ciência do prazo ao devedor, ciência essa que viabiliza a resistência do devedor, por qualquer dos meios admitidos em direito, judiciais ou extrajudiciais, por força do binômio *informação + resistência* que corporifica o contraditório. Nada obsta que o devedor, recebendo a notificação, oponha resistência, até porque "esta é a principal função da interpelação", isto é, a de abrir oportunidade ao devedor para deflagrar o contraditório.[267]

Mas ainda que ultrapassada a fase da notificação, o devedor tem assegurada, nos termos do art. 40 do Decreto-lei 70/1966, a reparação de todas as perdas e danos decorrentes de alienação do imóvel, quando essa se fizer mediante ato ilícito, fraude, simulação ou comprovada má-fé do agente fiduciário.

Importa notar, ainda, que, em casos como o do Decreto-lei 70/1966, a venda do bem objeto da garantia é determinada por acordo de vontades, constante do título constitutivo da hipoteca, acordo esse autorizado expressamente por lei, como sucede no penhor (Código Civil, art. 1.433, IV), em que a venda é promovida pelo próprio credor, e nas construções de edifícios sob o regime da Lei 4.591/1964, em que a Comissão de Representantes dos Condôminos está legitimada, por mandato legal, a vender as frações ideais e acessões de condôminos inadimplentes. Em qualquer dessas hipóteses, a venda é precedida de ampla publicidade. A esse propósito, observa Wilson Volpato que o procedimento extrajudicial de execução hipotecária vigente na Espanha, e adotado em alguns países de fala espanhola, também admite prévio acordo de vontades para que a venda do objeto da garantia se faça por Notário.[268]

---

[267] MARTINS, Samir José Caetano, *Execuções extrajudiciais de créditos imobiliários*. Rio de Janeiro: Espaço Jurídico, 2007, p. 52-53.

[268] Não se pode confundir o procedimento contratual de venda de objeto de garantia com outros procedimentos de excussão de garantias, em que se verifica o monopólio do Judiciário. Em conferência pronunciada no Seminário do CEDES, citado, Wilson Volpato assinala que é impossível o cotejo, pois a venda extrajudicial decorre de expresso acordo de vontades no título constitutivo da hipoteca; registra analogia, sim, com a venda amigável nas hipóteses de penhor (Código Civil, art. 774), de alienação fiduciária de bens móveis (Decreto-lei 911/1969, art. 2º) e de construção de edifícios (Lei 4.591/1964, art. 63). No mesmo Seminário, os Ministros do Superior Tribunal de Justiça Waldemar Zveiter e Demócrito Ramos Reinaldo e, também, o Desembargador Marcos Faver, do Tribunal de Justiça do Estado do Rio de Janeiro, sustentaram a legitimidade dos procedimentos de cobrança e realização de garantia do Decreto-lei 70/1966, à luz do princípio do devido processo legal, invocando decisões proferidas anteriormente à Constituição de 1988 pelo então Tribunal Federal de Recursos, no sentido de que está plenamente preservado o controle judicial dessa modalidade de leilão, seja contemporaneamente à sua realização ou posteriormente.

Na linha desses princípios, o Supremo Tribunal Federal ratificou seu posicionamento pela constitucionalidade dos procedimentos extrajudiciais do Decreto-lei 70/1966 em várias decisões, como no Recurso Extraordinário 223.075-DF, decisão unânime, sendo relator o Ministro Ilmar Galvão,[269] com fundamento em que, "Além de prever uma fase de controle judicial, antes da perda do imóvel pelo devedor (art. 36, § 2º), não impede que eventual ilegalidade perpetrada no curso de venda do imóvel seja, de logo, reprimida pelos meios processuais próprios".

O acórdão faz alusão a outras situações de venda do bem objeto da garantia, diretamente pelo credor, como é o caso do art. 774, III, do Código Civil de 1916 (penhor), concluindo pela não violação dos princípios constitucionais do devido processo legal, da ampla defesa e do contraditório.[270]

Posteriormente a esse julgamento, a mesma 1ª Turma, também em votação unânime, deu provimento ao RE 148.872-RS, do qual foi relator o Ministro José Carlos Moreira Alves, reconhecendo ter havido "recepção, pela Carta Magna de 1988, do Decreto-lei 70/1966". Ademais, como destacado no Parecer da Procuradoria-Geral da República, no processo de execução, o devedor "é chamado, em tese, para pagar, colaborar com o Juízo, não mais para contestar o direito expresso no título executivo".[271] E nessa hipótese a instauração do contraditório, bem como o exercício do direito de defesa garantido pela Constituição, depende da iniciativa do próprio devedor, mediante propositura da ação de embargos.

A jurisprudência do Superior Tribunal de Justiça já se consolidou no sentido de que o procedimento extrajudicial de leilão não inibe o direito de ação assegurado ao devedor.[272]

---

[269] Noticiado no Informativo do STF 118, de 10/8/1998.

[270] Colhe-se do voto do relator, Ministro Ilmar Galvão: "Essa mudança, em termos de política legislativa, pôde ser feita, na espécie, sem inflição de dano irreparável às garantias de defesa do devedor. Tem este aberta a via da reparação... Se, no novo procedimento, vier a sofrer detrimento o direito individual concernente à propriedade, a reparação pode ser procurada no Poder Judiciário, seja pelo efeito rescindente da sentença na ação de imissão de posse, seja por ação direta contra o credor ou o agente fiduciário. Assim, a eventual lesão ao direito individual não fica excluída da apreciação judicial (...) O novo procedimento não retira do Poder Judiciário para o agente fiduciário parcela alguma do poder jurisdicional. O agente fiduciário executa somente uma função administrativa, não necessariamente judicial. A possibilidade dessa atuação administrativa resulta de uma nova especificação legal do contrato hipotecário, que assumiu, nesse particular, feição anteriormente aceita no contrato de penhor, qual seja, a previsão contratual da excussão por meio de venda amigável (Código Civil, art. 774, III) (...) Restou demonstrado, efetivamente, de modo irretorquível, que o Decreto-lei 70/1966, além de prever uma fase de controle judicial, antes da perda da posse do imóvel pelo devedor (art. 36, § 2º), não impede que eventual ilegalidade perpetrada no curso do procedimento de venda do imóvel seja, de logo, reprimida pelos meios processuais próprios. Nestas condições, é fora de dúvida que não cabe falar, como fez o acórdão recorrido, em ofensa às normas dos incisos XXXV, XXXVII e LIII do art. 5º da Constituição, nem, tampouco, em inobservância dos princípios do devido processo legal, do contraditório ou da ampla defesa".

[271] Nesse caso, o STF apreciou o incidente de inconstitucionalidade na Apelação Cível 189040938 do TARS e confirmou a recepção do Decreto-lei 70/1966 pela atual Constituição por inexistir incompatibilidade entre os procedimentos extrajudiciais e a garantia constitucional do direito de ação. Nesse sentido, o parecer da Procuradoria-Geral da República, referindo-se aos embargos no processo de execução, destaca que "as garantias constitucionais relativas ao processo sofrem mitigação, precisamente por não se cuidar de ação de conhecimento. Mas, isso não obstante, como ora se vê, a qualquer tempo faculta-se ao suposto lesado o acesso à Justiça, com todas as prerrogativas enunciadas na Carta Magna (...) No processo de execução o devedor é chamado, em tese, para pagar, colaborar com o Juízo, não mais para contestar o direito expresso no título executivo".

[272] STJ, 1ª Turma, ROMS 8867-MG, rel. Min. Milton Luiz Pereira, maioria, *DJ* 13/9/1999: "Mandado de segurança. Liminar. Requisitos essenciais e conexos. Segurança denegada. Decreto-lei 70/1966. Lei 1.533/1951 (art. 7º, II). 1. Ato judicial de indeferimento da liminar não revestido de ilegalidade, de abu-

6.16.3.2. Os procedimentos de cobrança e leilão da Lei 4.591, de 1964

A Lei 4.591/1964 contempla um sistema especial de proteção dos créditos da comunidade de condôminos integrantes de empreendimento imobiliário em construção, visando compor rapidamente as situações de mora para manter o fluxo financeiro necessário ao regular andamento da obra. Os procedimentos são disciplinados pelo art. 63 da citada lei, que faculta a estipulação da cláusula resolutiva expressa nos contratos de promessa de venda ou de promessa de cessão de imóveis a construir pelo regime da incorporação imobiliária; interpelado o adquirente em mora e deixando de efetuar o pagamento no prazo fixado na lei, caracteriza-se o inadimplemento absoluto e a resolução de pleno direito da promessa de venda; a resolução da promessa não importa na reincorporação do imóvel ao patrimônio do incorporador, pois a lei determina que ele ou a comissão de representantes dos adquirentes vendam o imóvel em leilão para recomposição do capital necessário ao prosseguimento da obra.

Trata-se de forma particular de venda de imóvel, pactuada em contrato, e nesse aspecto assemelha-se à venda extrajudicial prevista no Decreto-lei 70/1966, com a diferença de que na Lei 4.591/1964 a venda é feita diretamente pelo credor, enquanto na hipótese do Decreto-lei 70/1966 a venda é feita por uma entidade credenciada pelo Banco Central do Brasil, estranha à relação jurídica de direito material existente entre credor e devedor.

No caso do condomínio, a Comissão de Representantes é investida de mandato irrevogável durante toda a vigência do contrato de construção do edifício, com poderes necessários para, em nome do condômino inadimplente, efetuar a alienação dos direitos de que aquele é titular (§ 5º do art. 63).

Tal como sucede nos procedimentos relativos aos contratos de alienação fiduciária e de hipoteca vinculados ao SFH, as normas que disciplinam a venda de unidade imobiliária em construção também não obstruem o direito de ação, nem implicam violação do princípio do contraditório.

A orientação jurisprudencial é pacífica no sentido da constitucionalidade dos procedimentos de venda particular de unidade imobiliária de propriedade de condômino inadimplente,[273] firmando-se nesse sentido em razão da prevalência do interesse coletivo, de manter o nível do fluxo financeiro para execução da obra, sobre o interesse individual do devedor, sem que isso crie barreiras ao exercício do seu direito de ação; de outra parte, em eventual conflito de interesses resultante de inadimplemento de condômino, por falta de pagamento de quotas de construção, o direito lesionado é o do credor, representado pela comunidade dos comunheiros, pela redução ou interrupção do curso da obra, com inúmeros prejuízos econômicos e financeiros daí decorrentes.

6.17. CONSTITUCIONALIDADE DOS MEIOS EXTRAJUDICIAIS DE REALIZAÇÃO DE GARANTIAS

Os meios especiais de realização de garantias visam dotar o ordenamento de mecanismos capazes de propiciar rápida recomposição de situações de mora, em prazos compatíveis com

---

sividade, nem teratológico, escapa de censura, merecendo ser mantido. 2. Vezes a basto tem sido afastada a pretensão de acoimar a execução extrajudicial de inconstitucional (Dec.-lei 70/1966). Recurso não provido" (STJ, 2ª Turma, ROMS 3950-DF, rel. Min. Peçanha Martins, unânime, *DJ* 5/12/1994). "Recurso ordinário. Mandado de segurança. Ato judicial. Liminar em medida cautelar. Execução extrajudicial. Impedimento de leilão de imóveis adquiridos pelo SFH. Ausência de ilegalidade. 1. Não se revestindo o ato judicial de ilegalidade ou abusividade e muito menos se afigurando teratológico, não há porque se deferir a segurança contra ele requerida. 2. Recurso ordinário ao qual se nega provimento."

[273] STF, *RTJ* 79/294 e RE 73.621, *RTJ* 62/232; TJERJ, *RT* 412/335; TJRS, *RF* 220/237.

as necessidades de manutenção do fluxo de retorno dos empréstimos, com vistas ao interesse coletivo de permanente oferta de crédito, pois os meios tradicionais "não mais satisfazem a uma sociedade industrializada, nem mesmo nas relações creditícias entre pessoas físicas, pois apresentam graves desvantagens pelo custo e morosidade em executá-las".[274]

Ora, a oferta de crédito, elemento propulsor da atividade produtiva em geral, depende de mecanismos capazes de imprimir eficácia e rapidez nos processos de recuperação dos créditos. Os mecanismos adotados pelas normas especiais que disciplinam esses procedimentos se ajustam a essas necessidades, harmonizando o interesse coletivo da oferta de crédito com as garantias individuais emanadas da Constituição.

De outra parte, independente da celeridade específica, reclamada no campo da atividade creditícia, a sociedade vem igualmente clamando pela efetividade e presteza da prestação jurisdicional, e é nesse sentido que vem se amoldando toda a reformulação do Código de Processo Civil, a partir de 1994, visando superar os problemas decorrentes da sobrecarga do judiciário, da burocratização e, enfim, de tudo quanto possa tornar moroso o processo, pois, como adverte Ada Pellegrini Grinover, "a crise da justiça (...) com a sobrecarga dos tribunais, a morosidade do processo, a burocratização dos juízes, a complicação procedimental, corresponde, na verdade, à denegação da justiça".[275]

É nesse contexto que *prestigiosa corrente doutrinária* a que se refere o Ministro Ilmar Galvão, no voto proferido no RE 223075-DF, preconiza a execução da dívida ativa do Estado na esfera administrativa, na medida em que reveste-se ela, na verdade, de atos de natureza meramente administrativa, reservando-se ao Judiciário tão somente a apreciação e o julgamento de impugnações, com o que estaria preservado o monopólio do Poder Judiciário. O mesmo se dá com a arbitragem, disciplinada pela Lei 9.307/1996, que, contemplando, embora, a solução de conflitos independente da intervenção do Judiciário, não fere o princípio do juiz natural, ficando sempre preservado o monopólio do Judiciário para apreciação de eventual lesão de direito.

O Professor Arruda Alvim reconhece a necessidade de mecanismos eficazes para recomposição de situações de mora do devedor, como forma de manutenção dos sistemas de crédito, em benefício de toda a coletividade. Não obstante, atento à garantia constitucional de acesso ao Judiciário, chama a atenção para que a possibilidade de provimento antecipado da tutela atua em favor do devedor, tornando efetiva aquela garantia constitucional. Diz o Professor: "Com a possibilidade de antecipação, parcial ou mesmo total da tutela, não se pode negar que, mesmo praticamente, abriu-se caminho máximo e pronto/instantâneo de acesso ao Judiciário, tudo dependendo da iniciativa do interessado. Anote-se, ademais, que a antecipação de tutela, do art. 273, foi criada como instituto geral, aplicável a todas as hipóteses. E, acrescente-se, ainda, que o art. 461, *mutatis mutandis*, para os casos de obrigação de fazer ou não fazer, disciplinou o assunto com os mesmos objetivos. Desta forma, pois, se houvesse algum resquício de fundamento, no sentido de que a alienação extrajudicial 'arranharia' o princípio do contraditório, esse se esvaneceu total e inteiramente. Esses textos, por excelência, colimam prevenir o dano, acima de tudo".[276]

---

[274] ALVES, Jose Carlos Moreira. *Alienação fiduciária em garantia*. 2. ed. Rio de Janeiro: Forense, 1979, p. 3. As deficiências das garantias tradicionais dos sistemas de origem romana mostram-se mais acentuadas desde o final do século XIX, pelo ritmo acelerado que o desenvolvimento do capitalismo financeiro imprimiu na circulação das riquezas, ensejando a formulação de novas modalidades de garantia, a partir da construção doutrinária de juristas alemães e italianos, como é o caso da concepção do negócio fiduciário por Regelsberger, em 1880.

[275] GRINOVER, Ada Pellegrini, *O processo e sua evolução*. Rio de Janeiro: Forense Universitária, 1996, p. 93-96.

[276] Parecer citado.

Não há dúvida de que qualquer dos procedimentos extrajudiciais considerados, assim como as tutelas de urgência ou de evidência dos arts. 294 e seguintes da lei processual civil, podem, eventualmente, dar causa a lesão de direito, inclusive por inobservância de requisitos ou formalidades do procedimento e, nesse caso, está aberta ao interessado *aquela possibilidade eventual, mas efetiva*, a que se refere Sergio La China, de postular a intervenção judicial ou interpor os recursos cabíveis, colocando em prática a garantia constitucional. Cumpre ao credor ou ao agente fiduciário, ou, ainda, à comissão de representantes do condomínio, para evitar lesão ou ameaça de lesão de direito, agir com rigor ético e com observância dos requisitos legais, de modo a não causar lesão a direito do devedor, para que se alcance o ponto de equilíbrio entre a função social do crédito e a garantia dos direitos individuais do devedor.

Ao lado desses mecanismos, o direito positivo vem incorporando outros meios extrajudiciais de solução de problemas e disso são exemplos as Leis 10.931/2004 e 11.101/2005, a primeira regulamentando a constituição de patrimônio de afetação formado pelos bens, direitos e obrigações integrantes de incorporação imobiliária, pela qual se autoriza a intervenção direta dos adquirentes na administração do negócio, mesmo em caso de falência da empresa incorporadora, e a segunda regulamentando a recuperação do empresário e da sociedade empresária. São normas legais que autorizam a livre negociação entre credores e devedores visando prevenir situações de desequilíbrio econômico-financeiro da empresa devedora e preservar a atividade produtiva. Ao mesmo passo, permitem às partes agir diretamente, com simplicidade e rapidez, visando a continuação do negócio, de forma a assegurar a circulação de riquezas, a manutenção da fonte de renda dos trabalhadores e o cumprimento da função social do contrato e do crédito. A atuação direta das partes não substitui a função jurisdicional, pois não afasta a intervenção do Judiciário, sendo certo, entretanto, que este só intervirá se houver lesão ou ameaça de lesão a direito das partes envolvidas.

No caso do patrimônio de afetação nas incorporações imobiliárias, a Lei 10.931/2004 introduziu novos dispositivos na Lei 4.591/1964 prevendo que, caso a empresa incorporadora venha a falir, a comissão de representantes dos adquirentes assumirá a administração da incorporação, prosseguindo a obra com autonomia, independente do processo falimentar, estando autorizada a vender diretamente as unidades imobiliárias do "estoque" da empresa incorporadora, mediante leilão extrajudicial, recolhendo à massa falida o saldo positivo, se houver, tudo isso independente de intervenção judicial. Essa prerrogativa é ratificada pela Lei 11.101/2005, cujo art. 119, IX, dispõe que os bens, direitos e obrigações integrantes de patrimônios de afetação permanecerão separados, prosseguindo o curso normal dos respectivos contratos até o cumprimento da sua finalidade, de acordo com seu regime jurídico próprio, mantendo-se esses patrimônios fora da administração da falência.

Outro procedimento extrajudicial regulamentado pela mesma Lei 10.931/2004 diz respeito à retificação de registros de imóveis, pelo qual as retificações de metragens dos imóveis ou outras incorreções passarão a ser feitas diretamente pelo oficial do Registro de Imóveis, só se levando ao Judiciário as situações em que não houver acordo entre as partes ou houver lesão do direito de propriedade de algum confrontante.

Mas, além dessas, já contempladas no direito positivo, há várias outras situações que comportam resolução extrajudicial de problemas, como é a hipótese da Lei 11.441/2007, pela qual é permitida a efetivação extrajudicial de inventário e a partilha de bens, nos casos em que os interessados sejam capazes e entre eles não haja divergência, bem como a separação consensual, o divórcio consensual, quando não houver filhos menores do casal, e a usucapião extrajudicial regulada pelo art. 216-A da Lei nº 6.015/1973, com a redação dada pelo art. 1.071 do CPC/2015.

É claro que em todos esses casos haverão de ser respeitados os princípios constitucionais da ampla defesa e do devido processo legal, mas o recurso ao Judiciário só ocorrerá se e quando houver lesão ou ameaça de lesão a direito.

No caso específico da venda extrajudicial do bem objeto da garantia, as normas não são, em si mesmas, incompatíveis com os princípios constitucionais do art. 5º, XXXV, LIV e LV, podendo ser exercido o direito de ação pelo devedor sempre que ocorrer lesão ou ameaça de lesão a direito, inclusive se verificada por inobservância dos requisitos legais consubstanciados nos princípios de aplicação geral e nas normas específicas, que delineiam o regime legal peculiar de cada modalidade de venda privada, sejam as normas do Código Civil, relativas ao penhor, ou aquelas contidas na legislação especial.

A inobservância dessas normas, causando lesão ou ameaça de lesão a direito, enseja a atuação judicial não só para reprimir ou impedir a prática de ato lesivo, como, também, para impor a reparação de danos causados por fraude de qualquer natureza, a exemplo do que preveem os arts. 40 e 41 do Decreto-lei 70/1966.

7
CESSÃO FIDUCIÁRIA DE DIREITOS CREDITÓRIOS

7.1. LEI 4.864, DE 1965 – APLICAÇÃO RESTRITA

Na mesma linha conceitual sobre a qual está configurada a alienação fiduciária, a Lei 4.864, de 29 de novembro de 1965, instituiu uma garantia fiduciária tendo como objeto direitos creditórios decorrentes de alienação de imóveis, regulamentando o contrato de *cessão fiduciária de crédito em garantia*.

Nos termos em que se encontrava regulamentada pela Lei 4.864/1965, a cessão fiduciária tinha espectro limitado, restringindo-se apenas aos créditos oriundos de financiamento habitacional. O propósito da lei era estimular a expansão do crédito no setor habitacional e, nesse sentido, destinava-se aquela cessão fiduciária a servir como garantia dos financiamentos da produção de imóveis. É nesse sentido que seu art. 21 dizia respeito a conjuntos habitacionais de interesse social, dispondo seu art. 22 que os créditos abertos para o fim de financiar a construção daqueles conjuntos poderiam ser "garantidos pela caução, a cessão parcial ou a cessão fiduciária dos direitos decorrentes dos contratos de alienação das unidades integrantes do projeto financiado". Tal garantia, assim, tinha aplicação extremamente limitada, pois só era aplicável para garantia de créditos imobiliários que tivessem como credoras entidades financeiras integrantes do sistema financeiro da habitação. O propósito da lei era a expansão do crédito somente no setor habitacional e, nesse sentido, a titularidade fiduciária resultante da cessão visava apenas a servir como garantia dos financiamentos da produção de imóveis habitacionais.

7.2. LEI 9.514, DE 1997 – AMPLIAÇÃO DO CAMPO DE APLICAÇÃO

A Lei 9.514/1997 regula inteiramente a matéria de que tratava a Lei 4.864/1965, no que tange à cessão fiduciária de créditos imobiliários, aperfeiçoando a configuração dessa garantia, explicitando com maior clareza o conteúdo e os efeitos da cessão e permitindo a utilização generalizada da garantia.

7.3. ART. 66-B DA LEI 4.728/1965, COM A REDAÇÃO DADA PELO ART. 55 DA LEI 10.931 – CESSÃO FIDUCIÁRIA DE DIREITOS SOBRE BENS MÓVEIS E TÍTULOS DE CRÉDITO – ART. 66-B DA LEI 4.728/1965, COM A REDAÇÃO DADA PELO ART. 55 DA LEI 10.931/2004

De acordo com o mesmo padrão adotado para os créditos imobiliários pela Lei 9.514/1997, a Lei 10.931, de 2/8/2004, introduziu no Decreto-lei 911/1969 o art. 66-B,[1] que cria a titularidade fiduciária de direitos sobre bens móveis e de direitos creditórios em geral, mediante contrato de cessão fiduciária. Essa modalidade de garantia, entretanto, só é aplicável aos créditos constituídos no âmbito do mercado financeiro e de capitais, bem como aos créditos fiscais e previdenciários.

Por essa modalidade de contrato, o devedor se obriga a transferir a titularidade fiduciária dos direitos ou dos créditos ao credor. A forma de constituição dessa garantia é o contrato de cessão e seu modo de constituição é o registro desse contrato em Registro de Títulos e Documentos situado no domicílio do devedor.

Uma vez registrado o contrato, considera-se o devedor-cedente-fiduciante destituído da titularidade e da posse sobre os direitos ou créditos cedidos fiduciariamente e o credor-cessionário-fiduciário investido nessa titularidade e na posse.

Por efeito dessa titularidade, os direitos ou os créditos ingressam no patrimônio do credor, mas com as restrições típicas da fiduciariedade. Está o credor autorizado a promover a cobrança dos créditos diretamente dos devedores do seu devedor-cedente e a apropriar-se do produto da cobrança, mas somente até o limite do seu crédito e encargos; uma vez satisfeitos seu crédito e a remuneração a que faz jus, o credor-fiduciário deverá restituir ao cedente-fiduciante o saldo remanescente, seja em dinheiro ou em crédito.

Para satisfação dos seus direitos o credor-fiduciário pode usar todas as ações, execuções e recursos que são legalmente deferidos ao devedor-cedente, mesmo em caso de eventual procedimento de recuperação da empresa cedente.

Aos direitos e aos créditos cedidos no âmbito do mercado financeiro e de capitais, bem como do fisco e da previdência social, aplicam-se as regras dos arts. 18 a 20 da Lei 9.514/1997, adiante comentados.

7.4. CONCEITO E ABRANGÊNCIA

A cessão fiduciária e a alienação fiduciária são institutos similares, exercendo a mesma função de garantia do crédito e alicerçando-se nos mesmos fundamentos; enquanto na alienação o objeto do contrato é a transmissão de um bem (móvel ou imóvel), na cessão o objeto

---

[1] Lei 4.728/1965. Art. 66-B. "§ 3º É admitida a alienação fiduciária de coisa fungível e a cessão fiduciária de direitos sobre coisas móveis, bem como de títulos de crédito, hipóteses em que, salvo disposição em contrário, a posse direta e indireta do bem objeto da propriedade fiduciária ou do título representativo do direito ou do crédito é atribuída ao credor, que, em caso de inadimplemento ou mora da obrigação garantida, poderá vender a terceiros o bem objeto da propriedade fiduciária independente de leilão, hasta pública ou qualquer outra medida judicial ou extrajudicial, devendo aplicar o preço da venda no pagamento do seu crédito e das despesas decorrentes da realização da garantia, entregando ao devedor o saldo, se houver, acompanhado do demonstrativo da operação realizada. § 4º No tocante à cessão fiduciária de direitos sobre coisas móveis ou sobre títulos de crédito aplica-se, também, o disposto nos arts. 18 a 20 da Lei nº 9.514, de 20 de novembro de 1997. § 5º Aplicam-se à alienação fiduciária e à cessão fiduciária de que trata esta Lei os arts. 1.421, 1.425, 1.426, 1.435 e 1.436 da Lei nº 10.406, de 10 de janeiro de 2002.

é a transmissão de um direito creditório; em ambas, a transmissão do domínio fiduciário ou da titularidade fiduciária subsiste enquanto perdurar a dívida garantida.

No que tange aos créditos imobiliários, diferentemente do que prescrevia a lei anterior, a Lei 9.514/1997 amplia o campo de aplicação da cessão fiduciária de direitos creditórios – tal contrato não mais se restringe à garantia de financiamentos habitacionais e não mais se limita a garantir financiamentos à produção, pois, pela nova lei, a cessão fiduciária de direitos creditórios pode servir como garantia de qualquer operação de financiamento imobiliário.

Tal como dispõe o art. 17, trata-se de garantia aplicável às "operações de financiamento imobiliário em geral", daí por que têm legitimidade para contratá-la quaisquer pessoas, físicas ou jurídicas, que vierem a estabelecer uma relação creditícia visando um financiamento imobiliário qualquer. Não se trata, como na regulamentação anterior, de contrato privativo de determinadas instituições financeiras, mas de garantia de aplicação generalizada para o financiamento imobiliário, tendo legitimidade para figurar como partes quaisquer pessoas que tenham capacidade para realizar operações imobiliárias e de financiamento imobiliário.

7.5. TITULARIDADE FIDUCIÁRIA

Dispõe o art. 18 da Lei 9.514/1997 que "o contrato de cessão fiduciária em garantia opera a transferência ao credor da titularidade dos créditos cedidos, até a liquidação da dívida garantida...".

Por esse contrato, o tomador de um financiamento transfere seus direitos de crédito à instituição financiadora, que os adquire, como cessionária fiduciária.

Essa transferência de titularidade não se faz em termos plenos e definitivos, mas, tendo escopo de garantia, limitados, sendo temporária a transferência – serve a cessão somente para que o cessionário-fiduciário receba recursos para satisfazer seu crédito e perdura somente enquanto perdurar esse crédito. Nesse sentido, dispõe o § 1º do art. 18 que "as importâncias recebidas (...) serão creditadas ao devedor cedente, na operação objeto da cessão fiduciária, até final liquidação da dívida e encargos..."

A cessão fiduciária tem caráter de direito real, que tem como objeto o direito creditório, somente tendo eficácia *erga omnes* depois de averbado o contrato no Registro de Imóveis competente (art. 17, § 1º), quando se tratar de crédito imobiliário, ou no Registro de Títulos e Documentos do domicílio do devedor, quando se tratar de cessão fiduciária sobre direitos ou títulos de crédito em geral, contratada no âmbito do mercado financeiro e de capitais.

7.6. SUJEITOS DO CONTRATO

O cedente é o tomador de um empréstimo, que cede créditos em caráter fiduciário para garantia do pagamento da sua dívida.

No que tange aos créditos imobiliários, muito embora a cessão fiduciária seja contrato utilizável generalizadamente, para garantia de qualquer financiamento imobiliário, é de se admitir que só venha a ter larga aplicação no setor da produção imobiliária, pois é nesse campo que ocorrerá maior demanda por financiamento, sendo nele gerada a grande massa de créditos decorrentes de operações imobiliárias, que constituirão o objeto da garantia por cessão fiduciária. Assim, as partes do contrato de cessão fiduciária hão de ser, em regra, cedente-fiduciante, o empresário do mercado imobiliário, e cessionária-fiduciária a instituição financeira que tenha fornecido recursos para o financiamento de operações do cedente-fiduciante, operando-se tal cessão em contratos decorrentes de incorporação imobiliária realizada nos termos da Lei 4.591/1964; nessa modalidade de operação, o empresário do mercado imobiliário (construtor ou incorporador), depois de ter obtido a aprovação de projeto de construção e de ter arquivado no Registro de Imóveis o Memorial de Incorporação, lança à venda as frações ideais do terreno e respectivas acessões, que, depois de averbada a construção, constituirão as unidades imobiliárias autônomas do edifício; na medida em que vende, a prazo, esses imóveis, ainda que durante a construção, o empresário torna-se titular de direitos creditórios decorrentes de contratos de alienação de imóveis, que podem constituir objeto da cessão fiduciária (art. 17, II, da Lei 9.514/1997).

Não obstante efetivada a cessão fiduciária, subsiste a relação jurídica originalmente estabelecida entre o empresário-cedente e o adquirente-devedor, pois a cessão fiduciária produz efeito somente na relação entre o empresário-cedente e a financiadora-cessionária.

No que tange aos mercados financeiro e de capitais, é de se admitir que a cessão fiduciária de crédito regulamentada pelo art. 66-B da Lei 4.728/1965, por ser mais vantajosa para o credor, venha a substituir o penhor, que ainda hoje é largamente utilizado no mercado financeiro. É que, mesmo empenhados, os créditos permanecem no patrimônio do devedor, sujeitando o credor aos riscos da insolvência daquele, enquanto a titularidade fiduciária exclui os créditos do patrimônio do devedor, afastando-os dos efeitos de eventual falência deste. Com efeito, por força do registro do contrato de cessão fiduciária, os créditos objeto da cessão são excluídos do patrimônio do devedor-cedente-fiduciante e são afetados à destinação específica de resgate da dívida à qual estão vinculados, ficando, portanto, imunes aos efeitos de eventual falência ou de recuperação do empresário ou da sociedade devedora; nesse caso, os créditos cedidos fiduciariamente continuarão sendo recebidos diretamente pela credora-cessionária até a integral satisfação do seu crédito, só vindo a arrecadar à massa o saldo que eventualmente remanescer após o resgate integral da dívida do cedente-fiduciante. Na hipótese de não ter havido a tradição dos títulos representativos dos créditos cedidos fiduciariamente, o credor terá direito à restituição, prosseguindo a cobrança até satisfação integral do seu crédito, independentemente do procedimento de recuperação ou de falência (Lei 11.101/2005, § 3º do art. 49).

7.7. ABRANGÊNCIA DOS DIREITOS DO CESSIONÁRIO FIDUCIÁRIO

Tal como sucede no penhor (Código Civil, art. 1.433), é transmitido ao credor-cessionário o exercício de todos os direitos creditórios, diretamente perante o adquirente-devedor, dispondo o art. 19 da Lei 9.514/1997 que compete ao credor: "I – conservar e recuperar a posse dos títulos representativos dos créditos cedidos, contra qualquer detentor, inclusive o próprio cedente; II – promover a intimação dos devedores que não paguem ao cedente, enquanto durar a cessão fiduciária; III – usar das ações, dos recursos e execuções, judiciais ou extrajudiciais, para receber os créditos cedidos e exercer os demais direitos conferidos ao cedente no contrato de alienação do imóvel; IV – receber diretamente dos devedores os créditos cedidos fiduciariamente".

No que tange à eficácia dessa garantia, a nova lei aperfeiçoa as antigas regras da Lei 4.864/1965, pela qual continuava "o devedor a exercer os direitos em nome do credor, segundo as condições do contrato e com as responsabilidades de depositário", só permitindo que o credor-cessionário exercesse diretamente a cobrança perante os adquirentes-devedores *no caso de inadimplemento da obrigação garantida*. Ora, tais restrições praticamente tornavam sem efeito a cessão fiduciária, na medida em que lhe atribuíam eficácia menor do que a atribuída à caução de títulos que era regulada pelos arts. 789 e seguintes do Código Civil de 1916, pela qual o credor garantido pela caução podia receber os títulos diretamente dos devedores. A Lei 9.514/1997 reveste a cessão fiduciária de maior eficácia, atribuindo ao credor direitos semelhantes àqueles que são conferidos ao credor garantido por caução.

7.8. EFEITOS QUANTO À FALÊNCIA E AO REGIME DE RECUPERAÇÃO DA EMPRESA CEDENTE-FIDUCIANTE

Pela cessão fiduciária cria-se uma *titularidade fiduciária*, daí por que os créditos objeto da fidúcia são excluídos do patrimônio do devedor-cedente tão logo seja averbado o contrato no Registro de Imóveis ou no Registro de Títulos e Documentos, conforme o caso. Por isso mesmo, prevê a lei que, "na hipótese de falência do devedor cedente e se não tiver havido a tradição dos títulos representativos dos créditos cedidos fiduciariamente, ficará assegurada ao cessionário fiduciário a restituição na forma da legislação pertinente", prosseguindo o "cessionário fiduciário no exercício de seus direitos..." (art. 20 e parágrafo único da Lei 9.514/1997). Trata-se de característica típica da garantia fiduciária, qual seja, a de salvaguardar o objeto da garantia dos efeitos da insolvência do devedor, mediante formação de um patrimônio autônomo, que responde exclusivamente pelas obrigações específicas para as quais foi constituído.

Do mesmo modo, a lei exclui dos efeitos de recuperação de empresa os créditos cedidos fiduciariamente,[2] prevalecendo o direito do credor-fiduciário de receber os créditos cedidos até o integral pagamento do seu crédito.

A exclusão decorre da Lei 11.101/2005, estando compreendidos no § 3º do art. 49 os credores que ocupam a posição de proprietário fiduciário de bens móveis e imóveis e alcançados pelo inciso IX do art. 119 os bens e direitos integrantes de patrimônios de afetação.

No que tange especificamente à garantia fiduciária sobre direitos sobre bens móveis e sobre títulos de crédito, a expressão empregada na Lei 11.101/2005 – "credor titular da posição de proprietário fiduciário de bens móveis ou imóveis" – deve ser entendida em sentido abrangente, compreendendo os bens corpóreos e incorpóreos, entre eles os direitos sobre bens móveis e os títulos de crédito a que se refere o art. 66-B da Lei 4.728/1965, com a redação dada pelo art. 55 da Lei 10.931/2004.

A exclusão desses créditos dos efeitos da falência e do procedimento de recuperação da empresa decorre não só da segregação que constitui efeito inerente à própria natureza de toda e qualquer garantia fiduciária – seja sobre bens, móveis ou imóveis, ou direitos –, como também de previsão específica contida na legislação especial sobre a matéria, que, na hipótese de falência do devedor-cedente-fiduciante, assegura ao credor-cessionário-fiduciário a restituição dos títulos que eventualmente estiverem na posse daquele, após o que "prosseguirá o cessionário fiduciário no exercício de seus direitos na forma do disposto nesta seção" (Lei 9.514/1997, art. 20 e seu parágrafo único), sendo esses direitos os de receber os créditos diretamente e aplicar o respectivo produto na satisfação do seu crédito com todos os encargos, entregando ao devedor-fiduciante o saldo que porventura restar (Lei 9.514/1997, arts. 18 e seguintes).

De outra parte, há a regra genérica do inciso IX do art. 119 da Lei 11.101, de 9/2/2005, que exclui dos efeitos da falência os bens, direitos e obrigações integrantes de patrimônios de afetação, em geral, os quais permanecerão separados, prosseguindo o curso normal dos respectivos

---

[2] Lei 11.101, de 2/2/2005: "Art. 49. Estão sujeitos à recuperação judicial todos os créditos existentes na data do pedido, ainda que não vencidos. (...) § 3º Tratando-se de credor titular da posição de proprietário fiduciário de bens móveis ou imóveis, de arrendador mercantil, de proprietário ou promitente vendedor de imóvel cujos respectivos contratos contenham cláusula de irrevogabilidade ou irretratabilidade, inclusive em incorporações imobiliárias, ou de proprietário em contrato de venda com reserva de domínio, seu crédito não se submeterá aos efeitos da recuperação judicial e prevalecerão os direitos de propriedade sobre a coisa e as condições contratuais, observada a legislação respectiva, não se permitindo, contudo, durante o prazo de suspensão a que se refere o § 4º do art. 6º desta Lei, a venda ou a retirada do estabelecimento do devedor dos bens de capital essenciais a sua atividade empresarial".

contratos até o cumprimento da finalidade da afetação, isto é, da garantia fiduciária.[3] Nessa regra genérica estão compreendidos os créditos objeto de titularidade fiduciária, que, como se sabe, são afetados à destinação específica de satisfação dos direitos do credor-fiduciário.

Em atenção às distintas conformações patrimoniais da cessão fiduciária e do penhor, a lei dá tratamento diferenciado aos efeitos de cada uma dessas espécies de garantia.

Com efeito, no penhor, o devedor empenha o crédito e o conserva em seu patrimônio, mas na cessão fiduciária transmite o direito creditório ao cessionário-fiduciário, demitindo-se da titularidade do direito cedido (Lei 9.514/1997, art. 18).

Dados esses distintos efeitos patrimoniais, na hipótese de recuperação de empresa, se se tratar de créditos empenhados, o produto da sua cobrança será depositado e mantido em conta vinculada (art. 49, § 5º), mas se se tratar de créditos cedidos fiduciariamente, seu produto será apropriado pelo cessionário-fiduciário, até o limite do seu crédito (art. 49, § 3º).

O § 3º do art. 49 afasta o crédito fiduciário dos efeitos da recuperação da empresa e ratifica a aplicabilidade do regime jurídico próprio dessa espécie de garantia, instituído pelos arts. 18 a 20 da Lei 9.514/1997, que autoriza a apropriação do produto da cobrança pelo credor-fiduciário.

Diferentemente, quanto ao penhor, o § 5º do mesmo art. 49 manda depositar o produto da cobrança em conta vinculada porque o crédito objeto da garantia permanece no patrimônio do devedor. Esse dispositivo se aplica exclusivamente ao penhor, não podendo alcançar a cessão fiduciária porque neste caso o crédito não integra o ativo da empresa cedente-fiduciante: foi transmitido ao credor-fiduciário, ao qual a lei atribui a titularidade sobre o produto da cobrança até o montante do crédito garantido (Lei 9.514/1997, art. 19, § 1º).

Assim, dadas as peculiares conformações dessas distintas garantias, encontra-se "sedimentada no âmbito das Turmas que compõem a Segunda Seção do Superior Tribunal de Justiça a compreensão de que a alienação fiduciária de coisa fungível e a cessão fiduciária de direitos sobre coisas móveis, bem como de títulos de créditos (caso dos autos), justamente por possuírem a natureza jurídica de propriedade fiduciária, não se sujeitam aos efeitos da recuperação judicial, nos termos do § 3º do art. 49 da Lei nº 11.101/2005".[4]

7.9 CESSÃO FIDUCIÁRIA DE QUOTAS DE FUNDOS DE INVESTIMENTO PARA GARANTIA DE LOCAÇÃO – ART. 88 DA LEI 11.196/2005

A cessão fiduciária de cotas em garantia de locação imobiliária é objeto do art. 88 da Lei 11.196/2005.

Pode ser formalizada no próprio contrato de locação ou mediante termo à parte, admitindo-se a estipulação de prazo determinado ou indeterminado. A lei prevê que quando a garantia for prestada por terceiro, este também deverá assinar o contrato de locação ou algum instrumento aditivo.

---

[3] Lei 11.101, de 2/8/2005: "Art. 119. (...) IX – os patrimônios de afetação, constituídos para cumprimento de destinação específica, obedecerão ao disposto na legislação respectiva, permanecendo seus bens, direitos e obrigações separados dos do falido até o advento do respectivo termo ou até o cumprimento de sua finalidade, ocasião em que o administrador judicial arrecadará o saldo a favor da massa falida ou inscreverá na classe própria o crédito que contra ela remanescer".

[4] REsp 1412529-SP, rel. Min. Paulo de Tarso Sanseverino, DJe 2.3.2016. "Direito empresarial. Agravo Interno no Recurso Especial. Crédito garantido por cessão fiduciária. Recuperação judicial. Não submissão. Decisão mantida. 1. É assente, nas Turmas que compõem a Segunda Seção desta Corte, o entendimento segundo o qual o crédito garantido por cessão fiduciária não se submete ao processo de recuperação judicial." (AgInt no REsp 1508155-PR, rel. Min. Antonio Carlos Ferreira, DJe 22.2.2017)

A cessão será registrada na entidade administradora do fundo, "por meio de termo de cessão fiduciária acompanhado de 1 (uma) via do contrato de locação, constituindo, em favor do credor-fiduciário, propriedade resolúvel das quotas" (§ 1º do art. 88).

O § 3º do mesmo art. 88 prevê que "a cessão em garantia de que trata o *caput* deste artigo constitui regime fiduciário sobre as quotas cedidas, que ficam indisponíveis, inalienáveis e impenhoráveis, tornando-se a instituição financeira administradora do fundo seu agente fiduciário".

A menção a "regime fiduciário" é desnecessária, pois o § 1º desse mesmo artigo já atribui à cessão a qualificação "fiduciária". Além disso, parece equivocada, pois uma cessão não "constitui" um regime; pode, eventualmente, "submeter-se" ou "sujeitar-se" a determinado regime; talvez o legislador quisesse dizer que por força da cessão fiduciária constitui-se um patrimônio separado ou um patrimônio de afetação; sucede que, sendo esse o efeito natural dos atos fiduciários, em geral, a referência a tal segregação seria dispensável.

A indisponibilidade, inalienabilidade e impenhorabilidade das quotas é inerente à natureza fiduciária da garantia, mas importa ressalvar sua transmissibilidade ao locador, como forma de realização da garantia, para satisfação do crédito correspondente aos aluguéis e encargos da locação.

A cessão fiduciária poderá ser contratada por prazo determinado ou indeterminado (§ 5º), mas na hipótese de prorrogação automática da locação o prestador da garantia (cedente-fiduciante) "permanecerá responsável por todos os seus efeitos, ainda que não tenha anuído no aditivo contratual, podendo, no entanto, exonerar-se da garantia a qualquer tempo, mediante notificação ao locador e à administradora do fundo, com antecedência mínima de 30 (trinta) dias" (§ 5º do art. 88).

A responsabilização do prestador da garantia sem que ele tenha anuído com a prorrogação do prazo da locação é matéria controvertida, sendo igualmente questionável a possibilidade de sua exoneração a qualquer tempo. A expressão "a qualquer tempo" contida no § 5º do art. 88 diz respeito, salvo melhor juízo, ao período da prorrogação do prazo da locação, devendo ser entendido que o cedente-fiduciante poderá exonerar-se da garantia depois de expirado o prazo contratado, isto é, ao longo do período da prorrogação, e não antes de expirado o prazo contratado.

Em caso de mora, o locador, na qualidade de credor-fiduciário, notificará o locatário e o terceiro prestador da garantia (cedente-fiduciante) para que paguem a dívida em dez dias (§ 6º do art. 88).

Expirado o prazo sem a purgação da mora, a entidade administradora do fundo, na qualidade de agente fiduciário, transferirá ao locador (credor-fiduciário), em caráter pleno e definitivo, a quantidade de quotas suficiente para satisfação do seu crédito, correspondente ao somatório dos valores dos aluguéis vencidos e não pagos, bem como às penalidades pela mora previstas no contrato, tais como a multa contratual, juros de mora, além das despesas de cobrança e notificação; não sendo as quotas suficientes para esse fim, o locador promoverá a cobrança dos aluguéis e encargos ou o despejo pelos meios peculiares à relação locatícia (§ 7º do art. 88).

É certo que, uma vez efetivada a transferência das quotas, o locador poderá requerer seu resgate para satisfazer seu crédito, mas, na medida em que o que interessa ao locador é o recebimento do crédito de aluguéis, a lei deveria autorizá-lo a requerer diretamente o resgate das quotas, possibilitando-lhe apropriar-se do respectivo produto.

Em caso de excussão indevida da garantia, o locador responde pela restituição das quotas, ou do valor atualizado correspondente, e, bem assim, pela reparação das perdas e danos que tal ato tiver causado.

O agente fiduciário só responderá pelos efeitos da excussão indevida se tiver agido com "comprovado dolo, má-fé, simulação, fraude ou negligência, no exercício da administração do fundo" (§ 9º do art. 88).

A entidade administradora do fundo é responsável pela retenção e recolhimento dos impostos e contribuições incidentes sobre aplicações no fundo.

8
FUNDOS DE INVESTIMENTO

8.1. FUNDOS DE INVESTIMENTO EM ATIVOS FINANCEIROS, BENS E DIREITOS

Como vimos (itens 3.1 a 3.4) os fundos de investimento em ativos financeiros, bens e direitos em geral são entes encarregados de acolher recursos de investidores com o específico escopo de promover sua aplicação sob gestão de administradores profissionais, visando a obtenção de rendimentos para o conjunto de cotistas investidores.[1]

Estruturados sob forma de condomínio,[2] os fundos de investimento foram objeto de breve referência no art. 49 da Lei 4.728/1965, e vieram a receber tratamento específico a partir da Lei 13.874/2019 nos termos dos arts. 1.368-C a 1.368-F do Código Civil, nos quais o fundo de investimento é definido como um "condomínio de natureza especial, destinado à aplicação em ativos financeiros, bens e direitos de qualquer natureza", cuja constituição e funcionamento é disciplinada pela Comissão de Valores Mobiliários (CVM).[3]

São caracterizados como "comunhão de recursos" e instrumentalizados em "forma de condomínio de natureza especial", ao qual não se aplicam as normas do condomínio geral, pro indiviso, de que tratam os arts. 1.314 e seguintes (CC, art. 1.368-C, § 2º) e se

---

[1] Há muito Arnoldo Wald reconhecia a conformação dos fundos de investimento à semelhança do trust: "A situação do Fundo, no direito brasileiro do mercado de capitais, se explica pela influência que o direito norte-americano exerceu sobre a nossa legislação do mercado de capitais, ensejando a consagração, tanto na lei das sociedades anônimas, como nas demais normas sobre mercado de capitais, de institutos novos, destacados do nosso direito civil e comercial tradicional, como são do Fundo e o agente fiduciário, e ensejando assim a entrada, na prática legislativa e regulamentar brasileira, de figuras análogas ao *trust* existente no direito anglo-saxão. (WALD, Arnoldo, Da natureza jurídica do fundo imobiliário, Revista Forense, v. 309, p. 11).

[2] A forma condominial de constituição foi referida pela primeira vez pela Lei tributária nº 3.470/1957, para explicitar que, para efeito do imposto de renda, eles não são considerados pessoa jurídica.

[3] "Art. 1.368-C. O fundo de investimento é uma comunhão de recursos, constituído sob a forma de condomínio de natureza especial, destinado à aplicação em ativos financeiros, bens e direitos de qualquer natureza. § 1º Não se aplicam ao fundo de investimento as disposições constantes dos arts. 1.314 ao 1.358-A deste Código. § 2º Competirá à Comissão de Valores Mobiliários disciplinar o disposto no *caput* deste artigo."

sujeitam às normas regulamentares da CVM, envolvendo fundamentalmente as regras de constituição e funcionamento, os deveres fiduciários de lealdade e de diligência, inerentes a essa operação, entre outros aspectos operacionais dos fundos de investimento em ativos financeiros.[4]

A par da qualificação assim estabelecida, as disposições introduzidas no Código Civil tratam da responsabilidade dos cotistas e dos prestadores de serviços, da responsabilidade do fundo pelas obrigações constituídas na dinâmica do seu funcionamento, bem como da sua liquidação forçada em face de declaração de insolvência.

Desse contexto legislativo exsurge a separação entre os direitos e obrigações vinculados ao fundo e aqueles correspondentes ao patrimônio da administradora, visando a delimitação dos riscos dos investidores e proteção dos seus direitos patrimoniais, daí resultando criação de patrimônios separados, seja de titularidade dos cotistas ou do administrador (como ocorre em relação aos fundos de investimento imobiliário).

A segregação de recursos mediante afetação a um determinado escopo e sua alocação num patrimônio separado, como vimos (Capítulo 3), constitui mecanismo indispensável à tutela do investidor, visando a vinculação desses recursos e sua adequada e eficiente aplicação nos negócios correspondentes aos investimentos coletivos definidos no regulamento do fundo, como há muito observara Antonio Gambaro ao se referir ao dispositivo da lei italiana que disciplina os fundos comuns de investimento, salientando que "uma modalidade mais intensa de tutela é obviamente constituída pela separação entre o patrimônio pessoal do fiduciário e os bens administrados fiduciariamente."[5]

De acordo com as disposições dos arts. 1.368-C e seguintes do Código Civil, constitui-se o fundo mediante regulamento contendo a definição do seu objeto e as regras correspondentes à sua formação, desenvolvimento e extinção, em estrita conformidade com as regras da lei e as disposições regulamentares da CVM. O administrador que o constitui é, em regra, uma instituição financeira, que se encarrega de aprovar e promover seu registro na CVM, a partir do qual o regulamento ganha publicidade e eficácia erga omnes (CC, art. 1.368-C, § 3º).

Só administrador credenciado pela CVM está habilitado a promover a constituição e o funcionamento de um fundo, respondendo pela administração do fundo e pela contratação dos profissionais que prestarão serviço, entre eles o gestor, pessoa natural ou jurídica também autorizada pela CVM, que é contratado pelo administrador para gerir a carteira de investimentos. É o gestor que decide sobre os ativos financeiros nos quais o fundo investirá, o volume de ativos a serem adquiridos ou vendidos, em conformidade com a política de investimento e os objetivos definidos no regulamento, particularmente em relação à liquidez, ao risco e ao retorno.

O regulamento do fundo consubstancia o contrato, que define a política de investimento, os fatores de risco a que podem estar expostas as aplicações, a remuneração do administrador, bem como as relações entre os figurantes da operação, envolvendo os cotistas, o administrador, o gestor e os demais prestadores de serviço.

Observadas as normas da CVM, o regulamento poderá estabelecer (i) a limitação da responsabilidade de cada investidor ao valor de suas cotas, (ii) a limitação da responsabilidade dos prestadores de serviços, bem como parâmetros da correspondente aferição, seja perante o condomínio e entre si em relação ao cumprimento dos deveres particulares de cada um, sem

---

[4] A Resolução nº 175, de 23.12.2022, dispõe sobre a constituição, o funcionamento e a divulgação de informações dos fundos de investimento, bem como sobre a prestação de serviços para os fundos.

[5] GAMBARO, Antonio. *Trattato di diritto privato – la proprietà*. Milão: Giuffrè, 1990, p. 251.

solidariedade, bem (iii) a identificação de classes de cotas com direitos e obrigações distintos, admitida a constituição de patrimônio separado para cada classe.[6]

A publicidade do regulamento e a oponibilidade de seus efeitos perante terceiros decorrem do seu registro na CVM.[7]

O administrador e os demais prestadores sujeitam-se a deveres fiduciários de diligência e lealdade em relação aos interesses dos cotistas, do fundo e de suas classes, mantendo com estes relação fiduciária inerente à sua atuação e respondendo por infrações ou irregularidades que cometer.

Ao tratar da aferição da responsabilidade dos prestadores de serviços ao fundo o Código Civil identifica nessa função obrigações de meio,[8] isto é, aquelas em que "a diligência é o *próprio conteúdo* da obrigação devida",[9] e não a obtenção de resultado proveniente da atividade do fundo.

Assim, o administrador e os demais prestadores de serviço devem empregar seus melhores esforços em busca da máxima rentabilidade para o ativo do fundo, mas sua obrigação não compreende a efetiva obtenção do resultado, uma vez que a álea normal desses contratos não é ilimitada, antes, "é circunscrita aos riscos acima apontados, isto é, aos riscos do mercado e aos que lhe são conexos."[10]

Em relação à responsabilidade perante terceiros o art. 1.368-E do Código Civil dispõe que os prestadores de serviço não respondem pelas obrigações assumidas pelo fundo, "mas respondem pelos prejuízos que causarem quando procederem com dolo ou má-fé".[11]

A regra do art. 1.368-D, I, tem por objeto a separação entre os patrimônios dos cotistas e o do fundo, ao limitar a responsabilidade de cada cotista ao valor de suas cotas, enquanto aquela definida no seu inciso II afasta a solidariedade entre os prestadores de serviço do fundo perante o condomínio e entre si, havendo, contudo, nos termos da atual jurisprudência, "o risco de os diferentes prestadores de serviço responderem solidariamente caso se configure a relação de consumo com o cotista".[12]

---

[6] Código Civil: "Art. 1.368-D. O regulamento do fundo de investimento poderá, observado o disposto na regulamentação a que se refere o § 2º do art. 1.368-C desta Lei, estabelecer: I – a limitação da responsabilidade de cada investidor ao valor de suas cotas; II – a limitação da responsabilidade, bem como parâmetros de sua aferição, dos prestadores de serviços do fundo de investimento, perante o condomínio e entre si, ao cumprimento dos deveres particulares de cada um, sem solidariedade; e III – classes de cotas com direitos e obrigações distintos, com possibilidade de constituir patrimônio segregado para cada classe."

[7] Código Civil: "Art. 1.368-C. (...). § 3º O registro dos regulamentos dos fundos de investimentos na Comissão de Valores Mobiliários é condição suficiente para garantir a sua publicidade e a oponibilidade de efeitos em relação a terceiros".

[8] Código Civil: "Art. 1.368-D. (...). § 2º A avaliação de responsabilidade dos prestadores de serviço deverá levar sempre em consideração os riscos inerentes às aplicações nos mercados de atuação do fundo de investimento e a natureza de obrigação de meio de seus serviços".

[9] TUNC, André, *A distinção entre obrigações de resultado e obrigações de diligência*. Revista dos Tribunais, v. 778, ago/2000, p. 757.

[10] MARTINS-COSTA, Judith, e MARTINS-COSTA, Fernanda Mynarski, *Responsabilidade dos agentes dos Fundos de Investimento em Direitos Creditórios (FIDC)*. In Revista da Faculdade de Direito da Universidade de Lisboa, ano LXII, 2021, p. 341.

[11] Código Civil: "Art. 1.368-E. Os fundos de investimento respondem diretamente pelas obrigações legais e contratuais por eles assumidas, e os prestadores de serviço não respondem por essas obrigações, mas respondem pelos prejuízos que causarem quando procederem com dolo ou má-fé".

[12] OLIVA Milena Donato, e RENTERIA, Pablo, *Fundos de Investimento*. In: HANSZMANN, Felipe, e HERMETO, Lucas (org.). *Atualidades em Direito Societário e Mercado de Capitais*. V. 5, Rio de Janeiro: Lumen Juris, 2021, p. 22.

A estrutura e a dinâmica dos fundos de investimento em geral, tanto de acordo com essas regras ou com o regime jurídico dos fundos de investimento imobiliário instituído pela Lei 8.668/1993, põe em relevo o fenômeno da dissociação entre propriedade e gestão inerentes ao regime fiduciário, a exigir o controle dos deveres de diligência e lealdade "imantados pela fidúcia própria a toda atividade de gestão de bens e interesses alheios",[13] na medida em que a atuação do administrador assenta na confiança nele depositada.

Qualquer dessas espécies de veículo de investimentos tem como elemento essencial a afetação patrimonial inerente ao *trust* e à fidúcia, que constitui técnica de incomparável eficácia e opera como meio de compensação da vulnerabilidade do pequeno e médio investidor, implicando a necessária constituição de "patrimônio especial, e pode revestir, basicamente, dois tipos de estrutura, a saber, universalidade patrimonial de titularidade da administradora ou universalidade patrimonial de titularidade dos cotistas."[14]

A par da blindagem patrimonial, a atividade dos fundos de investimento exige do administrador o cumprimento de deveres correspondentes à elaboração e aprovação do regulamento e à prática dos atos de administração do fundo com lealdade e diligência.

No primeiro caso, a lealdade impõe ao administrador o dever de evitar atuação capaz de dar causa a situações de conflito entre seus interesses pessoais e os do investidor ou de obter vantagem econômica em razão de dados e informações a que tem acesso por causa da sua posição, enquanto, no segundo caso, o dever de diligência dele exige o emprego de sua expertise e de seus melhores esforços em busca da consecução da finalidade do fundo, mediante identificação da melhor opção entre os ativos disponíveis para aplicação no interesse dos investidores, a manutenção dos registros da segregação dos bens integrantes da carteira, a divulgação de informações relevantes, a supervisão da atividade dos prestadores de serviços, a adoção das medidas judiciais ou extrajudiciais necessárias à preservação da higidez do fundo, entre outros discriminados minuciosamente nos atos normativos da CVM.

As linhas gerais aqui anotadas deixam claro que a introdução dessas normas gerais sobre os fundos de investimento no Código Civil representa certo avanço na direção da segurança jurídica da gestão profissional de recursos dos investidores nesses organismos de investimento, ao dispor sobre a responsabilidade dos diferentes prestadores de serviços do fundo, mas deixa lacunas relevantes, sobretudo a omissão quanto à caracterização do fundo como uma universalidade patrimonial autônoma, além da limitação de responsabilidade dos cotistas, prevista na lei apenas como uma possibilidade, mas relegada ao plano do regulamento do fundo.

Como adverte abalizada doutrina,[15] o legislador desperdiçou oportunidade de instituir regime jurídico geral que disponha sobre a caracterização do fundo como universalidade de direito constituída a partir da vinculação de determinados bens e recursos à destinação para a

---

[13] MARTINS-COSTA, Judith, e MARTINS-COSTA, Fernanda Mynarski, *Responsabilidade dos agentes dos Fundos de Investimento em Direitos Creditórios (FIDC)*. In Revista da Faculdade de Direito da Universidade de Lisboa, ano LXII, 2021, p. 345. Dizem as autoras: "Direitos e deveres do administrador são imantados pela fidúcia própria a toda atividade de gestão de bens e interesses alheios, novamente sendo perceptível, nesse traço, a origem histórica desses organismos, o *trust*, o qual, sendo universalidade patrimonial, carrega, inerentemente, limitação de responsabilidade."

[14] OLIVA, Milena Donato; RENTERIA, Pablo. Fundos de Investimento. In: HANSZMANN, Felipe; HERMETO, Lucas (org.). *Atualidades em Direito Societário e Mercado de Capitais*. Rio de Janeiro: Lumen Juris, 2021, v. 5, p. 27.

[15] OLIVA, Milena Donato; RENTERIA, Pablo. Fundos de Investimento. In: HANSZMANN, Felipe; HERMETO, Lucas (org.). *Atualidades em Direito Societário e Mercado de Capitais*. Rio de Janeiro: Lumen Juris, 2021, v. 5, p. 27, e GOUVEIA, Carlos Portugal, Fundos de Investimento na liberdade econômica.

qual são afetados, como mecanismo que assegure a exclusiva aplicação desses ativos conforme o escopo definido e a tutela dos investidores.

De fato, perdeu-se boa oportunidade de instituir um regime jurídico geral dos fundos de investimento alinhado à sua caracterização como universalidades patrimoniais dotadas de autonomia, compatível com sua origem histórica nos *trusts*[16], que abrangeria não só os fundos voltados para o público investidor, regulados pela CVM, mas também aquele constituído por um particular, não destinado à negociação pública,[17] em cuja formulação se aproveitaria a experiência colhida na aplicação prática do regime fiduciário dos fundos de investimento imobiliário (Lei 8.668/1993) e da securitização de crédito imobiliário (Lei 9.514/1997).

É certo que, ao aproximar as regras sobre sua constituição e funcionamento do capítulo dedicado à propriedade fiduciária (ainda que em garantia), a lei parece reconhecer, sem dizer, a adequação da atribuição fiduciária, quando contratada para administração, à formação dos fundos de investimento.

Essa opção de política legislativa traz à baila, novamente, a conveniência e a necessidade de sistematização das normas sobre atribuição fiduciária e sobre afetação patrimonial mediante instituição de um regime jurídico geral da fidúcia, de que tratamos no Capítulo 3 desta obra, ao qual se submeteriam os fundos de investimento em geral.[18]

8.2. FUNDOS DE INVESTIMENTO IMOBILIÁRIO

Para viabilizar a utilização da propriedade imobiliária como objeto de investimento, com as características do mercado de valores mobiliários, a Lei 8.668, de 1993, disciplina a organização e o funcionamento dos fundos de investimento imobiliário, adotando princípios do negócio fiduciário e instituindo a propriedade fiduciária para fins de administração de investimentos.

Essa peculiar configuração da propriedade mostra-se indispensável como instrumento de mobilização de riqueza imobiliária (ver itens 3.5.1, 3.5.7 e 3.6.1).

Com efeito, na dinâmica dos fundos de investimento em geral, os bens que constituem seu patrimônio são adquiridos pelo fundo em seu nome, enquanto a propriedade dos condôminos (quotistas) recai sobre as quotas do fundo. No caso dos fundos de investimento imobiliário, para evitar questionamentos quanto à capacidade do condomínio para comercializar imóveis, à luz das restrições da lei civil, optou o legislador por atribuir à própria sociedade administradora a propriedade dos imóveis que integram a carteira do fundo, definindo, então, a propriedade fiduciária. A fórmula permite que os quotistas (fiduciantes) outorguem a gestão dos seus investimentos imobiliários a uma instituição administradora (fiduciária). Para tanto,

---

In: MARTINS-COSTA, Judith. NITSCKE, Guilherme (Org.), *O Direito Privado na Lei de Liberdade Econômica, Comentários*. São Paulo: Almedina, 2022, pp 583 e ss.

[16] Tratamos do tema no item 1.4.2.3 e no Capítulo 3.

[17] OLIVA Milena Donato; RENTERIA, Pablo. Fundos de Investimento. In: HANSZMANN, Felipe; HERMETO, Lucas (org.). *Atualidades em Direito Societário e Mercado de Capitais*. Rio de Janeiro: Lumen Juris, 2021, v. 5, p. 16.

[18] Quando do encerramento dos trabalhos para a 8ª edição desta obra, encontra-se em tramitação no Senado Federal o Projeto de Lei nº 4.758/2020, já aprovado na Câmara dos Deputados, que preconiza a sistematização do regime jurídico geral da fidúcia em um único diploma legal, aplicável também à constituição e ao funcionamento dos fundos de investimento, em geral, pois tem por objeto toda e qualquer situação em que seja necessária ou conveniente a segregação patrimonial como forma de blindagem de recursos destinados ao cumprimento de determinado escopo, delimitação dos respectivos riscos e limitação da responsabilidade, sobretudo em negócios, como os fundos de investimento, em que é necessária afetação de bens destinados à formação da carteira ou a atribuição da propriedade em caráter fiduciário, para fins de administração.

com os recursos provenientes da subscrição de quotas de participação, essa instituição adquire imóveis em regime fiduciário, forma um patrimônio separado e promove sua administração em proveito dos quotistas.

Nessa formulação, o mecanismo substitui a forma tradicional de negociação da propriedade imobiliária condominial e viabiliza a adequada movimentação dos investimentos, na medida em que legitima a administradora a praticar, em seu próprio nome, os atos de compra e de venda dos imóveis do Fundo. As quotas têm como lastro os imóveis da carteira do Fundo e são negociáveis no mercado de balcão e nas Bolsas de Valores, circunstância que poderá emprestar ao investimento um grau de liquidez não experimentado pelos meios tradicionais de negociação imobiliária, cujo formalismo se mostra descompassado em face da dinâmica da sociedade contemporânea. Os imóveis adquiridos no regime de propriedade fiduciária constituem necessariamente um patrimônio separado, que não se confunde com o da administradora, pelo que permanecem imunes aos efeitos de eventual insolvência desta. Para melhor fixar a afetação desse patrimônio à finalidade do Fundo, a lei manda que se mantenha esse patrimônio apartado do ativo da administradora. Igualmente não podem ser dados em garantia de débitos da instituição administradora. Para plena eficácia do sistema de separação de patrimônios, são utilizados mecanismos da publicidade de direito registrário, mandando a lei que seja enunciada no título aquisitivo a configuração especial de propriedade fiduciária e enumeradas as restrições a que está sujeita a instituição administradora. Tais destaque e restrições serão averbadas no registro de imóveis.

9
TITULARIDADE FIDUCIÁRIA SOBRE DIREITOS CREDITÓRIOS NO MERCADO SECUNDÁRIO DE CRÉDITO IMOBILIÁRIO

INTRODUÇÃO

No Brasil, particularmente no início da década de 60, iniciou-se um processo de modernização dos instrumentos de circulação de riquezas, com a estruturação do mercado de capitais e a modernização do mercado financeiro, em cujos contextos foram criados novos instrumentos que revolucionaram nossa realidade, abrindo novas perspectivas na economia e imprimindo um ritmo acelerado na industrialização no país.

A partir da década de 80, desenvolveram-se no mercado financeiro dois sistemas destinados a imprimir maior agilidade e mais segurança na circulação dos papéis, quais sejam, o SELIC – Sistema Especial de Liquidação e Custódia, para os títulos públicos, e a CETIP – Central de Custódia e de Liquidação Financeira de Títulos, para os títulos privados.

O mercado imobiliário, entretanto, não chegou a ser plenamente inserido nesse processo moderno de circulação de capitais.

É verdade que na década de 60 criaram-se instrumentos que poderiam dinamizar a captação de recursos para o mercado imobiliário, quais sejam a cédula hipotecária e a letra hipotecária. São títulos com garantia real imobiliária, com os quais se visava simplificar e dinamizar a circulação de créditos dessa natureza e, por via de consequência, com eles criar e desenvolver um mercado de hipotecas. Esse "mercado" seria a fonte de recursos que alimentaria continuamente um sistema de financiamento imobiliário, capaz de atender permanentemente a crescente demanda por imóveis, notadamente para moradia.

Mas, não obstante, a verdade é que jamais chegou a se desenvolver um *mercado de hipotecas*, não só pela perda de liquidez dos créditos, em razão da delonga dos procedimentos de cobrança judicial, mas, também, porque os contratos de financiamento que alimentariam o *mercado de hipotecas* foram contaminados logo no nascedouro por excessiva interferência do Estado, pela qual se reduziu significativamente o valor dos créditos correspondentes. Por força dessas e de outras distorções, o sistema de financiamento imobiliário, tal como concebido a partir da Lei 4.380, de 1964, exauriu-se quase completamente, não tendo mais condições de atender a demanda, até porque seus instrumentos de captação não mais atraem o mercado investidor.

De fato, o mais importante instrumento de captação ainda em uso pelas instituições financeiras que operam no mercado imobiliário continua a ser o depósito de poupança, que, por ser exigível praticamente à vista, mostra-se absolutamente inadequado para constituir lastro destinado a financiamentos de longo prazo, como são os financiamentos imobiliários.

Nesse contexto, a Lei 9.514/1997, que instituiu o Sistema de Financiamento Imobiliário – SFI, criou um novo título de crédito, o Certificado de Recebíveis Imobiliários,[1] e regulamentou a operação de securitização de créditos imobiliários, que reúnem condições apropriadas à captação de recursos de longo prazo, compatíveis com as características dos financiamentos no mercado imobiliário, vinculando-se aos montantes e aos prazos contratados com os tomadores dos financiamentos, bem como as condições necessárias para conferir segurança jurídica ao mercado por conjugar a mobilidade própria do mercado de valores e a segurança necessária para garantir os direitos dos futuros investidores.

No presente capítulo tratamos dos principais elementos de caracterização da securitização, com breve registro sobre a legislação de alguns países, fazemos referência à afetação patrimonial e ao regime fiduciário como elementos de segurança jurídica do mercado e sobre os principais aspectos do tratamento legal da matéria a partir da Lei 14.430/2022.

9.1. SECURITIZAÇÃO. CARACTERIZAÇÃO GERAL

A securitização consiste num processo pelo qual se implementa uma série de atos e negócios jurídicos, compreendendo a cessão de direitos creditórios, a emissão de títulos lastreada nos créditos adquiridos mediante cessão e a colocação desses títulos no mercado.

Não se trata de simples emissão de títulos, cuja garantia seria o ativo do patrimônio geral da sociedade emissora; diferentemente, a securitização se qualifica pela existência de um *lastro* constituído por créditos do ativo da companhia securitizadora, cujo produto é destinado, com exclusividade, ao resgate dos títulos a que estiverem vinculados.

Diz-se que os títulos emitidos no processo de securitização incorporam os direitos creditórios que dão origem à emissão, daí que a securitização consiste na "transformação" ou "conversão" de ativos em títulos negociáveis no mercado de capitais.[2]

A operação teve origem nos Estados Unidos, onde recebeu a designação *securitization*, formada a partir do vocábulo *security*, que no direito americano ganhou a acepção de título

---

[1] O vocábulo *recebível* é modismo que, a nosso ver, mostra-se absolutamente impróprio para qualificar o objeto do novo título de crédito, dado a existência no vernáculo e na terminologia jurídica termo que exprime com precisão o objeto do aludido título, isto é, *crédito*. Ora, *crédito* encerra com a mais absoluta precisão o sentido e o alcance do objeto ao qual se pretende emprestar o nome de *recebível*. Desse modo, nada justifica que se crie um neologismo para substituir o vocábulo *crédito*, até porque, enquanto *crédito* tem sentido estrito, delimitado e nítido, *recebível*, ao contrário, tem acepção elástica e difusa. Todavia, a partir da prática de mercado, recebível foi assimilado pelo léxico e pelos textos legais para designar valores pecuniários para pagamento futuro, em geral devidos a uma empresa, provenientes de venda de seus produtos e serviços.

[2] A propósito da "incorporação" do direito nos títulos de crédito, a doutrina explica que a designação "nada mais era do que uma 'imagem plástica' ou uma 'metáfora', muito útil para explicar, didaticamente, essa íntima conexão entre o crédito e o título, ainda que a esterilidade dogmática dessa figura metafórica fosse predominantemente reconhecida" (DE LUCCA, Newton, *Comentários ao novo Código Civil. Dos atos unilaterais. Dos títulos de crédito*. Coordenador: Sálvio de Figueiredo Teixeira. Rio de Janeiro: Forense, 2003, p. 126).

ou valor mobiliário; daí formou-se o verbo to securitizate, ou seja, *ação de securitizar*, significando transformar ativos (*assets*) em títulos ou valores mobiliários (*securities*).

Contemporaneamente, esse processo tem sido assimilado de maneira generalizada em todo o mundo, sendo denominado *titularização* em Portugal, *titulización* na versão espanhola, *bursatilización* no México, *titrisation* na França, *titularización* na Colômbia, *securitización* no Chile e na Argentina etc. No Brasil, adotou-se o neologismo *securitização*, inicialmente nos atos normativos do Banco Central, na Lei 9.514/1997, que trata da securitização de créditos imobiliários,[3] *e posteriormente na Lei 14.430/2022.*

Trata-se de técnica financeira, de natureza processual, cujo propósito é a emissão de títulos ou valores mobiliários lastreados em direitos creditórios, visando proporcionar investimento e financiamento.[4]

Realiza-se a operação por meio de uma sucessão de negócios e de atos jurídicos, a saber: (i) constituição de uma sociedade empresária (à qual, nesse contexto, é atribuído o apelido de *veículo* ou *agente*) encarregada de operar a securitização; (ii) cessão de créditos a esse *veículo* ou *agente*, passando esses créditos a constituir um patrimônio autônomo; (iii) emissão, pelo *veículo*, de títulos lastreados nos créditos integrantes do patrimônio autônomo; (iv) classificação de risco da emissão; e (v) venda dos títulos.

Para visualizar a dinâmica dessa técnica de "conversão" de ativos em títulos, consideremos a situação de uma empresa de incorporação imobiliária que pretenda captar recursos para acelerar sua atividade produtiva.

Como se sabe, a incorporação imobiliária caracteriza-se pela venda, durante a construção, de unidades imobiliárias que comporão edificações coletivas.

Em geral, o preço é pago parceladamente, de modo que no curso normal dos seus negócios a empresa incorporadora vai formando uma carteira de créditos decorrentes das vendas de apartamentos. Um dos meios de captação de recursos para acelerar sua atividade produtiva é a antecipação das receitas correspondentes a esses créditos, que pode ser alcançada mediante securitização.

---

[3] A nomenclatura é alvo de crítica, registrando-se controvérsias quanto à adequação do nome. Paulo Câmara observa que "a falta de rigor com que a expressão é muitas vezes empregue são de tal modo notados que se chega a questionar a existência de um significado técnico que esteja subjacente àquele conceito: um autor britânico apelidou-o severamente como '*a buzz word lacking any technical meaning*'. Similarmente, já houve quem afirmasse tratar-se de um dos termos mais ambíguos do vocabulário jurídico" (CAMPOS, Diogo Leite de, e MONTEIRO, Manuel, *Titularização de créditos* – Anotações ao Decreto-lei nº 453/99, de 5 de novembro. Coimbra: Almedina, 2001, p. 13-14).

[4] Manoel Justino Bezerra Filho registra com objetividade o sentido prático do processo de securitização: "pela securitização o que o credor procura é conseguir formas novas de financiamento, cedendo para uma sociedade de propósito específico os créditos que tem a receber a longo prazo, de tal forma que esta outra sociedade lance no mercado, para compra pelo público em geral, valores mobiliários garantidos pelos créditos que o credor possui para recebimento a médio e longo prazos. Esses créditos são o lastro dos valores mobiliários que serão lançados pela sociedade de propósito específico, a sociedade empresária 'securitizadora'. Toda esta sequência de operações, que acaba por desaguar na captação de dinheiro do público investidor é que tem sido aqui chamada de 'securitização'. É forma bastante criativa para desintermediar a transformação de crédito em dinheiro, tomando-se o termo desintermediação como a possibilidade de captação imediata de dinheiro por conta de crédito futuro, diretamente do público investidor, sem a intermediação do sistema bancário em geral" (BEZERRA FILHO, Manoel Justino, *Da fidúcia à securitização*: as garantias dos negócios empresariais e o afastamento da jurisdição. 2000. Tese (Doutorado em direito comercial) – Faculdade de Direito da Universidade de São Paulo, São Paulo, item 4.1.8. Orientador: Professor Doutor Paulo Fernando Campos Salles de Toledo – originais gentilmente cedidos pelo autor).

Dada essa situação, inicia-se o processo de securitização mediante cessão desses créditos a uma companhia securitizadora, que, já na condição de titular desses direitos creditórios, emitirá títulos neles lastreados e colocará esses valores mobiliários no mercado de capitais, completando o processo de captação destinado ao financiamento da atividade da empresa incorporadora.

Assim, ao viabilizar a absorção, pelo mercado investidor, do financiamento de longo prazo concedido aos compradores de apartamentos, a securitização proporciona à empresa incorporadora antecipação das receitas das vendas, com a qual ela poderá iniciar desde logo novos empreendimentos, imprimindo ritmo mais acelerado ao ciclo produtivo.

O mecanismo é similar na operação de securitização de créditos constituídos em qualquer outra atividade empresarial, como seria o caso de uma simples emissão de duplicata mercantil com vencimento parcelado, passível de cessão com deságio a uma companhia securitizadora, que converte o crédito em valor mobiliário mediante emissão de Certificado de Recebível e o coloca no mercado, cumprindo-se, por esse modo, para o credor original do crédito, a função de antecipação de receita.

Na outra face, da operação, nessas e em outras situações semelhantes, a securitização corresponde a uma oportunidade de investimento tendo como objeto títulos dotados de lastro em créditos em montante suficiente para assegurar o retorno do investimento.

Há uma elástica diversidade de créditos suscetíveis de securitização, sejam oriundos de empréstimos, vendas a prazo, cartões de crédito, propriedade intelectual, enfim, quaisquer ativos conversíveis em fluxos de pagamento em dinheiro, que, segundo João Calvão da Silva, dá origem a um "mercado de *hybrid securitizations*: aos tradicionais activos financeiros (créditos pecuniários presentes), juntam-se novos *assets* que, embora não representem de imediato qualquer *cash flow*, o seu valor intrínseco ou valor potencial permite gerar fluxos de fundos *in futurum*".[5]

A entidade à qual são cedidos os créditos pode ser constituída, basicamente, sob três formas, a saber: (i) sociedade empresária; (ii) fundo; ou (iii) *trust*, mas qualquer que seja a forma, a entidade cessionária atua tão somente como *agente de securitização* ou *veículo de securitização*, usualmente designado *veículo de propósito específico – VPE*.[6] Diz-se veículo porque a VPE é constituída tão somente para acolher os créditos, retirá-los do ativo do cedente e *transportar* o produto da cobrança aos investidores, para resgate dos títulos vinculados aos créditos. No Brasil, os *veículos*, frequentemente, revestem-se da forma de fundos de investimentos ou companhias de securitização.

Os títulos (ou quotas) refletem o conteúdo econômico dos créditos que a entidade-*veículo* adquiriu e são vinculados a esses créditos, de modo que, ao adquirir títulos ou quotas, os subscritores tornam-se titulares de uma parcela dos referidos créditos. O produto da cobrança

---

[5] SILVA, João Calvão da. *Titularização de créditos – securitizacion*. Coimbra: Almedina, 2003, p. 15-16: "Neste contexto, há autores a atribuírem o último longo período de crescimento econômico nos EUA em boa parte à expansão de uma miríade de diferentes tipos de activos, pelas correspondentes libertação de grandes somas de capital, virtual explosão de crédito e redução de custos financeiros para empresas e consumidores. E há quem veja nisto uma '*fuga em frente*' da técnica financeira da securitização, a pensar especialmente na exploração dos direitos de propriedade intelectual e de imagem, lembrando a titularização em 1999 dos direitos do conjunto hard rock Iron Maiden, numa emissão de obrigações (*bonds*) de cerca de 30 milhões de dólares, e a titulização em 1997 dos *royalties* da venda de 300 canções de *David Bowie* numa emissão de *bonds* à volta de 55 milhões de dólares. A que podemos associar *Calvin Klein Inc.*, que obteve 58 milhões de dólares mediante a securitização de *royalties* a receber de *Calvin Klein Cosmetic Corp.*, pelo direito de uso exclusivo da marca *Calvin Klein*".

[6] *Special Purpose Vehicle – SPV*.

desses créditos é destinado ao resgate dos títulos e ao pagamento das obrigações vinculadas à respectiva carteira de investimentos.

9.1.1. Afetação patrimonial

A securitização contempla elementos de delimitação de risco do público investidor, notadamente a segregação patrimonial dos créditos que sustentam os títulos e a avaliação feita por agência de classificação de risco (*rating*).

A existência de um *veículo* de propósito específico implica, naturalmente, segregação patrimonial, na medida em que os créditos cedidos são excluídos do patrimônio do cedente e passam a integrar um patrimônio separado, desvinculado do patrimônio do cedente.

Ademais, o fato de o *veículo* ser entidade cujo objeto social seja restrito a determinada operação também importa em limitação de risco; é que, em regra, tal entidade não realiza outras operações capazes de comprometer seu patrimônio, daí por que o risco é limitado aos créditos relacionados à operação correspondente ao objeto social do *veículo*. Há sistemas legislativos que permitem ao *veículo* realizar mais de uma operação de securitização, mas mesmo nesses sistemas é possível isolar os créditos que lastreiam a operação e, portanto, limitar os riscos do público investidor, na medida em que a lei determina (ou faculta, como no caso brasileiro) que cada um dos conjuntos de crédito que lastreiam a emissão forme um patrimônio autônomo, afetado à satisfação dos direitos creditórios dos investidores.

Elemento indispensável para delimitação de risco é a afetação patrimonial pela qual os créditos são vinculados ao resgate dos títulos emitidos no processo de securitização.

Como vimos (Capítulo 3), a razão de ser da afetação, em geral, está ligada à necessidade de estabelecer proteção patrimonial a determinados grupos de credores ou para determinadas situações, cujo interesse econômico ou social se mostre merecedor de tutela especial.

Na securitização, o propósito da afetação é vincular os créditos que lastreiam a emissão ao grupo de subscritores dos títulos, de modo que o produto da cobrança dos créditos seja utilizado com exclusividade para resgate dos títulos e o pagamento das obrigações correspondentes ao patrimônio de afetação.

Em regra, os créditos cedidos para efeito de securitização saem do patrimônio da empresa cedente e passam a constituir ativo de um patrimônio especial, de afetação, ao qual a lei atribui autonomia funcional, com a exclusiva destinação de resgate dos títulos e pagamento das despesas daquele negócio específico. Por esse modo, os eventuais riscos patrimoniais da empresa cedente e da entidade emissora não contaminam os créditos segregados, que constituem o lastro dos títulos colocados no mercado. Tornam-se esses créditos, assim, imunes aos efeitos de eventual falência ou recuperação das empresas cedente e emissora, circunstância que protege os investidores, na medida em que, por força da blindagem que envolve os créditos, restringe o risco dos subscritores dos títulos ao não pagamento por parte dos devedores.[7]

A legislação portuguesa adota o *princípio da segregação* como requisito essencial da securitização, ao determinar que "os créditos que sejam afectos ao reembolso das obrigações titularizadas (...) passam a constituir um património autónomo, não respondendo por outras

---

[7] DITCHER, Barry, Securitisation in the United States: why and how?. In: CAMPOS, Diogo Leite de et al. *Titularização de créditos*, Lisboa: Instituto de Direito Bancário, 2000, p. 19. "*The essential element of a structured financing is that the structure of the transaction legally isolates the securitized assets from the effects of a bankruptcy of the originator of the assets. A figurative 'firewall' is erected around the assets to protect them from all risks except the risk of non-payment by the obligors*".

dívidas da sociedade de titularização de créditos até reembolso integral dos montantes devidos aos credores obrigacionistas da emissão designada".[8]

Os bens, direitos e obrigações integrantes desse patrimônio devem ser contabilizados "em contas segregadas da sociedade e identificadas sob forma codificada nos documentos da emissão" (art. 62º, nº 2).

Uma vez pagas integralmente essas obrigações, considera-se desafetado aquele patrimônio, revertendo o saldo remanescente ao patrimônio comum da sociedade de titularização (art. 62º, nº 3).

O credor de obrigações comuns da companhia titularizadora (não integrantes do patrimônio autônomo) "apenas pode penhorar o direito ao remanescente de cada património separado se provar a insuficiência dos restantes bens da sociedade" (art. 62º, nº 4).

O patrimônio autônomo do direito português tem natureza jurídica e função semelhantes às da afetação patrimonial para securitização no direito brasileiro, regulamentada pelos 25 a 32 da Lei 14.430/2022 (anteriormente, arts. 9º a 16 da Lei 9.514/1997). A distinção relevante entre esses dois sistemas é que no direito português a afetação é elemento intrínseco da securitização e, portanto, está presente automaticamente em toda e qualquer operação, enquanto na securitização imobiliária do direito brasileiro a afetação dos créditos securitizados é opcional, a critério da companhia securitizadora. A exigência da segregação patrimonial, como elemento essencial da securitização, é justificada por Diogo Leite de Campos e Manuel Monteiro ao observar que "os *trusts* são muito usados (*mas são imprescindíveis*) em matéria de titularização de créditos e de outros activos (*securitization*) nos EUA e em diversos ordenamentos jurídicos de carácter anglo-saxónico ou continental (como a Argentina)" (grifamos).[9]

Em atenção a esse elemento, João Calvão da Silva assinala estar a segregação patrimonial indissociavelmente ligada ao sentido e ao fim da securitização, para tutela dos interesses dos investidores, como mecanismo que assegure a existência de ativos conversíveis em dinheiro especificamente para resgate dos títulos. Diz esse autor: "através da figura jurídica do património autónomo procura a lei assegurar aos investidores que o dinheiro por eles despendido – directamente na subscrição das UT [Unidades de Titularização] e indirectamente na compra pela STC [Sociedade de Titularização de Crédito] dos créditos que as mesmas representam – se destina a satisfazer os seus interesses na remuneração e no reembolso das obrigações precisamente emitidas para o financiamento da aquisição dos créditos nelas incorporados. E foi nesses créditos que os investidores confiaram: por um lado, cientes de que só esse patrimônio autónomo responde pelas obrigações titularizadas que suporta – por estas não respondendo o restante património da STC emitente (art. 61º parte final), contra ele não podem intentar acções por mora ou incumprimento no pagamento dos créditos titularizados; por outro lado, seguros da sua afectação exclusiva às OT [Obrigações Titularizadas] neles baseadas e da sua impermeabilidade a processos de cumprimento e execução de outras dívidas da sociedade até ao pagamento integral dos seus direitos, dos direitos inerentes às OT de que são detentores (art. 62º, nº 1, *in fine*)".[10]

A legislação italiana, a despeito de permitir à companhia securitizadora a realização de mais de uma operação de securitização, também tem a afetação patrimonial como requisito essencial, ao dispor que "os créditos relativos a cada operação constituem patrimônio separado para todos os efeitos do patrimônio da sociedade e de outras operações. Sobre cada patrimônio

---

[8] Decreto-lei 453/1999, art. 48º.

[9] CAMPOS, Diogo Leite de; MONTEIRO, Manuel, *Titularização de créditos* – Anotações ao Decreto-lei n.º 453/99, de 5 de novembro. Coimbra: Almedina, 2001, p. 13.

[10] SILVA, João Calvão da. *Titularização de créditos* – securitizacion. Coimbra: Almedina, 2003, p. 130-131.

não são admitidas ações por parte de credores diversos dos portadores dos títulos emitidos para financiar a aquisição dos mesmos créditos".[11]

No Brasil, a legislação sobre securitização de créditos imobiliários não obriga a afetação patrimonial; apenas faculta à sociedade securitizadora segregar os créditos e submetê-los a um regime especial, denominado *regime fiduciário*, pelo qual o acervo formado pelos créditos lastreadores da emissão constituem patrimônio de afetação, que não se confunde com o patrimônio da companhia securitizadora e destina-se exclusivamente à liquidação dos títulos a que estiverem afetados, bem como ao pagamento dos respectivos custos de administração e de obrigações fiscais; esses créditos não são passíveis de excussão por quaisquer credores da securitizadora, nem podem ser objeto de garantia.

A Lei de Recuperação de Empresa e Falência[12] confere proteção especial aos titulares de valores mobiliários colocados no mercado por meio de securitização, excluindo-os do risco de ineficácia ou dos efeitos de ação revocatória do ato de cessão da empresa devedora.

9.2. A SECURITIZAÇÃO NA LEGISLAÇÃO BRASILEIRA

No direito positivo brasileiro a caracterização dos Certificados de Recebíveis foi entronizada pela Lei 9.514/1997, que criou o Sistema de Financiamento Imobiliário – SFI, tipificou o contrato de alienação fiduciária, de cessão fiduciária de direitos creditórios imobiliários, regulamentou a operação de securitização de créditos imobiliários, para a qual dispôs sobre a segregação dos créditos que lastreiam os CRIs, mediante sua sujeição a um regime fiduciário, vindo posteriormente a Lei 11.076/2004 a regulamentar em termos semelhantes a securitização de créditos do agronegócio, admitindo-se, também, a securitização de créditos oriundos de debêntures.

Em 2022 a Medida Provisória 1.103, de 15 de março de 2022, convertida na Lei 14.430/2022, instituiu um regime jurídico geral, aplicável à securitização de créditos em geral, contemplando "as regras gerais aplicáveis à securitização de direitos creditórios e à emissão de Certificados de Recebíveis", a definição desses Certificados como "títulos de crédito nominativos, emitidos de forma escritural, de emissão exclusiva de companhia securitizadora, de livre negociação, constituem promessa de pagamento em dinheiro, preservada a possibilidade de dação em pagamento, e são títulos executivos extrajudiciais" (Lei 14.430/2022, art. 20).

Esse novo arcabouço legal assimilou as normas sobre securitização de créditos imobiliários e do agronegócio instituídas pela Lei 9.514/1997 e pela Lei 11.076/2004 e sistematizou as normas gerais a que devem se sujeitar a emissão de títulos e valores mobiliários lastreados em direitos creditórios de qualquer natureza, oriundos de todos os setores da economia, envolvendo créditos financeiros, comerciais, de prestação de serviços, os precatórios, os oriundos de ações judiciais, entre outros.

A securitização incumbirá a uma companhia securitizadora, definida pela lei como instituição não financeira organizada sob forma de sociedade por ações, cujo objeto é a realização de operações de securitização (Lei 14.430/2022, art. 18).

A securitização é caracterizada como operação de "aquisição de direitos creditórios para lastrear a emissão de Certificados de Recebíveis ou outros títulos e valores mobiliários perante

---

[11] Lei 99/130, art. 3, nº 2.
[12] Lei 11.101/2005: "Art. 136. Reconhecida a ineficácia ou julgada procedente a ação revocatória, as partes retornarão ao estado anterior, e o contratante de boa-fé terá direito à restituição dos bens ou valores entregues ao devedor. § 1º Na hipótese de securitização de créditos do devedor, não será declarada a ineficácia ou revogado o ato de cessão em prejuízo dos direitos dos portadores de valores mobiliários emitidos pelo securitizador".

investidores, cujo pagamento é primariamente condicionado ao recebimento de recursos dos direitos creditórios e dos demais bens, direitos e garantias que o lastreiam (Lei 14.430/2022, art. 18 e seu parágrafo único).

Formaliza-se a emissão dos Certificados de Recebíveis mediante termo de securitização, caracterizados pelos elementos indicados no art. 22: identificação da securitizadora emitente; número de ordem, local e data de emissão; a denominação "Certificado de Recebíveis", com a indicação da espécie de direito creditório a que se refere; valor nominal, data de vencimento ordinário do valor nominal e de resgate dos Certificados de Recebíveis e, se for o caso, discriminação dos valores e das datas de pagamento das amortizações; a taxa de juros fixa, flutuante ou variável, que poderá admitir prêmio, fixo ou variável, e capitalização; critérios de atualização monetária, se houver; cláusula de correção por variação cambial, nos termos admitidos em lei; local e método de pagamento; indicação do número de emissão e da eventual divisão dos Certificados de Recebíveis integrantes da mesma emissão em diferentes classes ou séries, inclusive a possibilidade de aditamentos posteriores para inclusão de novas classes e séries e requisitos de complementação de lastro, quando for o caso; indicação da existência ou não de subordinação entre as classes integrantes da mesma emissão; descrição dos direitos creditórios que compõem o lastro da emissão dos Certificados de Recebíveis; indicação, se for o caso, da possibilidade de substituição ou de aquisição futura dos direitos creditórios vinculados aos Certificados de Recebíveis com a utilização dos recursos provenientes do pagamento dos direitos creditórios originais vinculados à emissão, com detalhamento do procedimento para a sua formalização, dos critérios de elegibilidade e do prazo para a aquisição dos novos direitos creditórios, nos termos previstos no art. 22, § 2º, II; garantias fidejussórias ou reais para classes e séries específicas, se for o caso; previsão indicação da possibilidade de dação em pagamento dos direitos creditórios aos titulares dos Certificados de Recebíveis, com definição dos correspondentes critérios; normas sobre as assembleias gerais de titulares de Certificados de Recebíveis; e hipóteses de destituição ou substituição da companhia securitizadora (art. 22 da Lei 14.430/2022).

Dispõe a lei que "o montante dos direitos creditórios vinculados ao pagamento dos Certificados de Recebíveis deverá ser, no mínimo, suficiente para permitir a sua amortização integral" (art. 22, § 3º).

Admite-se garantia flutuante para o Certificado de Recebíveis, "que lhe assegurará privilégio geral sobre o ativo do patrimônio comum da companhia securitizadora", nos termos previstos nos §§ 4º e § 5º do art. 22). É admitida também chamada de capital, mediante promessa de subscrição e integralização de Certificados, para recebimento de recursos destinados à aquisição de direitos creditórios a serem empregados na formação de lastro de emissão (§ 6º do art. 22).

A emissão de Certificados de Recebíveis com cláusula de correção pela variação cambial é admitida quando em favor de investidor residente ou domiciliado no exterior, podendo o Conselho Monetário Nacional estabelecer outras condições além daquelas estabelecidas pelo § 8º do art. 22.

Do termo de securitização constará a nomeação de um agente fiduciário, quando se tratar de emissões públicas, instituição financeira ou entidade autorizada para esse fim pelo Banco Central, ao qual incumbe atuar em nome e no interesse dos titulares dos Certificados de Recebíveis, bem como a indicação de seus deveres, de suas responsabilidades e de sua remuneração, das hipóteses, das condições e da forma de sua destituição ou substituição e das demais condições de sua atuação (art. 26, III).

O Certificado de Recebíveis, bem como o termo de securitização, devem ser objeto de registro ou depósito em entidade autorizada a exercer a atividade de registro ou depósito centralizado de ativos financeiros e de valores mobiliários, de que trata a Lei 12.810/2013 (Lei 14.430/2022, art. 26, § 1º).

A emissão pública de Certificados de Recebíveis e outros valores mobiliários no processo de securitização sujeita-se às normas da CVM, compreendendo o registro, a estrutura, o funcionamento e as atividades das securitizadoras emissoras de valores mobiliários ofertados publicamente; as características e o regime de informações relativas a esses títulos; e as hipóteses de destituição e substituição das securitizadoras (art. 19).

A caracterização legal assim instituída evidencia que, ao sistematizar as normas sobre a securitização de créditos, a Lei 14.430/2022 inseriu no novo regime a disciplina de outras situações que a experiência colhida na prática ao longo de pouco mais de duas décadas de vigência da Lei 9.514/1997 já vinha recomendando.

Destacam-se entre essas inovações a possibilidade de recomposição do lastro dos títulos securitizados, a possibilidade de aditamentos posteriores para inclusão de novas classes e série, a chamada de capital para levantamento de recursos para aquisição de créditos destinados a formar lastro de emissão de títulos, a emissão de títulos com variação cambial para distribuição no exterior e a dação de créditos que compõem o lastro em pagamento aos investidores, como forma de solução de situações que a justifiquem, entre outros aspectos.

9.3. REGIME FIDUCIÁRIO DOS DIREITOS CREDITÓRIOS QUE LASTREIAM OS TÍTULOS EMITIDOS PELA SECURITIZADORA

A lei contempla a utilização do mecanismo da segregação patrimonial para maior garantia do investidor que venha a adquirir os títulos originados no processo de securitização.

Para tanto, prevê a possibilidade de a securitizadora estabelecer vinculação entre os títulos emitidos pela securitizadora e os créditos e outros bens ou direitos que constituem seu lastro, sujeitando-os a um regime fiduciário (art. 25).

Para esse fim, ao emitir uma série de títulos, a companhia securitizadora, por declaração unilateral no contexto do Termo de Securitização, atribuirá caráter fiduciário à titularidade sobre os créditos e demais bens, "que permanecerão sob a titularidade da companhia securitizadora, embora estejam afetados exclusiva e integralmente ao pagamento da emissão de Certificados de Recebíveis de que sejam lastro" (art. 26, § 2º).

Instituído o regime fiduciário, incumbirá à companhia securitizadora administrar cada patrimônio separado, cabendo-lhe promover, entre outros atos de administração, a cobrança dos créditos e o pagamento aos subscritores, manter registros contábeis independentes em relação a cada um deles e divulgar as demonstrações financeiras correspondentes, ficando claro que o patrimônio dela, securitizadora, responde pelos prejuízos que causar.

Para esse fim, a securitizadora "poderá adotar, em nome próprio e a expensas do patrimônio separado, todas as medidas cabíveis para a sua realização", inclusive mediante contratação e demissão de prestadores de serviços para a prática dos atos necessários "à arrecadação e à cobrança dos direitos creditórios, à excussão de garantias e à boa gestão do patrimônio separado, observados a finalidade legal do patrimônio separado e as disposições e os procedimentos previstos no termo de securitização" (art. 27, §§ 5º e 6º). Separado do patrimônio da companhia securitizadora (fiduciante), esse patrimônio autônomo mantém os direitos creditórios que constituem o lastro dos títulos afastados dos riscos patrimoniais da companhia, daí por que tais créditos não podem ser objeto de constrição por efeito de ações ou execuções movidas por credores da companhia securitizadora (art. 27).

Por essa forma, os riscos que se transmitem ao mercado são somente os riscos da carteira dita *securitizada*, e não os riscos da sociedade securitizadora, nem mesmo os riscos de natureza tributária, previdenciária ou trabalhista, tendo em vista que o § 4º do art. 27[13]

O patrimônio de afetação assim constituído é formado, de um lado, pelos direitos creditórios que lastreiam os títulos emitidos e, de outro lado, pelas obrigações a ele relacionadas, quais sejam as obrigações de pagamento do principal dos títulos e seus respectivos rendimentos, além das despesas próprias desse patrimônio especial, entre elas as despesas de administração e as obrigações tributárias a ele eventualmente imputadas, sendo certo que os rendimentos dos títulos são tributados nas pessoas dos respectivos subscritores. Enfim, importa ter sempre presente que, por definição legal, os direitos creditórios e os direitos reais a eles vinculados são destinados a propiciar os fundos necessários ao resgate dos títulos emitidos pela companhia securitizadora e demais obrigações do patrimônio separado.

Embora os créditos e os direitos reais a eles vinculados continuem figurando no patrimônio da companhia securitizadora, a titularidade da companhia sobre eles, por efeito do regime fiduciário, torna-se nominal, sendo atribuídos aos subscritores dos títulos os direitos sobre o conteúdo econômico daqueles créditos e direitos reais, de modo que as receitas deles provenientes sejam destinadas ao resgate dos títulos. Disso decorre que a securitizadora não mais poderá apropriar-se do produto da cobrança desses créditos, na medida em que deles são beneficiários os subscritores dos títulos.

Verificada insuficiência do patrimônio separado em relação às exigibilidades do seu passivo, a securitizadora poderá promover sua recomposição mediante aditamento ao termo de securitização, ou instrumento equivalente, pelo qual inclua outros direitos creditórios, sendo certo que a realização dos direitos dos investidores limitar-se-á ao produto dos direitos creditórios, aos demais recursos provenientes da liquidação desses direitos e às garantias acessórias e integrantes do patrimônio separado (art. 27, §§ 2º e 3º).

O regime fiduciário submete-se aos princípios gerais pertinentes à propriedade fiduciária e ao patrimônio de afetação.[14]

Incumbe ao agente fiduciário os poderes gerais de representação da comunhão dos investidores beneficiários do regime fiduciário, inclusive os de receber e dar quitação, devendo para esse fim adotar todas as medidas extrajudiciais e judiciais necessárias, caso a securitizadora não o faça, além de outros atos que lhe tenham sido atribuídos pelo termo de securitização. Em caso de insolvência da securitizadora o patrimônio de afetação passará a ser administrado pelo agente fiduciário (art. 29, § 1º e seus incisos).

O agente fiduciário se sujeita aos requisitos e incompatibilidades previstas no art. 66 da Lei 6.404/1976, além das normas da regulamentação da CVM, nas emissões públicas (art. 29,

---

[13] Lei 14.430/2022: "Art. 27. Os direitos creditórios, os bens e os direitos objeto do regime fiduciário: (...). 4º Os dispositivos desta Lei que estabelecem a afetação ou a separação, a qualquer título, de patrimônio da companhia securitizadora a emissão específica de Certificados de Recebíveis produzem efeitos em relação a quaisquer outros débitos da companhia securitizadora, inclusive de natureza fiscal, previdenciária ou trabalhista, em especial quanto às garantias e aos privilégios que lhes são atribuídos."
Essa disposição excepciona a regra do art. 76 da Medida Provisória 2.158-35/2001, do seguinte teor: "Art. 76. As normas que estabeleçam a afetação ou a separação, a qualquer título, de patrimônio de pessoa física ou jurídica não produzem efeitos em relação aos débitos de natureza fiscal, previdenciária ou trabalhista, em especial quanto às garantias e aos privilégios que lhes são atribuídos. Parágrafo único. Para os fins do disposto no *caput*, permanecem respondendo pelos débitos ali referidos a totalidade dos bens e das rendas do sujeito passivo, seu espólio ou sua massa falida, inclusive os que tenham sido objeto de separação ou afetação."

[14] V. capítulos sobre propriedade fiduciária e patrimônio de afetação.

§§ 3 e 4º, da Lei 14.430/2022), e responde pelos prejuízos que causar por descumprimento de disposição legal ou regulamentar, por negligência ou por administração temerária (art. 29, § 2º, da Lei 14.430/2022).

A insuficiência dos ativos do patrimônio separado não dará causa à declaração de sua falência, cabendo à securitizadora, ou, em sua falta, ao agente fiduciário convocar assembleia geral dos beneficiários, à qual compete a definição de toda e qualquer medida relacionada à administração ou liquidação do patrimônio separado, inclusive que envolva transferência dos bens e direitos dele integrantes para o agente fiduciário, para outra companhia securitizadora ou para terceiro, bem como a forma de liquidação do patrimônio e a nomeação do liquidante.

A assembleia será convocada por edital publicado no sítio eletrônico da emissora com antecedência de, no mínimo, 15 (quinze) dias e será instalada em primeira convocação com a presença de beneficiários que representem, no mínimo, 2/3 (dois terços) do valor global dos títulos, ou em segunda convocação independentemente da quantidade de beneficiários, considerando-se válidas as deliberações tomadas pela maioria dos presentes, em primeira ou em segunda convocação (art. 30, §§ 1º ao 4º).

Caso a assembleia não seja instalada, por qualquer motivo, em segunda convocação ou, embora instalada, os titulares dos Certificados de Recebíveis não decidirem sobre as medidas a serem adotadas, o resgate da emissão poderá ser feito pela securitizadora, com a ciência do agente fiduciário, mediante a dação em pagamento dos bens e direitos integrantes do patrimônio separado aos investidores.

Em caso de insolvência da securitizadora o agente fiduciário assumirá imediatamente a administração do patrimônio separado, em nome e por conta dos titulares dos Certificados de Recebíveis, e convocará assembleia geral para deliberar sobre a forma de administração, devendo promover o resgate dos Certificados de Recebíveis mediante a dação em pagamento dos bens e direitos integrantes do patrimônio separado caso a assembleia geral não seja instalada, por qualquer motivo, em segunda convocação, ou, embora instalada, os investidores não decidirem sobre medidas a serem adotadas.

Em qualquer das hipóteses de pagamento mediante dação os investidores tornar-se-ão titulares dos bens e direitos sob regime condominial geral necessário (art. 30, §§ 5º e 6º, e art. 31, § 2º).

A insolvência da securitizadora ou de seu grupo econômico não atingirá os patrimônios separados que tiver constituído.

Nos casos de emissão privada em que não tenha sido nomeado agente fiduciário os investidores deliberarão diretamente em assembleia sobre a administração do patrimônio separado (art. 31, §§ 3º e 4º).

Extingue-se o regime fiduciário pelo implemento das condições a que estiver submetido ou pelo resgate dos Certificados de Recebíveis mediante a dação, devendo, nesses casos, o agente fiduciário fornecer à securitizadora o termo de quitação em três dias úteis, contado da data do resgate, para baixa do registro do regime fiduciário na entidade em que tiver sido registrado. Os emolumentos devidos aos Registros de Imóveis pelo cancelamento do regime fiduciário e das garantias reais serão cobrados como ato único (art. 32, §§ 1º e 3º).

Em consequência da extinção os ativos que sobejarem serão reincorporados ao patrimônio geral da securitizadora livres do gravame decorrente do regime fiduciário (art. 32, § 2º).

9.4. CONCEITO DE CRÉDITO IMOBILIÁRIO

Ao disciplinar a operação de securitização de créditos imobiliários, a Lei 9.514/1997 não indicou espécies de crédito imobiliário passíveis de securitização; dispondo no seu art. 8º apenas que "a securitização de créditos imobiliários é a operação pela qual tais créditos são expressamente vinculados à emissão de uma série de títulos de crédito..." A Lei 14.430/2022 veio instituir um regime jurídico geral para a securitização, revogou esse dispositivo da Lei 9.514, mas, igualmente, não enumera as espécies de crédito imobiliário admissíveis nessa operação.

A falta de caracterização tem provocado controvérsia, e trata-se de aspecto relevante, pois os créditos constituem o lastro dos títulos emitidos na securitização e o lastro é que garante o resgate dos títulos.

Entendem alguns que a qualificação *imobiliária* atribuída a um crédito, para fins de securitização nos termos da Lei 9.514/1997, estaria associada à destinação dos recursos, somente sendo caracterizado como crédito *imobiliário* aquele vinculado a uma operação de construção ou aquisição de imóvel. Argumenta-se também que tal qualificação seria orientada pela origem dos recursos, de modo que só seria crédito *imobiliário* aquele que surge ou garante-se dos frutos e rendimentos de um imóvel ou negócio imobiliário e, assim, só poderiam lastrear Certificados de Recebíveis Imobiliários – CRI créditos decorrentes da exploração do imóvel ou do financiamento de sua construção ou aquisição.

Invocam-se, nesse sentido, expressões frequentes na Lei 9.514/1997, tais como *financiamento imobiliário, contratos de compra e venda de imóveis a prazo, arrendamento mercantil de imóveis*, além de outras que, de certa maneira, possam estar associadas à ideia da comercialização de imóveis, até porque a exposição de motivos do Projeto que deu origem a essa lei revela o propósito de "estruturação de operações de captação de recursos capazes de robustecer grandemente o financiamento habitacional".

Dada essa interpretação, não seria qualificado como crédito *imobiliário* aquele correspondente a empréstimo sem destinação específica, ainda que garantido por hipoteca ou propriedade fiduciária, mas somente os financiamentos destinados à produção ou à comercialização de imóveis.

Outros, diferentemente, adotam interpretação mais flexível, entendendo que a expressão *crédito imobiliário* compreende todo e qualquer crédito vinculado a direito real imobiliário, sobretudo direito real de garantia, de modo que poderia ser considerado crédito *imobiliário* um empréstimo não destinado à produção ou à comercialização de imóveis, mas desde que fosse garantido por direito real imobiliário.

Há outros, ainda, que não veem a vinculação de natureza real como elemento essencial da qualificação, entendendo que seria qualificado como crédito *imobiliário* o direito do locador de imóvel.

Qualquer que seja a interpretação que se adote, entretanto, há que se ter sempre presente que a qualificação de um crédito pela sua natureza, seja *mobiliária* ou *imobiliária*, tem como elemento essencial a existência de um vínculo de natureza real entre o cumprimento da obrigação, ou o pagamento da dívida, e determinado bem, seja *móvel* ou *imóvel*.

Esse elemento é particularmente relevante no mercado de securitização de créditos imobiliários, visando a segurança jurídica e econômica do investidor, aspecto que, a nosso ver, conduz à conceituação do crédito *imobiliário* necessariamente em função do vínculo real que prende certo imóvel à satisfação de determinado crédito, de modo a assegurar-se ao credor o direito de se apropriar do conteúdo econômico do imóvel em caso de mora ou inadimplemento do devedor, obviamente até o limite do valor do seu crédito.

Dada essa realidade, o conceito de crédito imobiliário está associado à noção mesma de direito real, isto é, direito vinculado a determinado bem, daí a qualificação *crédito real*, que, segundo Carvalho Santos, "subdivide-se em duas classes: a) *crédito imobiliário*, quando tem por garantia a propriedade imóvel; b) *crédito móvel*, quando a garantia consiste no depósito sob penhor, de mercadorias ou valores mobiliários que respondem pelo cumprimento da dívida".[15]

É como entende, também, Ricardo César Pereira Lira: "a noção de crédito imobiliário pode também estar jungida à modalidade de garantia que salvaguarda a posição do credor em financiamentos imobiliários. Um banco de fomento, por exemplo, financia um determinado projeto (*project finance*) e se garante, não apenas com os recebíveis, mas fortalece sua posição com uma garantia hipotecária. O crédito, nesse caso, é um crédito imobiliário".[16]

Efetivamente, o conjunto das disposições legais parece indicar que o emprego da expressão *crédito imobiliário* tem o propósito de distinguir espécies de crédito para efeito de securitização; além disso, parece claro que a qualificação da espécie *imobiliária* decorre de um vínculo de natureza real entre os créditos e determinados imóveis; por isso é que o inciso I do art. 8º determina a individualização do imóvel vinculado ao crédito imobiliário e, ademais, o art. 10, parágrafo único, manda averbar o *termo de securitização* na *matrícula do imóvel* cujo crédito esteja afetado por força da instituição do regime fiduciário, além de tratar da constituição de *outras garantias*, induzindo a crer que há uma garantia imobiliária natural.

E qual é a razão que justifica a qualificação de um crédito pelo seu vínculo real com uma coisa?

Do ponto de vista jurídico e econômico, o que realmente importa na vinculação de natureza real é a possibilidade de satisfação do crédito mediante apropriação do conteúdo econômico de determinado bem; a vinculação prende o bem à obrigação e destina seu valor econômico ao pagamento.

Ora, o que distingue a securitização de créditos em geral, não imobiliários, da securitização de créditos imobiliários é a inexistência ou a existência de bens garantindo o crédito securitizado.

Efetivamente, na securitização de um crédito decorrente de locação de imóvel ou de uso de cartões de crédito, sem garantia real imobiliária, o que responde pelo direito creditório do subscritor do título securitizado é o crédito, que está garantido pelo patrimônio geral dos devedores.

Já na securitização de créditos imobiliários, o que se pressupõe é que além do patrimônio geral dos devedores tenha sido separado um determinado bem desse patrimônio para garantir especificamente aquele crédito levado ao processo de securitização, numa estruturação jurídica e econômica que assegura a possibilidade de se converter aquele específico bem em dinheiro, visando o resgate dos títulos.

E é exatamente essa diferenciação que leva a crer que, ao optar por um título lastreado em crédito imobiliário, o investidor acredita que por trás do crédito haja bens imóveis garantindo o resgate do título.

Dados esses elementos fundamentais, é possível inferir que a noção de crédito imobiliário, para efeito de securitização, funda-se na ideia da vinculação de uma prestação a determinado imóvel, afetando o conteúdo econômico desse imóvel à satisfação do crédito correspondente àquela prestação.

Pouco importa que a prestação seja uma obrigação de dar, como, por exemplo, a de entrega do imóvel ao comprador, ou de fazer, correspondente à obrigação de pagamento de

---

[15] CARVALHO SANTOS J. M. de, *Repertório Enciclopédico do direito brasileiro*, Rio de Janeiro: Borsoi, V. XIII, p. 224.
[16] LIRA, Ricardo César Pereira, Crédito imobiliário e sua conceptuação, Parecer, *Revista Forense* 373/205.

uma dívida decorrente de um empréstimo particular ou bancário, que seja garantido por hipoteca ou por propriedade fiduciária.

O que importa é que os imóveis vinculados aos créditos securitizados fiquem também vinculados aos direitos dos subscritores de títulos, de modo a assegurar a existência de bens conversíveis em dinheiro, em volume suficiente para resgatar os títulos colocados no mercado.

Assim, a se admitir a aplicação da Lei 9.514/1997 à securitização de créditos correspondentes a aluguéis de imóveis ou a saldo de preço de promessas de compra e venda, parece-nos necessário proteger os riscos da emissão mediante garantia real imobiliária, de modo a conferir aos investidores meios que efetivamente assegurem a satisfação dos seus créditos, em caso de eventual desfazimento da locação ou resolução da promessa de compra e venda.

De outra parte, parece razoável que, visando a ampliação do mercado, com segurança jurídica, seja admitida a securitização de créditos oriundos de empréstimo sem finalidade específica, mas garantidos por direito real imobiliário.

9.5. SECURITIZAÇÃO DE CRÉDITOS VINCULADOS A PROMESSAS DE COMPRA E VENDA

Importa ainda considerar a eventual securitização de créditos correspondentes ao saldo do preço de promessas de compra e venda, que também apresenta particularidades, tendo em vista que a eventual resolução de uma promessa provocará diminuição do lastro que serve de garantia aos subscritores, dele retirando um crédito imobiliário e um imóvel que seriam naturalmente destinados a recompor o fluxo de pagamentos.

Nesse caso, como forma de contornar os riscos decorrentes da operação em que o lastro seja o crédito decorrente de promessa de venda, seria necessário que o cedente disponibilizasse para a securitizadora garantias suficientes para recomposição do lastro da emissão.

É verdade que, pelo registro do contrato de promessa de venda constitui-se um vínculo de natureza real em relação ao imóvel objeto da promessa, pois, de uma parte, o promitente comprador é investido em direito real de aquisição e, de outra parte, o promitente vendedor retém o domínio do imóvel até que seja satisfeito o saldo do preço da promessa, que corresponde ao crédito securitizado.

Todavia, é também verdade que a cessão do crédito do promitente vendedor limita-se a operar a transmissão do direito creditório, não contemplando a transmissão da posição contratual do promitente vendedor, que diz respeito à titularidade do domínio.

Disso decorre que o inadimplemento do promitente comprador devedor importará, em regra, em resolução do contrato, circunstância que implica o retorno das partes ao estado anterior, pelo qual, em princípio, o promitente vendedor recupera a propriedade e a posse do imóvel e o promitente comprador recupera parte do que pagou pela promessa (ressalve-se, obviamente, a faculdade do promitente vendedor de promover a execução do crédito resultante da promessa, hipótese em que os efeitos da demanda se aproximariam do resultado de uma execução de contrato de mútuo).

Assim, embora a cessão do crédito decorrente de promessa de compra e venda importe na transmissão da totalidade dos direitos creditórios, o eventual inadimplemento do promitente comprador, com a consequente resolução do contrato de promessa, atinge em cheio a liquidez e a garantia do negócio de securitização.

Nesse caso, três são os efeitos de maior relevância no que tange ao processo de securitização: *em primeiro lugar*, perece o lastro dos títulos emitidos, na medida em que, por força da resolução do contrato, extingue-se o crédito decorrente da promessa de venda, *em segundo lugar*, o imóvel cuja comercialização gerou o crédito retorna ao patrimônio do cedente (promitente vendedor) e não ao do cessionário do crédito, pois, repita-se, a cessão do crédito não importa em transmissão da posição patrimonial imobiliária do cedente, mas apenas da relação creditícia, e, *em terceiro lugar*, a eventualidade de restituição, ao antigo promitente comprador, de parte substancial do que tiver pago, poderá desequilibrar a equação patrimonial estabelecida na securitização.

Dado interesse que o negócio desperta, entidades ligadas ao setor imobiliário e aos registradores de imóveis cogitam sugerir proposição legislativa pela qual seja regulamentada a transmissão da posição contratual do promitente vendedor, de modo a assegurar ao cessionário a retomada do imóvel em caso de inadimplemento do promitente comprador.

9.6. AGENTE FIDUCIÁRIO

A despeito de a lei atribuir, em condições normais, a administração do patrimônio separado à própria securitizadora, ressalva-se que, em hipóteses como má gestão e outras que possam prejudicar os subscritores dos títulos, ela poderá ser afastada da administração, passando o patrimônio de afetação a ser administrado por um *agente fiduciário*, ao qual a lei confere legitimidade para praticar todos os atos de administração necessários ao resgate dos títulos, podendo o agente fiduciário promover a cobrança e o recebimento dos créditos afetados e, até mesmo, liquidar o patrimônio de afetação, destinando o produto da liquidação ao pagamento das suas próprias obrigações.

9.7. AVERBAÇÃO DA TITULARIDADE FIDUCIÁRIA NO REGISTRO DE IMÓVEIS

Essa modalidade de titularidade fiduciária, referindo-se a direito creditório imobiliário, deve ser averbada no Registro de Imóveis.[17]

---

[17] Lei 6.015/1973: "Art. 167. No Registro de Imóveis, além da matrícula, serão feitos. (...) II – a averbação: (...) 17) do Termo de Securitização de créditos imobiliários, quando submetidos a regime fiduciário".

BIBLIOGRAFIA

ABELEDO-PERROT. *Instituciones de derecho civil*. Parte General. 2. ed. Buenos Aires: Depalma, 1996.

AGUIAR JR., Ruy Rosado. *Extinção dos contratos por incumprimento do devedor. Resolução*. 2. ed. 2.ª tiragem. Rio de Janeiro: Aide, 2004.

ALFARO, Ricardo. Adaptación del trust del derecho anglosajón al derecho civil. *Cursos monográficos*. Cuba: Academia Interamericana de Derecho Comparado e Internacional, 1948. v. I.

ALONSO, Ruiz F. A alienação fiduciária em garantia. *Revista da Faculdade de Direito da Universidade de São Paulo*, v. LXVII, fasc. II, 1967.

ALVES, José Carlos Moreira. *Alienação fiduciária em garantia*. 2. ed. Rio de Janeiro: Forense, 1979.

ALVES, José Carlos Moreira. *Da alienação fiduciária em garantia*. São Paulo: Saraiva, 1979.

ALVES, José Carlos Moreira. *Direito romano*. 5. ed. Rio de Janeiro: Forense, 1995. v. III.

ALVIM, Eduardo Arruda. *Curso de direito processual civil*. São Paulo: RT, 1998.

AMAYUELAS, Esther Arroyo I. *El trust en el derecho civil*. Barcelona: Bosch, 2007.

AMAYUELAS, Esther Arroyo I. Los patrimonios fiduciarios y el trust. *Revista Crítica de Derecho Inmobiliario*, n. 693, p. 11-61, jan.-fev. 2006.

ANDRADE, Iari Martins Ribeiro de. Palestra em simpósio sobre securitização de créditos, Brasília, DF, 13.12.1994.

ARRUDA ALVIM, José Manuel. *Comentários ao Código Civil brasileiro* – Livro introdutório ao Direito das Coisas e o Dircito Civil. Rio de Janeiro: Forense, 2009.

ARRUDA ALVIM, Teresa; BARIONI, Rodrigo. Recursos repetitivos: Tese jurídica e ratio *decidendi*. *Revista de Processo*, v. 296, p. 183-204, out. 2019.

ASCARELLI, Tullio. *Problemas das Sociedades Anônimas e direito comparado*. 2. ed. São Paulo: Saraiva, 1969.

ASSIS, Araken de. *Manual da execução*. 20. ed. São Paulo: RT, 2018.

ASSIS, Araken de. *Resolução do contrato por inadimplemento*. 3. ed. São Paulo: RT, 1999.

ASSIS, Araken de. *Resolução do contrato por inadimplemento*. 6. ed. São Paulo: RT, 2019.

ASSUMPÇÃO, Márcio Calil de. *Ação de busca e apreensão decorrente de alienação fiduciária em garantia*. São Paulo: Juarez de Oliveira, 2001.

ASSUMPÇÃO, Márcio Calil de. A Lei 10.931/04 e os novos delineamentos do procedimento da ação de busca e apreensão (DL 911/69). *Revista Dialética de Processo Civil*, n. 20, p. 59-74, nov. 2004.

ATALIBA, Geraldo, Alienação fiduciária. *Estudos e pareceres de direito tributário*. São Paulo: RT, 1978.

ATIENZA, Manuel. *As razões do direito* – teorias da argumentação jurídica. São Paulo: Landy, 2000.

AZEVEDO, Álvaro Villaça. *Prisão civil por dívida*. São Paulo: RT, 1993.

AZEVEDO, Antonio Junqueira de. *Negócio jurídico*: existência, validade e eficácia. São Paulo: Saraiva, 2002.

AZEVEDO, Antonio Junqueira de. Responsabilidade pré-contratual no Código de Defesa do Consumidor; estudo comparativo com a responsabilidade pré-contratual no direito comum. *Revista de Direito do Consumidor*, n. 18, abr.-jun. 1996.

BALEEIRO, Aliomar. *Direito tributário brasileiro*. Atualizadora Misabel Abreu Machado Derzi. 11. ed. 23.ª tiragem. Rio de Janeiro: Forense, 2011.

BARRIÈRE, François. *La Réception du trust au travers de la fiducie*. Paris: Litec, 2004.

BARROS, Francisco Carlos da Rocha. *Comentários à Lei do Inquilinato*. São Paulo: Saraiva, 1995.

BASTOS, Celso Ribeiro. *Comentários à Constituição do Brasil*. São Paulo: Saraiva, 1989.

BATIBERNARDES, Maury Rouède. A transferência da posição de devedor-fiduciante. Cessão ou compra e venda? *Diário das Leis – BDI – Boletim do Direito Imobiliário*, 2º decêndio, fev. 2008.

BATIZA, Rodolfo. *El fideicomiso*: teoría y práctica. 3. ed. México: Porrúa, 1976.

BATIZA, Rodolfo. *Princípios básicos del fideicomiso y de la administración fiduciária*. 2. ed. México: Porrúa, 1985.

BEDAQUE, José Roberto dos Santos. *Código de Processo Civil interpretado*. 3. ed. São Paulo: Atlas, 2008.

BERNARDES, Maury Rouède. A transferência da posição de devedor-fiduciante. Cessão ou compra e venda?. *Diário das Leis, BDI, Boletim do Direito Imobiliário*, n. 5, p. 5-7, 2º decêndio, fev. 2008.

BESSONE, Darcy. *Do contrato*. Rio de Janeiro: Forense, 1960.

BEVILÁQUA, Clóvis. *Teoria geral do direito civil*. 2. ed. Rio de Janeiro: Livraria Francisco Alves, 1929.

BEZERRA FILHO, Manoel Justino. *Da fidúcia à securitização*: as garantias dos negócios empresariais e o afastamento da jurisdição. 2000. Tese (Doutorado em direito comercial) – Faculdade de Direito da Universidade de São Paulo, São Paulo.

BEZERRA FILHO, Manoel Justino. *Lei de Recuperação de Empresas e Falência*. 14. ed. São Paulo: RT, 2019.

BOBBIO, Norberto. *Teoria do ordenamento jurídico*. 10. ed. Brasília: Editora UnB, 1997.

BUZAID, Alfredo. Ensaio sobre a alienação fiduciária em garantia. *Revista dos Tribunais*, n. 401, p. 9-29.

CÂMARA, Alexandre Freitas. *Lições de direito processual civil*. 23. ed. São Paulo: GEN-Atlas, 2014.

CAMBLER, Everaldo. *Curso avançado de direito civil* – obrigações. São Paulo: RT, 2004.

CAMPOS, Diogo Leite de; MONTEIRO, Manuel. *Titularização de créditos* – Anotações ao Decreto-lei n.º 453/99, de 5 de novembro. Coimbra: Almedina, 2001.

CAMPOS, Francisco. *Direito civil*. Rio de Janeiro: Freitas Bastos, 1956.

CANOTILHO, José Joaquim Gomes. *Direito constitucional*. 6. ed. Coimbra: Almedina, 1993.

CARREGAL, Mário A. *El fideicomiso, regulación jurídica y posibilidades prácticas*. Buenos Aires: Ed. Universidad, 1982.

CARVALHO, Orlando de. Negócio jurídico indireto. *Boletim da Faculdade de Direito*, Coimbra, suplemento X/1, 1952.

CARVALHO, Paulo de Barros. *Curso de direito tributário*. 22. ed. São Paulo: Saraiva, 2010.

CARVALHO SANTOS, J. M. de. *Código Civil brasileiro interpretado*. 11. ed. Rio de Janeiro: Livraria Freitas Bastos, 1956. v. XVI.

CARVALHO SANTOS, J. M. de. *Código Civil brasileiro interpretado*. 12. ed. Rio de Janeiro: Freitas Bastos, 1984.

CASTRO Y BRAVO, Frederico de. *El negocio jurídico*. Madrid, 1971.

CHALHUB, Melhim Namem. *Da incorporação imobiliária*. 2. ed. Rio de Janeiro: Renovar, 2005.

CHALHUB, Melhim Namem. *Trust*: perspectivas do direito contemporâneo na transmissão da propriedade para administração de investimentos e garantia. Rio de Janeiro: Renovar, 2001.

COÊLHO, Sacha Calmon Navarro. *Do imposto sobre a propriedade predial e territorial urbana*. São Paulo: Saraiva, 1982.

DANTZGER, Afranio Carlos Camargo. *Alienação fiduciária de bens imóveis*. 5. ed. rev., atual. e ampl. Salvador: JusPodivm, 2020.

DE LUCCA, Newton. *Comentários ao novo Código Civil*. Dos atos unilaterais. Dos títulos de crédito. Coordenador: Sálvio de Figueiredo Teixeira. Rio de Janeiro: Forense, 2003.

DIDIER JR., Fredie. *Curso de direito processual civil*. 20. ed. Salvador: JusPodium, 2018.

DINAMARCO, Cândido Rangel. Alienação fiduciária de bens imóveis. *Revista de Direito Imobiliário*, ano 24, n. 51, p. 235-252, jul.-dez. 2001.

DINAMARCO, Cândido Rangel. *Execução civil*. São Paulo: RT, 1993.

DINAMARCO, Cândido Rangel. *Fundamentos do processo civil moderno*. 4. ed. São Paulo: Malheiros, 2001.

DINAMARCO, Cândido Rangel. *Instituições de direito processual civil*. 7. ed. São Paulo: Malheiros, 2017.

DINAMARCO, Cândido Rangel. *Instituições de direito processual civil*. São Paulo: Malheiros, 2004. v. IV.

DINIZ, Maria Helena. *Curso de direito civil brasileiro*. 11. ed. São Paulo: Saraiva, 1996. v. III.

DITCHER, Barry. Securitisation in the United States: why and how?. In: CAMPOS, Diogo Leite de et al. *Titularização de créditos*. Lisboa: Instituto de Direito Bancário, 2000.

ENNECCERUS, Ludwig; NIPPERDEY, Hans Carl. *Tratado de derecho civil de Enneccerus, Kipp e Wolff*. 3. ed. Barcelona: Bosch, 1956. t. I, v. II, 2.ª parte.

ESPÍNOLA, Eduardo. Negócio fiduciário. *Revista dos Tribunais*, v. 184, p. 532 e ss.

ESPÍNOLA, Eduardo. *Sistema do direito civil brasileiro*. 4. ed. Rio de Janeiro: Conquista, 1961.

FABRÍCIO, Adroaldo Furtado. Alienação fiduciária de coisa fungível – um grave equívoco. *Revista dos Tribunais*, n. 617, p. 16-19, mar. 1987.

FARIAS, Cristiano Chaves de; ROSENVALD, Nelson. *Direitos reais*. 3. ed. Rio de Janeiro: Lumen Juris, 2006.

FERRARA, Francesco. *A simulação dos negócios jurídicos*. São Paulo: Saraiva, 1939.

FERREIRA, Waldemar. O *trust* anglo-americano e o fideicomisso latino-americano. *Revista da Faculdade de Direito da Universidade de São Paulo*, LI.

FIGUEIRA JÚNIOR, Joel Dias. *Ação de busca e apreensão em propriedade fiduciária*. São Paulo: RT, 2005.

FREITAS, Teixeira de. *Esboço do Código Civil*. Brasília: Ministério da Justiça (Departamento de Imprensa Nacional) e UnB, 1983.

FUNES, Saturnino Jorge. *Fideicomiso*. Buenos Aires: Depalma, 1996.

GALHARDO, Flaviano, Averbação de penhora e de indisponibilidade sobre direitos de fiduciante e o futuro da alienação fiduciária. *ARISPJUS*, ano II, p. 43-49, maio-ago. 2017.

GAMBARO, Antonio. *Trattato di diritto privato – la proprietà*. Milano: Giuffrè, 1990.

GOMES, Luiz Roldão Freitas. As garantias da obrigação no aspecto substantivo e processual no direito brasileiro (um estudo de direito luso-brasileiro). *Revista Arquivos do Tribunal de Alçada do Estado do Rio de Janeiro*, n. 22, p. 16-27.

GOMES, Luiz Roldão Freitas. *Elementos de responsabilidade civil*. Rio de Janeiro: Renovar, 2000.

GOMES, Manuel Januário da Costa. *Assunção fidejussória de dívida*. Sobre o sentido e o âmbito da vinculação como fiador. Coimbra: Almedina, 2000.

GOMES, Orlando. *Alienação fiduciária em garantia*. 4. ed. São Paulo: RT, 1975.

GOMES, Orlando. *Contratos*. 2. ed. Rio de Janeiro: Forense, 1966.

GOMES, Orlando. *Direitos reais*. Atualizador Humberto Theodoro Júnior. Rio de Janeiro: Forense, 1985.

GOMES, Orlando. *Introdução ao direito civil*. 5. ed. Rio de Janeiro: Forense, 1977.

GOMES, Orlando. *Obrigações*. 12. ed. Rio de Janeiro: Forense, 1999.

GONÇALVES, Aderbal da Cunha. *Da propriedade resolúvel*. São Paulo: RT, 1979.

GOUVÊA, Carlos Portugal, Comentários aos artigos 1.368-C a 1.368-F do Código Civil: fundos de investimento na Lei de Liberdade Econômica. In: MARTINS-COSTA, Judith; NITSCHKE, Guilherme Carneiro Monteiro (coord.). *Direito Privado na Lei de Liberdade Econômica*. São Paulo: Almedina.

GRAÇA, Diogo Macedo. *Os contratos de garantia financeira*. Coimbra: Almedina, 2010.

GRIMALDI, Michel. La fiducie: réflexions sur l´institution et sur l´avant-projet de loi qui la consacre. *El fideicomiso en el Derecho Comparado*. Panamá: Imprenta Universitaria, 1993.

GRINOVER, Ada Pellegrini. *Novas tendências do direito processual de acordo com a Constituição de 1988*. Rio de Janeiro: Forense Universitária, 1990.

GRINOVER, Ada Pellegrini. *O processo e sua evolução*. Rio de Janeiro: Forense Universitária, 1996.

GRINOVER, Ada Pellegrini. *Os princípios constitucionais e o Código de Processo Civil*. São Paulo: RT, 1975.

HANBURY, Harold Greville; MAUDSLEY, Ronald Harling. *Modern Equity*. 12. ed. London: Stevens & Sons, 1985.

HART, Walter G. What is a *trust*. *The Law Quartely Review*, v. 15, n. LIX, jul. 1989.

JACOMINO, Sérgio. Penhora – alienação fiduciária de coisa imóvel. Algumas considerações sobre o registro. *Boletim Eletrônico IRIB*, n. 2245, 9 jan. 2006.

JAUFFRÉT-SPINOSI, Camille. La Convention de la Haye relative à la loi applicable au trust et à sa reconnaissance. *Journal de Droit International*, 114ª année, n. 1, p. 23.

KIPER, Cláudio Marcelo. *Fideicomiso. Domínio fiduciário. Securitización*. 2. ed. Buenos Aires: Depalma, 1996.

LARENZ, Karl. *Metodologia da ciência do direito*. 3. ed. Lisboa: Fundação Calouste Gulbenkian, 1997.

LEONARDO, Rodrigo Xavier. Os contratos coligados, os contratos conexos e as redes contratuais. In: CARVALHOSA, Modesto. *Tratado de direito empresarial*. 2. ed. São Paulo: Thomson Reuters, 2018.

LEPAULLE, Pierre. La naturaleza del trust. *Revista General de Derecho y Jurisprudencia*, México, 1932, t. III, p. 115.

LIMA, Frederico Henrique Viegas de. *Da alienação fiduciária em garantia de coisa imóvel*. Curitiba: Juruá, 1998.

LIMA, Otto de Sousa. *Negócio fiduciário*. São Paulo: RT, 1962.

LIRA, Ricardo César Pereira. Crédito imobiliário e sua conceptuação. Parecer, *Revista Forense* 373/205.

LISOPRAWSKI, Silvio V. *Fideicomiso*. 2. ed. Buenos Aires: Depalma, 1996.

LLAMBÍAS, Jorge J. *Tratado de derecho civil*. Parte general. 9. ed. Buenos Aires: Perrot, 1982.

LOUREIRO, Francisco Eduardo et al. *Código Civil comentado*. 9. ed. Coordenador: Ministro Cezar Peluso. São Paulo: Manole, 2015.

LOUREIRO, Francisco Eduardo. *Código Civil comentado*. Coord. Ministro Cezar Peluso. 10. ed. São Paulo: Manole, 2018.

LOZANO, José M. Villagordoa. *Doctrina general del fideicomiso*. 2. ed. México: Porrúa, 1982.

LUPOI, Maurizio. *Istituzioni del diritto dei trust e degli affidamenti fiduciari*. Milano: Giuffrè, 2001.

MACHADO, Antonio Cláudio da Costa. *Código de Processo Civil interpretado*. São Paulo: Saraiva, 1996.

MARINONI, Luiz Guilherme. *Efetividade do processo e tutela de urgência*. Porto Alegre: Fabris, 1994.

MARQUES, Claudia Lima. *Contratos no Código de Defesa do Consumidor*. 5. ed. São Paulo: RT, 2006.

MARTÍNEZ, Alfredo Domínguez. *Dos aspectos de la esencia del fideicomiso mejicano*. México: Porrúa, 1994.

MARTINS-COSTA, Judith. *A boa-fé no direito privado*. 2. ed. São Paulo: Saraiva, 2018.

MARTINS-COSTA, Judith. Os negócios fiduciários – considerações sobre a possibilidade de acolhimento do *trust* no direito brasileiro. *Revista dos Tribunais*, n. 657, p. 37-50.

MARTINS-COSTA, Judith. *Comentários ao novo Código Civil* – Do inadimplemento das obrigações. Coordenador: Sálvio de Figueiredo Teixeira. Rio de Janeiro: Forense, 2004. v. V, t. II.

MARTINS-COSTA, Judith; MARTINS-COSTA, Fernanda Mynarski. Responsabilidade dos agentes dos Fundos de Investimento em Direitos Creditórios (FIDC). *Revista da Faculdade de Direito da Universidade de Lisboa*, ano LXII, 2021.

MARTINS, Samir José Caetano. *Execuções extrajudiciais de créditos imobiliários*. Rio de Janeiro: Espaço Jurídico, 2007.

MARTORELL, Navarro. *La propriedad fiduciaria*. Barcelona: Bosch, 1950.

MATOS, Isabel Andrade de. *O pacto comissório*: contributo para o estudo do âmbito da sua proibição. Coimbra: Almedina, 2006.

MAXIMILIANO, Carlos. *Hermenêutica e aplicação do direito*. 16. ed. Rio de Janeiro: Freitas Bastos, 1996.

MAXIMILIANO, Carlos. *Hermenêutica e aplicação do direito*. 20. ed. Rio de Janeiro: Forense, 2011.

MENDONÇA, José Xavier Carvalho de. *Tratado de direito comercial brasileiro*. Rio de Janeiro: Tip. Besnard Frères, 1917.

MENDONÇA, José Xavier Carvalho de. *Tratado de direito comercial brasileiro*. 3. ed. Rio de Janeiro: Freitas Bastos, 1939.

MESSINA, Giuseppe. *Scritti Giuridici* – Negozi Fiduciari. Milano: Giuffré, 1948. v. I.

MESSINEO, Francesco. *Manual de derecho civil e comercial*. Tradução de Santiago Sentis Melendo. Buenos Aires: Ediciones Jurídicas Europa-América, 1971.

MIRANDA, Victor Vasconcellos. *Precedentes judiciais*: construção e aplicação da *ratio decidendi*. São Paulo: RT, 2022.

MONTEIRO, Carlos Edison do Rego. *Pacto comissório e pacto marciano no sistema brasileiro de garantias*. Rio de Janeiro: Processo, 2017.

MONTEIRO, Washington de Barros. *Curso de direito civil* – Direito das coisas. São Paulo: Saraiva, 1961.

NERY JUNIOR, Nelson. Comentário ao art. 53. In: GRINOVER, Ada Pellegrini; BENJAMIN, Antônio Herman de Vasconcellos e; FINK, Daniel Roberto; FILOMENO, José Geraldo Brito; DENARI, Zelmo. *Código Brasileiro de Defesa do Consumidor* – Comentários pelos autores do anteprojeto. 10. ed. Rio de Janeiro: Forense, 2011.

NERY JUNIOR, Nelson. *Princípios do processo civil na Constituição Federal*. 3. ed. São Paulo: RT, 1996.

OLIVA, Milena. *Do negócio fiduciário à fidúcia*. São Paulo: Atlas, 2014.

OLIVA Milena Donato; RENTERIA, Pablo. Fundos de Investimento. In: HANSZMANN, Felipe; HERMETO, Lucas (org.). *Atualidades em Direito Societário e Mercado de Capitais*. Rio de Janeiro: Lumen Juris, 2021. v. 5.

OLIVA, Milena; TEPEDINO, Gustavo Mendes. Compartilhamento de garantias imobiliárias por meio da titularidade fiduciária. *Revista de Direito Civil Contemporâneo*, vol. 21, 2019.

PARECER final do Relator do Substitutivo ao Projeto de Lei nº 3242/97.

PEDREIRA, José Luiz. *Direito das companhias*. Rio de Janeiro: Forense, 2009. v. II.

PEREIRA, Caio Mário da Silva. *Instituições de direito civil* – contratos. 12. ed. rev. e atual. por Regis Frichtner. Rio de Janeiro: Forense, 2005. v. III.

PEREIRA, Caio Mário da Silva. *Instituições de direito civil*. 17. ed. Rio de Janeiro: Forense, 1995, v. IV.

PEREIRA, Caio Mário da Silva. *Instituições de direito civil*. 20. ed. rev. e atual. de acordo com o Código Civil de 2002. Atualizadora: Maria Celina Bodin de Moraes. Rio de Janeiro: Forense, 2004. v. I.

PEREIRA, Lafayette Rodrigues. *Direito das coisas*. Edição histórica. Rio de Janeiro: Editora Rio, 1977.

PERROT, Abeledo. *Fideicomiso*. Dominio Fiduciario. Securitización. 2. ed. Buenos Aires: Depalma,1996.

PETTIT, Philip H. *Equity and the law of trust*. 7. ed. London: Butterworths, 1993.

PINHEIRO, Luís Lima. *A cláusula de reserva da propriedade*. Coimbra: Almedina, 1988.

PIRES, Catarina Monteiro. *Alienação em garantia*. Coimbra: Almedina, 2010.

PONTES DE MIRANDA, Francisco Cavalcanti. *Tratado de direito privado*. Rio de Janeiro: Borsoi, 1954.

PONTES DE MIRANDA, Francisco Cavalcanti. *Tratado de direito privado*. São Paulo: RT, 2012. t. III.

PUTTI, Pietro Maria. I fondi comuni di investimento. *Revista Doutrinária do Instituto Luso Brasileiro de Direito Privado e Agrário Comparado*, 2000.

RADBRUCH, Gustav. *Filosofia do direito*. Coimbra: Arménio Amado, 1974.

RÁO, Vicente. *O direito e a vida dos direitos*. 5. ed. São Paulo: RT, 1999.

RELATÓRIO DA COMISSÃO ELABORADORA. Projeto do Código de Obrigações, 1965. Senado Federal, Subsecretaria de edições técnicas, 1989, v. 4.

RENTERIA, Pablo. *Penhor e autonomia privada*. Rio de Janeiro: GEN-Atlas, 2016.

RENTERIA, Pablo; OLIVA Milena Donato. Fundos de Investimento. In: HANSZMANN, Felipe; HERMETO, Lucas (org.). *Atualidades em Direito Societário e Mercado de Capitais*. Rio de Janeiro: Lumen Juris, 2021. v. 5.

RESTIFFE NETO, Paulo. *Garantia fiduciária*. São Paulo: RT. 1976.

RESTIFFE NETO, Paulo; RESTIFFE, Paulo Sérgio. *Garantia fiduciária*. 3. ed. rev., atual. e ampl. São Paulo: RT, 2000.

RESTIFFE NETO, Paulo; RESTIFFE, Paulo Sérgio. *Alienação fiduciária e o fim da prisão civil*. São Paulo: RT, 2007.

RESTIFFE NETO, Paulo; RESTIFFE, Paulo Sérgio. *Propriedade fiduciária imóvel* (regime jurídico, questionamentos, jurisprudência). São Paulo: Malheiros, 2009.

RIPERT, George. *Aspectos jurídicos do capitalismo moderno*. Rio de Janeiro: Freitas Bastos, 1947.

RODRIGUES, Silvio. *Direito civil*. 27. ed. São Paulo: Saraiva, 1997. v. I.

ROSENVALD, Nelson. *Código Civil comentado*. Coord. Cezar Peluso. 12. ed. São Paulo: Manole, 2018.

SALOMÃO NETO, Eduardo. *O conceito de* trust *e sua influência no direito societário*. São Paulo: Faculdade de Direito da Universidade de São Paulo, 1994.

SANTOS, Ernane Fidélis dos. Alienação fiduciária de coisa imóvel. *Juris Síntese*, n. 19, set.-out. 1999.

SCALZILLI, João Pedro; SPINELLI, Luís Felipe; TELLECHEA, Rodrigo. *Recuperação de empresas e falência*. 3. ed. São Paulo: Almedina, 2018.

SCHIMIDT, Francisco Arnaldo. *Incorporação imobiliária – teoria e prática*. Porto Alegre: Editora Gráfica Metrópole, 1995.

SERPA LOPES, Miguel Maria de. *Curso de direito civil* – Direito das coisas. 2. ed. Rio de Janeiro: Livraria Freitas Bastos, 1962, v. VI.

SERPA LOPES, Miguel Maria de. *Tratado dos registros públicos*. Rio de Janeiro: Freitas Bastos, 1955.

SILVA, Fábio Rocha Pinto e. *Garantias das obrigações*. São Paulo: Editora do IASP, 2017.

SILVA, Fábio Rocha Pinto e. O compartilhamento da alienação fiduciária e da hipoteca mediante o recarregamento ou extensão da garantia original: estudo da MPV 992/2020 à luz do direito estrangeiro. *Estudos de direito imobiliário* – Homenagem a Sylvio Capanema de Souza. São Paulo: Ibradim, 2020.

SILVA, João Calvão da. *Banca, Bolsa e Seguros* – Direito europeu e português. 4. ed. Coimbra: Almedina, 2013, t. I.

SILVA, João Calvão da. *Titularização de créditos* – securitizacion. Coimbra: Almedina, 2003.

SOUZA, Sylvio Capanema de. *A nova Lei do Inquilinato comentada*. Rio de Janeiro: Forense, 1993.

SOUZA, Sylvio Capanema de. Palestra proferida no VII ENAI – Encontro dos Advogados do Mercado Imobiliário, promovido pela ABAMI – Associação Brasileira de Advogados do Mercado Imobiliário de 25 a 27 de outubro de 2000 na Escola de Magistratura do Tribunal de Justiça do Estado do Rio de Janeiro.

TEPEDINO, Gustavo. *Multipropriedade imobiliária*. São Paulo: Saraiva, 1993.

TEPEDINO, Gustavo; OLIVA, Milena. Compartilhamento de garantias imobiliárias por meio da titularidade fiduciária. *Revista de Direito Civil Contemporâneo*, vol. 21, 2019.

TERRA, Aline de Miranda Valverde. *Inadimplemento anterior ao termo*. Rio de Janeiro: Renovar, 2009.

THEODORO JÚNIOR, Humberto. A garantia fundamental do devido processo legal e o exercício do poder cautelar no direito processual civil. *Revista dos Tribunais*, São Paulo, n. 665, p. 11-23.

THEODORO JÚNIOR, Humberto. *Curso de direito processual civil*. 7. ed. Rio de Janeiro: Forense, 1993.

THEODORO JÚNIOR, Humberto. *Curso de direito processual civil*. 39. ed. Rio de Janeiro: Forense, 2006. v. 2.

THEODORO JÚNIOR, Humberto. *Curso de direito processual civil*. 59. ed. Rio de Janeiro: Forense, 2018. v. 1.

THOMAT-RAYNAUD, Anne-Laure. *L'Unité du patrimoine*: essai critique. Paris: Defrénois, 2007.

TUNC, André. A distinção entre obrigações de resultado e obrigações de diligência. *Revista dos Tribunais*, v. 778, ago. 2000.

VASCONCELOS, Luís Miguel Delgado Paredes Pestana de. *A cessão de créditos em garantia e a insolvência*. Coimbra: Coimbra Editora, 2007.

VIANA, Marco Aurélio S. *Comentários ao novo Código Civil*– Dos direitos reais. Coordenador: Sálvio de Figueiredo Teixeira. 2. ed. Rio de Janeiro: Forense, 2004. v. XVI.

VON TUHR, Andreas. *Teoría general del derecho civil alemán*. Buenos Aires: Depalma, 1946.

WALD, Arnoldo. *Curso de direito civil brasileiro*. 14. ed. São Paulo: RT, 2000.

WALD, Arnoldo. Da natureza jurídica do fundo imobiliário. *Revista Forense*, v. 309.

WATANABE, Kazuo. *Da cognição no processo civil*. São Paulo: RT, 1987.

WORLEY, B. A. Le trust et ses applications moderns en droit anglais. *Revue Internationale de Droit Compraré*, 1962.

ÍNDICE ALFABÉTICO-REMISSIVO
(os números se referem aos itens)

A

Abertura de crédito bancário, 4.2.1.3
Ação de busca e apreensão, 5.12.1
Ação de busca e apreensão (perdas e danos), 5.12.1.4
Ação de busca e apreensão (purgação da mora), 5.9. a 5.9.7
Ação de busca e apreensão (resposta do devedor), 5.12.1.2
Ação de busca e apreensão (sentença), 5.12.1.3
Ação de cumprimento de obrigação de fazer, 6.12.4
Ação de depósito, 5.12.2
Ação de despejo, 6.12.2
Ação de execução, 5.12.3, 6.8.2
Ação monitória, 5.12.4
Ação possessória, 5.12.5, 6.12.3
Ação de reintegração de posse, 6.12.1
Ações, 2.9.3.2
Ações decorrentes da alienação fiduciária, 5.12, 6.12
Actio fiduciae contraria, 1.2
Actio fiduciae directa, 1.2
Adimplemento substancial, 6.10
Adjudicação, 4.2.3.3
Afetação, 1.4.2.3, 3.5, 3.5.1 a 3.5.7
Agente fiduciário (leilão extrajudicial), 6.16.3.1
Agente fiduciário (securitização de créditos imobiliários), 9.3
Alienação fiduciária, autofinanciamento de grupo de consórcio, 4.2.1.4
Alienação fiduciária de ações, 2.9.3.2, 4.2.1, 4.3.8
Alienação fiduciária, aspectos tributários, 4.2.1.1

Alienação fiduciária de bens imóveis, 6
Alienação fiduciária de bens imóveis (condições da operação), 6.4
Alienação fiduciária de bens imóveis (definição legal), 6.2
Alienação fiduciária de bens imóveis (direitos e obrigações dos contratos), 6.5
Alienação fiduciária de bens imóveis (forma do contrato), 6.3.3
Alienação fiduciária e promessa de venda, 6.11.6, 6.11.7
Alienação fiduciária de bens imóveis e incorporação imobiliária, 6.3.1, 6.4, 6.11.6
Alienação fiduciária contratada diretamente com o vendedor, 6.11.6
Alienação fiduciária de bens imóveis (objeto do contrato), 6.3.2
Alienação fiduciária de bens imóveis (sujeitos do contrato), 6.3.1
Alienação fiduciária de bens móveis, 5.2, 5.3, 5.4, 5.5
Alienação fiduciária de bens móveis (direitos e obrigações dos contratantes), 5.6
Alienação fiduciária de bens móveis (forma do contrato), 5.5.4
Alienação fiduciária de bens móveis (legitimidade), 5.5.2
Alienação fiduciária de bens móveis (objeto), 5.5.3
Alienação fiduciária de coisa fungível, 4.3.5.3
Alienação fiduciária e dívida futura, 4.2.1.2
Alienação fiduciária a estrangeiro, 6.3.2.1
Alienação fiduciária por empresa em recuperação judicial, 4.2.4.1
Alienação fiduciária e figuras afins, 5.2

Alienação fiduciária em garantia (natureza jurídica), 4.2.1, 5.2, 6.2
Alienação fiduciária, IPTU, 4.2.1.1
Alienação fiduciária, IPVA, 4.2.1.1
Alienação fiduciária, ITR, 4.2.1.1
Alienação fiduciária (natureza jurídica), 6.2
Alienação fiduciária e negócio fiduciário, 4.1
Alienação fiduciária e outros contratos de garantia, 6.15.4
Alienação fiduciária de propriedade superveniente, 4.2.1.3
Aluguel (garantia do contrato de locação), 7.9
Ameaça de lesão a direito, 6.16.2, 6.16.3, 6.17
Antecipação de tutela, 6.12.4
Anuência do credor-fiduciário, 6.6.2
Artigo 53 do Código de Defesa do Consumidor, 6.15
Atualização monetária, 6.4
Autofinanciamento de grupo de consórcio, 4.2.1.4

B

Bem de família, 4.2.2.3.1
Beneficial tittle, 1.4.2.3
Beneficiário, 2.4
Bens de capital essenciais à atividade empresarial, 4.2.4
Bens futuros objeto de alienação fiduciária, 5.5.3
Boa-fé objetiva, 6.15
Busca e apreensão, 5.12.1

C

Cancelamento da propriedade fiduciária, 5.7, 6.7
Cancelamento do regime fiduciário, 6.13
Caução do direito do devedor-fiduciante, 6.1
Caução de direitos aquisitivos, 6.1
Causa fiduciae, 2.5
Cédula de Produto Rural – CPR, alienação fiduciária, 5.5.3
Cessão de crédito, 6.6.1, 6.13
Cessão do contrato, 6.6
Cessão de direitos aquisitivos, 6.6.2
Cessão fiduciária, 4.2.1, 7.1, 7.2, 7.3, 7.9
Cessão fiduciária de ações, 2.9.3.2
Cessão fiduciária de crédito, 2.9.2

Cessão fiduciária de créditos imobiliários, 7.1 a 7.8
Cessão fiduciária de direitos sobre bens móveis, 7.1 a 7.8
Cessão fiduciária para garantia de locação, 7.9
Cessão fiduciária de títulos de crédito, 7.3
Cessão da posição contratual do fiduciante, 6.6.2
Cessão da posição contratual do fiduciário, 6.6.1
Cessionário fiduciário de créditos, 7.6, 7.7, 7.8
Cestui que trust, 1.4.2, 1.4.2.3
Circulação do crédito imobiliário, 6.4
Civil law, 1.4.2.5
Classificação de riscos, 9.1, 9.3
Cláusula de decaimento, 6.15, 6.15.6, 6.15.7
Cláusula resolutiva expressa, 6.16.3.2
Código de Defesa do Consumidor, 5.9.2, 6.15, 6.15.2
Código de Defesa do Consumidor e leis especiais, 6.10.2, 6.15
Coisa fungível, 5.5.3
Coisa futura, 5.5.3
Comissão de Valores Mobiliários, 3.3
Common law, 1.4.2.2, 1.4.2.5
Companhia securitizadora, 9.1, 9.3
Compartilhamento da alienação fiduciária, 4.2.1.6
Comprovação da mora, 5.8, 6.8
Concordata, 5.13
Condição resolutiva, 1.3, 3.6, 4.2.2.1, 6.8, 6.9
Condição suspensiva, 3.6, 4.2.2.2
Condicio iuris, 4.2.2.2
Condições operacionais no mercado imobiliário, 6.4
Condomínio, despesas, penhora, 4.2.2.3, 6.5.
Condomínio (leilão extrajudicial), 6.16.3.2
Conservação do contrato, 5.9.2, 5.9.5
Consolidação da propriedade, 3.6, 4.2.2.1, 5.11, 5.12.1.3, 6.9, 6.16.1
Consórcio, 4.2.1.4, 6.15.6
Constituição da República, 6.16
Consumidor, 6.15.1
Continuação do negócio sob afetação, 3.5.7.1
Contraditório, 6.16, 6.16.2, 6.16.3
Contrato acessório, 2.9.1, 5.2, 6.2
Contrato de empréstimo, 6.15.4, 6.15.6, 6.15.7
Contrato de mútuo, 5.9.2
Contrato atípico, 2.8
Contrato por instrumento particular, 5.5.4, 6.3.3
Correção monetária, 6.4

ÍNDICE ALFABÉTICO-REMISSIVO | 367

Cotas de fundo de quotas de fundo investimento para garantia de locação, 7.9

Crédito imobiliário, 9.5

Credor fiduciário, 4.2.2, 4.2.2.1

Credor fiduciário – ilegitimidade para responder por débitos do imóvel, 4.2.2.3, 6.5.1

D

Dação em pagamento, 5.7, 6.7, 6.10.1

Decreto-lei 70/66 (leilão extrajudicial de imóvel hipotecado), 6.16.3.1

Defesa do consumidor – princípios fundamentais, 6.16.2, 6.16.3

Depositário infiel, 5.12.2.1

Desafetação, 3.5.7.1

Desdobramento da posse, 6.2

Despesas de condomínio, 6.5.1

Devedor-fiduciante, 4.2.2, 4.2.2.2

Devido processo legal, 6.16, 6.16.2, 6.17

Diferenças entre Alienação fiduciária e promessa de venda, 6.11.6, 6.11.7 Direito de ação, 6.16.2, 6.16.3, 6.17

Direito acessório, 3.6, 4.3.2, 4.4.2

Direito sob condição suspensiva, 4.2.2.2, 6.1, 6.5

Direito de defesa, 6.16.2, 6.16.3, 6.17

Direito espanhol, 3.5.5

Direito expectativo, 4.2.2.2

Direito francês, 3.5.4

Direito germânico medieval, 1.3

Direito hispano-americano, 3.5.2

Direito italiano, 3.5.3

Direito português, 3.5.6

Direito real de aquisição, 4.2.2.2, 6.1, 6.5, 6.6.2

Direito romano, 1.2

Direito de superfície, 6.3.2

Direitos e obrigações do credor-fiduciário, 5.6

Direitos e obrigações do devedor-fiduciante, 5.6

Direitos reais de garantia, 4.2.1.1

Dispensa do pagamento do saldo residual, 6.10, 6.10.1, 6.15.4

Dívida futura e alienação fiduciária, 4.2.1.2

Domínio imperfeito, 3.6

Domínio perfeito, 3.6

Domínio resolúvel, 3.6

Domínio superveniente, 4.2.1

E

Elasticidade da propriedade, 3.6

Elementos do contrato de alienação fiduciária, 5.5 a 5.5.4, 6.3 a 6.3.3

Empresa em recuperação judicial, 4.2.4.1

Empréstimo, 6.4, 6.15.4, 6.15.6, 6.15.7

Endosso, 2.3

Equibable tittle, 1.4.2.3

Equitable right, 1.4.2.2

Equity, 1.4, 1.4.2.2, 1.4.2.3,

Estate, 1.4

Estatuto de usos, 1.4.2.2

Execução, 5.12.3, 6.8.3,

Execução do crédito com garantia fiduciária, , 6.11.9

Execução extrajudicial, 6.8.3, 6.16

Execução judicial do crédito garantido por propriedade fiduciária de imóvel, 6.8.3

Expropriação do direito aquisitivo, 4.2.3.3, 6.8, 6.9, 6.16.2

Expropriação liquidativa, 4.2.3.3

Expropriação satisfativa, 4.2.3.3

Extraconcursalidade do crédito fiduciário, 4.2.4

Extinção da promessa de compra e venda, 4.2.4.1, 6.10.1, , 6.11.5

Extinção do contrato de alienação fiduciária, 3.6, 5.14, 6.10.1, 6.10.3, 6.11.7, 6.11.10

F

Falência, 2.8.1, 3.5.1, 4.2.3, 4.2.4, 5.3, 6.14, 7.8

Feoffee, 1.4, 1.4.2

Fideicomisso, 3.4, 3.5, 3.5.2, 3.6, 3.6.3, 3.7

Fideicomisso de administração, 3.7

Fideicomisso de garantia, 3.7

Fideicomisso de investimento, 3.7

Fideicomisso (legislação argentina), 3.7.1.3

Fideicomisso (legislação colombiana), 3.7.1.2

Fideicomisso (legislação mexicana), 3.7.1.1

Fidúcia, 1.1

Fiducia cum amico, 1.2

Fidúcia cum creditore, 1.2

Fidúcia legal, 3.1, 3.5

Fidúcia mercantil, 3.7.1.2

Fiduciante, 2.4, 3.7.1.1, 3.7.1.2, 3.7.1.3

Fiduciante, insolvência, 2.8.1

Fiduciário, 2.4, 3.7.1.1, 3.7.1.2, 3.7.1.3
Fiduciário (insolvência), 2.8.1
Financiamento, 5.9.1, 6.4
Financiamento DIP, 4.2.4.1
Forma do contrato de alienação fiduciária, 5.5.4, 6.3.3
Fraude de execução, 3.5.7.1
Fundo de investimento, 3.2, 3.5.3, 3.5.7, 8.1, 8.2
Fundos de investimento em ativos financeiros, bens e direitos, 8.1
Fundo de investimento imobiliário, 3.2, 3.5.3, 8.2

G

Garantia de contrato de locação, 7.9
Garantia fiduciária, (v. *alienação fiduciária e propriedade fiduciária*)

H

Hipoteca, 3.6, 6.1, 6.16.3.1

I

Impenhorabilidade, 4.2.2.3.1
Imposto de Circulação de Mercadorias (ICMS), 4.2.1.1
Imposto sobre a Propriedade de Veículo Automotor (IPVA), 4.2.1.1, 6.5.1
Imposto Territorial e Predial Urbano (IPTU), 4.2.1.1, 6.5.1
Imposto Territorial Rural (ITR), 4.2.1.1, 6.5.1
Imposto de Transmissão *inter vivos*, 6.9.2
In iure cessio, 1.2
Inadimplemento do devedor-fiduciante, 5.9.2, 6.8
Incidente de inconstitucionalidade, 6.16.3.1
Incomunicabilidade do patrimônio de afetação, 3.5.7.1
Incorporação imobiliária (leilão extrajudicial), 6.16.3.2
Indisponibilidade, 5.12.1, 6.9
Ineficácia do ato de afetação, 3.5.7.1
Infungível, 1.2, 5.5.3
Insolvência do fiduciante, 2.8.1, 4.2.2.3, 4.2.3, 5.13, 7.8
Insolvência do fiduciário, 2.5, 2.8.1, 4.2.2.3, 5.13
Instrumento particular de contrato, 5.5.4, 6.3.3

Inutilidade da prestação, 5.9.2
IPTU, 6.5.1
IPVA, 4.2.1.1
ITBI, 6.9.2
ITR, 4.2.1.1

L

Lastro (de Certificado de Recebíveis Imobiliários – CRI), 9.1, 9.4
Laudêmio, 6.9.2
Leasing, 5.9.3
Legal right, 1.4.2.2
Legal tittle, 1.4.2.3
Lei especial nova em face do CDC, 6.15.2
Lei de Recuperação de Sociedade Empresária, 6.14
Leilão, 6.10
Leilão de dois ou mais imóveis, 6.10.1
Leilão extrajudicial de apartamento em construção, 6.16.3.2
Leilão extrajudicial de imóvel hipotecado (Sistema Financeiro da Habitação), 6.16.3.1
Leilão extrajudicial em face das garantias constitucionais, 6.16, 6.17
Lesão a direito, 6.16.2, 6.16.3, 6.17
Liminar, 5.12.1, 6.12.1
Locação (garantia do contrato), 7.9

M

Manusfidelis, 1.3
Mercado secundário de créditos imobiliários, 6.4
Modalidades de negócios de natureza fiduciária, 2.9
Modo de constituição da propriedade fiduciária, 5.2, 6.2
Mora, 5.8, 5.9, 6.8
Mora *ex re*, 6.8
Mortgage, 1.4
Multa (contra o credor-fiduciário), 5.12.1.3, 6.7.1
Mútuo, 6.15.7

N

Natureza jurídica (contrato de alienação fiduciária), 4.2.1, 5.2, 5.3, 6.2
Natureza jurídica (direitos do fiduciante e do fidu-

ciário), 4.2.2, 4.2.2.1, 4.2.2.2, 5.6

Natureza jurídica (propriedade fiduciária), 3.6

Negócio fiduciário, 2.1 a 2.11,

Negócio fiduciário para administração, 2.9.3

Negócio fiduciário, eficácia, 2.8

Negócio fiduciário, extinção, 2.11

Negócio jurídico indireto, 2.2, 2.3, 2.8

Negócio simulado, 2.6

Negócios fiduciários impróprios, 3.3

Negócios fiduciários próprios, 3.3

Notificação para purgação da mora, 6.8

Numerus clausus, 3.5.1

Obrigação de fazer, 6.12.4

Pacto adjeto, 1.2

Pacto comissório, 4.2.3, 5.2, 5.3, 6.11.2

Pacto marciano, 4.2.3.5,

Pacto de restituição, 1.3

Pactum conventum, 1.2

Pactum fiduciae, 1.2, 2.3, 2.5, 2.8.1, 3.1

Pagamento da dívida garantida pela propriedade fiduciária, 5.7, 6.7

Patrimônio de afetação, 1.4.2.3, 1.4.2.4, 3.3, 3.5, 6.3.2

_____ no direito brasileiro, 3.5.7.

_____ no direito espanhol, 3.5.5

_____ no direito francês, 3.5.4.

_____ no direito hispano-americano, 3.5.2.

_____ no direito italiano, 3.5.3.

_____ no direito português, 3.5.6.

_____ *numerus clausus*, 3.5.1

Patrimônio autônomo, 3.3, 3.5.1, 3.5.2, 4.2

Patrimônio separado, 3.5.1, 3.5.2, 3.5.3, 3.5.4, 3.5.5, 3.5.6, 3.5.7, 6.3.2

Penhor, 1.3, 3.6, 5.1

Penhora do direito aquisitivo do devedor fiduciante, 4.2.2.3, 6.5.1

Penhora e outros atos de constrição sobre os direitos do devedor-fiduciante e do credor-fiduciário, 4.2.2.2, 4.2.2.3, 4.3.10, 6.5.1

Perdas e danos, 5.12.1.4

Posição jurídica do fiduciante e do fiduciário, 4.2.2, 4.2.2.1, 4.2.2.2, 5.6, 6.5

Posse, 6.2, 6.12.1

Princípio da conservação do contrato, 5.9.5

Princípio da proporcionalidade, 3.5.7.1

Princípios fundamentais da defesa do consumidor, 6.15.1

Prisão do devedor, 5.12.2.1

Procedimentos extrajudiciais de realização de garantias, 6.16, 6.16.3.1, 6.16.3.2

Promessa de compra e venda, 6.10.1, 6.15.6, 9.7

Proporcionalidade, 3.5.7.1

Propriedade fiduciária, 3.6, 3.7, 3.7.1.1, 3.7.1.2, 3.7.1.3, 4.2, 5.1, 5.2, 6.1, 6.2

Propriedade fiduciária, administração, 3.6.2

Propriedade fiduciária, afetação residual, 3.6.1

Propriedade fiduciária, aspectos patrimoniais, 4.2.1.1

Propriedade fiduciária, aspectos peculiares, 3.6.2

Propriedade fiduciária, aspectos tributários, 4.2.1.1

Propriedade fiduciária no Código Civil, 4.2

Propriedade fiduciária, desdobramento da posse, 6.2

Propriedade fiduciária no direito mexicano e argentino, 3.6.3

Propriedade fiduciária e hipoteca, 6.1

Propriedade fiduciária (natureza jurídica), 3.6

Propriedade fiduciária, reversão ao devedor-fiduciante, 5.7.1, 6.7.1

Propriedade nominal, 1.4.2.3

Propriedade resolúvel, 3.6, 4.2.2, 6.15.5

Propriedade substancial, 1.4.2.3

Propriedade superficiária, 6.3.2

Propriedade superveniente, 4.2.1, 4.2.1.3

Purgação da mora, 5.9 a 5.9.7, 5.12.1.1, 6.8.1

Quitação ao devedor-fiduciante, 5.7, 6.7, 6.10

Recuperação judicial de empresa, 3.5.1, 3.5.7.1, 4.2.4, 4.2.4.1, 6.14, 7.8

Regime fiduciário, 6.13, 9.4

Regime fiduciário dos direitos creditórios que lastreiam os títulos emitidos pela securitizadora, 9.4

Registro do contrato, 5.2, 6.13
Registro de imóveis, 6.13
Reintegração de posse, 6.12.1
Renúncia, 6.8.3
Requisitos do contrato de alienação fiduciária, 5.5 a 5.5.4, 6.3 a 6.3.3
Reserva de domínio, 4.3.1
Resolução do contrato, 5.9.2, 5.9.6, 6.10.1
Resolução de promessa de compra e venda, 6.11.5, 6.11.6
Resposta do réu (na ação de busca e apreensão), 5.12.1.2
Restituição ao devedor-fiduciante, 4.2.3.2, 6.10, 6.15.6
Retrovenda, 5.1
Reversão da propriedade ao devedor-fiduciante, 3.6, 4.2.2.2, 5.7, 5.7.1, 6.7.1, 6.16.1

S

Salmann, 1.3
Securitização de créditos imobiliários, 9.1, 9.3, 9.6
Securitizadora, 9.3
Security Exchange Comission (SEC), 3.3
Segregação patrimonial, 3.5, 3.5.1, 3.5.2, 9.4
Sentença (ação de busca e apreensão), 5.12.1.3
Settlor, 1.4.2, 1.4.2.3

Simulação, 2.6
Sistema de financiamento imobiliário, 6.4
Situação de perigo, 2.5, 3.2, 3.3
Sub-rogação do cessionário, 6.6.1, 6.6.2

Taxa de ocupação, 6.12.1
Tema 1.095/STJ, 6.11 e seguintes
Tese fixada pelo STJ sobre execução fiduciária, 6.11 e seguintes
Teoria da afetação, 3.5.1
Termo de quitação, 6.7, 6.12.4
Titularidade fiduciária sobre direitos creditórios, 7.5, 9.4
Transmissão fiduciária, 3.6
Trust, 1.4.2, 1.4.2.3, 3.2, 3.4, 3.5.1, 9.1
Trustee, 1.4.2, 1.4.2.3, 3.5.1, 9.1

Vencimento antecipado da dívida, 5.10, 6.8.1
Venda do bem objeto de propriedade fiduciária, 5.11
Venda condicional, 4.2.1.3
Venda com escopo de garantia, 2.9.1